光变

一个企业及其工业史

路风 著

当代中国出版社
Contemporary China Publishing House

图书在版编目（CIP）数据

光变：一个企业及其工业史 / 路风著 . -- 北京：
当代中国出版社，2016. 3（2025.9 重印）
ISBN 978-7-5154-0666-4

Ⅰ.①光… Ⅱ.①路… Ⅲ.①半导体工业－工业企业
－企业发展－概况－北京市 Ⅳ.① F426.63

中国版本图书馆 CIP 数据核字（2016）第 031149 号

出 版 人 蔡继辉
策 划 竞争力智库·方向明
责任编辑 姜楷杰
责任校对 康 莹
封面设计 古涧文化
出版发行 当代中国出版社
地 址 北京市地安门西大街旌勇里 8 号
网 址 http://www.ddzg.net
邮政编码 100009
编 辑 部 （010）66572264
市 场 部 （010）66572281 66572157
印 刷 北京润田金辉印刷有限公司
开 本 787 毫米×1092 毫米 1/16
印 张 30.75 印张 10 插页 插图 3 幅 473 千字
版 次 2016 年 3 月第 1 版
印 次 2025 年 9 月第 15 次印刷
定 价 128.00 元

北京电子管厂开工典礼上李富春剪彩，后立者是第一任厂长周凤鸣

北京电子管厂开工典礼

（全部照片由京东方提供）

北京电子管厂玻璃分厂职工自制芯柱机

小型电子管装配车间场景

跃进红旗匾

北京电子管厂厂区全貌

京东方创业初期，由抗震棚改成的总部

京东方创立会议

1995年，创业初期的王东升

与日本旭硝子合资项目玻璃熔炉点火仪式

日本前副首相兼外相河野洋平参观京东方
与日本端子合资的线束端子工厂

1997年与冠捷合资的东方冠捷生产线

1997年，B股发行承销签字

2003年1月，收购韩国现代电子TFT-LCD业务新闻发布会

2003年，赴韩国学习首批员工在长城上宣誓

2003年9月，北京5代线正式开工建设

王东升、刘晓东参加北京5代线厂房清洁

2005年1月，北京5代线首批产品出货

九家银行银团贷款为京东方5代线项目提供资金支持

2009年4月，合肥6代线奠基

京东方北京8.5代线厂区

王东升及其《王氏定律》

北京工厂生产线一角

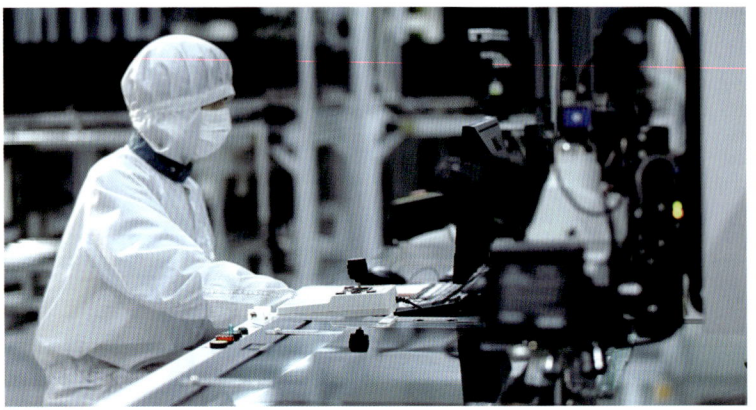

产线工程师

京东方技术中心

合肥8.5代线厂区一景

重庆8.5代线厂区一角

亮相国际展会

亮相国际展会

建设中的合肥第10.5代生产线

建设中的成都第6代柔性显示生产线

京东方核心能力大楼

序

一

最近十几年来，国内以企业为题材的书越来越多，但这样的书很容易流于讲些特殊的故事。我之所以愿冒"风险"写一本以一个企业为主角的书，是因为这个企业——京东方——是一个具有工业意义的企业。第一，如果从她的前身北京电子管厂算起，那么她的历史几乎与中华人民共和国的历史一样长，所以她的经历反映出中国现代工业史上的所有重大主题。第二，她在过去十几年间的奋斗是中国半导体显示工业崛起的一个主要动力源，而这个崛起又是中国高技术产业发展中的一次重大突破，所以追溯和分析她的经历可以揭示一系列有关企业战略和中国工业发展的重大主题。因此，我从一开始就决定把这本书写成一部通过企业来反映中国现代工业史的书。这个视角正好把我过去习惯的视角颠倒过来：不是从工业去讨论企业，而是从企业去讨论工业。

这本书的写作过程实际上包括两个阶段，第一个阶段是 2009—2010 年以课题形式对中国液晶显示器工业做的研究，第二个阶段是从 2012 年年末到 2015 年 9 月对本书的专门写作。虽然两个阶段的重点不同，但第一个阶段的工作构成了第二个阶段的重要基础。

2008 年夏天，我多年的朋友、资深媒体人士方向明向我讲述了京东方的故事，并建议我研究一下这个企业。当时因手头的工作而拖延了一段时间后，我和两位博士生于 2009 年 4 月初对京东方董事长王东升进行了第一次访谈。那是京东方扩张的前夜，我们意识到发展平板显示器工业对于中国工业发展的重要意义，于是我以这个主题申请了国家信息化专家咨询委员会的课题。不过，与许多人想象的不同，研究任何一个过去不熟悉的工业都是非常耗时耗力的，我们不得不从头开始理解液晶显示器①工业的相关知识以及演进的历史。

我们的研究开始后，京东方也开始扩张，同时液晶显示器工业的政策环境也

---

① 液晶显示器的正式名称是 TFT-LCD（薄膜晶体管显示器），业内也经常称之为液晶面板。考虑到业内和媒体经常混用这些名称，它们在本书中是可以互换的概念。

发生一个重大变化。当时为应对全球金融危机的冲击，国家制订一系列的产业振兴规划，其中的《电子信息产业调整和振兴规划》第一次把"新型显示器件"列入国家政策支持的范围，只是那时政府有关部门还是把发展这个工业的希望寄托在与外资特别是中国台湾企业的合作。京东方于2009年4月上马合肥6代线（中国第一条高世代线），8月末上马北京8.5代线。后一个项目上马的消息立刻引发了一场"液晶热"——多年来拒绝向中国大陆转让高世代生产线或在中国大陆建线的日、韩和中国台湾企业一夜之间改变态度，纷纷要在中国大陆建线。虽然当时还看不清京东方能否成功建成这两条高世代线，但中国发展液晶显示器工业的两条道路问题——依靠中国企业的突破还是依赖引进外资生产线——已经凸现，于是我们的研究焦点指向政策。

2010年6月，由我和博士生蔡莹莹署名的液晶工业报告（14万字）完成并提交。这个报告用了三分之一的篇幅提供了全球液晶显示器工业的历史，另外三分之一的篇幅讲述京东方进入这个工业的历程，最后三分之一是讨论政策。这个结构的形成是为了回答当时最难的一个问题：京东方的扩张行动能不能成功？由于京东方的6代线和8.5代线是中国企业第一次建的高世代线，而且京东方还处于亏损的状态，所以她受到许多非议。这个问题对我们来说也是悬念，无法肯定回答。我们采取的方法就是考察全球液晶显示器工业的演进史，以从中概括出可以帮助判断京东方的行动是否合理的工业规律。对这段技术和工业史的考察花去了写报告的大部分时间，但结果是使我们坚信京东方的战略无可厚非，尽管我们无法直接回答其具体项目是否一定成功。在理论和历史经验的基础上，液晶显示器工业报告的结论主要有三点：应该摒弃引进生产线和外资的做法，转而采取支持自主技术学习和创新的政策；把支持中国竞争性企业的成长当作产业政策的核心；产业升级和经济转型需要政府的积极作用并要求政府能力的成长。这个报告的全文从未公开发表，主要内容曾经在《中国工业报》连载。不过，后来在网上流传的诸如"红色帝国血泪史——液晶的世纪战争"[1]"液晶战争——京东方8.5代线液晶生产线"[2]等网文的主要内容，其实都是未经许可源自我们的液晶显示器工业报告，尤其是报告的工业史部分。

液晶显示器工业报告完成后，我的研究又转向其他方面，但从此关注着这个工业的发展并继续与京东方保持着联系。此后，方向明多次提议把报告改成一本

---

[1] http://club.china.com/data/thread/1011/2731/40/17/5_1.html。
[2] http://blog.sina.com.cn/s/blog_5a53af3501017ucx.htm。

以京东方为重点的书，这个提议后来也得到京东方方面的认可。但我还是犹豫了很长一段时间才下决心去做，实在是因为太忙，而且深知把报告变成书并不容易。研究报告是写给政府有关部门和领导看的，重点是讨论工业层次上的政策问题；但书是写给大众读者看的，重点是企业的经历，两者非常不同。事实证明，除了液晶显示器工业史部分（见本书第三章），报告的内容没多少可以用于书里，书必须从头写。不过，第一阶段的研究对于写作本书非常重要，使我们理解并熟悉了这个工业的基本情况，所以也是形成本书必不可少的组成部分。

直到2012年11—12月间，我才有时间开始写这本书。当时京东方已经有4条生产线实现满产满销，并在当年实现了主营业务的盈利。这是一个重大转折，标志着京东方在这个新兴高技术工业中的成功和中国半导体显示工业的崛起。当我们把京东方作为本书的重点时，围绕着企业战略和行动及其工业背景的问题实际上更多了。其中最重要的问题是，在政策环境和社会条件都不那么有利的情况下，本身就处于边缘地位的京东方为什么执意要进入这个"江湖险恶"的高技术工业？无论是从经济学的"最优选择"还是学院派的战略理论出发，都无法解释这个行动。于是，为追寻京东方的行为，我们的目光又指向历史。虽然本书的重点是讲述京东方发展半导体显示工业的战略及其行动，但理解其战略的形成却必须追溯她的全部历史。于是，写作本书就变成了又一个研究过程。只是当我们发掘出来北京电子管厂的历史轨迹和中国电子工业的演变脉络后，我们才终于明白京东方的力量源泉是如何在历史传承、裂变和新的创造之间的结合中生成的。如此追寻问题答案的方式也使本书具有了工业史的性质。

这里必须提到蔡莹莹博士的工作。她博士毕业后，从2012年8月到2013年年末在京东方工作了近一年半。现在回想起来，她的那段经历可以说就是为了这本书而工作。由于京东方乐见本书的出现，所以同意了让蔡莹莹继续帮助我进行研究的要求。于是，她就像一个打入"敌人"内部的助手，为我从内部理解京东方做出了无可替代的贡献。例如，本书第一章大量引用的档案就是她发掘的。据档案室的工作人员讲，这些档案已经有20年没人看过了，所以当看到有一位年轻人居然对尘封的档案有兴趣时，他们就提供了热情的帮助，使蔡莹莹得以把京东方和北京电子管厂的档案室（分为两个地点）翻了个遍。此外，她还独立进行了相当数量的访谈，并以一位"内部人士"的角度进行了观察，从而为本书提供了宝贵的信息来源。

与追溯历史同时进行的是追踪京东方进入液晶显示器工业后的成长轨迹，我们必须理解京东方是怎样克服海外收购、掌握技术、建线、融资以及扭亏为盈等瓶颈的。由于所有这些事件都发生在一个迅速变化和动荡的过程中，所以没有现成的材料去回答这些问题，我们只有去访谈当事人才能理解正在发生的真实过程。京东方逐渐对我们的研究采取了全面开放的态度，我们可以提出任何想访谈的名单，并得到安排。我们甚至利用个人介绍来找到受访人。我们访谈的大多数一线普通工程师就是通过个人关系介绍的，而不是由公司安排的。由于本书的终极目的是讨论有关中国工业发展和经济发展的重大理论问题，所以还要发展理论框架和掌握工业演进的脉络，其结果就是使写作这本书所花的时间无可救药地大大超过了预期。

从 2009 年 4 月初第一次接触京东方，到完成本书稿的 2015 年 9 月末，这本书孕育了 6 年半的时间。在这段对个人来说很长但对工业来说很短的时间里，京东方发生了"翻天覆地"的变化：她从一个正在准备扩张但还处于亏损的追赶者，电闪雷鸣般地成长为一个跻身于全球领先行列的主流企业；随之而来的是中国半导体显示工业的崛起。当 2009 年我们刚刚接触这个工业时，中国的彩电工业还因液晶显示器需要全部进口而苦于被卡脖子，许多人还认为只有从国外引进高世代生产线才能发展液晶显示器工业，但到了本书完成的 2015 年，中国工业已经成为全球半导体显示工业的重要一极，而且其相对地位仍然在继续上升，也被各方承认是中国发展战略性新兴产业方面的一个重大突破。本书的写作过程就伴随着这场工业巨变，于是本书的内容也就成为中国工业史上辉煌一章的见证。

二

对本书需要做几点说明。

本书定位于大众读者。我尤其希望能让年轻人成为主要的读者群——因为他们终将决定中国的未来，所以有必要让他们了解今天的中国工业是从哪里来的，并激励他们去思考未来的中国工业又应该往哪里去。为了方便非专业或非学术的读者群阅读，本书不像一般的学术著作那样从理论问题和分析框架讲起，而是按照时间顺序先把故事讲完，然后把专门的理论讨论放在最后一章。由于本书并不就故事讲故事，所以在讲述故事的过程中也会穿插着对理论问题的讨论。在这些地方和专门的理论章中，本书按照严格的学术标准进行讨论。

全书正文包括导言、八个章和尾声。导言简要介绍本书的内容、目的和方法。第一章讲述北京电子管厂从建厂到 1990 年代初的历史，沿着英雄年代创业、计划体制逐渐僵化和改革年代发生技术替代危机的历史顺序，重点分析为什么这个曾经辉煌的企业会陷入困境。第二章讲述在企业改制后，京东方度过生存阶段并做出重新进入高技术工业决定的过程。这一章还讲述了中国彩色显像管工业在平板显示技术冲击下的崩溃过程，以便为理解京东方做出这个决定的意义提供相应的工业背景。第三章讲述全球液晶显示器工业的发展史，目的是为全书后面的内容提供工业背景和技术演进的脉络。第四章讲述京东方通过海外收购进入液晶显示器工业后，在缺少外援的状态下经历的磨难，以及为掌握技术和准备扩张做出的努力。第五章讲述京东方在全球金融危机后逆势扩张的过程，同时也分析了"液晶热"的来龙去脉，以彰显京东方扩张行动对于中国工业发展的意义。第六章分析京东方能够崛起的几个主要原因，从其领导人发展出来的"理论"、遵循产业逻辑的投资战略和锻造产业大军等几个方面去寻找京东方势不可当的动力来源。第七章从全球显示工业的视角分析中国工业的崛起及其影响和京东方面向未来的进攻态势。第八章是理论章（也是最后一章），它在故事的基础上概括和讨论若干重大理论问题。这样的安排使读者即便不读最后一章，也不会影响到对故事整体性的把握。本书最后还有一个简短的尾声，用于在讨论理论问题之后把读者的思绪重新带回到本书的工业主题上。

关于本书的格式规范需要说明以下几点。第一，本书故事涉及的液晶显示器工业（从第六章起把包括 TFT-LCD 和 AM-OLED 在内的显示技术称之为半导体显示）是一个高度国际化的工业，所以书中不得不经常出现业内习惯性使用的大量英文词。为方便读者，本书提供了一个英文技术名词的解释表。第二，由于需要介绍全球液晶显示器工业的历史并讨论理论，本书引用的英文文献较多。对于正式文献——无论是中文还是英文——的标注，都采取括弧内标明作者和年份的方式，读者据此很容易从书末的文献目录中找到原文的出处。但为了不致引起混乱，中文和英文文献的标注按各自的规范处理（例如，中文文献标注的"第 1 页"，英文文献就是"p.1"；中文的"同上"，英文就是"ibid."，等等）。第三，访谈和媒体报道的出处则采取脚注的方式。

由于本书记录的是真实的历史和正在发生的真实事件，因此书中出现的众多人名全部是真实的，讲述故事的方式也是力图达到让读者"身临其境"的效果。本书关于企业和工业的主要信息来源包括两个。第一个来源是已有的文字记录，包括公开和非公开（即企业自行编写）的出版物、企业档案和媒体报道。除此之外，由于要追踪不断变化的工业竞争态势，所以许多信息必须依靠当时的媒体报道。第二个也是更重要的信息来源是访谈。由于写作本书的基础是对历史的发现和对真实事件发生过程的了解，所以访谈是无可替代的信息来源。在追溯历史时，亲历者的讲述要比企业的档案和出版物更加生动，也更加易于我们理解事件发生的来龙去脉，把握事件背后的意义。至于追踪和理解企业正在发生的事件，访谈则是唯一的信息来源。除了极少数的例外，本书的访谈对象集中在京东方内部，访谈的时间从 2009 年春天持续到 2015 年年初。由于访谈的主要目的是了解事件的真实过程和理解其含义，所以我们不是按照职务选择访谈对象，而是按照我们关心的问题选择访谈对象。在绝大多数情况下，访谈的请求是由我们提出的，少数情况下是由京东方根据我们的问题推荐的。此外，尽管每次访谈都是带着问题，但没有事先设定的需要验证的命题或假说，因为对于研究高速变化的工业世界，许多重大问题都是在研究过程中被发现的，很难事先设定。本书附录列出了全部访谈名单。

关于访谈需要做两点说明。（1）被访谈者的职位都以访谈时为准。由于京东方是一个急速扩张的企业，所以人员的职位变动比较频繁。（2）一些人（特别是领导干部）在过去几年里接受了多次访谈。需要多次访谈的原因或是为了了解企业的最新进展，或是为了反复核实一些情况（作者对一些事件的重要性是在研究和写作过程中逐步意识到的）。

三

最后需要致谢。直接帮助了本书完成的人士来自三个方面，我必须对他们表示感谢。

第一个需要感谢的方面是以王东升为首的京东方团队。他们其实就是本书的主角，是本书所记录的中国现代工业史上辉煌一章的创造者。由这样一个团队打开大门，允许我深入企业内部进行调研，的确是一件幸事。接受了我们访谈的京东方人，从董事长、总裁、副总裁到一线的总经理们，再到那些普通工程师们，都以他们的真诚帮助我们理解了京东方的奋斗史。大多数接受了我们访谈的普通工程师实际上并不知道我们在写关于京东方的书，但他们对自己经历的叙述却构成本书最有情感冲击力的内容，其原因就是他们内心的朴实。档案室可以说是公司内部最边缘的单位，但是两位在那里默默工作的人却以他们的认真和热情，为本书贡献了宝贵的信息来源，足以说明他们工作的重要性。因此，我们应该感谢的不仅是所有接受了我们访谈的人，而且包括所有的京东方人（其中一些是我们希望访谈但失去了机会的人）——因为他们的奋斗是产生本书的第一个理由。

在对京东方的集体表示感谢之后，有以下 4 个人因为对本书的特殊贡献需要单独致谢。

王东升是京东方 20 多年的领导人，对他的访谈对于我们理解京东方具有无可替代的作用。在 6 年多的时间里，他接受了我们 5 次正式访谈，其中 2 次访谈的时间都超过 7 个小时。他不仅愿意让我们了解京东方的战略决策和实际情况，而且愿意让我们理解他的内心世界。就是在与他当面讨论他的决策动机时，我们找到了京东方的"灵魂"。对于这样一位领导了伟大事业的人来说，王东升"单纯"得有点令人意外：在他侃侃而谈的"极高志向"、战略和有点"狡猾"的方法之外，很难从他身上找到复杂的人情世故。就是这种"单纯"才使京东方在 20多年里保持了走向伟大的动力，所以他的激情也浸染在本书的全部内容中。

张红飚是北京电子管厂改制前的最后一任厂长，经历了企业最困难的阶段。令我们对这位前辈起敬的是，他在接受我们访谈时没有任何个人抱怨，仍然认真地陈述他对当年改革问题的看法。没有这样一位亲历者对后辈的坦荡，我们就无法写出北京电子管厂的历史。

皇甫鲁江的职务在受访的京东方人士里并非属于高层。从我们在 2009 年第一次访谈他开始，他就以朋友的态度相待。开始本书的写作后，当我们为理解技术和历史问题而直接联系他时，他两次自己开车到北京大学来回答我们的问题。我们无法奢望会有更好的受访人。

张宇在长达 6 年半的时间里成为京东方和我之间的"联系人"。虽然这个角色起因于他是京东方的公共关系负责人，但我与京东方的联系能够保持下来却是因为他坚持以朋友相待。因此，在完成液晶显示器工业报告到开始写书的两年多时间里，我对京东方的关注不但没有减少，反而越来越了解她。他的态度证明，企业公关工作的实质不是"对付"外界，而是真诚对待他人。

第二个需要感谢的方面是方向明——他是本书当之无愧的"策划人"。方向明促成我对京东方的研究，也促成我写这本书的决心。虽然我们彼此的工作领域不同，但在多年交往中却有心灵相通之感和非常相近的价值观。一个佐证是他作为中国财经媒体界的"骨灰级"人物，对我在本书中猛烈抨击中国财经媒体的立场表示了认同。方向明本人就是多年报道企业和工业的资深媒体人士，对于工业题材具有独到的眼光，他对我的工业研究的理解有时能让我自己也耳目一新。本书赋有含义的副标题"一个企业及其工业史"就是他贡献的，尽管他对本书的主标题存有疑问。从第一次提议在液晶显示器工业报告基础上成书到本书书稿的完成，他耐心地等待了差不多5年的时间，不但没有烦，而且经常比我本人更相信本书会是一本好书。对于这种信任和理解，我唯有感谢之情。他的两位助手林若和方圆参与了我和方向明之间所有关于本书的讨论，也是本书初稿的读者。在此也对她们的支持表示感谢。

第三个需要感谢的方面是我自己的"阵营"中对本书做出贡献的人。首当其冲的当然是蔡莹莹，她为本书的研究提供了可以想象出来的最好的助手工作，包括前面提到的那些主动性和创造性的工作。最令我感念的是，她始终把帮助我写这本书当作是自己的一项事业——我们在谈论有关这本书的习惯用语是"我们的书"。当蔡莹莹因工作调动不能继续像以前那样提供帮助后，接上班的是从本科毕业直接攻读博士学位的王晨。王晨参与了本书后期的研究工作，不仅提供了访谈记录和制作本书图表的帮助，而且扮演了第一读者的角色。写作是一个孤独的过程，需要有人从读者的角度提出意见。我在本书写作的最后阶段，几乎每个部分都是在征求了她的意见之后才会放心。感谢这两位超级助手。

有若干研究生阅读了部分书稿。在他们当中，韩国留学生丁海仁还提供了来自韩国学术界和媒体的材料；毕业不久的李思颖和在读的候韵通读了全书稿，用文字写出她们的感想和建议，甚至帮助指出错别字。这些学生出生于1990年前后，恰是本书预设读者群中的重要组成部分，我因此而特别重视他们对书稿的建议和意见。对他们的反馈表示感谢。

可以感谢的人还有很多，包括京东方之外的受访人、提供了良好工作环境的同事们和长期容忍我在周末也工作的家人，但因为本书在篇幅上已经大大超过预期，这里就不再一一说明。我对所有这些人都心怀感谢，因为他们的帮助使我能够努力追求一个小小的理想——写一本读者看了不会觉得浪费时间的书。

目　录

导　言

　　本书记录了一个中国企业在一个全球高技术工业中的史诗般崛起。它通过讲述这个真实的故事——真实的团队在真实的世界里创造出来的真实业绩——来解释中国经济发展的动力。为了理解许多事件的前因后果，本书追溯了大量的相关企业史和工业史。但追溯历史是为了面对未来，是为了激发读者对于中国工业发展方向的思考。因此，本书的内容交织着故事、历史和理论的三重主题。

　　本书的主角是京东方科技集团股份有限公司（以下简称京东方）。2003年年初，当京东方还是一个处于边缘地位的企业时，她以自己的决策进入了 TFT-LCD（或称液晶面板）工业①。那是在平板显示器全面替代传统 CRT 显像管的前夜——仅仅几年后，这个替代像一场风暴一样席卷中国彩色电视机市场，陕西咸阳彩虹集团、河南安彩集团、北京·松下彩色显像管公司等曾经赫赫有名的企业一个个轰然倒地，中国花了20年时间发展起来的彩色显像管工业被一扫而空，而庞大的中国彩电工业也"突然"回到必须依靠进口显示器才能生产的地步。直到那时，TFT-LCD 工业的重要性才被国内各方所认识，而这个重要性同时也让人气馁——中国工业在技术上似乎命中注定只能跟在别人屁股后面爬。

　　当若干中国企业在21世纪最初的几年进入 TFT-LCD 工业时，它们不得不从"引进"技术起步——这是落后者的"宿命"。但是，当大多数企业采用在中国已经流行了20多年的引进生产线方式，京东方却走了一条与众不同的道路：她跨国收购了韩国现代集团的液晶显示器业务，然后利用收购来的技术资源在国内自主建设一条5代线②。

---

　　① TFT-LCD 的英文全称是 thin film transistor-liguid crystal display，即薄膜晶体管液晶显示器，俗称液晶面板。大批量生产 TFT-LCD 的工业是从1990年代初才出现的，目前它在电子核心器件领域的地位仅次于半导体集成电路。本书第三章将对这种技术和工业有详细解释。此外，本书把 TFT-LCD 和 OLED 都称为半导体显示技术，因为它们的显示过程都需要薄膜晶体管的控制。关于半导体显示概念的由来见第六章。

　　② TFT-LCD 生产线的代际是根据所加工玻璃基板的面积划分的（显示屏是从玻璃基板切割出来的），如2代线的玻璃基板面积是370mm×470mm（可切出4块10.4英寸的显示屏），5代线的玻璃基板面积是1100mm×1250mm，可切出8块32英寸或3块42英寸的显示屏。总的来说，生产线的代际变化反映了这个工业的演进，而且越高世代的生产线需要的投资量越大。因此，世代线曾经被用来衡量技术的先进性（即世代越高越先进），但实际上这种衡量是不完全准确的，因为当智能移动终端（如智能手机和平板电脑）成为显示器的主要用户之一后，小尺寸的显示器往往也需要很复杂的技术。

换句话说，在最早进入这个工业的中国企业中，京东方是唯一选择自主建线的。不过，这条新建产线在 2005 年刚一量产，就遭遇"液晶周期"的衰退，致使京东方连续两年巨额亏损。在那个最初阶段，京东方就像是惊涛骇浪中的一叶小舟，屡经险境。但也就是在这样一个过程中，京东方通过自主建线逐渐积累起技术能力，并通过建设成都 4.5 代线而找到产业扩张的融资渠道。

在全球金融危机爆发后的 2009 年，京东方"逆势"发动了大规模扩张，尽管当时她的主营业务仍然处于亏损状态。那年 4 月，京东方自主建设的 6 代线——也是中国的第一条高世代线①——在合肥开工。同年 8 月，京东方又宣布在北京建设一条 8.5 代线，这个消息瞬间触发国际技术封锁的崩塌——日、韩和中国台湾企业在一夜之间变脸，纷纷要在中国大陆建设高世代线，引发了那年秋后的一场"液晶热"。那时，没有多少人相信中国大陆企业能够自己建设高世代线，中国政府也仍然把发展 TFT-LCD 工业的希望寄托在国外企业"转让"高世代线上。"液晶热"爆发后，中国政府以防止产能过剩为由开始管制项目数量，最后经过长达一年的"纠结"，在 2010 年年末批准了韩国双雄——三星和 LG——在华建线。但到那时，全球 TFT-LCD 工业开始陷入一轮时间超长的价格下跌，日、韩和中国台湾的巨头企业在 2011 年全部亏损。在这个节点上，韩国双雄放缓了在华建线，并发起新一轮技术竞争。

就是在这样的背景下，京东方的两条高世代线和华星光电的 8.5 代线②到 2011 年全部投产。当时，中国财经媒体自作聪明地称京东方和华星光电的 8.5 代线是"生不逢时"。让这些媒体挨了一耳光的是，京东方的 4 条生产线和华星光电的 8.5 代线在 2012 年都达到满产满销，两个公司都实现盈利。事后才能看出，这是一场全球显示工业的结构性变动，预示着中国工业的崛起。京东方没有停下脚步，继续建设合肥 8.5 代线、鄂尔多斯 5.5 代 AM-OLED 生产线和重庆 8.5 代线。于是，继北京 5 代线之后，京东方在 2008—2014 年期间投资 1400 亿元，又连续建成了 6 条生产线。与规模扩大相伴的是技术进步——京东方凭借成长起来的技术能力，不仅能够开发全球领先的液晶产品（如 110 英寸 4K 显示屏、98 英寸 8K 显示屏和 82 英寸 10K 显示屏），而且迅速挺进新的显示技术领域（如 AM-OLED）。以规模经济和技术进步速度为手段，京东方今天已经跻身全球半导体显

---

① "高世代线"指的是 6 代及以上世代的生产线。当主流电视屏扩大到 30 英寸以上后，6 代线（第一条于 2004 年建成）使 5 代及以下的世代线丧失了切割电视屏的经济合理性，由此业内出现了对高、低世代线的区分。

② 华星光电是为在深圳建设 8.5 代线而由 TCL 集团和深圳市政府创建的企业，后由 TCL 控股；它是继京东方之后第二个以自主建线方式建成高世代线的中国企业。

示工业的领先行列。

以京东方为主力的中国半导体显示工业的崛起，是中国发展"高新技术产业"或"战略性新兴产业"过程中一个突出的成功。这个成功立刻影响了从电视、电脑到智能手机、平板电脑以及其他新兴的产品领域，支持了中国电子产品在全球市场份额上的扩大。但京东方还是不肯停下脚步，她在 2014 年 12 月到 2015 年 4 月的短短几个月时间内，又宣布要建设成都 6 代线、福州 8.5 代线和合肥 10.5 代线（三个项目的总投资为 920 亿元）。以固定资产投资额为衡量标准，京东方从 2008 年开始的扩张是中华人民共和国历史上，由单个工业企业发动的最大规模的工业扩张。到这些项目全部完成的 2018 年，不仅京东方将在半导体显示器件的生产规模上跻身世界前三，而且中国工业也很可能成为全球半导体显示工业的领导者。

本书的主要内容就是讲述这场海啸般的崛起，它的过程、原因和动力。在讲述这个过程的故事时，本书一直在追问表面现象背后的原因，其中最大的问题是：为什么京东方会在缺乏必要条件（如资金、技术和政府支持）的时候选择进入一个风险巨大的高技术工业？为什么京东方敢于并能够发动如此大规模和凶猛的扩张？为了回答这些问题，本书追溯了京东方的全部历史。

京东方的前身是始建于 1953 年的北京电子管厂（即原电子工业部所属的 774 厂），她是中国第一个五年计划时期由苏联援建的 156 个重点项目之一。在中华人民共和国历史的前 30 年间，北京电子管厂曾经是中国最大、最强的电子元器件厂（1960 年代是亚洲最大的电子管厂），是中国电子工业和国防工业的骨干企业。她所在的北京市酒仙桥地区也随着十几个工业项目的相继建成而成为中国最大的电子工业基地。改革开放以后，随着国防需求的陡然下降和采用半导体技术的电子产品的大量进口，这个"万人大厂"因产品市场的萎缩而步步陷入危机。1985 年从电子工业部"下放"北京市之后，北京电子管厂连续 7 年亏损，发不出工资。

1992 年后，北京电子管厂更换了领导班子，改制为股份公司，并经历了老业务的关停并转和大规模员工下岗。到 1990 年代后期，这个后来更名为"京东方"的企业通过采取分散合资和上市，逐渐渡过了生存危机，但也变成一个没有技术和主营业务的边缘企业。如果按照"利润最大化"的原则并满足于已经过上的"小康"生活，那么后来的京东方可能成为一个房地产企业，或者经营什么赚快钱业务的企业。这种前景的高概率性可以由一个事实来证明：在酒仙桥这个曾经聚集了 10 来家骨干企业的中国电子工业基地，依靠产品和技术而成长为今天行业领先者的只有京东方一家。

但是，京东方没有选择去过更容易的生活，而是在 1990 年代末决定重新进入高技术工业，并在经过数年的尝试之后进入了 TFT-LCD 工业。从赚钱的角度看，京东方选择了一条比从事任何其他业务都要难得多的道路，所以她由此经历了在这个工业中的所有磨难。但也正是因为经历了"九九八十一难"，京东方成为自 1950 年代半导体革命以来，在电子核心元器件工业中能够影响全球市场格局的第一个中国企业。

当我们把京东方置于全纵深的历史脉络时可以看出，她在世纪之交做出进入 TFT-LCD 工业的决策时，其首要的原因不是出于什么"战略"。在过去 20 多年的时间里，在寻找新工业领域的尝试中，京东方的战略经历过多次变化，其中有的甚至是根本性的变化，从中很难看出有什么连续性。但如果追寻这些变化背后的力量，就可以发现京东方的领导者在同时期里具有始终未变的两个信条：第一，坚持把高技术工业作为主业，而且一定要掌握技术；第二，必须依靠自己的力量从市场竞争中寻求企业的未来。因此，京东方的决策首先是一种对"命运"的选择，而战略不过是选择了"命运"之后如何去做的问题。

当京东方决定进入 TFT-LCD 工业时，她是一个尚未建立起主营业务的边缘企业，也没有足够的资源（技术、资金、人才等）可以有把握地面对巨大的风险。京东方做出这个选择的原因是她的领导人坚信自己的企业命中注定要做高技术工业。因此，选择"命运"指的是这样一个状态：在某些历史关头，行动主体是可以选择走不同的道路的，但走上所选择的任何道路都存在着行动主体所无法左右的力量，必须承受那些力量带来的约束和磨难及其所决定的出路。京东方在决定进入 TFT-LCD 工业时，她实际上是选择了一条最难、最苦也最危险的道路。因此，决定京东方过去 20 年所选择道路的关键因素是一种信念。

这种信念是从哪里来的？或怎样被塑造出来的？为回答这样的问题，本书把京东方的历史置于中国工业史的脉络之中，以寻找那种塑造出企业领导人世界观的历史力量。于是我们发现，虽然中华人民共和国在前 30 年所奠定的工业基础遭到有意忽略，但它仍然在塑造着中国今天的经济发展。只有理解这两个历史阶段之间的联系，我们才能理解为什么京东方的领导人坚信自己的命运是做高技术工业，并敢于进入、敢于掌握技术、敢于扩张。

京东方和中国半导体显示工业的崛起过程对一些流行性看法提出了许多挑战：为什么中国工业实际的技术进步轨迹与政策所预期的轨迹存在巨大的偏差？为什么中国企业能够发展高技术工业，甚至发展出全球领先的优势？为什么从计划体制和国营工厂的废墟上能够成长起创新型企业？

挑战性的问题不止这些。在中国高技术工业发展的过程中，政府和市场应该是什么关系？从这些年流行的"二分法"认识看，政府与市场之间的关系是互相独立的甚至是对立的，所以政府和市场应该各干各的。但基于这种认识的政策无法解决后进者发展高技术工业所面临的矛盾：一方面，高技术工业的特性——快速的技术变化和市场变化、全球性的市场竞争和连续投资的必要——使任何形式的政府主导都不会有效；但另一方面，纯粹的市场机制并不能激励后进者进入这样的工业，资本市场也不支持在这种工业中竞争所必需的数额巨大而结果不确定的投资。这个矛盾在中国半导体显示工业崛起的过程中被创造性的实践所打破，京东方的扩张及其融资模式不仅让我们重新思考市场、企业和政府的互动对于中国高技术工业发展的作用以及可以改进的方向，而且也让我们重新认识中国正在演进中的市场体制。

回答上述这些问题对于认清技术和工业发展的战略和政策是重要的，可以帮助我们了解今天的中国工业是从哪里来的，也激励我们去思考未来的中国工业又应该往哪里去。由于这些问题的答案只有从真实事件发生的真实过程中才能找到，所以本书详尽地讲述了一个中国企业和一个中国工业的故事，而且把这个故事置于中国高技术工业发展和全球半导体显示工业发展的历史脉络之中，并从理论视角揭示其中的意义。正是因为本书是这样讲述一个发生在我们面前的真实故事，所以读者才可以更深刻地感受到，为什么京东方和中国半导体显示工业的崛起是当代中国工业发展过程中一部荡气回肠的英雄史诗。

第一章　北京电子管厂的兴衰

京东方的前身是北京电子管厂。虽然那个被称作"774厂"的老国企已经留在久远的历史之中，但京东方不仅继承了她的物质资产，而且还继承了她的"组织基因"。今天，京东方从产品到工业设施的物质面貌已经与北京电子管厂完全不同，但从她的思维方式、战略倾向和组织行为等方面，到处都能看出那个"红旗工厂"的影子。理解京东方必须从了解北京电子管厂的历史开始。

如果从成立筹备组算起，北京电子管厂作为一个制造企业存在了40年，她的历史折射出中国工业发展从1950年代工业化直到1980年代改革的沧桑。今天，当中国成为世界第二大经济体和第一大工业国之后，已经很少有人记得中国的工业化基础是怎样奠定的了，甚至也记不清中国的改革开放是怎样走过来的。追寻北京电子管厂兴衰起伏的轨迹，不仅可以帮助我们理解一个国营企业是如何建立、发展、僵化和衰落的，更重要的是可以帮助我们理解中国工业的命运和京东方崛起的意义。

第一节
创建中国电子工业的第一重镇：走向辉煌

北京电子管厂是中国在第一个五年计划（1953—1957年，简称"一五"）期间，由苏联援建的156项重点工程之一。在"一五"初期，中国的工业基础极为薄弱，几乎没有重工业。但同时，新中国的开国一代领导人又对工业化有着不同寻常的痴迷。在表明要实现工业化的决心时，毛泽东曾经说："现在我们能造什么？能造桌子椅子，能造茶碗茶壶，能种粮食，还能磨成面粉，还能造纸，但是，一辆汽车、一架飞机、一辆坦克、一辆拖拉机都不能造"（1977，第130

000

页）。在实施大规模工业化的"一五"末期，中国已经生产出来载重汽车、喷气式飞机、大型机床、拖拉机等，后来被称为"两弹一星"的高技术研发项目也都纷纷上马……那是中国工业的英雄年代，而北京电子管厂就出生在那个年代。

从革命战争走过来的新中国领导人，在考虑工业发展上有着独特的视角，就是极度重视国防和军事。1951年，中央军委总参谋部通讯部部长兼电信工业局局长王净（后任四机部即电子工业部部长）就向周恩来总理写了报告，建议中国建设无线电元件厂和电子管厂。同年10月29日，周总理批准项目筹建，并列入苏联援建的141项（后补充15项成为156项）。在那个年代，电真空器件就如同今天的半导体集成电路，是民用电子整机、军事通信设备、雷达、导航、国防尖端武器、广播电视、邮电通信、仪器仪表等电子产品的核心元件。当时中国的电真空工业除了在南京有一个不大的电子管厂①外，就只有上海、南京、天津、大连、沈阳、重庆等地的几家灯泡厂了。一旦工业化和国防建设对电子工业提出需求，电真空器件就首当其冲。

774厂被规划为军工企业，最初的筹备组隶属于军委总参通信兵部电信工业局。1951年12月，苏联部长会议批准援建这个项目，并签订了专家来华合同。1952年4月，苏联专家组长到华，同年5月中方正式确定电子管厂建在北京东直门外。到1953年末，苏联提供的项目设计文件全部到京，1954年初被译成中文，同年4月由主管国防工业的第二机械工业部（二机部）批准执行。1954年6月，北京电子管厂在当时还是一片农田的酒仙桥地区破土动工，到1956年7月建成。在"一五"期间，全国电子工业总投资额为5.5亿元，而在北京新建的3个电子骨干厂就用了2.6亿元，其中北京电子管厂获得1.0282亿元的投资，约占当时电子工业总投资的五分之一（《当代中国的电子工业》，第416页）。同期建设的华北无线电器材联合厂（718厂）和北京有线电厂（738厂）也在酒仙桥，使这个区域后来被称作电子工业基地。

1956年10月15日，北京电子管厂举行开工典礼，出席的领导人包括：李富春、聂荣臻（元帅）、陈赓（大将）、谭政（大将）、肖华（上将）、赖若愚、胡克实、张劲夫、王净（中将）、万里、段君毅、赵尔陆、蒋南翔、邓拓等。第二天，《人民日报》等各大报纸都在头版头条报道了这个典礼的盛况和国务院副总理李富春和其他领导人的讲话。主管国防工业的二机部部长赵尔陆发言的第一句话就说："今天，是我国无线电工业建设中的喜日……"的确是一片喜气洋洋，而且

---

① 南京电子管厂（772厂）是中国的第一个电子管厂，始建于1935年。

有充分理由。

从教科书上来了解历史的人，很容易以为有国家的投资和苏联的援助，一个大工厂就建成运行了。其实在当时的条件下，这样的工厂从一开建就必须自己克服许许多多的困难，所以同样需要人的创造性。北京电子管厂的第一任厂长周凤鸣（1920—1980）是共产党老干部，从20岁开始就在晋西北抗日根据地当过几个县的县长。1949年新中国成立后在北京市人民政府任职，1954年从农林局局长任上调任774厂筹备组。周凤鸣属于那样一代人，他们并没有技术背景，也没有工业经验，但懂得怎样把人组织起来去实现特定的目标，而且富于战略性思维。虽然不像领导建立了中国国防工业的聂荣臻、张爱萍有那么高的地位，但在一个工厂领导的位置上，周凤鸣展示的是同样的风格[1]。

组织和建设。从3个人组成的筹建组成立起，未来工厂的员工队伍就通过政府的组织系统而迅速集聚起来。大部分干部来自中央各部门、北京市以及部队，其中只要是摸过发报机的就算是懂电子的人才了；技术干部和技术工人大多来自南京、天津、上海和沈阳等地的老厂，首任总工程师是新中国成立前留学国外的，动力分厂的老工程师是周凤鸣亲自去上海煤气公司请来的。在那个"激情燃烧的年代"，进入这个项目就是"参加革命"，所以吸引了来自五湖四海的年轻人。周凤鸣还到上海招收一批大学生（首批来厂的大学生是1952年毕业的），而且他到处寻找学半导体专业的大学生。工厂先后派出69人赴苏联实习，包括厂长、总工程师、科长、车间主任和技术干部等，还委托老厂代培了技工928人。从工厂筹建阶段到1960年全部撤走，曾经有200多人次的苏联专家驻厂指导，他们是新中国工业化的第一批老师。

周凤鸣是一个善于学习的人。1954年8月，他带领23人第一批赴苏联学习（1955年5月后回国）。在莫斯科，对于未来要担任厂长的周凤鸣，厂方安排的计划是用半年的时间在厂部各科室依次实习，然后用一两个月的时间到各车间实习。但他改变了计划，只花一个月时间在厂部，大半年的时间去车间，连操作都学。周凤鸣的目光还远远超过了中苏双方协议规定的范围，他要求一位中国工程师去学习协议之外的技术："那些新管型我们将来都要做。并特别嘱咐说，那个最大的管子也一定要做，你一定要把它的技术都学过来"（《周凤鸣与北京电子管厂》，以下简称《周凤鸣》，第71页）。同时他还要求技术人员去关注苏联正在发展的半导体技术。这些具有先见之明的学习为北京电子管厂后来的产品开发创造

---

[1] 北京电子管厂的第一任党委书记熊杰是长征干部。

了条件。

工厂建设开工时，土建工程由北京市第二建筑工程公司承担，这也是该公司第一次承担工业厂房的建设（设备安装时又有东北设备安装公司加入）。土建、通风、电气、炉子等方面的苏联专家先后驻厂做技术指导和监督，精益求精。由于是在农村地区建厂，所以除了厂房，还要建设上下水（自来水管、污水管、雨水管）、道路、输变电站、地下电缆、专用铁路线，邮电局、宿舍、学校、商店等市政设施和生活设施。

根据周凤鸣于1956年8月20日写的《向中央、主席的工作报告》，建厂过程中问题最多的与最关键的环节是设备的安装、运输、调整工作。报告写到，全厂设备共3205台，另有不需要安装的各种仪器12606件，绝大部分由苏联供应。当时出现的主要问题是国外设备到货延迟，不能完全按照生产顺序运到。如煤气站按计划应于1956年5月1日试炉，但国外供货的烟气泵要第三季度才能到货，只好国内试制，质量没把握；工具车间已经开工，但3台平面磨床没到；钨钼车间化学工段应先开工，但设备一件也没到。国内设备除不能按合同交货外，还有严重的质量问题，如空气压缩机，安装后发现轴瓦不合格，轴弯曲，只好返工修理，推迟了供气。沈阳低压开关厂做的变电器的自动跳阀负荷后不动，经过半个多月的修理才勉强送电。为解决国外设备供货问题，厂领导经常向苏联专家汇报国外设备到达情况和需要的设备数字，请他们直接用电话催促。为督促概念设备按期按质到货，工厂组织了三个催货小组，分赴天津、东北、上海各承制厂坐催。另外，还采取了随安装、随调整、随试车的办法，在设备到达不齐的情况下，根据"有几台，试几台"的办法提前试车。效果很好，既训练了工人又提前了总进度（同上，第7-8页）。

为了按计划完成工期，周凤鸣就与技术人员和工人商量，把部分大型冲压机床的安装与铺设厂房地面同时进行交叉作业。这个做法引起苏联专家总顾问的不满，在和周凤鸣谈话时拍了桌子，周凤鸣也发脾气拍了桌子。最后还是说服了苏联专家，按周的主张施工了。同样，设备安装与绿化厂区也是同时进行，苏联专家起初也是不同意，但厂方还是照样干了。

由于建设者们的激情，从破土动工到开工典礼只用了2年又4个月，一个设计生产能力年产1220万只电子管、建筑总面积13.46万平方米并安装了3685台设备的工厂就建成了，项目总评为优。这个速度被苏联专家形容为"骇人听闻，世界无例"（同上，第7页）。

北京电子管厂开工时已有干部、职工4200多人。周凤鸣把教育培训青年工人当作"摆在我们面前的另一个严重任务"。培训机构随工厂的筹备和建设而发展起来，工厂于1953年建立技工培训科，1955年成立教育科，组建职工业余学校，1956年9月由718、728和774厂联办了酒仙桥业余工学院，设立无线电技术、电真空器件、半导体器件、机械等6个专业，周凤鸣被任命为院长。正式开工前夕，全厂职工被组织起来学习设计文件、工艺文件和技术安全文件，称为"开工时期的大学习"。

原材料。北京电子管厂准备投产时，又遇到新的重大困难。工厂的设备、材料都是从苏联进口的。根据中苏协定，开工初期由苏方提供小型管一个月用料，大型管三个月用料。但到1956年夏天试生产时，苏方就通知不能如约供货。当时以美国为首的西方对中国封锁，从国际市场很难买到所需的材料（特别是镍材）。于是，工厂面临一开工就要停产的威胁。在向上级反映的同时，周凤鸣当机立断，做出采用国产材料的决断。当时做出这样的决定并不容易，体现了"敢想敢干"和"自力更生、奋发图强"的精神。得到报告的国务院总理周恩来指示各部门给予支援，8个工业部的部长带队到厂参观，听取工厂对电子管材料的介绍并表示支援。周凤鸣召集厂内技术人员研究材料替代方案，并表示不能被镍材憋死（同上，第15页）。事实证明，从抗日根据地出来的人是不会被镍材憋死的。

镍材是电子管的主要结构材料，约占全部用料的70%。中国当时还没有找到镍矿，更谈不上制造镍材，而进口1吨镍材要用三四吨对虾或200多吨小麦去换。"国产化"的办法就是开发对镍材的代用材料——主要是复铝铁、镀镍铁和镀镍铜包钢丝。为获得代镍材料的基材纯铁，774厂的工程师唐世五从1956年上半年起就带队奔波于北京、太原和上海之间。在太原钢厂，他们和炼钢工人一起跟班操作，发现问题就请炉长换钢种。为了防止从太原往上海运纯铁时炉号被混，他们决定跟着运纯铁的车皮一起走，忍饥挨饿地走了10天才到上海。1956年秋天，中国第一块双面复铝铁在上海益昌五金厂诞生（使用抚顺301厂生产的铝皮），后由于生产条件转到了上海铝合金材料厂。镀镍铁也是在上海制成的，由益昌五金厂和固华厂轧制，再由精诚厂电镀。当时在上海视察的周恩来总理闻讯还到工厂参观，要求把材料再轧薄一点，结果就诞生了中国的剃须刀片。

替代进口材料的创造性特别体现在无缝镍管的例子上。唐世五和供应科长在上海送料途中，遇到一辆载有医用注射针头的三轮车，马上联想到注射针头用的无缝钢管与电子管阴极所需的无缝镍管相似，便问清生产厂家，找到了生产针头的新生医疗器械厂，请该厂试制无缝镍管。这不过是刚开始——试制无缝镍管先要从沈阳有色金属加工厂取回轧制成的镍带，进行氢气退火，然后包装发送到上海的工厂进行剪裁引伸，再运回 774 厂退火，全部引伸、退火加工要往返三四趟才行（直至在上海解决了氢气退火后才不需运回北京）。1958 年无缝镍管试制成功，第二年就供货 80 万米。不久上海铜仁合金厂也试制成功了无缝镍管和铜包钢丝（《北京电子管厂史》，以下简称《厂史》，第 79–80 页）。到 1957 年，在647 项国外订货的关键材料中，已有 481 项在国内试制成功，协作单位有 12 个省、28 个城市的 68 个企业（《周凤鸣》，第 17 页）。

云母片是全厂 95% 的产品都需要的材料，一年要上百吨的用量，主要依靠从印度进口。当时国内只有四川甘孜的丹巴矿源，但产量很低，无法满足需要。连地质部和建工部也说不出哪里有资源。周凤鸣把几个车间的一把手抽调出来，派到全国深山边疆，自己去开发云母矿源。内蒙古、湖北、陕西太白山、四川、新疆等地，最后确定只有四川丹巴和新疆阿勒泰的云母矿是能用的。为了扩大开采丹巴矿，1959 年，厂里派出 40 人的"云母突击队"到丹巴，从高山往下背矿石，在山脚下选矿石；派去运矿石的汽车队从二郎山、泸定桥、康定到丹巴帮助运矿石（《厂史》，第 89 页）。在阿勒泰地区，774 厂的采购员在新疆建设兵团农十师办云母培训班，同时为帮助采矿又向农十师支援汽车、拖拉机、收发报机等物资（《周凤鸣》，第 81–82 页）。到 1961 年，774 厂用的云母片基本在国内解决，后来还与其他两个工厂一起制定了电子管专用云母的工业标准。用今天的眼光看，周厂长真像是"李云龙"[①]把手下派出去"找枪拉队伍"的气势。

也有的材料是北京电子管厂在掌握技术后向外提供的，玻璃就是一项。工厂从初建就有生产电真空器件专用玻璃的车间，后来经过改造，不断生产新的产品，从 1957 年 7 月开始外销专用玻璃产品，为电光源、半导体、电子管三大工业服务外，还为兵器、气象、原子能等工业和有关科研单位服务。用户平均年达 190 多个单位，行销全国 22 个省市及香港飞利浦公司（《厂史》，第 115–121页）。当 774 厂把自己的供应链建立起来时，它对中国工业发展的贡献其实已经远远超过了生产电子管。

产品开发。按照原设计，北京电子管厂是以生产收讯放大管为主，并在开工初期生产 18 个苏联标准的管型。但工厂在成功制造出原设计规定的产品之后，立刻就开始了一系列的新产品开发。尽管开发这些产品大多需要模仿，但这些产品的开发决策却是超越工厂原设计任务的主动所为。如前所述，周凤鸣早在为建设工厂而到苏联实习期间，就已经形成了未来产品开发的想法。他在 1956 年 8

---

① 李云龙是电视剧《亮剑》的主人公。

月 20 日的《向中央、主席的工作报告》中说，我们建立"特别设计处的任务是分析与研究世界各国有关电子管的资料后，自己单独进行设计新的电子管，而不再是其他国家所大量生产的电子管的翻版，如果只靠'照猫画虎的模仿'，只靠外国供应图纸，我国的电真空企业的科学水平将永远落后于世界水平"（《周凤鸣》，第 23 页）。

就收讯放大管系列来说，开工不到两年，工厂就为满足军需而仿制了锁式管（常用于坦克电台和炮兵电台）。1957 年，工厂开始研制超小型管。这种管体积小、重量轻、耐辐射，能够承受较大的加速度及冲击试验，主要是军用（如导弹）。经过对苏联样管的技术改造，克服了原产品各种缺陷，1958 年生产出了自制的超小型管，并提高了成十倍的生产率。北京电子管厂是国内唯一生产超小型管的厂家（《厂史》，第 22 页）。

新产品开发的最大动作是进入发射管领域。还在开工初期的 1956 年，北京电子管厂就利用苏联零件成功试制出用于通讯和广播发射机的玻璃发射管。那时中国使用的广播发射机都是从苏联进口的，工厂为满足国内的需要迅速组织了对发射管的仿制，又在 1957—1958 年制成满足中短波广播电台和工业高频加热设备所需要的电子管。1959 年中苏关系开始紧张后，苏联不再供应中国各地广播电台使用的两种大型发射管，是北京电子管厂的紧急仿制化解了这场可致全国广播电台瘫痪的威胁（《周凤鸣》，第 25 页）。1958 年，北京电子管厂动用厂长基金①，自行设计、建成了一栋 22500 平方米的厂房，即厂内所称的"802 厂房"，专门用于发展大型发射管、陶瓷管、无缝镍管及后来的半导体器件。

北京电子管厂早期技术成就的里程碑是"八大管型"的研制。1959 年初，国家出于广播宣传的考虑，提出开发 1000 千瓦大型广播发射机的想法。这是一个大胆的想法，因为当时苏联也只生产 500 千瓦的广播发射机。为此，一机部副部长征求了北京广播器材厂（761 厂，生产整机）厂长、总工程师和北京电子管厂（生产发射管）厂长周凤鸣的意见。在得到他们的肯定后，一机部做出开发决定并作为紧急任务下达（《当代中国的电子工业》，第 413 页）。1959 年 3 月，工厂成立了以周凤鸣为首的"八大管型"——即 1000 千瓦大型中波广播发射机所用的 8 种大型发射电子管——指挥部。研制工作是在一无样管、二无设备、三缺工装和材料的条件下开始的，在不到一年的时间，工厂与合作厂自制了 15 种 20 台设备，自行设计和制造了 600 多副工模具，自行解决了钛皮、可伐、瓷件、石墨

---

① 这种基金后来随计划体制的收紧而消失了。

等关键材料^①。同年 7 月，工厂交付了"八大管型"的 67 只样管并通过部级鉴定，9 月收到二机部部长赵尔陆为"八大管型"试制成功发来的贺电（《厂史》，第 299 页）。1959 年国庆节前夕，中国的 1000 千瓦大型广播发射机试制成功，并于 1960 年年初试播成功，它是中国第一部自行设计制造、全部采用国产元器件、在发射功率上具有世界先进水平的中波广播发射机，当时在世界上也仅有少数国家能够生产（《当代中国的电子工业》，第 414 页）。"八大管型"的开发成功使北京电子管厂的技术能力迈上了一个新的台阶。

周凤鸣是一位富于远见的厂长。他在 1957 年就预见到半导体技术的前景，毫不犹豫地依靠总工程师开始了锗晶体管的研制。1958 年上半年，周凤鸣果断决策，以设计科为中心、以试制车间为基础，成立了产品设计所，下设收讯放大管、陶瓷管、半导体器件、行波管、彩色显像管 5 个设计小组（后发展成为设计室）（《周凤鸣》第 114–115 页）。同时，他还在合并机械修理车间和电气修理车间的基础上成立了专用设备设计制造所（同上，第 78 页），为新产品的研制和生产去开发设备。建立这两个所的行动，几乎可以说是开新中国工业企业内设 R&D（研发）机构之先河，直到今天都没有在中国工业中普及。

市场销售。北京电子管厂在规划时被定性为军工企业，计划安排的产品全部是军品，并没有考虑民用问题。但当时按国家下达计划生产的军事通讯用电子管数量还不到工厂产能的 10%，所以这个由国家投资建设的大厂也同样面临产品的销路问题。实际上，在工厂开工前，当大家都在忙于试生产时，周凤鸣已经在考虑大量生产后的市场问题了（同上，第 77 页）。即使是在计划产品的范围内，他也仍然探索更大的需求来源，要求工厂销售部门不能光看上面下达的计划是多少，更要看整机厂的实际需要是多少。周凤鸣经常派干部到用户特别是军工部门去了解需求，然后根据这些需求制定计划再报上级批准（同上，第 26–27 页）。这些做法及其有效性反映了一个事实，在国家发动的工业化过程中，其实计划部门并不知道各种产品的实际需求量以及满足这些需求的渠道，仍然需要并给了企业发挥创造性的空间。

扩大产品销路更重要的途径是打开民用市场。周凤鸣了解到国内市场上还有一批日本占领时期留下的老式收音机，在维修时需要更换电子管，但又因缺乏供应而受到老百姓的抱怨。周凤鸣闻讯立刻找到技术人员商量能否生产。有人反对这样做，认为生产这么落后的管子没有意义。但周凤鸣坚持认为只要有需求就应

---

① 这项工作也得到苏联大功率发射管专家瓦西里耶夫的帮助，见（《厂史》，第 31 页）。

该满足，安排试生产。有一次周凤鸣从《人民日报》的读者来信栏目中看到抱怨红星牌收音机质量的消息，于是就派工厂总设计科的技术人员去了解那种收音机是否用了 774 厂的电子管。当调查人回来说不是时，他就提出来能不能把 774 厂的管子提供给红星牌收音机用。但如果把产品大纲中所列的旁热式小型管供给收音机用时，缺少变频管、整流管和检波管，最好还有调谐指示管。于是，周凤鸣就安排所有这些产品的试制，编制民用产品的技术条件并确定民品的价格。

由于旧中国的市场多系美国电子管，所以国内市场对苏式管子不熟悉。电子管厂派了大量人员走遍全国各大城市，宣传自己生产的产品。利用电台、广告、出版《电子管手册》等手段，于铁路沿线、海关重镇广泛宣传"北京牌电子管"。1957年，北京电子管厂就参加广交会，经与外贸部商量，在广交会中央大厅争得一块橱窗，展出了当时工厂生产的 18 种产品。会后首次与外商达成销售 8000 只直热管的交易。经过艰难的宣传，开拓了市场，使产品每年大量出口（《厂史》，第 182页）。只是这些市场营销手段后来特别是在"文化大革命"开始后被迫取消了。

表 1.1：北京电子管厂的增长

年份	1957	1958	1959	1960
产值（1957 不变价）	2847 万元	8814 万元	18772 万元	33768 万元

资料来源：《周凤鸣与北京电子管厂》，第 32 页。

管理模式。 开工初期，北京电子管厂按照苏联企业的工厂模式实行厂—车间—工段的三级管理体制。从 1957 年起，中国政府开始以自己的传统改造苏联模式。那一年，中央决定把部属企业下放地方，774 厂下放到北京市后也根据当时的政治要求进行精简机构。1958 年"大跃进"开始后，工厂改为总厂—分厂—车间—班组的四级管理体制，推行"两参一改三结合"，推行干部参加劳动和个人参加管理，推行班组经济核算和群众管理。在那个年代和那种体制下，周凤鸣难免也会头脑发热，他提出"一厂变三厂"的想法。1958 年从 6 月到 11 月，工厂连续 7 次招收徒工 6300 多名，使全厂职工总数年底就达到 13078 人。工厂从当年 10 月起也"大炼钢铁"，炼出 121 吨不能用的炒钢，还开展过"十无管理"（无人发工资、无人考勤、无人售饭票等）的共产主义车间试点（《周凤鸣》，第 296-297 页）。除去追求高指标的"过热"行为，群众动员方式有其优点，如工厂官方记载所言："……充分发动群众，信任群众、依靠群众、能洋则洋，能土则土，使车间生产自始至终都保持一派热气腾腾，很少有停工现象的发生"（《厂史》，第 281 页）。

1959 年 10 月，周凤鸣代表北京电子管厂以先进集体单位出席全国群英大会，受到国务院总理周恩来的接见。同年 12 月，工厂被上级部门授予"跃进红旗厂"，从此被称为"红旗厂"。1960 年，北京电子管厂上缴利润达到 1.1856 亿元（厂固定资产为 1 亿元）（同上，第 280 页）。到那时，北京电子管厂成为亚洲最大的电子管生产工厂，而且也是中国第一个生产半导体器件的企业。于是，北京流传开一个"东周西周"的说法："西周"指的是周冠五，即位于北京西部的首都钢铁公司领导人，"东周"就是周凤鸣。这个说法反映出北京电子管厂的地位（与首钢并列为北京最大的两家企业）。

1960 年，周凤鸣调任北京市电机局局长。此前一年他就已经兼任北京市电子口的无线电专业组组长，开始领导北京市率先发展彩色电视工业的规划。彩色显像管的试制由北京电子管厂承担，为此工厂成立了 106 实验室，开始试制三枪三束的彩管。周凤鸣到市里后，组建了一个由十几个企业组成的协作网以解决复杂的零部件和材料问题。后来开发工作取得了重要的进展，但随着周凤鸣又被调到国防部第十研究院，北京市发展彩电的工作停顿下来，工厂的彩管开发也不了了之（尹仪芝 2010，第 188 页）[1]。

初生年代的北京电子管厂是一个高度创新的企业。如果以国家计划对她的原设计任务为基准，她在基本建设、生产制造、产品和设备开发、材料供应、市场销售等所有的基本环节都进行了创新。在从筹建就算起的 10 年时间里，她迅速掌握了引进的技术，在生产出来仿制产品后就立刻主动开发新产品，甚至主动进入与设定产品领域不同的新技术领域（如半导体）；她通过与合作企业的一系列产品创新而创造性地建立起供应链（几乎所有的材料都是产品创新的实例），而且居然还充满竞争意识地进行了市场营销。这段创业史不仅告诉我们当年中国的工业化是怎样进行的，而且还帮助我们理解计划体制是怎么形成的。

北京电子管厂的创建过程还说明，即使是计划体制和公有制也无法否定企业的作用。从该厂的早期创业史看，计划部门（从工厂的上级部门直到国家计委）既不掌握需求的信息和知识（想想当初国家给该厂下达的计划只占其生产能力的

---

① 虽然没有来自文字记录或访谈的直接证据，但不难从逻辑上看出周凤鸣的调动所反映出来的中央和地方的关系。中央在"大跃进"高潮中（1958 年）下放工业管理权限时把北京电子管厂下放到北京市，所以北京市才可能调任周凤鸣为北京市电机局局长，其目的显然是想发展地方电子工业——1950 年代末开发彩色显像管的决策是来自市里而不是部里。随着中央于 1961 年重新集权和上收企业，周凤鸣又于 1962 年被调任国防部第十研究院副院长。周凤鸣任北京电子管厂厂长之前是北京市的干部，所以在北京市具有人脉关系，也对北京市有感情。他对于北京市发展电子工业的意见受到市领导的重视，而且他确实利用了中央的资源支援北京市。因此，周凤鸣又被称为"北京市电子工业的奠基人之一"。周凤鸣后来任国防部第十四研究院院长，1978 年被任命为国家经委副主任，1980 年因病去世。

不到 10%），也不掌握材料供应的信息和知识（想想该厂用的无缝镍管和云母片是怎么来的），更不掌握技术变化的信息和知识（想想该厂开发大型发射管的过程，特别是进入半导体技术领域），所有这些为一个工业经济的运行所必需的信息和知识都是企业创造出来的。但是，计划体制不允许企业的交易和经济活动发生在"体制"之外，所以北京电子管厂每次在创造出来这些经济活动及其背后的知识之后，都要帮助把这些活动纳入国家计划才能使其获得"合法性"。在计划体制比较"谦虚"的阶段，企业的首创精神因为可以帮助计划体制的形成而被允许甚至鼓励，但当计划体制一旦建立起来并进入"傲慢"阶段之后，它就成为窒息企业创造性的"绞索"。

第二节
困于计划体制的工厂：走向僵化

从北京电子管厂走向辉煌的过程中，使她后来走向衰落的"病根"也逐渐形成——困于计划体制。"一五"时期是中国在模仿苏联模式的基础上创建计划经济的阶段，而中国领导人在对苏联模式产生不满后，又采取了群众动员方式来推动经济建设。群众动员方式为发自基层的创造性提供了空间，但在领导人过度追求产量高指标的"大跃进"中，又加重了国民经济的严重失衡和混乱。在1960—1963年的调整时期，国家为渡过经济困难而强化对经济活动的控制，导致计划体制对企业管理的"收紧"。

在整顿"大跃进"带来的管理混乱时，中共中央于1961年9月制定并颁发了《国营工业企业工作条例（草案）》（即"工业七十条"）。虽然这个条例是针对当时的紧急情况，但它从国家角度对企业管理做出的规定，实际上成为计划经济年代国家与企业之间关系的原则，特别体现在这个条例关于"五定""五保"的第八条：

●国家对企业实行"五定"（国家对企业规定的生产要求和提供的生产条件）：（1）定产品方案和生产规模；（2）定人员和机构；（3）定主要的原料、材料、燃料、动力、工具的消耗定额和供应来源；（4）定固定资产和流动资金；（5）定协作关系。

● 企业对国家实行"五保"（企业对国家必须承担的责任）：（1）保证产品的品种、质量、数量；（2）保证不超过工资总额；（3）保证完成成本计划，并且力求降低成本；（4）保证完成上缴利润；（5）保证主要设备的使用期限。

这些规定反映出"国营企业"的第一个特征：企业只是一个完成国家下达计划任务的生产单位，而有关投资、研发、组织设置、营销、企业之间的协调等战略管理职能是由上级主管行政部门承担的。这样的体制不但会压缩企业发展生产性资源的职能，而且也会要求增强行政机构配置资源的职能。在整个1950年代，除了1955年在特定情况下成立了一个负责发展核能的机械工业部之外[①]，中央政府一直保持着由一个工业部负责国防工业的格局。但在1963—1964年，中央政府把与国防工业相关的部增加到六个——第二机械工业部（核能）、第三机械工业部（航空）、第四机械工业部（电子）、第五机械工业部（兵器）、第六机械工业部（船舶）和第七机械工业部（航天）[②]。工业行政部门数量的增加意味着这些部门"专业化"程度的提高，这有利于通过政府力量推动国防工业的发展，但也同时强化了行政机构对企业的操作。更加"专业化"的工业部像"总公司"那样把行业的投资、产品、研发、人力资源配置等更多地掌握在自己手中，迫使企业越来越向单纯生产工厂的方向演化。

在1960年代初的三年经济调整之后，中国在与美、苏发生战争冲突的威胁下开始大规模的"三线"建设。在后来十几年的时间里，国家新增固定资产投资的大部分投向"三线"，事实上挤压了对一线企业的投资。这个过程反映出"国营企业"的第二个特征：在计划经济注重扩大工业规模（外延式扩大再生产）的同时，企业缺乏依靠技术进步和生产率提高来发展（内涵式扩大再生产）的条件。从理论上讲，国家与企业之间的财务关系是"统收统支"——企业实现的利润全部上缴国家，然后国家根据企业的需要提供投资。但在实际过程中，这个看上去是双向的关系往往变成单向的。由于国家的决策过程是政治性的，所以一旦国家在财政上遇到困难，

---

① 1955年1月，苏联政府主动提出向其他社会主义国家提供发展原子能技术和工业的援助。同年1月15日，由毛泽东主持的中共中央书记处扩大会议做出中国发展核工业的决策。1956年11月，人大常委决议设立第三机械工业部（原子能事业部），后改为二机部（见注②）。

② 新中国成立之初，国防工业由重工业部下设的兵工总局负责。1952年8月，中央政府把重工业部划分为第一机械工业部（主管民用机械工业）和第二机械工业部（主管国防工业，由赵尔陆任部长）。1956年，成立第三机械工业部（主管核工业）。1958年2月，又把一机部和电机制造工业部与负责国防工业的二机部合并为一机部，同时把三机部改为二机部。1960年9月，再次把国防工业（即原二机部所属单位）从一机部划分出来，成立三机部，仍然负责国防工业建设。1963年2月，在组建第四机械工业部（电子工业部）之后，又把原三机部按航空工业、常规兵器、造船工业分设为三个机械工业部，即三机部（航空工业部）、五机部（兵器工业部）、六机部（船舶工业部）。1964年，决定成立第七机械工业部（航天工业部）。

主要受政治因素影响的财政决策就不会考虑企业的需要，受政治目标驱动并由行政机构实施的外延式工业扩张往往把老企业当作汲取资源的对象。

"国营企业"还有第三个特征：由于就业和劳动报酬都被纳入计划过程，所以职工与企业之间的关系越来越成为职工与国家的关系（干部是国家干部，职工也是国家职工）。在对经济的计划和行政控制不断加强的同时，"阶级斗争"的政治空气从 1962 年以后也越来越浓，一直发展到历时 10 年的"文化大革命"。在这些条件下，工业劳动关系逐渐走向"铁饭碗"和"大锅饭"体制。北京电子管厂后来的经历与这些趋势息息相关。如果理解这几个特征，就可以理解为什么曾经那么辉煌的北京电子管厂会走向衰落。

支援新厂及内地建设和援外工程 [①]

在从 1960 年代初到改革开放前夕的近 20 年里，中国在技术和工业发展上走了一条自力更生的道路，而北京电子管厂也在这个阶段保持着技术进步。她在电真空技术领域的产品开发有两个主要的特点。第一，技术和产品开发越来越多地以西方国家的产品作为跟进目标。第二，开发决策越来越多来自上级行政部门，新产品的开发以满足军用和政治任务为主。

在**收讯放大管**领域，**直热式管**和**旁热式小型管**是工厂原设计的产品系列，从工厂开工之初到 1970 年代末，这两个系列的品种分别从 4 个和 7 个发展到 16 个和 73 个。**锁式管**、**超小型管**和**宽频带高跨导框架栅管** 3 个系列都是工厂在开工后主动开发出来的，其中后两者是国内独家产品。1963 年，工厂为满足军方仿制美国响尾蛇导弹的需要，以美国超小型管为目标开发出低噪声超小型管，到 1966 年就生产出来 6 个品种，截止到 1970 年代末共研制生产了 48 个品种的超小型管。宽频带高跨导框架栅管（能使微弱电视信号达到长距离传输）于 1958 年开始研制，1961 年开始小批量生产，1965 年开始大批量生产，品种不断增加，到 1982 年共销售 344 万多只，而且出口很多。**高可靠管**和**长寿命管**则是在进入 1960 年代后开发出来的新系列。高可靠管是在极恶劣环境、高加速剧烈运动及大冲击等条件下仍能够稳定工作的管子，主要是军用和科研用，工厂从 1962 年开发出第一批高可靠管，到 1980 年代初已有 30 多个品种。长寿命管是适应通信和海底电缆的需要，寿命越长越好，工厂开发的长寿命管普遍达到 5000 小时以上，最高达到过 60000 小时，相当于国际先进水平。

继"八大管型"之后，北京电子管厂开发**大功率发射管**的技术目标转向西方

---

① 这部分内容的信息来源见《厂史》，第十章。

国家。1960 年代的世界先进水平是美国的金属陶瓷四极管，用于发射机时功率高、能源省。四机部多次研究，都觉得应研制这种管型，但苦于技术难度大，缺乏经验。1963 年，正值中国科学院上海硅酸盐研究所发表高氧化铝瓷与金属封结工艺的研究成果（包括陶瓷生产），774 厂总工感到陶瓷管的关键工艺和材料都已有初步保证，于是决定仿制美国的金属陶瓷四极管。1965 年，在北京广播器材厂研制中国第一台 500 千瓦短波广播机的迫切需要和支持下，774 厂联合清华大学研制出中国第一只金属陶瓷发射管 FU-104Z，从此大大提高了中国广播机的水平。在这个过程中，又自行设计试制了多种管型。1968 年 9 月，774 厂又研制出特大功率的陶瓷四极管 FU-106Z（"6895"工程），经过几年的改进于 1974 年定型投产。此外，工厂又在 1970 年代末形成脉冲调制管系列（用于雷达）和 1980年代初形成工业加热管系列，使该厂的大型电子管广泛地用于广播、电视、通讯、雷达、工业加热等领域。

中功率发射管从 1956 年开工时的 5 个品种发展到 30 多个品种，在 1960 年代中期开发出来的 5 种特军管被用于导弹工程和歼击机通讯。1963 年开始研制**中小功率陶瓷管和脉冲陶瓷管**，多用于机载仪器、导弹、卫星。1960 年开始研制**行波管**。1965 年，四机部要求 774 厂为中国电子对抗的需要研制行波管，以被击落的美制 U-2 和 P2V 飞机残骸上的电子管为样管进行仿制。到 1966 年，工厂研制成功 7 种行波管，装备了中国第一代电子对抗机（《厂史》，第 47–48 页）。1973年 6 月四机部在西苑饭店召开了"736 会议"，为发展电子对抗规划了各电子管厂的新产品开发任务。北京电子管厂到 1970 年代中期就研制出 13 个品种的行波管（到 1980 年代中期共 40 多个品种，居全国首位），有力地支撑了中国电子对抗的发展。

北京电子管厂在建厂时就有一个很小规模的**充气管**车间，生产一个品种。1964—1965 年，根据四机部的决定，将全部充汞闸流管移交沈阳灯泡厂，结束了充汞电子器件在 774 的生产历史。1974—1975 年，根据四机部的决定，将全部充气闸流管、稳压管和冷阴极触发管移交给宜昌电子管厂，一部分技术干部和工人随之支援该厂。至此，在产品移交前，充气管车间已具有生产各种型号闸流管和稳压管 33 万只的生产能力。

充气管业务被上级主管部门全部划走的做法，反映了北京电子管厂在改革开放之前 20 年里的一个主要经历，即支援新厂建设、三线建设和援外工程。事实上，北京电子管厂在建成后不久的 1958 年前就开始了支援地方、援建新厂的工作。她曾向四川成都的 773（红光电子管厂）、776 新建厂输送了 200 多名建厂骨干。1960 年，向外输送了 90 名车间以上干部，曾被当时领导机关评为输送人才工作的红旗单位。

当三线建设大规模开始后，北京电子管厂作为"老企业"，成为上级行政部门汲取技术、人才和资源的基地。第一个重大的动作是四机部于 1964 年 9 月决定，把北京电子管厂的钨钼分厂全部搬迁到四川成都（搬迁 1965 年 6 月结束），与 766 厂（成都前锋无线电仪器厂）的材料分厂合并成立 745 厂（西南专用材料厂）。钨钼丝是制造电子管的基础材料，在北京电子管厂筹建中就设计有钨、钼材料车间，其成套设备和技术从苏联引进，试生产时的用料也是苏联提供的。在后来的 10 年间，北京电子管厂改进了设备，实现了材料的国产化，而这个车间也发展成为分厂，生产的各种钨钼制品及杜美丝比原设计产量平均增长 4 倍，除满足自用之外还供给全国的灯泡厂和电子管厂，完全扭转了中国钨钼丝材料原来靠进口的局面。1965 年搬迁时，她向新厂输送职工 800 名，设备仪器近 300 台，甚至连生产和生活必需的床、椅、桌、凳等全部搬走，耗费搬迁费 60 多万元[①]。

1965 年，四机部决定将北京电子管厂分为三个生产工厂：北京电子管厂（774 厂）、北光电子管厂（775 厂）、建中机器厂（700 厂）和一个物资供应处、公用事业管理处，自同年 7 月 1 日起各单位独立核算。其中，775 厂原是北京电子管厂的大型发射管分厂，四机部军管会于 1970 年又把 775 厂并回到北京电子管厂；700 厂原是北京电子管厂的专用设备分厂（在厂后区新征 5.4 公顷土地建设的 5000 平方米厂房），包括了 1958 年成立的专用设备设计制造所，是为了解决新产品所需专用设备发展起来的[②]。这种分立与把企业当作专业化生产工厂有关，也可能与当时工业部内部的体制有关。由于工业部内部的机构设置（司、局、处等）都是按产品划分的，所以企业生产多种产品会给行政机构带来麻烦。无论真实的原因是什么，可以看出当时把企业当作行政机构附属物的趋势越来越明显[③]。

1966 年 1 月根据四机部指示，北京电子管厂取消产品设计所（一所）建制，该所原有业务除小陶瓷管部分之外，全部移交给在四川省广元成立的 779 厂（旭光电子管厂），主要领导和技术干部、技术工人也在支援之列（输送干部 140 人，技工 244 人）。留下的小陶瓷管业务成立小陶瓷管实验室。产品设计所是 1958 年由第一任厂长周凤鸣决定成立的，专门从事新产品开发，曾研制出行波管、中小

---

① 745 厂于 1989 年更名为成都东方电子材料总厂，1994 年改制为成都虹波实业股份有限公司。
② 700 厂已经纳入今天生产半导体制造设备的北京七星华电集团。
③ 另一个类似的例子是四机部于 1964 年 4 月撤销 718 联合厂（华北无线电器材联合厂）建制，将其分立为部属的 706 厂、707 厂、718 厂、797 厂、798 厂及 751 厂。

功率陶瓷管、高可靠电子管、超小型管和半导体器件等 148 个新产品。该所被撤销并移交给另一个工厂（还有被分立出去的设备所），说明北京电子管厂已经被迫远离那个曾经充满主动创造性的工厂了[①]。

1965 年 3 月，按四机部决定，将几种大型玻璃发射管的生产移交给 777 厂（辽宁锦州），将两条民用小型收讯放大管线和两条中型发射管的生产线移交给了 770 厂（长沙曙光电子管厂），与产品同时移交的还有设备 66 台、仪器 36 件和人员 205 名（《厂史》，第 308 页）。1966 年，773 厂显像管生产任务不饱和，部里要求厂里将两条收讯放大管生产线移交该厂，还输送了成套的干部、技工及设备仪器。

北京电子管厂还承担了"包建"新厂的任务。1966 年，四机部决定北京电子管厂包建 4402 厂（春光电工厂），厂里于同年 5 月成立包建筹备组，把本厂生产的框架栅管、高可靠管、超小型管、国防尖端配套仪器管作为 4402 厂主要产品，并支援了 30 多名技术骨干。由于"文革"的影响，4402 厂到 1970 年才动工建设，地点设在山西晋城市沁水县端氏镇[②]。1970 年，国务院决定在陕西宝鸡抢建一个大型广播发射电子管厂（4401 厂），指定 774、777、779 厂共同包建，支援了 489 名生产技术骨干和部分设备。

同时，北京电子管厂还承担了艰巨的援外任务。从 1961 年到 1980 年的近 20 年内，承接了援朝援罗共三项工程。1960 年 10 月，中国和朝鲜达成协议，为朝鲜建设一系列电子工业基础工厂。作为支援建设朝鲜熙川电子管厂（代号 3874 工程）的主厂，774 厂不仅帮助建设了厂房，提供成套技术设备和资料以及各种生产必备的原材料，还培训了 100 多名朝鲜实习生。1969 年 3 季度开工后，中方同意在熙川电子管厂内援建超小型电子管车间，即 34 项目。1976 年 3 季度，774 厂为罗马尼亚提供了全部生产技术资料，包括设备仪器、工装材料和散件等，前后历时 5 年完成两条生产线的援建任务。

在半导体技术上的努力[③]

最能说明部门计划体制限制企业创新精神的例子是北京电子管厂的半导体历

[①] 在 1977 年 10 月由北京电子管厂革委会拟定的《七七四厂五年科技工作设想（讨论稿）》中有这样一段话："经过十多年的实践，我们认为一部分有继承性的产品可以在车间试制，但非继承性的新品在车间试制周期特长往往被生产挤掉，此外我们不从新设计新结构新工艺预先试验掌握，没有技术储备，不摸索和掌握新技术发展方向，就会跟不上形势发展，落后，必须考虑成立设计所"（北京电子管厂档案，该文件第 11 页）。其实这是想重新建立设计所——在几十年之后读到这些文字时，真感到"字字血泪"。

[②] 该厂于 1980 年代末搬迁至石家庄。

[③] 见《厂史》，第四章。

程。半导体晶体管在 1950 年代初成为电子工业的新技术领域，因小巧、省电、长寿等优点受到各国的重视，发展迅猛。1956 年，周恩来总理领导制订的中国"十二年科技规划"，把半导体列为仅次于导弹和原子弹的重点领域，一些国内的科研机构和大学随即开设半导体专业。

如前所述，北京电子管厂对半导体技术的自发关注还要追溯到周凤鸣在苏联实习的时候。1957 年夏，他派工程师王正华去北京师范大学参加半导体物理学习班，回来后即筹建半导体实验室，开始了对锗材料和锗晶体管的研发（半导体设备全部是自己制造的）。1958 年 9 月，工厂技术人员根据苏联提供的图纸完成了区域提纯机的制造，能将 99.9% 的锗锭提纯为 99.9999% 以上的高纯锗。**1959 年 2 月，工厂拉出了第一根锗单晶——这是中国企业拉出的第一根单晶**，制定出一套利用本国提纯的锗锭和锑进行掺杂拉晶的计算方法，并制定出制造二极管、三极管的锗单晶技术要求。因此，虽然 1960 年苏联停止供给锗材料的情况下，也没有影响锗器件的正常生产。

1959 年，王正华接受解放军总参谋部仿制响尾蛇导弹的任务，以带回的 4 只半导体二极管为样品，一个月之内做出管子。同年，周凤鸣带领王正华接受北京市要求研制硅单晶的任务，按照带回的拉制炉蓝图制造炉子，开始研制硅材料和硅器件（曾试制硅合金三极管）。中国工业对硅材料和硅器件的研发是 1958 年由 718 厂（华北无线电器材联合厂）开始的，1959 年 9 月 9 日，该厂的硅半导体车间拉出来第一根硅单晶（1964 年，四机部决定把 718 厂的硅半导体车间划给北京电子管厂，见下）。到 1959 年年底，北京电子管厂从事半导体生产的职工已有 200 人，年产二极管近 100 万只，三极管 3 万只，锗单晶和零部件全部自己生产。

在 1960 年代初的经济困难时期，初生的半导体车间一度陷入十分困难的境地。车间为了寻找半导体销路，对外派人去上海调查；对内精兵简政，转向以民品为主，着眼于产品质量的提高。工厂还组织了技术骨干于露天搭棚，研制半导体专用设备：真空合金扩散炉、氢氧烧结炉、化学清洗台、晶体管测试台等，装备了半导体车间。当时的厂领导上半导体的决心很大，林巍副厂长和总工分别从日本和法国考察回来，都认为半导体是电子技术的前沿，一定要上，而且提出要占领三个高地（台式管、平面管和集成电路）。林巍副厂长曾亲自与 714 厂（南京无线电厂，熊猫集团前身）签订协议，支持该厂大上半导体收音机，以促进半导体器件的发展。

1962 年，聂荣臻副总理领导修订了科技十年发展规划，包括 774 厂王正华在内的专家规划小组提出，发展半导体应从民用入手，形成社会需要，跳出苏联框框，重点搞好一两个半导体厂。1963年，四机部领导也提出要扫掉部里对半导体器件的消极态度。1963年，日本首次在中国展览半导体产品，参观半导体收音机的观众在街头排起长队。1964年，北京市组织半导体收音机联合攻关，由北京电子管厂承担半导体晶体管的生产任务。这次联合攻关于1964年10月"胜利结束"，其成果是第二年开始批量生产的"牡丹"牌半导体收音机（《当代中国的电子工业》，第420–421页）。此时上海开始大上半导体，林巍厂长说："不把774厂半导体搞上去，我死不瞑目。"厂里把直热式电子管厂房改成了半导体厂房，在802厂房组建了半导体实验室，并抽调了大批无线电技校毕业生到半导体车间当工人。

到1964年2月，四机部决定调整半导体厂点。6月将718厂的硅半导体车间给了北京电子管厂，组成了十分厂。由七车间负责半导体材料的生产，三车间负责硅二极管及平面管，四车间负责锗合金扩散管，十车间负责锗低频管，半导体实验室负责硅平面管和集成电路的试制。同年，组建年产300万只锗低频小功率管生产线并于1965年投产。至此，北京电子管厂从开始由一个单一的电真空厂变成了既能大量生产电子管又能大量生产半导体器件的大型电子企业。到1972年7月，半导体分厂扩大为11个车间。至此，北京电子管厂的半导体器件品种、质量产量发展很快居全国领先地位，成为当时研制生产半导体器件的主要基地之一。

四机部为使全国半导体器件工业能够迅速发展，不断要求774厂向全国各地移交锗、硅器件的生产线。从1967—1968年，774厂陆续将几条锗管生产线移交给地方工厂，自己只剩下一条锗低频小功率管生产线。1967年，遵照四机部的决定，774厂将新组建的硅二极管全部内迁贵州凯里成为873厂（永光电工厂）[①]，同时输送干部67人，技工113人。1968年，四机部把银川新立织造厂改建为4430厂（宁光电工厂），生产半导体器件，774厂将从日本引进的成套设备支援了4430厂，并输送干部58人，工人85人。1971年，774厂援建贵州083基地的4433厂（风光电工厂，地点在贵州都匀，生产半导体器件），并输送30多名技术骨干。4433厂的第一任厂长就是曾任774厂副厂长和厂长的林巍。

随着国外半导体集成电路的迅速发展，北京电子管厂于1964年底开始筹建集成电路的研制机构，并于1965年7月1日以自制的简陋设备研发成功第一块集成电路，向党的生日献礼。1966年研制出机载小型计算机的驱动器，但成品率

---

① 现在是中国振华集团永光电子有限公司。

低。1968—1969 年，工厂使用"土法"改造了 2000 平方米的老食堂楼，建成集成电路生产车间，随即又把原来的四车间改为线性电路车间。1969 年第一季度，成立数字电路、线性电路、大规模集成电路和超高频微波器四个"连"，同年下半年开始批量试制，产量 1 万块，1970 年完成 50 万块。与北京航空学院（北京航空航天大学的前身）共同研制了为无人驾驶飞机用的集成电路，还开发了为 09 工程（核潜艇工程）、705 工程、702 雷达计算机、北大 150 计算机等所用的集成电路。该厂生产的集成电路有用于中国第一颗人造卫星广播东方红乐曲的计算机上，也有用于军用电台和民用整机上。

国外集成电路技术的迅猛发展促使中国开始重视这个新兴工业，但政府发展新工业的思路和方式不是依托现有的企业，而是新建专业化的工厂。1968 年，四机部军管会决定在北京无线电工业学校（毗邻 774 厂）的基础上，筹建北京东光电工厂（878 厂）[1]。该厂是中国第一个集成电路企业，最初的技术力量来自 774 厂研究集成电路三室的全部人员、设备、仪器，以及北京实验科学仪器厂的部分人员和全部设备（《北京东光电工厂厂史》，第 4 页）。在起步阶段，878 厂不仅送工人到 774 厂接受培训，而且当时所需要的图纸、资料、版、外延片都是从 774 厂带来或要来的；在试制电路时，光刻的片子参数不稳定，需要多次返修，测试时要把片子拿到 774 厂做对比测试（同上，第 10–11 页）。

1973 年 1 月，四机部军管会决定将北京电子管厂的集成电路业务（包括 MOS 电路、线性电路及数字电路）全部划给 878 厂，包括生产技术骨干人员 107 名（110 名）和仪器、设备 88 台。这次划拨重创了北京电子管厂的半导体业务，致使一分厂的 1 至 4 车间下马，只留下少部分技术力量组成分厂的电路试验室，以研究半导体工艺为主继续研制集成电路。使全厂半导体器件的研制和生产跌入低谷，尽管后来还研发了应用于尖端武器、车载电台以及电视机的集成电路。从事后看，这次划拨最深远的影响是使北京电子管厂的半导体业务很难再列入国家投资的项目，因为已经有了专业厂。事实上，北京电子管厂直到 1980 年代中期都没有适应半导体生产的洁净间，只能使用老旧的厂房和设备。1984 年，厂里奉命将锗器件生产线（1G2）分别移交给了江苏南通晶体管厂和山东临沂半导体二厂生产。从此结束了北京电子管厂的锗器件生产。

根据北京电子管厂的不完全统计，从 1956 到 1984 年的 28 年间，她援建部属的厂、所 18 个，援建地方的厂、校 13 个；共输送干部约 2186 名（其中，中

---

[1] 北京东光电工厂是由北京无线电工业学校改建，1970 年验收投产。1980 年建成 1344 平方米洁净车间，并从外国引进前部工序的关键设备组成生产线（见《当代中国的电子工业》，第 422 页）。

层以上干部 140 人，工程技术人员 1181 人）、技工 1362 名（《厂史》，第 165 页）。在她历年开发出来的 500 多个产品中，有 230 多个被上级主管部门划拨到其他企业生产[1]。在三线建设中，援建者和被援建者都充满了牺牲精神。今天，当追寻北京电子管厂曾经支援过的那些工厂的下落时，只能得到满目苍凉，令人感慨当年为三线建设做出的牺牲没有得到足够的回报。

在"文革"期间，北京电子管厂同样陷入过混乱，老红军出身的党委书记熊杰被当作"叛徒"审查多年，甚至连周凤鸣也被拉回来游斗过，也出现过两派之间的"武斗"。1967—1973 年，工厂被实行军事管制。在那些年里，后来被诟病的"铁饭碗""大锅饭"和"企业办社会"等问题逐渐成为以国有为主的中国工业的结构性特征。被国家控制的劳动就业和工资关系变得越来越僵化（十几年间只调整过一次工资），企业内部的社会关系结构也因为人员很少流动而开始复杂。北京电子管厂也同样表现出这些趋势。从 1960 年代初起，北京电子管厂近 20 年里基本没有建住房（《厂史》，第 233 页），在职工生活仍然依赖就业场所的条件下，还"欠账"成为企业在 1980 年代不得不承担的刚性任务，使这些在 1960 年代和 1970 年代累积下来的社会成本成为企业在改革年代的沉重包袱。

回顾历史，一个令人惊愕的事实是北京电子管厂的经济规模在 30 年里一直没有扩大。她在第一个十年（1956—1965）的平均年利润为 4300 万元；第二个十年（1966—1975）的平均年利润降为 3700 万元；第三个十年（1976—1985）的平均年利润进一步降为 1800 万元[2]。直接的原因很简单——在生产成本和社会负担逐渐膨胀的同时，工厂的产品领域和生产能力基本保持不变。在那个年代，四机部要求北京电子管厂成为"多品种、小批量、高精尖产品的科研、试制、生产基地"，实际上把她当作扩张电子工业的产品开发基地。作为国营企业，北京电子管厂支援中国工业发展是理所当然的，何况她自己在建厂初期也得到过支援。但由行政机构直接操作企业的方式，却严重限制了北京电子管厂形成规模经济能力。在近 20 年的时间里，她虽然一直上缴利润，但再也没有得到过足以实质性改变产品结构或实现技术升级的投资，基本上维持着原有的产品结构和生产能力。从 1956 年建成投产直到改革开放之初，唯一的基建是 1958 年 6 月为发展大型电子管建成的 802 厂房[3]。工

---

[1] 《关于我厂经济情况的报告》，1989 年 12 月 19 日，北京电子管厂档案。
[2] 张红飚访谈，2013 年 3 月 23 日。
[3] 1957 年，在周凤鸣主持下提出了进一步发展的规划，建设 801、802 厂房。801 主要用于发展钨钼丝生产，目标是满足全国电光源生产的需要。802 用于大功率发射管、充气管、超小型管、陶瓷管，并建立产品设计所。资金来源是厂长基金（57 页）。802 厂房建筑面积约 2.3 万平方米，投资 5000 万元（297 页）。后来未全部实现，钨钼厂被迁往三线，另建超小型管厂（山西 775 厂），所以 801 厂房未建。

厂在 1962 年又搞了新的总体设计规划，获批准但并没有实施。此后，三线建设不仅挤压了对一线工厂的投资，而且北京电子管厂还要承担援建、包建新厂的任务，技术改造就更提不上日程[①]。在"文化大革命"的 10 年里，对工厂的军事管制长达六七年，熟悉情况的厂部领导靠边站，而军管会内部又意见分歧，工厂从来没有得到较大的改造项目（《厂史》，第 283—284 页）。更致命的是在四机部里存在着一个强大的惯性思维势力，始终认为电子管厂就应该发展电子管。于是，当北京电子管厂进入改革开放年代时，她已经老化了。

尽管计划体制的缺陷阻碍了企业的发展，但自力更生的年代并非没有宝贵的东西。当我们在 2013 年 5 月访谈一位京东方的研发负责人时，这位经历过两个时代的资深工程师（他于 1985 年大学毕业进厂）回忆了北京电子管厂的研发风格[②]：

> 我进厂的时候，单晶炉什么的都还在那儿。工厂的技术虽然落后了，但却是一个完整的体系，自己什么都会做。例如，现在的年轻人一搞开发就会说，没有这样的材料或设备就没法做，总认为有很多制约。但我们在电子管厂开发新产品的时候就不受这种制约，需要什么就自己做什么，包括测试的仪器、设备、工具都可以自己做，不出工厂院子就能自己做。……我在那儿受益特别大。因此，我现在做技术开发的时候就保持这么一种观念：无非是把（协作）圈子扩大，让其他人来配合你做，没有现成的材料、设备都不是障碍，障碍是没有帮手。搞技术开发不是看有没有现成的设备、材料，这些都要靠自己去找，无非过去是在工厂院里找，现在是找其他厂商配合。只要你的技术提案有价值、想法有价值，其他厂家都可以配合你。我的这种思想就是在那个时候形成的。那时没有那么大的胆子搞全新的技术，但现在回想起来，原来技术开发是可以那么干的。

他的解释既说明今天的人们丢掉了什么，也说明可以继承什么。

---

① 官方编写的《当代中国的电子工业》是这样说的："从一九六六年到一九七六年，国家对电子工业三线建设投资近 26 亿元，约占电子工业三十五年基本建设投资总数的三分之一"（第 69 页）；"在三线建设期间，电子工业基本上把全部财力、物力、人力用于三线山区，原有的骨干老厂未能进行设备更新和技术改造，这种重内地、轻沿海、重外延、轻内涵的建设方针，给以后的调整工作带来很大困难"（第 71 页）。
② 皇甫鲁江访谈，2013 年 5 月 30 日。关于他的介绍见第四章。

第三节
遭遇技术替代和市场替代：走向衰落

中国从 1970 年代末进入改革开放时代，此后经历了结构调整的经济发展表现出两个趋势——重视消费品生产和大规模引进外国技术。在这个背景下，从出生起就属于国防工业的中国电子工业也开始了从"以军为主"向"以民为主"的转变，虽然这个转变并不容易①。1979—1980 年，国家下达给北京电子管厂的计划任务连续下降，民用产品的比重已经明显超过军用②。尽管她的固定资产已经老旧，但仍然是一个具有较强技术能力并掌握着许多技术的企业。直到 1980 年代上半期，北京电子管厂仍然是属于军工企业，在国防现代化的热潮中为国防项目开发电子设备。但是，她很快就遭到市场变化的冲击。

进入 1980 年代以后，随着国民经济的不断调整和大规模引进外国技术，一场半导体替代电子管的风暴逐渐向北京电子管厂袭来。收讯放大管曾经是她生产规模最大和最具市场优势的产品，其品种从开工时的 11 个发展到最多时的 148 个，年产量从开工年度的 22 万只上升到 1960 年代最高时的 2860 万只。在开工后的 30 年里，北京电子管厂在国内共销售收讯放大管 17270 万只，占同期全国电子管总产量的 50%，为中国的经济发展和国防建设做出了巨大贡献。从 1957 起，工厂的收讯放大管就进入国际市场，历年都有出口，直到 1983 年还向 18 个国家（包括英、美、法）出口了超过 20 万只。但随着半导体和集成电路对电子管的替代，北京电子管厂的收讯放大管市场到 1980 年代上半期急剧收缩，在仍然占据 60%—70% 国内市场份额的条件下只剩下 30 多个品种，而 1985 年的产量只有 160 万只——不过是顶峰时期的百分之几（《厂史》，第 12 页、25 页）③。当技术替代袭来时，企业在原有领域的技术能力再强也会变成无用。

面对急剧变化的形势，工厂做出了许多努力来适应这些变化。生产收讯放大

① 从 1979 年到 1982 年，大批电子工业企业发生亏损。1981 年，部属企业中，有 37 个亏损，占电子部直属企业的 20%。1982 年地方企业中有 700 个亏损，占地方企业的 33%，有 15 个省、自治区全行业亏损。由于这些电子企业的"客户"大多是国家，因此需求与国家政策紧密相关。1979 年后国家调整产业结构，压缩过大的基本建设，使得军工电子产品订货连续几年大幅度下降。在 1980、1981 两年中，四机部直属企业中有 30% 安排的任务达不到生产能力的一半。而以军品为主的地方电子企业的任务更是严重不足。这些企业基本是按军事工业的要求建设发展起来的，长期存在军民产品结构不合理的问题（《当代中国的电子工业》，第 74 页）。

②《中共国营北京电子管厂委员会工作报告》（1980 年 9 月），北京电子管厂档案。

③ 根据《北京电子管厂一九八三年工作安排》（北京电子管厂档案）的数据，1983 年的订货量仅为 1982 年的 40% 左右和 1981 年的 30%，同年的实际生产数量只占工厂生产能力的 10% 左右。1985 年的产量数字见厂长张红飚的发言《团结一致，坚持改革，艰苦奋斗，奋勇前进》，1986 年 2 月 20 日，北京电子管厂档案。

管的二分厂在走访全国主要用户后，下决心在 1983 年把 51 条生产线压缩为 26 条，同时组建了半导体后部车间，着手试制了新产品，还组织出口电子管[①]。生产大型管的三分厂派人深入边远地区，一年内走访用户 400 多家，为扩大生产适销对路的产品去掌握用户的要求和信息。市场部为打开上海地区的市场，经常到各整机厂上门服务，协助他们做样品试验。在电子管市场收缩的条件下，工厂生产的半导体分立器件迅速增加，为军用整机、电视机、民用电台、差转机、工业加热、仪器、收录机开发成套晶体管、集成电路和二者混合的具体方案，还与一些整机厂联合试生产收录机、收音机等。还上了一些新项目如砷化镓器件、液晶显示器等，各分厂还纷纷生产第二产品，如太阳能灯、电子手表、远红外加热器、音箱等（《厂史》，第 97 页）。利用闲工发展适销民品生产和劳务加工。除了保持过去的远红外、太阳能、各种高纯气体、玻璃制品、设备制造和模具加工以外，还研制了舞台灯具、卡片机等一批新产品。

但是，这些产品对于企业产品结构的变化都只是边际性的，至少从量上来讲是如此，不足以抵销电子管市场的萎缩，更不足以使企业走上增长的道路。从今天事后的观点看，要实质性地改变工厂的产品结构，就必须通过足够的投资使企业能够生产大批量的新产品。从北京电子管厂的强项看，这样的新产品只可能有两类——彩色电视显像管和半导体器件（包括分立器件和集成电路）。但由于企业不仅受困于当时的计划体制，而且国家的技术政策又发生巨大转变，所以北京电子管厂丧失了以新的产品结构转向民用市场的机会。以下我们按照该厂的历史顺序，依次说明她是怎样失去这种机会的。

在"改革开放"开始后的 20 多年时间里，彩色电视机（以下简称彩电）成为中国电子工业最主要的产品[②]。电视作为可以同时传送图像和声音的通信方式，在"文革"后安定下来的社会生活中成为家庭主要的娱乐工具，而外国彩电在中国市场上的出现，更加勾起人们的消费欲望，使整个社会迸发出巨大的需求。电视广播以英国和美国为先河，到 1950 年代初，苏联、法国、意大利、西德和日本等 10 多个国家开始了黑白电视广播。1954 年，美国首开彩色电视节目。在整个 1960 年代，世界的彩电技术和生产迅速发展。到 1960 年代后半期，电视机已经在发达国家普及，半导体器件开始逐步替代电子管。进入 1970 年代，率先实现彩电全晶体

① 《北京电子管厂一九八三年工作总结》，北京电子管厂档案。
② 1980 年代，彩电的产值占中国电子工业产值的比重高达 56%，这种状况曾经被称为"电子工业命系彩电"（中国电子视像行业协会 2010 年，第 1 页）。直到 21 世纪的最初几年，中国电子信息百强企业排名的前 10 名都以彩电企业为主。

管化和集成电路化的日本工业逐步取得优势，成为世界彩电工业的领先者。

中国电视工业的起步并不晚，但在后来的年代里发展缓慢，拉开了与世界先进水平的差距。中国的第一台黑白电视机是 1958 年 3 月由 712 厂（天津无线电厂）在模仿苏联技术的基础上研制出来的（同年 10 月，北京和上海两个电视台相继正式开通），后来的批量生产由 773 厂（成都红光电子管厂）提供显像管，774 厂提供电子管，718 厂提供部分元件。在整个 1960 年代，中国黑白电视机的年产量不足 1 万台。1970 年初，为跟上世界潮流，政府曾经组织过"全国彩电大会战"，提出开发自己的彩电制式（标准），实现晶体管化，彩电要普及到大队（村）。1972 年尼克松总统访华后中美关系解冻，中国开始考虑从国外引进彩色显像管制造技术，四机部组团先后去日本、美国考察和谈判，但由于 1974 年的"蜗牛事件"，致使引进工作中断[①]。从 1971 年 9 月 712 厂试制成功中国第一台彩电到 1980 年底，中国生产的彩电不过 5 万多台（同期生产了几百万台黑白电视机）（《当代中国的电子工业》，第 197 页）。

粉碎"四人帮"并正式结束"文革"之后的 1977 年，中央重提引进彩电技术，并在 1978 年取得引进谈判的突破，决定从日本引进成套技术建设陕西咸阳彩色显像管厂（4400 厂，后来的彩虹集团）。随后，国家又批准从日本引进三条彩电生产线，分别安装在北京电视机厂、天津无线电厂和上海电视一厂，并先后于 1981—1982 年投产。至此，通过技术引进发展彩电工业的政策逐渐形成。

当"技术引进"的大门打开之时，中国工业发展的动力源也在发生转变。从 1978 年开始，伴随着"分灶吃饭"式的国家财政体制改革与行政审批权力的下放，地方政府发展本地经济的积极性大大增加。在久被压抑的消费需求被释放出来时，彩电成为消费热点，而通过引进生产线进行组装生产又不是一件很难的事。于是，在巨大市场需求和较高利润的诱使下，全国各地在 1980—1985 年期间迅速引进了 112 条彩电整机生产线（另有 15 条黑白电视机生产线），生产出 50 多个品牌，但其中由中央政府审批的只有 6 条线[②]。在所有引进的彩电生产线中，除极个别的引进香港、德国的外，其余全部从日本引进。这些生产线依靠 SKD（全套零部件）和 CKD（关键件）进行组装生产，其后果是大量进口彩管和元器件。

---

① 1973 年 12 月，四机部组团赴美考察彩管制造技术期间，受到美国康宁玻璃公司的邀请访问该公司。康宁公司赠予中国考察团每位成员一件玻璃蜗牛工艺品，以展示该公司精湛的玻璃制造工艺，还寓意"慢慢走，一路平安"。四机部考察团回国后，有人将此事上报给江青，江青借题发挥，一口咬定蜗牛礼品是"美方在污蔑我们"，"说我们爬行主义"，"我们决不能屈服于帝国主义的压力"，等等。1974 年 2 月，在"批林批孔"运动中，四机部因"蜗牛事件"成为被重点批判对象，使中国引进彩色显像管和彩色电视机技术的工作被迫搁置。详细过程见一位亲历者的回忆（吴祖垲 2010）。

② 此 6 条线俗称"天南海北"，其中天津、南京、北京各 1 条，上海 3 条。

当中国生产的整机达到一定规模后，日本厂商压低整机价格，抬高散件价格，在向中国大量出口整机的同时也出售装配线，导致中国市场上的散件货源紧张。

面临失控局面和外汇不足，国务院在 1985 年发文严禁各地继续引进彩电整机生产线。1985 年 6 月，电子工业部在天津召开第一次全国彩电国产化工作会议，提出以"引进、消化、开发、创新"为方针，从整机、配套件、元器件到原材料都要逐步实现国产化，并于 1986、1987、1988 年又相继召开了第二、三、四次全国彩电国产化会议。在后来十多年的时间里，国家批准了超过 300 亿元的总投资，累计引进彩电配套电子元器件生产线 286 条，通过引进和合资建立了 7 个彩色显像管企业，建立起除核心芯片之外的完整 CRT 电视产业链。在整个 1980年代，电子工业中凡是搭上彩电"快车"的企业都得到发展，凡是被落下的就会陷入困境。令人不得不多想想的是，中国最早研发彩电核心技术的北京电子管厂就是被落下的一个企业。

回顾历史，大规模引进的浪潮把国内原有的电视技术/产品轨道及其产业基础冲到了一边。从那时直到现在，官方始终没有承认（或没有认识到）的事实是，由于彩电整机（终端）制造业的发展是从引进开始的，所以它所需要的包括显像管在内的元器件技术也只能从提供了整机技术的国外来源引进①。事实上，彩电国产化就是通过引进元器件生产技术（注意：不是开发技术）来实现的。换句话说，当中国通过技术引进在自己的国土上复制日本产业链的时候，中国原来的产业链也就被彻底替代了。正因为如此，所以只有原来生产终端产品的电子企业成为彩电发展的主力和主要受益者——与北京电子管厂同为"7"字头的四机部直属企业，如天津无线电厂（712 厂）、南京无线电厂（714 厂，即后来的熊猫集团）、

---

① 实际上，更严重的问题是这些引进与技术能力的发展无关。1985 年 11 月 24 日，电子工业部部长李铁映在"在第四次全国科学与政策学术讨论会上的讲话"中说："现在全国引进了 112 条彩电生产线，具备年产 1500 万台电视机的生产能力，但我们自配套能力只有 100 万台，只是 1/15。今年生产 350万台左右，其中 250 万台是买来的散件组装的。一条生产线近 250 万—300 万美元，仅这一项，我们已经花了两亿多美元。而'七五'期间，我们能不能解决 1000 万台彩电的生产任务呢？解决不了，因为没有买技术。**咸阳的 4400 彩管引进线，当时很闻名，但是一张图纸没有带进来。**我们现在又要建至少七个彩电晶体管生产线，是引进的，大概要 40 亿元左右。现在是多头对外、全套买进"（李铁映 2009，第 134 页，黑体字为本书作者加）。

在同一个讲话中他还说："**我们集成电路引进了 38 条生产线，花了 3 亿多元，技术却没有引进，自己不能生产。**我们知道，集成电路不是靠一条生产线就能生产的，而要有版图。一个大一点的集成电路，一般三四个人画一年都搞不出来，画好之后，还要编程序，制成版后才能生产。没有这些工作，只靠机器是做不出来的。集成电路整个生产工序要有物理、机械、化学、冶金、机电等各种各样的工艺流程，是一个复杂的高技术过程，而我们没有这个技术。另外，测试技术我们也没有"（同上，第 137 页，黑体字为本书作者加）。

李部长在这个讲话中主要批评了只引进生产线不引进技术的倾向。但实际上，即使买来技术（如图纸），那也与具有自主技术能力相差甚远。很显然，如何在自己的能力基础上引进技术并使之服从于自主开发，并没有在当时决策者的头脑中占有一席之地。

四川长虹（780 厂），都是因为进入彩电工业而得到发展。但是，诸如北京电子管厂那样的核心元器件企业却被落下了——除非成为配套的引进单位，否则就得不到进入彩电市场的入场券。

774 厂与电视工业素有渊源，她为中国第一批黑白电视机提供了电子管，并早在 1959—1960 年就尝试过研制彩色显像管。在 1970 年代的"彩电大会战"中，她研制出来 18 英寸彩色显像管（1974—1978 年），工艺技术已基本过关并做出了合格产品，但因中央和地方之间的矛盾而没有产业化，只好放弃。厂里还研制了高反压行输出管 4S30（晶体管），1974 年做出了样管，可以满足 16 英寸以上的大屏幕电视机的要求，深受用户欢迎，但后来为确保军用管 3DA36 的上马而放弃生产。1973 年，她为配合国家引进彩色电视机计划，曾经筹建彩色显像管厂并参与了四机部为引进而同美国、日本等 4 家公司的谈判，后因"蜗牛事件"中断。

粉碎"四人帮"之后重提引进计划时，国家决定不在北京建立彩色显像管厂，由中央政府引进的彩管项目后来建在陕西咸阳。这样的决定是在政治层次上做出的，其理由到底是什么，没有人说得清。陕西咸阳彩管厂是电子工业部在计划体制下的最后一个大项目，其建设过程是一场"大会战"，774 厂筹划过彩管项目的人也被抽调过去参加援建。此外，在建设过程中，774 厂更是在部里的组织下，派出一拨拨专家去解决问题，"问题解决了就毫无报酬地再回来"[1]。

没有得到彩色显像管项目后，北京电子管厂仍然尽力争取其他的配套项目。1977 年 7 月，774 厂向四机部综合计划局写报告，请求将国家拟引进的彩色电视机配套集成电路生产线安装在本厂[2]，但四机部于当年 12 月决定把这个项目放在无锡 742 厂（原无锡江南无线电器材厂）（车运洪 2010）。当北京市在 1980 年代大力发展彩电工业时（当时曾有两个知名品牌"牡丹"和"东风"），774 厂又因为是部属企业而与之无缘。于是，北京电子管厂没有搭上 1980 年代前半期的那班彩电"快车"。

当北京电子管厂被第一轮彩电发展浪潮给甩下后，1980 年代中期发生的另外两个事件决定性地影响了企业的命运。第一，企业被从部属下放地方。1985 年，响应中共中央颁布的《关于经济体制改革的决定》（1984 年 10 月），电子工业部提出《电子工业经济管理体制改革设想》，其中心内容概括为"企业放下去，行

---

① 梁新清访谈，2009 年 5 月 19 日。
② 北京电子管厂档案。

业管起来"（《当代中国的电子工业》，第 95 页）[1]。到 1985 年年底，电子工业部 178 个部属企业已下放 168 个（同上，第 95—96 页），其中北京电子管厂和其他十几个电子企业（多数在酒仙桥地区）下放到北京市，北京市政府还为接收和管理这些企业而专门设立了电子工业办公室（以下简称市电子办）。由于中央并没有统一规定要求部属企业下放，而且其他 5 个军工部都没有下放企业，所以电子工业部的下放决定在业内是存在争议的[2]。同时，电子部并没有下放 4400 厂（咸阳彩色显像管厂）和 742 厂——前者是炙手可热的明星企业，后者被部里当作发展集成电路的基地。不管怎样，至少对于当时的北京电子管厂来说，下放地方是加重而不是减轻了她所遇到的困难。第二，国防工业大缩编。北京电子管厂在"六五"期间（1981—1985 年）的年销售收入一直在 6500 万元上下波动，因为产品结构长期未能得到根本性调整而不能稳步增长。只是因为军品订货比较稳定，收入也没有大幅度下跌。但是当国家于 1985 年决定大规模裁军并削减军费后，工厂就遭到了致命的一刀。1986 年，北京电子管厂的国防订货额大降 70% 左右，民品订货量也因进口的冲击而下降，两者的影响使当年的有效订货金额比 1985 年减少 2100 万元（其中半导体减少 1350 万元，电子管减少 750 万元），即比前几年的正常收入减少了三分之一。同时，中国经济从 1985 年开始了愈演愈烈的通货膨胀，由于国家调资，提高折旧率，增高各种费用标准，原材料、燃料和动力等价格，使企业开支增加，超过了自我消化能力的可能。二是由于订货量下降，产量随之下降，但固定费用却有增无减，使产品单位固定成本大幅升高。

1986 年初，张红飚被任命为北京电子管厂的第七任厂长。他是北京人，1958 年从北京男 8 中高中毕业后，被保送成都电讯工程学院[3]，学习半导体技术（军工性质）。1963 年毕业时，系主任想留下张红飚做教师，四机部系统的研究所也要人，但张红飚却表示希望到工厂——"我喜欢去工厂，我也是在北京电子管厂实习的……当时觉得工厂特别好、特别大，我就想在工厂干。我也拒绝了保研"[4]。他在北京电子管厂工作了 20 多年，1984 年被调到电子工业部的企管司。当时国务院正在鼓励各工业部下放企业，张红飚按照部领导指示对部属企业走访了 3 个

---

[1] 新任电子工业部部长李铁映力主下放部属企业，只有研究所没有下放。另外 5 个军工部门——核工业部、航空工业部、兵器工业部、船舶工业总公司、航天工业部——都没有下放企业。

[2] 电子工业部部长李铁映在部内讲话中提到了这些质疑：中央的改革决定没有讲企业下放；企业放下去后难以集中指挥，容易出现散、乱情况；会像过去的下放那样由条条分割变为块块分割；其他部门的企业未下放，电子部企业先放下去会处于不利的竞争地位；三线企业过去靠部里扶持，放下去后多数难以自立和发展（见李铁映 2009，第 327 页）。

[3] 即成都电子科技大学的前身。

[4] 张红飚访谈，2013 年 3 月 25 日。

月，包括714（南京熊猫）、742（无锡集成电路厂）、713（江西景德镇厂）等大厂，还有位于南昌、湖南、湖北、陕西、甘肃的企业。他一路开了好多座谈会，但没有一个企业赞成下放的。张红飚调研回来后写了报告，报给部党组成员一人一份，如实反映了企业的意见：一致不同意下放。他回忆说："二十几个厂的人均留利才80多块钱，你说能活吗？我就觉得不能放。特别是'三线'很穷，我去陕西的山沟，走到那里心都酸了。那里牛可以进车间，羊可以在车间拉屎。三线厂的技术人员都呼吁，'我们已经听党的话献了青春，我们的孩子走不出来，我们一世又一世不能留在山沟里，如果下放就更没人管了。'我在报告里说'献了青春不能再献子孙'。"但他写的报告引起领导不满——"司长批评我说部长都发火了，问怎么写这样报告。还问我'你知道部长是怎么想的吗？'"张红飚回忆此事说："我不知道他怎么想的。我这个人没有非分的想法，不知道看人眼色向上爬。"[1] 于是，张红飚就被调回774厂。

张红飚上任不久就发现工厂的资金枯竭，连续11个月不能按时发工资，但财务报表却是月月盈利，令他极度困惑。这个谜直到请来一位财政部的处长后才说明白，原来中国工业企业的财务统计采用"滚动法"——从工厂建成开工起就一直滚动，所以当期的实际亏损状况被历史上的盈利所掩盖了。这位处长同时解释，中国企业也可以采取西方国家那样反映当期盈亏的统计法，但需要主管部门批准。张红飚决定向上级报告，让企业戴上亏损的"帽子"，以争取政府的扶持政策。

建厂30年来的第一次亏损给全厂职工带来巨大的心理冲击，也引起了强烈的质疑，用张红飚自己的描述来说："有人说，1985年还上缴利润1500万元，怎么你才来一年就亏损400多万元？没本事趁早滚蛋！"[2] 张红飚不得不在全厂干部和党员大会上报告了"虚盈实亏"的真实情况：完成上缴利润的钱来自工厂的福利费和被上级主管——电子工业部的电子器件公司——抵扣的国家下拨的新产品试制费、抗震加固费、知识分子住房费等等[3]。一旦了解了真相，工人们就表现出真正的"爱厂如家"精神。在厂长接待日里，许多职工跑来向张红飚提建议，还有的来表达心情："我没有特殊本事，今年该换劳保服装，我不换了，旧的缝缝补补再用三年，为厂节约开支"；"我每天从工资里省一毛钱，积攒起来交厂里"；"我每天下班后捡破烂卖钱支援厂里"……不知张红飚当时是否落泪了，但他确

---

① 张红飚访谈，2013年3月25日。

② 同注①。

③ 器件公司后来演变为中国电子产业集团公司（CEC），没有下放的30多个部属研究所被组建为中国电子科技集团公司（CETC），两个公司都是央企。

实说这些话"催人泪下",并表示:这份情领了,钱不能收,工厂要靠改变机制和调整产品结构来转变。

今天,人们太容易去指责老国有企业的"技术落后""经营不善""观念僵化"等等。但如果把北京电子管厂的那段经历置于更宏观的历史脉络中,就不难看出,决定这些军工企业命运的力量其实是政策的剧变。到1980年代中期,官方形成的观念是,既然中国工业的技术比外国落后,就应该扔掉并去引进"先进的外国技术"(往往连企业一起扔掉),连对国防工业也是如此。中国第一架大型客机运-10是那时被抛弃的,老红旗牌和上海牌轿车也是在那前后被废弃的,还有那些不为人知的许许多多项目。那些企业在突然失去任务、市场和上级帮助后,连一个过渡期都没有就被要求自负盈亏了。将近30年后的今天,当我们再回顾这些企业走过的路时,只能说它们被抛弃了。

虽然北京电子管厂从1957年起就开始生产半导体,但在此后的20多年里,却始终没有一个专门的半导体生产厂房。在近30年里,半导体的技术和生产是北京电子管厂半自发地发展起来的,从来没有被上级行政部门认定为重点。因此,从产品技术到设备、厂房,都是工厂自己开发并在原有的基础上改造出来的。她的半导体车间分散在全厂10个地方,与电子管车间互相交叉,因为没有超净措施致使半导体器件可靠性差、成品率低,而设备落后导致劳动生产率只有国外先进水平的1/70。从1978年起,北京电子管厂就不断向上级报告,请求将半导体厂房和设备更新的改造升级列入国家计划。直到1981年7月,国防科工委和四机部才根据军工的需要批准了这个改造计划(《厂史》,第59页)。该工程在774厂内被称作"811",于1983年动工。由于当时半导体制造设备仍然受到西方对华禁运,所以工厂经香港转口购买了一些关键设备,然后自己设计生产线。但是,当国防科工委的一位副主任来参加开工仪式时(1985年),他却告诉工厂领导:"剪彩开工之时就是停产之日"——因为军方对这条生产线将不再会有任何任务下达[1]。

回顾历史,很难不提一个问题:北京电子管厂(乃至中国电子元器件工业)是否能够发展起来半导体工业?半导体工业的"产业规律"与电子管工业极为不同,技术变化速度更快而且生产设施的投资强度越来越大。因此,如果北京电子管厂或其他中国企业能够在半导体领域成功,就需要这样几个条件:第一,企业必须果断地转向以半导体为主,领导人的注意力和精力都要集中于这个方向,企

---

[1] 张红飚访谈,2013年3月25日。

业所有的资产和人员都必须向这个方向调整。第二，企业必须进行较大的投资，以使产品开发和生产工艺跟上行业的技术进步速度。第三，企业必须拥有足够充分的决策权，否则无法应对充满不确定性的技术和市场变化。第四，企业能够保持与下游终端产品企业的市场联系（无论需求是来自军方、计算机还是消费电子产品和工业仪器仪表）。

很显然，当时北京电子管厂以及所有其他中国企业都难以达到上述要求。即使如此，半导体工业的失败也不是命中注定，因为中国的改革在继续，中国的经济也在增长，只要这些企业能够在市场上活下来。但是，军事订单的突然中断和大规模引进外国"技术"的狂潮，几乎在一夜之间就窒息了中国电子元器件工业可以继续演进的市场空间。根据专门生产集成电路的东光电工厂（878厂）的厂史记载：1985年以前，该厂的TTL电路年销售额超过1000万元，1985年下降了约60%，1986年又比1985年下降了约60%，军工订货只有以前的15%。"尤其严重的是近几年来，通过各种渠道大量进口几亿只电路，严重冲击了集成电路市场，使各集成电路厂开工不足，迫使集成电路不断降价"（《北京东光电工厂厂史》，第51页）。

据张红飚回忆，为了给502雷达和相阵控雷达做配套，他亲自去14所和雷达厂，都谈得蛮好。当时前6级的管子都试出来了，就差最后100瓦的半导体管子没有做出来。他和对方的总师谈好，最后一级实在不行就先用电子管，以后做出来再替代。他说："我回来对王思强说，你带队把它攻下来，我想跟他们那儿要点试制费。"但到那时，军工研发的思路也发生变化，张红飚没想到所里领导通知他说："我们决定买国外的"。张红飚非常懊丧，还找电子工业部的一位副部长发了顿脾气——"部长说，人家有自己的考虑。我说你们都不负责任，将来谁对这个国家负责。我说主导技术应该是自己掌握，如果只靠人家，早晚一天人家稍微动点手脚（我们）就瘫痪。这是军工非常致命的问题。"那时，部队的有些东西也想靠从美国进口，包括飞机上用的。张红飚对这种变化很有看法，但没法说。他说相阵控雷达是非常重要的雷达，后面的发展就是预警机。他后来再回电子工业部工作时给中央也写过很多建议，但上面没有人重视——"计委一挡，科技部一挡，没有专门的国防科工委，机构变来变去的，部门削弱得很厉害，再加上没有自己的主导思想……我觉得这是对党的事业负责任"[1]。

中国经济后来的确市场化了，但那些从1950年代就开始发展半导体技术的

---

[1] 张红飚访谈，2013年3月25日。

中国企业却没有能够生存到那一天。无论与世界先进水平有多大差距，这些企业在中国被封锁的年代一直在做技术，但当市场需求消失后，它们只能抛弃技术。随着一个又一个中国核心元器件企业的倒掉，被巨大的消费需求和买来的组装线撑起规模的中国电子工业，在改革开放后的 20 年间经历了一个"去技术化"的过程。等到中国政府在美国发动的第一次"海湾战争"（1991 年）之后再次"发现"半导体工业的重要性时，便"自然而然"地在丧失原有工业基础的条件下依靠引进生产线来发展它（如 908、909 工程）——这是中国半导体工业至今也没有发展起来的另一个原因。于是，北京电子管厂的"厄运"就变成了中国电子工业的"命中注定"①。

第四节
北京电子管厂的最后时刻

北京电子管厂公开亏损引起北京市经委的关注，并对工厂进行了调查。1986年 10 月，北京市市长陈希同带一些相关委、局领导到北京电子管厂现场办公，决定在 1987—1990 年的 4 年间对工厂实行"大包干"，其主要内容是：（1）由北京市财政借给工厂 2000 万元，4 年后归还；（2）前两年扭亏为盈，后两年共上缴利润 2500 万元；（3）工资收入增长与经营绩效挂钩。当时国务院正在推行企业承包经营责任制，虽然承包制更适合分散经营的农业，而不是工业。

借力"大包干"，张红飚开始推行他称为"模拟集团公司模式"的改革：实

---

① 电子工业部部长李铁映在 1986 年 8 月 29 日的一次讲话中说："现在，我们国内市场是什么样的产业结构呢？用在电子表、计算器、计算机、电视机、录音机、录像机等设备上的集成电路的 75% 以上靠进口，有的甚至 100% 的集成电路都是靠进口。我们的科研、教育、医疗方面的仪器基本上是进口的。1985 年，我们向美国申请并由美国政府批准的计算机就引进了 40 亿美元，所以我们国内的计算机，包括微型机、小型机、大型机，主要是中、大型机，几乎 100% 的产品都是国外的。现在生产了 500 多万台彩电，可我们彩电设计不会做，录音机年产 1000 万台，但多数是低档的，而中档的刚刚开始设计，刚刚开始掌握这个设计。国内市场能否站得住，维持得住？国外电子企业用高技术低价格、性能价格比较好的产品倾销中国市场，而中国市场中的电子行业和企业没有抵抗能力。
现在有人呼吁实行保护政策。保护什么？全面保护就是闭关锁国，又回到 1978 年以前了，那是保护落后！保护电子行业的落后。国民经济依赖电子技术，电子行业的落后会造成使用电子技术的落后，这是国民经济不允许的。国民经济的发展不允许依靠电子行业的落后的装备。落后的技术保护不住，而且从国家总体利益出发，我们也不可能提出这种全面保护电子行业的要求，因为这既违反了国民经济发展规律，也违反了电子行业发展的规律。我们这几年之所以发展快是由于开放，一旦闭关锁国，继续保护落后，电子行业就又要出现新的落后局面。所以，还是要坚持开放，坚持改革"（见李铁映：《电子工业的发展与改革，1985—1988》，第 444-445 页）。
但是，在这两段逻辑并不连贯的讲话中，李铁映部长既没有解释中国电子工业为什么落后，也没有解释怎样才能从落后状态赶上先进，尤其是在市场几乎全部让给外国产品的条件下。

行内部分解大包干的承包责任制，撤销总厂市场部，把总厂职能部门的人员从600多人精简到300多人，充实分厂和基层；对各分厂实行自主经营，模拟独立核算、自负盈亏；从总厂开始向下层层签订承包合同；把干部任命制改为聘任制，竞争上岗。对于因产品无销路而被迫停产的厂内单位，工厂组织职工去搬卸大白菜、折书页订书、女工打毛衣等等；富余女工由领导干部带队到长城饭店、丽都饭店等六大饭店去干保洁服务，车队多余人员由领导带队去首都机场内开车送旅客登机、托运物品，纸盒印刷厂实行个人承包；把厂里用不了的氧气装瓶外销，而且为了扩大外销试行了厂内职工参股分红；为留住计算机和自动化的技术人员，试点申办了民营（集体）的软件开发公司，除保留工资、厂籍外，其他一切自收自支……1987年，销售收入比上一年增长了近30%，实际亏损额比计划亏损额减少近40%[①]。

虽然是无奈之举，而且也的确会在短期内激发职工的积极性，但当时很少有人能够认识到，承包制导致的下放权力和分散经营，最终会导致组织的离心力。由组织内部各单位自谋生路所导致的收入差距会在组织内部产生矛盾，而且因为资产结构而无法"自负盈亏"的单位最后还是会要求领导帮助。更重要的是，承包制会使管理者在向下转移了责任的同时，失去对于组织过程的管理控制——"责、权、利"确实在任何时候都是统一的。同样的逻辑也反映在国家层次上。事实上，政府在1980年代实施的企业改革——从利润留成、"利改税"、"拨改贷"到经营承包责任制——在"扩权让利"的同时，也把调整企业生产性资产结构的责任推卸掉了。当承包指标层层分解到个人并广泛采用计件工资制时，这种责任实际上被推卸给了每一个普通职工。

北京电子管厂那时已经是一个被"榨干"的企业。张红飚在总结工厂在"六五"时期的表现时说："工厂开工三十年，产品老、设备旧、厂房破、工艺技术落后的问题一直没有及时解决。在七千多台仪器、设备中，役龄在二十年以上的占40%多，四五十年代的设备仍占不少数量……在这五年中，人均创利只有1442元/人、年，人均留利300余元/人、年，用于改造的人均170元/人、年左右。特别是工厂每年还要拿出大约300万元的费用建职工宿舍……"[②]。事实上，张红飚在上任第一周就发现动力分厂的煤气储罐上打了20多个补丁，让他冒了

① 张红飚：《深化改革，细化承包，完善经营机制，为实现扭亏为盈而努力奋斗——1988年1月28日在11届2次职代会上的报告》，第4页，北京电子管厂档案。
② 张红飚：《团结一致，坚持改革，艰苦奋斗，奋勇前进》，1986年2月20日，第10页，北京电子管厂档案。

一身冷汗。为了不让这些储罐变成"定时炸弹"，他在企业处于亏损的时期仍然投入 2000 多万元（包括部里给的一点钱），把这些使用了几十年煤气、氢气、氧气储罐给更新了[①]。即使在那种条件下，北京电子管厂仍然保持着产品开发。如张红飚所说："我厂每年约有 30 多项新品通过鉴定，水平都是很高的，就是因为没有形成生产能力，所以效益不明显，正如广大职工反映的，我厂新品科研项目是墙内开花，墙外红……"[②]。1989 年 5 月，北京电子管厂开发生产的 12A X TA 电子管还在北京首届国际博览会上获金奖（北京市经委 1992，第 400 页）。让新产品形成生产能力就必须有投资，但改革措施给企业留下的利润，充其量只能激励企业更有效地利用现有的生产性资产，但却不足以使企业改变生产性资产的构成。如果能够实质性地调整产品结构就必须挤进由政府控制的项目中去。

北京电子管厂的领导很清楚这种生存威胁，所以一直在想办法进入彩电工业。1984 年，电子工业部推行彩电国产化，准备通过合资引进技术，再上 4 个彩管项目。为防止"一窝蜂"，国家计委、经委、电子工业部决定采取招标的方式确定资格。北京电子管厂厂长张仲文（张红飚的前任）带队参与竞标，凭借较高的技术能力水平而战胜其他两个竞争对手，获得项目资格（可以与日本的索尼、松下和美国通用电气谈判）。尽管张仲文当时"满心想着电子管厂终于有翻身之日了"[③]，但实际情况要复杂得多。北京市本来就想上彩管项目，但没有技术能力参与竞标，于是就支持 774 厂竞标。项目资格一旦拿下来，北京市就告诉刚刚被电子工业部下放到北京市的 774 厂，这是北京市的项目：第一，北京市只与松下合资，不接受别的外国厂商；第二，未来的合资厂单独建，尽管厂里和部里都认为项目应该落在北京电子管厂（这样不仅可以把生产场地计入股份，而且可以振奋职工情绪）。北京市也有自己的道理：如果下放企业再被中央收回去，彩管项目就"飞了"。1985 年，北京市政府决定与松下建立合资企业，而松下提出的条件之一是中方谈判代表张仲文必须在合资企业任职，所以北京市于 1985 年年底将其从北京电子管厂调出。

1986 年，经市政府安排，与松下合资的中方投资单位确定为北京电子管厂、中国电子进出口总公司北京分公司、工商银行北京信托投资公司、北京显像管厂 4 个单位。在确定中方股比时，市政府以北京电子管厂财务困难为由，只分配给 10% 的股份。张红飚坚决不同意，坚持必须占中方股份的至少一半，哪怕靠贷款

① 张红飚访谈，2013 年 3 月 25 日。
②《抓改革，增信心，战困难，为实现 1200 万利润而拼搏！——张红飚厂长在厂两级领导干部会议上的讲话》，1986 年 5 月，第 5 页，北京电子管厂档案。
③ 张仲文访谈，2013 年 3 月 25 日。

来投资。实际上，由于工厂月月不能按时发工资，而且银行利率已涨破11%，所以厂领导班子的多数成员也不同意投资。但张红飚坚信这件事关系到工厂的前途，表示哪怕勒紧裤腰带、不发工资也要争大股，否则赔了一个厂长（指张仲文）和近百名技术骨干还落得这么个结局，实在是"太亏了"。最后市里让步，由北京电子管厂获得中方股份的50%（即合资公司全部股份的25%）。经北京市经委协调，张红飚设法从工商银行获得1.5亿元贷款，工厂自己出了500万元（一次拿不出，是分期到位的）。

1987年9月8日，北京市当时最大的中外合资企业——北京·松下彩色显像管公司（BMCC）成立，中日双方各占50%。不过，由于中方股东分散，所以松下是该企业的大股东，完全控制着企业。北京·松下由北京市经委直接管，北京市副市长张彭担任董事长，而总经理和主要部门的经理都由松下派出。北京·松下于1989年7月正式投产，后来成为一个非常赚钱的企业。不过，北京电子管厂在最初的几年并没有从中得到什么帮助——既没有什么发言权，得到的分红也只能用于还贷。

在改革的初期阶段，企业管辖权在中央政府和地方政府之间的变更影响了企业的命运。774厂和其他的下放厂是在1988年才真正办理交接手续的。张红飚记得交接会是在751厂开的。电子工业部的一位副部长在讲话时说了一句："无可奈何花落去"，而北京市市长陈希同马上接了一句："飞来飞去是一家"[1]，得意之情溢于言表。北京电子管厂在其全部历史中下放给北京市3次，在"大跃进"和"文革"期间2次下放后又都被收回，这是最后一次。后来机械电子工业部[2]又想把北京电子管厂等企业收回去，但因北京市不同意而作罢。在这个过程中，部里因为企业已下放而不愿再投资或给项目，而地方政府也因为担心下放企业又被收回去，也不愿再投资或给项目，于是下放的原部属企业成为弱势群体。

1988年，北京电子管厂在销售收入比上年增长24.9%的条件下实现14.3万元的盈利。销售收入大幅增长的原因包括产品结构的优化、承包的激励作用和通货膨胀的因素，但实现长期增长的关键仍然在于改变产品结构。正如张红飚在1989年1月23日职代会的讲话中所言："我们这几年苦，苦就苦在没有规模产量的产品上。"为了实现产品结构调整，工厂在那些年里做了一系列的努力：向北京市、电子部、国家经委等部门上报了工厂的"七五"改造规划，即使被砍掉一多半，也还包括双栅场效应管后部引进线、集成电路和分立器件后工序生产线、彩管配套引进生产线（低熔点玻璃和支杆玻璃、工模具、电子枪零件）、微波功

---

① 张红飚访谈，2013年3月25日。

② 1988年，中央政府决定电子工业部和机械工业部合并成立机械电子工业部，1993年再次分开。

率管生产线、节能灯引进线和电力升压改造等项目。但由于"拨改贷"后企业筹措资金困难、项目审批过程复杂缓慢贻误了时机，这些项目的进展都比原来的计划大大推迟[①]。北京电子管厂还曾经想为北京松下合资彩管项目上配套的玻壳线，以便把玻璃分厂带起来。但电子工业部不同意这个提议，北京市也因此不同意（否则北京市就得出钱），该玻壳国产化项目给了河南安阳的一家企业[②]。

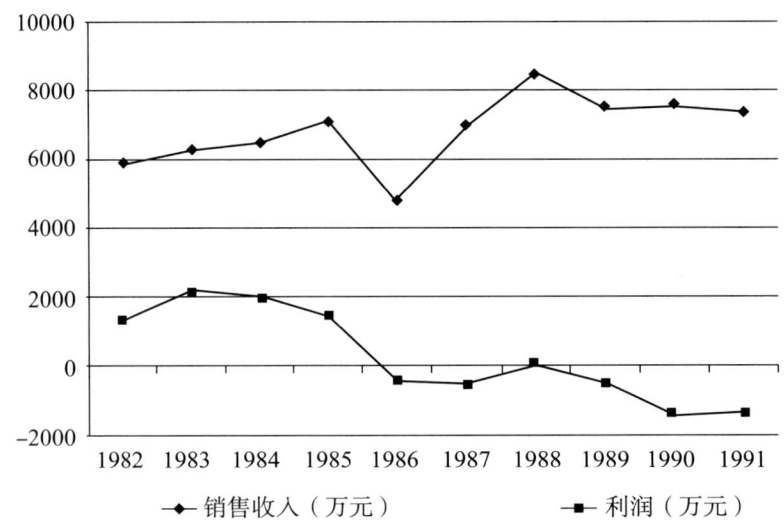

图 1.1：北京电子管厂的销售收入和利润（1982—1991）

资料来源：根据北京电子管厂档案整理。

即使在那样困难的时候，北京电子管厂的人仍然保持着内心的骄傲。1980 年代末，北京市的明星企业首钢一度想兼并 774 厂。那时，首钢实行承包制，积累了相当的资金实力，但同时又受到不能扩大钢铁生产规模的限制。于是，在北京市政府的支持下，首钢试图介入半导体集成电路进行产业转型。一次，首钢派公司电子部部长来和张红飚商谈，但双方谈得很不愉快。张红飚还记得那位女部长盛气凌人，上来就说要把工厂全收了，问值多少钱。张红飚回答说，固定资产值 2 亿多元，但不能只给这 2 亿多元就行——"我告诉你，五六十年代，北京市最有名的两个企业是'东周''西周'，我们是'东周'，你们是'西周'。就是到了 80 年代初，你们的利润额也连我们厂的零头都不到。你们之所以能有发展，是因为得天独厚地得到国家政策，实行定额承包制，超过定额的全留给企业，所以你

① 《关于我厂大包干情况的汇报》，1989 年 5 月 30 日，北京电子管厂档案。
② 安阳是时任中共中央总书记赵紫阳的家乡。

们才发展。我们渴望这样的政策，但没有，我们必须年年如数上交。现在你们来接管我们这个厂，我不是看不起你，你们首钢没这本事"[1]。与774厂"谈崩"后，北京市电子办就让首钢和878厂谈。1989年，北京市政府将878厂（东光电工厂）和其他几个工厂划拨给首钢公司[2]。后来首钢还是管不起来，878厂又回归电子办管[3]。1990年代初，首钢与日本NEC公司合资引进技术生产存储芯片[4]，最后以失败告终（周程2011，第215–219页）。

最后压垮北京电子管厂这头"骆驼"的那根"稻草"是1985建成的"811"工程（耗资6000多万元）。这个工厂从1957年开始生产半导体以来的第一个洁净厂房以及一条大规模集成电路生产线，在军方不再大批量订货后，虽然还有军品采购，但品种多、用量小，难见效益；改做民品又需要补充投资，反而成了工厂亏损的最大来源，每年需要400多万元维持。张红飚想过很多办法[5]，最后找到的一个办法是把811生产线租赁给一家香港外商。对方到厂里考察过，愿意用这条线上自己的电路，用于玩具等产品。这个项目经过向国防科工委、电子部、北京市经委和电子办多次请示和协商后获得批准，并在一位副市长和各主管部门领导的出席下签订了合同。租赁不仅将使这条线从亏损变成盈利，而且还将采用中国第一条64K的生产线。但在1989年"六四"风波之后，香港外商说什么也不肯再来北京履行合同。最后一根救命稻草就这样失去了。

1989年，北京电子管厂又重新陷入亏损状态。那年一开年工厂就遇到资金、能源、材料的紧张，下半年的全国经济增长在控制通货膨胀的紧缩政策下放缓速度，导致市场疲软。工厂在销售收入下降的同时，经济成本和社会成本都越来越大：退休人员越来越多（当时退休干部职工已达到4100多人），负担的职工住房、医疗费用越来越重。在1984年的一份文件中，厂领导曾经引用"群众"的话说："774厂好比是一艘庞大的航空母舰，沉不下去也跑不快，又大又笨调头慢"[6]。但5年之后，这艘航空母舰终于开始沉没——她被国防订单锐减的"鱼雷"击穿

---

[1] 张红飚访谈，2013年3月25日。

[2] 根据官方记载，"1989年3月4日，经市政府批准，原北京市国营东光电工厂、北京半导体器件二厂、燕东微电子公司、市半导体器件研究所等4家电子企业正式划拨首钢。双方的优势相结合，将进一步壮大首钢发展电子工业的实力"（北京市经委1992，第398页）。

[3] 张红飚访谈，2013年3月25日。

[4] 1990年9月20日，首钢与日本NEC电气株式会社合营大规模集成电路项目签字仪式在人民大会堂举行。国务院总理李鹏、北京市市长陈希同和日本驻华大使桥本恕出席（北京市经委1992，第416页）。

[5] 张红飚甚至曾经想把811送给878厂，然后用811厂房生产微波大功率晶体管服务军工，但878厂那时也已自身难保。

[6]《在改革中探索搞活大企业的出路》（参加电子工业部经济责任制座谈会材料），1984年12月，北京电子管厂档案。

了一个洞，又被半导体替代电子管的"鱼雷"击穿了一个洞，最后被租赁"811"生产线失败这颗水雷再炸穿一个洞，同时又没有任何手段去补上这些洞，于是只能下沉——虽然不是瞬间沉没，但趋势不可逆转。

从1989年下半年开始的经济衰退一直延续到1991年，脆弱的北京电子管厂也陷在亏损的风雨中飘摇。实际上，北京电子管厂走向衰落的原因就是在成本和负担不断膨胀的条件下，始终没有能够转向新产品的大批量生产。1990年在工厂举办以《真正过几年紧日子，与企业共渡难关》为主题的职工演讲会上，厂办秘书姚京平说："我厂'资金、原材料、能源、外汇、运输'十分紧张，尤其是资金紧缺，犹如一口即将干枯的井。现在该投的料由于没钱买而严重影响生产，各个分厂都感受深刻。也许大家有所不知，我厂买煤的钱都是向银行贷来的"①。从这些封存在档案中的发言稿里，可以感到工厂陷入绝境的气氛，尽管职工心中仍然怀有希望。事实上，由于长期拖欠工资，出现了职工生活困难的状况。在酒仙桥地区，已经出现774厂老职工到菜场捡白菜叶的情况。

那时，在距离北京电子管厂大约1公里的地方，北京·松下正像一颗明星冉冉升起，吸引了领导们的目光。1989年1月5日，国务院副总理邹家华在北京市副市长吴仪的陪同下视察了北京·松下的建筑工地；国务院总理李鹏于1988年12月14日和1989年10月18日两次视察了北京·松下，并在第二次视察时为之题词："希望把北京·松下彩色显像管有限公司办成国际第一流的企业，中外合资企业的典范"；同年11月24日，国务院副总理田纪云出席北京·松下的开工典礼，北京市副市长吴仪致辞；1991年4月2日和9月13日，国务委员李铁映和机械电子工业部部长胡启立也分别视察了这个合资企业②。显然，引进了"外国先进技术"的合资企业被认为是代表了中国工业发展的希望。

北京电子管厂被遗忘了，而且已经陷入绝境。在1992年3月19日召开的全厂职工代表大会上，该厂总会计师王东升做了《深化改革降内耗，奋力扭亏图自救——关于财务情况的报告（提纲）》③。用这份在尘封档案中找到的文件的原话，可以比我们现在用任何语言都能更准确、更生动地描述出工厂当时的状况：

1991年全厂重要生产单位，有8个亏损，4个持平或微利，亏损户

---

① 北京电子管厂档案。

② 领导人视察信息见《北京·松下彩色显像管有限公司社志，1987.9—2000.12》历年大事记，李鹏总理题词见该书第31页。

③ 同注②。

在增多；可比产品成本比 90 年提高了 12.5%，费用增加了 509 万元。为了补亏和解决在职职工和离退休职工的各项生活费用，企业增加借款1248 万元。

截止到 1991 年底，企业累计账面亏损（即明亏）达 2895 万元，潜亏达 3563 万元，两者相加达 6458 万元；1991 年底，企业更新改造资金和职工福利基金赤字达 6191 万元，企业流动资金借款、专项贷款、租赁借款、基建借款、投资借款共达 30625 万元。'八五'进入还贷高峰，92 年应归还中租租赁借款和工商行专项贷款就达 2000 余万元，企业有国家流动基金 3695 万元，企业流动基金 624 万元，借入流动资金 4538万元，各项生产性、应付款 3049 万元，后两者相加称为流动负债共计7587 万元，各项可变现的流动资产 6011 万元，企业流动资产抵不了流动负债；至于厂房、设备、产品、人员等"四老"状况不言而喻。

在如此的困境下，企业生产经营活动的效率又很差。以 1991 年为例，全厂仅固定费用 5480 万，干不干一天 16 万。保本收入需超过 1.2亿元，实际收入只达保本收入的 60%。若考虑职工福利和企业维持费等因素，固定费用达到 8000 万元，即干不干一天 23 万，企业生存销售额需 1.6 亿元，实际只达生存线的 46%。91 年劳动生产率为 7382 元 / 人年，只有市电办系统的 35%，全国电子器件行业的 40%

总之，企业严重亏损，生产技术设施日益陈旧，人员负担越来越重，国家不管，只有靠借钱来维持，借了钱又增加亏损，给你项目投入钱又出不来效益。日复一日，年复一年，亏损不断增加，企业陷入了经济恶性循环的困境中，难以自拔。

非不为也，实难能也。

虽然张红飚曾在大会上对职工讲过："要丢掉幻想，靠自力更生，生产自救，自己解放自己，自己救自己"，但他还是对政府抱有期待。1991 年春节前，已经被连续亏损压得喘不过来气来的张红飚给国务院主管工业的副总理邹家华写了一封信，陈述了北京电子管厂遇到的困难，希望国家能给予重视和支持。到了 5 月份，北京市电子办主任陆首群突然找张红飚谈话，问他为什么给领导写信。原来，邹家华把张红飚的信批给了北京市市长陈希同，陈批给了主管工业的副市长吴仪，吴批给了经委主任阎承宗，阎又批给了陆首群。结束谈话时，陆主任在报告上又添了一句话："退还张红飚厂长。"求救信绕了一圈回到写信人自己手上的这件事，也算是表明中国走上市场经济道路的决心。

1991 年 7 月，在张红飙的提议下，连续三天召开厂级党政联席会议，讨论北京电子管厂的出路。在这个会上，他提出要做体制性的改革，其设想是：以产品为主体，把工厂分立为若干自主经营、独立核算、自负盈亏的实体（专业厂）；把企业改建为技、工、贸、金融、服务五位一体；实行股份制，向社会融资。这个设想引起激烈讨论，张红飙也坦言：同意他这样改革的，就一起往下走；如果不同意，他就立即辞职走人——7 年了，他已经坚持不了了。最终大家基本同意他的思路，并决定成立两个工作组，分别设计改革方案和清理核定资产。经过近半年时间的准备，工厂于 1991 年年底召开了工厂管理委员会、党委会、工会和职代会主席团、团委会、科技委的"五委"联席会议。张红飙在会上正式报告了改革方案和实施步骤，经"五委"会分别讨论同意并做出支持决议后，正式上报市经委和电子办并在来年得到批准。1992 年 5 月 18 日，工厂召开新闻发布会，宣布以北京电子管厂为前身的北京东方电子集团公司正式成立，张红飙成为第一任总经理。

事实证明那只是一个过渡性的人事安排。1992 年 7 月初，北京市电子办主任找张红飙研究企业领导班子（当时尚未明确除总经理之外的其他领导任职）。张提出可以有两个方案，一个是他在班子中，另一个是他不在。对方立刻提出，如果张不在的话，就应该找一个能够跨世纪的干部接班（意味着接班人只能是 30 多岁）。话谈到这里，张红飙心里已经明白[1]。1992 年 9 月 4 日，市政府电子办在北京电子管厂召开中层以上干部会议，宣布由北京电子管厂副厂长兼总会计师王东升担任北京东方电子集团（北京公司）总经理和北京电子管厂厂长。

时隔 21 年后的 2013 年 3 月 25 日，我们在京东方总部对张红飙进行了访谈。他最后的结束语是这样说的："（那些年）我做了几件事，但不是我个人做的，是全厂的领导班子一起做的。那段历史我不想再说了，一说我就非常难受。当时上下同心同德，职工都非常体谅领导，领导也非常体谅职工，这非常难得，把这些年都挺过去了。我们失掉了很多机会，那就是命运，所以我后来对（王）东升他

---

① 更换张红飙厂长职务的想法缘起中央政府与地方政府之间的"博弈"。1988 年机械电子工业部成立后，又酝酿把原来电子工业部下放的企业"收回去"。1991 年下半年，该部一位副部长找张红飙谈话，让他联系原来从电子工业部下放北京市的 12 个厂的厂长，表示愿意回去的都收，但让张别声张。12 个厂长中的 11 个都愿意，只有 1 个（北京市的干部）不同意。张红飙猜测是"他把我给卖了"。后来市经委领导找张红飙谈话，说你要回去，就第一个把 774 厂放回去。张红飙则说，如果回去就要把北京·松下的股份带走，这是企业行为。双方"就吵起来了"——"他们说这是陈希同市长办公会的决议，上面写着 774 厂的股份留在北京市。我说要抄录一下，好向一万多职工交代。他们不让，说我搞非组织活动，我只能一笑"（张红飙访谈，2013 年 3 月 25 日）。

们说，'你们赶上了好时代，就发挥吧'。"张红飚已经 70 多岁，看上去既不像知识分子也不像当过领导的干部，更像是一名工厂的退休工人。那天，当他走进京东方总部时，几乎没有人认识他，当他告别后走入酒仙桥街头的人流时，也不会有人注意这位矮小的老人……在北京电子管厂走向衰落的阶段，他与命运抗争了 7 年，最后以失败告终。回顾历史，张红飚当时的一些做法不一定都正确，但他的抗争为京东方后来的崛起打下了第一根桩。

第二章　毁灭中的重生

京东方是以股份制改革的 1993 年作为自己的"元年"的，但"京东方"的名称却是到了 2001 年才正式启用，在此之前的企业名称是"北京东方电子集团"（1992—2001 年）。这些名称的变化其实具有实质意义。正如"京东方"的名字不是从北京电子管厂直接改过来的那样，从计划体制下的老国企向竞争性企业的转变不会在一夜之间完成，而必须经历一个"漫长"的学习和结构重组过程。从历史的观点看，"北京东方电子集团"名称存在的 10 年是从北京电子管厂转变为京东方的第一个阶段。在这个阶段，企业新领导把"活下去"的压力和意愿转化为改革的动力，并在国家政策、制度、经济环境和社会意识变化的条件下，打破了企业在计划经济和电子管技术时代形成的组织和社会关系结构，使企业经过一个新成分成长和旧成分衰亡的过程而活了下来。

但老国企"市场化"的成功却伴随着往往被人忽略的另一面：中国工业在 1990 年代经历了一个"技术降级"或"去技术化"的过程。北京东方电子集团也没有能够逃脱与大多数国有企业相同的这种命运。与众不同的是，东方电子集团在渡过生存危机之后，没有在各种"诱惑"下放弃高技术产业，而是在 21 世纪之初做出了进入液晶平板显示工业的决策。这个决策标志着她自主选择了"再技术化"的道路——这个转折点不仅开启了从北京电子管厂向竞争性企业转变的第二个阶段，也诞生了象征着一种道路的京东方。后来的历史证明，京东方选择的道路不仅充满风险和艰辛，而且失败的可能性远超过成功，但也正是这个选择使京东方在后来的 10 年里脱颖而出，成为向竞争性企业和高技术领先企业双重转变的先驱者。因此，追溯这个进取性战略的形成过程是理解京东方后来崛起的关键。

第一节
为了"活下去"的改革

王东升在 1992 年秋天接任北京东方电子集团总经理和北京电子管厂厂长时，只有 35 岁。如果是以社会"属性"而不是简单地以时间来划分，他应该属于企业的第三代领导人。第一代领导是北京电子管厂前二十多年的几任厂长和党委书记，他们都是经历过战争年代的"老革命"。第二代领导人是从 1980 年代前半期走上领导岗位的技术干部（如张仲文和张红飚），他们都是新中国成立后上大学，在工厂从基层一步步被提拔起来的。王东升属于第三代领导——他们在"文化大革命"结束后上大学，在改革开放年代入厂工作。当他们从上一代领导手中接过企业领导职务时，其突出的一个特点是非常年轻，王东升的接班其实从年龄上跨过了被"文化大革命"耽误的一代人。

王东升是浙江人，1957 年出生于一个境况不错的家庭，父母分别是医师和教师。但因为父亲由于"历史问题"在"文革"中受到冲击，这个家庭经历了磨难。因为政审没过关，王东升初中毕业后不能再升高中，在必须到农村插队的前景下回到乡下老家。王东升是家里四个孩子中的老大，十多岁就能自己做饭，十四五岁的时候当过木工，跟着师傅到各家做活时就住在雇主家里，旁边就是猪圈。后来他进入县建筑公司，参加国家三线建设。王东升与 1950 年代出生的人一样，经历过这个国家曾经有过的饥饿和政治"动乱"，很早就接触了社会生活。他本来就是一个好学的孩子，在学校学习成绩很好，失学后仍然广泛阅读，特别对历史和哲学感兴趣。他父母即使在那种艰难日子里，仍鼓励他自学完高中课程，阅读更多书籍。这些经历塑造了王东升的精神世界，不仅使他早熟，而且使他产生了超越个人的思考：为什么国家是这个样子，而国家的前途又在哪里？1977 年恢复高考后，王东升考上了杭州电子工业学院，学习财务专业。

毕业后王东升作为电子工业部从杭电挑选到北京工作的 10 名优秀毕业生之一，被分配到北京电子管厂。报到时，时任北京电子管厂总会计师的原孝钟告诉他"你本来应该去电子部报到，被我要来了"。原孝钟告诉他，干企业比蹲机关更好，我看你的专业基础比较扎实，又是班长，好好干，要有奋斗精神，要成为专家，要"实业报国"。原孝钟毕业于厦门大学，是王亚南的学生，是我国电子行业资深专家，他是王东升到北京电子管厂后第一个启蒙老师 [①]。王东升进的不仅

[①] 这里的信息来自本书作者于 2013 年 2 月参加一个活动时与原孝钟的谈话，但因为不是正式访谈，所以没有将他列入访谈名录。

是电子工业部直属的唯一副省级企业，而且他还是在总厂财务处工作，接触的都是科处长以上的专家和领导。

王东升是一个肯干的年轻人，不久就受到原孝钟的喜爱。时隔30余年，原孝钟还记得王东升当时给他的印象："我去年轻人的集体宿舍转，看到他墙上贴着'不进则退''少壮不努力，老大徒伤悲'的警句，以勉励自己。还贴了很多的英语单词。当时生活条件很差，但他工作非常认真。有的时候我们晚上开会到九十点，经过财会科时发现灯还亮着，看到他还在加班"[1]；"他有超前思想。他是在774厂第一个提出（财务部门）要电算化的人，还提出财务人员要学英语。"不过，王东升是个有个性的人，也会"顶撞"领导。王东升曾经向原孝钟建议企业也应该关心宏观经济。原总不以为然，结果还遭到王的"顶撞"。后来，王东升在厂里与日本企业的交易中，提出以美元结算付款（当时日元升值而美元贬值），引起国家外贸公司的惊异，说一个基层企业怎么能想到这些。原孝钟看中王东升是棵好苗子，就从业务方面对他重点培养。

在原孝钟的栽培和举荐下，1983年初，未满26岁的王东升被提拔为财会处副科长。那时总厂机关有600多干部，以中老年为主，提拔科室领导要经过行政、党委的严格考察。尽管当时党中央已经在提倡干部年轻化，但在老国企提拔王东升那么年轻的人仍然是一件很突出的事，特别是在财务这种专业科室，所以这项任命难免遭到许多人的质疑。原孝钟还记得有人找到他抱怨说："我跟你干了一辈子，为什么你提拔这么年轻的一个人？！"原孝钟坚持自己的立场，后来还向厂长张仲文推荐这个他看好的年轻人，使王东升进入厂领导的视野之中。

尽管王东升算得上是"少年得志"，但时间一长，他还是觉得在老国企工作过于按部就班。在那个改革开放的年代，在原来的国有经济部门之外出现了其他经济成分，而对年轻人最有吸引力的就是与"国际"有关的单位。几年后，王东升觉得国有体制没有希望了，产生了离开的念头。

实际上，张红飚那时也在培养王东升。由于干部老化，所以张红飚在1986年任厂长后，只有他和党委书记胡耀秀在领导班子里较年轻，其他成员都更年长（中层干部也如此）。他感到在班子里研究事情很难，一些改革想法实施不了。他也曾经把中层干部送去短期培训市场学、财务学并参观开发区，但发现作用不大。于是张红飚把目光转向青年干部，支持他们成立了青年管理者协会，会长是

---

[1] 与王东升同时代的一位同事也回忆说："我们那个时候，因为家在北京，除了上班，就打球打扑克，比现在轻松。但东升下班后就在办公室看书，除了业务其余什么事情都不干。他都一人整天在看专业杂志、期刊，很少出来和人闲聊"（张引访谈，2013年5月8日）。

王东升，副会长是江玉崑，并从他们的活动中发现年轻人。在北京电子管厂最困难的阶段，张红飚重点培养了两个青年干部：一个是学半导体技术的，他大学毕业后来厂工作时，被送到清华大学读研究生，经过车间的锻炼又当了分厂厂长，继而调到总厂当产品计划处副处长。另一个就是王东升，张厂长让他在1987年脱产学习国际金融，还通过部里的关系送他到香港实习了3个月。1988年，时年31岁的王东升被提拔为北京电子管厂的副总会计师兼财务处处长，成为工厂副总师以上领导中最年轻的成员。上任后他花了三个月时间想出一个改革方案，得到了厂长书记的支持，按照领导的安排给工厂副总师以上的干部讲课，讲了不到5分钟，下面已是鼾声一片。他发现，年纪较大的其他领导干部对他的改革思路既无兴趣也不接受。于是，他不久又萌生了离开的想法。

张红飚那时已经把这个军工大厂的希望寄托在年轻干部身上，他要留下他们。当王东升的调动手续都已经办好后，厂长张红飚登门到家里找王东升谈话，还拉上市电子办管人事的副主任何民生。老厂长那时脚肿着，流着泪对王东升讲这个企业的光荣历史，讲这个副军级的企业当时连工资都发不出的"惨状"。张红飚说服王东升留下并接受副厂长兼总会计师职务，把企业改革的重任担当起来。他说企业这么困难，需要年轻人留下来去做，"我们支持年轻人"。何民生则一句话都没说，只是用一种眼光看着王东升——"一种令人很感动的眼光"[1]。王东升被感动，留了下来。他后来对我们说，张红飚任厂长期间的最大贡献就是把一批年轻人留了下来——其中的王东升、梁新清、江玉崑、谢小明、韩国建等人后来都成为京东方的核心骨干。

1992年，市政府和北京电子管厂在酝酿新的领导班子时提出两个继任厂长的人选。王东升是其中之一，但不是首选。首选的是同为被重点培养的那位青年干部。对于生产高技术产品的工厂来说，具有技术和生产背景的干部当然是产生厂领导的最佳来源。但当时工厂正处于最困难的阶段，连年亏损，对于任何要接手的人都存在巨大压力，这位干部拒绝接任厂长。

第一人选拒绝接任后，王东升就成为不二的人选，包括张红飚在内的所有厂级领导一致推选他接任厂长。同意这个方案的市政府电子办领导也找王谈话，希望他接下这个厂子。但此时王东升正准备辞职"下海"，到中国国际信托投资公司旗下的中国租赁有限公司担任常务副总。一些同事劝说王东升接任厂长，但他仍然不想接这个职务，甚至在新班子成员已经被提前公布后还是不松口。最后说

---

[1] 王东升访谈，2013年10月9日。

服他的是一句话——当王东升反问一位前来劝他的老同事"我凭什么要留下来"时，那位老同事回了一句："就凭让我们的师傅不再去菜市场捡白菜帮子！"就是这句话让王东升的心理防线最后"崩溃"了，他留了下来。

但王东升有自己的想法，他向电子办领导提出了接手的几个条件：第一，支持企业进行股份制改造，走市场化道路；第二，从厂长起，带头取消官本位和国企的等级制度，向职业经理人过渡；第三，不能老开会浪费时间，让厂长把主要精力放在企业改革与发展上；第四，出国审批要便利，要鼓励企业领导人出国考察，到国外现场去看先进技术，理解技术的发展，了解市场动态（原来厂级领导一年只能出国一次）；第五，落实厂长负责制，副手由企业自己选定，只有书记和厂长归市里直接管理。这几个条件市里都接受了。当时北京电子管厂已经成为北京市的第一大亏损企业，而且市政府也无法承受让一万多人的企业破产的社会后果。在这种压力下，政府也松开了手。

1992年是一个热气腾腾的年份，那年春天邓小平南行的讲话公布后，全国一扫前两年经济停滞的沉闷，掀起了新一轮改革和发展的高潮。当年10月召开的中国共产党第十四次全国代表大会，又做出了加快经济发展和建立社会主义市场经济体制的决策。在这年秋天，新领导班子一上任就实施了北京电子管厂有史以来最大的改革[1]。第一个重大措施就是"打破大板块，分灶吃饭"，即把企业的各个单位在"集团"的架构下，以划小核算单位的方式把企业分解为25个子公司（一般是原北京电子管厂的分厂级单位）并取得法人地位，使其直接面对市场并实行独立核算、自主经营、自负盈亏（"化整为零，分散经营，自谋生路"）。在市政府的支持下，工商、税务等部门都派人到企业现场办公，为各单位发放营业执照[2]。

新领导班子压倒一切的任务是让企业"活下来"，而最紧迫的是要在最短的时间内止亏。于是新班子立刻实施成立东方电子集团前后就开始酝酿的改革措施：第一，对现有产品和业务进行结构调整——没有边际收益和前途的老产品就坚决停掉，还有收益的产品就支持生产。第二，打破行业框框，大力发展投资少、见效快的各类社会最终产品。第三，调整厂区布局，开放四边，最大限度地吸引内外资；联络各界，争取支持，建立酒仙桥电子城。第四，引入"三资"企

---

[1] 事实上，改革方案的主要内容都起源或酝酿于张红飚时代，但新领导班子比以往更坚决、更彻底地实施。

[2] 原来的总厂-分厂制是集中体制，总厂在银行开户，但下属单位不能在银行开户。改革过程中曾把各分厂当作内部模拟核算单位，但花钱必须通过企业内部银行，仍然是一支笔控制。

业机制，实施用工分配制度改革；第五，改变以工业制造业为主的单一格局，形成科、工、贸、金融、服务等综合发展的多元化格局。

那年 11 月，王东升在职工代表大会上提出了他称之为"四五工程"的振兴发展规划——也可以称之为新班子的施政纲领：即用 5 年的时间（1992—1996），使集团的年销售总额达人民币 5 亿元以上；年利税总额达人民币 5 千万以上；员工人均年收入达人民币 5 千元以上。他在讲话中号召企业全体员工"解放思想、转变观念，以'人家走一步，我们走出三步'的改革精神，实现老厂的第二次创业"。

今天回顾历史，"四五工程"很容易被说成是董事长挥手指航向。但事实上，当时企业内没有多少人相信这些目标——"很多老同志都觉得他是吹牛，提一些很难堪的问题"[①]。凭什么相信？当时企业已经困难到这种地步：1992 年由于国家提高粮食统销价格并放开鸡蛋、蔬菜和肉类价格，国家规定并允许国有经济部门在工资成本中列支补贴。为此东方电子集团每月支付 5 万元粮价补贴和 17 万元肉、蛋、菜补贴。就为了这样一点钱，公司不得不给市政府写报告请求政府财政部门予以全额补助[②]。

改革的第二个重大措施是实施股份制改造。实际上，还在领导班子更换之前的 1992 年 7 月，由张红飚签发的请示报告就提出："为了完成企业发展战略措施，实行经营机制根本性的转变，救活原北京电子管厂，我们认为把北京东方电子集团公司改组为股份公司是唯一的途径"[③]。当年 11 月，东方电子集团的股份制改造申请得到北京市经济体制改革办公室的批准[④]。但事实上，那时中华人民共和国的公司法还没有颁布[⑤]，于是我们再次看到了企业的实践推动体制变化的例子。

股份制改组之所以被认为是"把北京电子管厂这匹'死马'当作'活马'来医的最后一招"，是因为企业经过连年亏损已经资不抵债，其全部资产都是对银行的负债，有点收入就会被银行从账面上直接划走支付利息。在这种情况下，企业的转型和结构调整都无从说起。为解开这个死扣，头脑灵活的王东升开始与银

---

① 周原访谈，2013 年 4 月 17 日。

②《关于对五元粮价补贴给予补助的请示》，1992 年 3 月 18 日；《关于对鸡蛋、蔬菜、肉价补贴给予补助的请示》，1992 年 11 月 29 日（北京东方电子集团股份有限公司档案）。

③《关于北京东方电子集团公司改组为股份有限公司的请示》，1992 年 7 月 17 日（京东方档案）。

④ 北京市经济体制改革办公室：《关于批准设立"北京东方电子集团股份有限公司"的批复》，1992 年 11 月 7 日。

⑤《中华人民共和国公司法》由第八届全国人大常委会第五次会议于 1993 年 12 月 29 日通过，自 1994 年 7 月 1 日起施行。

行讨论能不能把银行的贷款和利息转成股份。尽管银行也是国有的，而且很支持企业改革，但仍然无法答应这种提议——原因很简单：即使把贷款转为股份，电子管厂也无钱用于发展。既然问题卡在新股本金上，不死心的王东升就追问银行领导："如果我们找到钱，你能不能转？"银行领导倒是对这个前景松了口，表示如果能募集到新的股本金，就可以"债转股"。对银行来说，如果企业死掉了，贷款也收不回来；如果企业能够募集到新的资金就还有希望。于是，王东升等人开始"编些故事"力图从社会募集资金，但经过三四个月的努力之后还是以失败告终，因为无人愿意向一个连续亏损多年和人才大量流失的企业投资。走投无路的新领导班子开会时，有人提出用别人的钱还不如自己的员工凑呢，于是决定动员职工凑钱入股。

在全厂动员入股大会上，新班子提出领导干部每人出 5000 元，中层干部出 2000 元，剩下的普通员工自愿，每份 500 元入股（多买不限）。这个提议最初并没得到热烈响应。当时工资仍然经常不能按时发，职工并没有多少余钱，但更重要的是怀疑："我们交了钱之后都被你们当领导的花掉怎么办"？新领导班子只能继续开会讲故事：首先是领导自己也掏腰包，而且必须比别人多；其次举深圳的例子——作为改革前沿的深圳开始发行股票时也没人买，但后来买的人都获得相当的回报；最后解释钱是用来实行股份制的，不是用于日常开销的，大家集了资就成为股东，将来企业上市后可以得到回报。

在这个时刻，真正起作用的还是军工企业培育出来的忠诚度和责任感。尽管当时厂内流传着"京东方的股票能上市是天方夜谭"的话，但越来越多的人开始响应新领导班子的号召。大多数人买股票的动机是为了拯救企业，而且也看到王东升这帮年轻人确实是拼命做事的人。当职工的热情逐渐起来时，反倒是王东升心里开始发毛，他又在全厂大会上解释，入股是有风险的，他自己也怕把大家的钱赔了。他郑重宣布，成功和失败的概率是 50% 对 50%。按我们的想法去做会成功的，但市场的变化往往不是企业能够控制的，所以也没有十分的成功把握。时隔多年，王东升还记得有人对他说过的话："我们不是为了发财，如果为了发财买深圳的股票就行了。我们真正的目的是为了救公司，你们赔了，我们也认了，只要你们全心全意把公司做好、把这笔钱用好"[1]。

1993 年 4 月，以北京电子管厂的经营性资产出资（国有股），以 2600 多名干部和员工（大约占全体职工的五分之一）的现金集资 670 万元（只够发 3 个月

---

[1] 王东升访谈，2009 年 4 月 2 日。

的工资）出资（职工股），加上银行的债转股（法人股），成立了混合所有制的北京东方电子集团股份公司[①]，王东升任董事长兼总裁。然后以从职工募集的670万元为抵押，又获得了等额的银行贷款——这就是东方电子集团的第一笔改革"种子基金"。于是，东方电子集团开了亏损企业进行股份制改造的先河。岂止如此，东方电子集团还开了"债转股"的先河——它作为国有企业改革的一个措施是1998年之后才开始普遍实施的。在当年的艰难困苦被几乎遗忘的十多年之后，王东升回想起自己当年"急中生智"的"发明"，也不免有点得意："（中国的）'债转股'是我第一个提出来的"。

股份公司成立后，王东升提出一句耐人寻味的口号："听党的话，走自己的路！"如果要是绷紧"阶级斗争"那根弦的话，从这话里还真能听出点"反动"的味道来。不过提出此话是针对当时企业中仍然存在的"等、靠、要"情绪，正如他在1994年2月的一次讲话中所说："'听党的话，走自己的路'是我们'第二次创业'的基本指导思想。这是我们基于对企业多年痛苦教训和国家改革大势的彻悟所得出的结论，也是对如何办好我们这一由国营企业改组而成的股份制企业的基本哲学概括。我们说'听党的话'，就是说要把党提出的以经济工作为中心这一主张在企业中真正得到落实；坚持用市场经济改造企业、改造自我；坚持衡量企业各方面工作是非得失的三条根本标准；坚持以经济效益为中心，把企业搞好、搞活。我们说'走自己的路'，就是说要坚持'独立自主、自力更生、实事求是'。由于长期以来计划经济形成的惯性，等、靠、要，按上级的指令行事，延误了不少的时机。现在，我们终于清醒地认识到：我们正处在生死存亡的严峻时刻，我们所处的环境是，国家不会也不可能再给我们输血，不能再指望别人救我们，我们生存的唯一希望是靠自己救自己，靠自己的努力，向市场要效益，向管理要效益，向科技要效益，向质量要效益"[②]。

也是在股份公司成立后，新领导对公司总部实施了大刀阔斧的改革。当时总部的党政机构有31个，工作人员380多人，包括党委、团委、工会、女工工作

---

① 北京东方电子集团实施股份制时的股权结构：

单位	持股份额（万元）	比例
北京电子管厂	10308	39.41%
北京华银实业开发公司	9976	38.13%
工商银行北京信托投资公司	5005	19.14%
江门国际投资公司	200	0.76%
内部职工股	670	2.56%
总计	26159	100%

② 《改革与发展的基本思路（一九九四年集团工作会议讲话）》，1994年2月20日，京东方档案。

部、计划生育办公室等，其中一半以上都与生产经营无关。那时的北京电子管厂仍然年年被评为绿化先进、计划生育先进、思想政治工作先进等，只是这些荣誉无助于扭亏为盈。另一个问题是干部平均年龄较大。王东升的副手平均年龄52岁，总部机关处长们的平均年龄则达到58岁。改革后，总部机关压缩为9个（8部1室），人员压缩到115人。这种过程从来不会一帆风顺，需要牺牲。一位忠诚的工会领导说："王东升已经把刀架到我脖子上了，但是我还是要支持他改革"①。为推进改革，王东升带头要求上级组织部门把自己的人事关系挂在人才交流中心，也鼓励一些干部这样做，以示不能按时扭亏为盈就下岗的决心。发展新产业需要继续招收新人特别是新毕业大学生，而且要提供不低于社会一般水平的工资。王东升解决这个矛盾的方法就是"新人新办法"——新人工资高，但采取市场合同制，没有终身制，也没有旧体制下的住房、福利，同时对"老人"仍然实行"老办法"（对新老人区别对待的做法是后来公司上市后正式制度化的）。

随着改革的展开，新领导班子逐渐形成了三条"战线"：（1）"发新"——发展新产品和新业务；（2）"调整"——对现有产品的生产进行调整；（3）"稳定"——由于改革不得不削减冗员，所以还得帮助分流下来的人员再就业。于是管理层分成三个团队，分别负责三个方面的工作，而王东升负责的重点是"发新"。在那个阶段，许多人帮助了王东升，后来接任党委书记的江玉崑是最主要的干部。他以自己的献身精神负责企业的"稳定"工程，化解各种矛盾，使王东升可以把精力集中在发展上。

由于结构调整和发展措施（下一节详细说明）的效果，1993年企业终于止亏，略有盈利。从1994年起，公司的重点任务是降低企业整体运行成本的生产组织布局调整和在存量嫁接调整中寻求发展。由于涉及人员下岗分流，所以"结构调整"是一件难事，而且只能通过一个过程来完成。经济学家一直相信也想让别人相信，一旦实施自由化，市场机制——价格信号和竞争——就会自动导致企业的最优行为（利润最大化或成本最小化）。但是经济学的主要研究对象是价格机制而不是作为复杂组织的企业，所以经济学家从来不理解企业。实际上，组织变革在任何地方——无论是发达市场经济体还是前中央计划经济体——都是困难的，从来不会在一夜之间实现任何意义上的转变。北京电子管厂的各个分厂都有自己的传统和组织体系，行为习惯很难改变，而王东升既没有可以命令一切的权威，也没有把所有决定都贯彻到企业每一个角落的能力。在这种情况下，新领导班子采取"打破大板块，分灶吃饭"的做法，其实质是把"一起死掉"的威胁转

---

① 王东升访谈，2009年4月2日。

化为迫使企业各个部分"自谋生路"的动力，让能够发展的部分成为转变的力量，让无法谋生的部分被市场自然淘汰。因此，东方电子集团的组织转变是一个"新成分"逐渐成长、"旧成分"逐渐消亡的过程。

在北京东方电子集团内部，"旧成分"逐渐消亡的典型例子是原来生产收讯放大管的二分厂。该分厂曾经是北京电子管厂职工人数较多的单位，有 11 个车间[①]，当时也有近 2000 人。正如第一章所述，由于收讯放大管市场的急剧萎缩，二分厂从 1983 年就开始收缩产能，此后一直是全厂比较困难的单位。1980 年代后半期，工厂曾采取人员分流的办法，组织工人去百货商场售货等工作。同时，在实行"承包制"的时候，政府对国有企业采取了"减人不减工资"的鼓励政策，承担承包指标的生产班组也会富余出来一些人。但总体上来说，富余出来的人仍然由企业背着。1992 年秋季的改革后，二分厂更名为东方特种电器厂（以下仍称二分厂），实行独立核算。这次改革带来的一个主要变化是人员开始流动。在"独立核算、自负盈亏"的压力下，二分厂各车间的班组都进行了优化组合，请假多的、技能较差的、"表现不好的"都被组合出来。同时集团建立了中心，接收了下岗人员。另一方面，从 1993 年开始，主动离开的人也在增多，因为那个时候外面很吸引人，售货员的工资都比在厂里高。

在成立集团和股份制改造之初，公司总部无力对属下各分厂进行投资，主要是以现有的资产与其他企业进行合资。实行独立核算后的各分厂在很大程度上要靠自己。二分厂曾经做过几次发展规划方案，但因为没有跳出电子管的思路均未被总部通过。该分厂的产品老、设备老（大多是 1956 年建厂时的设备）[②]，继续生产电子管已经没有前途，合并到其他分厂也不可行，一直维持到最后的是军工生产。但就算是保留军工生产，原来为大批量生产电子管而配套的气体、玻壳、动力也都没有了，只能从外面采购。当时二分厂的领导中也有人想干下去，想着由公司给一块地方，他们带出一批人可以干别的产品继续活下去。但二分厂的领导班子发生分裂，原来的厂长办理了退休手续，带走一批人到外面私人办厂，而想干下去的人就没干成，最后都退休了。

---

① 201、202、203 是装配车间，204 是机电修车间，205 是栅极车间，206 是云母片车间，207 是成品管子的检测车间，208 车间不以电子管为主，做研发；后来还有 209 车间，做舞台灯等产品；210 车间是机械车间，为电子管配套；211 车间做玻璃壳。分厂还设有组织、生产、经营、财务、人事、产品质量、办公室等科室。

② 设备老旧到什么程度？据一位当时在二分厂工作的老人回忆："这些设备还是 1956 年建厂时的东西，不搬都已经坏了，搬了还能再生产吗？比如说老电气工作台，干着干着出问题了，有人说要把电工师傅请来修设备，但来了根本没法修，踹两脚就好了。短路了就直接哐哐踹两脚就续电了"（刘文芝访谈，2013 年 5 月 3 日）。

集团公司于1997年8月份正式决定关闭东方特种电器厂（二分厂），撤销建制，并对职工进行分流。在此之前，二分厂给一大批职工办理了退休。那时的二分厂有独立的人事科，去医院办各种鉴定，一些没到年龄的也病退了。那时退休不像现在审得那么紧，也没进入社保，还是由企业发退休工资，但凡能走的都走了。一位当时在二分厂人事科工作的干部回忆道："人员分流确实是太难了，矛盾太大。整天有人来骂骂咧咧，或者整天泡在办公室，什么样的人都能见到"①。到1998年年底，清盘工作基本完成。即使在这种令人伤感的结局中，仍然有人在默默地以自我牺牲来奉献。在二分厂的领导中，人事厂长商亚清（女）和207车间的书记兼人事主任张荣婉（女）留守到最后，她们两人在处理完最后一名下岗工人后退休了。

那两年的调整确实力度比较大。一位当时在某分厂党委工作过的干部回忆说："我们那个工厂成立东方赛格半导体后人员富余，包括党委副书记、老厂长等都下岗。我把下岗的40多名员工送到总厂的人才交流中心，他们有意见，许多人对退休也有意见，但为了企业的生存没有别的办法。我们处理了很多复杂的矛盾，如动力分厂有个员工，对缩编不理解，激烈的时候拿着酒精去动力车间，要拼个你死我活……后来我们也逐步帮着解决了一些问题"②。由于东方电子集团的改革比大多数国有企业早了几年，所以那几年下岗的职工多数还是在社会上重新找到了工作，有人去做使馆和饭店的服务人员、商场的售货员，也有人自己出去创业。到1990年代后期大批国企裁员的时候，下岗职工再找工作就难了。所以等到后来下岗员工也说，"当时想不明白，别人都好好待着，怎么就我们没岗位了，后来发现让我们先走了更容易找到工作"③。

由于财务状况尚未好转，企业对下岗和退休职工的待遇不如人意，出现过拖欠医药费报销等情况。经常有人因工作和待遇等问题到股份公司来上访，甚至发生过静坐示威，公司领导们不得不经常接待上访职工。1996年8月底，正当东方电子集团上市前夕，王东升被700多名退休的职工围住，起因就是拖欠医药费报销。有人向市政府写了多封人民来信，信中甚至罗列了王东升有关政治、经营、住房、生活作风等方面的22条"罪状"。上级经过调查，发现这些"罪状"并不属实，王东升的住房都未达到规定的标准（调查后上级部门还给他增加了一间住房）。多少年后，我们问王东升当时的感受，他自己坦诚说，当时确实感到很委

① 刘文芝访谈，2013年5月3日。
② 同注①。
③ 北京电子管厂/东方电子集团的结构改革（包括下岗)比大多数国有企业要早好几年，其原因与工业性质有关——由于电子工业的技术变化快，所以该工业中的国有企业在改革开放后更早地陷入困境。

屈，想不通，想辞职不干了。但公司正处于 B 股上市的关键时刻，无论如何也要抓住这一机会，就是不干了也要等公司上市以后。在这个过程中，领导班子自然而然地形成两套人马，由党委书记江玉崑率领一些较年长的干部，成立退休办、人才中心，重点帮助解决职工的再就业问题和生活问题（"稳定工程"），包括子女、父母、医疗报销、福利、工资、住房，等等；王东升负责全面工作，但重点是带领较年轻干部解决企业的发展问题。

到 1996 年，企业正式员工已经缩编到 4000 人，退休人员已经增加到 7000 人[①]。但同时，公司又不得不为留住那些更年轻、更有专业技能的员工而费尽心力。如公司的一份报告所言："（公司）人才流失严重。由于企业发展速度跟不上社会环境的变化"，1995 年"调走各类专业干部 87 人，这必须要引起我们各级干部的重视"[②]。

当 1997 年东方电子集团在 B 股上市时（见下一节），原来的领导班子按照东方电子集团及其"母体"北京电子管厂的两块牌子分开，同时正式实施新的用工制度：凡股份公司成立后进来的新员工一律按"市场化"原则签订劳动聘用合同，取消国企身份；凡股份公司成立前进入北京电子管厂的老职工可以自愿选择"市场化"和"逐步市场化"。这种"新人新办法，老人老办法"的模式，一方面吸引了大学生；另一方面稳定了老员工。1999 年，东方电子集团与母体（更名为东方投资）按照上市公司的要求彻底分开经营，从此成为一个在市场上独立运营的公司。这时的一个痛苦决定是管理团队必须分成两个班子，王东升负责集团全面工作，同时，率领一个团队重点经营管理上市公司，江玉崑负责稳定工作，率领另一个团队管理"母体"，而后者需要付出牺牲。

但东方电子集团（京东方）依然以利润分红等形式保证母体职工的工资、退休金和医疗报销等开支。1999 年 1 月，王东升在集团工作会上说，北京电子管厂（母体）在以后若干年的主要任务有四个方面：（1）人员分流与再就业工程；（2）危改工程。继平房二区危房改造项目启动后，争取早日启动 4 街坊、11 街坊的危改工程。（3）送温暖工程。重点抓好下岗与离退休职工中的特困户，访贫问苦，帮助解决一些实际困难。（4）服务工程。不断地改善和提高房管、供暖、卫生、保育、人才中心、老年职工服务中心、离休办等服务的质量与水平。"通过危改，改善职工、特别是老职工的住房条件，这是我们这一代人应尽的历史责任。不管工作如何困难，一定要坚定这一信念。"他说：这些"实际上是企业办社会的工

①《关于 BMCC 享受电子城政策以解决北京电子管厂经济困难和发展问题的请示》，1996 年 4 月 16 日（京东方档案）。

②《总结经验、强化管理，为实现 96 年经营目标而奋斗》，1996 年 2 月 2 日（京东方档案）。

作，但在政府的社保体系未健全之前，各项社会配套改革工程未到位之前，这是电子管厂最重要的任务之一。就是在政府的社保体系健全后，配套改革工作逐步到位后，上述工作仍将不同程度地存在……"

那场改革距今已有20多年，大规模下岗的"惨烈"仍然被北京电子管厂的老人们记忆犹新。当我们请亲历过的老人评价那场改革时，他们往往说出两个评论：第一个是"王东升够狠"，"打破大板块"和数千人的下岗分流说干就干了。如果这个评价中包含着对王东升的怨言，那么第二个则包含着谅解——"但也确实是没有更好的办法了，如果企业死了，那些下岗的人连退休金也拿不到"。国有企业在30年的计划经济时期所形成的"僵化"结构，不仅包括产品和组织上的，也包括社会关系上的（典型地体现在"铁饭碗、大锅饭"上）。这些结构使北京电子管厂在整个1980年代都无法摆脱沉重的"包袱"，只能一直期待政府出手援助。但那时国家已经改变了政策轨道，不会再出资去彻底调整国有企业的产品结构和设备，而且国家投资本身也解决不了国有企业的效率问题。于是，解开这个死结的代价只能由企业自己去承担。如果不经历那些年的"结构调整"，脱胎于北京电子管厂的北京东方电子集团不可能生存下来；但是，那些"结构"又是在几十年的时间里由国家政策和发展模式所形成的。当结构调整的代价不得不由每一个职工来承担时，"牺牲"就不可避免。

曾经负责"母体"稳定工程的江玉崑在2003年写道："今天……再去谈论当初如何打破企业内部大板块，再去回忆几千员工离开工作了几十年的岗位时的情景，会别有一番感触。当然，这些事已经无关紧要了，人们会慢慢地忘记这些，年轻人也不会对此感兴趣。但是，在京东方发展的历史上有许多功不可没的贡献者，他们是用牺牲做贡献的，牺牲时间和年华，牺牲利益和机会……虽然我们正在设法报答他们，可是有许多牺牲的东西定是不可再来，不要忘记这些用特殊形式贡献的人，这不仅是报恩，更是因为将来还会有牺牲"（京东方2003，第190页）。是的，在这个国家，谁都不应该忘记国有企业改革中的牺牲者。

第二节
为了"活下去"的发展

改革是为了生存和发展，为此需要调整产品结构，而调整的关键是发展新产品和新产业——这也是王东升主要负责的工作重点。不过，从1992年到1997年

（公司在 B 股上市）的 5 年时间里，东方电子集团基本上没有新的资金注入，一直处于窘迫状态，没有能力做出像样的投资。在这种条件下，发展新业务主要是通过以现有的资产与其他企业合作的方式，用王东升的原话说是"以存量的集约化调整和嫁接为主"。王东升在总部成立了一个组，就是专门寻找合作项目。

13000 多人的企业是个庞然大物，王东升本事再大，也没有能力在总厂层次上解决企业的整体发展问题。于是，他在自己努力的同时，也放开让各个下属单位去自行找项目。其实这也是一种策略，如果不允许各单位这样做，那么总厂就很难在一个单位亏损时解散它，因为有人会为此闹事；如果一个单位能够找到项目自己养活自己，总厂就支持；如果一个单位因为自己不找或没有找到成功项目而继续亏损，那么解散它也就顺理成章了。但王东升为了避免各行其是带来的混乱和风险，又必须控制这个过程，于是就规定了一个申报项目的程序：寻找潜在的可能项目（根据设备、厂房的情况，通过项目找伙伴）—提出项目建议书—确定合作对象—签订意向性协议—提交可行性报告—签订合同。项目在这个流程的每个阶段都要受到审核或批准。

那时，在国家层次上确认经济改革的目标是建立社会主义市场经济，社会上掀起经商热。为了"活下去"，东方电子集团的各级领导几乎是"饥不择食"地在寻找能够迅速盈利的项目。但实际上，企业在 1992—1994 年那个阶段尝试过的大多数项目都以失败告终。我们在京东方的档案中找到了一些当年项目的记录（见各项的脚注），择要列举如下（因为档案不完整，所以并非全貌），以表示在1992—1994 年期间，这家曾经的中国电子工业第一厂为了生存都尝试过什么。

（1）保健营养茶。集团下属的北京半导体器件厂与四川一家企业合资成立"北京东方经济技术发展中心"，想开发多种保健茶营养饮品，其中的拳头产品是带有传感器的"东方壶"[1]。这个中心还曾经与深圳一家企业合作搞船务项目。但在运营期间，因四川那家企业单方面抽回资金，致使该中心无法经营下去，清盘了事[2]。

（2）爽口液。集团与北京东亚生物工程技术研究所共同投资 50 万元兴建"怡鸿生物工程有限公司"，开发"绿波"系列新型产品[3]。产品的样品都做出来了，但因市场等问题没有做下去。

---

[1]《关于合资成立北京东方经济技术发展中心的请示》，1992 年 8 月 6 日（东方电子集团档案）。该中心由北京东方电子集团公司（甲方）、四川江油康乐医疗器材厂（乙方），北京东方半导体器件厂（丙方）三方联营组建，总投资 30 万元。

[2]《关于终止"北京奥兰特经济技术发展中心"联营合同的协议书》，1996 年 2 月 28 日。

[3]《关于申请报批北京怡鸿生物工程有限公司的请示》，1993 年 2 月 18 日。

（3）在佳木斯市申办边境易货贸易公司，同时经营"北京烤鸭店"以吸引顾客[1]。

（4）在全国建立商贸网点，包括南京、上海、武汉、合肥、成都、乌鲁木齐等地[2]。

（5）与台湾一家公司和美国一个大学的科技开发中心合资建立北京电子城高科技产品展销中心[3]。

（6）与香港一家贸易公司合资成立电器维修中心[4]。

（7）还有一些二级单位办的服务业，因为小而庞杂已经无法说清了，其中值得一提的是当年车队还以富余出来的能力与别人合办过出租车公司。

（8）制冷设备。集团所属的北京东方模具厂拟与北京一家制冷设备经销公司和一家台湾企业合资成立和经营北京吉利制冷设备有限公司，这类产品主要应用于食品工业、医药卫生、电子工业、航空工业、船舶舰艇、商业、交通运输业、宾馆、饭店等[5]；

（9）灯具。决定组建东方电子灯饰公司[6]，拟以此为基础吸引外资并引进技术和设备。目标是在三年后建成一个中型的、独具特点的灯饰企业，实现年产灯具30万套，并承接灯饰系统工程的设计、安装及相应的综合技术服务。

（10）射灯及装潢钉。集团所属的北京东方电子零件厂拟与台湾帝潮事业有限公司合资成立和经营北京东潮金属制品有限公司[7]，开发生产经营射灯及装潢钉等产品，合资公司的产品100%外销，由台方负责。

（11）北京电子管厂的半导体生产原来分散在一分厂、二分厂的208车间、三分厂的308车间和811车间，公司在1993年的结构调整中把这四个半导体生产单位合而为一，成立北京东方半导体器件厂，以期保存实力。在此阶段曾经与东莞赛格花园工业区股份公司等单位合资，成立了三个合作项目——北京微电子制造公司、北京东方赛格半导体有限公司、东莞赛格半导体有限公司。但这些项目都由于后续投资问题而夭折了。

（12）北京东方半导体器件厂曾拟与美国布莱迪公司合资设立"北京东迪电子

[1]《关于申办"东方边境经济易货贸易公司"的请示》，1992年8月18日。

[2] 1993年4月9日，关于成立北京东方电子集团股份有限公司全国商贸网络筹备组会议。

[3]《关于申请批准合资组建北京电子城高科技产品展销中心项目建议书及可行性研究报告的报告》，1993年12月20日，两个外方总出资额50万美元，东方电子集团以4年房屋租金折合50万美元投入。

[4] 1994年10月7日，关于合资经营北京创新电器维修中心有限责任公司项目建议书及可行性报告的请示。甲方：北京东方电子集团股份有限公司，乙方：香港优达贸易有限公司

[5] 1992年8月15日，《关于举办北京吉利制冷设备有限责任公司合资企业的项目申请》。

[6]《关于申请组建北京东方电子灯饰公司的请示》，1992年10月13日，东方集团档案。1992年12月16日我集团拟与台湾灯美企业有限公司合资兴建北京东方灯饰工程有限公司。

[7]《关于举办北京东潮金属制品有限公司合资企业的项目申请》，1992年12月14日。

有限公司"，使用布莱迪公司的技术生产 RF/MW 混合集成电路和放大器组件（主要用于移动通讯和广播电视领域）[①]。

上述项目大多只是意向性的，出于种种原因并没有按照计划执行（或短命），倒也没有造成多大的损失。造成损失的是投入生产却没有做成的项目，其中最大的失败项目是节能灯。还在 1980 年代后半期，北京电子管厂就想把节能灯发展为主要产品之一，当时自建了一条试验生产线，同时也计划引进生产线[②]。1993年，东方电子集团从台湾一家企业引进年产 300 万只单、双 U 形节能灯灯管生产线，但 1995 年验收投产后不到两年就陷入亏损状态。其原因有三：首先，引进的是二手生产线，生产出来的产品良率太低；其次，节能灯的价格比普通管灯高出几倍，消费者宁可买眼前便宜的普通灯管（当时国家对节能没有补贴政策）；最后，沿袭老的组织方式，管理水平低。因市场滞销，节能灯生产于 1997 年出现亏损。公司于 1998 年底决定关闭生产线，对照明事业部调整后清盘[③]，最终将生产线转让[④]。后来王东升也承认："照明事业未搞好，损失惨重"[⑤]。

时隔大约 20 年之后，王东升向我们解释，当时公司的策略是在调整前先给出路，允许各单位找项目，但要有一个规则，这个规则就是项目审批流程。上面提到的那些项目大多是各单位报上来的，因不符合项目可行性标准要求，大多只到意向阶段就终止了（王东升制定的项目申报程序确实卡住了许多不可靠的项目）[⑥]。他坦言，自己是从失败中学习成长起来的，但失败风险要在可控范围内。事实证明，即使是有了自主权，即使是"市场化"了，企业及其领导人仍然需要一个学习的过程，而不会像经济学家妄想的那样，一夜之间就行为"最优"了。实际上，1992 年后各地的"大干快上"，很快就招致了中央政府的"宏观调控"，同样说明政府和社会在进入市场经济时也都需要一个学习过程。2009 年 4 月，王东升在我们第一次访谈时说："我看过自己 20 多岁时的照片，真是跟毛头小伙子一样。就算是 35 岁当厂长时，如果再去看那时的照片，也是与现在完全不一样。我年轻时肯干，专业知识还算强，但是对产业的理解，对包括产业在内的国家竞

① 《关于举办微波混合集成电路及放大器模块合资企业项目的请示》（送北京市人民政府电子工业办），1993 年 5 月 2 日；《关于合资设立"北京东迪电子有限公司"的请示》，1993 年 7 月 26 日。
② 北京电子管厂的节能灯项目 1987 年被批准立项，原定于 1989 年上半年竣工，由于审批程序复杂，时间上的延误，使外商对该厂引进线产生怀疑，拒绝来京签订合同。
③ 1998 年 12 月 21 日《关于对照明事业部清盘的决定》，王东升签发。
④ 《关于节能灯灯管生产线整体转让的请示》送北京电子控股有限责任公司，2000 年 9 月 26 日。
⑤ 王东升在 1999 年度工作会议上的讲话《坚定地推进企业市场化改造》，1999 年 1 月 20 日（京东方档案）。他对失败原因的说法是"一是架构没搭好，二是没有懂行的领军人"。
⑥ 王东升访谈，2013 年 10 月 9 日。

争力的理解，还是需要在一个过程中一步一步地加深。那靠什么去干？靠使命感，靠那种理想主义的情怀和责任感。直到今天我们都要想，为什么要这么做、怎么做、为谁而做？"[1] 只要坚持在实践中学习，失败也就成为成功之母。在经历过早期众多项目的失败之后，东方电子集团逐渐找到成功的道路。

从北京电子管厂继承下来并继续稳定生产的一个主要单位是更名为北京东方电子管厂的三分厂。三分厂的主导产品是大型电子管，主要应用于大型广播发射系统及大功率军用雷达上，受半导体技术替代的冲击要比二分厂小得多。即使是在北京电子管厂最困难的 1980 年代后期，三分厂也一直赢利，只是受全厂亏损的拖累经常迟发工资。改制初期，三分厂也探索新产品，在集团公司的鼓励下开发输配电市场所需的真空开关管及其延伸产品，以带动大型电子管的产品结构优化。但三分厂试制真空复合开关管并不成功。后来在一个契机下引进专业人才，合资成立了真空电器公司，专门生产真空开关管及其延伸产品，成为京东方进入液晶工业之前少有的几个能持续盈利的子公司，直到 2011 年还成功开发出全球第一只可替代六氟化硫开关的 126 千伏高压陶瓷真空开关管。三分厂的生产从 2000 年以后逐渐收缩，从中继承下来的电子管业务至今还在小规模地生产（已经变成拥有众多专利的高技术产品了）。

另一个做成的项目是科技园区，它也是起源于利用现有资产获得收入的努力。1993 年，公司首先把总部办公楼腾出来，与新加坡一家公司合资成立了北京东方恒通物业有限公司，将其改造成为科技商务中心，公司领导全部搬到简易房里办公。这座楼在北京电子管厂内被称为"正门楼"，多少年来都被当作该厂的象征，所以出租它在职工中引起争议和心理冲击。后来随着生产结构的调整，越来越多的旧厂房被腾了出来，于是 774 大院就逐渐被开发成为国际科技企业总部园区，他们将其称之为"数字玫瑰园"。虽然后来 798 厂区因为变成了艺术区而更加出名，但 774 厂大院才是酒仙桥地区保存最好的老厂区。北京电子管厂在 1950 年代就是绿化模范单位，砖结构的厂房是苏联设计的，很有文化底蕴。到 1996 年初，恒通花园商务中心一期工程完成，吸引了雀巢、ABB 等著名企业入驻，其园区服务收入也成为企业的重要收入来源之一。

还有一个重要成功项目是集团与日本旭硝子株式会社的合资项目，即 1993 年 11 月双方合资成立的北京旭硝子电子玻璃有限公司（以下简称"北旭"）。这个合资项目起源于 1980 年代末北京电子管厂从旭硝子的引进技术，在八分厂生

---

① 王东升访谈，2009 年 4 月 2 日。

产彩色显像管所用的玻璃支杆和低熔点焊料玻璃粉。为扩大生产规模，东方电子集团从1992年开始合资谈判，以东方电子玻璃厂（原八分厂）80%的资产与旭硝子成立各占50%股份（总投资500万美元）的合资企业。北旭满产后效益很好，双方又决定从1996年扩大生产规模，其玻杆在国内的市场占有率曾经达到62%，在国际市场的占有率曾经达到20%，除向北京松下彩色显像管厂供货外，还成为飞利浦、索尼、日立等外国企业和国内上海永新、深圳赛格日立、南京华飞等CRT企业的长期供货商。由于北旭的产品质量和生产效率超过了日本原厂，所以旭硝子索性关闭了在日本的工厂，此后北旭便成为世界第一。虽然不是什么大产品，但其利润率保持在20%—30%之间。在东方电子集团最困难的阶段，北旭每年都为集团带来1000多万元的利润。

北旭的成功不是偶然的，既有产业条件也有企业条件。随着从引进生产线开始发展的中国彩电工业的规模不断扩大，同样以引进技术来实现国产化的中国CRT彩色显像管工业在1990年代进入兴旺期，盈利状况非常好，而且CRT的关键零部件如玻杆、电子枪等仍然需要从日本进口，国产化的余地很大。此外，当中国彩电工业大量引进日本企业的技术，特别是中国彩管工业与日本企业多有合资时，在日本为彩电工业配套的供应商（一般规模较小）也纷纷跟进。在这个产业背景下，"北旭"项目本身具有三个有利条件：第一，合作外方是日本知名企业，做事认真，管理严谨；第二，其产品主要是为国内高速成长的彩色显像管工业配套，而且这个工业也以日本技术为主，所以市场需求处于稳定增长状态；第三，引进的产品技术与本企业的技术能力基础高度关联——北京电子管厂长期生产电子玻璃，具有较强的技术能力，这个优势使北旭在整个1990年代保持为国内独家的玻杆供应企业。这几个条件也恰恰能够从反面说明为什么前述的那些项目会失败。

"北旭"在早期众多项目失败中的成功，极大地影响了东方电子集团"生存战略"的方向，也加深了王东升"对产业的理解"。从1995年起，东方电子集团的"发新"重点转向与日本企业建立合资企业，为CRT显像管工业配套，生产彩色显像管的零部件。当电子管在市场上被半导体器件全面替代时，唯一与传统电真空技术保持着技术连续性的主要产品就是CRT显像管。这样做可以利用在电子管时代形成的能力基础（包括人才、工艺设备和技能等），发挥多年积累起来的电子零件机加工和成型技术，如电子枪的加工配件、冲压、玻璃成型部件的机加工和金属成型、玻璃成型、塑料成型等，而且所需投资不多。

在新的战略方向下，1995年12月，东方电子集团与日本端子株式会社合资成立北京日端（中方占40%，日方占60%），生产端子及其连接器。"端子"是电器的接线终端，又叫接线端子，作用主要是传递电信号或导电用，凡是有电线的地方都能用上，当时的产品主要用在家用电器上。1996 年 4 月，集团又与日伸工业株式会社合资成立北京日伸电子精密部件有限公司，生产电子枪及其零部件，其职工大多来自二分厂，解决了该分厂部分下岗职工的工作。北京旭硝子和北京日伸主要为当时产销兴旺的北京·松下彩管公司配套。

与外商建立合资企业的努力还引发了管理整顿。当时由于自身的条件不好（技术、设备陈旧，缺乏有销路的产品，财务困难等），东方电子集团开始寻求合资时是很困难的，招商的唯一"资本"就是厂房。为了吸引合作者，领导班子用了几年的时间对工厂进行管理整顿。所谓"管理整顿"包括现场管理、责任制以及后来在产品质量、成本以及交货期方面的国际化接轨（1997 年 2 月后引进国际认证体系如 ISO9001 质量体系认证、ISO14001 环境管理体系认证等），但其当时的真正重点其实是在厂区搞公共卫生。这场花了整整两年时间才完成的"公共卫生革命"有三个方面：第一，厂区禁烟。以前厂区是随便抽烟的，但由于工厂的设备老，有些管道漏气，像氢气这样的气体一碰到明火就烧了，以前就出过因抽烟引发的这种事故，伤亡过人。所以禁烟不仅是为了健康，也是为了安全。第二，车间里面禁止饲养动物。现在的人已经很难相信这样的故事：王东升有一次到车间视察时，竟有职工养的鸡咯咯地从配电柜后面钻了出来。岂止是鸡，猫狗都有。禁养动物实际上是要改变企业的涣散之风。第三，彻底整顿厂区的公共卫生，重点是厕所、饭厅和马路。厕所卫生不用多说了，清理马路也不是一件易事：厂区里的大马路平常看上去还可以，但深处的小路上却乱七八糟地堆满垃圾，有的堆放了 20 年，反正围墙高，别人看不到。把这些垃圾清除干净用了整整两年时间。饭厅成为整顿重点起因于一个故事：为接待在半导体方面与京东方合作的一家美国公司的代表，王东升花了大概两个星期打扫卫生。客人来之前，食堂看上去都干净了，但是有一点没想到——在食堂里边招待客人吃饭时突然冒出一只苍蝇来，老美看见苍蝇就打，结果掉到菜里边了，客人赶紧把那一部分菜拨掉连说没关系，还是继续夹着菜吃。王东升至今对此还耿耿于怀："当时把我们尴尬的啊……"那老美后来对王东升说："王总，我知道你刚接这个厂的厂长，你知道你面对的最大挑战是什么？我说是你们整个企业的观念和文化。"王东升回忆说"他说的实际上是卫生问题，苍蝇的问题就是文化！"[①]

当日伸公司内部讨论京东方与其建合资企业的提议时，一位管理人员立刻站出

---

① 王东升访谈，2009 年 4 月 2 日。

来反对说，"我以前去过那个工厂，一进车间，工人像是大爷，里面脏得很，不能和这样的公司合作"。王东升闻讯给对方捎信，说现在的情况已大为改观，欢迎他们随时来访。不久，对方果然未事先通知就悄悄来厂考察，直到进了厂区总部的人才知道。在参观过程中，来访者表示满意，又要求参观动力分厂的锅炉房——最常见的卫生死角。当来访者中有人用手擦了一下锅炉外壁时，赶来接待的王东升会心一笑说："你可以用西服来擦锅炉，我保证不会脏。"看着擦过的手依然干净，大家相视而笑（京东方2008，第31页）。后来双方达成了合资协议。不过与日伸的合作算是容易的——京东方曾经谈过的日本企业有四五十家，最后谈成的不到十分之一。

王东升痛感要让企业员工接受大工业和产业文明的洗礼。他认为，学习能力决定未来的发展，而训练人是最重要的——这是建合资企业的主要目的。王东升曾多次出国考察，深感企业要想做到一定高度，就要国际化，而当时走出去最好的办法就是与外国企业建立合资企业，学习别人的本领。虽然当时建合资企业有生存的目的——盘活存量、实施企业再造工程、获得新产品、扭亏为盈，但其更长远的目标就是为了学习和培养人才。

具有讽刺意味的是，合资经历对培养人的含义还有另外一层——就是对合资的厌恶。尽管合资企业（包括她持股25%的北京·松下彩色显像管公司）在东方电子集团上市之前是企业的主要利润来源，但在企业高管的心目中，合资经历"是一段屈辱的历史"。屈辱感首先来自谈判时的实力不对等。曾任北京日端负责人12年的周原是1970年（16岁）进774厂的老人，他在1980年代通过上电大学习拿下学历，1994年从三分厂车间主任的职位上被调去筹备北京日端。周原在回忆合资过程时说，在与日端谈判合资的时候，只有400多员工的日端的年销售收入折合12亿元人民币；相比之下，员工人数是对方10倍以上的东方电子集团的年销售收入只有1亿多元[1]——"哪有平等可言。"为了实现合资，东方电子集团不得不在很多地方将就日本人。周原回忆道："你那么大，却那么弱。在过去的国有企业机制下，管理水平没法与日本的比，中国大学生的眼界在1990年代也没法和日本的比。我们在日本看到现代化工厂就傻眼了，他们的工厂干净，工人守纪律，只有两个人时也会排队，干活没有定额，绝不实行计件制，每天2个会，朝会夕会，上下午休息十分钟，一天下来累得躺下就睡着。我对王（东升）总说，现在我知道小日本为什么当年能打中国了。王总批评我是狭隘民族主义"[2]。不过，当与日方关系很好的周原有一次替他们说话时，他"被王总臭骂一

---

① "王总和人吹的是2亿，其实还不到"（周原访谈，2013年4月17日）。
② 周原访谈，2013年4月17日。

顿"①。能理解"王总"的内心吗？

在建合资企业的过程中，京东方派出很多职工到日本企业去"研修"。一些大学生开始觉得自己很了不起，一到日本去以后就感受到差距，不但是技术的差距，还有文明的差距。时间长了以后又感受到"二等公民"的差距——就是别人其实在心里瞧不起你。但被看成二等公民反而激励了自身的责任感与发展动力，每年都去日本看望研修职工的王东升都会勉励他们：必须先学习好别人的，但在学习后必须要自己做，要有产业报国的理想，创造自己的事业。王东升自己也有过这样一段经历。一次他为谈合资而拜访一家日本企业时，社长带着几个干部请王东升一行人吃饭。日方一个部长酒后"瞎聊"，聊到中国人和日本人的比较，最后得出结论说中国人懒、散、脏，中国人不爱洗澡，中国人爱说空话、大话，中国人老说没问题，结果一跟你们合作都有问题。虽然这些话很难听，但王东升想想应该虚心对待别人的批评，也就忍了。没想到那个日本人越说越没边了，他说关键的问题是中国太大了，自己管不好。台湾为什么比你们大陆要厉害？就是因为被日本管了50年。如果海南岛让我们来管绝对不是现在这样。即使是"虚心"的王东升听到这里也忍无可忍了，气得把玻璃杯都捏碎了，至今手上还留下一个疤。他对社长说，必须让那个部长道歉。对方也自知理亏，向王东升道了歉，但王东升再也不与这家日本企业谈合作了。

对合资的厌恶感更是来自受制于人。以北京日端为例，从产业层次上讲，这样的日本零部件生产企业是在日本整机企业进入中国市场（无论是合资还是独资形式）后跟随而来的，其业务主要是向在华的日本整机企业供应零部件。此外，当时国家为了保持外汇平衡，规定合资企业出口不能低于50%。北京日端的产品除供应日本在华企业外，其余产品以低价返回到日本。日方的实际控制权主要来自对市场的控制，由于销售对象是日本企业，所以北京日端的定价权（包括销售产品和采购原材料）控制在日方手里，中方没有话语权。在技术上，生产端子的核心是模具，早期完全是从日本引进的。日方对于中方派到日本实习的研修人员不教授模具技术，只让参观。因此，北京日端只是日本工业的在华加工厂。干了两年后，中方觉得应该往下发展。王东升那时已经有这么个念头，要有核心技术，要有自己的市场。于是中方开始开发中国客户，最好的时候是从三七开到了六四开。国内客户的定价权是中方的，对日方知会一下，日方插不进去。后来也力争开发欧美客户，包括ABB。有了定价权就有了对技术的话语权，北京日端后

---

① 周原访谈，2013 年 4 月 17 日。

来也采用国内设备，实现备件国产化，也可以做简单的模具^①。

对合资最大的厌恶感来自不能掌握技术。2009 年 5 月 19 日，我们访谈了时任京东方总裁兼运营长的梁新清。他于 1976 年从部队退伍后进入 774 厂，从技术员一直做到八分厂厂长。1993 年，他被调到总部任集团副总裁，在 1997—2001 年期间任北京·松下的副总经理。他以自己的亲身经历，向我们描述了通过合资"引进"外国先进技术的真实情况：

> 合资公司的架构很死板。松下对合资公司收取技术转让费和提成费。技术提成费是固定的，比如说一个管子 1 美元或者 1.5 美元。这样就已经把技术锁死了，中方只要把生产组织好就行，有问题松下派技术专家过来解决。松下保留强大的技术研发，合资企业用不着研发。日方在合同中，对知识产权看得很严，要写清"技术出问题我负责"，不可能有新的技术研发，责任和权利都是他的。1987—1997 年，东方电子集团向北京·松下供货时就发现认证很难，要拿到日本松下认证，完全被控制。1997 年我在那里的时候，提出开发新管型，但实际运作必须要在松下开发，或者向松下请示。一直到今天，北京·松下的人都不能自己设计出个管子——已经 22 年了！而韩国就是只买一次技术，一定要吃下来，以后就自己做。合资方式能够拿到产品，但拿不到技术，不能建立自己的体系，不能在现有产品以外有自主的扩展。因此，合资很难有完整的学习技术机会，合资外方不同意你投资单独做技术，设立研发中心也不行，他们都给你解决了。绝大部分合资企业都是这样。

在建立合资企业的同时，王东升也想保留和发展自己的技术种子，液晶显示就是主要的一个。北京电子管厂是中国研发液晶显示产品最早的单位之一，1981 年就研制成功液晶显示屏（TN-LCD)^②。此后，工厂根据电子工业部的指示，与香港一家公司签订液晶显示器补偿贸易协议，把三分厂的 302 车间改造为液晶显示器车间。但液晶显示技术发展很快，各地不断从国外引进更新的生产线，北京电子管厂随着财力下降无力继续投入，从扭曲型到超扭曲型时逐渐落伍。1980 年代末，北京电子管厂决定上 STN-LCD 项目，最后还是因为经济实力不够而立不

---

① 周原访谈，2013 年 4 月 17 日。
② 这里说的扭曲型液晶显示器（TN-LCD）和超扭曲型液晶显示器（STN-LCD）属于早期的液晶显示器，是没有半导体控制的"无源被动矩阵式液晶显示器"，与后来的 TFT-LCD（薄膜晶体管液晶显示器）相差很大（详细解释见本书第四章）。

上项。东方电子集团成立后，新班子成立了液晶事业部，再次决定上液晶显示项目。王东升一向以砍掉亏损项目时的"心狠手辣"而著称，但他对液晶项目真的是想把它发展起来，在公司财力拮据的情况下每年都补贴液晶事业部研发费用150万元。到1990年代中期，由于设备老化，工艺落后，产品档次低，又形不成规模，致使液晶生产的经济效益逐年下滑，生产骨干不断流失，公司越来越难以把液晶事业部支撑下去，最后只好关闭。

还在关闭液晶事业部之前，该部的总工程师向王东升提出：工资这么低，房子又没有，现在清华大学要组建液晶工程中心，要我去当总工程师，我想去。王东升生了气，心想这几年花钱都花在你们这儿，没搞出什么东西，你人又跑了。他晚上回家一边生气一边还在想：怎么办啊？总工程师一走，其他人也都会走。但突然灵机一动："反正没钱养住他们，干脆同意他去，用国家的钱养我的人才。不但同意他去，还给他一个任务，把这些年轻人全都给我带过去，但有一条：我需要的时候，全都得给我回来！"还有一个工程师找到王东升，说他不能在这儿干了，技术这么落后，比他父亲那一代的技术都不如；他想回大学去读研究生。已经想明白了的王东升回答说，只要你们学成回来，我都送你们去，还可以给点补助。于是王东升放走了一批年轻人去大学继续深造，学习新型显示、真空微电子、FED等专业。京东方在生存战略阶段的头5年里，最大的目的就是培养人：一部分到日本去培训，一部分送到国内大学去读硕士、博士，一部分干脆送到学校跟大学合作。建立和经营合资企业的过程也是培养和锻炼管理团队的过程，许多京东方中高层领导干部都是在合资阶段培训和成长起来的。当时送去大学的一批年轻人，后来公司发展液晶显示时，大部分都回来了，成为公司的高级技术骨干。

回顾历史，那个已经逐渐远去的合资阶段使东方电子集团活了下来，也使职工和劳动组织学到了工业文明所必备的行为习惯，使管理团队积累了国际化的经验，但它最大的贡献却是使这个企业再次萌生了要自己干的决心。一旦有过经验，就没有地球人还会相信外资能给自己带来技术，除了某些政府官员和经济学家。

第三节
进取性战略的形成

虽然为盘活资产存量而尝试了许多项目，虽然与外商合资可解燃眉之急，但王东升真正想做的是为企业找到并发展起新的产业。但谈何容易——发展新的产业不仅需要产品和技术，而且需要融资来源，更重要的是需要具有新想法的人。为寻求新的方法来支持发展，王东升使用了一批进入企业不久的大学毕业生，直接在他手下工作，今天已是京东方领导班子成员的王家恒、王彦军和陈炎顺都属于当年的新人。

陈炎顺于1966年出生在湖北天门县的一个农家，由于自幼聪颖，所以在1982年16岁时就考上了大学。他本来报的是历史专业（喜欢读历史和考古），但因历史科没考好，就被"刷到"北京商学院的会计学专业去了。他还记得那天正在水田里干活，听见邮递员大喊："北京（的）大学录取通知书来了。"由于他是恢复高考以后村里第一个考出来的正规大学生，所以那天全村人都特别高兴，奔走相告陈炎顺上北京大学了——"其实我是到北京上大学。"陈炎顺刚上大学时并不知道会计专业是干什么的，这个"冷门"的专业既不受重视，社会地位也不高。但1984年国家开始城市经济体制改革，对经济核算的要求越来越高，会计专业一下子热了起来。到1986年陈炎顺毕业时，到处都在招会计专业的学生，但最后他也不知道什么原因被分配到重庆商学院教书。其实他当时连重庆在什么地方都不知道，就无知无畏地去了。不过教书的4年锻炼了他的逻辑思维能力和口才——"让我后来面对上百个客户时，也能比较自如地表达思想。"1990年，陈炎顺随着潮流考上北京商学院的研究生，但他对所学专业"真的是一点兴趣都没有"，反而是对投资、证券、资本市场感兴趣。那时中国刚刚开放资本市场，他也想开户炒股票，为了凑齐开户需要的5000块钱（当时他的月工资只有90元）他就天天去兼职讲课，用一年积攒的钱开了户[1]。

1992年秋天，陈炎顺的一位女同学请他帮忙，原因是她的先生当时在北京东方电子集团总部工作，那时王东升要在集团实施集团化改革，需要做一整套的财务管理模型，她的先生接受任务后需要帮助，就想请陈炎顺帮忙一起做。当王东升看到交上来的方案后，对自己的手下说："这个方案应该不是你写的。"于是陈炎顺帮忙的事就被"和盘托出"。不久，陈炎顺被邀去见王东升。王让他先给企业财务处的年轻人上上课。1993年陈炎顺毕业时，王东升邀他留下来。陈炎顺说可以先干两年，但要把同在重庆商学院教书的妻子调过来。三个月后，东方电子集团的人事老总石栋亲自从北京飞到重庆，找商学院的领导商调陈炎顺。虽然学校做了最后的努力，但还是没能留住他[2]。

1994年5月，陈炎顺正式调入东方电子集团，被任命为计财部副经理兼证券

---

[1] 陈炎顺访谈，2014年9月23日。
[2] 同注①。

办公室主任，主要负责筹措资金。这个业务是集团财务部门的一个新业务，而陈炎顺也只对王东升负责，在厂里像个"另类"。王东升对他说："你就相当于一个突击队，就往前冲吧。"陈炎顺说，反正当时的突击队就是东突西突，只要撞到钱就行。但"学生兵"们与老厂的老人之间还是存在隔阂。陈炎顺回忆起刚来时与老同志们（当时的中层干部都是50多岁的）开会，他在会上讲到改革时年轻气盛地说，改革要牺牲一部分人的利益，调整利益结构很正常。这几句话让公司法务处处长指着他的鼻子骂了好久，问他算老几啊——"你在这干了几天，我们在这干了半辈子，你说一声要调整利益就调整，要牺牲就牺牲啊？！"当时推行改革很难，自己也是年轻人的王东升对陈炎顺说："干脆你们就成立一个班子，闯出来就是一片天地，闯不出来也没关系。"时任财务处长的宋莹对"学生兵"与老人之间的沟通起了很大的作用。宋莹是北京电子管厂出身的，虽然也年轻，但在厂里人脉关系深厚，帮了陈炎顺不少的忙[1]。陈炎顺说，"那时候宋（莹）总可是年轻漂亮啊。"随着他的赞叹声，我们眼前顿时浮现出一位"女神"的形象。

那时，东方电子集团还处于困难境地，发展需要钱，但又在亏损，没有人愿意给钱。陈炎顺经常向北京·松下管财务的领导要分红，但"人家根本看不上我们……我们虽然是占30%股份的股东，但却是个弱势股东"[2]。1995年的时候，陈炎顺和王彦军有一次与北京·松下的财务处处长王大姐吃饭，席间就向她要分红。那位大姐调侃陈炎顺说：你喝一杯酒，我就给你20万元。陈炎顺为了拿到钱也是拼了，连喝了20杯酒，结果酩酊大醉。神奇的是，醉后的陈炎顺居然还能骑上自行车从酒仙桥回家。他在路上撞上一辆停在路边的黄色"面的"[3]，撞完以后竟没有倒下去，还歪歪扭扭地绕过"面的"骑走了。结果从车里下来四个小伙子，拉着陈炎顺就打，打到最后他什么也不知道就骑车回家睡觉了，也不觉得疼。第二天早晨，陈炎顺的爱人看他满脸瘀青，就吓傻了，问他怎么回事，陈炎顺这才想起前一天晚上的事。王彦军那次也喝多了。那时他正准备婚事，还把结婚照带到办公室给大家看，但喝完酒的第二天，结婚照找不到了，最后没办法又去补照了结婚照。于是，陈炎顺等人就此对王开玩笑说：你这还没结婚呢就成"二婚"了。苦中有乐，那一次要来400多万元，反正是集团可以发工资了[4]。

---

① 陈炎顺访谈，2014年9月23日。
② 北京·松下不愿意分红的主要原因是合资企业定下的政策。为解北京电子管厂的燃眉之急，张红飚曾经在北京·松下的董事会上提出每半年预分红一次。其他中方董事都同意，但市政府的官员不同意，说怎能这样对待外资，影响形象。在市政府与日方的主导下，北京·松下定下的政策是只拿出一部分利润分红，其余留利用于该合资公司的发展（张红飚访谈，2013年3月25日）。
③ "面的"是一种微型面包车，涂成黄色，当时在北京被用于出租车。
④ 同注①。

为寻找投资来源以发展新产业，王东升率领的年轻团队也真是"敢想敢干"。公司的档案显示，1995 年 11 月 5 日，东方电子集团与台湾潘氏集团签署了合资意向协议[1]，约定由潘氏集团投资持有东方集团 51% 以上的股份，成立的合资企业将重点发展监视器及相关的配套零件和电子产品。有趣的是，两天之后，即 1995 年 11 月 7 日，东方电子集团又与加拿大善美集团和香港港华集团有限公司签署了合资意向协议[2]，由两家境外企业投资持有东方集团 58% 以上的股份，合资企业成立后将重点发展以家用电器为主的系列产品及配套电子产品。虽然两个都是意向性协议，如果这两个意向都成真了，那东方电子集团怎么去"一身二许"？实际结果是两个协议都没有执行，但足以看出当时东方电子集团的"饥不择食"。当然也有收获，潘氏集团是冠捷的母公司，所以后来东方电子集团与冠捷的合资就是这个商业纽带的成果。

　　1993 年后，东方电子集团终于扭亏为盈，但每年赢利只有几十万到几百万元。然而，王东升却在思考企业如何在资本市场融资发展的问题。他交给陈炎顺一个课题，就是想办法让企业上市。有一天，陈炎顺在看财务报表时，偶然翻到北京·松下那年赚了很多钱。当时集团在会计核算上采用的是成本法，就是分多少红算多少收益（当时大概一年从北京·松下得到 2000 万元的现金分红收益）。但陈炎顺突然想到，按照国际会计准则的规定，当股东持有超过 20% 的股权时，无论是否控股，就应该采用权益法进行核算，即把持股企业的利润按持股比例算作是自己的利润。于是他就把北京·松下的报表和集团的报表拼了一张报表出来，结果显示东方电子集团一年可有几千万的利润。这样的财务报表当然很好看，于是陈炎顺就向董事长建议通过基金或 B 股市场对外融资。王东升很支持，对他说："到资本市场融资不仅是为了解决发展资金的问题，更重要的是借机推动公司进一步市场化和国际化的进程。这件事你全权负责。"不过，公司财务的人都说陈炎顺是个"小骗子"。当陈炎顺到处引资时，恰逢中国资本市场准备开设 B 股，证监会要挑选在 B 股上市的企业进行试点。其实集团一直想在 A 股上市，但因为没有主营业务，拿不到"门条"。陈炎顺在与证监部门讨论时，对方说可以上 B 股，因为不涉及名额问题（当初 A 股市场是有"门条"控制的）[3]。

　　于是，公司专门成立了 B 股上市小组，组长是陈炎顺。那个时候很苦，小组

　　① 北京东方电子集团股份有限公司与台湾潘氏集团的《合资意向书》，1995 年 11 月 5 日（东方电子集团档案）。

　　② 北京东方电子集团股份有限公司与加拿大善美集团和香港港华集团有限公司的《合资意向书》，1995 年 11 月 7 日（东方电子集团档案）。

　　③ 陈炎顺访谈，2014 年 9 月 23 日。

连办公间都没有，打字还要申请。他天天缠着北京证监会的上市处处长，请求对方给他搞一个"门条"。1996 年 12 月，北京市证监局终于同意京东方做 B 股上市的试点企业。上市是个新鲜事，厂里的人听了半信半疑，也有人说陈炎顺他们是一帮小骗子。不过当时王东升和宋莹都很支持，为上市小组挑人，后来组成了 18 个人的队伍，还有打印机，专门设了一个打字室，于是证券部成了全公司装备最好的科室。陈炎顺选择的代理商是南方证券，他们一起工作了整整 7 个月。

1997 年 6 月 10 日，东方电子集团在深圳证券交易所成功实现 B 股上市，募集到 3.5 亿港元。消息传来，厂里沸腾了——从北京电子管厂到东方电子集团，职工们从来没见过这么多可以由企业自己支配的钱。陈炎顺回忆道："大家敲锣打鼓欢迎我们，让我们站一排照相，说我们是电子管厂的'十八棵青松'[①]。从那个时候起，大家开始相信改革是有好处的，可以往前走。"他还说："我们一些老领导真的很好、很单纯，见到钱了，他们就什么都相信了，说这帮人还真能'骗'。后来我再做什么事，他们都说'反正他能折腾，就让他掺和吧'"[②]。那时，陈炎顺不过 30 岁刚出头。

在 B 股上市是京东方在生存阶段的一个分水岭，在那之前，企业只能以现有的资产去求别人来合作干点什么；在那之后，企业终于可以自主选择干点什么了——王东升和他的团队到那时才真正开始讨论企业的发展。这是企业从北京电子管厂建厂 40 多年来，第一次有了可以自主进行投资的钱——这个事实也是理解国有企业命运的一个关键环节。当然，有了可投资的钱，还要选择干什么。就是在这个问题上，北京电子管厂的基因发挥了决定性的作用。

1998 年，在企业生存状况彻底好转之时，京东方高层提出了"两个转变"的方针：**从主要以投资等手段推动企业成长转变到依靠合营和主营产业相结合推动企业成长；由传统的电子元器件制造企业转变为新型元器件、整机和系统并举的电子信息高科技企业**（京东方 2003，第 135 页）。回顾那个历史关头，第一个转变的实质是从以生存为目标的分散多元经营向发展主营产业转变；而第二个转变其实是向高技术工业的回归，实质是继续坚持干工业。两个加起来，就是京东方要以高技术工业作为主营业务。

提出"两个转变"的动力首先来自寻找主营业务的渴望。1997 年 6 月，东方

---

① "十八棵青松"语出"文化大革命"时期的"革命样板戏"之一京剧《沙家浜》，该剧描述了十八位新四军伤病员在沙家浜养伤期间，在当地群众保护和支持下继续斗争的故事，他们被赞誉为"十八棵青松"。

② 陈炎顺访谈，2014 年 9 月 23 日。

电子集团挂牌上市后，王东升在当年的集团年中工作会上提出，要奋斗 10 至 15 年，把东方电子建成中国的"三星"（即一个具有较强竞争力的国际化大公司），年主营销售收入到 2010 年要达到 200 亿人民币[①]。但这只是个抽象的宏伟目标，因为当时的产品领域都不足以支持企业去实现这个目标。正如王东升在 1998 年 2 月的集团工作会议讲话中所言[②]："到目前为止，我们尚没有形成与上述目标营业规模相适应的主导产业，主营业务不清楚、不突出。"王东升对历史教训很清楚："为吸取原电子管厂以往战线过长、主营不突出、产品多而散、产品间缺乏联系、关联性差，以致资源分散、顾此失彼，无法专心做好主营业务，陷入严重亏损境地的深刻教训，我们需要统一思想，建立规矩，按市场化原则自我约束和规范产业结构调整、发展的方向和行为"[③]。

"两个转变"的第二个动力却是源自京东方领导人的"主观"因素。在经历了 1990 年代的多元化经营之后，企业再次进入高技术工业领域并非是必然的选择。第一，政府那时把发展任何高技术工业的希望寄托在带来"先进技术"的外资和合资企业身上，已经不再指望这些衰落的老国企能干什么了，它们能活下来不给政府添麻烦就行；第二，中国经济的市场化和社会的商业化充满了其他赚钱的机会和诱惑。因此，坚持做工业并非当时那些老国企为生存而做出的普遍性选择，在北京酒仙桥地区的十来个原电子工业部所属重点企业当中，今天只有京东方和七星华创还在以高技术产品制造为主营业务。事实上，在 1997 年上市之前，就有一家表示愿意向东方电子集团投资的外国基金建议说，做东方电子不如做东方花园，因为房地产的利润很大。在上市之后，京东方内部也曾发生过争论，有人主张不再做产品而转向房地产，也有人提议做一个投资性的管理公司。王东升对这些提议坚决反对，他的理由既非来自战略亦非来自理性计算，而是来自被北京电子管厂的历史所塑造出来的信念——我们生而干高技术工业。2014 年 9 月 23 日，京东方总裁陈炎顺在接受我们的访谈时回顾了王东升在那个阶段的坚持：

> 2003 年我们 B 股增发了 20 亿港币，那时候手上有 30 亿元的现金。有人建议买望京的地（注：当时望京地区正在被政府开发为住宅区），如果当时真的买了，我们今天就发财了。但是董事长说了一段话：'我们是搞工业起家的，搞房地产我们也不懂。如果连我们这些人都去做房地

① 王东升：《一九九七年年中集团工作会议讲话》，1997 年 8 月 3 日。
② 王东升：《一九九八年度集团工作会议讲话》，1998 年 2 月 11 日。
③ 王东升：《坚定地推进企业市场化改造（一九九九年度工作会上的讲话）》，1999 年 1 月 20 日。

产，那谁来搞工业化？我们还是搞工业化吧。'我们当时不太理解，但是现在理解了。就是说，作为一个有军工背景的企业，真的是担当着一种责任感，总觉得推动工业的发展是自己的使命。房地产有人搞，不缺京东方，但是在工业化里，京东方可能扮演一个很重要的角色。我们的血液里面就流着工业的血，要是连我们都不搞工业了，那谁来搞工业？

由于坚持要以高技术产业为主业，所以京东方的新业务都是围绕着工业进行布局，专注于显示技术产业。例如与日本茶谷建立了东方电子集团持股 75% 的北京茶谷公司，生产显示用背光源。1997 年与台湾潘氏集团属下的冠捷科技合作，在北京成立东方冠捷电子股份有限公司（东方电子集团占股份的 52%），生产显示器，1999 年投产后成功盈利，后来把台式电脑的 CRT 显示器做到了世界第一。1998 年 11 月收购浙江真空电子有限公司的 60% 股权，组建了浙江京东方，以此进入 VFD（小尺寸显示技术）领域；1999 年收购并控股深圳信桥通智能技术有限公司，组建深圳京东方，以此进入 LED 智能显示系统领域。由此可见，东方电子集团在这个阶段建立的合资企业中，无论对方是中国还是外国企业，都处于控股地位。1998 年，东方电子集团提出按照《公司法》和《中外合资企业法》，对北京松下彩色显像管公司行使管理权。一方面是有了法律，另一方面也是中央对政府官员在企业任职实施限制，迫使市政府退出了对北京松下的直接管理。于是，东方电子集团第一次向北京·松下派出了副总经理梁新清，从此在这个合资企业中有了话语权。

1999 年，东方电子集团的销售收入达到 8 亿元，实现利税 1 亿多元，其中利润 7000 万元（未计入北京·松下的分红），经济效益跃居北京市工业企业的前列。这时的东方电子集团成为北京市国有企业改革的模范，甚至传出市里要调王东升到市政府担任重要职务的消息。果然成真的话，王东升的企业生涯也算是有了个"happy ending"（快乐的结局）。不过这事并没有发生，他命中注定要为这个企业付出毕生精力。2000 年 12 月，东方电子集团在深圳证券交易所增发 A 股，融资 9.7 亿元人民币。到此时，东方电子集团已经进入了"小康"，不仅小日子过得不错，而且手上还有了可以用于投资的钱。当初放走的人也开始陆陆续续地回归，到 2003 年后不仅基本全部回归，还带动了其他的人跟着他们一起加入京东方。

2001 年 6 月 18 日，北京东方电子集团正式改名为京东方科技集团股份有限公司。其实当年的"东方电子集团"是仓促起名，后来王东升等人对这个名字很后悔，因为他们发现以"东方"冠名的单位太多了，有东方锅炉、东方电子、东方集团等等，甚至王东升路过三里屯时还看到了一个东方理发馆。A 股上市时，公司领导又看到上市公司里的"东方"太多了，因为恰好股票代码就是"京东方"（显然是北京东方电子集团的缩写），于是就在上市后把企业名称改为"京东方"。那个时候的企业领导人还没有品牌意识，后来王东升意识到公司名称和上市名称一致起来具有广告效应，于是干脆把京东方变成企业的商标（BOE）。但改变过企业名称的企业领导人至今也没有意识到，企业名称的这些变化其实有着更深刻的实质内容。从历史角度看，北京电子管厂是计划经济时代的红旗工厂，她令人想起新中国工业化的英雄年代和计划体制的逐渐僵化；北京东方电子集团则是一个在市场化改革中为生存而挣扎的企业，她使人们难忘老国企转型的艰辛历程；而京东方却是一个重返高技术工业领域的新生企业，虽然这条道路后来走得也很艰辛，但今天以及未来她让人想起的一定是一个在全球高技术工业中走向领先的中国企业……每当企业性质发生变化的关头，企业的名称就被改变，难道这世界真有神的召唤？

在 A 股上市还促成了一次组织结构的变化。东方电子集团在 B 股上市后，仍然存在着很多不规范的地方，集团公司和上市公司是一个班子两块牌子，没有彻底分开。1999 年，证监会要求集团按照现代企业制度进行综合治理，必须把上市公司和母公司分开。于是，东方电子集团与其"母体"北京电子管厂（后来成为北京京东方投资发展有限责任公司，简称东投发）正式按照"账分开、资金渠道分开和管理服务分开"的原则和规范分开经营。就是在这种关头，老一辈干部表现出为企业发展甘愿牺牲的胸怀。很明显，留在上市公司的是有前途的，工资会高一点，是搞产业的；在母公司的什么业务都没有，只有 1 万多名退休职工，只能做一些完全没有前途的事情，工资也上不去。陈炎顺回忆道，"我们相当一部分老干部还是义无反顾地从位置上退下来到老厂去，把上市公司的高管位置让给了我们这些年轻人，我、家恒还有彦军就是那一拨被提拔起来的。要是没有那一步，没有老同志那么大的胸怀把高管的位置让出来，我们年轻人是不可能上来的。因为他们可以选择不让，比如赵总那时候 50 岁不到，自愿去老厂，说把位置让给年轻人，让年轻人干该干的事。这样宋总才能做财务总监，彦军做财务处长，我才能做到副总裁去管证券和资本，还有家恒管市场这一块，做总裁助理。"这样的经历逐渐把这些新人塑造成为京东方人，陈炎顺说："我们的老一辈把位置让出来，是因为他们觉得年轻人上来后，可能比他们干得更好，所以他们甘心下去。正是因为有了他们，所以我们现在也保持着这个传统，只要年轻人好，我们就甘愿让出位置来，甭管我们职位的高低。只要是为了这个公司好，我们就没问题"[1]。

---

[1] 陈炎顺访谈，2014 年 9 月 23 日。

2000 年前后正值全球范围内的互联网热潮，热望进入高技术工业的京东方也追随潮流。A 股上市后，京东方进入 IT 终端产品领域，包括笔记本电脑、专业电脑、数码相机、"一卡通"等产品。从历史的视角看，京东方进入 IT 领域的最大问题是这些产品的技术与她自己的技术能力基础没有直接联系，所需的主要管理和技术人才都是从市场上招聘的（主管人员以"海归"为主），而产品的生产以外包为主。

王东升对这些"缺陷"不是没有意识，所以他在那时也曾提出，京东方要有自己的产品和品牌，最重要的是要拥有自己的核心技术："一个以机会主义为先导的企业，可能会在一定时期、一定环境下有一夜暴富的纪录。但是，作为一家要跨入世界先进行列、誓以产业报国的企业集团，没有自己独立的核心技术，发展和持续发展的机会几乎为零。因此，我们要建立京东方自己的新技术研究机构，培养自己的技术人才，培育自己的技术市场，凭借自己的技术优势参与市场竞争"[①]。京东方确实成立了新技术研究院，该院开发过专业电脑、掌上 PC、ADSL Modem 和高清电视等项目。尽管做出这些努力，京东方的 IT 产品最后并没有做成，不过也算不上是失败，因为京东方在 2001 年后把主攻方向转为平板显示器，就主动退出 IT 领域。要通过摸索才能找到自己的路。

在京东方的历史上，甚至可以说自北京电子管厂建厂以来的企业全部历史中，最重要的决策是在 21 世纪初决定进入 TFT-LCD（薄膜晶体管液晶显示器）工业。当以王东升为首的京东方领导层在世纪之交做出这个决策的时候，没有人（包括王东升自己）能够预计其后果。但从事后看，这个决策成就了京东方——京东方之所以成为京东方，甚至北京电子管厂之所以是京东方历史不可分割的组成部分，都是由这个决策所决定的。但是，这个决策并不是"灵机一现"做出的，而是在探寻转型的过程中形成的。

把东方电子集团的探索置于中国工业史的视角下来看，中国工业在 1990 年代经历的市场化具有双重含义。第一，从企业改革的角度看，北京电子管厂改制为股份公司及其上市，使企业摆脱了在投资上完全依赖国家的状态，而这种依赖恰恰就是北京电子管厂衰落的主要原因。从这个角度看，市场化是国有企业转变为竞争性企业所必须经历的过程。第二，国有企业从 1980 年代"扩权"到 1990 年代"改制"的改革过程，掩盖不住中国工业在市场化过程中的一个趋势，即技术水平的降低。例如，1950—1970 年代，北京电子管厂的主要产品是大型复杂系统（广播发射机、导弹、卫星等）的核心电子元器件（即电子管）；但到了 1990

[①] 这段话写于 1999 年 8 月，见（王东升 2013，第 230 页）。

年代，她的主要产品却变成核心元器件（彩色电视机的显像管）的零部件，即产品技术从电子元器件的层次下降为元器件零部件的层次。事实上，北京电子管厂的命运反映出中国工业"技术降级"或"去技术化"的普遍趋势。就电子工业来说，出现这个趋势的直接原因是半导体对电子管的替代，它使没有跟上半导体技术发展的中国电子元器件工业丧失了市场空间。但是，在"文化大革命"时期形成的技术落后，并不能解释为什么中国电子工业没有在改革开放年代追上来。从北京电子管厂 / 北京东方电子集团的经历看，出现"技术降级"的重要原因是中国在 1980 年代放弃了国防工业的发展和转向依靠大规模技术引进来发展民用工业，致使本来可以保持的技术发展过程被中断了。大规模技术引进基本上都是从终端产品环节开始的，然后在技术匹配的制约下，不得不继续引进上游技术来实现终端产品的国产化，但这个过程也把核心技术的自主研发给挤掉了。如果认为因为技术落后就应该依靠引进而放弃研发，那么否定这种说法合理性的证据就是中国电子工业出现了比技术落后更严重的情况——中国核心元器件工业的萎缩和崩溃。正是由于这个技术能力基础的丧失，中国电子工业直到今天仍然在大多数核心技术领域处于看不到尽头的落后状态。

这个背景凸显出京东方在世纪之交战略转向的重要意义——重新进入高技术工业领域（液晶显示器）标志着在渡过生存危机之后，这个曾经的高技术企业又走上了"再技术化"的过程。从过程看，选择平板显示器具有一定的"偶然性"，是因产业条件而变的决策，但选择进入高技术工业却是京东方从未改变的目标。

与涉足 IT 产品领域不同，京东方对新型显示技术的关注是有历史根源的。如前所述，企业生产过早期的液晶显示器，虽然在技术上比后来的薄膜晶体管液晶显示器要简单，但当时也属高技术产品。此外，王东升在 1990 年代为谈合资而访问日本企业时，也看到了液晶显示技术的发展，在旭硝子和松下都了解到对方在液晶显示技术上的进展。据梁新清回忆，他在 1995 年陪同王东升拜访日本夏普时，对方还送给他们每人一个彩色液晶显示的闹钟作为礼品。那时王东升和其他高管已经预感到液晶显示器可能是电子工业的下一代产品，只是当时自己的企业连饭还吃不上，只能在参观之余互相议论：中国的液晶工业什么时候才能做大[1]。不过，从那时起，京东方就成立了项目研究小组，开始观察和寻找显示领域的下一代替代技术，主要跟踪 PDP（等离子显示）、TFT-LCD（薄膜晶体管液晶显示器）、FED（场致发射显示）三大技术趋势。

---

[1] 梁新清访谈，2009 年 5 月 19 日。

到 1990 年代末期，TFT-LCD 在全球平板显示技术中的优势逐渐明朗，于是京东方在 2000 年把 TFT-LCD 工业确定为进入目标。确定目标之后，主要问题就是怎么进入。京东方的领导为此不断出国考察，跑遍了全球几乎所有生产 TFT-LCD 的公司（特别是日本企业），把所有能得到的技术资料都带回来，以了解这些公司的投资和技术状况。但对于如何进入这个工业，京东方的高层仍处于困惑阶段：TFT-LCD 已经进入大规模产业化阶段，率先进入的日韩企业也已经形成了先行者优势，专利和技术壁垒一大堆；靠国内从基础开始自主研发速度太慢，而且投资门槛迅速提高……

此时"突然"出现了国际合作和技术转让的机会，原因是 1997 年的亚洲金融危机使日韩企业都遇到不同程度的财务困难。据京东方人自己的回顾，在这种条件下，他们想利用"草船借箭"的战略一步崛起（听上去有点"一步跨越"的味道）。但在实际过程的那个时点，他们其实又面临着新的问题：应该采取哪一种国际合作的方式呢？

合资方式是一种可能的选择。京东方曾经与某日企谈过在中国合资建立 TFT-LCD 生产线的可能性（向东芝和松下提出的类似建议被干脆拒绝），派出的 10 多人团队在那里驻扎了 6 个月。但在谈判过程中，京东方的决策者越来越发现不能走合资道路，因为这条路会使京东方的战略受制于对方对技术的控制。京东方此时已经是一个既有掌握技术的决心又有合资经验的企业，知道深浅。曾经担任过北京·松下中方负责人（副总经理）的梁新清对那段合资经验总结到："甚至已经到了 CRT 全面萎缩退市的时候，中方仍然得不到技术"[1]。另据京东方的一位资深工程师讲，握有 PDP（等离子显示）技术的松下按道理可以让北京·松下引入 PDP 技术来实现升级（PDP 与 CRT 显像管同属电真空技术，处于同一个产业链），但松下并没有这么做，其原因可想而知。他认为这就是为什么王东升一定要冒那么大风险通过收购进入 TFT-LCD 工业的原因[2]。虽然那时出现了并购韩国企业的机会（见下），但京东方起初还是相信日本的技术更好，又提出收购这家日本企业 4 代线的建议。当时这家企业的液晶业务正遭遇困难，负责运营液晶业务的子公司愿意卖，但报到母公司董事会讨论时，有位日本老爷子（日本企业高层人士一般年龄都比较大）痛哭流涕地说：不能卖，即使不得不卖也不能卖给中国人！还有什么比自己的经验更有说服力的呢？

采取技术转让方式？也曾有日本企业表示可以进行技术转让，其标准模式无

① 梁新清访谈，2009 年 5 月 19 日。
② 皇甫鲁江访谈，2013 年 9 月 30 日。

非是根据合同规定的一两个产品，达到了生产良率的要求就算完成了转让，如果你对新产品没有自主开发的能力，后续也无法发展。还有专利技术使用上的限制，等等。例如，如果转让的是 15 英寸屏的技术，你要后续升级到 17 英寸屏，如果你没有开发能力，就必须重新再签合同、再支付技术转让费用（上广电的 5 代线就是采取的这种方式）。虽然听上去是"转让"了技术，但其实根本没有持续发展的空间。当时京东方有一个这样的合同都快要签了，到最后关头还是决定放弃。

就在这种探索和犹疑中，2001 年又"突然"出现了跨国并购的机会——韩国现代集团的液晶业务要出售。京东方抓住了这个机会，最终通过跨国并购进入了"朝思暮想"的 TFT-LCD 工业（其过程见第五章）。

今天看来，京东方是幸运的——这种给予一个新进入者通过跨国并购迈进门槛的机会大概是难以再有了（下面会逐渐分析这种进入方式的优点）。回顾以上分析的历史脉络，无法不令人信服的是，这种机会只会垂青那些有长期坚定不移、始终一贯战略的企业。不错，当时的实际过程并非像京东方后来的官方宣传材料所言，其管理者是经过了对几种进入方式的比较研究之后才决定跨国并购的，因为至少那时连神仙也算不出来现代集团会被迫卖掉液晶业务。但同样真实的是，任何机会主义企业都不可能得到这种机会。京东方能够等到那个机会的原因，恰恰是促使它从生存战略转向进取性战略的同一个动力源泉——它想做成中国的三星、中国的松下、中国的 IBM 那样的企业。因为有这样的抱负，所以在准备进入 TFT-LCD 工业的时刻，京东方不愿意再重复 1997 年之前的路，不想再走合资的道路，也不想再走生产线转让的道路——长时间的犹豫来自深刻的历史和战略根源。所以京东方的"运气"还是应了那句老话：机会永远垂青那些有准备的人。

第四节
进入 TFT-LCD 工业的动力

事后证明，京东方进入 TFT-LCD 的决策不仅对她自己重要，而且对中国电子工业也是重要的，因为那时一场平板显示器替代 CRT 显像管的风暴正在形成之中，并在短短几年后就使中国彩电工业遭遇了技术替代危机，而正是这场危机使中国工业的决策者和社会公众认识到平板显示技术的重要性。历史真是充满讽刺：在中国彩电工业蓬勃发展的 20 年间，北京电子管厂／东方电子集团被无情地边缘化了，但也正是由于处于边缘位置的冷眼旁观，使京东方在主流企业还没有辨明方向时就决定进入关系到中国彩电工业命运的 TFT-LCD 工业。因此，理解京东方进入 TFT-LCD 工业的意义要以这个替代危机为背景。

从 1970 年代末到 1990 年代中期的彩电工业发展过程中，中国通过引进技术建立起"彩电整机—彩管—玻壳"的完整产业链。在这个基础上，以 1996 年长虹发动价格战为转折点，中国彩电工业较早实现了市场化的竞争体制并经历了产业结构的大重组，长虹、康佳、TCL、创维、海信等一批大企业崛起，使中国品牌在国内市场占据了优势。于是，以引进技术为起点，中国彩电工业利用劳动力成本低和国内市场大等优势，发展出规模经济，以价格优势赢得国内市场，再进入国际市场，一度在产量和出口量上都名列世界第一。但到 1990 年代末，这种工业发展模式的弊端也日益暴露——全行业因技术创新乏力而陷入难以自拔的价格战。由于显示器是彩电最重要的核心器件，也是彩电技术变化的主要环节，所以为理解中国彩电工业为什么会被显示技术的变化所重创，就需要回顾一下中国彩色显像管工业的发展概貌。

"计划加引进"的中国彩色显像管工业起始于 1977 年 4 月国家决定在陕西咸阳建设重点引进的彩色显像管项目，为此成立了电子工业部直属的 4400 厂。该项目于 1979 年 4 月开工建设，1982 年国家验收投产后改名为咸阳市彩虹彩色显像管总厂（彩虹集团）。该厂从日本东芝和日立公司引进全套技术、设备，生产 14 英寸彩管。此外，彩虹厂与日立、旭硝子、网版、涂料四家日本公司签订了合同，建成包括荧光粉、玻璃、阴罩、总装四家主要分厂和动力厂。从 1980 年代中期以后又经过多次技术改造，生产多种规格的彩管。

1980 年代初期，国内出现各地通过引进生产线发展彩电工业的热潮。针对由此产生的核心元器件进口剧增，电子工业部提出彩电国产化的计划，其重点是于 1985 年确定在北京、上海、江苏新建彩色显像管厂并扩建陕西彩色显像管总厂，并由电子工业部、国家计委、经贸部组织引进技术的统一对外谈判和选择总承包商的工作。1986 年，电子工业部和日本东芝公司签署了意向书，决定上述四个项目同时引进东芝的技术并成立合资公司。与显像管项目配套的还有玻壳项目，最后确定由美国康宁公司承包咸阳彩虹的彩色玻壳项目和石家庄玻壳厂的黑白玻壳项目，由日本 NEG 公司承包安阳彩色玻壳厂（下简称安彩）。但北京市坚持从日本松下引进技术并与之合资，而南京市则坚持从荷兰飞利浦引进技术并与之合资，两地都经过努力得到批准。这四个彩管项目和玻壳项目概况如下：

● 咸阳彩虹和北京·松下两大彩管厂已经在前面多次介绍，这里不再重复。

● 上海永新彩管公司成立于1987年9月，是上海真空电子器件股份有限公司与香港永新技术开发公司的合资企业，一期工程从日本东芝公司引进技术和关键设备，总投资5亿元。1989年12月生产出第一批合格的18英寸彩管。1992年，永新建成第二条生产线，生产25英寸和29英寸彩管，并改造第一条生产线，扩大生产18英寸和21英寸彩管，投资总额达27亿元。此后，上海永新由上海广电电子股份有限公司、永新彩管（香港）有限公司、上海上菱电器股份有限公司、上海久事公司和上海工业投资（集团）有限公司合资经营。上海永新共有五条彩管生产线，年产彩管能力超过800万只。

● 南京华飞彩色显示系统有限公司成立于1988年4月30日，由国营华东电子管厂、荷兰飞利浦和香港永新技术开发公司合资建设，总投资为6.8亿元，成为江苏省最大的中外合资项目。1990年11月，华飞的第一条生产线建成投产；次年5月第二条生产线建成投产，分别生产17英寸、21英寸彩管；1993年初增加了25英寸彩管生产线。2000年12月，飞利浦为发展平板显示器而与韩国LG成立各占五成股份的新公司，于是华飞的外资方也相应变成LG·飞利浦显示器件公司，其股份由LG·飞利浦、江苏省国际信托投资有限责任公司、南京华东电子信息科技股份有限公司和南京华东电子集团分别持有55%、25%、17.79%和2.21%。经过20年的发展后，华飞拥有9条彩管生产线，年产各类彩管近1000万套。

1980年代后期彩电国产化计划的玻壳项目计有安彩、石家庄：

● 安彩项目的技术引进来源本来是电子工业部推荐的美国康宁公司，但安彩传奇般的领导人李留恩坚持"货比三家，以夷制夷"，转而从日本NEG进口。1990年5月，安彩工厂点火生产，刚完成工厂安装调试的日本专家一出门就声称"安彩一定会在3个月内倒闭"，而且NEG在第二天就大幅调低彩电玻壳价格达30%。接着，安彩就发现因为日方隐瞒了一道精磨的程序而生产出一大堆次品，此事经过艰苦谈判才最终解决。尽管选择 NEG 让安彩在最初的日子里吃了苦头，却也激发了他们通过技术改进进行创新的斗志和信念。李留恩亲自组织技术人员日夜攻关，几乎对所有引进的技术和设备都进行了改进和改造，使一期工程的实际生产能力比原设计能力大幅超出 80%。1993 年初，安彩决定上二期工程，摒弃了引进成套技术和设备的捷径，发明了"自我技术总承包"的方式，在国内集合了几十家企业和院校参与软硬件设计和技术装备的加工制造。这一成功模式后来主导了安彩的三期、四期工程，帮助安彩突破了技术围城，直接节约投资达几十亿元。安彩只用了 10 余年时间，就从无到有、从小到大、由弱变强，发展成为拥有 36 条彩玻生产线、年生产能力 6500 万套、资产总值 130 亿元、总体生产规模同行业世界第一的知名企业，成为全球最大的彩色玻壳生产基地。

● 成都红光玻壳厂的彩色玻壳生产线与"安彩"同时引进、同年点火投产，但由于经营不善，亏损严重，于 1998 年被迫停产。1999 年 10 月，安彩以 55% 的股份控股成都红光，成立河南安彩集团成都电子玻壳有限公司，斥资 4 亿多元对生产线进行全面改造，使关停两年之久的红光当年实现盈利。2001 年 3 月 26 日，安彩集团、飞利浦、南京华飞在郑州合资组建"安飞电子玻璃有限公司"。该合资公司总投资 16.8 亿元，主要生产 25 英寸至 34 英寸全平面玻壳产品。

● 石家庄显像管总厂（后更名为石家庄电子集团）下属的石家庄玻壳厂从美国康宁公司引进黑白显像管玻壳生产线，于 1989 年投产。石电集团于 1993 年改组为石家庄宝石电子集团。在股份制改造时，以玻壳厂和显像管厂为基础，宝石集团与其他几家河北省国有企业合资成立石家庄宝石彩色玻壳有限责任公司（简称宝石 A），于 1996 年上市。为了进入彩色玻壳领域，宝石 A 与日本电气硝子株式会社和日商岩井株式会社共同投资成立石家庄宝石电气硝子玻璃有限公司（以下简称硝子公司），从日本 NEG 公司引进技术，生产 54 厘米、64 厘米平面直角大屏幕彩色玻壳。日方拥有硝子公司 51% 的股权，宝石 A 拥有 49%。

除了上述国家定点项目，地方政府也开始争上彩管和玻壳项目：

● 1988 年，广东东莞市筹划彩管厂，未获得国家立项就开始土建工程。为得到技术来源，东莞市长找到陕西彩色显像管总厂厂长王念琴求助。王厂长带着 28 位工程师到东莞，保证每道工序都有一位工程师，开创了后来的彩管厂。1990 年 10 月 8 日，东莞项目以"广东彩色显像管厂"名义获批，总投资 18 亿元。根据协议，东莞出钱从日本的日立和三洋公司购买生产技术和生产设备。签约之后，东莞又从咸阳彩虹挖到 100 多名技术人员前来支援，还从咸阳的技工学校招聘工人。由于当时彩管的需求量极大，投产后公司当年就开始赚钱，声望及行业地位扶摇直上，并于 1997 年更名为东莞福地公司。福地自 1993 年 6 月投产后，10 年间共生产、销售彩管近 2900 万只，创造产值 380 亿元，创造利润总额 27.18 亿元，其生产规模一度位居全国彩管行业三甲之列。

● 佛山市政府支持的佛山彩管厂与东莞福地几乎同时筹建，未获立项就于 1992 年建成投产，引进的是法国汤姆逊公司的二手生产线。但投产后，由于市场、材料供应、技术改造等原因，生产一直未能正常进行，从 1994 到 1996 年严重亏损。1999 年，法国汤姆逊收购停产多年的佛山彩管项目，改名为汤姆逊佛山显像管有限公司。经改造后，2002 年生产彩管 165 万只。2003 年，新建第二条大屏幕（34 寸）生产线在次年批量投产，达到 300 万只彩管生产能力。2003 年 2 月，福地科技与新远高速进行资产置换后，改名为新远福地。不到三个月，新远高速与法国家电巨头汤姆逊签订了《关于广东福地彩管厂资产转让协议书》，由汤姆逊以 6.68 亿元的价格收购福地的三条彩色显像管生产线及其配套设备资产（不含土地和厂房）。从此，福地彩管改为汤姆逊广东显示器件有限公司。2004 年 5 月 12 日，汤姆逊完成中国彩管业务的重大整合任务——汤姆逊广东特大屏幕彩管生产投产、东莞分公司开业、汤姆逊显示科技研发（佛山）有限公司成立，设在佛山的彩管研发中心主要用于支持佛山和东莞彩管厂。自此汤姆逊一跃成为中国大屏幕彩管的第二大生产商。

● 广东省的第三家彩管厂是深圳的赛格日立，成立于 1989 年 5 月，是由深圳市赛格中电彩色显示器有限公司与日立显示器合资经营的（赛格中电持有 75% 的股权，日立显示器持有 25% 的股权），总资产 25 亿元人民币，年产彩管能力 650 万只。

● 赛格三星是由深圳赛格集团与韩国三星康宁[①]于1998年8月成立的合资企业，生产彩色玻壳。深圳的玻壳项目起始于1989年8月成立的深圳中康玻璃有限公司，该公司于1997年6月转制为上市股份公司，由赛格集团绝对控股。1998年，赛格集团向韩国三星康宁转让赛格中康的股份，使三星康宁持有35.46%的股份并成为第一大股东，赛格中康也随之更名为赛格三星。赛格三星的技术来自三星康宁，经营管理也全部交由三星打理。

● 湖南的LG·曙光电子有限公司成立于1994年8月24日，是韩国LG电子株式会社与湖南曙光电子集团公司（前身是国营770厂）合资兴建的大型电子企业，1996年5月正式建成投产，一期工程总投资达19.09亿人民币，生产21英寸和25英寸彩色显像管，年生产能力350万只；二期工程投资23亿元人民币，年产能力为300万只。LG飞利浦曙光自1996年投产以来发展迅速，生产规模每年都以39%的速度增长，被韩国LG集团列为在海外投资最成功企业之一。

咸阳彩虹、北京·松下、上海永新、南京华飞、湖南LG·曙光、深圳赛格日立以及后来被法国汤姆逊收购的东莞福地和佛山彩管就是俗称的中国"八大彩管厂"，再加上安彩、石家庄玻壳厂和赛格三星等玻壳企业，构成了中国彩色显像管工业的主体，并支撑了中国彩电工业的发展。

中国彩电工业的发展曾经被认为是通过"引进技术"发展工业的一个成功范例，也似乎印证了"比较优势论"的正确性——只是维持这种"正确性"必须取决于一个不可能存在的条件：技术不再变化。但是，现代工业技术是永远处于变化中的，在进入21世纪的短短几年之后，中国彩电工业就遭遇到一场"创造性毁灭"所带来的危机——以液晶面板为主的平板显示器对CRT显像管的技术替代。平板显示彩电从2003年在国内市场上初露端倪，到2008年就在销售量上决定性地超过CRT彩电，前后不过6年的时间，其替代速度之快令中国工业的决策者们措手不及（见图2.1）。更严重的是，平板显示器对CRT的替代使中国彩电工业再次陷入对国外供应商的高度依赖：中国曾经花了几乎20年的时间使彩电工业价值链的95%在本土生成，但由于CRT被平板显示器所替代并不得不依靠外国厂商来获得液晶平板显示器，中国彩电工业价值链的80%又再度转移到国外。

---

① 三星康宁是韩国三星集团和美国康宁组建的合资公司，是全球第三大玻壳制造企业，后来主要生产平板显示的玻璃基板。

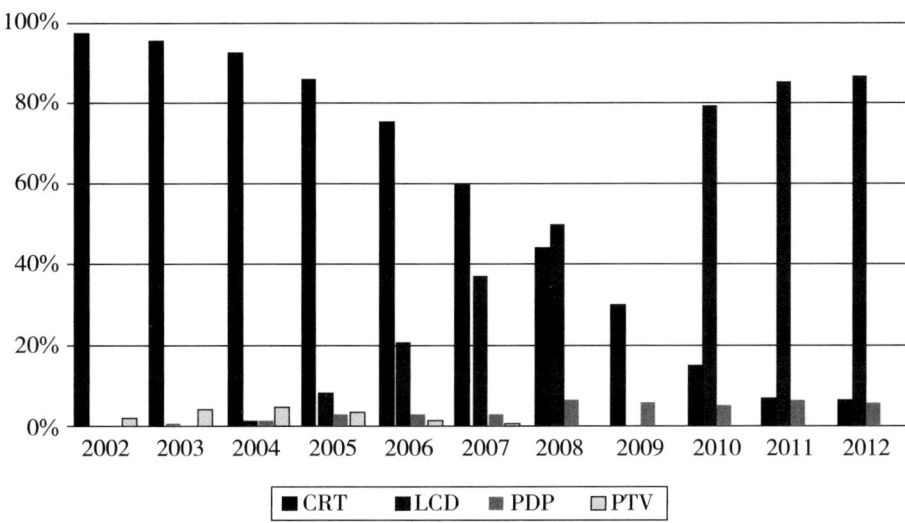

图 2.1：国内历年彩电分品类零售量比例图

资料来源：Display Search。

技术替代不仅使中国彩电企业受制于液晶面板供应商，并因此而被大幅压低了利润，而且在 CRT 时代被中国企业压低了市场份额的外国品牌彩电也凭借掌握核心技术的优势再度扩大了在中国市场的份额（见图 2.2）。2007 年 4 月，信产部

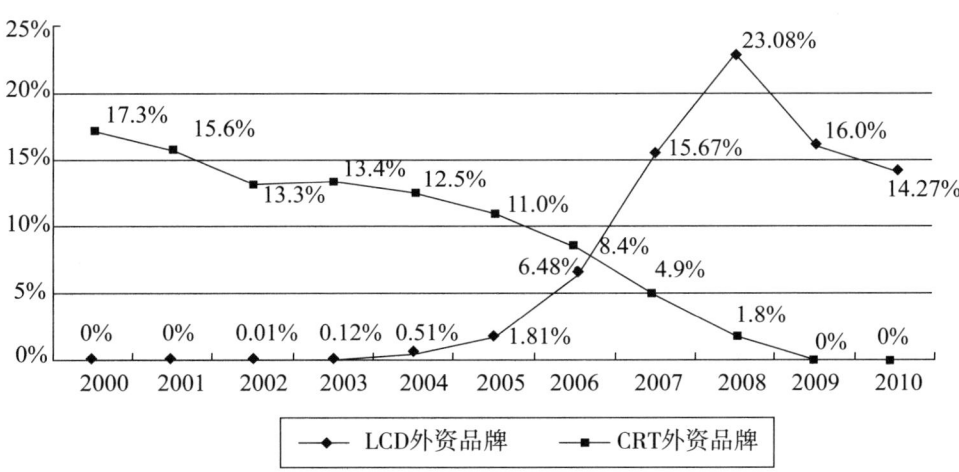

图 2.2：外资品牌 CRT 与 LCD 彩电市场份额（2000—2010）

资料来源：Display Search。

副部长娄勤俭就中国平板电视的状况接受几家媒体采访时表示，"现在国产品牌彩电企业的严重情况不亚于中国彩电业产业化之前"①。这场技术替代使中国彩电工业在过去20多年里发展起来的"优势"顿失。

尤为值得注意的是，当平板显示器对CRT的替代已是"山雨欲来风满楼"之际，中国工业的决策者们却普遍做出了错误的判断，至少是低估了替代的速度。一位业内资深管理者回顾道："当时国外很多厂商已经明确一定有新东西替代，不再做CRT时，中国却还在往上冲。"2003—2004年，当外国企业纷纷处理掉CRT电视产品的生产设备时，一些中国企业却把这看作是"国际产业转移"的好机会，继续购入生产线以扩大生产能力，导致了始料不及的不利后果：

● 2003年底，国内最大的玻壳生产厂商河南安彩集团斥资近5000万美元买下了美国康宁公司余下的全部9条玻壳生产线（此时康宁的电子玻璃业务正全面转向生产平板显示器的玻璃基板），但这些生产线尚未安装完，安彩就已经由于产品市场萎缩而巨亏。

● 2003年末，TCL集团收购法国汤姆逊CRT彩电业务，组建全球最大的彩电供应商TCL·汤姆逊电子公司，即TTE公司。收购后，TCL集团在2005年、2006年连续亏损两年，戴上了ST的帽子。直到2007年4月，TTE欧洲公司申请破产清算，TCL才实现扭亏。2012年初，TCL董事长李东生谈及并购汤姆逊的教训时说："我们并购的时候有一样东西没看准，就是说未来电视会往哪个方向走，究竟是等离子还是液晶电视，当时更多人认为是PDP等离子，当时汤姆逊有很强的DLP（背投）技术，我们认为汤姆逊的背投更胜等离子，结果一脑门子扎下去，结果赔了大钱"②。

● 2004年9月，国内最大的彩管企业彩虹集团投资6亿多元引进日立技术，上马超大屏幕彩管项目（即K线），但始终未建成投产。这个不成功的项目是企业的转折点，导致过重的资金负担（内部员工因此而称其为"坑线"）。

● 2002—2004年前后，华飞也买下台湾飞利浦的9条旧线。为此华飞曾经大规模建厂房，准备把9条线都装在里面，但只安装了一两条

---

① http://tech.sina.com.cn/e/2007-04-03/23091447273.shtml。

② "TCL折戟汤姆逊往事"，《中国证券报》，2012年2月2日，http://money.163.com/12/0202/00/7P7G21TB00253B0H.html。

线，需求急剧下降，整个项目就彻底废了。

当中国彩电企业因市场需求变化而越来越多地依靠进口平板显示器生产电视时，中国的彩色显像管工业在 2005 年首次出现行业性亏损，但大多数彩管企业还仍然沉浸在昔日的辉煌里，不愿接受或承认平板显示技术对 CRT 技术的替代。针对当时已经出现的"CRT 一年退市"说，八大彩管厂在 2006 年 9 月 26 日北京举行的中国彩管发展趋势论坛上"愤"而发声：CRT 彩电仍是电视消费主流，一年退市之说纯属无稽之谈，而中国彩管产业链全球竞争优势明显。甚至官方权威刊物都发表评论支持 CRT："关于平板电视机对 CRT 电视的冲击程度问题，在一些消费者的内心存在误区，实际上平板电视机目前只是占据了 32 英寸以上的大屏幕高端市场，在 14 英寸到 29 英寸范围内 CRT 彩色电视机仍是主流产品"；"CRT 仍然是市场的主导产品，特别是在广大农村和亚洲、非洲等落后地区还有广阔的市场"[1]。但平板显示技术替代 CRT 显像管的"创造性毁灭"势不可挡，2006 年的短暂扭亏被媒体称为是"回光返照"。2007 年 2 月中旬开始，八大彩管厂集体停产 20 天，企图挽救跌入历史谷底的彩管价格，但就是从这年开始，平板显示器替代 CRT 的风暴迅速摧毁了中国彩色显像管工业。

● 2007 年 7 月 19 日，深圳赛格日立彩色显示器件有限公司宣布最后一条生产线停产（加上当年 6 月 30 日宣布停产的 3 条彩管生产线），成为八大彩管厂中率先宣布全面停产的企业。此前，由于市场快速萎缩，作为赛格日立技术来源方的日立显示器已确定退出彩管产业，也将其持有的 25% 股份以 1.75 亿元转让给深圳市远致投资公司。赛格日立 2005 年亏损 25900 万元，2006 年亏损 19455 万元，2007 年 1 至 6 月亏损 35912 万元。停产几年后，赛格日立所在的旧工业区改造为房地产项目，附近的公交站站名由"彩管厂"改为"长城开发"，赛格日立在深圳这个城市留下的痕迹逐渐消失。

● 2007 年 12 月，上海永新彩色显像管有限公司倒闭，其母公司上海广电电子股份有限公司选择了完全退出彩管业务。在此之前，这家国内最大的彩管生产商连续几年亏损（2005 年亏损额达到 5.2 亿元）。从这年开始，很多持有上海永新股份的企业也将其视为不良资产，纷纷剥离。为永

---

① 《中国信息产业年鉴·电子卷 2007》，第 178–179 页。

新提供玻壳的"上海旭电子玻璃有限公司"在 2007 年 8 月 15 日停产。

●收购了东莞福地和佛山彩管厂的法国汤姆逊也是一家误判了 CRT 前景的企业，她于 2005 年 7 月达成协议，以 2.4 亿美元的价格向印度 Videocon 集团售出汤姆逊在东莞、佛山、墨西哥和波兰四家工厂的显像管业务[①]。

● 2008 年 1 月，安彩集团申请破产。安彩在 2005 年的亏损达 1.8 亿元，2006 年更巨亏 18.5 亿元，工厂几乎全面停产，集团屡次向河南省政府"直白"呼吁"救救安彩"。2005 年，李留恩被迫决定上马数字高清电视芯片和 TFT-LCD 玻璃基板项目，但第一是资金严重缺乏，低价征用的土地直到破产时还是一片荒芜；第二是没有技术，安彩曾经派人去三星考察液晶生产技术，但三星全部戒严，根本不可能拿到技术。

●湖南省最大的合资企业 LG·曙光到 2008 年已经进入非常困难的时期，从 10 月开始陆陆续续关闭多条生产线，到月底公司全面停产，继而遭到多方厂家追债并停止供货。2008 年 12 月，LG·曙光宣布大量裁员，有 3000 多员工待业在家。到 2009 年底，企业被迫全面停产，韩资撤出。

● 2009 年 10 月 9 日，北京·松下彩色显像管公司关闭。日本松下以 100 美元的象征性价格将其持有的 50% 股份转让给最大的中方股东京东方[②]。面对彩管行业的颓势，北京·松下曾经做出包括加大研发宽屏、超薄显像管的努力。2007—2008 年，时任北京·松下董事长兼任中国彩管协会会长的范文强曾多次在公开场合高调地指出："CRT 即便再有 20 年也退不了市"[③]。但到 2008 年 9 月，北京·松下被迫拟定了"构造改革"草案，核心内容包括裁掉 1000 名左右无固定期的合同工，并将 6 条生产线减少一半，这是该企业历史上的第一次"经济型裁员"。2009 年 4 月，300 多名阴极、电子枪和制管等重要工序的被裁职工在公司大门口静坐，生产停滞。财务数据显示，北京·松下在 2007 年、2008 年和 2009 年前 8 个月的亏损额依次达到 5.94 亿元、8.49 亿元和 7.46 亿元[④]。工厂关闭后，原厂区在 2012 年下半年改建为与"798"相似的文化产业

---

①"汤姆逊东莞、佛山彩管业务被印度公司收购"，《南方日报》，2005 年 7 月 5 日，http://biz.cn.yahoo.com/050705/2/azai.html。

②"京东方 100 美元买断北京松下彩管资产"，网易科技，2009 年 10 月 9 日，http://tech.163.com/09/1009/10/5L65F95C000915BD.html。

③"彩虹、北京松下：彩管与新兴业务双管齐下"，《中国电子报》，2008 年 5 月 5 日，http://tech.sina.com.cn/e/2008-05-05/10492175728.shtml。

④"松下彩管窘境"，《经济观察报》，2009 年 6 月 13 日，http://finance.sina.com.cn/roll/20090613/00296343604.shtml。

园，车间厂房改建为民营的北京民生现代美术馆，原员工宿舍楼改建为如家连锁酒店。

● 赛格三星在 2009 年 8 月 31 日前全面停止运行 CRT 生产线。此前，作为国内最主要的玻壳生产商之一，赛格三星每年利润近亿元。但随着平板电视对 CRT 的逐步替代，订单严重不足。2008 年 5 月 14 日，赛格三星对外宣布，由于 CRT 市场的急剧萎缩以及全球彩管企业的结构调整，公司将停止运行所属的 CH2 池炉及 4 条生产线。

● 石家庄宝石电气硝子玻璃有限公司（硝子公司）于 2009 年 9 月停炉放料，2010 年全面停产。从 2006 年起，受国内传统彩电市场下滑影响，硝子公司生产经营逐渐出现困难。2006 年 4 月，坚决要求退出的合资日方以 51 美元的价格把所持 51% 的硝子公司股权转让给石家庄市建设投资有限公司。2006 年 11 月 30 日，宝石 A 将其拥有的硝子公司49% 的股权全部转让给了石家庄宝石电子集团。2008 年起，硝子公司更名为石家庄宝石电真空玻璃有限公司 A。后来陷入困境的国有石家庄宝石电子集团经过重组和改制后，被民营的河北东旭集团收购。

● 2011 年 8 月，华飞进入破产程序。华飞的困境从 2005 年就开始了，原来的股东南京华东电子集团和江苏省国际信托投资公司相继将持有的华飞股权转让。2006 年 5 月资产重组后，在华飞的股权中，飞利浦占 55%、南京熊猫占 25%、华东电子信息科技占 20%。2008 年 8 月 28日，为消除华飞公司继续亏损的影响，华东电子信息科技以 2 亿多元的价格转让华飞 20% 的股权。2010 年 1 月，华飞的办公配套及生产厂房寻求招商合作，大部分厂房已经完全退出彩管生产。截至 2011 年 3 月末，华飞累计亏损 21.66 亿元，对外负债总额 13.45 亿元（其中拖欠供应商 8.08 亿元），其董事会决定于当月 22 日终止经营，停业清算。2012年 6 月，华飞被"打包"后的全盘资产在南京市产权交易中心拍卖，所得资金不足以还清所有欠款（华飞普通债权人有 227 家）[2]。2011 年 5 月12 日至 5 月 14 日，因不满华飞倒闭后的遣散补偿条件，有几千工人上街游行示威。

---

① 《石家庄宝石电子玻璃股份有限公司六届二次董事会决议公告》，《中国证券报（广州）》，2010 年 2月 10 日，http://money.163.com/10/0210/20/5V6H0FG600253B0H.html。

② "南京华飞破产迷局：8 亿资产不翼而飞"，《21 世纪经济报道》，2012 年 6 月 21 日，http://finance.sina.com.cn/chanjing/gsnews/20120621/022512368060.shtml。

● 2012 年 11 月 30 日，彩虹集团生产彩色显像管的彩虹股份正式停产。当 2004 年彩管行业还处于高盈利时，彩虹股份当年盈利 2.1 亿元。但随着平板电视的崛起，2005 年彩虹股份巨亏 5.52 亿元。2006 年，彩虹股份增加高附加值的大尺寸彩管产量，得以勉强扭亏实现微利，但从 2006 年第四季度开始再次出现亏损。咸阳彩虹是八大彩管厂中唯一没有合资的，也是唯一主动向新型平板显示产业转型的。2007 年年初，彩虹集团斥巨资在陕西咸阳开工建设国内第一条液晶玻璃基板 5 代生产线；2008 年，彩虹与长虹集团共同出资建设的等离子显示器生产线在奥运会前夕投入量产，同年 7 月彩虹集团宣布出资 1.2 亿元控股专业从事开发光电技术和芯片的上海蓝光科技有限公司；彩虹还与福州大学、厦门火炬签订了 FED 场致发射显示器项目合作协议，还曾准备建设第 6 代液晶面板生产线（此线在 2009 年停工，改做玻璃基板）[①]。但这些努力没有能够挽救彩虹的颓势。2012 年 12 月 31 日，彩虹集团公司被国资委以无偿划转方式整体并入中国电子信息产业集团有限公司（CEC），成为其全资子企业。但 CEC 只要基板玻璃和上海蓝光科技部分，其他单位则令其自生自灭。

在 2007 年开始的短短三四年时间里，中国花了二十多年时间建立起来的彩色显像管工业就被技术替代风暴所摧毁，几乎是片甲不留。技术变化本来是现代工业发展中的常态，个别企业因技术变化而发生兴衰的现象也屡见不鲜，但曾经在规模上堪称世界第一的中国彩电工业面对显示技术变化时如此无能为力，反映出依靠引进现成技术进行价格竞争的工业发展模式的根本缺陷。特别需要指出的是合资企业在技术替代过程中的行为：外资先是把其在本国或其他地方原有的彩管生产能力转移到设在中国的合资企业（这是一些中国人产生"国际产业转移"幻觉的原因），继而在 CRT 市场全面萎缩的情况下撤资而退，从未在新型显示技术方面做过任何努力，只留下废弃的厂房和下岗职工。例如，深圳赛格三星的中方高管们早在 2003 年就意识到 CRT 市场会被替代，便希望从合资韩方的三星康宁[②]引进 TFT 玻璃基板技术，但被拒绝。三星后来在大陆建液晶模组生产线时选择单独设立公司，也没有和赛格三星合作。但是，当三星关闭了在新加坡的

---

① "彩虹、北京松下：彩管与新兴业务双管齐下"，《中国电子报》，http://tech.sina.com.cn/e/2008-05-05/10492175727.shtml。

② 三星康宁是三星集团进入 TFT-LCD 工业后，为生产玻璃基板而以自己的玻壳业务单位与康宁建立的合资企业，由三星集团控股。

CRT 工厂后，考虑到 CRT 还有需求，就把三星的全球 CRT 业务全部收缩到深圳赛格三星，直到拧干了毛巾的最后一滴水后撤资了事。深圳市一位平板显示专家表示："那时大家都想以市场换技术，认为让出了市场，技术肯定进来，但实际上我们缺乏一种制度和环境去把技术消化吸收，发展到后来，合资公司的核心部门也被外资公司控制，中方人员始终进不去"[1]。当然，像松下这样比较有社会责任感的著名公司会采取更加体面的做法——在撤资之后，松下提出与京东方在北京·松下的原厂址立了一个纪念碑，告诉后人双方曾经在此合资过，但也不过如此。无怪乎在中国的"八大彩管厂"中，唯一在新型显示器领域做出努力的企业恰恰是没有合资的咸阳彩虹。

当咸阳彩虹于 2012 年 11 月 30 日正式停产彩色显像管时，一位老员工在网上写下了以下无限伤感的文字："彩管停产是历史的必然，只是猛然告别为之付出青春和热情的热土一时还难以适应，早晨不再需要着急上班，中午也难以吃到那曾经诅咒的工作餐，看着朝夕相处的工友一手拎着工作服，一手提着劳保鞋迈着蹒跚的步伐一步三回头离开工厂，我黯然神伤，三十年就这样擦肩而过，难道就这样谢幕了吗？百年彩虹的口号还在耳边回响，全国各地的新项目剪彩画面还在眼前闪现，转型三年的答卷是巨额亏损，屡次建立的信心就在严酷现实面前一次次崩溃，心底是割裂的滴血，深深的伤害，曾经深深爱过的彩虹你怎么了？[2]"不难想象，"八大彩管厂"的许多职工都会怀有同样的心情。

其实，在"八大彩管厂"毁灭的 20 年之前，北京电子管厂的员工们也一定有过同样的伤感、同样的失落、同样的愤怒和同样的疑问。这些工业史上的灾难凸显了管理的社会职能：工业决策者的眼光和决心决定着企业及其员工的命运。中国彩电工业遭遇困境以及中国 CRT 彩色显像管工业的毁灭，凸显出京东方在世纪之交进入 TFT-LCD 工业的意义。如果没有这个决策，不仅京东方不会是今天的样子，而且中国的电子工业甚至也会是另一个样子。从这个产业背景来看，京东方的进入决策有两个突出的特点：第一，它是在平板显示器开始在中国市场上大规模替代 CRT 显像管之前做出的。第二，它是由京东方自己主动做出的，不是政府指定或鼓励的，尽管因为涉及投资、外汇和工业用地等事宜而需要得到政府的批准。由这两个特点就产生了一个问题：为什么京东方会在那个时候做出这个决策？

① "赛格三星'市场换技术'败笔"，《经济观察报》，2009 年 8 月 29 日，http://tech.sina.com.cn/it/2009-08-29/00493393795.shtml。

② 百度彩虹集团贴吧，主题为"彩虹的 CRT 生产今天正式结束"，http://tieba.baidu.com/p/2018573639。

一个想当然的或商学院式的解释是企业的战略使然。企业战略的本质是企业在与环境之间的动态关系中需要采取的必要行动，以实现自身的目标或通过合理使用资源以提高绩效（Ronda-Pupo and Gueerras-Martin. 2012）。京东方进入 TFT-LCD 工业时的许多做法都可以归结于战略，例如她没有选择平板显示技术中的 PDP（等离子）和 FED（场致电发射显示，也称真空微电子显示）轨道，没有选择合资或引进生产线的方式，等等。但所有具体行动计划和实施步骤的战略都无法解释为什么京东方一定要进入 TFT-LCD 工业。相对于京东方那时的"资源"——技术能力、生产规模和财务状况等——来讲，选择进入这个工业没有什么经济合理性可言。当时京东方只是一个边缘企业，自身资源与实现目标所需资源之间的差距如此之大，如果稍微夸张点形容，那是有如蚂蚁想绊倒大象。后来的实践证明，在 TFT-LCD 工业竞争所需的投资远远超过京东方自己可以筹措的，这个市场的剧烈周期波动在任何一个波谷都足以吞噬京东方，而且亏损期如此遥遥没有尽头。因此，只有一种其意义远超过盈利的目标才能解释京东方的进入决策。这个因素解释京东方采取的战略，但战略却不能解释为什么京东方会怀有这种目标。

那么，这个是否出于领导者个人的动机，如武断或好大喜功呢？根据一个在京东方流传已久的"传说"，在领导班子讨论是否进入 TFT-LCD 工业时，只有王东升一个人坚持进入，而其他人都不同意，甚至有人反对。不过，当时的历史真相已经很难考证，因为随着今天京东方在这个领域中的成功，企业内部就再没有人愿意承认或记得住当初自己的意见了。对此有人提供了比较"合理"的解释：这个决策是"王总说服大家同意的"，或者是"在大家看到王东升的意志不可动摇时才同意的"。那么，为什么王东升会坚持这个决策？他的理由又是什么？对这个问题存在两种都略嫌"极端"的解释：第一种是董事长的"英明决策"；第二种是王东升"撞大运"撞上了。两种解释貌似都有道理：如果说他不"英明"，那为什么王东升能够坚持这个决策？如果说他不是"撞大运"，那为什么吉林彩晶、上广电甚至一些日本、中国台湾的同行也都失败了？但王东升既不是一个有绝对权力者，也不是私人企业的老板，所以不可能只是因为自己的一意孤行而做出决策。作为一个企业的领导者，他必须拥有能够支持自己并说服别人的理由。

这种理由只有一个：能够以历史经验为依据来展现国家和工业未来发展方向并据此采取必要行动的信念。之所以把这个理由说成是"信念"而不是个人的"英明"或"撞大运"，是因为它必须从逻辑上和价值观上说明这个决策具有长期的经济合理性；之所以也不把它说成是"战略"，是因为这个决策的经济合理性无法在当时计算出来，也难以在短期内被证明，只能在存在高度不确定性的条件下凭借一种"产业规律"式的逻辑去相信它。也正因为如此，信念不同于战略和个人武断，它对组织具有激励效应，使组织的成员相信自己从事的"冒险"具有正当的价值，即使存在失败的可能也愿意为之奋斗。这样的信念存在于领导者个人的头脑中，但却是通过组织的经验所塑造出来的。

进入 TFT-LCD 工业，京东方就给自己选择了一个新的成功标准。对于北京电子管厂来说，在现有的产品和设备条件下超额完成国家计划就是"红旗工厂"；对于北京东方电子集团来说，能够自谋生路活下来、实现盈利并背负起下岗职工的退休金就是政府眼中的明星企业；但对于决意进入 TFT-LCD 工业的京东方来说，她成功的标准只有一个：创造出一个中国当时还没有的高技术工业——一个只有在国家的强力支持下才可能在一个发展中国家创造出来的工业。如果做不到，不但她自己可能会死掉，而且她的所有努力还可能会被历史留为笑谈。因此，只有一种"命中注定"的信念才能使京东方凭一己之力选择了这条目标难以企及的道路，才能使她相信这个选择的合理性。这个信念产生于下述几个来源。

第一，组织基因带来的较高抱负水平。北京电子管厂是军工出身，也曾是中国电子工业第一厂。王东升曾经解释过军工出身给予京东方人的强烈使命感——强调自己干、产业报国的理想主义情怀。直到今天，从北京电子管厂出来的老人还会津津乐道当年该厂从工人到技术人员的素质，以及"心特别大"的特点。虽然在 1980 年代遭遇衰落，但这个企业的组织基因却顽强地发挥着作用：曾经做过"老大"的人不会永远甘于做小跟班的，即使落入平阳，老虎仍然渴望重回崇山峻岭称王，即使搁于浅水，真龙还是想重返大洋去呼风唤雨。京东方的领导人之所以在 1998 年实施战略转变的关头坚决不转向房地产，就是因为他们在选择做什么时总是怀有一种"天生注定"要做高技术产业的命运感——骨头里是一种骄傲感。

第二，重建自主主营业务的强烈愿望。从电子管市场萎缩的 1980 年代起，寻找新的主导产品就一直是企业的目标。从北京电子管厂到北京东方电子集团，几任领导都不甘于在边缘产业领域生存，总想重建自己主导的、规模足够大的产业。在 1990 年代不得不依靠合资而生存的过程中，虽然京东方一贯抱着虚心学习的态度，但也产生了因"老师"的态度所带来的心灵"创伤"。在有求于人时受到的"压抑"感，使最倡导"洋务"的王东升也产生了"我们这一代可以受气，但是不能让下一代也受气"的朴素想法。极具讽刺意味的是，合资经历给京东方带来的最大"收获"不是中国经济学家们所妄想的"先进的技术和管理",而是再也不走合资道路的决心。"不受气"就必须建立自己的产业平台,培育自己的干部,靠自己干,所以京东方的领导人对于新出现的产业机会具有高度敏感性。

第三,对技术替代的恐惧和敏感。理解京东方的行为,就必须理解北京电子管厂的衰落带给整整一代人的"创伤"——一个曾经令其职工充满自豪感的大企业,就那样眼睁睁地随着产品市场的萎缩而走向毁灭。用王东升自己的话说:"在经历第一次替代之危的惨痛之后,我始终是一个惶者,惶惶不可终日,始终忧虑下一轮替代之危,由此而生'惶者生存'的理念……"对于经历过毁灭的管理者来说,技术永远会发生变化,今天的一切——无论多么成功或辉煌——都是不牢靠的。在平板显示的技术替代"山雨欲来风满楼"的时候,京东方的领导人从没有过"CRT还可以再延续10年"的想法,而是坚定地相信CRT显像管一定会被新技术替代。经历过毁灭使京东方领导人相信技术替代是工业发展的规律,要想使企业长盛不衰,就必须主动参与技术变化过程,而且必须自主掌握技术。

当然,无论信念的作用有多大,进入TFT-LCD工业毕竟是由领导人做出的决策,所以总会受到个人特点的影响。就领导者的个人特点来说,几乎所有愿意评价王东升的人都有一个共识,就是他的思想极为活跃,而且总是往前想(京东方人的普遍说法就是"跟不上董事长")。虽然王东升的想法是否可行同时也取决于产业变化所带来的机会——就像他曾经的失败所证明的那样,但当TFT-LCD工业的演进开始改变显示器技术的前景时,就是这个特点使他在别人还在观望时就坚信CRT显像管一定会被平板显示器所替代。于是,由组织塑造出来的信念和永远向前看的个人品质使王东升形成了一个远见:京东方应该进入TFT-LCD工业。

今天回过头来看当时的决策,其实可以看出京东方的决策中存在着王东升的"误判"。第一,由于当时很难得到国家的支持,他过分相信了资本市场,但后来的事实证明注重短期高回报的资本市场并不支持发展这样的高技术产业。第二,虽然对风险有所意识,但他仍然低估了在这个工业中竞争的难度和站稳脚跟所需的时间长度。第三,他相信只要靠自己努力就能成功,但忽略了干这样的工业需要社会的广泛支持。所有这些被王东升所忽略的因素实际上就是京东方当初进入这个工业的结构性条件,如果这些条件不变,京东方注定失败。京东方之所以没有失败,是因为她后来以自己的坚持和奋斗改变了这些结构性条件——赢得了政府的投资和支持,也赢得了社会的理解和支持。只是这些变化不是当初决策者所意识到的——这就是所谓的"不确定性"。因此，王东升的远见是信念的产物，而不是精确计算的产物。

对上述分析的证明有待于本书后面内容的展开，而本章所能记录的，就是在那个历史关头，"不自量力"的京东方突然转身，选择了自认是"天生注定"的命运，孤独地走上一条绝无回头机会的道路。

第三章　激荡的 TFT-LCD 工业史

　　京东方决定进入新型显示器工业的背景以及中国彩管工业崩溃的背景，是一个高度国际化的新兴高技术工业——TFT-LCD 工业——的崛起。本章介绍这个工业从出生到 2008 年全球金融危机前夕的历史，这不仅可以为京东方的奋斗和中国 TFT-LCD 工业的发展提供相应的产业背景，而且可以帮助理解全球 TFT-LCD 工业发展中的许多重要教训。

　　TFT-LCD 工业的发展史有两大戏剧性事实：第一，美国企业发明了所有关于液晶显示的基本技术，但因为这些技术迟迟达不到应用到电视机上的宏大目标，它们全都半途而废；而引进了这些技术的日本企业，因为愿意将其应用于边缘产品领域，最后在新技术的产业化上获得成功。第二，创造了这个工业的日本企业并没有能够在该工业发展起来后成为主导者，而是被敢于采取进取性投资战略的韩国企业所压倒。探讨这些戏剧性后果的原因，可以帮助理解高技术工业发展的那些"规律"，从而为中国发展高技术工业的战略和政策提供有益的教训。

　　从这段工业史可以看出，像所有重要的新技术一样，液晶显示技术（以及其他平板显示技术）所产生的巨大作用是经历了"漫长"的演进过程，而不是"突然"降临世间的。中国彩电工业的决策者在遭遇危机时的措手不及，不是因为技术替代来得太"突然"，而是因为中国工业与新技术的演进过程基本绝缘，所以他们既不了解液晶显示技术的进展状况，也难以在实际后果显现之前就理解新技术的影响。重温这段工业史可以很清楚地说明，如果中国工业只依赖"引进技术"，而不主动参与技术变化过程，就只能一次又一次地遭遇"毁灭"。

第一节
创造TFT-LCD工业:"目标远大者"败,"鼠目寸光者"胜

技术史证明,新技术从科学原理的突破到产生有经济价值的产品,中间需要一个漫长的过程,而这个过程的主要内容是改进(Mowery and Rosenberg 1998)。需要长期改进的原因是新技术在早期往往是很粗糙的,无论是创新者还是使用者都需要逐渐发现它们的性能及其应用范围,而且新技术往往还需要互补技术的出现或发展才能具有使用价值(Rosenberg 1996)。

液晶显示技术的研发历史不仅再次证明了这个"规律",而且还证明了为什么这个规律使战略成为决定创新者成败的关键。有关这段历史的一大戏剧性事实是,发明了所有液晶显示基本技术的美国先驱企业全都半途而废,而以"引进"美国技术为开端的日本企业却成功地实现了新技术的产业化。

不同的结局首先起源于液晶显示技术开发者们所面临的根本矛盾:一方面是被电视应用的巨大潜力所唤起的宏大目标,另一方面则是粗糙的新技术在达到可应用之前仍然需要漫长的改进过程。但还是战略选择决定了创新者的命运——只盯着宏大目标的美国企业最终无法克服这个根本矛盾,不得不半途而废;而愿意并敢于在美国企业看不上眼的边缘产品领域进行创新的日本企业,则因为能够使新技术不断获得应用,所以最终把对新技术的改进坚持到了大规模应用的临界点。

1888年,一位奥地利植物学家弗里德里希·雷里特泽(F·Reinetzer)发现一种物质,将其加热溶解至特定温度(179℃)时会成为透明液体,降到特定温度(145℃)时又成为固态晶体。不久之后,德国的一位物理学家D·莱曼表明,处于这两个温度之间的浑浊中间态似乎有一种晶体分子结构,于是他建议把处于这个状态的化合物称为"液晶"。但在此后的近一百年时间里,液晶都没有得到重视,直到20世纪60年代才因为与显示技术相结合而获得应用。

"TFT-LCD"叫"薄膜晶体管液晶显示",包括了两项基本技术——TFT(薄膜晶体管)和LCD(液晶显示),也就是由薄膜晶体管控制的液晶显示。追溯这两项技术的发展,就必须提到曾经领导过世界消费电子工业的美国RCA公司(the Radio Corporation of America,即美国无线电公司)。作为彩色电视的发明者和第二次世界大战后电视机工业的主导者,RCA最早产生了研发"挂在墙上的电视"的想法,而把液晶应用于开发平板电视的想法也最早产生于该公司的中央实验室(1953年被命名为萨洛夫中心)。1960年前后,该中心的一名研究

人员威廉斯突然想到有可能建造一个运用光学开关和反射光来工作的扁平显示器——为验证他的预感，他制作了一个像三明治似的东西：它由两块玻璃组成，每块玻璃上涂有透明导电电极，两块玻璃之间夹有黏糊状的液晶；当玻璃被加热到大约 120℃ 时，液晶开始熔化，当加上一定度数的低电压时，晶体又从透明变得不透明。这是第一次被发明出来的基本的液晶显示器（约翰斯顿 2004，第 97 页）。

在此基础上，由赫尔梅尔（G.H. Heilmeier）领导的 RCA 研发人员继续前行。1964 年，他们在寻找材料的过程中发现，液晶在施加电场的情况下会由透明变为乳白，并且把这种效果命名为"动态散射"。1968 年 5 月 28 日，纽约 RCA 大楼召开了记者招待会，展示了一台实物大小的液晶平板电视模型（同时还展示了其他一些液晶的应用原型，包括数字读出仪和数字显示的电子钟），尽管它只能显示静态的单色图像，却在新闻界引起了超乎想象的轩然大波，同时也引起了日本工业界对液晶显示的强烈兴趣（同上，第 98–99 页）。

但这时 RCA 公司已经开始走上一条导致它后来没落的道路——接替了传奇般领导人萨洛夫的新管理层实施进入计算机领域向 IBM 挑战和多元化的战略。这个转向使 RCA 的管理层减少了对消费电子的研发资助和注意，正如 1968 年后主管过 RCA 实验室的 William Webster 所言："我们把整整一代的工程研发集中在计算机上，却是通过饿死真正的现金牛来达到的"（转引自 Chandler 2001，p. 39）。此时，公司管理层不知对液晶显示应该做些什么，不愿支持对平板电视的开发，因为这需要花太长的时间。同时，大公司的傲慢也使他们看不上液晶研发小组研究过的计算器、钟表、各种仪表显示器等"小玩意儿"。他们认为液晶不是硅，其材料按半导体的标准"不纯"，太容易生产，连"修车铺式的公司"都可以进入这项业务。这种分歧使得萨洛夫中心的液晶小组开始四分五裂。此后，RCA 公司再也没对液晶有过严肃的努力（约翰斯顿 2004，第 102–104 页）。

美国另一个开创了液晶显示研究的企业是西屋电气公司，它的实验室从 1950 年代后期就开始研究液晶。当时西屋已经成为美国核电站的核岛主设备的供应商，它研究液晶的最初动机是开发热敏元件，用来检查因放射性而不便打开的管道里的水温，因为液晶可以根据管道的温度而改变颜色。该公司研究实验室的研究员詹姆士·弗加森首先把液晶引入到实际的应用中，又于 1961 年把注意力转到了显示器上。但西屋公司认为显示器不在公司的业务范围内，所以弗加森于 1966 年离开西屋，并于 1970 年创办了自己的公司。这位发明家最大的成就是发明了扭曲相列型液晶显示器（TN-LCD）[①]。在 1970 年代早期，RCA 的乳白色动态散射 LCD 和弗加森的暗黑扭曲相列 LCD 展开竞争，结果以 RCA 散射 LCD 的惨败而告终（同上，第 100–101 页）。

随着研发液晶显示器的进展，寻找控制液晶发光的方法就把薄膜晶体管的作用引入视野。液晶本身并不发光，液晶显示器（LCD）的光亮来自于液晶晶胞后面的光源（背光源）。每个晶胞起小快门的作用，或阻止光线通过或允许光线通过。这些快门由纵横矩阵式排列的透明电极来控制。两块玻璃中间是液晶，透明电极放在玻璃板的面上。纵横电极相交之处就被称为一个像素。液晶材料本身是液态，但有折射的性质。通过电压可控制分子（晶胞）的转动，当分子转动到不同的角度会有不同的透过率，所以靠透过率来实现显示。加上电压时，分子会站起来，但不能长时间地加，因为有一个动态寻址过程。加上电压之后，一个信号驱动另外一个信号，电压如果保持不了，显示性能就不好。解决对比度问题的根本途径就是把这些点分开，方法是让每个点都有自己的开关，只有开关打开的点才能被选中。这与电极方法不同——电极是一种被动的元件，而开关则是积极主动的装置，就产生了"主动矩阵"（active matrix）的概念，而薄膜晶体管（TFT）就是用来充当开关的。加上薄膜晶体管之后，相当于把像素驱动之后，把薄膜晶体管断掉，就放不了电。信号驱动别的信号，电就不会断，可以实现大容量显示。薄膜晶体管可以使主动矩阵液晶比当时生产的任何液晶都优越。

薄膜晶体管（TFT）也是于 1960 年左右在 RCA 的萨洛夫研究中心最早被发明出来的（同上，第 119–120 页）。正如产生薄膜晶体管概念的最初动机并非是为了液晶显示（LCD）一样，一些企业早期介入对薄膜晶体管的研究也不是为了 LCD，而是为了寻找制作集成电路的方法。在半导体被发明出来之后的最初 20 年里，半导体工业的主要支柱是双极晶体管（二极管），但自从 1958 年发明了集成电路之后，二极管不适于进行高水平集成的缺陷迫使研究人员去寻找替代品，而 MOS 和

---

① TN（Twisted Nematic）液晶显示器本身只有明暗两种情形（或称黑白），无法做到色彩的变化。这是一种低廉的入门级液晶，仅能呈现出黑白单色及做一些简单文字、数字的显示，广泛使用于中低端显示，应用范围多在 3 英寸以下的小尺寸产品，如电子表、计算器、简单的掌上游戏机等消费性电子产品。

业界后来又在 TN-LCD 的基础上发展出 STN（Super Twisted Nematic，超扭曲相列型）液晶显示。STN 的显示原理与 TN 相类似，不同的是 TN 扭转式相列场效应的液晶分子是将入射光旋转 90 度，而 STN 超扭转式相列场效应是将入射光旋转 180 度—270 度。如果在液晶面板前加一片彩色滤光片，可显示多种色彩。此种产品多使用于文字、数字及绘图功能的显示，例如早期的笔记本电脑、掌上电脑、股票机和 PDA 等便携式产品。

TN 和 STN 型液晶显示都属于无源被动矩阵式液晶显示，性能远远不及 TFT-LCD。虽然液晶显示器工业最早是从 TN-LCD 开始发展的，但因为技术性质有较大不同以及篇幅所限，本书只集中于 TFT-LCD 技术。

薄膜晶体管就是两种可能的替代品。在开发集成电路的竞争中，美国大多数大型电子企业都研究过这两种方法，但两个技术轨道之间的竞争在 1960 年代中期结束，MOS 取得了最后的胜利，成为设计和制造集成电路的主导方法。曾经在 TFT 领域很活跃的企业——包括通用电气、休斯飞机公司（Hughes Aircraft）、雷神公司（Raytheon）、Zenith、Burroughs、Owens-Illinois 和 IBM 公司等——都中止了他们的探索。此后，只有两家企业继续对薄膜晶体管的研究——RCA 公司和西屋电气，它们同时也是开创了液晶显示器的两家企业。1964 年，RCA 推出自己的大型计算机，发动了与 IBM 的灾难性竞争。面对不可战胜的对手，RCA 在竞争中落败，大伤元气，被迫于 1971 年卖掉计算机业务，同年也中止了 TFT 项目。

RCA 的退出使西屋在 TFT 技术上"独占一片荒凉的领域"。直到 1960 年代初，西屋公司还是一家电视和半导体的主要生产厂商。受到 RCA 在 TFT 研究上的触动，一名研究人员布罗迪于 1963 年在西屋电气开始了一个小规模的 TFT 研究项目，但始终没有得到集成电路事业部和公司管理层的重视。不过从各运营事业部争取资金的努力也扩大了布罗迪小组的视野，把显示器纳入了研究范围。但这在该公司并不是一个受欢迎的研究领域，据布罗迪讲："西屋电子刚退出电视机业务，也未做计算机或终端业务……无论怎么说，我们要建立一个电视屏大小的 TFT 集成电路的想法显然是荒谬的"。薄膜结构的优点是可以覆盖大块区域，薄膜晶体管可以使主动矩阵液晶比当时生产的任何液晶显示器的性能都优越。随研究进展而越来越明显的是，它的革命性应用领域之一是电视的平板显示（"墙上的屏幕"），所以对布罗迪研究小组最大的支持来自电视事业部。但到 1970 年代中期，西屋关闭了电视事业部和半导体事业部中一直支持布罗迪小组的那个业务部门。当时布罗迪小组的研发已经到了这样的门槛，或者投资建立一个实验工厂生产主动矩阵显示器以产生一些收入，或者直接放弃研发努力。1979 年，西屋执行委员会决定项目下马，停止所有有关主动矩阵显示器的工作。布罗迪从西屋辞职，创办了自己的公司。不可否认的是，布罗迪领导开发的薄膜晶体管和显示器在技术上仍然太粗糙，他所使用的半导体材料并不稳定，他们做出的显示器只有军方的个别订货，离应用在消费电子产品上还很遥远（约翰斯通 2004，第 120–121 页）。

总之，那些涉足过液晶显示的美国大企业——RCA、罗克韦尔、西屋电气、摩托罗拉、AT&T、通用电气、施乐和惠普，都在 1970 年代纷纷放弃了平板显示技术开发，其中没有一家后来成为市场的主要力量，而 TFT-LCD 技术最终也没有在美国实现产业化。但是，美国企业的失败之处恰恰就是日本企业的成功之处——日本人接过了接力棒，把薄膜晶体管液晶显示器（TFT-LCD）做成了可以推向市场的产品。这是"鼠目寸光"的胜利：日本企业因"小打小闹"而成功。

当美国企业进行早期的液晶显示研究时，特别是 RCA 公布了液晶显示器之后，许多日本企业就产生出浓厚的兴趣，并开始了积极的跟踪研究。在它们当中，后来起到领导世界新潮流作用的是须羽精工和夏普。

须羽精工是制表企业，为了生产石英表，它首先进入了半导体领域，在 RCA 公司的 C-MOS 集成电路基础上，成功开发出低耗能的 C-MOS 集成电路。在解决了这个问题之后，数字显示就成为关键，所以精工为保持在手表制造技术方面的领先优势而进入显示器领域。精工从弗加森的公司获得液晶技术的技术许可。1973 年 10 月，精工生产了它的第一块数字 LCD 表（06LC 型）。到 1975 年，市场迎来了爆炸性的数字手表热潮。那个年代的精工正处于充满创造性的阶段，公司的年轻工程师们可以从事他们感兴趣的研究并得到管理部门的充分支持，从石英手表的成功带来的滚滚财源也可以资助这些研究。

在数字显示的手表获得巨大成功后，手表制造商们自然而然地想到了制造微型电视。当时卡西欧和西铁城都在研制腕表电视，它们集中于被动矩阵的显示器上，但这类显示器永远也不能产生出高对比度的图像。而精工的工程师们在研究液晶电视时，选择了专攻难度更大的主动矩阵显示器。主动矩阵显示器需要开关，但那时薄膜晶体管还不能投入实际生产。精工使用硅片作为基础材料，于1982 年 12 月宣布生产了世界上第一块单色屏的腕表电视。该企业的工程师诸角信二在工作一段时间后认识到，硅片永远不会成为大量生产液晶电视的方法，必须向薄膜晶体管发起挑战，并获得成功。1983 年 5 月，须羽精工在东京的一次记者招待会上宣布了 2 英寸的微型彩色液晶电视，使电子产业界大为震惊。在液晶显示器的历史上，须羽精工的微型 LCD 电视具有划时代的意义，它把液晶从失败的境地挽救出来，因为在那之前，液晶显示从未超出四位和八位计算器和手表这类既简单又转换缓慢的应用，而且很少有人相信 TFT-LCD 是制作平板显示器的可行方法（同上，第 125–128 页）。

看到能够应用薄膜晶体管来生产液晶显示器电视后，松下、日立、东芝等大企业纷纷行动起来。精工不得不尽快把 LCD 电视投入生产。由于是先行者，不得不从头创办工厂、安装设备、确立生产工艺。由于当时的玻璃不能承受高温激光处理时的热量，所以微小的屏使用的是石英，产量很低。1984 年，精工以"我的频道"为名字推出了世界上第一台平板彩电（2 英寸电视屏），售价约合 315 美元。但精工的营销部门并不指望能卖出去多少这种电视，而管理层也不认为会成为一个大项目。诸角认识到，如果把主动矩阵 LCD 变成消费品，那么为了降低价格就必须提高产量，开拓新的市场。于是，他采取的方法就是把 LCD 制成元件卖给其他制造商，装入他们的产品上。精工的 LCD 在录像投影显示器、录像带摄像机中的电子取景器和传真机中的读图感应器等领域获得了成功。1980 年代中期以后，精工开始遇到困难。1989 年日本股市泡沫崩溃，由于前些年的扩张有点过度，精工不得不努力归还贷款。管理层以没有钱进行投资为由，否决了 LCD 业务负责人关于对新的 LCD 生产设备进行投资的建议。于是，精工的液晶故事居然与 RCA 和西屋电气的经历有了相似的结尾（同上，第 128–130 页）。

最终把 TFT-LCD 做成的是夏普。夏普的前身是早川电气，1912 年由日本著名企业家早川德治创办。这个企业早年发明过不需要固定眼的皮带扣和自动铅笔，1925 年开始生产收音机，1951 年成为日本第一家开发原型电视机（黑白）的企业，1952 年成为日本第一家从 RCA 获得基本电视专利转让的企业。到 1955 年，早川电气已成为日本主要的电视生产商，占有国内大约四分之一的市场。但早川电气也有由来已久的弱点，它一直是一个终端组装企业，没有财力在生产显像管这样的关键元件方面进行投资。

1964 年，被誉为"火箭博士"的佐佐木加入了早川电气。在他的建议下，早川决定生产计算器。1964 年 6 月 30 日，早川公司推出了它的第一台计算器夏普 Compet CS-10A。根据 1969 年 3 月的一项协议，早川从美国罗克韦尔公司购买用于计算器的集成电路。1970 年 9 月 15 日，已经领导早川电气 58 年的早川德治升为总裁，由佐佐木任总经理，公司名字也同时由早川电气改名为夏普。在佐佐木的领导下，新的夏普公司孤注一掷，投资 75 亿日元（合 2100 万美元，大约相当于当时夏普资产价值的四分之一）建起了自己的半导体厂。建半导体厂的动议从一开始就在夏普内部不受欢迎。这个工厂最初的 5 年每年亏损 100 万—200 万美元。正当董事会准备卖掉它的时候，半导体厂却赢利了，那些反对过建厂的董事们此时又坚持说该厂是公司很有价值的资产，不应该卖掉（同上，第 62–63 页）。

1970 年代初期，有 60 多家企业在计算器市场上厮杀，其中夏普是最具有进取精神的创新者。1964—1976 年，夏普把生产计算器所需的 3000 个元件减少到 3 个：一只硅片、一个显示屏和一只太阳能电池。在技术发展史上，计算器吸纳了一系列后来应用广泛的新技术，例如微处理器（micro-processor）就是英特尔为一家日本计算器企业开发出来的（同上，第 63 页）。1972 年初，佐佐木回国时花了大约 300 万美元从 RCA 购买了一项专利，决定自力更生开发和生产 LCD。20 世纪 70 年代，夏普对 LCD 的生产设备投资了 2 亿美元——相对于这家企业的规模来说是一笔巨额资金（而 RCA 的 LCD 工厂在几个月后被关掉了）。1973 年 4

月，夏普把液晶显示的计算器商业化，型号为 EL-805，比精工推出的第一块 LCD 表早了 6 个月。这台计算器的显示器是 RCA 动态散射式的，采用了把 LCD 硅片和所有其他元件都装在同一块玻璃上的方法——这是十分超前的集成技术。但是这个厚 2.1 厘米、重 200 克的机器每 100 小时消耗一组电池，它因消耗大量能量、反应迟钝而被称为"神经质计算器"（Murtha，et al. 2001，p. 58）。但即使这样，夏普还是一只脚踩进了未来显示技术的大门，而有些企业却仅仅只是敲了一下门。

夏普的研究人员一直怀有制作出墙挂电视的想法，也曾经在薄膜 EL（场致发光）屏方面领先。精工于 1983 年宣布的 LCD 彩电让夏普的研究人员大吃一惊，不得不开始努力追赶精工。好在夏普的研究人员很熟悉非晶硅，因为夏普计算器的太阳能电池就是用这种材料制成的。于是，夏普开始研究把薄膜晶体管应用在平板显示上。这个过程是艰苦的，直到 1985 年，夏普还不能让单个的 TFT 液晶晶胞工作，而那时它的竞争对手如松下和三洋已经开始了小规模主动矩阵液晶显示器的商业化生产。到 1987 年，夏普终于设法使 3 英寸的液晶电视投入生产，虽然产量很低。当时夏普工程师们的最大愿望就是增大液晶电视屏的尺寸，从 3 英寸到 4 英寸，再到 5 英寸……但夏普开发小组负责人却另有想法，他于 1988 年初召集研究 LCD 的人员开会，给他们设定了一个表面上是不可能完成的任务——研发 14 英寸的显示器。这样一个面积的屏必须装有 100 多万支薄膜晶体管，远远超过此前任何尝试过的数量级。但恰恰是这种雄心激发了工程师们的斗志，他们终于克服了各种困难建造了这个屏。当年 10 月，夏普在日本电子展览会上展示了 14 英寸的液晶显示屏，引起轰动。更重要的是，夏普的研发人员得到了公司管理层的充分支持（约翰斯通 2004，第 137 页）。

到 20 世纪 80 年代末，夏普开发出的 14 英寸以上彩色平板显示样机、IBM 和东芝的合作研究的样机以及后来其他企业的样机都已在展览大厅展示，使参观者能够直接比较平板显示技术和 CRT 技术。在率先开发出来大尺寸液晶显示屏之后，日本企业已经到了进入大批量生产的门槛。

但新技术的产业化并非像文字所表达得这样轻松，而是经历了若干年的一个过程，因为从开发出产品样品到实现量产，需要解决一系列的问题（产品研发、工艺设计、设备制造，等等）。有一个趣事可以反映技术创造过程的生动：在开发液晶分子的取向技术时，各日本企业都在暗中寻找更好的摩擦材料，某时某地刚刚传出"用马毛摩擦效果好"的消息后，画店里的马毛毛刷立刻被抢购一空（《液晶器件手册》，第 563 页）。恰恰是解决问题的努力使参与了这个过程的企业能够创造、分享和积累知识，而围绕产品和工艺开发的学习网络在日本的聚集使日本成为 TFT-LCD 工业的温床。

日本在 TFT-LCD 产业化上的领先地位以及该工业的全球化性质，意味着以日本为产业集聚地而形成了这个工业的"主导技术轨道"和竞争标准。这种状况大大压缩了后进者的战略选择空间：尽管先行者壁垒已经出现，但只有加入主流（以日本为地理聚焦的学习网络）才能实现赶超。正因为如此，美国政府在平板显示产业主流之外另辟蹊径的企图被证明是一个失败（见本章第二节）。

到 1988 年，夏普、东芝和 IBM，以及其他痛苦挣扎的竞争者们，已经建立起独立制造大尺寸 TFT-LCD 的技术基础。但这些公司的管理层和工程师都明白，大尺寸样机只是代表了研发成就，实现量产才是制造上的挑战，"制造过程非常昂贵，产出很低，就像在地中海钓鲸鱼"（Murtha et al. 2001，p. 90）。

起初，夏普管理层对很快就建一条高成本的大尺寸 TFT-LCD 批量生产线抱怀疑态度。1987 年，夏普开始为便携式电脑批量生产彩色 STN-LCD，而这种液晶显示器在 1988 年 Windows 操作系统成为主导以及互联网出现之前，用于笔记本电脑是绰绰有余的。由于看不到大尺寸 TFT-LCD 市场的明朗前景，所以当夏普液晶部门的高管开始决定进行 14 英寸屏的研发时，只是期望慢慢扩大制造尺寸。但夏普的高层一旦看到 14 英寸的 TFT-LCD 样机，就情不自禁地把它想象成进入消费市场的第一台平板显示电视。尽管工程计算的结果并不理想，但夏普的高层决定继续干下去——他们不会忘记夏普曾经在显像管上被迫依赖外人的历史（尽管夏普曾经是日本第一个从 RCA 获得 CRT 显像管技术许可的企业），液晶显示器将使夏普跳过 CRT 而获得技术独立，这是"为未来工作"（ibid.，p. 96）。

IBM 日本和东芝开发的 14 英寸彩色 TFT-LCD 样机在 1988 年日本的一次会议上展示给 IBM 的高管，令他们印象深刻。但是，尽管 TFT 液晶显示器表现出极大的性能优势，由于其成本大大高于当时笔记本电脑普遍使用的彩色 STN-LCD，所以 IBM 高层内部对是否应该进入 TFT-LCD 的制造而进行了将近一年的辩论（Ibid.，pp. 95–96）。他们最终的结论是，在 IBM 所专攻的高端市场上，彩色 STN-LCD 在目标客户的眼中不能替代 TFT-LCD，因为 TFT 液晶显示器为他们提供了可以随处工作的新平台。于是 IBM 与东芝在 1989 年 8 月宣布成立 DTI 制造联盟，双方投资 1 亿多美元建设 TFT-LCD 量产线。

1989 年，平板显示产业到了起飞的边缘，日本的 TFT-LCD 制造商们处于生产投资决策的喜悦的气氛中。NEC 最先于 1990 年 8 月，继而是 IBM 和东芝的合资企业 DTI 公司（Display Technology, In.）于 1991 年 8 月，以及夏普于同年的秋季，相继开动了它们各自的第一条大尺寸彩色 TFT-LCD 的量产线[1]。所有这些成功的企业最先都是为了找到一种能替代 CRT 的平板技术，最终都在不同程度上建立了新的平板显示能力。但产业化并非轻而易举，从宣布制造样机到开始批量生产，差不多已经过去 3 年的时间了。

早期各家企业的玻璃尺寸都没有统一的标准。NEC 选择在 300mm×350mm 的玻璃基板上生产两片 9.4 英寸的 TFT 液晶面板；DTI 选择使用 300mm×400mm 的玻璃基板，最少能生产两片东芝选择的 9.5 英寸或者 IBM 更喜欢的 10.4 英寸面板；而夏普建立的第一条 320mm×400mm 的产线，能生产四片 8.4 英寸的面板。

因为几乎是从零开始，所以没人有大尺寸 TFT-LCD 生产方面的经验。量产时有一堆没有预料到的问题出现，主要是由于设备方面的原因，致使量产初期的良率远低于 10%。到了 9 月，良率在 8% 左右徘徊。直到 1992 年 3 月 31 日，即 1991 年的财年末，DTI 出货量为 3 万片，平均每月 4200 片。但是正如东芝市场营销部门的高级经理所说，就像是在"一堆垃圾里寻找"一片能用的（ibid., p. 100）。

生产 TFT-LCD 的问题很多，但最严重的都可以追溯到一个：环境中的尘埃进入生产过程。去除尘埃颗粒的问题并不让生产工程师意外，因为他们认为 TFT-LCD 生产过程中 80% 的特点和半导体生产是共通的（夏普、IBM、东芝、日立、NEC 公司都相信能利用自己的半导体能力在液晶生产上领先）。半导体和 TFT-LCD 的制造都使用光刻工艺在玻璃基板上刻蚀晶体管的设计，两者都要求完全洁净的设备。集成电路制造在没有 0.18 微米以上颗粒的洁净室里操作，要求设备、工艺和操作员都能无污染地执行这一任务。而 TFT-LCD 最初的制造标准比 0.5 微米以上的要求还低。这些相似点增加了工程师们的信心，但实际上却没有这么简单。与半导体相比，TFT-LCD 在生产过程中对颗粒的敏感度更强，也更为脆弱。在半导体生产过程中，如果硅片上有尘埃颗粒会使得同一张晶圆上的几百张芯片中的一个或几个有缺陷，有缺陷的可以丢弃，而其他的还可以继续利用。但 TFT-LCD 的大块面积为颗粒进入提供了更多的机会，而且只要有一粒微小的尘埃就会使整张面板都报废。制造 TFT-LCD 时，微粒的缺陷会使晶体管不能关闭单个像素，只要 100 万个像素里面有 5 个有缺陷，显示面板就不能满足质量控制的要求。

TFT-LCD 的生产工程师们很快就决定应该执行零缺陷策略，改变原来"多

---

① 所谓"大尺寸"是个相对的概念，随着工业的进步而变化。1990 年代初，10 英寸左右的显示屏就被称为"大尺寸"了，而今天的大尺寸一般是指 32 英寸及以上的显示屏。

大""多少"的颗粒控制方法。但令他们惊讶的是，早期的大批量生产设备和工艺所产生的尘埃比任何人想象的还要多。这种低良率部分是因为早期的设备本来是用来制造非晶硅太阳能电池的，而太阳能面板的质量对颗粒的影响并不敏感。于是，改进化学气相沉积（CVD）设备就成为提高良率的最大挑战。但问题不能归结到任何单一的设备上，如果不能改变当时的生产概念，就不可能提高良率、降低成本，使产品进入大众消费市场。稳定良率是日本工程师一直努力解决的问题。当时日本工程师间普遍有一种情形，每天早晨工程师出门上班前，都会告诉妻子，"希望今天是个天堂日。"所谓"天堂日"，就是指生产良率稳定、符合预期；如果生产良率不如预期，可能连一片面板都做不出来，所有的生产材料可能全部报废，这就是"地狱日"（陈泳丞 2004，第 179 页）。

在此后的 4 年里，最早进入大批量生产的这批企业逐渐使良率从 10% 以下上升到了 80% 以上。从 1991 年到 1996 年，全球至少有 25 家大批量生产线建成，其中有 21 条建在日本。其中 DTI 投资建设了新一代产线，而夏普一下子投资了两条新线。夏普和 DTI 的管理层都希望新产线能迅速达到高产出。DTI 干过 1 代线和 2 代线的有经验工程师很快建设了新线，新产线用人的减少使得 DTI 能够重新安排工程师而不减少现有产线的产出。而夏普由于同时上两条线使得工程师和操作员明显不够，2.5 代线也并不如之前想的那么容易，3 代线的情况更为糟糕。虽然当时估计两条线会在 1995 年 7 月建成，但到 1996 年 5 月，夏普公开承认 3 代线遇到了一个"重大的技术挑战"，进展缓慢。那个时候 DTI 的 3 代线已经满产，在 1995 年的第四个季度就已经建成开工了。除了上面提到的主要的几家公司外，星电（Hosiden）、富士通、日立、卡西欧、三菱都纷纷建厂，扩大产能（Mathews 2005，p.12）。不过这些企业后来大多处于长期亏损状态，最后退出了液晶产业。

星电（Hosiden）是日本最小的一家液晶企业，也是早期的创新者，但由于缺乏资金，难以向大尺寸的显示转化，所以丧失了先发技术优势。它在 1993 年投入巨资建 2 代线，在 10.4 英寸屏的价格下跌、市场需求向 12.1 英寸屏转换的过程中遭受很大的打击。1995 年底，当市场需求转向大尺寸显示时，星电液晶部门的总经理认为向 11.3 英寸和 12.1 英寸的转移过于突然。总裁后来评价说"实际上是根本没有看到这一转变"（Murtha et al. 2001，pp.127–128）。尽管没有足够的钱投资建 3 代线，但这个企业在 TFT-LCD 产业的尝试还是积累了宝贵的知识资本，于是决定寻找一个国际化的、资金充裕的、有密切用户关系的合作伙伴，以释放它在技术和制造工艺中的价值。恰好当时的飞利浦正在寻求这样的机会。飞利浦曾在 1991 年建了一条试产线，1993 年投入巨资在另一种希望能超越 TFT 的主动矩阵像素寻址技术的一代线上。但飞利浦发现他们既不能修改 TFT-LCD 生产设备来符合他们的方法，也不能参与日本主流的工艺改进，以至于无法把设备的产能提高到商业化产出水平。1997 年，飞利浦平板显示总裁 J.C. Stuve 承认，"我们在孤独中付出了代价"（ibid. 2001，p. 128）。1996 年，飞利浦和星电结成战略联盟 HAPD（Hosiden and Philips Display），结合了前者的市场、管理和资金力量以及后者的 TFT 知识，既满足了星电紧急注入资金的需求，同时也符合飞利浦快速从二极管转向 TFT 制造工艺的需要。

伴随着 TFT-LCD 工业在日本的建立，日本也发展出一大批平板显示的上下游企业。日本的平板制造供应链体系要强于其他任何国家，在包括几乎所有必要设备和材料的供应链上的每一个环节，都至少有一家日本企业参与。比如：（1）旭硝子和日本电气硝子为液晶平板做玻璃基板；（2）尼康和佳能做大面积的扫描式光刻机和步进式光刻机；（3）NEC-安内华（NEC-Anelva）制造干刻机设备；（4）日东电工做彩膜和偏光片；（5）大日本印刷株式会社和日本凸版印刷株式会社为大面积平板提供先进的印刷设备；（5）日本真空技术株式会社提供透明导体的氧化铟锡（ITO）电膜；（6）佳能做镜像投影系统；（7）还有一些公司做背光源。即使在日本企业不是很强的地方，比如液晶化学品、化学气相沉积设备（CVD）、液晶驱动芯片和高性能玻璃等，外国企业也是把它们的液晶业务总部设在日本或者和日本企业结成战略联盟，以管理它们的全球平板显示业务。于是，日本成为新工业的温床（Hart et. al. 2000）。

于是，一个崭新的 TFT-LCD 工业在日本诞生了。这是一个快速发展的工业，以玻璃基板的尺寸为标准，平板技术的变化率从 1990 年到 2000 年间超过了半导体技术从 20 世纪 70 年代中期到 2000 年的变化率，TFT-LCD 的制造商在一半的时间里就会经历半导体工业一个世代线的变化。

TFT-LCD 从研发到产业化的历史证明，目标远大的美国企业失败之处正是"鼠目寸光"的日本企业成功之处——这些无惧"小打小闹"的日本企业，通过把粗糙的液晶显示技术应用到新领域，在实现新技术商业化的市场竞争中获得领先。从事后看，它们成功的道理也很清楚：当液晶显示技术需要长期的改进才能应用在电视机上时，来自像计算器和手表这些产品的现金收入提供了持续研发液晶显示技术的资金来源，而制造计算机、手表以及微型电视所用液晶显示器的核心能力为制造笔记本电脑屏幕、电脑显示器以及最终的电视平板显示创造了基础；这些产品也为建立制造能力、解决生产工艺问题和改进显示应用功能以满足更多的需求而提供了平台。因此，只以宏大目标为研发动力的美国企业难以为继，而以解决眼前实用问题为研发导向的日本企业却能够逐渐建立起可以用来实现宏大目标的知识基础。

研发液晶显示器的动机从一开始就是平板电视——至少因为电视是新显示技术研发者当时唯一能够看得到的主流产品和主要应用领域。当时没有人会怀疑这种平板显示一旦应用到电视上之后所能产生的巨大收益（正如今天的事实所证明的），但恰恰是这种动机使技术发明的先驱者们难以为继。历史证明，液晶显示技术是经历了一个多么漫长的改进过程才最终得以应用于电视的。

对于以电视为应用目标的液晶显示技术研发者来说，漫长的技术演进过程带来一个致命的问题：迟迟无法应用必然动摇对研发继续投资的决心——没有任何企业能够无限期地支持一个不能在可预见未来转化为产品的研发项目。从逻辑上讲，这就是美国的先驱者们——如 RCA 和西屋电气——最后放弃液晶和薄膜晶体管研发项目的直接原因。与一些美国学者的解释不同，问题不在于美国企业的决策者没有耐心或看不到应用到电视上的前景，而是没有企业能够把对液晶显示技术的研发支撑到能够应用到电视上的那一天。事实上，当 RCA 和西屋电气放弃研发项目时，液晶和薄膜晶体管的技术状态距离可以应用到电视上的要求还很遥远，遥远到没有任何企业可以把研发持续下去的地步。

如果能够把对液晶显示技术的研发持续下去，除非在可以应用到电视上之前找到其他的应用领域，而这恰恰就是日本企业所做的。当日本企业——夏普和精工——从美国企业引进液晶技术时，他们要应用这种技术的目标领域不是电视，而是那些美国先驱企业看不上眼的小产品。但正是这些小产品使仍然处于"粗糙"状态的液晶显示技术找到了应用领域和市场需求——这就是有关液晶显示技术的一个重大历史事实：使液晶显示技术能够产业化的第一个市场需求不是电视，而是电子手表和计算器；而使薄膜晶体管技术得以产业化的第一个市场需求是腕表电视——一个非常边缘并难以产生多少收入的产品（甚至在发明了这个产品的日本精工，决策者也没有把这个产品放在眼里）。因此，成功地实现了液晶显示技术的产业化的是以边缘产品为目标的后进者——日本企业，而不是以主流产品为目标的技术研发先驱者——美国企业（处于主流地位）。

对美日两国企业的比较就不可回避地把技术进步的市场需求条件引入我们的分析。没有对新技术的市场需求，企业就无法持续地资助技术研发。因此，日本企业比美国企业"高明"之处不是更有战略远见，而是愿意并敢于在美国企业看不上眼的边缘产品领域应用新技术和进行创新。

第二节
一个国际化的高技术工业

TFT-LCD 工业从诞生起就是国际化的，它的起飞也凭借了非日本企业特别是美国企业的核心能力。从供给角度讲，虽然率先进入大批量生产阶段的是日本企业，但使这种生产得以实现的制造平台（产业链）却是几个国家的企业共同努力的结果。从需求角度讲，这个工业的第一个"杀手"客户是笔记本电脑工业，而这个高度国际化的客户也使 TFT-LCD 工业具有国际化的性质。于是，来自几个国家的企业在同一个地点（日本）创造出一个全新的工业，这在技术史上是没有前例的（Murtha et al. 2001，p.5）。

虽然美国企业对 TFT-LCD 的研发半途而废，但在以日本为集聚地的 TFT-LCD 工业从孕育到崛起的过程中，却有若干美国企业迅速进入，并成为推动这个工业崛起的重要力量和参与者。这些美国企业获得成功的主要原因，是它们通过与日本企业的合作而参与了产业主流的知识创造过程。IBM、应用材料公司和康宁是其中三个具有代表性的企业。

IBM 公司

IBM 很早就在平板显示领域发展出很强的优势。在进入液晶平板显示领域之前，IBM 的沃森实验室已在研究气态等离子显示技术，它通过与东芝、dpiX（施乐分出来的企业）的成功合资，开发了适合军方的高分辨率显示面板，只是对于普通顾客过于昂贵。在 1970 年代早期，IBM 公司是全球电脑主机的主导者。在 1980 年代早期，分散化、个人化并以显示为中心的计算机世界开始出现，致使 IBM 面临着战略危机。不过，IBM 作为 1970 年代后期第一个进入气态等离子平板显示商业市场的企业，产品很有销路，主要应用于金融交易大厅的数据显示。IBM 对进入平板显示产业的兴趣开始于进入电脑桌面显示器业务，它想在某种能替代 CRT 或能弥补 CRT 缺陷的显示制造技术上有所突破。IBM 公司在重新审视战略时，发现等离子技术更适用于电视而不是电脑，因为那时的等离子显示是单色的，重量很大，对于便携式应用来说消耗太多能量。于是，IBM 把纽约州的等离子工厂卖掉了。

放弃等离子开发使得 IBM 更关注其他的平板显示技术，而 IBM 日本（IBM 设在日本的子公司）的高管此时看到了全球显示技术向 TFT-LCD 转变的潜力。当 IBM 内部还在对技术争论不休时，精工在 1983 年的国际信息显示年会（SID）

上展出的彩色 TFT-LCD 显示器像是一颗炸弹给 IBM 以巨大冲击，这一展示清晰地表明 TFT-LCD 满足了市场对便携彩色显示的需求和期望。正如 IBM 高级工程师史蒂夫·德普在 2000 年评论说，当时 "TFT-LCD 就像已经藏在岩石的某个角落的极小的哺乳动物，尽管恐龙还活在这个世界上"（Murtha et. al 2001，p. 74）。在是否对新型显示开展研究的争论中，IBM 的执行副总裁麦格罗蒂表示了支持态度，理由是在将来很多的重要产品中，显示会成为 "所有这些电子产品的集成点。"他相信，如果 IBM 要成功地把 TFT-LCD 商业化，这个项目就必须像早年 IBM 建立个人电脑部门一样，"不能在大象的笼子里养老鼠"，必须进行 "系统外的管理，在新的市场竞争中需要有一个新的组织，因为原有的组织会（对新业务）有所限制"（ibid.，pp. 75–76）。IBM 的管理人员饶有兴趣地参与了这场争论，他们也相信 IBM 应该在 TFT 技术方向有大的进展，而且相信 IBM 日本有独特的位置在这个新业务中领先。TFT-LCD 似乎给 IBM 日本提供了称为一个首创者的独特机会——液晶产业的发展演进在日本最为迅速，很多 IBM 日本的设备供应商都参与其中。IBM 的四位高管组成了 "平板显示指导委员会"，鼓励 IBM 日本开始进入 TFT 研究，为将来生产做准备。

于是，IBM 日本与东芝结成了研发战略联盟。1986 年 4 月，两个企业同意对为期两年的合作研究分摊成本。这项研究由东芝、IBM 日本以及 IBM 在美国的约克城高地实验室共同进行。每个企业都会用各自的设施进行研究，从东芝开始尽快建立第一条研发生产线，最后每个企业都可以自由地追求自己的生产计划。达成协议后，东芝的工程师立即投入到产线设计工程中，订购设备，并于 8 月开工。仅一个月以后，试验产线已经建好并开始运营。IBM 的管理层相信与东芝的合作是实现商业化的最快途径。在第一年的合作中，IBM 日本在显示技术方面的高级技术人员和项目主管平野真一的监督下，建造了达到最新技术发展水平的洁净车间设备。当 IBM 工程师第一次去日本的研发产线工作时，每个人都配了一个伙伴共同负责产线上的一块玻璃，而每一个合作伙伴都是特定工艺步骤的专家。从 1986—1988 年，双方工程师的第一年在东芝实验室共同工作，第二年在 IBM 日本的研发洁净室共同工作。

这一联盟在 1987 年开发了两个 9.5 英寸的展示样机，1988 年又开发了一个 14 英寸的样机，后者让 IBM 高层印象深刻。此后，IBM 决定扩大和东芝的研究合作，利用曾经参与合作研发的工程师以使投产的速度更快、成本更低。1989 年的 8 月 30 日，在 IBM 和东芝合作研发的样机公布一年之后，两家公司决定成立 DTI（Display Technologies In.）制造联盟，双方各占 50% 的股份。DTI 的总部和

第一条生产线都设在姬路，于 1991 年投产。DTI 充分利用了合作双方的不同能力所带来的学习机会，东芝公司的 DRAM（半导体存储芯片）工程师在 TFT 阵列（Array）制程上工作，而 STN-LCD 工程师则在液晶灌注成盒（Cell）制程上工作；IBM 在约克城高地实验室的显示小组和 DTI 一起工作，为 TFT 阵列制程配置新的测试设备，在后一制造步骤前测试 TFT 玻璃基板，使得操作工能在高成本的后续步骤之前就除去或修复有问题的阵列，减少了浪费。知识的创造使得 DTI 有了一个紧密联系的独立身份，IBM 和东芝都从 DTI 中学习，获得新专利的知识基础，确保他们在彼此互相竞争的笔记本生产上使用最先进的 TFT-LCD 显示技术。（进入 21 世纪后，随着 IBM 向服务商的转型，它最终退出了 TFT-LCD 工业。）

应用材料公司

应用材料（Applied Materials）公司是美国重要的半导体设备制造商。与 IBM 一样，它也是为了能够在日本市场上竞争，于 1979 年在日本设立子公司——应用材料日本。到 1989 年，应用材料在日本的销售量已经占到其全球总销量的 40%。

1991 年，还在为提高良率而挣扎的东芝和夏普找到应用材料公司，探讨如何把他们的半导体设备改变为 TFT-LCD 的生产工艺，当时夏普和东芝的 1 代线只达到 10% 的良率。这次接触使应用材料公司看到了 TFT-LCD 工业的潜在市场，于是在同年成立了应用显示技术公司（ADT，Applied Display Technologies.，AKT 公司的前身）。应用材料的管理者认识到他们大多数的平板显示客户在日本，所以把总部设在了日本神户，但是把后端的制造和组装留在了加利福尼亚。这种地理上的接近确保了他们能更好地理解客户战略信息。

为解决客户的问题，应用材料公司派出工程师参观了夏普和东芝的生产设备，并向它们学习 TFT-LCD 的制造工艺。经过分析，应用材料公司决定专注于化学气相沉积（CVD）设备，因为这是生产过程中的关键部分[①]。为了开发新的 CVD 设备，应用材料的工程师和他们的竞争对手在夏普和东芝紧密合作。从夏普和东芝反馈回来的材料和设备运行情况，对于他们开发新设备的能力非常重要。为了获得他们所需要的数据，应用材料的工程师需要和面板厂商的人员一起工作，每周 7 天，每天 3 班。只有通过这样的方式，应用材料的工程师们才理解了如何改进 CVD 设备的可靠性。在开发过程中，东芝和夏普也把他们的工程师送到应用材料公司工作。

---

① 这种设备是为了在玻璃基板上生成用于制造电路的半导体薄膜。

1993 年 10 月，应用材料公司宣布 CVD 商业化，推出的产品命名为 AKT-1600，它能够使面板生产线的产出良率从 10% 上升到 90%。1994 年，当 TFT-LCD 工业的第一批 2 代线开建时，这些厂商都有机会从这种新设备的创新中获益。每条 2 代线都需要四台 AKT-1600 这样的机器。到 1994 年年底，应用材料公司的产品在日本 CVD 市场的占有率已经位居第一，获得大幅利润。AKT-1600 的引入标志着 TFT-LCD 工业演进到了一个历史时刻，跨越了生产率缺陷对 TFT-LCD 技术前景的限制，第一次使得平板显示技术挑战了 CRT 在显示市场的主导地位（Murtha et al. 2001，p. 113）。通过解决 CVD 技术问题，应用材料公司最终稳定了高产出的过程，这个过程使得建立高度竞争性的产业结构满足大众市场成为可能。AKT-1600 一夜之间成功克服了混乱的设计工艺对 TFT 设备和材料制造商利润的持续挑战。

从 1993 年 6 月到 1998 年 3 月的 5 年间，应用材料和日本一家重型机械制造商小松（Komatsu）结成了战略联盟，即 AKT（Applied Komatsu Technology），各占 50% 的股份。这次合资的动机与寻求市场、技术或资本的传统标准不同（应用材料有足够的研发和资金投资，在日本半导体工业中拥有令人尊敬的地位），应用材料积极寻求合作伙伴是想了解客户对新业务的持续和增长的需求，希望小松很多有才华的年轻人快速进入这个领域。

尽管应用材料公司和客户关系极为紧密，但管理层还是在各世代线设备的升级转换率上犯了严重错误。他们以为像半导体工业那样，玻璃基板的尺寸和晶圆（wafer）的尺寸都会在相当长的时间内保持不变。但实际上，他们后来发现在平板显示工业中，玻璃基板的尺寸会随着显示尺寸的增大和生产效率的提高而迅速变大。尺寸的增长要求重大的工程设计变动，这就使得应用材料公司很难享受到规模经济带来的好处，也不能把工程设计从生产中分离出来。为了将来更准确地参与到玻璃尺寸的变化中，应用材料加深了和客户以及客户的客户（笔记本电脑商）的联系。直到目前，AKT 占等离子体化学气相沉积设备（CVD）的市场份额已经超过 80%，成为全球 TFT-LCD 产业的核心设备生产领域的领头羊。

康宁公司

康宁公司（Corning, Inc.）是一家重要的材料公司（玻璃）。1970 年代早期，康宁已经在向手表和计算器厂商销售液晶显示的玻璃，获得了很多经验。康宁的研发人员采用医学实验室显微镜盖玻片那样的玻璃，开发出极薄的玻璃用于液晶显示器。此外，康宁还开发了专有的熔融玻璃制造技术，用以生产超薄的、无需研磨和打光的光学无缺陷玻璃。但早期的液晶显示器并不需要这种先进的熔融玻璃（fusion glass），大多数康宁供应的玻璃仍然是采用传统方法生产。

1980年代早期，负责康宁日本销售工作的古山（Furuyama）发现一件奇怪的事：一些主要的日本电子企业开始逐渐增加了高级产品（即熔融玻璃）的订单。在当时的液晶及其应用的技术水平下，这些订单发出了逐渐明朗的信号：很显然是有新的事物要发生了。古山根据订单访问了这些公司的实验室，他在那里发现了一些还处于早期阶段的新型液晶显示技术的研究项目。这种新技术那时被称为"主动矩阵"，还没有被足够地理解为TFT（即薄膜晶体管）技术。

康宁日本加深了与TFT研究者的联系来学习这项新技术，以及学习如何应用自己的技术能力来服务于TFT的工艺开发。通过这些沟通，康宁的研究者得出结论，他们可以稳固地建立熔融玻璃生产能力，以帮助客户加速在TFT方面的进步。制造薄膜晶体管的非晶硅沉积要求玻璃基板能够承受住极端的高温。除了光学无缺陷和抗裂，TFT玻璃基板还要能够在生产过程中保持稳定的化学性能，而熔融玻璃就拥有以上的各种特性。此外，康宁的研究者还有信心在这些特性的基础上，满足TFT厂商未来扩大显示尺寸、降低厚度、增加亮度与视觉效果的雄心。

1983年，康宁特殊材料集团准备关闭位于肯塔基州哈洛兹柏格的熔融玻璃厂。康宁日本向技术产品部建议不要关闭该厂房，因为再花100万—200万美元就可以使其转向生产TFT玻璃基板，尽管需要不同的化学合成，以及需要达到更高的熔化温度。当时技术产品部反对这个建议，因为他们看到美国在TFT方面几乎没有进展；即使有哪种平板显示技术有未来的话，也不会是TFT-LCD，而是PDP（等离子），但PDP是不需要熔融玻璃的。从一定程度上说，当时的液晶像是一个失败者。但是康宁日本的业务人员已经和日本的TFT-LCD制造企业建立了直接的密切关系，他们坚持这个工厂必须为了将来的机会而开着。但他们在美国的同事由于缺乏这种第一手的经验，不能从现有的市场数据中得出未来能产生财务收入的模型。

特殊材料集团的经理吉姆·凯瑟听了康宁日本的建议，同意哈洛兹柏格工厂仍然开工。凯瑟认为先进显示项目为未来可持续的竞争力提供了最大的潜力，他有两个理由：第一，康宁专有的熔融玻璃技术是与TFT技术轨道唯一相配的技术，没有其他的竞争者参与；第二，康宁日本的管理层在努力培育市场过程中已经建立起宝贵的社会资本，积累了重要的市场知识。即使一个在技术上很匹配的日本竞争者也同样面临着建立网络、熟悉市场需求的困难，而对日本以外的竞争者来说，这个障碍更是难以逾越。因此，凯瑟说服了很多反对意见，同意投资哈洛兹柏格工厂。

1986 年，松下推出了第一个 TFT-LCD 的便携式电视，使用了康宁的玻璃基板，给康宁带来新的未来（此前，精工 1984 年的小电视使用的是高成本的石英基板来承受制造工艺中的极端高温）。松下的进入证明了平板显示业务的快速增长。康宁日本的新总裁让古山去美国总部，负责扩大哈洛兹柏格的设备，并在日本建立新的生产能力。1988 年，康宁在日本静冈县建立了新的工厂，通过利用和日本客户的第一手知识把握住了竞争优势，通过培育客户关系扩大了业务范围。但在康宁和其他企业都没有人能完全理解这个技术怎么会突然兴起，也没有什么投资分析能证明从实验室到大批量生产是必要的。1989 年，康宁的玻璃基板业务从技术产品部转到先进显示产品部，成为独立的全球业务。

图 3.1：Grid Systems 的 Compass 笔记本电脑

康宁的早期介入迅速使其成为平板显示器玻璃基板的主导企业，它的领导地位至今没有被撼动过。2005 年，康宁显示器业务的利润高达 11 亿美元（收入 17 亿美元），利润率 65%；2009 年第二季度康宁收入 14 亿美元，其中显示产品部为 6.73 亿美元，增长了 89%，把康宁从全球金融危机造成的衰退中拽了回来[①]。

如果说，以 IBM、应用材料和康宁为代表的外国企业的介入和参与，从供给方面赋予了诞生于日本的 TFT-LCD 工业以国际化的性质，那么笔记本电脑工业则从需求方面塑造了这个工业国际化的性质。笔记本电脑是大尺寸液晶显示面板的第一个"杀手"应用（killer application）。笔记本电脑（也被称为便携式电脑、手提式电脑等）的概念是 GRID 系统公司（Grid Systems，1988 年 3 月被 Tandy 公司收购）于 1986 年首先应用在一款使用了夏普液晶显示屏的产品上的。早在 1979 年，GRID 系统公司的威廉·莫格里奇（William Moggridge）设计了 Compass 计算机。该公司于 1982 年 4 月 14 日推出这款重 9.5 磅的笔记本电脑，定价为 8150 美元。这是第一台真正意义上的笔记本电脑，然而在它被推向市场时因不能运行 MS-DOS 操作系统而导致夭折。

当 TFT-LCD 开始生产时，笔记本电脑的市场还很小，大多数人选择在桌面

---

① 冯禹丁："康宁的经济危机攻略"，载《商务周刊》2009 年第 16 期。

电脑上工作。当时的笔记本电脑用户没有其他选择，他们只能在路上使用反应迟钝的装有 STN 显示屏的机器。IBM 于 1991 年推出的笔记本电脑 P75 是基于英特尔的 80486 芯片，定价 18000 美元，同时提供两种屏幕选择——彩色 TFT-LCD 或者是黑白等离子屏幕。但 20 磅重的 P75 在重量和价格上都苦苦挣扎，连 IBM 的副总裁三井信雄都拒绝拎着它，他解释说"在路上，我只带手机，笔记本实在太重"（Murtha, et. al. 2001, p.116）。即使主动矩阵的彩色平板显示更为可行，设计者和评论者也并不必然把 TFT-LCD 等同于"高质量的笔记本电脑屏幕"，夏普的设计者就认为 STN 技术的进步足够保持在笔记本电脑市场的领先地位。很多人质疑 TFT-LCD 的额外功能特点导致了比 STN 更高的价格，当时野村研究所的分析认为，"对比度和均匀性的大幅改进可以为彩色 STN 液晶显示开辟一个新市场。消费者如果在 100 美元的被动显示和 1000 美元的主动显示中选择，会选择哪个？"（ibid., p. 116）。苹果公司就选择了星电（Hosiden）生产的黑白 TFT-LCD 液晶显示屏（主动显示）来制造 Powerbook。

图3.2：苹果公司的 Powerbook 笔记本电脑　　图3.3：IBM 公司的 700C 笔记本电脑

改变了这种局面的划时代产品是 IBM 700C。1992 年 9 月 3 日，IBM 完成了个人电脑事业部的重组，宣布成立独立运营的 IBM 个人电脑公司，以减少决策层级，消除营销、制造和研发等部门之间的交流困难，并向最有成本优势的供应商采购元件。这次重组使 IBM 个人电脑公司成为像康柏、苹果等一样灵活的企业，但苹果和康柏却都没有像 IBM 那样与 TFT-LCD 厂商有如此密切的兄弟关系——通过 IBM 与东芝的合资企业 DTI，IBM 个人电脑公司能保证得到最先进显示屏的供货。重组两个月以后，IBM 个人电脑公司落成了笔记本电脑产线，推出了 Thinkpad 系列的第一个型号 700C。700C 一经推出就立即获得关注，不仅是因为它的计算功能（其计算能力是建立在英特尔 80486 处理器和 120MB 的硬盘驱动器上的），还因为它作为工业设计是一个奇迹：它是第一款使用彩色 TFT-LCD 显示屏的笔记本电脑，使用了 DTI 的 10.4 英寸彩色 TFT-LCD 液晶显示屏，是各种可用屏幕中尺寸最大、亮度最高的，这使得 700C 的使用者成为他们周围同事的艳羡对象。此外，这个产品还加入了一个小红点（trackpoint）嵌入到全尺寸键盘上来执行鼠标功能。

IBM 公司 Thinkpad 700C 定价为 4350 美元，而这个产品的竞争对手——东芝 T4400SXC 同样也采用 486 处理器，但显示屏为 9.5 英寸的，以 3999 美元替代原来的 5499 美元，这种竞争使那些采用 386 处理器的笔记本电脑价格急剧下跌，价格战和产量大战都开始了。1992 年，IBM 个人电脑公司收到了 10 万台以上的订单，这使 TFT-LCD 找到了应用，预期每年有 70% 以上的增长，而 10.4 英寸显示屏也成为主导设计。

1993 年早期，微软发布了 Windows 3.1 操作系统，支持 256 种显示色彩，这加剧了对彩色显示器的需求，特别是使用微软操作系统的 IBM 电脑。IBM 把在笔记本电脑市场上的巨大成功转化为对平板液晶显示器的购买力，促使夏普、DTI、NEC、星电、富士通等公司纷纷调整投资计划，增加建设新的 TFT-LCD 生产线。

到 1994 年，全球笔记本销量达到了 7800 万台，其中大多数还是没有采用彩色 TFT-LCD 液晶显示器的。当时的分析预测到 1995 年，笔记本电脑会有 30% 的增长，如果都装上 TFT-LCD，面板的需求缺口仍然很大。1994 年的 TFT-LCD 面板仍然非常短缺，订购一台已经成为时髦产品的笔记本电脑往往需要 3 个月的时间。IBM 和东芝的高管每天早晨都会问 DTI："今天我们能拿到多少面板？"（Murtha et. al 2001，p. 119）。短缺使得扩张产能成为必要。1994 年 7 月，IBM 和东芝宣布向 DTI 投资 4 亿美元建新线，建成后能使 DTI 的产能翻番。夏普也在 1994 年 5 月和 6 月开建两条 2 代线，日立则在同年 12 月开建。所有这些新产线都安装了应用材料公司的 CVD 系统。

当夏普和 DTI 的 2 代线设备还在安装的时候，它们就已经开始和应用材料公司讨论 3 代线的设备了。3 代线需要 550mm × 650mm 的玻璃基板，能生产 6 片以上的 12.1 英寸的显示。夏普认为，如果它能抢先进入更大尺寸液晶面板的市场，与新发布的 Windows 95 操作系统相匹配，夏普 11.2 英寸大小的屏幕就能更持久地被市场所接受。笔记本电脑的市场竞争以及软件、互联网应用的需求变化，推动产品开发以前所未有的速度发展，而笔记本电脑制造商则以屏幕尺寸和图像质量作为产品差异化的主要手段。IBM 是第一个探求产品特征与用户偏好的笔记本电脑供应商，用户喜欢 IBM Thinkpad 的重要一点就是喜欢它的屏幕，他们对显示屏的亮度、图像质量和尺寸大小都很敏感。但这给工业决策者们带来挑战：显示屏似乎越大越好，便携性也在一定限度内起作用，但到底应该尺寸多大（一种理论认为，允许用户在飞机经济舱座位上也能打开笔记本电脑的尺寸是屏幕大小的极限）、响应速度多快呢？什么样的特征和价值能标志着液晶屏的世代转换？这些问题关系到什么样的厂商能存活下来（ibid., p. 123）。

应用材料公司的市场营销和研发人员再一次被推到解决问题的前沿：下一代的设备究竟应该适用多大的玻璃基板？日立的设计者也投入大量时间考虑对用户最有吸引力的显示屏的大小和价格，他们决定跳过 3 代线直接做 4 代，就相当于当初跳过了 1 代线一样。日立认为 14 英寸液晶屏可能会成为笔记本电脑的主导设计，而可视范围等于 20 英寸 CRT 显示器的 18.1 英寸液晶屏会成为桌面显示器的主导设计。日立的设计者想利用他们的新"超级 TFT-LCD"技术（即 IPS 技术）的提供宽视角，那是桌面显示器用户所需的。

笔记本电脑是拉动 TFT-LCD 工业起飞的第一个大众消费市场。笔记本电脑对于 TFT-LCD 技术发展的重要性在于，即使是电子手表、计算器以及微型电视的市场需求也不足以保证创新者能够把对液晶显示技术的研发坚持到电视时代，而再次拯救了 TFT-LCD 技术发展的需求条件又是一个与电视不直接相关的产品——笔记本电脑。

国际化的笔记本电脑工业为 TFT-LCD 打开了市场，为该工业提供了产品开发和技术能力进步的平台，同时也使 TFT-LCD 工业具有全球化的性质。在那个关键阶段，不仅全球排名前四的笔记本电脑厂商（东芝、IBM、戴尔和康柏）有 3 个位于美国，而且大部分为推动电脑产品变化而提供系统和解决方案的组织——包括英特尔、微软、美国国防先进研究项目管理委员会（DARPA）——都来自美国。

综上所述，推动 TFT-LCD 工业起飞的两个现象导致了这个产业的全球依赖性。第一，企业需要持续进入快速演进的采用平板显示的终端产品市场；第二，企业需要参与快速的平板显示技术知识积累和变革（Ibid., p. 4）。如果做不到这两点，任何企业都会丧失竞争力并被主流市场所淘汰。于是，当国际化的产业主流形成后，即使是落后者的追赶，也不可能游离于这个主流。正是由于这种原因，美国政府企图通过产业政策另辟工业路径的努力以失败而告终。

1980 年代后期，当美国在全国范围内开始讨论高清电视的时候，美国在显示制造技术上的落后引起了政治上的关注。1990 年，全球 90% 的 TFT-LCD 液晶显示器是在日本生产的，到 1994 年，这一比例上升到 94%，而美国只占不到 3%。美国政府官员和重要的工业领袖都认为，日本企业在高清电视（HDTV）和平板显示上的领导地位最终会威胁到美国的先进电子产业（Borrus and Hart 1992；Hart et al. 2000）。在老布什总统任职期间，共和党政府不会推动某个具体的产业发展，但民主党控制的国会还是促使政府为先进显示技术研究提供了基金，大部分是通过国防部的国防先进项目研究局（DARPA）的高清系统项目。从 1988 年开始，这个项目每年获得 5000 万—6000 万美元的发展基金。从 1989 年开始，DARPA 开始为平板显示发展提供基金，作为支持高清电视项目的一部分。国防部的官员争论说，平板显示对于武器系统的重要性就如同半导体芯片和微处理器。最明显的应用是在飞机的驾驶员座舱、潜水艇、船舶、坦克等地方替代笨重而又寿命较短的 CRT 显示器；未来的步兵团可以装备头盔显示器和可穿戴计算机，以便为指挥中心提供敌人方位的信息源；士兵们可以携带坚固的笔记本电脑上战场，可以显示重要的工事、目标和武器状态信息，提供与司令部和控制中心的联系。

到 1990 年代早期，尽管美国成功地对日本平板显示厂商实行了反倾销诉讼并提高了 TFT-LCD 的关税，但美国的平板显示工业没有表现出任何要追赶日本竞争者的迹象。1993 年 2 月，美国经济顾问委员会主席 Laura D'Andrea Tyson 和国家经济委员会主席 Robet Rubin 在一次会议上提出，在当前形势下，政府应该进行干预以帮助特定产业的发展，而平板显示产业是一个很好的需要干预的例子。1993 年 7 月 20 日，美国显示协会（USDC）成立，其主要使命是支持平板显示工业在美国的发展（Link 1998）。在最初的 6 年里，该组织包括了那些至少有 50% 美国所有权的平板显示厂商、用户、设备和材料供应商，但由于缺乏大批量制造厂商，显示协会"建立世界一流的美国制造能力"的使命很难完成。到那时，日本已经有大批量生产的第 1 代线在运行，而且已经在设计第 2 代线了。

也是在 1993 年的 7 月，DARPA 成立了平板显示制造商联合会，目的在于通过建立共同的生产平台和开发下一代生产设备来建立本国的平板显示工业。但成员企业关于优先发展哪种技术的讨论非常困难，因为美国的小型显示厂商有不同的技术战略，最终只是在必要的制造技术方面达成了有限的共识。尽管在平板显示协会的财政支持下开发了很多重要的新技术，但是没有几个公司的产品在平板显示的材料和设备市场具有国际竞争力。一些渗透到日本和韩国市场的美国主要企业并没有选择加入到美国显示协会的项目中：其中最引人瞩目的是康宁和作为美国最重要的平板制造厂商IBM。这就意味着没有一家显示协会的成员能通过与大批量生产者的合作而获益。

1994年4月26日，克林顿政府宣布成立国家平板显示倡议组织（NFPDI），目标在于为美国军方及早提供有保证的、可行的、最先进的平板显示产品和技术，TFT-LCD、EL、FED、等离子以及其他的平板显示技术都得到了支持。但是，平板显示技术的持续创新需要企业在全球大批量消费市场上竞争。政策设计者认为，由政府主导的产业战略应该可以降低美国企业对大批量生产风险的担心，然后这些企业会自己采取行动。但1994年11月，民主党在美国国会两院选举中令人意外地失败，引发了一系列复杂的事件，严重阻碍了4月份克林顿政府宣布的平板产业发展计划。促进平板显示产业的发展本来受到两党的支持，但其中的一个重要基金来源——技术再投资项目（TRP）——却被共和党看作是使民主党政府获得政治利益的来源而封杀。TRP项目本来对外国参与者开放，它的停止使产业政策的开放度从1994年以后降低。当美国政府试图促进平板显示产业实现大跨越时，日本的国际化厂商、材料和设备供应商已经在大批量生产上取得了实质性的进步，但当时美国企业却要求通过贸易保护和政府平板产业促进计划来确保市场份额。加入政府的产业促进项目使美国平板显示厂商转向缺少大批量生产经验的设备商来共同开发，而不是在国际市场上选择最好的设备与合作者。

美国和韩国在美国显示协会（USDC）的框架内的合作建议早在1994年就开始了，当时美国显示协会拒绝了LG和三星成为会员的要求。LG液晶市场部经理说，"我们已经与美国企业合作研究好多年了，问题是找到一个愿意生产的美国企业。但它们不能自己做决策，在行动前总是等待政府支持。"一些美国官员积极鼓励和韩国企业合作，但仍然关心政治灵活性问题，因为国会没有授权。1996年10月，韩国电子显示产业研究会和美国显示协会以谅解备忘录的形式合作，有26家成员企业和国防先进项目研究局（DARPA）官员访问韩国。备忘录预想能为美国设备和材料供应商与韩国制造商之间的合作提供基金，但关于与非成员企业合作提供基金等方面陷入复杂的谈判中，具体项目的执行非常缓慢。同时，产业的迅速演进又增加了额外的难题。1994—1997年，当为第一个合作项目提供基金时，三星和LG都已经成功地建立了第2代和3代生产线。现代集团也成功地建起2代线。后进者本身就面临着激烈的价格竞争，韩国企业都不愿意在大批量产线的关键阶段，冒着成本的潜在损失来使用新的、未被证明过的设备。令一些美国参与者吃惊的是，韩国电子显示产业研究会并没有权力要求或说服韩国企业去使用美国合作方的设备。1998年，亚洲金融危机使得产线投资减缓，这个项目置之一边。到此时，美国企业的平板显示项目大都处于关闭的境地。

很多美国企业把自己与日本企业的差距看作是财务和市场结构的差距，把大批量生产集中于日本的根源解释为日本在1980年代末的资本成本低以及拥有本土的设备和材料供应商，却看不到知识和经验上的差距。这些美国企业自信美国在生产技术上的领先，它们指望国内的半导体设备制造商能提供设备和材料，以克服在生产制造上的落后；指望政府和风险投资家能为国内的厂商提供资金；也指望像国防、航空电子设备、医疗成像等细分市场来吸收它们的产出。这些企业通过建设小批量生产的产线来服务于高端市场，指望由此产生的技术基础和现金流可以使它们最终自动地跨越到大批量生产上。这些企业的生产线比日本企业的生产线使用了更高比例的本国设备，很多设备都是制造商第一次冒险应用，从来没有在低世代线中使用过，也很难整合提高到适合商业化的良率水平。

到1990年代中期，风险投资家和美国政府都没有能力提供15亿美元以上的资金，无法使任何一家新企业参与大批量生产。政府官员想支持美国厂商，但被国内政治所限制，国际贸易法也不支持在制造上的集中投入。关税及贸易总协定（GATT）禁止政府对进行国际贸易的产品进行补贴，但允许政府支持研发，所以美国政府在研发上支持"下一代"设备制造商，以及研发下一代新平板显示技术的企业。但是细分市场吸收不了那种能促进生产技术进步，降低成本的大批量生产的产品。1999年，USDC终于允许外资企业成为会员，但那个时候已经没什么可选择的了。1998年9月18日，OIS公司（Optical Imaging Systems）宣布停产；1999年3月，美国TFT-LCD厂商dpiX进入60天破产阶段，寻求买家。同年5月17日，欧洲企业联盟，包括飞利浦、西门子和汤姆逊电子以及Planar Systems公司、Varian Man Systems公司，宣布收购dpiX公司80%的股份，施乐持有另外20%的股份，美国最后一家大尺寸TFT-LCD厂商得以维持。军方订单并不能够使上述两家TFT-LCD厂商维持业务正常运行，特别是考虑到国防部已经开始比较亚洲厂商的定价成本。Planar Systems，世界领先的场致发光（EL）显示厂商，成为美国本土唯一的TFT-LCD厂商。2000年1月，Planar的高层通知国防部，企业准备停产直到采购价格能够弥补成本为止。当时国防部已经为每张面板支付了 12000 美元的费用，而 Planar 宣称每片的价格在 43000 美元。同年 9 月，经过几个月的讨价还价未果，企业宣布放弃该项业务。而其实早在 1992 年，IBM 表达了把 DTI 的技术许可给 AT&T 和施乐公司的意愿，但 DARPA 不愿意相信一个位于日本的企业，因此不愿投资这个项目。AT&T 对政府基金中所隐含的政治意图非常沮丧，于是放弃了 DARPA 项目，最后和一家愿意转让平板显示技术到美国生产的日本企业合作。

美国采取的战略是独创自己的路径，但企图在已经出现的国际化产业主流之外另辟蹊径恰恰是美国失败的原因。当日本的厂商、材料和设备供应商已经在大批量生产上取得了实质性的进步时，美国企业却实行要求通过贸易保护和政府平板产业促进计划来确保全球市场份额，结果是产业能力在亚洲得到增长，但在美国却没有同步增长。由于使用政府资金的限制条件，参与产业促进项目的美国平板显示厂商不是在国际市场上选择最好的设备商和合作者，而美国的设备厂商也缺少与大批量平板显示厂商（集中在东亚）的正式关系。于是，在美国建立一个势均力敌的平板显示集群的努力，割断了美国企业与创造出这个工业的供应商、客户、互补资产和知识流的联系，专注于军用显示的小批量生产阻止了美国厂商利用国际化网络中流动的缄默知识。只有拒绝接受政府资助的 IBM、康宁和应用材料公司通过主动与日本企业合作，才成为这个产业中的主要玩家。美国纳税人和平板显示产业的一些企业家为 20 世纪 90 年代的失败政策付出了沉重的代价。从中可以得到的教训是，当新工业的出现越来越依托国际化的知识网络后，如果个别国家的政府沿袭本国政治的规则去干预企业，那就会阻碍本国企业参与新工业的发展（Spencer，Murtha and Lenway 2005）。

第三节
TFT-LCD 工业的竞争动力

美国建立本土平板显示器工业的失败并不意味着日本领先者的地位不可挑战，更不意味着后进入者不会成功。事实上，从进入产业化竞争阶段开始，进入 TFT-LCD 工业的浪潮就此起彼伏，成为推动产业发展的重要力量。在后进入者中，失败比比皆是，但成功者仍然出现，甚至出现了颠覆领先者地位的挑战者——最成功的是韩国的三星和 LG。随着韩国企业在 1990 年代中期和中国台湾企业在 1990 年代末期的进入，大批量生产液晶面板的 TFT-LCD 工业演变成为一个东亚工业。

特别值得指出的是，韩国企业凶猛的投资战略改变了游戏规则，使液晶显示技术进步的规律在进入 TFT-LCD 产业化时代后发生了明显变化。以韩国企业超越日本企业为转折点（1990 年代末），TFT-LCD 工业明显分为两个阶段。在早期阶段，能否找到应用领域是液晶显示技术进步得以持续的关键，所以研发战略（研发方向和应用领域选择）是技术进步的关键；但在随后的产业化竞争阶段，在产品性能改进（如显示屏尺寸扩大）和成本降低需要大规模投资的条件下，对产品性能改进和成本降低必然创造新需求的信念成为投资决心的关键，所以投资战略成为技术进步的关键。这个工业的投资强度是如此之高，只有决策者对市场前景的远见和信念——而不是眼前的收入——才能证明这种投资的合理性。

要理解产业化竞争中的失败者为什么失败、成功者为什么成功，就必须把企业的战略与 TFT-LCD 工业的竞争动力结合起来考察，而这种动力特别体现在一个从该工业诞生后就在业界流行起来的概念——"液晶周期"（the Crystal Cycle）——上（Mathews 2005）。液晶周期的表现是：一批产业化的先驱企业开拓了液晶显示产品的应用，创造出对液晶显示的市场需求；当产品为市场接受后，一时的供不应求引发现有企业进行新的投资，并出现一批新进入者；新投资带来的产能迅速扩大导致生产过剩、价格下降，造成产业衰退；但价格下降却导致需求扩大——液晶产品的成本下降导致其应用范围的不断扩大，于是再次出现产能不足，又引发新一轮投资和新企业的进入……如此循环往复。这种周期性所反映的实质是工业创新与市场需求之间的动态互动关系。虽然研发液晶显示器的最初动机和想象力来源是开发平板电视，但当 TFT-LCD 工业的早期显示器面世后，由于尺寸不够大而且成本较高，所以并没有立即在电视领域取得什么进展，而是被局限在 CRT 不能满足需求的市场范围内。液晶显示器的市场范围扩大是随着它的尺寸增加和成本下降而逐步实现的，这个过程的背后就是 TFT-LCD 生产线的世代更换，而每一次液晶周期都这些变化与密切相关。

由此就引入了企业决策者的主观因素。从上述液晶周期的动力看，如果仅仅依据现有的市场需求进行投资决策，那么这个工业前进的步伐只能是缓慢的；如果不是依据现有的市场需求，而是依据对市场前景的判断和信念进行更大规模的投资，那么技术进步和规模经济就会创造出新的需求——更大的尺寸、更好的画质和更低的成本会扩大液晶显示器的应用范围。但这只是事后才能看清的事实，而企业决策者在工业竞争的每一个时点上，面对的都是充满不确定性的市场前景。正是技术进步和市场的不确定性以及对市场前景判断的主观性，使企业家式的冒险精神和企业的战略行为在 TFT-LCD 工业的发展中发挥了巨大的作用。

Mathews（2005）认为，企业的进入与液晶周期密切相关。他指出，成功的后进入者都是在液晶周期的衰退阶段进入的（见图 3.4）："以进入这个产业为目标的企业会利用第一次衰退期获得技术和技术能力——如韩国三星和 LG 公司在1993—1994 年的第一次衰退期做的那样。他们雇用了那些过剩的日本工程师，在日本设立研发中心，以利用衰退期资源和知识的流转。然后他们等待下一次衰退期，于 1995—1996 年进行大规模的投资。相应地，台湾企业在第二次衰退中建立了自己的能力，在 1997—1998 年的第三次衰退中，当日本企业减少投资，中国台湾企业成功谈判增加自己的投资，获得技术转让。在 2001 年的第四次衰退中，新的台湾进入者通过投资各种基础的 TFT-LCD 技术获得成功。"这样的战略只对新进入者有用，因为衰退给他们带来了增加投资的"机会窗口"，但是在位者不能这样做（Mathews 2005，p. 22）。

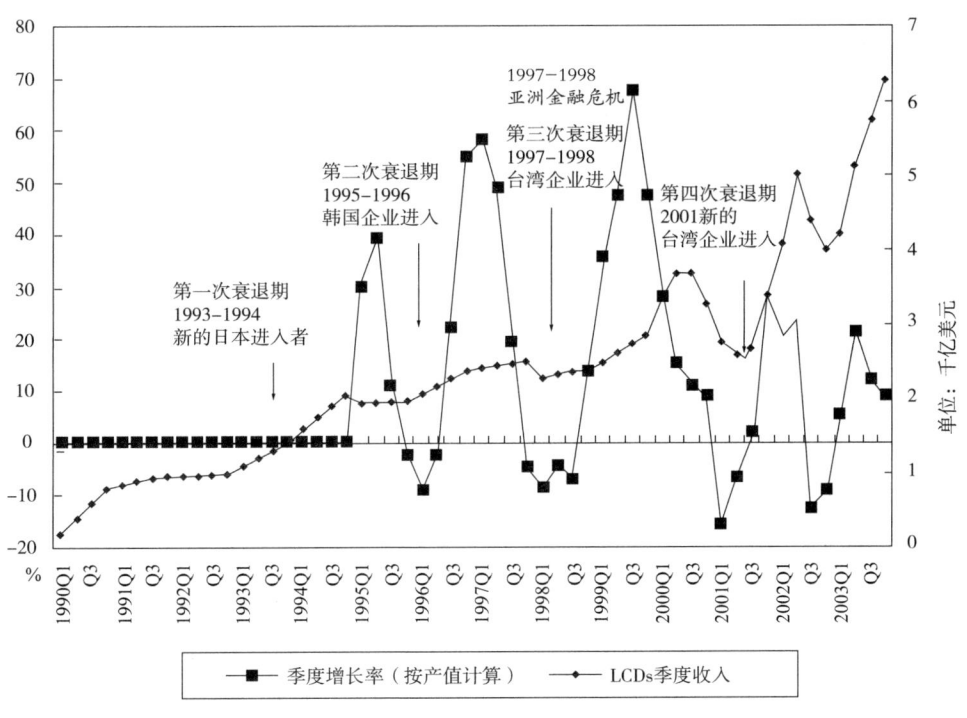

图 3.4：液晶周期（1990—2003）

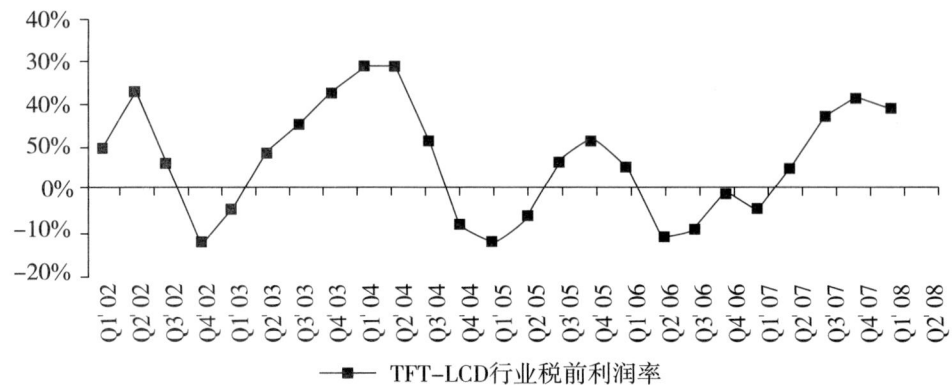

图 3.5：液晶周期（2002—2008）

注：由于数据来源和所用指标的不同，采用了 2 张表格。图 3.4 转引自 Mathews（2005），在每一次液晶衰退期都有一批新的企业进入该工业，进行反周期投资，从而获得竞争优势。图 3.5 的数据来源为 Display Search，图中展示出 2002—2008 年 TFT-LCD 行业税前利润率的波动。两组不同的数据都展示出该工业很强的周期性特点。

TFT-LCD 成为一个工业的开端是在 1991 年。当时的产业创新者，即一批日本企业——夏普、NEC、IBM 日本与东芝的合资公司 DTI——第一次开始进行液晶面板的批量生产，开创了 TFT-LCD 工业的技术轨道；它们是毫无争议的领先者，其竞争的动力在于能否使批量生产达到满足商业化产出的要求，以及能否为液晶显示找到新的应用。笔记本电脑的显示屏是 TFT-LCD 的第一个关键应用，这个应用市场的出现拯救了那些在此前 20 年间对 TFT-LCD 的技术研发投入了巨大心血的企业。为满足这个新需求的大规模投资造成了供过于求，使这个新工业在 1993—1994 年经历第一次衰退。衰退所释放出来的技术资源为新的日本企业的进入创造了空间条件——像松下、日立和星电就是在这个时期进入的，它们可以通过利用由应用材料公司提供的新的"2 代线"生产设备获得额外的生产收益——更高的良率和更大的显示屏，获得某种意义上的后进者优势。所有这些参与者都享受到 1994—1995 年产业上升期带来的利润。到 1990 年代中期，两批日本企业的进入使日本成为 TFT-LCD 工业的主导者，其全球市场的份额高达 95% 以上。

在 1995—1996 年液晶产业的第二次衰退期里，韩国企业进入了 TFT-LCD 工业。韩国企业在后来的年月里重复了它们在半导体存储器（DRAM）工业的成功。在此 10 年之前，当韩国企业决定投资半导体存储芯片时，日本企业正主宰着新兴的半导体市场（连发明了 DRAM 的美国英特尔公司当时都招架不住日本的竞争，不得不退出这个领域而转向 CPU）。但韩国企业进入后，在不得不忍受多年亏损的条件下坚持不懈，硬是把日本挤下了世界第一的宝座。当韩国企业在决定进入半导体的10年之后又决定进入TFT-LCD工业时，这又是一个由日本企业主宰的世界市场；但韩国人却从日本人的成功上又一次看到了即将腾飞的工业，他们把它称作继半导体芯片之后韩国电子工业继续发展的第二顿饕餮大餐（Kim，1997，p. 144）。就像是历史的诅咒，凶猛的韩国企业在TFT-LCD工业花了不到10年的时间，就再次把日本企业挤下了世界第一的宝座。

韩国企业早在20世纪80年代就已经开始了对平板显示技术的研发。三星电子的子公司三星显示设备公司在1984年就设立了TFT-LCD研究小组，随后从美国OIS公司获得技术许可，它投资TFT的技术标准更多是出于战略而不是近期利润的考虑。给三星的人增加动力的是他们发现日本人正在开发液晶显示器，经过分析还发现TFT-LCD与半导体存储器的技术结构非常接近。1991年，三星电子在其半导体事业部内设立了一个特殊事业部，专攻TFT-LCD。三星管理层希望TFT业务能够为周期性很强的DRAM业务提供多元化发展的机会，同时能确保各种电子产品获得最先进技术的显示器件的稳定供货。同时，与日本竞争的民族自豪感也起到了作用——三星管理层认为日本产业观察家并不认为韩国企业是TFT-LCD制造领域的挑战者，没有把三星当回事，这反而激起了斗志。但TFT-LCD事业部在三星电子内部是个丑小鸭，多年亏损，一直受到其他部门的歧视。即使这样，三星集团仍然坚持对其投资。

LG电子则是从1987年开始了对液晶显示器的研发，到1989年展示了第一个可用的成果，并于1990年成立了专门的研发中心，有大约250名员工在试产线上工作，每年生产12000片的10.4英寸和12.1英寸SVGA液晶面板。当开始考虑进入大批量TFT-LCD的生产时，虽然未来需求的不确定性阻碍了基于严格财务分析的决策，但LG管理层更相信液晶带来的便携式显示会极大地影响多媒体产品的市场渗透率，而LG本身又是一个始终坚持做多媒体产品的企业。同时，LG也希望能减少对日本核心元器件的依赖——专用电机和芯片的短缺就曾经影响LG的录像机生产。为了保证未来液晶显示器的供应，管理层认为5年的亏损期是可以接受的（Linden et al. 1998，p. 18）。

1988年，现代集团也开始了研发，成立了LCD事业部。1990年，现代电子从日本Oprex公司引进了TN-LCD技术，同时还派遣工程师到Oprex接受LCD的生产和设计培训，并从日本进口了一整套生产线。通过国际培训和公司内部研发奠定的能力基础，现代电子在几个月内开发出自己的TN-LCD产品，并在1993年开发出了STN-LCD产品。在半导体工业的基础上，现代决定开发TFT-

LCD，并向日美企业寻求技术帮助，但遭到拒绝。1992 年现代电子开始和美国的一家名叫 Alphasil 的 TFT-LCD 小公司以及创始人霍尔姆贝格合作。这家小企业之前的资助公司是霍尼韦尔，但后者最终放弃了资助。而现代电子的管理层对霍尔姆贝格用极低成本建立试产线印象深刻。现代电子总裁郑梦宪派出一支工程师团队去加利福尼亚和霍尔姆贝格一起工作。这一项目成为现代的 1 代线，生产航空和军用的专用显示器。1992 年，现代电子建立了由霍尔姆贝格负责的合资企业 ImageQuest 技术公司，投资 1600 多万美元开发 10.4 英寸 TFT-LCD。现代通过 ImageQuest 学习到大量的 TFT-LCD 技术。但是管理层意识到大多数产线上的美国设备仅适用于研发，但不一定适用于大批量生产。1997 年 11 月，ImageQuest 关闭。现代电子的发言人称，合作"已经满足了商业使命"（Kim 1997，pp. 16–18；Murtha et al. 2004，pp. 169–171）。

由于需要冒大规模投资的风险，所以进入 TFT-LCD 工业不仅需要能够开发出产品原型，还需要掌握量产的工艺能力。1990 年代初，韩国企业是通过在试产线中应用最先进生产设备作为学习平台来开发和培养 TFT-LCD 量产能力的。虽然它们在半导体（特别是 DRAM）制造技术方面的能力有助于掌握制造流程前段，但它们发现在制造流程中段的液晶灌注工艺方面还远不如日本企业那样成熟，于是就想方设法学习日本的技术。当时日本企业对技术把持很严，于是韩国企业就采取利用星期天工程师和在日本设立研发机构的方式学习技术。三星在第一次液晶衰退期间就在日本开设了一个研发机构，以利用失业的日本工程师。韩国企业这种积极的"自主创新"努力积累了进入这个工业的能力。1991 年，三星建成了一条 300mm×300mm 的试产线，第二年又研发了在 300mm×400mm 的玻璃基板上一次生产 2 片 10.4 英寸液晶显示器的技术。

三星于 1993 年开建了第一条大批量生产线（370mm×470mm 玻璃基板的 2 代线），于 1995 年 2 月建成投产。1993 年，LG 的第一条大批量生产线（2 代线）动工，1995 年 8 月建成投产（月产 10K，即 10000 片，到 1996 年底产能扩展到每月 40K[①]）。1993 年后期，现代电子的 2 代线破土动工，现代集团由于投资朝鲜金刚山旅游项目，使建线延误了一年多，它的第一条量产线（2 代线）到 1996 年第四季度才投产。这个延误是致命的，它使现代集团的液晶业务刚开始量产就遭遇了亚洲金融危机，使它再也没有能够赶上三星和 LG 的步伐。

[①] 本书从此将沿用全球 TFT-LCD 工业对生产线产能的习惯表达方式：即生产线产能以其在单位时间内加工的玻璃基板数量（片）来衡量，其中玻璃基板的基本数量单位是 K（即 1000），基本时间单位是月。例如，当称某条生产线的产能是 40K 时，它指的是该生产线可以每月加工 40000 片玻璃基板。

与美国另辟蹊径的做法不同，韩国企业采取的战略是加入主流（产业和市场）进行赶超，通过参与技术合作、结成战略联盟以及签订长期合同等形式与外国企业合作。1995 年，三星和另一个后进者——日本富士通签订了专利交叉许可协议。富士通提供宽视角技术交换三星的高孔径比率（high-aperture-ratio）技术。虽然很大程度上依赖国外设备制造商，三星也利用自身能力满足投入需要。在 1996 年下半年，三星与美国玻璃巨头康宁公司合资生产熔融玻璃；三星航空公司（后改名为三星 Techwin）投资光刻机设备；三星显示设备公司制造彩膜；而三星电子提供驱动电路（Linden et al. 1998，pp. 15–17）。

LG 采取了比三星更开放的战略联盟方式。1994 年，LG 投资 3000 万美元和日本的元件企业 Alps Electric 合资开发超清洁制造工艺，并第一次在 3 代线上应用了这一技术。LG 还有其他一些合作开发项目，包括持有美国一家测试设备厂商 Photon Dynamics 的股份。Photon Dynamics 在开发制造过程中测试单个 TFT-LCD 像素的检测设备方面处于领先地位。这一合作项目对于 LG 实现产品零缺陷的目标至关重要，帮助 LG 获得了价值 10 亿美元的合同——为康柏连续 5 年提供 12.1 英寸及更大尺寸屏幕，尽管这个时候 LG 还只有 1 年的大批量生产经验。TFT-LCD 的生产帮助 LG 改善了在下游市场的位置。1996 年 5 月，LG 和美国的数字设备公司（DEC）建立了战略联盟，为 DEC 提供 11.3 和 12.1 英寸的平板显示器。另外，LG 还在 1997 年 8 月为 DEC 设计了超薄液晶显示器，取代了之前和 DEC 交易的日本西铁城手表公司。

自从韩国企业进入 TFT-LCD 工业后，"反周期投资"就成为伴随韩国企业行为的概念。与衰退期削减投资的惯常行为不同（也不同于 Mathews 的上述理论预测），在 1995—1996 年液晶产业的第二次衰退期里，刚刚进入的韩国企业继续投资建设新的生产线——典型的进取性反周期投资行为。1996 年 10 月，三星建成了 3 代线；LG 则于 1997 年 11 月建成了 3.5 代线，并推出全球第一片 14.1 英寸 XGA[①] 等级的笔记本电脑用面板；现代集团也于 1997 年第四季度建成 3 代线。这些生产线都使用了最新的 3 代线设备。1997 年 3 月，现代动土建 3 代线，能切 6 片 12.1 英寸的显示屏。尽管是一个后来者，现代还是在 1996 年底获得了东芝的信任：东芝与其签订了每月购买 1 万片 12.1 英寸显示屏的合同。东芝还向现代转

---

① XGA（Extended Graphics Array）扩展图形阵列是一种计算机显示模式。显示模式指计算机显示器的性能，特别指最大色彩数以及最大的图像分辨率。在现在的个人电脑系统中，可找到多个显示模式，例如 VGA、SVGA、XGA、SXGA、UXGA 等。目前市场上流行的主流笔记本电脑显示分辨率采用的是 XGA（1024*768）标准。

让自己的设计,而之前现代曾获得东芝的技术许可。现代最初在韩国的几家 TFT-LCD 厂商中采取了最全球化的战略,但是 ImageQuest 的经验以及在使用美国生产的半导体设备遇到困难使得现代转向了亚洲设备供应商。现代相信美国的设备只适用于小批量生产,没有把 ImageQuest 的工艺经验应用于韩国的大批量生产。结果,当该企业再求助于日本的设备和专家时,在把产出提高到有竞争力的水平上比其他企业晚了一步。

1997 年亚洲金融危机爆发之后,全球液晶市场也陷入不景气,日本厂商虽然几乎完全垄断了液晶显示王国,但大多面临亏损的窘况。这种情况下,三星电子和 LG 却再一次采取了反周期的投资战略,果断地在 LCD 领域投入数十亿美元建设大尺寸液晶面板生产线,积聚了惊人的爆发力。继 LG 于 1997 年 11 月率先建成第 3.5 代线之后,三星也于 1998 年第四季度切入第 3.5 代线(600mm × 720mm 玻璃基板)的量产。当时的 LG 受到了来自韩国政府的压力,要求将其 TFT-LCD 部门出售给现代集团,就像韩国政府要求起亚将汽车部门出售给现代集团一样。然而 LG 却坚持独立,其 2 号工厂于 1998 年开始大规模生产。韩国工业至此领先于当时只有 3 代线的日本企业,开始掌握开创新世代玻璃基板规格的能力。

韩国企业在第 3 代技术上作为夏普、DTI 和日立的紧密跟随者,他们通过日本周末兼职科学家的"汉城高速"获取能力。韩国企业的扩张也受益于国际化的产业链,不但主要的材料和设备供应商包括了一些美国企业,即使是日本的设备和材料厂商也是"积极和贪婪"的——当日本企业停止投资的时候,它们急于把自己的产品卖给更多的客户。设备和材料包含了新建产线所必备的大量关键知识,通过机器人化以及交钥匙工程,许多人的因素被基本消除了。这种国际化的性质有助于后进者超过领先者。

韩国企业从开始量产到盈利经历了很长的时间。三星的液晶业务从 1990 到 1997 年连续亏损了 7 年,在 1991—1994 年期间平均每年亏损 1 亿美元。但凭借韩元贬值和生产规模扩大,三星到 1997 年年末实现了"咸鱼翻身",一举扭亏为盈。1998 年,三星的出货量更是跃居世界第一。LG 的液晶业务从 1987 年到 1994 年,平均每年有 5300 万美元的亏损,持续了 8 年。

1999 年是韩国企业的转折点:5 月,LG 和荷兰飞利浦宣布,后者以 16 亿美元的投资换取 LG 液晶业务的 50% 股份,新组建的 LG 飞利浦公司(LG·Philips LCD)于 9 月正式运营。此前,飞利浦也曾涉足 TFT-LCD 领域,但始终不能在量产上取得突破,于是选择与 LG 结成战略联盟。而 LG 则不仅因此而获得投资，而且也使飞利浦成为在韩国设立合资工厂的大客户。同年 7 月，苹果电脑公司向三星投资 1 亿美元，以加速其液晶生产设施的建设；10 月，三星接获戴尔价值 85 亿美元的 TFT-LCD 大订单的合同；11 月，现代集团与 3 家笔记本电脑制造商——IBM、康柏和 Gateway——签订了 5 年 80 亿美元的供货合同。1999 年，三星在全球平板显示器市场的份额达到 18.8%，名列第一，LG 达到 16.2%，名列第二；这两家韩国企业的市场占有率分别超过了原来的龙头老大日本夏普。

当 2001 年全世界 TFT 企业都在亏损时，LG 咬牙投资建设世界上第一条 5 代线（1000mm×1200mm 玻璃基板），当年 8 月安装设备，并于 2002 年 5 月建成投产。这条线使 LG 的 TFT-LCD 市场份额在 2002 年 10 月第一次超过三星（LG 的第二条 5 代线于 2003 年第二季度投产）。三星于 2001 年底发现自己的 5 代线计划已落后于对手，于是加快步伐，一口气连建三条 5 代线（分别于 2002 年第三季度和 2003 年第二、第四季度投产），但直到 2003 年 12 月才再次小幅超过 LG。只有现代集团落伍了，它受财务危机的拖累，已经没有力气再建 5 代线，最后不得不决定出售液晶业务。

韩国企业的进入和凶猛扩张改变了 TFT-LCD 工业的游戏规则，它们不顾短期赢利状况而采取进取性投资战略，而支撑这种行为的是对市场前景的远见和信念。在价格下跌、生产过剩、其他企业削减投资而且谁都不知道何时有转机的时候，企业增加投资是需要有特殊勇气和胆魄的，必须具有对衰退期之后必然紧随增长期的信念。从由眼前盈亏所左右的财务逻辑来看，韩国企业的行为的确令人费解。2001 年 10 月底，在日本横滨举行的国际光电大展期间的一个研讨会上，某日本知名大企业的一位高管以泰坦尼克号为例质疑韩国企业准备投资 5 代线的决策（讽刺韩国人以为越大越好）。

但事后看，率先建设 5 代线正是韩国超过日本的分水岭。一个具有讽刺意味的事实是：推动 TFT-LCD 跃入电视应用阶段的主角不是作为产业化先行者的日本企业，而是后进的韩国企业——在桌面电脑上替代 CRT 并批量应用于电视的 TFT-LCD 液晶面板是由 5 代线首先生产的（5 代线可以经济合理地切割大到 26 英寸的屏），而率先建成 5 代线的企业恰恰是从此被称为"韩国双雄"的三星和 LG。那时，不仅日本企业不相信韩国企业能够为其 5 代线找到足够大的市场，而且业内甚至认为 5 代线已经达到了液晶工业的物理极限。只是当两个韩国企业凭借 5 代线使 TFT-LCD 进入桌面电脑和大尺寸电视并因此而获得了巨大的竞争优势之后，日本夏普才改变了保守态度，跳过 5 代线去直接建 6 代线（见下）。因此，夏普向大尺寸 TFT-LCD 的进军动力其实是来自韩国企业的竞争压力和榜样作用。新进入者驱动竞争的动态性体现在，它们进入更大尺寸的面板生产使得能应用于更新的领域，包括大尺寸笔记本屏幕以及第一次应用于桌面监视器。这些由韩国新进入者驱动的新应用对扩展市场带来了巨大的影响。

工业史证明了韩国企业改变游戏规则行为的合理性。当 TFT-LCD 工业开始成熟后，它就展现出与半导体工业类似的基本特点——新产品的开发同时就是新工艺的开发，为新产品开发所需要的试验只有在与生产同一地点和完全真实的运行条件下进行才是有效的。因此，TFT-LCD 工业的技术进步和产品创新都离不开对新的生产设施的投资（例如，更大尺寸的显示屏只能由更高世代的生产线生产出来）。由于产品创新要求新的生产设施，所以投资成为这个工业的技术进步、产品创新和市场竞争的关键因素，而且也使这种投资的强度高、规模大，并因此而导致了高风险。正是在这种条件下，投资战略——而不是抽象的技术水平——成为任何企业在 TFT-LCD 工业中获得成功的关键要素。

同样的变化也发生在需求方面——准确地说，是技术进步与市场需求之间的关系：不再是 TFT-LCD 技术本身，而是 TFT-LCD 工业的技术进步在创造需求。由于竞争所推动的技术进步和工业创新，TFT-LCD 最终不但进入了电视时代，更是超越了电视本身——其应用范围包括了电脑、电视、手机、数码照相机和摄像机、移动多媒体、公共显示屏。即使是电视本身，TFT-LCD 技术也使电视的显示屏幕面积大大超越了原来无法想象的尺寸。更一般地说，液晶平板显示器使所有需要显示的产品都变成可移动的了。不再是现有需求限制技术进步，而是技术进步决定需求的范围。但技术进步所需要的投资强度是如此之高，只有决策者对市场前景的远见和信念——而不是眼前的收入——才能证明这种投资的合理性。

1997 年爆发的亚洲金融危机打断了第三次液晶景气，从该年第四季度起，液晶面板价格节节下跌，甚至低于制造成本，至 1998 年初跌到谷底。财务负担加重的日本企业似乎失去了勇气，认为产业风险过大，于是缩减投资，除了夏普、日立和鸟取三洋继续对 3.5 和 4 代线投资之外，其他日本企业的投资都处于搁浅状态（对于什么是日本企业采取"保守"态度的根源，我们下节讨论）。但这一轮衰退却引来了新的进入者——中国台湾企业。

到那个时候，已经有若干台湾企业在为进入 TFT-LCD 工业做出努力了，台湾"政府"主导的工业技术研究院（ITRI）也在为构建大尺寸 TFT-LCD 的技术基础而努力。从总体上讲，具有半导体工业基础的台湾工业已经具备了足够的"吸收能力"，只是在高进入壁垒的条件下，台湾企业因缺乏市场机会以及获得最新技术的途径而仍然处于门槛之外。

本来日本企业一直拒绝向台湾转让技术，但面对金融危机和液晶衰退期，日本企业感到难以继续像以往那样处心积虑地保护 TFT-LCD 制造技术。国际货币基金组织在亚洲金融危机期间对韩国的援救让韩元大幅贬值，提高了韩国企业的竞争力——韩国大规模生产的 TFT-LCD 价格降低，产品进入台湾市场（台湾拥有一个庞大的电子终端产品代工工业），致使日本企业在台湾的市场份额急剧下跌。这种形势迫使包括三菱、东芝、IBM 日本、夏普和松下等日本企业都不得不开始本地化生产，转移技术给台湾本土合作伙伴。1998 年，日本 TFT-LCD 厂商面对来势凶猛的韩国竞争者，刻意高调地把技术转让给台湾企业作为反击。一方面可以收取可观的技术转让费，另一方面也可以避免巨大投资可能导致的亏损，由台湾设立 TFT-LCD 产线可以弥补日本在产能上的不足。

三菱集团的成员 ADI，为获得财务收入，在日本企业中率先选择与台湾的中华映管合作，援建其 3 代线，为其培养了很多操作工和工程师。ADI 一行动，其他企业都纷纷跟进。1998 年，6 家台湾企业相继获得日方的技术许可而进入大尺寸 TFT-LCD 制造，是年被称为"台湾 TFT-LCD 产业元年"。

表 3.1：台湾第一批获得日本技术许可的 TFT–LCD 厂商

公司	中华映管 （CPT）	达基 （ADT）	奇美 （CMO）	联友光电 （Unipac）	瀚宇彩晶 （HannStar）	广辉电子 （QDI）
建立时间	1971/05	1996/08	1998/05	1990/11	1998/06	1999/07
获得技术转让时间	1998/03	1998/03		1998/10	1998/08 2003/01	1999/05
量产时间	1999/05	1999/07	1999/08	1999/10	2002/02	2001/Q4
母公司	大同集团	明基电通	奇美实业	联华电子	华新丽华 华邦电子	广达集团
技术来源	三菱 ADI	IBM 日本	富士通*	松下	东芝、日立	夏普

注：富士通只转让了 MVA 技术给奇美。MVA 为 Multi-domain Vertical Alignment 的缩写，意为多象限垂直配同技术，为富士通开发的技术，是最早出现的广视角液晶面板技术。

资料来源：根据（Chang 2005；陈泳丞 2004）编制。

中华映管成立于 1970 年，早在 1973 年就与美国 RCA 公司合作开始涉足黑白电视机显像管的生产。它于 1998 年 3 月从三菱电机旗下的 ADI 获得技术转移，引进第三代 TFT-LCD 面板生产线，1999 年 5 月正式量产大尺寸面板。它是台湾第一家取得日本大尺寸 TFT-LCD 技术的公司。当台湾厂商纷纷争抢日本大尺寸 TFT-LCD 量产技术却始终得不到日商的善意回应时，中华映管取得三菱的首肯，同意大尺寸 TFT-LCD 量产技术的转让，使得日本的技术转移呈现"决堤"之势。

第二个获得日本技术转让的是达基科技。达基是由 13 个年轻工程师组成的研发小组从母公司明基电通（当时的明基电脑还隶属于宏基集团）独立出来的，成立于 1996 年 8 月，曾于 1996 年 11 月制成台湾第一片 3 英寸的等离子面板。当时担任明基总经理的李焜耀感觉到，虽然等离子的未来市场潜力很大，但等离子面板主要应用于大尺寸电视的市场起飞较慢，反而是个人电脑的桌面监视器需求较大。以明基生产电脑监视器多年的经验来看，庞大的显像管始终是监视器体积无法变小的主要原因，一个办公桌上只要放上一台 CRT 监视器，桌面上几乎就仅能放个键盘了。加上监视器的主流尺寸从过去的 14、15 英寸进入到 17、19 英寸时，重量就到了一个人几乎搬不动的地步。因此，从商机和使用需求的角度考虑，发展平板显示都是市场的必然趋势（陈泳丞 2004，第 93 页），只是 1990 年代从日本东芝、夏普"引进"技术的想法未果。达基于 1998 年 3 月中旬和 IBM 日本签订技术合作协议，在新竹科学园区建设一条 3.5 代线；但 IBM 日本自己只有一条 3 代线，所以双方签约时明确达基新建的 3.5 代线属于共同开发，而非单方面的技术输出。这条线于 1999 年 4 月建成，同年 7 月量产。达基于 1999 年 8 月完全依靠自己的能力开工建设第二条生产线（4 代线），成为夏普和 LG·飞利浦之后建成的全球第三条 4 代线。

联友光电隶属台湾半导体企业联电集团，是台湾 TFT-LCD 工业的先驱，1990 年 11 月成立，曾于 1992 年 5 月开工建设第一条 TFT-LCD 生产线（1 代线），1993 年 4 月试制成功台湾第一片 4 英寸 TFT 彩色模组，并于 1994 年量产。当时的 TFT-LCD 还属于高级产品，数码相机还没有出现，所以联友生产的 4 英寸 TFT 面板主要外销日本，主要使用在弹子游戏机[①]上。但由于生产良率与成本竞争力比不上日本厂商，自 1995 至 1999 年连续 5 年亏损。1998 年，松下有意向联友转让大尺寸 TFT-LCD 技术，合作开发 3.5 代线。但当时遭到了小股东的质疑，因为联友成立了七八年也亏损了七八年。但联友高管仍决定接收技术转让，进入大尺寸面板生产。

2001 年，大尺寸 TFT-LCD 价格狂跌。三星和 LG·飞利浦试图以"流血竞

---

① 在日本称为柏青哥机，是非常流行的赌博性质的游戏机。

争"迫使日本和台湾厂商出局。达基和联友也不得不跟着降价,亏损严重。联友的母公司联华电子越来越无法承受亏损,于是联友主动向当时台湾实力最强的达基抛出橄榄枝。2001 年 3 月 13 日,达基科技与联友光电宣布合并,成立友达光电(AUO),一跃成为当时台湾第一大、全球第三大的 TFT-LCD 厂商。这个事件当时震撼了台湾业界。完成合并后的友达却面临着液晶衰退期,面板价格每月下降 5 美元 -10 美元,到 2001 年第 4 季度,友达库存的面板成品、半成品与原材料库已高达几亿美元。当时情况非常紧张,但友达仍相当积极地准备扩产。对于 TFT-LCD 工业来说,不扩充等于宣布自己准备退出市场。面对艰难的环境,友达仍决定咬紧牙关完成因合并而耽搁的 4 代线建设,这是台湾的第一条 4 代线。开建后不久,恐怖分子用飞机撞击纽约世贸大楼的"9·11"事件发生,液晶面板价格跌到谷底。但 1 个月后,由于液晶价格几乎跌破可变成本(即制造的原料成本,低于此价格,面板卖出越多亏损越多),刺激了下游市场的需求,整个市场迅速回升,友达的大量库存短时间内得以消化。2001 年友达税后亏损达 67 亿元新台币,但在 2002 年,盈利达 60 亿元。到 2002 年第二季度,面板价格又开始下跌,到第四季度时,几乎所有的台湾面板厂商都在亏损(陈泳丞 2004,第117 页)。

瀚宇彩晶是由台湾华新丽华集团和华邦电子共同集资于 1998 年 6 月成立的,接受了日本东芝与日立的技术转移,采用 AS-IPS 广视角面板专利制造技术,一次开建了两条 3 代线,力攻电脑监视器市场。

奇美电子(CMO),母公司奇美集团是台湾石化业的大亨(被称为"北台塑,南奇美"),1997 年开始经营彩色滤光片,向日本 CMK 公司购买的一条旧的小型滤光片生产线,属于 1 代线,经改造后产能为每月 35000 片(35K),但奇美投入后才发现在台湾几乎找不到可出货的客户,当时仅有联友光电与元太科技两家生产 TFT-LCD 面板,但采用的滤光片几乎全部从日本进口,奇美很难进入这块市场。奇美的高管几次评估后认为既然没人买,不如干脆自己用——即奇美必须直接跨入 TFT-LCD 的完整生产线。也许就是这个简单的原因,1998 年,奇美集团旗下了两家光电产业公司,其一是生产彩色滤光片的奇美电子,另一家是生产 TFT-LCD 面板的奇晶光电。2000 年 5 月为准备上市,两家公司合并,统一以奇美电子为名,正式走上 TFT-LCD 面板大厂的道路。

2001 年 7 月,友达宣布合并后不到四个月内,奇美宣布跨国并购 IBM 日本位于野洲的 3 代线(IBM 从此退出了液晶面板工业),并与对方合资成立 IDT 公司(International Display Technology)。野洲的这条 3 代线月产能为 75000 片玻璃基板，相当于瀚宇彩晶两条 3 代线的产能。该厂是日本元老级的技术大厂，当年转移 TFT-LCD 量产技术给达基公司。通过成立合资公司获得了专利使用权和原有的客户群，使奇美成为台湾工业中唯一不必支付技术转移费用的厂商，唯一自备彩色滤光片的厂商和产业上下游垂直整合最完整的厂商。同年，奇美在台湾开始建设一条 4 代线。2002 年 8 月 26 日上市，2003 年第四季度末成为全球大尺寸（20 寸以上）液晶电视面板第二大供应商，仅次于日本夏普。2005 年，奇美的日本子公司 IDT 的液晶面板生产部门被索尼收购。

元太科技于 1992 年 6 月成立，是台湾除了联友之外历史最悠久的 TFT-LCD 面板厂商。元太的主要股东是永丰余造纸集团。当年老板何寿川有鉴于平面显示器将取代纸张的趋势的考虑，大举跨入 TFT-LCD 产业。1995 年开建 TFT-LCD 的 2 代线。在当年不可能从日本获得技术转移的情况下，元太结合工研院电子所的技术人才，专营中小尺寸液晶面板，终于在 2003 年扭亏为盈。元太出了很多后来大 TFT-LCD 公司技术团队的骨干人才。元太当初进入 TFT-LCD 产业时不像中华映管、达基等，采用日本转移量产技术的方式，而是由美国留学回来的技术人才将技术及技术诀窍带回来。

第三次衰退期进入台湾新进入企业把该产业带到了 1999—2000 年的短暂的上升期，业内所有的企业都从中获利。而第四次的衰退为新进入者创造了更多的空间，广辉、群创和统宝等一批企业在这一期间进入。

广辉电子是其母公司广达集团（全球最大的笔记本电脑代工企业）与日本夏普合资成立的。1999 年 5 月广辉和日本夏普签订技术转移合同，以大约新台币 150 亿金额投资建设 3.5 代线，2000 年 11 月完工。这是台湾第四条 3.5 代线。2000 年，广达集团打败东芝，成为世界第一大笔记本电脑制作商，但占笔记本电脑制造成本超过三分之一的大尺寸 TFT-LCD 面板，从 1999 年初以来因为供不应求情况严重，面板价格一路高涨，若广达不能自主生产面临着很多限制。因此，广达决定亲自投入 TFT-LCD 工业并积极寻找战略联盟的对象。日本厂商历经几次液晶的衰退期，包括东芝、NEC、日立、松下、三洋等 TFT-LCD 厂商，为寻求发展几乎都在两种途径中选择，一是找台湾的合作对象；另一种是放缓大尺寸 TFT-LCD（10.4 英寸以上）的扩产速度，转往中小尺寸的手机或数码相机等的面板发展。其中只有夏普坚信液晶电视是值得投资的市场，仍积极筹划建更大尺寸的 6 代线。广辉有意寻求技术转移与夏普的需求不谋而合。一方面夏普可以取得可观的技术转让费，另一方面广辉的产能扩大能满足夏普的发展战略。广辉也因此成为台湾唯一一家有技术来源入股的 TFT-LCD 公司（陈泳丞 2004，第 160 页 ）。

群创光电（Innolux Display Group）成立于 2003 年 1 月 14 日，其母公司为台湾鸿海精密工业股份有限公司（也是富士康集团的母公司），是全球销量最大的电子器件代工制造商。（当时的群创光电只是个次要企业，但 2009 年它在合并奇美后成为主要企业）。

统宝光电的母公司是仁宝电脑集团，主攻低温多晶硅的 TFT-LCD 面板生产，低温多晶硅有结构简化亮度较高等优点，更适合中小尺寸市场。它的技术班底是原工研院电子所副所长为首的技术团队。2001 年 2 月正式进行第 3.5 代低温多晶硅 TFT 厂动土仪式。与日本三洋合作，双方共同开发相关量产技术。

在第四次液晶衰退期，韩国双雄仍然进行了反周期投资，率先建成 5 代线以压制台湾竞争者。但与大多数日本企业的踌躇不同，台湾企业普遍采取了进取性的投资战略，后来被称为台湾"面板五虎"的友达、奇美、中华映管、瀚宇彩晶和广辉，全部跨上了 5 代线的台阶。友达在 2003—2005 年连续建成三条 5 代线和一条 6 代线，奇美则在 2003—2005 年建成两条 5 代线和一条 5.5 代线。中华映管没有建 5 代线，而是于 2003 年年底直接开建一条 6 代线（2005 年第二季度建成投产）。瀚宇彩晶于 2004 年和 2006 年分别建成一条 5 代线和一条 6 代线。广辉于 2003 年和 2005 年分别建成一条 5 代线和一条 6 代线。此外，"面板五虎"之外的统宝光电于 2004 年建成一条 5 代线。新的 5 代线引发了台湾工业的新一轮繁荣，2003—2004 年是其黄金期。

台湾 TFT-LCD 工业的崛起是具有一些条件的，其中之一是台湾的半导体工业基础（Hung 2006）[1]。半导体工业的工厂经验对于提高液晶产业的制造能力非常有用，在半导体工业中积累的诀窍对于 TFT-LCD 工业也是适用的，不断升级的半导体制造知识——从 OEM（代工）到 ODM（原始设备设计和制造）再到 EMS（电子产品制造服务），同样有助于掌握 TFT-LCD 制造技术。事实上，早期台湾 TFT-LCD 工业所需的人才就是来自半导体工业，特别是 2001 年半导体的衰退使得一群有才干的人从半导体行业流动到 TFT-LCD 行业。

台湾当局也起到了重要作用，其属下的工业技术研究院（ITRI）从 1993 年开始制定培育平板显示产业的 4 年计划，1997 年开始制定培育平板显示产业的 6 年计划，促进了该产业的高速发展。实际上，这些作用在金融资源上都是很小的，鼓励该产业发展的作用和在半导体产业中所起的作用差不多。台湾海归

---

[1] 韩国企业和中国台湾企业能够迅速进入 TFT-LCD 工业的原因都与其半导体工业基础有关。关于韩国工业的这种联系，见（Park, Choung and Min 2008）。

人员在半导体产业中起到了很大的作用，但是不可能在 TFT-LCD 产业中发展。因为美国也没有这方面技术经验的工程师，所以影响相对较小。同时，从工研院出去的工程师对 TFT-LCD 工业的高速增长起了很大的作用。这个人员分流（spin-off）项目是非常重要的，奇美的建立就是因为一位前工研院人员的努力。统宝光电也是一家官方研究所的项目分离出来的。2002 年，台湾行政当局提出了《面向 2008 年挑战的官方发展重点计划》，这是为了应对世界经济变化特别是中国大陆经济高速发展而提升台湾经济竞争力的措施。台湾经济主管部门在此基础上制订了产业发展的《两兆双星计划》。"两兆"是指半导体和平板显示产业在 2006 年之前分别超过 1 兆（万亿元）新台币（其中显示器产值达 1.3 亿新台币，约合 403 亿美元），"双星"是指要把数字内容（包括软件、游戏软件、媒体、出版、音乐、影像和网络服务）和生物技术发展成为未来的明星产业。

中国大陆的市场需求是台湾 TFT-LCD 工业发展的另一个条件。在 2004 年台湾液晶面板超过 140 亿美元的销售额中，中国大陆占 67.11%，中国香港地区 14.66%，马来西亚 4.48%，日本 3.90%，韩国 1.72%（Hung 2006，p. 351）。

尽管台湾在电子基础技术、材料科学和精密设备等方面缺乏根基（ibid.），但台湾企业的进取性投资战略使台湾 TFT-LCD 工业到 21 世纪之初，在大批量生产上超过日本工业，甚至一度在产出规模上超过韩国工业（见图 3.6）。

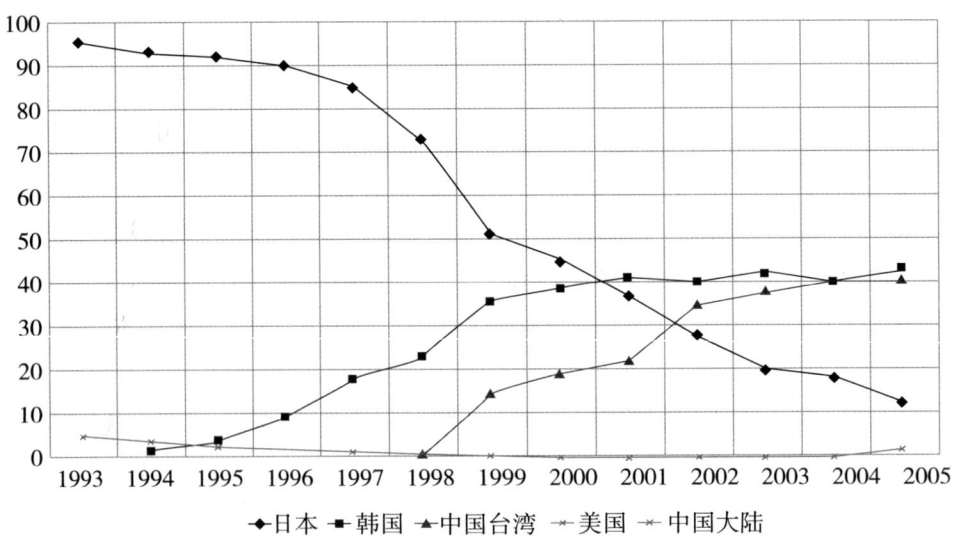

图 3.6：各国和地区平板显示器工业占市场份额的趋势（1993—2005）

资料来源：Murtha 2007。

第四节
迎来全球金融危机的 TFT-LCD 工业：中国进入的契机？

2006—2007 年是全球电视市场的转折点。从图 3.7 可以看出，2006 年第一季度，液晶电视占全球电视机出货量的份额还不到 20%，而 CRT 电视的份额则接近 80%；但在不到两年后的 2007 年第四季度，液晶电视占全球电视市场的份额（47%）终于第一次超过 CRT 电视（46%）。从主要地区市场看，日本市场的平板电视是在 2005 年超过 CRT 电视的[①]；2006 年，欧洲市场的液晶电视销量超越 CRT 电视[②]；2007 年，北美地区的液晶电视销售量首度超越 CRT 电视；2008 年，中国市场的液晶电视出货量超越 CRT 电视（见第二章的图 2.1），而且在前一年就已经超过日本而成为第三大液晶电视市场（排在欧洲和北美之后）[③]。至此，从 1960 年代初 RCA 的研发人员为开发平板电视而最初尝试液晶显示技术，到液晶显示终于不可逆转地在电视机上替代 CRT，已经过去了将近半个世纪之久。

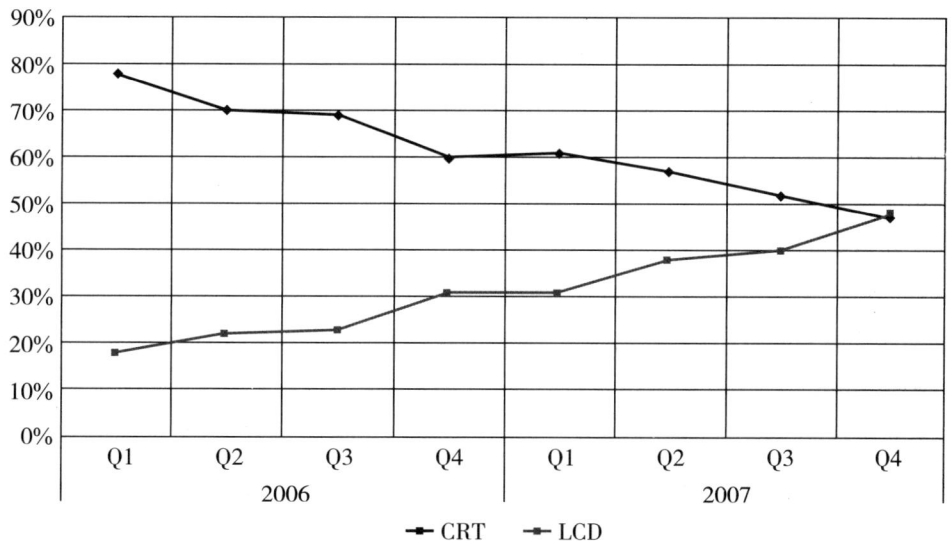

图 3.7：全球市场 CRT 和液晶电视销售数量的份额

数据来源：Display Search。

---

① 2005 年 1—10 月，日本市场的液晶电视出货量 310 万台（比上年同期大增 61.8%），等离子电视 31 万台（比上年同期增长 26.5%），两者相加 341 万台，超过 CRT 电视的出货量 331.1 万台（比上年同期下降 27.5%）。见 http://www.c-cnc.com/dz/news/news.asp?id=4598。

② "欧洲液晶电视超越传统 CRT 三星继续领跑"，赛迪网，2006 年 11 月 29 日，http://tech.163.com/06/1129/09/3139JAEM000915BD.html。

③ "中国超越日本成全球第三大液晶消费市场"，《第一财经日报》，2008 年 2 月 26 日，http://tech.sina.com.cn/e/2008-02-26/03422041299.shtml。

在 2006—2008 年液晶电视普及"突然"加速的背后原因，就是以韩国双雄与日本夏普的激烈竞争为动力，全球 TFT-LCD 工业向 6 代及以上世代生产线的扩张。当韩国双雄凭借 5 代线使 TFT-LCD 进入桌面电脑和大尺寸电视领域之后，日本夏普一改此前的保守态度，跳过 5 代线去直接建 6 代线，并率先在 2004 年第一季度建成世界上第一条 6 代线（LG 的 6 代线也在同年第四季度建成）。从 5 代线跨越到 6 代线后，玻璃基板可以经济合理地切割超过 30 英寸显示屏的瓶颈就被打破。恰恰是在跨过这一步之后，CRT 电视就绝无希望再能抵抗液晶电视的冲击了（CRT 显像管达到 37 英寸时，电视机的重量就达到需要 4 个成年男人才能搬动的程度，尺寸再大就需要吊车了）。在平板显示的"同一战壕"里，等离子屏一直占据尺寸可以做得比液晶屏更大的优势，但 6 代线使 40 英寸以上的液晶屏成为可能，由此而敲响了等离子显示的"丧钟"。在 TFT-LCD 工业本身，随着主流电视屏迅速扩大到 30 英寸以上，6 代线也使 5 代线丧失了切割电视屏的经济合理性。就是由于这些原因，后来业内把 6 代及以上世代的生产线称为"高世代线"——"高"或"低"的标准其实就是能不能经济合理地切割市场偏好尺寸的电视屏。

韩国双雄使液晶面板"侵入"电视机领域的成功不仅激发了夏普的"斗志"，而且也吸引了索尼。索尼几乎是最晚进入液晶显示的日本消费电子企业。在 CRT 电视时代，索尼凭借独有的"特丽珑"单枪三束显像管技术，使索尼牌电视机雄霸全球高端市场。但以往的成功拖累了索尼，使它迟迟不愿放弃 CRT 技术，错估了液晶电视的发展。直到 2005 年，索尼才正式决定放弃等离子电视和 CRT 电视的后续研发，全力转向液晶电视。没有涉足 TFT-LCD 工业的索尼不愿与其他日本企业"弱弱联合"，于是选择与三星合作，双方于 2004 年 4 月在韩国（忠清南道牙山市汤井）成立各持 50% 股权的 S-LCD 合资公司，并建设一条 7 代线（玻璃基板面积为 1870mm × 2200mm）。这是世界上第一条 7 代线，于 2005 年第一季度正式投产（原设计产能 60K/月，一年后扩展为 75K/月），但在此前的 2004 年末，三星又开始建设第二条 7 代线并于 2006 年第二季度建成投产。索尼是从保证自己的电视机用屏角度选择与三星合作的，它对 S-LCD 公司的产品具有优先采购权（索尼采用 S-LCD 提供面板的 BRAVIA 品牌液晶电视发布之后在全球热卖，原本严重影响索尼获利的电视业务在 2005 年第三财季扭转为高速成长的获利支柱）。但是，索尼并没有在技术上参与建设和运营设在韩国的生产线，因此也没有发展出建设和运营这种高世代线的能力（虽然后来通过收购获得了中小尺寸的能力）。根据当时的媒体报道，这使三星能够借助索尼的品牌实力进入大屏幕平板电视市场，不过三星获得的更大好处，是通过索尼分担投资成本和风险以及产品"出海口"，得以顺利地继续在高世代线上扩张。

当三星以 7 代线再次超过夏普和 LG 之后，夏普就像采取"蛙跳"战略那样，又绕过 7 代线，于 2006 年 8 月 1 日率先建成世界上第一条 8 代线（2160 毫米 ×2460 毫米），比原计划提前两个月[①]，这是日本企业自 2000 年之后的第一次领先。但这条 8 代线的设计月产能只有 15K，以今天的观点来看是太小了，其主要原因是当时夏普生产的液晶屏并不外供，只用于自己的电视。三星当然不会罢手，它于 2006 年 7 月与索尼签约，联合投资 19 亿美元（投资额不包括厂房和土地成本）为 S-LCD 建设一条 8 代线（产能 50K），其玻璃基板尺寸被修改为 2200 毫米 ×2500 毫米并因此而被称为 8.5 代线。这条线于 2007 年 8 月末投产，比原计划整整提前两个月（可见竞争的激烈程度）。此后，S-LCD 又于 2009 年 3 月建成第二条 8.5 代线。LG 那时的步伐已经显得有点沉重，它在 2007 年决定建设 8.5 代线后，经历了全球金融危机的冲击，延期到 2009 年 3 月才投入量产。

当三星在 8 代线上迅速跟上后，夏普发现一个困境，就是很难凭借液晶屏来保持自己在电视机上的优势。在 8 代线投产后，夏普命名为"AQUOS"（意为能像水一样灵动）的液晶电视（能提供从 32 英寸屏至 65 英寸屏的型号）一度在市场上领先，但很快就在竞争对手的赶超中失去独特性。事实上，液晶面板与 CRT 不同，是高度标准化的产品，不同生产商之间的产品性能差异不大。在液晶电视的普及过程中，液晶屏的主要性能差别是尺寸。于是，夏普想为使自己的电视机区别于其他企业的产品，就是去制造更大尺寸的液晶屏。在 S-LCD 的 8 代线投产前夕，夏普确定上马 10 代线（2880mm×3080mm），以把液晶电视扩大到 65 英寸级别上（关于这条 10 代线的情况，本书后面会继续介绍）。

夏普在寻找技术差异方面的困难，实际上反映出日本消费电子企业在进入液晶时代所普遍面临的困境。本章在前面说过，有关 TFT-LCD 工业史上的一大戏剧性事实，是发明了所有液晶显示基本技术的美国先驱企业全都半途而废，而以"引进"美国技术为开端的日本企业却成功地实现了新技术的产业化。这个工业的历史还有第二大戏剧性事实：创造了 TFT-LCD 工业的日本消费电子工业，不但没有在它所创造的工业中获得主导地位，而且实际上就是因为 TFT-LCD 工业的发展而没落。我们先从一个具体的问题入手：为什么大多数日本企业没有在世纪之交的关键年份（以建设 5 代线为标志）对 TFT-LCD 工业加大投入，而是在犹豫中止步不前？对这个问题曾经有过多种回答，如亚洲金融危机造成日本企业

[①] "夏普抢先造第八代液晶电视面板"，《北京现代商报》，2006 年 8 月 3 日，http://it.sohu.com/20060803/n244597830.shtml。

的财务困难、日本企业的"保守"态度，等等（Asakawa 2007）。但这些都不足以充分解释日本企业在特定时点上的特定行为。亚洲金融危机对韩国经济的冲击远大于对日本的冲击，如果说日本企业没钱，那韩国企业也不富裕；日本企业曾经充满进取精神——所以才会创造出 TFT-LCD 工业，为什么它们在这个工业就要迎来大发展的时候突然变得"保守"了呢？

本书提供的是产业特定的解释。从 1970 年代到 21 世纪初，日本消费电子工业雄霸世界市场，而电视机制造是其主要支柱。在 CRT 时代，日本彩电工业太成功了，以至于日本企业在电视进入平板显示时代的首要目标是继续保证这种优势——这就是"保守"态度的来源。当保持在电视机上的优势是首要目标的条件下，它们对待平板显示技术的态度就只能服从于这个目标——液晶显示只不过是代替 CRT 的一种新显示器，但两者之间在工业性质上的不同就被忽略了。夏普是因为看到液晶可以用在电视机上而改变了保守态度，而其他日本企业则是因为看不到液晶能比其他技术更好地用在电视机上而在 5 代线之前止步。虽然是两个极端，但本质上相同点在于都是从自己的电视机业务角度来决定对于 TFT-LCD 工业的投资。

"电视机思维"的一个具体表现，就是每个日本企业都倾向于开发"独门绝技"。在平板显示技术的发展初期，并存着多种技术轨道，液晶只是其中之一，同时被开发的还有其他技术。耐人寻味的是，虽然多数日本电子企业都参与了 TFT-LCD 的发展，但它们却往往把主攻方向定在更有差异的技术上——松下和日立主攻等离子显示（PDP），佳能和东芝主导 SED，索尼研究场致发光，三洋专注 OLED，真正专注 TFT-LCD 开发的只有夏普。从显示性能上看，这些技术在早期都比液晶具有各种各样的优势。但是，至少今天可以看清楚，TFT-LCD 具有一个其他技术都没有的潜在优势：它是"半导体控制"（TFT）的显示[1]，从而给了改进液晶显示性能的巨大潜力——半导体技术的进步可以改善液晶的显示性能，而半导体技术进步的潜力至今看不到尽头（想想半导体集成电路吧）。但在当时这只是潜力，而实现这种潜力需要以高强度投资所形成的大规模制造来降低成本并改善技术性能。韩国双雄都曾经尾随日本企业同时涉足等离子显示，但当它们看清了 TFT-LCD 的前景后，就放弃了等离子，并果断开始对 TFT-LCD 进行高强度投资，于是获得了优势。因此，与其他平板显示技术相比，TFT-LCD 不是胜在某一个时点上的性能，而是胜在其技术进步的速度上。多数日本企业没有在那个关键阶段对 TFT-LCD 进行大规模投入，不仅是它们在 TFT-LCD 工业落败的原因，

---

[1] 指出半导体性质的人是京东方董事长王东升，见本书第七章。

也是它们的"独门绝技"后来被淘汰的原因。在进一步分析日本企业为什么迷恋"独门绝技"的原因之前，先看看全球金融危机前夕它们在 TFT-LCD 工业的态势。

日立是 TFT-LCD 工业的先驱者之一，因为开发出 IPS 宽视角技术闻名于业内。但在 2008 年之前，日立开发平板显示技术的重点是等离子，在 TFT-LCD 领域只建到 4 代线就止步了。当液晶显示的前景被韩国双雄的 5 代线所展示出来时，于心不甘的日立也想投资更高世代的 TFT-LCD 生产线，但那时已经有心无力，不得不寻求合作。2004 年 8 月，在日立的提议下，日立与松下达成初步协议，将合作生产电视用大尺寸液晶面板的 6 代线，以分担建线成本，并邀请东芝加入。2005 年 1 月 1 日，由日立、东芝和松下合资成立了制造、销售电视用液晶面板的 IPS 阿尔法技术公司（IPS Alpha Technology）[1]，将投入约 1100 亿日元（约合人民币 82.5 亿元）在日立显示器公司茂原业务所内建设一条 6 代线[2]。但此时，日立包括电视机在内的消费电子业务已经遭遇滑坡，它的等离子屏到 2006—2007 年时遇到很大的技术问题，并在 2008 年退出等离子业务。

松下一直坚持等离子显示，至少部分的原因是想将其做成自己的"独门绝技"。1996 年，松下收购了持有等离子显示技术基本专利的美国 Plasmaco 公司（埃尔克斯 2010，第 176 页）[3]。此后它拒绝与其他企业合作，把持这个技术，上下游通吃。当其他企业不得不退出这个领域后，松下终于把等离子显示做成了"独门绝技"，只是到那时等离子产品也被市场抛弃了。当液晶电视在市场上越来越强势后，松下也开始涉足 TFT-LCD 工业，主要是通过与其他企业的合作（见日立和东芝部分）。到 2007 年，等离子在平板显示技术轨道竞争中的落败已成定局，松下开始加大对液晶的投入，乘日立遭遇困难之机首先通过收购日立和东芝的股权控制了 IPS 阿尔法技术公司（拿下 50% 以上的股权），然后以 IPS 阿尔法技术公司的名义，由松下全资在兵库县姬路市建设一条 8 代线[4]，于 2008 年 7 月动工，到 2010 年 4 月建成投产。但正如当时大多数评论所言，松下转向液晶已为时太晚。

东芝通过与 IBM 合资的 DTI 公司（成立于 1989 年），也成为 TFT-LCD 工业

---

① "日立、东芝、松下成立液晶面板合资公司"，新浪网，2004 年 11 月 2 日，http://news.sina.com.cn/o/2004-11-02/16004117844s.shtml。

② IPS 是由日立开发的一种宽视角技术，取名 IPS 阿尔法技术公司就是为了突出其技术独特性。

③ 1960 年年初，美国伊利诺伊州大学的 Donald Bitzer, Gene Slottow 和 Robert Wilson 研发出第一个等离子显示板（plasma display panel）。1978 年 Donald Bitzer 的学生 Larry Weber 创立了 Plasmaco 公司，以专利和技术专长为基础试图实现等离子显示的产业化，但没有成功，于 1996 年出售给了松下（埃尔克斯 2010，第 176 页）。

④ "松下加码 IPS Alpha 将跨足 8 代线投资"，泡泡网，2007 年 12 月 30 日，http://www.pcpop.com/doc/0/259/259494.shtml。

的创造者之一。但在后来为电视机业务研发平板显示技术时，东芝"另辟蹊径"，把重点放在了 SED 上。于是东芝也像多数其他日本企业一样，在 TFT-LCD 的 5 代线之前止步。在 2001 年 8 月，IBM 和东芝公司结束了双方在 12 年前合资组建的 DTI 公司（各拥有 50% 的股权）。据东芝公司称，结束合资的原因是双方战略不同：东芝公司有意专注于开发小尺寸液晶面板，而 IBM 则希望致力于开发尺寸更大和分辨率更高的 LCD[1]。2002 年，东芝与松下合资成立东芝·松下显示器科技（TMD），双方股比分别为 60% 和 40%。但这家公司在 2007—2009 年连续三年亏损，特别是它在新加坡有一条连年亏损的 4.5 代线成了包袱。2009 年 4 月，东芝收购了松下在东芝·松下显示器的全部股权，将公司变为全资子公司，并更名为"东芝移动显示器"[2]。东芝对此解释说，将通过独立运营显示器公司来提高决策速度[3]。但此时东芝的消费电子业务已经衰落，开发 SED 被证明是一条错误的技术路线。

还有一些日本企业则选择退出。2004 年 2 月，第一个建立 TFT-LCD 量产线的 NEC 宣布退出液晶行业。在那之前，NEC 与中国的上广电成立合资公司，在上海建设一条 5 代线。作为双方协议的一部分，NEC 承诺把日本本部的 TFT-LCD 制造业务委托给合资公司，同时缩小在日本国内的制造规模[4]。2006 年，三洋也退出了液晶行业。三洋从 1999 年就联合柯达对 OLED 进行研发，双方于 2001 年在日本成立制造 OLED 显示器的合资企业"SK 显示器公司"（三洋持股 66%，柯达 34%），目的是把柯达在 OLED 的材料开发和专利技术上的优势，与三洋电机在 TFT 玻璃基板技术上的优势进行结合。SK 显示器是业内第一个把 AM-OLED 做到实用水平的公司。但由于消费电子产品的业务，三洋集团从 2004 年第 4 季度开始亏损，2005 年上半年的净亏损高达 13 亿美元。这种状况使三洋无力再对 OLED 业务投入，OLED 技术迟迟无法完成大屏、低成本的市场突破，导致双方在合作上出现分歧。2006 年 1 月底，三洋宣布结束与柯达的合作并退出 OLED 业务[5]。同年 12 月，三洋公司把所持精工爱普生·三洋的 45% 股份转让给精工爱

① http://news.sohu.com/05/46/news145864605.shtml。

② "东芝液晶面板业务连年亏损陷困境 考虑退出"，中国经济网，2010 年 2 月 3 日，http://business. sohu.com/20100203/n270020290.shtml。

③ "东芝将收购与松下合资之 -TMD 面板公司"，泡泡网，2009 年 4 月 7 日，http://www.pcpop.com/doc/0/386/386891.shtml。

④ "上广电、NEC 联手下注液晶盛宴 TCL 中途退场"，《21 世纪经济报道》，2004 年 1 月 7 日，http://www.yesky.com/homepage/219001829827018752/20040107/1759991.shtml。

⑤ "三洋宣布与柯达结束合作 退出 OLED 行业"，《南方都市报》，2006 年 2 月 17 日，http://www.kantsuu.com/news1/20060217074700.shtml。

普生[①]。该合资公司成立于 2004 年 10 月，主要业务内容为中小尺寸液晶面板。但三洋的危机没有结束，它的数码相机、手机和洗衣机业务低迷，还不得不放弃了DVD 机以及卡式录放机业务。2007 年又遭受了"电池召回"事件，沉重打击了三洋的品牌声誉。2007 年，三洋把其最大的冰箱工厂——泰国工厂，出售给中国海尔（后来三洋的全球洗衣机业务全部卖给海尔）。三洋电视机业务一落千丈，2008 年上半年曾经在中国市场上家喻户晓的品牌竟然排名第 19 名。2009 年，三洋已经放弃了自己的独立，于 2010 年由松下收购为子公司。

从上述情况看，除了夏普之外，日本企业之所以迟迟不愿对它们所创造的TFT-LCD 工业做出更大的投入，似乎是受累于它们过分追求各自的"独门绝技"[②]。那么，为什么日本企业如此迷恋"独门绝技"？唯一可能的答案是它们必须保持自己的电视机从 CRT 时代继承下来的高价格（上述日本企业全都是 CRT 时代的主要电视机制造商），因为它们已经在 CRT 时代的优势地位上形成了高成本结构，一旦无法保持高价就会陷入亏损。此外，CRT 显像管是一种工艺复杂的技术，不同厂商的产品都存在技术差异。所以它们也很容易沿袭 CRT 时代成功经验的思维习惯。那么，为什么它们当中没有人把 TFT-LCD 当作"独门绝技"来发展呢？唯一可能的答案是 TFT-LCD 工业的参与者众多，难以成为个别企业的"独门绝技"。同时，它们被其他那些早期平板显示技术的某种性能优势遮住了双眼，以为差异化的技术可以帮助它们延续在 CRT 时代获得的优势地位，所以在液晶电视已经展现前景的时候，它们仍然死抱着"独门绝技"而在 TFT-LCD 门前犹疑，直到它们死抱着不放的技术在成本不断降低、应用范围不断扩大的 TFT-LCD 面前，再也无望能够进入市场。

"电视机思维"的解释是否也适用于日本企业中唯一对 TFT-LCD 进行了大规模投入的夏普？不幸的是，也同样适用。在 CRT 时代，夏普是日本企业中唯一以电视机为主要业务但却没有 CRT 显像管制造的企业，而且也因此而饱受"缺管"之痛。这个特征在很大程度上可以解释夏普为什么对开发 TFT-LCD 采取了

① "三洋退出液晶面板制造"，《南方都市报》，2006 年 12 月 16 日，http://finance.sina.com.cn/roll/20061216/09091103891.shtml。
② 一位台湾学者（Hu 2012）通过对美国专利局数据库的分析，考察了日本、韩国、中国台湾的企业在 TFT-LCD 方面的专利分布。他把相关技术分为 4 个领域，发现日本企业的专利在 4 个技术领域都占优势。与之相比，韩国和中国台湾企业的专利则集中于与大规模制造液晶面板相联系的 2 个领域。虽然这位学者把这些差异归因于处于领先者位置的日本企业追求技术先进性，而作为后进者的韩国和中国台湾企业倾向于在已有技术上开发互补的工艺技术，但对我们的分析来说，这些数据证明日本企业倾向于各自追求自己的"独门绝技"（所以在集体层次上表现为研发活动的分散），而韩国和中国台湾企业则集中于追求大规模制造液晶面板的优势。

更加积极的态度。夏普有一项长期政策：它所生产的液晶屏不对外供应，只用于夏普电视机。对于这种做法给夏普的液晶事业带来的影响以及后来的变化，我们将随着 TFT-LCD 工业史的展开继续加以分析。这里要指出的是，以"独门绝技"让自己的电视机获得优势的思维仍然是从 CRT 显像管时代继承下来的"电视机思维"，它左右了夏普在 TFT-LCD 工业上的战略，这与其他日本企业没有本质区别。这个解释是从逻辑上推论出来的，而更多的证据需要当事人（当时的日本企业决策者）的解释。即便如此，日本企业显然是普遍从使自己的电视机等终端产品获得竞争优势出发，来决定它们对于开发和制造平板显示器的投资战略。

"电视机思维"的最大缺陷是忽视了液晶显示器与 CRT 显像管之间的不同：第一，制造 TFT-LCD 的生产设施远比制造 CRT 显像管的生产设施昂贵，投资强度相差几十倍，而把高强度投资转化为市场可以接受的产品单位成本，就需要足够大的生产规模和销售规模；第二，与 CRT 相比，液晶面板是一个高度标准化的产品，不同企业生产的液晶面板在技术性能上的差异度大大缩小，于是使电视机凭借液晶面板来获得技术差异的余地也大大缩小[①]。当索尼凭借与三星的合作而获得大尺寸液晶屏的供应后，它的新苦恼是无论如何也难以在液晶电视机上获得当年使索尼"特丽珑"电视机保持高价的技术差异性。在这种条件下，在液晶显示器上获得竞争优势的来源是技术进步速度和规模经济，而不像在 CRT 显像管上是那些独有技术。实际上，技术进步速度也离不开规模，因为当液晶显示器不能像显像管那样凭借技术差异而维持高价时，销售规模就决定了对研发投入的强度。因此，仅从自己的终端产品角度去看待 TFT-LCD，其结果或者是限制了投资战略的进取性——这使大多数日本企业"保守"，或者是限制了规模经济——夏普不对外供应液晶面板的做法，说明它追求的只是技术独特性，而没有包括规模经济。在世界彩电工业从 CRT 过渡到平板显示的过程中，几乎所有的平板显示技术都是日本企业率先开发的（虽然最初都源于欧美），但所有这些技术都没有在日本企业手里成为被大批量生产的低成本产品。就在日本企业为保持高价而在"独门绝技"上徘徊时，性能越来越好而价格越来越便宜的液晶电视却让日本企业的电视机业务普遍陷入亏损，从而动摇了日本消费电子工业的根基。

---

① 据中国媒体转载的一篇日经在线文章的描述："三星在日本市场推出液晶电视是在 2002 年，笔者曾经在商场里仔细比较过三星产品与日本生产的液晶电视的画质，作为一名消费者根本看不出区别。之后，在与日本企业液晶部门的业务部长聊天之时，对方道出了这样的话语：'请连续观看 30 分钟试试。本公司产品与三星产品的差别就一目了然了。'不过，在商场里让消费者盯着两家的产品看上 30 分钟并不现实，笔者也没有那么做，这位部长的话所以还没有得到验证。但有一点可以确定的是，打算购买液晶电视的消费者和笔者一样，绝对不会进行那样的对比。如果消费者觉得外观一样、功能一样、可靠性和品质也一样，就会选择更便宜的商品。"http://www.fpdisplay.com/news/2012-11/info-153504-131.htm。

与日本企业不同，当三星和 LG 在 TFT-LCD 工业做起来的时候，它们没有任何终端产品领域是值得"守成"的。相反，TFT-LCD 恰恰是韩国双雄用来颠覆原有"世界秩序"的武器，所以它们以高度进取性的投资战略"一鼓作气"，把日本液晶工业甩在身后。当似有醒悟的日立、东芝和松下在 2004 年 7 月宣布要合作建设 6 代线时（见上），韩国媒体已经不把这种"反扑"放在眼里，"因为与韩国相比，日本制造商的 LCD 技术要落后许多"；三星电子则表示将通过更加先进的 7 代或 8 代线来扩大日本制造商的落后性，它的一位内部人员甚至不屑地说："在全球 LCD 市场，日本目前远远处于落后地位，三个联手的公司即使在日本也并不是业界领头的公司"[①]。具有讽刺意味的是，当三星在 TFT-LCD 工业获得优势后，它的电视机业务也从 CRT 时代的二线品牌变成了全球老大——核心器件（液晶面板）的优势真的成为终端产品（电视机）的优势来源，只不过这种优势不是来自日本企业所认为的技术差异（CRT 显像管式的优势），而是来自在规模经济基础上的性能优势和成本优势（即半导体集成电路式的优势）。不同于日本企业的做法，韩国双雄一直都对外供应液晶面板（同时也采购其他企业的液晶面板），尽管它们自己也都有规模很大的电视机（以及其他终端产品）的业务，而这是为获得规模优势所必需的。中国台湾的 TFT-LCD 企业，更是由于台湾本来就没有电视机工业而必须向任何可能的客户销售电视面板。从 2002—2003 年（第一批 5 代线建成投产不久）开始，韩国双雄和台湾企业纷纷在中国大陆建立液晶模组生产厂，目的就是向中国彩电企业直接供应液晶面板。这种开放性使韩国双雄和台湾企业可以专注于自己的 TFT-LCD 业务，而不会受到限制。

当全球 TFT-LCD 工业的竞争焦点转向电视机市场后，拥有数量最多 5 代线和 6 代线的台湾工业出现了分化和集中化的趋势。韩国双雄与夏普之间为争夺高世代线领导权的激烈竞争，给台湾企业造成巨大压力。对于基本上处于跟进状态的台湾企业来说，继续跟进则要求更大的投资，而且还面临市场已经饱和的威胁；但如果不跟进，则将与领先者拉开差距。在 6 代线之前，台湾的电子产品代工工业可以在很大程度上吸收台湾 TFT-LCD 工业的产出，但到了"后 6 代线"的阶段，台湾并没有一个可以吸收更大尺寸液晶面板的电视机工业。因此，台湾液晶企业在 6 代线之后踌躇的原因，似乎是不得不几乎全部依赖境外销售的产业结构。当日韩企业在液晶面板供不应求或需要制造低价电视机时，就会采购台湾产品，但这种"蓄水池"的角色难以适应大规模生产所需要的稳定性。在 5 代线阶段之后，台湾 TFT-

---

① "日不甘心 TFT 没落地位 松下东芝日立'弱弱联合'"，《经济观察报》，2004 年 9 月 4 日，http://it.sohu.com/20040904/n221877938.shtml。

LCD 工业越来越倚重中国大陆市场，但除了横跨两种政治体制带来的不确定性，而且那个市场的需求也是跟进的。夏普和韩国双雄总是把自己领先生产线的产品首先用于自己的电视机，而中国彩电工业在终端产品的跟进上总是需要一段时滞。因此，台湾企业在高世代线的"大战"中不可能成为领先者，甚至在跟进上也充满犹豫——能不能找到足够的需求以保证投资回报始终是个大问题。中华映管在建成 6 代线后，多次传出它计划上马 7 代线或 8 代线，但最终还是因为力不从心而止步于 6 代线；瀚宇彩晶也同样止步于 6 代线。于是它们从此"沦为"台湾工业中的二线企业。2006 年 4 月，友达光电以 22 亿美元的出价并购广辉电子[①]，使友达一度在规模上直逼韩国的三星和 LG（5 代线和 6 代线的数量和产能业内第一）。

在中国台湾工业中，只有友达和奇美继续向比 6 代线更高的世代线扩张，但其过程因充满"纠结"而比预期的更缓慢。2006 年 10 月，友达光电的第一条 7.5 代线建成投产（设计产能 60K）。此后，友达开始建设第二条 7.5 代线。但出于对市场需求的考虑，第二条 7.5 代线被缓建，设备安装被推迟到 2008 年[②]。2008 年 2 月，友达宣布同时启动第二条 7.5 代线（设计产能 70K）和第一条 8.5 代线（设计产能 40K）的建设，计划在 2009 年下半年双双投入量产[③]。那时，全球金融危机已经爆发。奇美的第一条 7.5 代线于 2007 年第二季度投产（设计产能 50K）。奇美早在 2006 年 3 月就决定建 8.5 代线[④]，但由于库存积压和市场不明朗，同年 6 月宣布暂缓 7.5 代线的扩产，随即把 8.5 代线项目计划量产的时间推迟到 2009 年[⑤]。2008 年 1 月，奇美恢复了 8.5 代线项目的土建工程，并宣布在该年年底安装设备，计划于 2009 年第三季度开始量产。但当全球金融危机在 2008 年下半年爆发后，奇美的 8.5 代线项目再次被搁置，直到 2009 年 9 月才重新启动[⑥]，随后又受到奇美重组的影响（见本书第六章第一节）。经过一系列的延误，奇美的 8.5 代线实际上直到 2010 年 4 月才建成投产[⑦]。

①《友达光电收购广辉电子 面板投资拉响警钟》，《经济观察报》，2006 年 4 月 15 日，http://it.sohu.com/20060415/n242818542.shtml。

②《友达光电考虑将第二条 7.5 代线项目改为八代线》，天极网，2007 年 1 月 3 日，http://tech.163.com/07/0103/10/33TIN129000915BD.html。

③《友达光电将同时投资第 8.5 代和第二条 7.5 代液晶面板生产线》，光电新闻网，2008 年 2 月 4 日，http://display.ofweek.com/2008-02/ART-230002-8100-14208001.html。

④《奇美：规划八代液晶线同时再投六代线》，PCPOP.COM，2006 年 3 月 15 日，http://article.lcd88.com/20063/news-2006-3-1566377365589.shtml。

⑤《奇美 8 代线延期 台面板商陷进退两难困境》，千龙网，2007 年 1 月 5 日，http://news.sohu.com/20070105/n247445257.shtml。

⑥《奇美停摆近 9 个月路竹 8 代厂重新启动》，中华液晶网，2009 年 9 月 18 日，http://www.fpdisplay.com/news/2009-09/info-83369-030.htm。

⑦《奇美 8.5 代液晶线 3 月量产 具备在大陆设厂资格》，腾讯科技，2010 年 3 月 12 日，http://tech.qq.com/a/20100312/000321.htm。

韩国和中国台湾企业在 TFT-LCD 工业的竞争模式，使得规模庞大的中国大陆彩电工业在没有本土液晶面板供应来源的条件下，也能大规模生产液晶电视，尽管在本章所述的时期内只能跟进日韩品牌。在液晶显示器"侵入"电视机领域的过程中，中国大陆彩电企业在市场潮流变化的压力下，纷纷转向液晶电视制造。从 1970 年代末发展起来的中国大陆彩电工业具有一个基本的结构性特征——整机制造企业与彩管制造企业是互相独立的，这与日韩主要电视机企业的纵向一体化结构完全不同。这种分离结构是计划经济体制的产物，而且不利于中国大陆彩电企业的创新。不过，这不是这里要讨论的主题。需要指出的是，这种结构使一贯外购显示器件的中国大陆彩电整机企业比较容易地转向液晶电视制造，也没有受到中国大陆彩管工业崩溃的直接拖累。在此前 20 多年的时间里，主要的中国大陆彩电制造企业都占据了自己的市场地位（包括品牌和营销等），能够依靠低成本制造而顽强地生存。早在 2006 年 4 月，根据当时中国数字电视大会发布的调查报告，中国大陆企业的产量已经凭借价格优势占到国内液晶电视市场的 70%。到 2008 年，中国大陆生产的液晶电视在数量上超过了日本工业的产出总和。当然，由于液晶面板全部依靠进口，中国大陆彩电工业的附加值变得比 CRT 时代更低，而且饱受"被卡脖子"之苦。但如果问题的焦点是在讨论日本彩电工业，我们就可以看出，在全球电视机从 CRT 转变为 TFT-LCD 的过程中，韩国和中国台湾企业以更大规模生产更低成本液晶面板的能力，加上韩国双雄从液晶显示器的优势上所获得的电视机优势，再加上中国大陆彩电工业更低成本的终端产品制造能力，最终导致韩国和中国大陆生产的低成本和更低成本的液晶电视"淹没"了一心想以技术差异来保持高价的日本彩电工业。

到 2008 年，全球 TFT-LCD 工业正在沿着更大、更高、更快的直线行进。这种早晚会发生变化的技术和产业轨道被一个突发事件所提前改变——整个工业迎来了全球金融危机。当危机爆发时，韩国双雄——三星和 LG——占据着世界第一和第二厂商的位置，它们也使韩国在 TFT-LCD 的大批量生产上居于世界首位。但金融危机导致的全球市场需求骤降，迫使它们也放慢了脚步——三星（S-LCD）的第二条 8.5 代线和 LG 的 8.5 代线相继暂停了工程建设。

到金融危机爆发时，日本在 TFT-LCD 的大批量生产上已经退居韩国和中国台湾之后。虽然日本企业仍然在产业链上游占据着重要地位——该工业重要的设备和材料供应商大部分来自日本，但日本的 TFT-LCD 生产厂商大多已经停止了扩张。只有夏普仍然保持着进取心，不断地与韩国双雄在生产线世代的转换上展开竞争，但金融危机导致的液晶衰退使夏普在 2008 年财年（到 2009 年 3 月末截

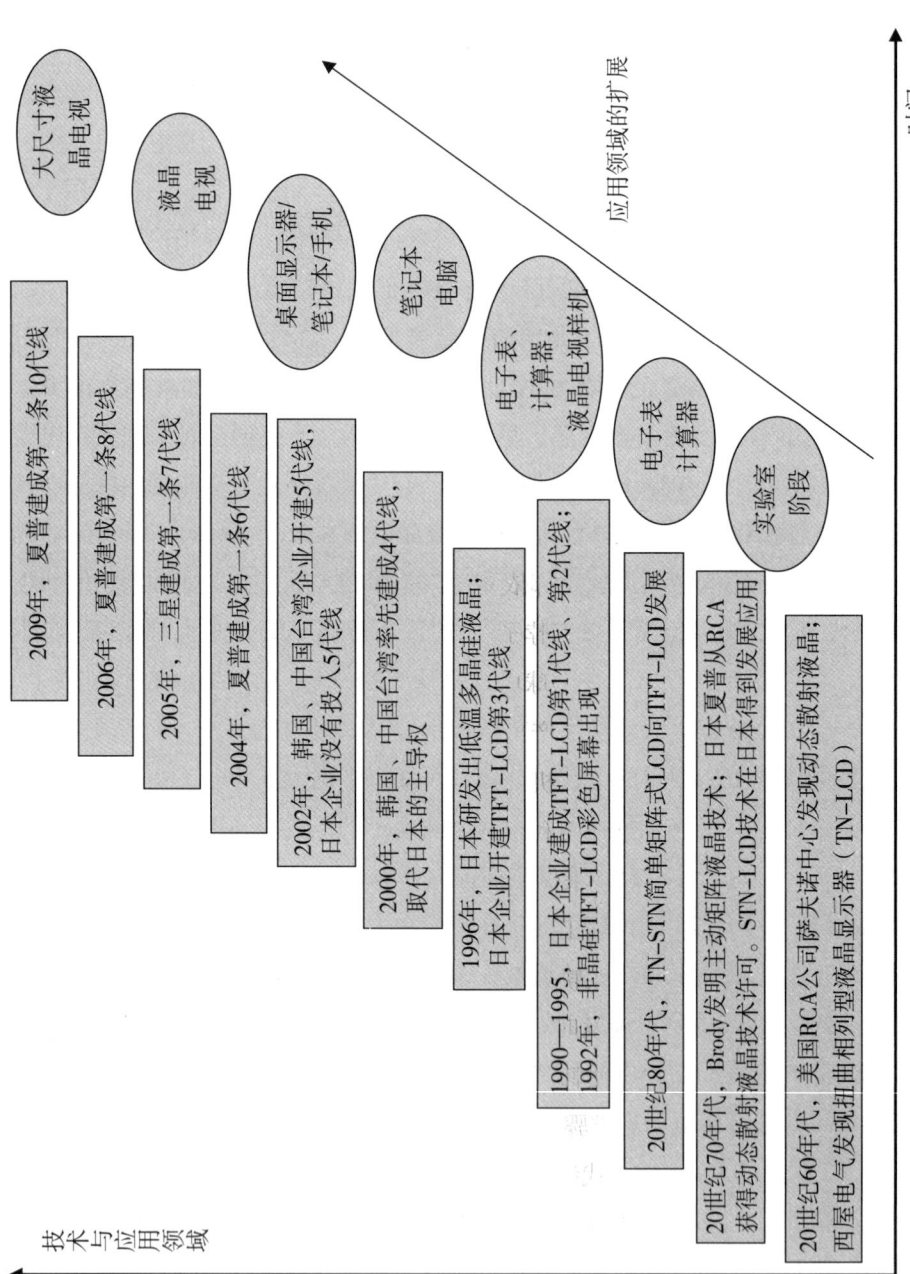

图 3.8：液晶产业技术发展脉络

止）出现了自 1956 年在东京证交所挂牌交易以来的首次亏损（亏损额约 13 亿美元）。

中国台湾的 TFT-LCD 工业尽管规模很大（仅次于韩国），但全球金融危机却暴露了其"脆弱性"——台湾生产的液晶面板不像日本和韩国那样拥有来自本土下游产业（诸如计算机和电视机这样的品牌终端产品）的庞大需求，必须仰赖日韩的采购以及向中国大陆正在增长的销售。在全球需求不振的情况下，索尼、三星、LG 等日韩企业在 2008 年 8 月取消了此前对台湾面板的订单，改为自己供货。这种在危机下的"正常"反应导致台湾液晶面板企业的开工率最低曾降至四成，几乎濒临"死亡"线。

金融危机爆发后，全球只有一个国家的市场对液晶面板的需求仍然在继续增长，这就是中国大陆市场。在那个时点上，中国大陆已经有几个企业进入了 TFT-LCD 工业——京东方、上广电和昆山龙腾各拥有一条 5 代线。巨大而且不断增长的市场需求，加上已经有企业进入，似乎使 TFT-LCD 工业在中国大陆的崛起到了蓄势待发的阶段。那么，中国大陆能够发展起 TFT-LCD 工业吗？事实上，本章前面提到的 Mathews（2005），就从他对液晶周期和后进入者的关系上，预言了中国大陆的进入。也有日本学者做出同样的预言。但今天看起来有点令人难以置信的是，在 2008—2009 年的那个关键历史节点上，中国大陆的大多数相关人士——从政府到工业界、从媒体到整个社会——都不相信中国大陆能够不依靠引进生产线或合资就发展这个看起来如此高不可攀的工业。本书之所以有理由去记录这段历史，就是因为在那时的中国大陆，仍然有人坚信中国大陆可以自主地发展这个工业，而他们的奋斗使外国学者没有偏见的预言最终变成现实。

第四章　孤独的液晶之旅

2003 年 1 月，京东方成功收购韩国现代集团的液晶显示器业务，随即在北京上马建设一条 5 代线——她以"海外收购、国内扎根"的方式正式跨入 TFT-LCD 工业的门槛。获得这样一个规模足够大的主营业务是王东升已经怀了 10 年的梦想，如果从北京电子管厂领导人企图发展出来一个新的主营业务算起，那就是一个已经怀了 20 年的梦想。但收购和建线只不过是实现梦想的开始，京东方人没有想到后面的路竟是那样的艰难。

当京东方进入 TFT-LCD 工业时，她的决心是发展出一个自主掌握技术的产业。但当时政府的主导政策是向外资全面开放、"与国际接轨"，而中国工业发展的流行方式是引进生产线、引进外资或甘当组装厂。在早期所有进入 TFT-LCD 工业的中国企业中，京东方几乎是唯一走自主发展技术能力道路的。不仅如此，这个工业也是中国缺乏经验的那种高技术产业，它与半导体集成电路工业高度相似，技术变化极快、投资强度极大，其特点对中国社会大众来说闻所未闻。从当时的政府政策、工业发展模式和社会舆论来讲，京东方选择了一条难以被理解的道路。于是，京东方注定孤独——她孤独地进入，孤独地奋斗和挣扎，孤独地度过液晶周期带来的亏损阶段——而且没有想到"黑夜"会如此漫长，最后孤独地扩张——直到她的扩张开始"惊天动地"。

第一节
跨入 TFT-LCD 工业的门槛

大约在 1999 年八九月间，京东方成立 TFT 项目组（当时由王家恒负责），不是要论证什么，而是想寻找这个工业的入口。2000 年年末，刚刚拿到博士学位的皇甫鲁江加入了项目组（当时由韩国建负责）[①]。皇甫是北京电子管厂的"老人"。他是河南人，1985 年 7 月从华中工学院（现为华中科技大学）的半导体专业毕业后进入北京电子管厂，在二分厂的半导体车间工作。1992 年，经工厂与西安交大的安排，他到该校读研究生，毕业回厂参与节能灯项目。在该项目失败的 1997 年，他又回到西安交大读博士。据皇甫鲁江的回忆，他在 TFT 项目组做的工作是通过各种渠道与日本企业接触，但日本生产型企业一般不愿意卷入与中国企业的商务过程，而是通过日本综合商社居中进行联系。京东方通过三井商社联系过日立、富士通和三洋等公司，最初的想法是先与对方合作生产模组，然后再伺机做液晶屏。当时刚经历过亚洲金融危机的日本企业在财务上都有困难，采取的基本态度是想通过技术转让费拿到一笔钱，但不愿意进行长期合作[②]。由于种种原因，京东方与日本企业的商谈都没有什么结果，到 2002 年 9 月终止了与日本企业的所有接触，因为那时与韩国现代的交易已经进入实质性阶段。

还是在 2000 年，一家台湾企业 K 公司（化名）主动向京东方提出合作。K 公司当时是一家生产彩膜的企业，也想进入 TFT-LCD 工业。但那时台湾的 TFT-LCD 工业已经由几家大企业主导，对既无技术又缺资金的 K 公司形成了巨大的壁垒，所以它的计划是联合一家中国大陆企业，从日韩引进技术，然后在大陆设厂。京东方同意了合作的提议，目的是为了降低引进的风险。2000 年 12 月，京东方与 K 公司签订合作意向，准备联合引进技术在北京建生产线，双方商定 K 公司负责对外谈判，而京东方负责在国内建线。项目建议书于 2001 年 1 月由京东方上报北京市政府，寻求政策支持。此后，K 公司曾经找过日本企业商谈引进技术，但因技术转让费太高而放弃。几乎与此同时，消息灵通的 K 公司获知韩国现代集团有意出售液晶业务，于是向京东方提出合作收购的建议。当时，京东方已得到消息，并组建小组进行收购企划，为避免风险，京东方同意合作收购，主要原因是现代集团的出售报价是 5 亿美元以上，京东方不仅财力有限，而且缺乏经验。

现代集团是韩国大型企业集团之一。1997 年亚洲金融危机爆发后，现代集团因为过度扩张、负债太重而陷入困境，特别它所牵头的韩朝交流合作项目——朝鲜金刚山观光、开城工业园区建设，以及韩朝铁路、公路建设——都是投入大于产出的项目，一直处于亏损的状态。继 1999 年大宇集团解体后，现代集团在 2000 年发生资金周转困难，引起韩国股市动荡。韩国政府一方面支持 5 家主要债权银行对现代集团提供紧急贷款，另一方面则要求它进行结构性调整，收缩经营

① 皇甫鲁江访谈，2013 年 5 月 30 日。
② 同注 ①。

领域并对下属企业进行分割。

从陷入困境和分崩离析的现代集团分离出来的现代电子更名为 HYNIX 半导体株式会社（国内一般译成海力士，以下简称现代半导体），她旗下的 HYDIS（现代显示技术株式会社，英文全称为 Hyundai Display Technology, Inc.）是其专门从事 TFT-LCD 显示器开发、生产和销售的子公司。HYDIS 拥有 2 代、3 代和 3.5 代 TFT-LCD 生产线各一条，年生产能力达到 300 万片以上，当时在全球 20 余家企业中排名第 9，它生产的 17 英寸显示屏全球排名第 3；它设有独立的研发机构，研发项目覆盖材料、配套零部件、液晶器件以及设备等，正在研发 4 次光刻技术以及液晶滴注技术，拥有 300 多项专利，其中独立研发的 FFS 宽视角技术是全球三大主流技术之一；它还拥有完备的市场能力、遍布全球各主要地区的营销网络以及著名咨询公司的支持，等等。现代集团的液晶业务本来就落后于三星和 LG，到 2001 年时又因为集团的财务危机已无力对 TFT-LCD 业务继续投入，于是决定出售 HYDIS 的股权。

2001 年 6 月，京东方联合 K 公司与现代半导体签署了合作意向书，受让 HYDIS 的 80.1% 股权，其余 19.9% 由现代半导体持有。但此时京东方与 K 公司之间的矛盾也显现出来。京东方是想获得最终能够自主掌握技术的主营业务，而 K 公司的算盘是把京东方变为受其控制的一个生产加工厂。于是，K 公司在谈判过程中开始搞小动作，暗地里把京东方对它的交底（情报）交给韩方，企图与韩方单方面做出有利于自己的安排。但韩方的基本目的是想顺利卖掉液晶显示业务，而且也已经与京东方建立起良好的关系，所以以非正式渠道告诉京东方，K 公司在暗箱操作。王东升对这种"背信弃义"深恶痛绝，同时也下定了"必须以我为主"的决心，于是宣布放弃与 K 公司的合作，退出交易。不过王东升并非"负气出走"，而是认定了 K 公司筹不到足够的资金去完成收购。

王东升同时继续围绕着平板显示器进行产业布局。从 1990 年代末开始，京东方与韩国一家公司合作生产手机显示的模组，而显示屏也是从现代半导体（HYNIX）旗下的 STN-LCD 及 OLED 业务单位购进的。当现代集团的液晶业务陷入困境后，HYNIX 欠了京东方的钱，于是向京东方提议：干脆把我们的小屏业务买了吧。想到收购他们的小屏生产线就能同时解决手机屏的供应，京东方于 2001 年 11 月独自收购了现代半导体旗下的 STN-LCD 及 OLED 业务，并以此在韩国成立了一个独立公司——韩国现代液晶显示器有限公司。此后，又在北京建立了京东方现代（北京）显示技术有限公司，在河北固安成立了京东方（河北）移动显示技术有限公司，生产小尺寸手机屏的模组。在冷眼旁观期间，京东方在韩国成立了一个独立公司^①，并继续与现代半导体保持着良好的关系。

王东升也决心上背光源项目（背光源是液晶显示器的重要部件）。2002 年 3 月，京东方与日本·茶谷以 75：25 的股比合资在苏州成立了生产背光源的京东方·茶谷公司，采取合资方式是因为那时京东方的技术较差。当时台湾的背光源企业在苏州、昆山一带集聚，它们规模大，而且技术水平遥遥领先。王东升的战略目的是让京东方·茶谷以独立生存的方式挤入这个产业链，力争能够为世界领先的 TFT-LCD 企业配套，为京东方进入 TFT-LCD 工业进行提前布局。

京东方派出以董强为负责人的 13 个人到苏州，但除了 3000 万元的投资和一块荒草地之外就再没有提供其他东西。赴苏州创业的"十三太保"为未来的企业建立了一个传统：哪怕只有三五个人时，每天早晨也要在还是一片荒草的工地上围成一圈，高唱"司歌"，然后充满激情地开始一天的工作。虽然"十三太保"后来都陆陆续续离开苏州，虽然京东方·茶谷已经成为中国一家主要的背光源企业（直到 2009 年还是唯一的本土企业）并拥有了数千职工，但每天早晨高唱"司歌"的传统却在这个企业保持了下来——他们都是京东方人^②。

京东方退出后，台湾 K 公司硬着头皮与现代半导体签订排他性协议，以 6.5 亿美元的价格单独收购，并为此交了 1000 万美元的定金。最后正如王东升所料，K 公司无法筹足资金，无力在合同期内收购，白交了定金还被罚了 1000 万美元，铩羽而归。被王东升称为既不守信又无谋略的 K 公司董事长也被免职^③。此后，又有几家外国和台湾企业与韩国现代半导体进入收购谈判，其中一家是郭台铭的鸿海集团。郭台铭与韩方签完收购价为 6.5 亿美元的意向书后，曾经找过王东升，提出一个由鸿海收购京东方、再由京东方收购 HYNIX 显示部门的合作方案（其原因是郭对原先的收购价反悔，想通过收购报价较低的京东方来降低收购价）。但此时王东升心里明白，从实现京东方的战略目标看，自主收购、自主经营的风险是最低的，于是婉言拒绝。过了协议规定的排他期，台湾企业被迫退出。王东升一看时机到了，迅速告诉韩方，京东方已经准备好了，随时可以实施收购。于是，京东方"卷土重来"，于 2002 年年中开始作为单独收购方与韩方谈判。实际上，HYDIS 只有 2 代、3 代和 3.5 代线各一条，以 5 代线领先业内并正在筹划 6 代线的三星和 LG 不会买，已经有了 4 代线而且财务困难的日本企业不会买；台

---

① 2002 年 4 月在北京建立京东方现代显示科技公司，把模组后段制造转移到北京。
② 合肥京东方光科技事业群访谈，2013 年 1 月 10 日。
③ 王东升的评价说：当我看到这样的人"居然可以当很大公司的董事长的时候，我就感觉到台湾企业根本不可怕"（2009 年 4 月 2 日访谈）。

湾有实力参与竞购的企业只有鸿海一家，但台湾已有5家面板企业，所以鸿海对于进不进入该行业、如何进入的问题还在犹豫中。于是，现代和京东方都意识到双方之间独此一条路。假如当初鸿海下定了决心，今天全球显示产业的格局可能是另外一个样子。回顾历史，那实在是太凑巧的一个机会。

单独收购的风险毕竟要大大超过联合收购，于是在京东方的领导班子内又成为一个需要讨论的问题。当时，摆在京东方面前的进入方式仍然有三种可能的选择：第一种是收购HYDIS，以此掌握技术和市场，再通过与HYDIS合资在国内建新线；第二种是与日本企业合资在国内建5代线；第三种是从日本企业引进生产线。相比之下，收购方式是最快的进入途径，而且未来投资成本最低，但风险也是最大的。合资建线和引进生产线的方式对于进入的风险较小，但由于包括谈判在内的因素需要更长的时间，而且在技术上受制于人会导致未来的投资成本更高。

王东升明显地倾向于采取收购方式。在2002年9月11日的京东方执委会会议上，领导班子成员的思想基本趋于统一，大家都相信京东方具有抵御风险发展TFT-LCD产业的能力和办法，甚至提出即使是出现最坏的情况，京东方的现有房产就是黄金储备。尤为可贵的是大家也都同意，收购不是目的，而是凭借收购的技术资源将来在国内建5代线。最后王东升对会议做出结论：第一，京东方进入TFT-LCD工业；第二，通过收购进入；第三，在北京建5代线，把技术和产业的根扎在国内。他表示唯一的担心是能不能坚定信心、一条心地去努力，并告诫大家，京东方要成为世界一流的公司就要有面对亏损的心理承受能力[1]。

京东方同时还必须走完国内审批程序，因为跨国收购必须得到中国政府的批准。王东升等人与北京市相关部门多次沟通，并向国家计委、外经贸部汇报。北京市委书记贾庆林非常支持京东方的计划，他在听取王东升汇报后说：液晶显示是国家战略产业，走出去也是国家战略，一定会有风险，但这是企业行为，你王东升想好了没有，想好了我就支持你。为了支持京东方的海外并购项目，贾庆林为此亲自开了两次专题会，参会的市领导都表示支持[2]。市领导还亲自领队向国家计委等中央部委汇报，争取支持。当然，由于当时政府官员还只习惯于把中国企业卖给外国企业，所以也曾有某中央部委领导满腹狐疑地问：既然这个项目如此好，为什么韩国企业会卖给你？这个问题也问得有道理，因为后来确实有韩国国会议员对把TFT-LCD技术卖给中国企业的交易提出质疑。不过在向国家计委汇

<hr />

[1] 皇甫鲁江记得，2002年9月12日公司正式通知他们把重点放在韩国现代，与日本企业的谈判就暂时停掉了（2013年9月30日访谈）。

[2] 这些领导包括市长刘淇和副市长孟学农、阳安江、刘海燕等人。

报后离开时，姜伟新副主任走向王东升说："东升，这个事做成了国家要记你一功，如果做不成失败了，国家也要支持你"。一句话让王东升热泪盈眶。最后中国政府批准了这宗当时最大的中国企业跨国并购。

京东方派到韩国谈判的分为资产组和资金组。派驻韩国现场的资产组由韩国建负责，资金组由王彦军负责。韩国建是 1953 年生人，在北京长大，不满 16 岁（1969 年 4 月）就到内蒙古农业区插队，1973 年参加了被"张铁生事件"搞乱了的考试，进入北京工业大学学习。1976 年毕业时分配到北京电子管厂，他从八分厂（玻璃分厂）的技术员干起，后来成为该分厂的总工。曾经担任北京旭硝子电子玻璃有限公司副总经理 8 年（总经理是日方人员），积累了丰富的国际经验，2000 年被王东升调到总部参与引进 TFT-LCD 技术的国际谈判[1]，于 2001 年初开始负责 TFT 项目组。

谈判开始时，韩方要求京东方接受他们与台湾 K 公司的协议内容，还派生出很多"无理要求"。韩国建坚持那个合同只能作为参考，而且带着"谈不成"的心理去谈。他发现韩国人与日本人不一样。日本人细致，不容易答应你事，但一旦答应了就不会变；韩国人做事比较粗，说话不算数的情况比较多，还会反复。卖方不细致，买方可不能不细致。韩国建带领的谈判小组（"一帮孩子"）对 HYDIS 的家底进行详细核实，细到把固定资产的清单都和实物一一做对比，从动力设施到研发系统包括材料，小到仪表、天平都要对照清楚，连螺丝钉都不放过。他们在清单和实物之间发现很多差异，有很多资料不真实，账上有但实物没有的情况很多，每遇这种情况就在对方在场时对不相符的地方进行修改。为摸透技术，韩国建亲自进工厂生产现场 10 多次，因为无法当场记录，就带着录音笔在里面，以声音的形式把工厂的设备和运行参数都录下来。京东方谈判小组还聘请韩国太平洋事务所的律师，让自己的年轻律师跟着韩国律师学习，掌握所有的法律文本和政府的法律条款，建立起良好的谈判基础[2]。

商务谈判由陈炎顺、王家恒和王彦军等人负责，其焦点是收购价格。谈判开始时，现代的报价是 4.5 亿美元，而京东方当然希望能降低价格，但什么价格水平才物有所值、又能达成妥协呢？当时现代同时在和三个买家谈判，而且液晶市场价格在谈判过程中下跌得很厉害。面对这些不确定性，国内出现很多不同的声音，陈炎顺等人心里也犯嘀咕，到底收购还是不收购呢？陈炎顺、王家恒等人多次赴韩国与对方会谈，市经信委领导也亲赴韩国考察了解情况。此时整个现代集

---

[1] 韩国建访谈，2013 年 5 月 9 日。
[2] 同注[1]。

团和现代半导体的财务危机加重，导致其债权人要求其资产变现，而2002年下半年又遭遇液晶周期的衰退低谷，促使现代半导体急于出手。通过正式和非正式的多次谈判，最后由王东升亲自出马，双方在北京谈了一天一夜。次日凌晨，对方终于接受京东方报出的3.8亿美元收购价[①]。

2002年7月，双方签订了收购谅解备忘录，现代半导体同意以3.8亿美元的价格向京东方转让HYDIS的全部股权。在此基础上，双方于8月签订收购协议，开始尽职调查，并定于2002年12月31日交割。临近交割日期时，韩国建查出列在出售清单上的一台设备是HYDIS租用别人的资产，这是一件非常严重的事。韩找到社长查问此事，对方本能地问道："就这一份吗？"韩国建听了"心里咯噔一下"，立刻说这只是一份样本，给你看看。回去后，韩国建让所有人员重新核查，结果当场就查出有价值40万美元的设备不属于HYDIS。经过与韩方的交涉最后核实，HYDIS净资产中约600万美元设备是租赁的，欠2100万美元的设备款未付，租赁方可能收回。面对这个"漏洞"，HYNIX承诺从8000万卖方信贷中抵扣，或从3.8亿美元的收购款中扣2100万作为托管。

此事一出，王东升宣布协议作废，以对方作假为由不成交，并让韩国建带领所有的谈判人员回到北京。京东方谈判人员在12月31日凌晨给韩方发了取消协议的邮件，关闭所有谈判人员的手机，第二天一早全部撤回北京。

这个横生出来的枝节立刻凸显跨国并购的风险，也再次引起京东方内部的争议。当时面临着一个选择：是不是还继续完成收购？2003年的1月2日下午2点，京东方执委会召开TFT-LCD项目专题会，会议开到下午6点又换到一个大会议室开了扩大会（有董事会成员参加）。刚刚回到北京的韩国建对资产交割和HYDIS的经营情况进行了汇报，指出按当时的市场价格，HYDIS在2003年仍然会经营亏损。他提出，由于HYNIX隐瞒资产的把柄被抓，所以京东方掌握了主动权，可退可进。由于收购合同已过期失效，HYNIX面临的压力较大。他同时认为，收购的最大风险不是经营风险，而是HYNIX/HYDIS不可信。会议讨论和比较了下一步行动可能采取的三个方案。方案A：收购HYDIS，在北京建5代线；方案B：收购下游显示器代工企业冠捷，并组建TFT技术团队，或寻找技术合资，伺机在北京建设5代线；方案C：放弃大尺寸显示，发展小尺寸显示屏。

会议上出现了强烈反对收购的意见，其主要理由有二：第一，市场风险难控。HYDIS在2002年第四季度的经营状况恶化，未来难以看好；一旦台湾正在

①　陈炎顺访谈，2013年7月5日。

建设的几条 5 代线投产，HYDIS 的经营能力肯定不能维持。第二，韩方不可信。HYNIX 隐瞒资产的做法不诚信、不规范，京东方不能和这样的企业合作，何况这个产业是高技术的，收购后能否控制韩国员工的行为关系到成败。此外，大股东北京电控的部分领导也害怕京东方遇到的风险还会连累北京电控公司，反对收购。反对意见甚至尖锐地指出，已经到了"选择要命或要面子"的时候。

此时，当初支持收购的人也开始动摇了，开始强调收购的条件必须保证现金流为正，同时也提出延长交割期限、深入了解情况和处理积存问题的建议。最鲜明的意见是梁新清说的："TFT-LCD 产业必须做，没有退路；除非 2003 年遇到灭顶之灾，那就全身退出，力保京东方。"面对种种质疑，王东升显然一时处于"守势"，不得不说：这些问题在董事会和股东会上都审议过，现在最重要的是执行层的信心和统一思想；真正的问题是要不要做 TFT-LCD 产业？如果不做它，那做什么？如果要做这个产业，不收购的话，另外两种方式怎么做？他也带有点"个人情绪"地说："对于是否做 TFT-LCD 产业，不要从个人情绪角度来评价，应从大局为重。"其实，王东升把谈判队伍撤回来，不是不收购了，而是让大家冷一冷，思考如何争取更好条件完成交割，以及交割后业务怎么做。他还搬出市主管部门的领导帮助做工作 [1]，统一各方思想。

京东方谈判人员全部撤回后，韩方急了，在新年过后的 1 月 3 日派首席谈判代表追到北京，要求继续协商。2003 年 1 月 8 日和 11 日，京东方执委会又连续召开战略研讨会，对各种方案进行评估。在 1 月 11 日的会上，执委会决定继续与韩方就 TFT-LCD 收购项目谈判，在确保 3.5 亿美元价格（折价 3000 万）基础上，努力谈判 5000 万美元以上的折价。谈判价格确认后，京东方可选择 TFT-LCD 的收购案。

2003 年 1 月 14 日，京东方收到韩方的正式回函，表示同意以原定收购款中的 3000 万美元优先抵扣短期信贷，余下抵扣长期信贷（实质是降价），并请求约定交割日。第二天，京东方领导班子开会，在得到梁新清、宋莹、陈炎顺等人的支持后，王东升宣布执委会正式决定执行 A 方案（收购），并布置下一步的工作：董事长王东升坐镇指挥；交割工作由副总裁陈炎顺、韩国建、王彦军负责；总裁梁新清协调内部资源，做好交割后的运营准备；同时集中培训赴韩国交割的人员。在与韩国现代最后签署收购协议的前夕，王东升只得到班子里不到三分之一成员的支持。为缓解巨大的压力，他泡在浴缸里独自思考，其间打了 10 多个电

---

[1] 他们是北京工委书记、经委主任金生官和北京电控董事长鲍玉桐，这两位领导从一开始就支持京东方的收购方案，他们和后来的国资委主任熊大新在京东方海外收购、上北京 5 代线等一系列关键时刻帮助疏通各方关系，给了京东方极大支持。

话给政府部门、产业界、供应链合作方、会计师、律师、银行等各个圈子里的朋友，听取他们的意见。那天他在浴缸里泡了 6 个小时，皮肤都泡白了，得到的结果是支持和反对意见各占一半。

此后，韩国建再次被派到韩国检查合同。那时京东方领导班子商议，想让韩国建在重新签约时代表京东方签字，但他已经不愿冒这个风险了[①]，于是京东方派出陈炎顺到韩国签约。3.5 亿美元（按当时的汇率约合 30 亿元人民币）是一笔从北京电子管厂到京东方的历史中从未有过的大额交易，也是当时中国企业在海外收购的最大金额之一，而京东方又对这个产业缺乏经验，同时液晶面板的市场价格仍然在下跌，那只签字笔的分量之重非今天的人所能想象。在签约的前一天，京东方的董事会从下午 2 点一直开到午夜，说明董事会直到最后关头仍然存在不同意见。当天晚上 9 点多，在韩国的韩国建收到总部发来的传真，说董事会一致决定要收购，让他把合同重新审查一遍，以利于第二天签约。不断在说服别人同意收购的王东升其实自己也心里发毛，他那天一晚上给韩国建打了无数次电话，不断地在细节上斟酌。韩国建已经筋疲力尽，就躺在床上让律师和翻译把合同条款一条条给他念，从头念到尾。在北京，京东方的董事会和执委会成员坐在一个会议室里，每个人都在电话中一一向陈炎顺亲口表态。这支签字笔如此沉重，令京东方总部"今夜无人入睡"……

收购协议签署后，韩国建还要负责完成最困难的环节——交割。由于收购的东西太多，又处于运行的动态中，怎么控制交割点是个大问题。不敢大意的韩国建把手下分为几个组（如动力、固定资产等）进行交割。交割的时间点是 2003 年 1 月 22 日零时，中韩双方在那一刻同时查阅所有的计量表（尤其是动力计量的表）并登记签字。据韩国建后来仔细回忆，京东方小组在收购过程中翻阅的资料有 3 千—5 千份。小心严谨得到了"回报"，交割后没有出现任何问题，包括以前发货的质量索赔。从交割完成的那一刻开始，HYDIS 成为 BOE-HYDIS，即韩国京东方，韩国建指派了 24 个干部就原地运行了。随后新管理层开了个大会，宣布原来的社长留任，韩国建任副社长，明确了干部和组织[②]。

其实京东方在收购之前就为收购的风险筑起一道"防火墙"。面对收购结果的不确定性，王东升提出一个底线：如果收购全部失败，3 亿多美元打了水漂，京东方也不能死。陈炎顺根据这个原则设计并执行的收购架构是，京东方在香港注册成立公司，通过香港公司又在韩国注册成立子公司，再由这个"韩国京东

① 韩国建访谈，2013 年 5 月 9 日。
② 同注①。

方"出面进行收购——如果收购失败，死掉的是香港京东方，但不会连累北京总部。3亿多美元收购款的实际支付是京东方通过香港京东方向韩国京东方投入1.5亿美元，然后以这个已经属于自己的韩国子公司进行资产抵押，成功地利用韩国支持高技术产业的政策从韩国银行贷款2.1亿美元。因此，真正由京东方掏腰包的是1.5亿美元（其中包括少部分借款和在香港市场的融资）。

2003年1月22日，京东方正式对外宣布以3.8亿美元收购HYDIS。只是事后才知道，京东方的海外收购恰逢其时。资产交割刚完成，全球液晶面板市场的价格立刻开始上涨，致使刚成立的BOE-HYDIS（即京东方现代显示）从第二个月就开始赢利。这轮液晶周期的景气阶段一直持续到2004年6月。在这期间，BOE-HYDIS赢利6000万美元。

但京东方的海外收购不是出于利用现有生产设施赚钱的战术目的，而是出于解决进入TFT-LCD工业所面临的技术来源、专利障碍、起步市场和核心技术人员等战略问题。由于立志成为"显示领域的世界领先企业"的进取性战略非常清晰，所以京东方在收购过程中就决定了收购后要走的关键第一步，即被京东方自称的"海外收购、国内扎根"的道路——利用收购的技术资源在北京建设一条5代线。在收购HYDIS的交易生效后，京东方立刻实施在北京建设5代线的决策。

第二节
摔了一跤

当几家中国大陆企业在21世纪最初的几年间相继进入TFT-LCD工业时，它们已经是后—后进者了。那时，这个工业在日本的出现已超过10年（还不包括此前的酝酿阶段），其后又有韩国企业和中国台湾企业两批后进者的大规模进入，全球主流的技术轨道、材料和设备供应链以及产品市场都已经形成，由生产规模、投资规模、经验和专利所构成的进入壁垒在迅速提高。在这种条件下，后—后进者已经没有可能在国际产业主流之外"另辟蹊径"，也很难再靠完全的自主研发来获得为跨过门槛所必要的"最低技术资源"（包括建设和运营生产设施的经验、设计和开发产品的经验、供应商和销售渠道、专利使用权等）。作为后进入者，学习已有的技术和国际合作都是中国大陆企业进入这个工业难以回避的一个台阶。但在同样需要国际合作的条件下，"传统的"引进生产线方式和自主建线方式却对中国大陆企业的能力成长具有不同的意义，最终决定了它们的不同命运。

京东方收购 HYDIS 的初衷，就是为进入 TFT-LCD 工业而获得"最低技术资源"，也是一种"引进技术"的方式。但是，"海外收购"只是京东方进入方式的一个部分，而不是全部；它的另一个部分是"国内扎根"，即借助收购的技术资源在国内建设 5 代线。由这两部分内容构成的进入方式——姑且称为"海外收购/自主建线方式"——不同于其他中国大陆企业的进入方式，实际上也代表了一条不同于 1980 年代以来中国工业发展主流的道路，其实质是要自己掌握技术，而绝不在未来的发展中依赖别人。为帮助理解这条道路的意义，下面回顾一下当时中国大陆企业进入 TFT-LCD 工业的概貌。

中国大陆发展 TFT-LCD 工业的第一次努力是吉林彩晶项目（该项目由吉林电子集团、中国科学院长春光机与物理研究所和其他几家公司联合投资举办）。1998 年 9 月，这个项目从日本 DTI（东芝和 IBM 的合资企业）引进了一条第 1 代 TFT-LCD 生产线（它是 DTI 建于 1991 年的旧线，见第四章）（高鸿锦 2000），并于 1999 年 10 月在长春建成试产。但这个项目建成后一直没能克服良率不高的瓶颈，而且这条线只能生产用途不多的 16.1 英寸和 10.4 英寸两个边缘产品，很难打开国内市场，导致这个项目没有真正量产[①]。

吉林彩晶项目失败后，中国大陆企业后来的引进都是从 5 代线开始的（全球第一条 6 代线是 2004 年建成的）。2002 年 4 月，上海广播电视工业集团（以下简称上广电）与日本 NEC 签订液晶项目合作意向书，投资近 100 亿元从 NEC 引进一条 5 代线。2003 年 12 月 28 日，双方合资的上广电·NEC 在上海正式挂牌成立，其中上广电占 75% 的股份，NEC 占 25%，然后由合资公司向 NEC 购买相关的生产专利和技术，并支付技术使用费。2004 年 10 月 8 日，中国大陆第一条 5 代 TFT-LCD 生产线在上广电投产。后来的实践证明，这个方式（正如京东方所担心的那样）使上广电·NEC 在技术上受日方的控制，既不能自主开发适应市场变化的产品，也阻碍了升级换代的继续扩张。这条 5 代线的亏损最终导致了上广电集团的亏损和解体（见第六章）。

继京东方于 2005 年建成中国大陆第二条 5 代线之后，中国大陆第三条 5 代 TFT-LCD 生产线由江苏昆山的龙腾光电于 2006 年 6 月建成投产。龙腾光电的最大股东是昆山经济技术开发区管委会（政府），以开发区的土地、基建及后期配套、优惠政策等要素入股，占 51% 的股份；台湾宝成集团以及台湾中强（璨宇）等也是大股东；其余少量股份由前日本 IDTech 总经理桥本孝久、前奇美电

子 TFT 一厂厂长王国和等人所组成的技术顾问公司 NVTech 以技术投资的形式持有[1]。由于在技术上和管理上主要依靠由台湾工程师组成的团队，所以龙腾光电最终也没有发展出自主的技术能力。

中国大陆还有第四条 5 代线，于 2008 年第四季度在深圳投产。这条线由深圳市政府国资委下属的深超科技投资公司（土地入股）与富士康科技集团（提供设备、厂房、技术和管理）合资，公司管理层全部为台湾人（富士康集团转调人员），技术人员是从台湾液晶工业招募的。因此，这条 5 代线实际上由富士康控制，与深圳当地的技术能力没有什么关系。

除了京东方之外，中国大陆另一个没有经过引进生产线而进入 TFT-LCD 工业的企业是总部设在深圳的天马微电子，其母公司是中国航空工业集团属下的中国航空技术国际控股有限公司（中航国际）。天马从制造 TN-LCD 和 STN-LCD 显示器起家（从日本引进过生产线），后来决定进入 TFT-LCD 领域，于 2006 年 8 月在上海自主建设一条 4.5 代线，并在 2008 年初量产。天马最大的特点是没有成套引进过技术，她的生产线是完全自行设计的，设备材料都是自己一件件采购的。此后，天马又在成都和武汉各建一条 4.5 代线，均于 2010 年投产。不过，天马定位于中小尺寸显示器（10.4 英寸以下），不进入大尺寸市场，所以没有对行业产生很大的影响。

王东升真正想做的，是通过收购获得技术资源，然后自主建线，以便凭借自己的能力继续扩张。2003 年 2 月初，时任北京·松下彩色显像管公司中方负责人的刘晓东接受了负责建设总投资 12.4 亿美元的 5 代线的任务。刘晓东，1964 年生人，1987 年从原属军工系统的北京理工大学毕业，专业是光电成像技术（这是公开的专业名称，其实内部名称是夜视技术）。毕业时，当过班长的刘晓东以全班第一的成绩被分配到某研究所工作。但他不满于研究所里按部就班的气氛，当正在建设中的北京·松下显像管公司公开招聘时就报了名。1988 年 1 月，刘晓东辞职进入北京·松下，在那里工作了 15 年，从普通工程师一直干到副总经理（总经理是日本人）。他能够在公司的 5000 人中叫出 1000 多人名字，熟悉中国的各个电视机厂，技术认定、售前售后都管过，采购营销的企业老总都熟。跟供应链也很熟，原来的材料认定都做过，所以是一个很熟悉的环境。

王东升还是在刘晓东担任技术科科长时就注意到了他。当 1998 年京东方（东方电子集团）第一次向北京·松下派出副总经理梁新清时（见第二章第三节），王东升交给他一项任务就是发现和培育年轻干部，以便为京东方发展主营业务做

---

[1] 郑迪："龙腾液晶五代线投产 京东方上广电应对"，《21 世纪经济报道》，2006 年 6 月 27 日，http://tech.sina.com.cn/it/2006-06-22/18061003966.shtml。

好人才储备。梁新清上任后，从中方科长级干部中选拔了一批优秀人才担当部长级领导，其中刘晓东排在第一位。后来，王东升通过竞聘方法使刘晓东从中方五位部长中脱颖而出，被提升为中方副总经理。他和刘晓东谈话时说，你以前是部长，现在是副总经理了，但你要把自己当作总经理担当责任。那时，王东升已经准备进入 TFT-LCD 工业，正在着手寻找和培养发展这个事业的领导人才，而北京·松下是当时京东方培养工厂管理主管人才的最好平台。这一点也反映了中国半导体工业的不发达——发展液晶显示工业只能从显像管行业选人①。

当王东升为建北京 5 代线而第一次找刘晓东谈话时，刘并不愿意离开北京·松下，还跟王东升闹了一通情绪。为说服刘晓东，王东升使用了他惯用的激将法："你在显像管行业干，能干得很舒服，但是在液晶行业干，使出全身力气干得很累，也不一定能干好，你有没有勇气挑战一把？" 刘晓东还真被"激"到了，心想："液晶显示总得有人干，我不干也会有人干，别人敢干的我有什么不敢干？" 他是工程师出身，对技术的东西感兴趣，虽然当时不懂液晶显示技术，但从原理上说没有什么难的，只是缺乏经验。想想"也没有什么不可以放弃的"之后，刘晓东就"坚决听从董事长的召唤"②。当然，这番话是在多年之后讲的，所以我们并不清楚他接受建设液晶面板生产线的原因到底是被王东升激起了斗志，还是"胳膊拧不过大腿"。不管怎样，工程师出身的刘晓东答应干了就再无二话，背负着王东升的众多嘱咐摸索起来。

对于 5 代线的选址，京东方总部所在地的朝阳区政府很重视这个项目，规划了 4 块地（望京两块，电子城两块）供选择，同时北京亦庄经济技术开发区为了争取这个项目，也提供了与朝阳区同样的政策。2003 年 4 月 3 日，京东方董事会就 TFT-LCD 产业基地选址问题专门开会，确定的原则是不能把 TFT-LCD 简单地看成一个项目，要考虑上下游配套，确保产业群的优势，目标是建成全球最有竞争力的 TFT-LCD 产业基地，项目包括 5、6、7 代生产线各一条。2003 年 4 月 28 日，京东方董事会通过举手表决，决定选址亦庄。TFT 用地目标 2000 亩，防震动地 1200 亩，要求亦庄预留 1100 亩地至 2008 年底。

5 代线北京现地项目建设组最初只有三个人，除了刘晓东，还有负责人力资源的张宇和负责工程建设的石涛。张宇 1968 年出生，吉林人，1988 年进入北京电子管厂，一直在八分厂工作。1992—1994 年，他到日本研修。张宇从日本回来时，恰逢王东升正在努力寻求与日本企业建立合资，而他是当时公司里仅有的两

---

① 韩国企业和中国台湾企业进入 TFT-LCD 工业时都是以半导体工业为人才主要来源的。

② 刘晓东访谈，2009 年 8 月 6 日。

个能说日语的人之一，还是说得更好的那个，于是成了王东升与日本企业谈判时的助手。由于当时日语人才短缺，许多公司甚至包括东方电子与之谈判的日本公司都想挖他。出于一种我们始终无法完全用语言说清楚的原因，从北京电子管厂出身的人总是保持着一种忠诚。尽管跳槽后的工资要高出数倍，但张宇始终没有产生离开的想法。从筹建 5 代线开始，张宇在那几年的主要工作就是招人。第 5 代 TFT-LCD 生产线是当时国内少有的高技术工业项目，心气儿正高的京东方也要挑选精兵强将。在京东方为 5 代线招募的人员中，大学本科及以上学历的工程师主要从东北、华北、华中和西部的高等学校招（以"211"和"985"学校为主），中专、技校和大专学历的操作工主要从北京周边 800 公里以内的地区招（以长江以北的地区为主）。那几年，张宇"马不停蹄"地到处跑，经常连周末也搭上。有趣的是，在我们后来的访谈中，多人提到京东方那时招人很挑剔，不仅看在校的学习成绩和面试时的思维和表达能力，甚至连身高长相都考虑。当我们追问张宇时，他承认有此事，还解释说其实这也是为"孩子们"着想——"把许多从外地来的孩子特别是女孩（操作工的女性比例较高）招到北京，也得考虑他们未来的发展。"他还举例说，"后来在 5 代线的许多女操作工都嫁了工程师，这不是挺好的出路吗？"虽然这话有辩解的成分，但想想倒也不是没有道理。大致算算，张宇在那几年为 5 代线招了近 3000 人，再加上他调回总部后又为成都 4.5 代线招的几百人，一共为京东方招了 3000 多人（当然有些人后来又离开了）。由于京东方今天的大部分骨干都是从 5 代线出来的（各产线部长级以上的干部有 80% 是从 5 代线出来的），所以那几年的辛苦也是值得张宇自豪的个人成就了。2006 年 7 月张宇被调回总部负责公共关系，成为京东方在媒体上曝光频率最高的人。

石涛是北京人，1966 年出生，1988 年从北京工业大学土木工程系毕业后被分配到航天部设计院（主要从事航天系统的工程设计），在那里工作了 13 年半，成为高级工程师。21 世纪初，航天设计院改制，航天系统内的建设公司和设计院合并，变成企业（现为航天建设集团）。这个变化让石涛不满，因为他是做技术出身的，不想干施工这件事。他当时负责航天系统在北京亦庄开发区的项目，偶然发现京东方科技园事业部（该事业部负责京东方在园区内的规划等业务）在招人。这时政府规划部门也有人牵线，告诉他京东方正好缺一个做设计的人，怂恿他去试试——"干吗十几年都待在一个单位？！"于是石涛就"跳槽"加入京东方科技园事业部，第一年做些组织规划、改造、评估方案等工作。由于他在专业能力方面表现突出，引起了王东升的注意。2003 年春节后刚上班，事业部领导告诉石涛，京东方要上一个大项目，要组织项目组，董事长要见他。那次他见到王东升和刘晓东。那次见面后，石涛就进入了北京5代线项目组，负责建设5代线的规划工作。

为建设5代线，2003年3月，包括刘晓东在内的第一批京东方专业技术和管理人员到BOE-HYDIS进行工作学习。刘晓东花了整整一天的时间进入生产线，从前走到后。建设5代线的计划执行得如此之快，以至于当时那里的韩国工程师已经开始了对5代线的设计。韩国人行动迅速的重要原因是出于职业天性：HYDIS曾经打算建一条4代线，但后来因现代集团的财务危机而不能实现，现在京东方一下子要上5代线，令韩国工程师们同样处于亢奋状态。

收购完成后"扎根计划"正式启动，京东方成立北京5代线领导小组，王东升任组长，京东方执行副总裁兼BOE-HYDIS社长崔炳斗任副组长负责项目企划和技术团队组建，陈炎顺负责资本市场融资，财务总监王彦军负责银行借贷。2003年6月6日，负责运营5代线的京东方光电科技有限公司注册成立，王东升任董事长，崔炳斗担任总经理，刘晓东任副总经理。同年9月26日，京东方第5代TFT-LCD生产线项目在北京亦庄开发区动工。由于全球第一条5代线是韩国LG于2002年5月建成投产的，而全球最早的两条6代线是夏普和LG于2004年建成投产的，所以京东方建5代线的决定表现出追赶先进的气势。在对北京5代线的投资中，有来自韩国京东方（BOE-HYDIS）的1.25亿美元。京东方花了1.5亿美元的现金（其余部分来自在韩国当地的贷款）收购，收购成功后又从京东方韩国子公司得到1.25亿美元来建北京5代线……王东升的算盘果然不是一般的精明。

为保证有一个起步的市场，京东方还于2003年花10.3亿港元购买了冠捷26.38%的股份，成为其第一大股东（在冠捷董事会占有2席）。在香港上市的冠捷集团（台湾企业）是当时全球排名第二的监视器（Monitor）制造商，同时是排名第一的监视器OEM制造商，占全球监视器市场的份额35%以上，2005年液晶平板监视器销量达2200万台。收购冠捷股份解决了京东方5代线产品三分之一的市场问题。

海外收购的成功、本土5代线的开建和液晶周期高涨阶段的来临，促使王东升的"野心"膨胀起来——他要迅速扩大企业规模，与液晶巨头们一搏，于是立刻实施了三大战略措施——扎根计划、海外上市和团队持股。回顾历史，当时的"顺风顺水"使京东方的决策人难免头脑"发热"，陈炎顺在回顾历史时就"说漏"过一句：当时"我们觉得这玩意儿赚钱也很容易"。"扎根计划"就是通过在本土建设5代线，把收购来的技术能力本土化。"团队持股"就是实施一个股权激励计划——当时王东升最担心的是在大规模投资之后，那些业内的国际巨头把京东方培养起来的骨干人才挖走，所以实行这个计划以锁定骨干人才跟他王东升一起冒险。

"扎根计划"和"团队持股"都以"海外上市"为支撑。王东升的"如意算盘"是，作为上市公司的京东方收购 HYDIS 之后，以 BOE-HYDIS 在香港单独上市，它就成为一个"红筹股"①，然后京东方再以从香港股市筹到的钱投资建设 5 代线，并由 BOE-HYDIS 的母公司香港京东方拥有 5 代线。完成这个布局后，再把香港母公司跟韩国子公司合并，就成为掌握红筹股市场的一个资本国际化、产业国际化、人才也国际化的公司，当然这需要证监会的批准。由于 BOE-HYDIS 当时盈利状况很好，王东升预计如果上市成功，可以募集到 12 亿美元用于 5 代线的投资，然后在 5 年之内增资 12 亿到 20 亿美元，再建设 6 代和 7.5 代线各一条。如此这般到 2008 年（最迟不过 2010 年），京东方就能以拥有 5 代、6 代和 7.5 代三条线和 BOE-HYDIS 的三条小线跻身世界前五名，打下与领先者一搏的基础②。这个"狂想"其实符合 TFT-LCD 工业的竞争规律——在这个技术进步速度快、规模效应显著的工业中，不名列前茅就可能什么也不是。

但这个"野心勃勃"的计划毁于一个偶然的小事件。《新京报》于 2004 年 5 月 28 日刊登了一篇"京东方 MBO 迷局"的报道文章，以涉及管理层收购为由，质疑京东方的人才持股计划造成国有资产流失。实际上，京东方的"管理层收购"是购买京东方母公司"东投发"原来被银行通过"债转股"所持有、又被当作"不良资产"划归金融资产管理公司并准备向外资出售的股权③，为收购而成立的"智能科创"公司明确规定这些股份不属于个人，而是属于未来创业骨干团队④，而且交易的每一步都得到批准。这篇报道上网后立刻被热炒，舆论汹汹，然后相关部委开始联合调查京东方的"国有资产流失"问题，整整持续了 9 个月。

---

① 红筹股的概念诞生于 1990 年代初期的香港证券市场。香港和国际投资者把在境外注册、在香港上市，但主要业务在中国内地或大部分股东权益来自中国内地公司的股票称为红筹股。早期的红筹股主要是一些中资公司收购香港的小型上市公司后经重组形成的，此后出现的红筹股主要是内地一些省市或中央部委将其在香港的窗口公司改组并在香港上市后形成的。进入 21 世纪之后，红筹股成为内地企业进入国际市场筹资的一条重要渠道，红筹股的概念便延伸为在海外注册、在海外上市，带有中国大陆概念的股票。

② 王东升访谈，2009 年 4 月 2 日。

③ 关于这些股权变动和交易的正式文本和细节，见以下两份文件：2005 年 3 月 2 日京东方 A（000725）公告："京东方科技集团股份有限公司股东持股变动报告书"，http://app.finance.ifeng.com/data/stock/ggzw.php?id=13011896&symbol=000725；2005 年 2 月 28 日国泰君安证券股份有限公司："关于北京京东方投资发展有限公司改制重组之财务顾问报告"，http://baidu.hexun.com/stock/read.php?code=200725&id=78393&t=2。

④ 根据 2005 年 3 月 2 日京东方 A（000725）公告，"智能科创……作为对京东方全体核心技术管理骨干实施股权激励机制计划的平台。上述名义股东的出资系根据各自的责任大小厘定，并非享有智能科创实际权益的比例；……智能科创代表京东方全体核心技术管理骨干的利益，其权益由京东方全体核心技术管理骨干共同拥有。"《新京报》报道把京东方管理层收购的股权说成是个人所有的。

本来证监会已经准备批准京东方的香港上市计划，但面对这些争论也一时难以做出判断，索性叫停了京东方的计划。市政府主管工业的副市长陆昊专程去证监会帮忙解释，但无济于事。

上市计划的流产使京东方突然陷入困境。且不说3000万元的律师费打了水漂，当时北京5代线的厂房已经封顶，设备的订单也已经发出，很快就要支付设备款。但海外上市叫停不仅断了原来的融资来源，而且银行看到京东方"出事儿"，马上通知京东方不能如约贷款。日本报纸迅速报道："京东方5代线搁浅，可能会面临着追诉。"因为京东方签了设备采购合同，如不能按时付款就是违约。突如其来的压力如排山倒海，让王东升一时"懵了"，有个下午他独自在5代线的厂房顶上整整徘徊了两个小时。他需要一个人独处，想了很多，觉得很委屈——"我做的本来是好事，对国家民族都好，为什么不同人的想法就这么不一样？"多年后他提及此事说："坦白地讲，意志不坚定一点也就跳楼了"[1]。

上市计划破灭后，京东方只好启动第二预案（有多个预案），即银行贷款。由于融资需要7.5亿美元，所以只有组建银团才可能提供这么大额度的贷款。银团由建设银行牵头，但开始时非常困难，怎么组都组不够。到2004年年底时，京东方的资金链已经几乎断裂，又逢过年之际，从建筑公司拿不到工资的农民工要闹事。在这个关头，北京市副市长陆昊把国家开发银行（国开行）的一位负责人介绍给京东方。那位负责人听了京东方的情况，立刻意识到液晶工业的战略意义，表示国开行愿意提供2亿美元参与银团贷款。由于组建银团还需要时间，国开行就先给了一笔为期4个月的2亿元（人民币）"搭桥贷款"（只用一个星期就完成了贷款程序），让京东方先去付工程贷款，付完以后等银团贷款出来以后再把钱还上，这才使京东方的资金链没断[2]。尽管不是牵头银行，但国开行和牵头银行一样承担责任，帮助把银团组织起来。2005年4月8日，京东方5代线项目银团贷款举行了签约仪式，以中国建设银行牵头，包括国家开发银行、中国银行、交通银行、农业银行、华夏银行、招商银行、北京银行、厦门国际银行九家银行组成的银团，与京东方签署了7.4亿美元的贷款合同，用于京东方5代线项目。此外，北京市政府非常支持京东方建5代线，提供了28亿元的借款。5代线建成投产后，市领导[3]专程把国开行行长陈元请到京东方视察。陈元在参观后的座谈

---

[1] 王东升访谈，2009年4月2日。陈炎顺的回忆是，"董事长一个人在厂房顶待了两个小时，大家都很担心，也不知他一个人在想什么"（访谈，2013年7月5日）。

[2] 姚项军回忆说："那时候我们的每一步都很紧张，刘晓东总带着我们等国开行的批文，下来就去盖章付钱"（访谈，2014年10月10日）。

[3] 北京市常务副市长翟鸿祥和主管工业的副市长陆昊。

会上说，液晶显示器是工业的粮食，还说京东方的5代线是国家战略项目，国开行就是应该支持这样的项目，允诺全面支持[①]。京东方的发展从此得到了国开行的支持。

2005年1月28日，京东方5代线生产的17英寸液晶显示屏首次出货，交付国际客户；同年5月25日，京东方宣告5代线成功量产。以银团贷款的形式为5代线融资已属不易，但这样一个资本金不足的财务结构留下了很大的风险。为了节省投资，北京5代线没有建彩膜部分，不利于降低成本，特别是后来的还贷负担差点压垮企业，而最不利的是使最初设想的扩张计划没有能够实现。

回顾2004年海外上市计划的流产，王东升后来总结过自己得到的教训："那个时候我们真是缺乏政治头脑，没有理解在中国做这么大的产业必须形成社会共识。我们以前想冲进去的产业不过投资几千万或一两个亿，所以不需要社会整体的认识，我们自己完全可以运作。后来我们以为干投资几十个亿甚至几百个亿的产业也是一样的，这就说明我们还不是成熟的企业家……"[②]

其实，不管王东升对这个事件多么惋惜和后悔，从历史的眼光看，也很难说2004年的香港上市计划如果成功就会怎么样。京东方在2005—2006年遭遇的巨亏很难让人相信资本市场会去支持一个后进者在这个产业中的追赶，而京东方通过建设和运营5代线的能力成长过程也很难让人相信她能够在5年内就掌握建设和运营5代、6代和7.5代三条线的能力。命运让京东方的决策者栽了一个跟头，也许只不过是在提醒他们：苦没吃够，成功不会那么容易得到。所谓"艰难困苦，玉汝于成"的说法，本来就是用在成大器者身上的。

第三节
黑暗的隧道

无论京东方人事先做过什么样的评估，有过什么样的心理准备，他们只是在进入TFT-LCD工业之后才真正理解到这个工业带来的风险和困难，就像一个人只有跳入海里才能体会到大风大浪的恐怖。

液晶周期从2003年初开始进入上升阶段，15英寸TFT-LCD显示屏的价格一度蹿升到每片230美元，致使刚刚拥有了BOE-HYDIS的京东方集团在那年的营

① 王东升访谈，2013年10月9日。
② 王东升访谈，2009年4月2日。

业收入达到破纪录的 111.8 亿元，比上年猛增 133.7%；4.03 亿元的净利润更是比上年暴增 386.72%。一时间，企业内洋溢着一片喜悦气氛。

但好景不长，液晶周期从 2004 年下半年开始进入衰退阶段，15 英寸显示屏的价格一路下跌到每片 145 美元，致使京东方在韩国的全资子公司 BOE-HYDIS 开始亏损。不仅如此，当京东方的北京 5 代线于 2005 年 10 月开始量产时，也正好赶上这个低谷期。这条线的主打产品是 17 英寸显示屏，其市场价格在动工建线时还是每片 300 美元，但到该条生产线建成量产时，每片价格却跌到 150 美元。那是京东方在国内新建的第一条生产线，初期良品率不高，亏损难免，资金又短缺，日子很难过。TFT-LCD 工业的技术变化速度快，一条生产线在 7 年内就必须折旧完毕，于是 5 代线正式投产的当年就必须提取 13 亿元的折旧，再加上经营性亏损，2005 年全年的亏损总额达到近 16 亿元——这是京东方自 1993 年扭亏以后的第一次年度亏损。

京东方以及其他刚刚进入的中国企业是否受到国外领先者的打压？没有直接证据，但逻辑很清楚。高技术产业的市场与小商小贩组成的菜市场不同，后者的特点是每个竞争者都无法影响价格水平，所以最符合经济学家心目中的最优状态——"完全竞争"。但在高技术产业，市场价格和成本结构主要受领先者的影响。就在京东方建设 5 代线的同时，全球 TFT-LCD 工业的产能扩张也进入一个高峰。从 2004 年四季度到 2005 年四季度，全球共有 11 条 4.5 代以上的 TFT-LCD 液晶面板生产线投产，这些生产线形成的新增产能在 2005 年开始显现。2006 年 8 月，夏普宣布世界上第一条 8 代线投产，而三星与索尼合资的 8 代线也在那年年底投产。不久，夏普又宣布计划斥资 5000 亿日元（约合 42.6 亿美元）建设第 10 代生产线。由于更大的玻璃基板切割不同尺寸液晶屏的选择范围更大，所以领先者建设更高世代线不仅可以追逐大尺寸电视市场的需求，也可以通过选择性定价而置一时还跟不上步伐的新进入者于不利地位。例如，当时不同尺寸液晶屏的价格并非是按平均水平下跌。从 2005 年 11 月到 2006 年 2 月，26 英寸液晶屏的价格仅下滑了 1.22%，37 英寸液晶屏的价格仅下滑了 2.4%，32 英寸液晶屏的价格也只下滑了 4.1%，但同期的 15 英寸、17 英寸液晶屏的价格跌幅却都在 10% 以上，其中京东方 5 代线的主要产品 17 英寸液晶屏的价格下滑了 13.53%[①]。

经历过那个阶段的姚项军向我们讲述了当时京东方陷入财务困境的许多细节。姚项军是浙江人，1977 年出生，2001 年 7 月从北京商学院研究生毕业后加

---

① "京东方疯狂巨亏的背后"，《江南时报》，2007 年 5 月 21 日，http://tech.163.com/07/0521/09/3F0PNSSI000915BD.html。

入京东方（他的本科和研究生都是在该学院财务专业读的）。虽然毕业时他已经握有民生银行和投资公司的录用通知书，但他在京东方面试时感受到的活力与和善还是使他决定加入京东方，尽管工资比银行低很多——"银行那些面试的人不重视你，而京东方的人很期待你来，还会主动跟你讲一些东西。"姚项军在京东方财务部门工作一年后，被派到北京·松下实习。起因是王东升有一次召集财务人员一起谈心，让每个人谈谈下一步怎么把财务发展得更好。姚项军发言后，王东升觉得他思路挺清楚，就开始有意培养他。他在实习期间要每个月写实习报告，交给财务的领导并抄送董事长一份。姚项军后来听别人说，王东升有一次在机场候机时翻到他写的实习报告，称赞写得好。不久之后的 2002 年 12 月，姚项军被派到韩国参加收购工作，在那里度过辛苦而难忘的两年[1]。我们在访谈中多次听到，大胆启用年轻人一直是王东升的做法。

2004 年年底，姚项军被从韩国调回，协助王彦军处理银团贷款的工作。据他回忆，5 代线刚一量产就被腰斩产品价格的情况，让参与银团贷款的各银行难以"下咽"，脸色都很难看，抱怨京东方欺骗了它们，于是京东方不得不每个月做一次银行沟通会[2]。2005 年出现重大亏损后，银行基本上拒绝再给任何贷款，而且把京东方的信用等级由良好下调为次级（即有重大风险）。一旦有一个银行这样做，其他所有的银行都不会提供贷款。当时只有国开行死咬着没有降低京东方的信用等级。姚项军评价说，国开行不仅有长期视野，而且其评审体系中的人都是各个行业的专家，态度会相对客观一些。相比之下，商业银行没有雪中送炭的，都是锦上添花的——"业绩越好它们越要给你钱，越不好、越需要钱时它们越不给。现在是银行都求着我们贷款。"

京东方需要钱的原因是 5 代线的扩产。那时 5 代线的产能只有 60K，因缺钱买设备不能达到 90K 的设计产能，同时京东方还想补建彩膜工序。由于商业银行不贷款，京东方就去找其他的金融机构，最后找到的是国开行的软贷款，其程序是国开行把钱贷给一个投资机构，再由那个投资机构把钱贷给京东方，对于京东方则是资本金注入。京东方找到市属的一家国有投资公司，由国开行把钱贷给它，它再把钱贷给京东方。那时京东方的财务人员每天跟着国开行弄评审，弄完又要去这家投资公司。姚项军回忆说："虽然钱不是这家投资公司出的，但是要过他们手，所以天天要找他们盖章弄手续，特别费劲。王（彦军）总那时候给我一个任务，就是去他们那里'泡'，我去他们写字楼，上不去楼就等着谁进去时

---

① 姚项军访谈，2014 年 10 月 10 日。
② 同注 ①。

跟着溜进去，到办公桌前催他们。我们感到很委屈。"不过王东升后来告诫姚项军等人说："人家是在帮助我们，别人凭什么要为我们承担风险？我们还是要有感恩之心。"尽管做了很多努力，京东方最后还是没能凑够补建彩膜所需的3亿美元，只凑了11.2亿人民币。这笔钱后来用于5代线的两期扩产（见下）[①]。

进入2006年，京东方面临的压力越来越大，市场回暖无期，产品价格继续下降，那年的亏损额超过17亿元。北京市政府为京东方的亏损专门开过一次会，会上大家明确表示市政府无力相救。京东方在2005年和2006年两年亏损了33亿元。此外，证监会也在2005—2007年期间对京东方进行了调查，因为怀疑京东方有内部调节利润的行为才导致价格波动如此之大，但最后把京东方"无罪释放"了，因为查了三年之后发现这个工业确实就是这么个鬼样子。

为减轻财务危机，京东方同时开始出售资产来获得现金，最大的一笔是卖掉所持冠捷的股份。冠捷的股份是2003年花10.38亿港元买的，收购的目的是为5代线打开市场通道。到2006年，5代线的客户已完成过渡，冠捷的战略意义下降，只剩下每年3000万元红利的经济意义。出售冠捷股份的计划本来是保密的，但经过发改委、国资委、商务部、港澳台办等机构文件一圈批下来，全世界都知道京东方要卖掉所持冠捷股份了。京东方在股票价格达到8.92元的时候开始报批，结果到可以卖的时候已经变成4元多了，只好又等到回升至5.5元—5.7元时出手。2007年1月和5月，京东方分两批出售所持冠捷科技的股份，最后分三次全部出手，一共卖了24亿港元。这笔钱被用来还贷，使企业的负债率下降到50%。

京东方高层至今还留有遗憾的一件事是不得不卖掉对BOE-HYDIS的股权，虽然不完全是出于财务压力。进入液晶衰退期后，BOE-HYDIS也开始亏损。本来京东方准备对其进行结构调整（如把劳动密集的生产环节搬到中国，将员工总数从1700人调整到800人），但遭到当地工会的坚决反对。由于已经资不抵债，BOE-HYDIS在2006年初申请法定管理，在法院监督下管理债务。京东方曾经提出把专利所有权全部买过来作为注资的条件，但没有谈成。2007年5月，韩国法院启动企业再生程序（破产保护程序），对BOE-HYDIS进行二次转让，最后卖给了台湾元太科技，京东方全部退出。

连续两年的亏损对京东方造成巨大压力，而使这压力几乎无法承受的还有另一个原因：由于5代线没有实现从（海外）资本市场融资的计划，所以主要投资来自银团贷款，致使京东方对外的财务负担很重。5代线的设备折旧需要7年，

---

① 姚项军访谈，2014年10月10日。

但是贷款合同要求 5 年就得结算。到 2007 年 4 月，5 代线的银团贷款进入了还款期。当时 5 代线还处于困难期，无力还款，所以唯一的出路就是获得贷款展期，否则公司的现金流必将断裂。

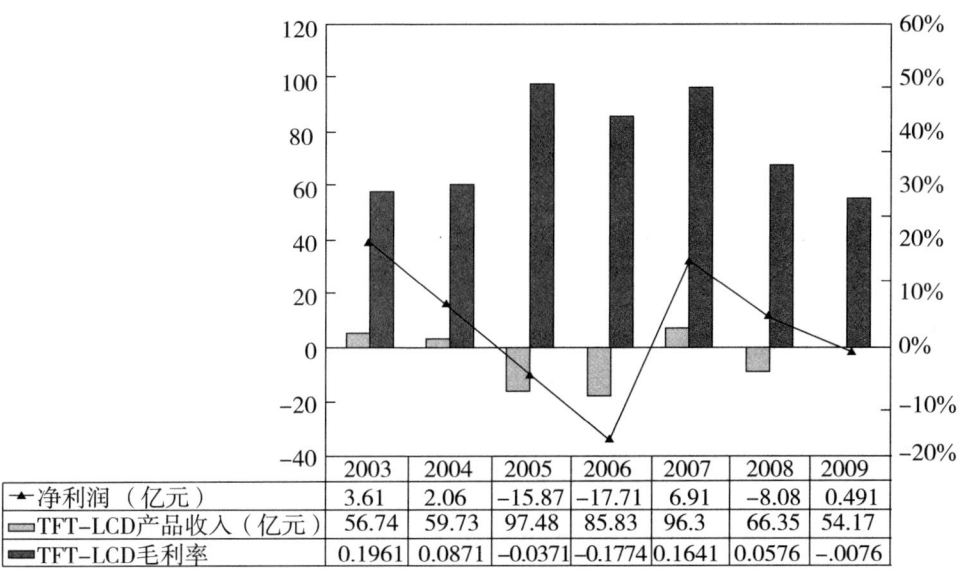

	2003	2004	2005	2006	2007	2008	2009
净利润（亿元）	3.61	2.06	−15.87	−17.71	6.91	−8.08	0.491
TFT-LCD产品收入（亿元）	56.74	59.73	97.48	85.83	96.3	66.35	54.17
TFT-LCD毛利率	0.1961	0.0871	−0.0371	−0.1774	0.1641	0.0576	−.0076

图 4.1：京东方财务数据（2003—2009）

资料来源：京东方历年年报。

当时是祸不单行，市场不景气，产品又出了质量问题，国际大公司的订单剧减，致使京东方 5 代线的设备开工率不足 70%。这下使得王东升腹背受敌，只好去找北京市主管工业的副市长陆昊，请求帮助协调银行关系。王东升一方面领队亲赴海外，说服国际客户增加订单，另一方面让陈炎顺和王彦军无论如何办好银行贷款的展期工作，请银团牵头的建设银行组织各个银行到北京 5 代线参观，向他们讲解技术并解释为什么需要展期。北京市政府面临的压力也很大，为规避风险就借助整合（指京东方、上广电和昆山龙腾三家液晶企业的整合，见下）的概念谈银团贷款展期。2007 年 4 月初，京东方在北京国际饭店举办了一次与各债权银行的沟通聚餐会，由陆昊副市长出面协调京东方与银团关系。陆昊在发言中表示感谢各银行对发展产业的支持，但是没有想到这个行业有这么大的风险；相信京东方还是在努力，政府方面也在想应对的措施，而政府也不是不能承认失败（意思就是让银行也做好项目失败的心理准备）。然后陆昊就对陈炎顺说："你就在上面站着表态并回答问题，人家要不满意你就别下来。"于是陈炎顺就站在台上，向正在吃饭的银行代表们解释京东方未来会怎么做，讲完后下面开始提出各种尖锐的问题，陈炎顺一中午都在回答问题，连饭都没吃上。

当大多数银行都同意展期时，在银团中只提供了 1000 万元贷款的厦门国际银行死活不同意（银团贷款展期必须获得各银行的一致同意）。这家银行有外资背景，所以通过银监会做工作也不行。为说服他们，财务总监王彦军拿着王东升的亲笔信专门飞到厦门去沟通，但该银行的一个部门总经理还是死活不见。最后，通过双方的一个特殊安排，该银行终于同意展期。不过，厦门国际银行的公章还是拖过了 4 月 13 日还款期限才盖，导致其他各银行的系统里都出现了逾期。虽然后来又给调回去，但还是惹得各家银行很不高兴。无论如何，5 代线银团贷款的还贷期从 5 年延长到 10 年，使京东方的故事还能继续。厦门国际银行后来在北京开设分行，还主动找过已经发达起来的京东方求做生意，但姚项军咬牙切齿地说："我们绝对不再与这家银行合作。"我们对姚项军的访谈是 2014 年 10 月 10 日。当他描述当年为了融资四处奔波的过程时，一度突然哽咽，难以自已。虽然时间已经过去了七八年，但当年的那段日子还是让他内心充满委屈。

可以想象王东升当时受到的压力，这个把京东方从北京电子管厂的毁灭中带出来的领导人，又因为进入 TFT-LCD 工业而"带着"京东方走入亏损。财务危机对企业造成的最大威胁是队伍的稳定，干部、员工在那种时刻最容易质疑的问题是：京东方进入 TFT-LCD 工业的决策是否正确？皇甫鲁江说，为什么在开决定收购的会上有那么多人反对，就是意见很清晰："我们办了那么多合资企业，这些企业都有利润，我们想干点什么就干点什么，不愁吃穿。如果我们收购，将来可能有一天又要发不出工资，又要面临倒闭"[1]。这种被担心的情况在 2007 年时真的出现了，肯定会有人往事重提。"董事长那时对付这种话时说：'如果我们倒了，我们这些人还在中国，也算是为中国液晶产业垫了个底，也算是先烈'"[2]。

在京东方内部，王东升是最后一个坚信当初决策正确性的人，原因并不在于进入的决策是他做出的，而在于他内心深处始终怀着一个让京东方在高技术产业中做大的梦想。他有理由相信未来，因为两次危机毕竟有本质不同：前一次是面对技术替代的市场毁灭束手无策，而后一次是在自己主动选择的工业领域遭遇市场波动。但他必须让其他人也相信这些理由。王东升在激发干部员工的斗志方面确实有一种"魅力"，他经常在企业最困难的时刻去向大家描述未来的辉煌前景。据一位从事研发的博士回忆，京东方的中央研究院在 2005 年刚刚成立时就遭遇企业的财务危机，正在筹划的研发实验线被叫停，招聘计划大都被取消，随着一些人陆续离职，研究

① 皇甫鲁江访谈，2013 年 9 月 30 日。
② 同注①。

院最少时只剩下两个博士还在坚持 LED 背光源的研发。在年底的迎新晚会上，王东升走到研究院博士们的席间对他们说："虽然现在研究院只有 3 个人，但马上就要有 30 个人，以后要有 300、3000 个人，京东方的技术研发一定要搞起来。"这位后来升任的博士在 2008 年自豪地说：正如王东升所说的那样，研究院由原来的两三个人，发展到了 300 多人；LED 背光源项目得到支持，研发实验线也开始筹建……这位博士在经历过这次危机之后坚信："经历过苦难的京东方，必然会成为在不断战胜危机中成长起来的伟大公司"（京东方 2008，第 292–294 页）。这样的故事很多，而多数能够讲出这些故事的人都会说："当时不信，但现在信了"。所谓"现在"当然指的是走出困境之后，也就是说，多数人在最黑暗的时刻，对王东升所描述的光辉前景其实是不信的。但问题不在这里，而在于多数人仍然被自己所不相信的前景所鼓舞。因此，王东升的"魅力"不在于他能掐会算，而在于他以自己宗教般的信仰为京东方的所有员工提供了方向感：京东方是一个主攻显示器的高技术企业，而且要做显示技术领域中的世界领先企业。这种方向感对于京东方人忍受危机的作用是重要的，因为它给人以希望。

有点悖论的是，危机往往也是企业能力发展的良机，因为危机恰恰是迫使企业提高学习强度的动力。无论怎样，度过危机最终要靠自己的能力成长。2005 年 4 月 15 日，王东升在京东方集团应对危机的誓师大会上提出"3020"行动——即提高产品价值 30%、降低单位成本 20%，他特别要求整个企业要把握"以速度和品质取胜"。于是拉开了一场"苦练内功"的大幕。京东方光电是改善京东方集团财务状况的关键，它所运营的 5 代线的生产成本当时比国外大厂商的水平高 10% 左右，单一生产线的规模限制了成本降低；主要的上游配套厂商也不愿在京东方的生产线周围建厂，玻璃基板和彩色滤光片等主要材料和配件需要进口，价格贵而供货周期长。

即使在那样的困难阶段，京东方仍然在寻求任何可能的扩张机会。为了筹备 6 代线的建设，王东升把刘晓东调回总部负责"聚龙计划"（见本章第五节），同时起用老将韩国建担任京东方光电的总经理。2006 年 5 月，韩国建临危受命接任了这个处于"风口浪尖"的职务。他一上任就感到公司最大的危险是现金流已经快转不动了，而更重要的危机是中韩两个团队未融合好。韩国建上台伊始就连砍了三"刀"。第一刀，梳理劳动合同关系。他把韩国专家的派遣合同改成雇佣合同——从此他们的身份不再是 BOE-HYDIS（韩国京东方）的派出人员，而直接是京东方光电的雇员。第二刀，更换不称职的干部。首先更换了采购总监。在内蒙古割过麦子和脱过土坯的韩国建处理这件事只花了 3 分钟，他把担任采购总监的干部叫到办公室，对他说了三句话：第一句是采购总监要换人；第二句是你自己去写辞职报告，不要让我把你辞了，否则对你今后不好；第三句是你自己去思考原因，比我来说明原因更好。其实韩国建已经掌握了他与供应商不正当关系的把柄，所以对方未说一个不字就提交了辞职报告。第三刀，所有报废的东西必须由韩国建签字[①]。韩国建把保证现金流作为工作的切入点，采取的方法是减少一切花钱的地方，甚至采取了限产的措施（当时的部分产品已经不适应市场需求的变化），使下半年的亏损额比上半年减少近一半。

"老姜"有"更辣"的道理：虽然韩国建与刘晓东的职务是一样的（都是总经理），但他却更具有权威——不是来自正式权力，而是东方文化传统中的非正式权威，来自他的资历和经验。由于韩国建在收购后是 BOE-HYDIS 的第一任中方副社长（副总经理），所以除社长之外的所有韩国人员都曾经是他的部下，于是对他更服从，何况韩国建对 TFT-LCD 工业更有经验。两个月后，韩国建又免去了担任销售总监的干部，换上时任京东方集团公共关系总监的李学政。李上任后果然大刀阔斧，重组了销售组织——把销售小组设置到客户的生产工厂，上面的层次是按中国台湾、韩国、新加坡和中国大陆划分的四个一线销售区域，再往上则是负责支持与协调的总部销售部门。连戴尔和三星都承认，这个架构应该属于业内前三名大厂商的（京东方 2008，第 165 页）。在那些日日夜夜，销售团队的拼命程度丝毫不亚于生产人员。在 2006—2007 年的销售淡季，李学政平均每天要评阅 200 多封电子邮件，每天只睡 4 个小时，满世界跑，曾经在一次出国期间留下了 3 天 4 夜没睡觉的记录。"头儿"如此，"兵"们也只能如此。销售团队养成了会议结束后马上用中英文写会议纪要的习惯，而李学政经常在凌晨收到这些纪要，再经他的整理发给所有团队成员，以保证他们第二天一起床就了解到最新的销售信息——速度就来自这种信息共享。这支团队学会了如何在不同地区、不同季节、不同客户之间进行最有利的销售，而且学会了以 0.01 美元（而不是原来的 1 美元）为价格单位进行商务谈判……

从自主建线开始，使用韩国籍专家就成为京东方的一项战略。韩国发展 TFT-LCD 工业比中国大陆早十几年，意味着韩国工程师有领先中国工程师十几年的经验积累，所以使用韩籍专家可以弥补中国工程师的经验不足。但京东方是把韩籍专家当作学习的老师，既没有陷入依赖，更没有被控制。王东升对韩国建说过，不管本土人才和海外人才，都要在一个梦想、一个公司、一个团队文化之下，发

---

① 韩国建访谈，2013 年 5 月 9 日。

挥各自的优势，一视同仁；充分发挥外籍干部的专长和积极性，鼓励主人翁精神；对本土干部更要严格要求，勤奋学习，强力激发，快速成长。从当时的问题实质来讲，渡过危机的紧迫需要促使京东方管理层根据自己的逻辑和做法对企业的运营体系采取重组行动，导致对原来所倚重的韩籍专家的角色调整。韩国建的大刀阔斧整顿，大大加速了中国技术和管理人员在各个层次和环节上独立担纲的过程。

但提高价值、降低成本需要对整个体系的动员和改革。在"一切为了满产"的口号下，京东方光电从 2006 年 7 月 30 日起全面动员起来推进"3020"行动。实际上，从 2006 年的年初开始，员工的情绪出现过波动，许多其他企业来挖人，甚至把招聘广告贴到公司的门口，许诺工资翻倍，甚至一些曾经派去韩国培训的人也跳槽了。为稳定队伍，京东方光电于当年 5 月反而提高员工工资（平均 20%–30%，局部 40%），对包括操作员在内的每个人都制订方案，重新普调了一次，使人均工资达到以外资企业为主的半导体工业的 80% 分位水平（另加福利待遇）。

但真正起到激励作用的仍然是在目标明确条件下焕发出来的责任感。在"3020"行动开始后，京东方光电的全体员工被动员起来寻找问题并提出解决方案。仅仅在半年内，员工们就提出数千项改善提案并被迅速付诸实践。当意识到自己的行动关系到企业的命运时，几千名平均年龄 20 岁出头的员工牺牲休息时间，加大工作量，力保设备 24 小时连续运转。在这个过程中，一些员工在没有管理者的要求下就主动采取行动。例如，有一次当设备出现问题时，为了不影响当期产量，员工就用人力来搬运产品——那一次大部分员工连续搬运了 10 多个小时，许多人从生产线出来后倒在地板上就睡着了（京东方 2008，第 162 页）。

降低成本的努力也是贯穿所有的环节。以降低损耗为例，员工们一改从前的做法，把所有不能扔或可以不扔的物料全部利用起来，如损坏的背光源金属零件、膜片甚至报废灯管都加以保留利用，其中由专门的维修科再做成可用的产品。即使对于只能扔掉的垃圾，也采取分类、过秤等方法提高出售垃圾的收入，如此的努力竟然使垃圾回收的一个月收入抵上过去一年的回收收入。到 2007 年 10 月，单位材料成本从原来的 20 多美元降低到 6 美元。

2006 年，已经进入 TFT-LCD 工业的中国大陆企业都处于艰难时刻。那一年，京东方和上广电·NEC 分别亏损 15 亿多元和 20 亿多元，龙腾光电也困难重重。在这种情况下，由信产部提议，这三家企业一度探讨过"整合"——共同组建一家公司来统一运营它们旗下的液晶面板生产线。对京东方来说，5 代线的运营效率在不断提高，但单一生产线的效率提高还不足以抵销市场衰退的作用。进入

2007 年后，京东方已经处于最困难的时刻，亏损持续，扩张无门，真有点走投无路的感觉。为了避免液晶业务的亏损拖累京东方集团作为上市公司的地位（再赔钱就要被戴上"ST"的帽子退市），京东方的决策者们想到把 5 代线（即京东方光电）分拆出来，以保住京东方科技集团的上市"壳子"。

2006 年 12 月，在信产部、国家开发银行等部门的推动下，陷入经营困境的京东方、上广电、龙腾光电三家宣布将各自旗下的 5 代线剥离出来，合并成立合资公司统一运营。同年 12 月 27 日，京东方发布《京东方科技集团股份有限公司关于拟与国内 TFT-LCD 企业进行整合的提示性公告》。京东方准备首先将 5 代线（京东方光电）剥离给其母公司京东方投资，然后再参与整合。于是，*ST[1] 东方于 2007 年 3 月 28 日凌晨发布业务重组公告，《关于拟出售北京京东方光电科技有限公司部分股权以及回购本公司部分股份的报告书（草案）》，宣布在持续亏损下不得不"壮士断腕"，将其主业也是其亏损大户的 5 代线 TFT-LCD 业务剥离给其大股东。公告披露，京东方科技将手中持有的京东方光电 78.54% 股权，分别向控股股东京东方投资和北京工业发展投资管理有限公司出售 61.62% 和 11.92%，其中，京东方投资以所持京东方科技 13.278% 股权，按照 3.61 元 / 股的价格作为支付对价，而工业公司则以持有京东方 3.1 亿元的银团贷款债权作为支付对价。交易完成后，京东方科技只保留京东方光电 5% 股权。2007 年 4 月 25 日，京东方股东会通过京东方光电（BOEOT）分拆重组方案，报商务部和证监会审批。

但对于王东升来说，剥离 5 代线绝不代表着放弃液晶业务，只是为维护京东方上市公司地位的权宜之计，正如他当时所言："我们已经连续两年亏损，公司已面临退市风险，为了避免退市风险，保护投资者的利益，剥离 5 代线实为痛心无奈之举。"实际上，王东升自己已经准备"跳到"液晶业务里去——出任新整合公司的总裁（董事长由上广电派人出任）。姚项军在回忆这个过程时评论说："董事长觉得那块事业还是有机会的，不能放弃，所以要把自己押到那上面去。这是为了保住革命的命根子"[2]。还在剥离 5 代线过程中的 2007 年 5 月 4 日，王东升在集团"五四"表彰大会的讲话中向青年员工提出要坚定在京东方创事业的信念：

> ……我们到底困难到什么程度？我可以打一个简单的比方，京东方

---

① ST（Special treatment）是沪深交易所对财务状况或其他状况出现异常的上市公司股票交易进行特别处理，并在股票简称前冠以"ST"。*ST 是指公司经营连续三年亏损，退市预警。

② 姚项军访谈，2014 年 10 月 10 日。另据一位坚持要求匿名的受访者（访谈时间是 2013 年 5 月 7 日）说，由于 5 代线是京东方资产最多的部分，所以决定剥离它后，京东方的高管们都纷纷"寻求自保，找后路了"。我们无从判断这个描述的真实性，但至少王东升给自己找的"后路"是与液晶事业共存亡。

是兽中之王。兽中之王是谁？是狮子。京东方就是大狮子，很强壮的狮子，但在暴风雨中，狮子感冒了，这就是我们现在的困难。

……我们还远远没有完成工业化。我们在座的很多同事，家庭出身就是农民，我们的父辈大部分是农民，我们的爷爷辈更是农民。有人说中国是世界工厂，那只是人家给的一个说法，实际上，我国大部分工厂仍处于组装、粗加工阶段。中国的工业化程度并不高，还算不上达到工业化的中期。我们的技术还很落后，虽然我们有一些技术型企业，但是和先进国家比还差很远。

然而，我们京东方已经是一家真正进入后工业化的企业。从信息产业来讲，一个国家什么时候算进入后工业社会，也就是工业化后期，就看你能不能自主搞半导体、TFT这样的产业。这种产业是技术密集型、资本密集型、甚至是政策密集型的产业。搞这样的产业，韩国的三星，难受了二十年，它在半导体的基础上搞TFT，还亏了七八年。台湾的友达，亏了七八年。日本的索尼和松下也都经过这个阶段。因此，每个国家工业化的过程，都得有一批企业去承受这些磨难，去冲开科技与资本的瓶颈，在经历磨炼和挑战后发展壮大起来。

……在这个过程中，由于价值观的不同，有一些议论和不同的看法，甚至受到委屈，是很正常的。但是作为一个有抱负的企业，有决心要自立于世界优秀企业之林的中国企业，我们京东方的同事们，一定要从产业发展史，从社会进步史来客观地看待我们现在的困难，明白这是发展过程中的困难，是前进过程中的困难。

……我们亏了两年，社会上的负面说法多了起来。当年三星搞半导体和TFT，遇到困难的时候，也有负面甚至反对的声音，但是他们坚持下来了，成了世界优秀企业。……负面的评价可以让我们更加冷静地、理性地把事做好。但我们必须建立这样一种信念：我们走的路是正确的，我们现在碰到的困难，跟我们企业核心竞争力的提升相比，是微不足道的，这是前进中的困难，我们有能力克服。

以上，就是从产业发展史的角度看我们现在的形势和面临的困难。我们要独立地思考，不能人云亦云。要坚定理想信念，不管碰到什么困难，坚持创办显示领域世界领先企业，业内最具价值企业这个信念决不动摇。

按照原计划，三大液晶面板企业本来应该在 2007 年 6 月 30 日之前签署关于重组的最终法律文件。根据媒体报道，整合项目涉及资产量巨大，工作复杂，特别是主导权之争，使得整合过程扑朔迷离，其间出台了多个"整合版本"，长时间议而未决①。由于上广电的财力最雄厚（上广电·NEC虽然亏损更严重，但负债率比过多依靠贷款的京东方低很多），而背后的上海市政府又宁为老大，所以上广电坚持要求对新建公司的主导权。相反，北京市政府则同意卖掉京东方光电并放弃控股权。京东方于心不甘，曾经想和昆山联合起来（两家股份加起来比较大）以"抵抗"上广电的控制，但没有成功。最后三方达成一致，由上海牵头，京东方把5代线的控制权让给上广电，成为次要股东，只是没有最后签约。由于中间多次波折，三方不得不宣布将签署关于重组项目之最终法律文件的日期调整到2007年9月30日之前。

真是"天有不测风云"，从2007年4月开始，液晶面板市场突然好转，价格开始反弹，并呈现出快速增长的态势。作为京东方5代线主打产品的17英寸液晶面板，其出货价从3月底的103美元/块一路上升到8月底的132美元/块，涨幅达到30%。特别重要的是，京东方在艰难困顿中坚持扩产的决策得到回报。5代线在2005年8月产能达到最初设计的60K后，通过由5次光刻变为4次光刻工艺的技术改造、工艺节拍缩减和增补设备，2007年5月的产量突破80K，达到86万片，基本实现达到规模经济的满产②。于是，价格的上涨，加上产能和良品率的提高，研究开发能力的增强，致使京东方光电从5月份起就扭亏为盈，并在第二季度首次实现季度盈利，设备开工率和产品良率均接近全球领先企业的水平，资金实现良性周转。面对这个"突然"的变化，京东方高层似乎一时还没回过神儿来。王东升在2007年7月27日的集团年中工作会上仍然说要"确保BOEOT（京东方光电）盈利不下市，同时也为了突出重点、实现专业化分工，做实、做精、做强，集团决定将BOEOT业务剥离，将集团企业结构从直线型转变为三角形，让两大公司相对独立，专注于各自领域"③。但在这次会议上，高管们提出，好不容易尝到挣钱的滋味，还是先挣点钱再说吧。尤其在发现京东方5代线的赢利能力远超上广电的5代线之后，越想越觉得不对劲儿的陈炎顺找了代表小股东的券商，向王东升建议停止分拆。其实，王东升早已明白三家整合失去意义，只是在等待一个可摆在桌面上说的理由。

---

① 庄莉莉，"'龙头'之争，液晶面板产业整合"，《上海信息化》，2007年7月；马丁，"液晶产业的最后机会"，《互联网周刊》，2007年1月5日。

② 姚项军说，如果在最困难的时候没有坚持扩产，京东方就会与上广电的命运差不多。2007年京东方赢利7个亿，而上广电亏了3个亿，区别就是京东方的产能上来了，多了接近60%的产出，边际效益很大（访谈，2014年10月10日）。

③ 王东升："当前形势和未来目标战略"，2007年集团年中工作会讲话。

2007 年 8 月 31 日，*ST 东方发布公告称，在 TFT-LCD 行业和资本市场都向好的情况下，出于保护全体股东利益的考虑，决定停止实施 5 代线 TFT-LCD 业务剥离重组工作，并通过非公开发行 A 股方式再融资 60 亿元，投资扩产以强化 5 代线整体盈利能力。同时，公司计划投资建设一条 4.5 代 TFT-LCD 生产线（以下解释）。京东方停止分拆就意味着"三家整合"的失败。上海方面对此很不高兴，觉得北京市不讲信用，与京东方结下了"梁子"。市场形势好转后，龙腾光电把主要精力放在二期项目上，京东方也在推动自己的 4.5 代线建设，上广电决定开建 6 代线，"三合一"的计划不了了之。

在危机中快速成长的能力为企业经营状况的根本好转奠定了基础。2008 年 7 月，通过增补设备和工艺节拍缩减等措施，5 代线实现产能 100K。在产品质量得到大幅提高的同时，产品开发的力度也加大了。京东方于 2003 年通过跨国收购完成技术和市场布局后，其客户到 2006 年时已经包括了三星、LG、飞利浦和戴尔等著名公司。对于三星这样的公司来说，虽然因为自己也生产 TFT-LCD，但为了保持各事业部之间的市场关系，所以有三分之一左右的液晶屏也一定要外购。三星给京东方的产品其实是最难做的产品，不过这种"苛刻"也使京东方的研发能力大幅提升。从总体上说，当时京东方光电销售方面的一个主要问题是，由于技术和营销网络的"韩国出身"，主要供应韩国地区客户。在危机时期开拓市场的努力改变了这种结构：京东方光电 2006 年第一季度在中国区的销售量在总销售量中的比例不过 16%—17%；但到了 2007 年 7 月，中国区液晶屏的销售量已达平均每月 550K^①，几乎是一年前的 8 倍，在总销售量中的比例超过 50%，导致国内同类产品市场基本被京东方占领。一系列战略调整使得销售业绩大幅度提高：2006 年 6 月是销售旺季，当月销售液晶屏 421K，到了 12 月淡季，销售业绩反而达到 662K；而到了 2007 年 7 月，销售业绩冲到 1006K，比一年前增长了 139%。北京 5 代线运营的全面好转致使 2007 年京东方集团全年实现净利润近 7 亿元，京东方在这个阶段迅速还清了大部分余下的债务。

在 2007 年 12 月 27 日召开的 2008 年度工作会上，王东升在讲话中总结公司的决策是"抓住市场机遇，果断停止五代线分拆，启动 60 亿元 A 股定向增发，实施五代线从 85K/ 月到 100K/ 月的扩产，推动 4.5 代线建设。"不过，经历了戏剧性的变化，他总得给个合理的解释，于是他说："到三季度，市场变化、内部

---

① 为避免混淆，这里需要说明，生产线产能是以加工玻璃基板的数量衡量的，而出货量或销售量是以液晶屏的数量衡量的。由于每块玻璃基板可以切割出更多数量的液晶屏，所以出货量或销售量要比产线产能的数量大得多。

相关措施效果的显现，以及中国资本市场的形势发展，证明了不分拆也完全可以确保年度关键目标的实现，不分拆对未来发展更有利。形势变了，措施随即要应变。我们果断下决心，采纳小股东建议，停止分拆。这一案例体现了京东方战略目标执行坚定性和应对市场变化具体措施灵活性的文化传统。这就是'变'与'不变'经营哲学的具体应用"[1]。唉，再强的人有时也得给自己找个台阶下啊。

第四节
以北京 5 代线为平台的技术学习

正当京东方在亏损的旋涡中挣扎时，一个不仅对京东方而且对中国工业的未来都非常重要的过程也在悄悄地进行，这就是以北京 5 代线为平台的技术学习。与引进生产线和合资（二者经常结合在一起）方式相比，京东方进入 TFT-LCD 工业方式的根本不同之处，在于它启动了一个高强度的技术学习过程，从而发展出自己的技术能力。

收购 HYDIS 使京东方获得了跨过门槛所必要的技术资源——三条低世代生产线、销售渠道和专利使用权。但即使拥有了这样一个韩国子公司，也并不会使京东方在一夜之间就获得技术能力，因为京东方对能够运行这些资产并产生经济效果的韩国团队既没有"所有权"，也不能按照中国的法律和社会条件去使用他们。京东方要想发展自主的技术能力，就只有以韩国子公司的知识、技能和经验为学习源头，培养起有能力的京东方团队。但有能力的团队不会凭空产生，必须在工业实践中形成——关于一个工业领域的能力必须在运营这个工业的过程中才能生成。因此，京东方在收购后立刻建设北京 5 代线的意义就是建立起可以生成技术能力的学习平台（"平台"可以理解为技术活动的系统），使京东方逐渐掌握技术，形成从开发、生产到营销的组织能力。

一个今天看来似乎不可思议的事实是，在建设和运营 5 代线之前，尽管京东方已经有意地做了一些人才储备（他们能够从一般工业经验和理论上理解 TFT-LCD 工业），但真正具有 TFT-LCD 工业经验的技术人才连一个都没有。原因实在简单，中国大陆在此之前根本就没有这个工业。更糟的是，中国大陆半导体集成电路制造工业也非常薄弱，不能像韩国和中国台湾那样，从半导体工业向初创阶

① 王东升：《加快发展方式从投资驱动向更加注重价值创造驱动转变，实现企业又好又快发展——2008 年度工作会讲话》，2007 年 12 月 27 日。

段的 TFT-LCD 工业供应人才。

也是因为这种条件，京东方建设 5 代线所依托的核心技术力量是从 BOE-HYDIS 派出的 120 多名韩国籍工程师，产线的布局、上下工序的衔接、工艺条件的设定和产品设计等整个体系基本依托他们来做。这些韩国工程师从整体上讲非常职业、非常投入，对于参与他们以前没有做过的 5 代线也很兴奋，也希望进一步提高自己的技术水平。此外，北京 5 代线的第一个产品是 17 英寸液晶屏（用于台式电脑，是当时的市场主流产品），而这个产品已经在 HYDIS 的 3.5 代线上生产过 2 年的时间。尽管两个生产线的工艺差别很大（在 3.5 代线的玻璃基板上切割 4 块屏，而在 5 代线的基板上切割 12 块），但产品设计是一样的，产品的性能参数是一样的，并通过在 3.5 代线上的验证把经验转移到 5 代线上。因此，BOE-HYDIS 为京东方建设 5 代线提供了最初的技术来源。

把最初的技术来源转化成为自主的能力，需要凭借建设和运营自己的生产线，从无到有地培养起一支工业规模的中国工程师和技工队伍。他们既是在干中向韩国老师学习的学生，也是将来要自己掌握技术的主人。这个过程清楚地说明了"技术转移"的实质：需要"转移"的不是硬件系统或一条生产线（注意HYDIS 自己也没有建过 5 代线），真正宝贵的是以工业经验为基础的知识和技能。但这些经验性的知识永远不会自动转移——买下一个企业并不能保证购买者就可以获得这个企业的知识（尤其是因为购买者对作为知识主要载体的人没有所有权），能够把外来知识转化成为自身能力的唯一途径是高强度的学习。正是因为利用 HYDIS 的技术资源来建设自己的 5 代线，京东方才有了可以吸收外来知识的学习过程。于是，5 代线成为京东方发展自主能力的学习平台。为了说明这个主题，首先分析一下京东方 5 代线作为学习平台都包含了哪些要素。

第一个要素：掌握全套生产设施。建设 5 代线使京东方第一次在本土拥有了能够量产 TFT-LCD 的全套硬件系统，包括设备、厂房和所有的有形支持系统。这条生产线对于技术学习的意义在于，无论是个人的技能还是团队的能力，都不可能脱离其工作对象而生成和成长。正如一个人不可能仅凭理论学习却不实际驾驶就可以学会开车一样，在一个工业领域发展出能力的基本途径就是拥有这个工业。TFT-LCD 工业的基本特点是新产品的开发同时就是新工艺的开发，它的技术进步和产品创新只有在与生产同一地点和完全真实的运行条件下进行才是有效的。被收购企业的全套硬件系统都在韩国，并且由原来的团队所运营，京东方无法直接将其作为培养自己能力的工业基础。因此，只有自己建起一套完整的、工业规模的生产设施才能拥有掌握技术能力所必要的物理条件。

虽然在技术上不得不主要依靠韩国技术团队，但因为是自主建线，所以京东方掌握着"顶层设计"（包括建线的战略决策、选址、融资等）的权力。京东方必须直接与供应商谈判并自行采购设备，虽然韩国工程师团队从技术上对供应商的选择有很大的发言权，但并不存在一个技术转让方代替京东方做出决定（如引进生产线方式那样）。对于同步在亦庄开发区建设的十几家配套企业（包括康宁的玻璃后端加工厂、LG 的偏光片、东精化学的化学品和京东方·茶谷自己配套的合资企业等），都是由京东方自己负责认定并承担技术风险[①]。最重要的是，自主建线使京东方对生产线握有完全的决策权，可以自主决定这条线的用途和使用方式、产品结构和技术变化——这不仅是后来京东方可以按照自己的需要和方式对5 代线本身进行"战略调整"，而且可以把在 5 代线积累起来的技术资源用于建设其他生产线的根本条件。

对石涛的访谈提供了 5 代线建设方面的细节，这里以他的经历为例子说明这个过程。石涛当时所在的建设组是一个中韩混合的团队，总负责是韩国的一个专务，下面有韩国的一个部长。这个组又分为若干组（如工艺组），石涛负责厂房建设组。由于他从规划开始就进项目组了，所以政府协调、报批、现场事务、工程建设、商务都是由他来负责。那时他更多的是从公司的角度完成跟政府的沟通，除了生产设备方面没有话语权外，其他方面都是他的长项。不过，那时设计院出身的石涛还缺乏施工管理的经验，不得不学习这方面的东西，包括合同的管理、现场执行等。

建设 5 代线对于京东方团队是陌生的。石涛虽然去韩国看过生产线，以前在航天设计院的时候做过工业项目，也很清楚中国政府对于从规划到设计的规范，但他并不清楚这个项目的工艺、设备，不知道工艺对于生产环境和建设以及生产过程的要求，只能听韩国工程师给出一些技术指标——"对我们难度最大的是，为什么厂房要这样建？为什么需要这么高？为什么需要这么多的水电？"石涛解释说，工业工程设计的"根"是对生产工艺的掌握，有这个"根"就能从专业的角度对厂房建设产生反馈，知道怎样节约；没有这个"根"就没有后面的互动过程。实际上，建5 代线的时候就没有一个这样的反馈过程。石涛在回忆那段经历时很坦率，"我在整个过程中只能拿着别人的图，那个项目对我而言是学习过程"[②]。

北京 5 代线的概念设计（包括厂房及其配套设施）由韩国现代集团的综合设计所提供，施工图纸则是由中国电子工程设计院（原信产部第十设计院）根据韩

① 刘晓东访谈，2009 年 8 月 6 日。
② 石涛访谈，2015 年 2 月 3 日。

方的基础设计完成（不能改动设计）。施工管理也是由韩国现代集团的公司负责，只有质量监督是中国的工程监理公司。不过，工程监理公司只能对工程质量进行监督，不能改设计。5 代线的施工则由中建一局总承包。

尽管京东方团队是学生，但并非样样听从韩国团队。中韩双方的一个较大冲突发生在对核心区域（洁净间）施工方的选择上。石涛说："我们想的是，虽然这些项目的总工程师是韩国人，但不能完全由韩方决定谁来做。我们认为应该用国内电子行业有经验的国字头公司来参与这个项目，这样可以通过这个项目培养我们的能力，不仅要培养建设实力，还要培养出设计能力。我是设计院出来的，很了解国内业内的情况，我们不会找小公司做，而是找'国字头'的、有实力和信誉的公司来做"；"韩国团队起初对中国企业非常不信任，觉得如果项目做坏了是他们的责任，所以要用韩国企业。我们就是觉得我们不是什么都不会，我们也可以做，所以最后的设计单位是我们和他们配的。我们希望最好的设计院里最好的人和他们配合。但当时韩国团队不认可，要求核查这些人，让他们做报告，再由韩方提问"[1]。在京东方团队的坚持下，中国电子工程设计院、中国电子二公司、中国电子三公司、中国电子四公司和中电集团（CEC）下面专门做洁净间的公司都全面参与了这个项目。

韩方是洁净间的主施工方，有团队过来；国内的施工方由韩方指导做现场的劳务、操作和安装。由于半导体工业在中国没有发展起来，所以中国企业直到那时还缺乏建设洁净间的工程经验，尤其是国内从来没有过像 5 代线那样的大洁净间，谁都不知道怎么做。因此，对于石涛们和中国工程设计和施工企业来说，那时只能抱着努力学习、努力工作的态度。尽管这个学习过程因为韩方的苛刻而平添了很多困难，但是"从结果看，这些（国内）公司在经历了这个项目之后，我们从第二个项目开始就没有韩国公司了"[2]。

第二个要素：形成专业技术团队。世界上没有任何一个工业组织可以在没有相应的工业运营条件下维持一支具有规模的技术团队，不仅是因为资金无法保证，更是因为没有工作对象的技术团队无法积累只能来自工业实践的知识。无论以前在人才储备上做过什么样的努力，京东方能够在工业规模上掌握 TFT-LCD技术的工程师团队是在建设和运营 5 代线的过程中成长起来的。

为了尽快建成生产线，京东方的决策者没有打破韩国工程师团队的建制，让他们保持着原来的系统，而中国工程师则跟着他们工作（这个过程有分歧也有矛盾，例如韩国工程师坚持用韩国的材料和设备等）。从科长、部长到总经理，凡

---

[1] 石涛访谈，2015 年 2 月 3 日。
[2] 同注 ①。京东方的第二个项目是成都 4.5 代线。

是与技术有关的岗位，正职几乎全部由韩籍工程师和管理人员担任，副职则由中国人员担任。业内有人评论说，京东方让韩国人做正职、中国人做副职的方式不好，一定会产生"师傅"不愿教"徒弟"的情况。这种说法在逻辑上有道理，但放在当时京东方人才状况的背景下，确实无法让那些刚从学校毕业的"学生兵"去担纲。这些问题反映了技术学习过程的复杂性。

为了建设 5 代线，京东方从 2003 年开始大量招收大专院校的毕业生，同时分三批派出 400 多名工程师和生产技术人员到韩国京东方学习和实习（第一批派出的 60 多人研修了近一年的时间）。京东方光电刚成立时的员工不过百十号人；到 2004 年 8 月，当分批派到韩国培训的人员全部回国时，员工达到 500 多人；到 2005 年量产时，员工数已达 1750 名，其中副科级以上的管理干部 80 多人，工程师近 400 人。据时任 5 代线人力资源总监的张宇解释，着眼于未来的扩张，京东方光电在招聘工程师上始终保持着"余量"，甚至在最困难的时候仍然继续提高待遇，使 5 代线成为京东方培训工程师的基地。

正如下面将会讲到的个人经历那样，这个学习过程并不那么容易，充满矛盾。但自主建线方式所激励的精神状态使年轻的中国工程师们保持着学习和掌握技术的动力，使他们在解决问题的过程中成长起来，逐渐成为各个环节和领域的主力。后来合同到期特别是 BOE-HYDIS 进入"法定企业回生管理程序"后，有 95% 的韩籍工程师选择留下，成为京东方的员工。因为是自主建线，所以京东方握有最终的人事决定权，那些在实践中脱颖而出的骨干被迅速提拔起来。到后来大规模扩张前夜的 2009 年，京东方在 TFT-LCD 工业领域已经拥有 2000 多名专业工程师，这是当时国内同行业中规模最大、掌握技术最全面、最有经验的一支技术团队。尤其是因为他们从一开始就被塑造成自己解决问题的行为模式——领了任务就敢于自己组织队伍去打仗，所以他们成为京东方能够进行大规模扩张的骨干力量。

第三个要素：建立经验基础。任何符合经济理性（即收益大于成本）的工业活动（包括研发、生产、营销和管理）都必须以一定的经验为基础，而这些经验来自积累。但由于京东方在建设 5 代线之前并没有 TFT-LCD 工业的经验，所以她必须利用 HYDIS 的经验积累作为建设和运营这条生产线的基础。"引进"的经验分为两个部分。第一部分是"codified"（即编码化）的经验，主要形式包括工作程序与方法和数据库。工作程序与方法的本质是经过有意识地概括、提炼和合理化的经验，而数据库是以文件形式记录下来并以一定的架构储存起来的经验知识。京东方在建设 5 代线时，按照韩国企业的组织系统建立了生产、设计和 IT 等部门并制定了工作流程，同时也成体系地引进了文件系统。第二部分是只能以人为载体的经验，包括"know-how"（诀窍）以及难以用语言和文字所表达的知识，其传承只能在个人层次上手把手地教（在"师傅"指导下通过实际操作而意会）。派出人员去韩国研修并依托120多名的韩国专家团队建设5代线，就是京东方为获取这种经验而采用的途径和做出的努力。

利用收购的技术资源明显缩短了京东方建立经验基础的时间，但学习别人已有的经验仍然不足以支撑5代线的建设和运营，所以"引进"只不过是帮助开启了京东方自己的经验积累过程。为理解这个过程，我们于2009年8月访谈了京东方光电研究所所长皇甫鲁江博士和高文宝博士[①]。高文宝于2003年7月从吉林大学微电子学与固体电子学专业获得博士学位后加入京东方，旋即在10月份被派往韩国实习产品开发，在那里工作了差不多一年时间后，于2004年10月和同事们回国参与5代线的设备安装调试过程，并在2005年从事panel（面板）设计以及不良分析工作，在2006年后参与Array（阵列）设计，并被提拔为副科长，2008年开始担任产品技术科科长。

从皇甫鲁江和高文宝根据个人经历的讲述中，可以概括出"海外收购/自主建线方式"对于京东方技术学习的两个作用。第一个作用是，中国工程师可以较早地参与韩国工程师的工作，从而直接吸收他们的经验。还在建设北京5代线之前，京东方就派出人员到刚被收购的HYDIS参与韩国人的工作，参与产品开发等项目。这种实地参与使中方人员知道项目的流程是什么样的，对生产线的关注点应该是什么（最关键点就是诀窍）。相反，在引进生产线方式下（无论是否合资），中方都不可能参与技术转让方的实际工作过程，也不可能看到产品开发的流程，只能得到一些文字资料，而真正关键的诀窍是看不到的（有些诀窍根本就难以用文字表达）。第二个作用是京东方必须为新建的5代线自主设计产品和产线。尽管有韩国老师的直接参与，尽管设备安装由供应商来保障，但中方工程师即使是以学生的身份参与，也仍然会经历反复遇到问题和解决问题的过程。相反，在引进生产线的方式下，产品和工艺都是技术转让方已经事先设计好的，中方技术人员只是保证生产线的运行，这对培养产品和工艺的开发设计能力来说，如果不是不可能的话，至少非常缓慢。

就产品开发而言，难点在于如何在现有产线的工艺基础上做出最优化的阵列基板设计和液晶成盒设计。实际设计能力特别体现在需要通过经验才能掌握的一套"design rules"（设计规则）上。设计规则并非一套抽象的原则，在形式上表现

---

① 皇甫鲁江、高文宝访谈，2009年8月2日。

为经验公式、程序、方法和标准等，但其实质是表示工艺加工能力、精度和部品特性对产品设计的限制，其作用是使设计人员在复杂繁复的设计过程中，能够以更贴近生产水平的方式做出最大的余量（margin），特别是在曝光、液晶成盒以及周边回路的设计上。设计规则与设计团队的经验有关，与企业的工艺基础有关，所以是企业特定的（firm-specific）。注重知识管理的设计机构会另外总结一套设计指南，用于把处理各种复杂的设计参数（平衡）的经验和方法固定下来。但无论如何，设计规则体现了大量的累积性经验知识，所以也是新手进入这个工业的能力壁垒。此外，设计规则是hidden的（隐藏的）。由于部分的产品设计在生产中被切掉或掩盖掉了——即不包含在成品上，所以外人不可能从终端产品上逆向看出来一个企业的产品设计规则，这是依赖技术引进难以保证引进方自动掌握技术的重要原因。

据高文宝回顾，他是跟着韩国工程师工作了两年之后才明白了"design rules"这回事。他解释说："即使现在来了新手，我们也不是先让他接触这个东西，而是先让他们去做计算工作，比如走线设计，告诉他们线有多宽、多长，让他们去做具体计算，因为规则只有经过一步步推算理解才能更好地掌握，在产品设计差不多快完成了，也就基本上掌握了初步的规则。对于新手来说，在实践经验中理解设计规则的周期一般是两年左右。"

皇甫鲁江从更综合的层次上解释了经验的重要性。对于需要多专业协作进行的复杂技术的开发和掌握，系统化是技术能力的核心。例如，设计TFT时，按理论的理解去做也可以，但实际过程中，各种关联性特别复杂，如果没有一定的方法和经验，事情会做得一塌糊涂，效果也不好。如果有了方法，事情就容易多了。但方法通常很难通过"技术引进"而全部获得，因为别人一般不会告诉你工作方法，掌握方法要靠解决问题的实践。例如，在生产过程中遇到最多的是失效分析，生产过程出现缺陷，严重影响良率。一开始遇到这种缺陷时，谁都不知道怎么办，因为它们只与5代线的技术有关，而HYDIS的生产线也没有遇到过这样的问题。但有经验的韩国工程师并不慌张，指出这个现象可能与几个因素相关，于是对每个因素做一个变动，把所有因素组合起来做一个矩阵，一个一个试，这种方法对于解决从未遇到过的问题也同样有效。旁边的中国工程师看一两次也就明白了，很快就能掌握这些方法。

生产过程同样需要经验知识和诀窍。例如，受各种物理条件的瞬时影响，生产线的状况是有波动的，每一分钟产出的屏都不会是一模一样的，但为了保证质量，这些波动必须在合理的范围内能被"cover"掉（即补偿掉），从而使终端产品看不出有任何差别。为此，根据设计需要，要把工艺设备调试出最佳的参数（比如所用的刻蚀液、光刻胶都要确定基本的参数），还要把这些以经验为基础的参数反馈到设计上——这就是工程师们所说的由经验值所确定的"margin"（即工艺余量）。京东方的5代线之所以需要一段"爬坡"时间，就是因为包括工程师和操作工人团队需要一个在实践中学习的过程，才能逐渐解决掉问题。

从上述描述中可以看清，如果京东方不自主建设和运营5代线，那么被收购韩国企业的经验就不会得到利用（既无动力也无途径），更不可能在这个基础上创造和积累更多的经验。这个逻辑再次证明国际主流创新理论的一个重大主题：吸收外部技术知识的能力取决于自主研发的努力（Cohen and Levinthal 1990）。

第四个要素：获得外部支持系统。 液晶显示器包括众多的元件和亚系统，并涉及多种技术领域，任何TFT-LCD生产企业都不可能全部自行提供这些投入品，而需要依靠从材料、设备到元件的外部供应。因此，TFT-LCD生产企业的技术进步需要一个外部供应商网络的支持。京东方5代线成功量产后，吸引了数十家上游厂商（以国际企业为主）在其附近投资建厂，为京东方配套。尤其重要的是，对于技术密集的TFT-LCD工业来说，材料和设备供应商是新技术的重要来源之一，因为供应企业为赢得市场会不断改进自己的技术，并向生产企业推销新的设备和材料。但依赖引进生产线方式的企业和自主建线的企业在与供应商网络的关系上仍然具有重大区别，前者的关系受制于生产线转让方，所以中方是被动的，难以发展出吸收外部技术知识的能力；后者的关系是直接互动的，所以中方更具有主动性，也更可能发展出从供应商网络吸收技术知识的能力。因此，自主建设和运营5代线使京东方有了不断从全球产业链吸收技术知识的途径和能力，不会再被隔绝于这个工业的技术进步过程。

上述四个要素或方面可以清楚地说明，只有自主建设和运营5代线，京东方才可能掌握TFT-LCD的技术，才可能吸收被收购的韩国企业的技能和经验，才可能生成和发展出自主的技术能力。不过，上面所述是一个理解技术如何"转移"的理论框架，虽然从原则上说明了生成技术能力的条件，但并没有涉及实际过程。为了帮助理解京东方的技术能力生成过程，我们讲述两名工程师的经历。

刘家安是山东青岛人[①]，1978年出生，2000年从青岛大学应用化学专业本科毕业，2001年考到北京理工大学读研究生，仍然是化工专业。2004年4月毕业时，正值京东方在招人，他投了简历，经过笔试和面试进了京东方。他于5月刚入职

---

① 刘家安访谈，2014年8月13日。

就被派去韩国学习，属于赴韩研修团队的最后一批（共 50 人），时间也最短，一个月后就回来参与建设 5 代线。韩国企业的现代化工厂对刘家安的冲击很大，跟他以前在国内实习过的工厂完全不在一个级别上。那时他刚从学校出来，想多学点东西，而且回国后马上就要承担项目，所以在研修期间特别刻苦。当时年轻的中国工程师们都想去与自己专业相关的岗位，工程师之间、研修团队之间的竞争很激烈。刘家安本来被安排在阵列段做湿刻，但在研修回来后被调到 Cell 段的切割工序（cutting）。他那时 26 岁，算是同时进厂的人中年龄比较大的。他进入科室后，那里已经有种子人员，还有一些新招来的大学生。他后来才知道，当时韩国人在观察哪些人可以培养成副科长。

科室在正常运营后，刘家安发现与理想相距甚远，最大的苦恼是韩国老师不教。科里有 3 个韩国人，一个科长和两个代理。刘家安觉得科长有点"不务正业"，但韩国团队等级森严，上级说了就要无条件服从，不能有反对意见。上岗几天后，其中一位代理（他当时 34 岁，1996 年进的 HYDIS）开始每天带着刘家安工作，为设备搬入做准备，从产线怎么布局、摆放、画线开始做起。这些工作很有讲究，但他从不给刘家安讲道理，一天干 12 个小时，工作一天就说几句话。刘家安就跟着他照猫画虎地干，也不知道为什么。有时候"师傅"会用笔写或者说韩语，也不知道他说什么，干不好他就瞪刘家安一眼。刘家安只能一边干一边看，但当时也没看出什么来。有时候做完以后，刘家安就把要点记下来，然后自己琢磨，感觉他那种方法有道理，有时候看起来很笨的方法实际上是必要的。很多事弄不明白时，刘家安就下班后和其他中国同事讨论，但发现他们很少实践，因为其他科室的韩国人多一点，几个人就做好了，根本不带中国工程师做。那段时间刘家安很压抑，感到毫无尊严。

四五个月后，情况有所好转。刘家安的"师傅"一直没有其他帮手，所以他在跟设备厂商开会的时候会偶尔带上刘家安。在这种场合，刘家安会发现一些问题，内心很好奇。但每到这时，"师傅"就会安排他去干别的，他就没有时间去看日本人怎么组装。不过时间长了，"师傅"开会时就会问刘家安对设备有什么问题，不明白的地方可以写在黑板上，可以跟设备厂家提问题。当时刘家安也不知道自己说的对不对，但是再开会就知道设备进行到什么阶段，油然产生了主人的感觉，知道除了学习还要对设备负责，这是工作上的一个转折。还有一个生活上的转折。那时工作很累（日本人很敬业，在安装设备期间有时会干到凌晨），大家经常下班后聚餐。有次聚餐，刘家安与"师傅"和设备厂家的人喝了一瓶白酒。从此他们之间越来越亲近，以后"师傅"会经常叫着刘家安一起去喝酒，建立起个人之间的信任。当我们在 2014 年 8 月访谈刘家安时，他说过了好多年以后再聊起来时，韩国"师傅"告诉他说，那段时间其实"师傅"自己的压力也很大，他们的科长是技术外行还瞎指挥，但因等级森严，只好压抑着，于是就喝酒发泄，经常拉上也有酒量的刘家安一起喝酒[1]。

刘家安是第一批被提拔为副科长的中国工程师。不过，当时被提起来的副科长尚未在技术上成熟起来，也没有技术决定权，他们的主要任务是在韩籍正科长的领导下带着其他年轻的中国工程师工作。刘家安曾经和同被提拔为第一批副科长的刘锋[2]开玩笑说，这叫"小孩带小孩"，甚至戏称自己是"工头"，但在他们的前面也确实没有更有经验的中国工程师或管理者。尽管得到提拔，刘家安到 2006 年年末还是产生了离开京东方的想法，原因是他看不到个人发展的前景。那次使他留下来的原因是他在和一个设备厂家的人聊天时受到的触动。本来这家日本设备厂商的人不喜欢京东方，而是喜欢和上广电打交道，因为他们在上广电说什么是什么，但认为京东方有点霸道、无理，不听设备厂商的那一套，喜欢提自己的意见，还比较强势。经过两年多的业务往来，双方人员的关系不错了。那家设备厂商的人在和刘家安聊天时说，京东方还是不错的，有自己的想法，并说京东方以后的发展一定会比上广电好。后来刘家安才知道，他们提的一些意见被那家设备厂商采纳，与自己的技术融合到一起后变成该厂商的设备标准。在那个时刻，刘家安突然觉得自己从事的工作得到了别人的认可。此外，刘家安当时在科里的中国工程师中是年龄最大、最用功的，他觉得还是要留下来带这些"小孩"，但是想调岗位。

2008 年上半年，刘家安被调到新产品科。这个科室的位置非常好，所有的新产品都能接触，涉及开发、工艺、材料、生产各方面。这本来是一个很好的机会，可以扩大个人的能力范围，而且刘家安已经有 3 年的生产管理经验，他觉得有很多可以改进的东西。但老问题依然存在，正科长还是韩国人，技术封锁很严，保护心理很强，不让中国工程师去碰核心的东西。于是刘家安又产生了挫败感，虽然公司领导说要突破，但他觉得他只是个人在"折腾"，并没有得到政策上的支持，真干的话还会受打压。半年以后（2008 年底），他又想走了。当时公司的经营情况也很不好，气氛不对，他觉得个人在这里没有什么发展。

刘家安所在的 Cell 是 TFT-LCD 制造的中段，这段制造的主要工艺是把液晶封装在两块玻璃中间，即制成液晶盒，其关键工序是 ODF（液晶单点滴注）。

---

① 刘家安与这位韩籍工程师至今保持着联系，仍然叫他"师傅"。这位"师傅"现在在京东方鄂尔多斯的生产线工作，已经在京东方工作了 11 年。

② 刘锋后来成为 6 代线的总经理，见第六章。

ODF 的基本过程是由针头在下面的玻璃板上滴出按一定形状排成的若干液晶点（如 7×12 的点），然后把上面的玻璃板压在下面的板上，被滴注的液晶点在压力下扩散，最后充满两块板之间被四周的边框胶围起来的空间。尽管这个生产过程是全自动化的，但这个工序却有一个设计难点：当液晶滴到玻璃板上之后，根据不同的像素设计，液晶跑的速度会不一样，所以要决定所滴注的液晶点的间距是多少，液晶量是多少，以便液晶在受到两块玻璃板的挤压后把整个液晶盒充满；此外，边框胶和液晶都是有机物，两者相遇会形成污染，所以生产者希望在各个方向上边框胶没有固化前不能接触。设计方案的核心是一个液晶联动公式，用来确定滴注液晶点的排列形状和用量。例如，每片 32 英寸电视屏的液晶要滴注 200 多个点，每一个点的位置、用量要根据彩膜里面的隔垫物高度来做，根据材料特性去决定相应的液晶量。任何一个产品（液晶屏）都需要这样一个公式，对小尺寸产品尤其重要。

液晶联动公式是经验公式，虽然需要大量的计算。它和理论公式不一样的地方在于，理论公式的范围非常大，但用到工程上在很小的范围内，才能用这个公式，需要一系列的边界条件，而这些条件都只能根据企业特定的经验和工艺条件来经验性地确定。例如，设计者必须根据两块玻璃基板对到一起时，每块基板的压缩变形量大小推导出体积的变更，而体积的变更导致液晶量的变更——这是在理论上并不考虑的因素。因此，各个生产企业对于这个工艺的设计都不一样（企业特定的），液晶点的排列方向和形状都是各公司自己的秘密，即所谓 "know-how"（诀窍）。其实这就是前述高文宝博士讲的 "设计规则"。

京东方 5 代线在投产初期，曾因为液晶联动的问题出过很多的事故，一个重要原因是 ODF 技术并不能从被收购的 HYDIS 直接移植。HYDIS 在韩国的 2.5 到 3.5 代生产线上，Cell 段采用的液晶成盒工艺是早期的 "虹吸" 法——由封装的玻璃盒利用虹吸原理吸入液晶。但是对于制造更大尺寸的液晶屏来说，虹吸方法太慢，所以全球 TFT-LCD 工业从 4.5 代生产线开始，把液晶注入方式从虹吸改为滴注。这一改变增加了工艺设计的难度，采用液晶联动公式也成为必要。虽然 HYDIS 在被收购前已经开始研发滴注技术，但从来没有在量产线上采用过。由于京东方的 5 代线是采用滴注工艺，所以来自 HYDIS 的韩国工程师也需要摸索和积累经验。为产品开发液晶联动公式是一项核心工作，一直是由韩国工程师做，像刘家安这样的中国工程师从来不被允许参与这项工作，所以即使韩国工程师就是计算错了，中国工程师也说不清楚原因。

就在刘家安再次想离开时，原来的部长被撤换。新来的韩籍部长是学究型的，个人风格似乎更开明。当新任部长征求刘家安的要求时，他表示想为一款产品计算出液晶联动公式（当时有一个韩国人把持着这个工作）。部长说："你们可以做，做成了以后就让你们做，做不成你们以后就再不能碰这一块。"既然部长开了口子，刘家安就带着手下的中国工程师干起来了。事实上，刘家安受过足够的工程理论训练，也有了三年多的生产经验，而且一直在思考相关的技术问题。在紧迫的时间里，他带着几个比他更年轻的中国工程师做了很多的测试、模拟和演算。后来他才知道，实际上韩国人背地里也同时在做演算。在召开审核会时，当刘家安亮出自己计算出来的公式时，大家发现它与韩国人推出的公式是一样的。就在那一刻，刘家安知道自己成功了。面对刘家安的公式，韩籍部长没有表情，也没有说话，算是默认吧。此后，这个工作就由中国工程师做了。部长也给了他们更大的空间，向中国工程师全面放开开发图纸。这个权限打开以后，中国工程师就知道设计原理了。刘家安感到可以施展的空间很大，很有成就感，当然也就留下来了。他对当时手下的 8 个年轻中国工程师讲，"我们有很多东西要学"。

2009 年初，当时的韩籍副部长调走了，需要一个新的中方副部长。通过竞聘，刘家安于同年三四月份被提为副部长助理，级别比科长高半级，意味着他的职位比多数韩国人高了。他当时很大一部分工作就是带着中国工程师重新学习设计。刘家安要求全部开放以前不对开发部门以外和低级别工程师开放的设计图纸，要求中国工程师看图纸，告诉他们有很多应该去学习的东西。前任副部长走之前把一套资料都留给刘家安，包括 HYDIS 在 4.5 代实验线上做技术开发的一套资料，他把这些东西光明正大地拿出来，翻译成中文，要求担当级别的工程师去学习。

有过类似经历的还有董学。他也是山东人，2003 年从清华高分子材料专业硕士毕业（本科是北京航空航天大学的同专业）时，恰逢京东方为筹建 5 代线招聘技术人员。他觉得京东方发展势头不错就加入了，是第一批被派到韩国接受产品设计培训的人员。董学看上去是个乐观而有幽默感的人，生性对技术感兴趣，想法很多。他曾经解决过 B1 在建设和运营初期遇到的许多产品问题（如残像等），而且用好多新的想法来解决问题，他对此"特有成就感"。那时的技术骨干都是韩国人，他的科长也是韩籍工程师。2006 年，因为一些人被分走筹建深圳聚龙光电项目或扩大业务，他被提拔为副科长。他说自己唯一产生过不想在京东方干的念头是在 2007 年——"那年公司赢利太多，感觉什么都不用做就赚钱，突然觉得人活着没价值"[1]。这种性格倒是令人想起不打仗就丧失生活动力的石光荣[2]。

---

[1] 董学访谈，2013 年 10 月 11 日。
[2] 石光荣是电视剧《激情燃烧的岁月》里的男主人公。

刘家安回忆说[①]，5代线投产初期，他们开始找不到合适的液晶量，当时的产品都存在这个问题，关键的技术问题就是液晶联动。董学是开发部从事 Cell 段技术的，而刘家安是生产部门从事 Cell 段技术的，所以两人就这个问题有很多交流。董学觉得当时所用支撑材料的设计——包括密度、数量、大小、底边的直径、上边的直径、材料的软硬程度和压缩量——是有问题的，应该在这个地方做充分的设计和实验。他提出了自己的想法和观点，支撑材料的 Z 字形摆放位置就是他先提出来的，但上级就是不让他做。不过董学是个"刺儿头"，坚持己见，最后在无法找到更好解决办法的情况下还是按他的这个思路做的，为此还申请了专利。使用这个设计后，产品的可靠性更强了，生产过程出现的问题更少了，液晶联动公式可施展的空间更大了，是良率的一个很强保障。回过头看，董学解决这个技术问题的想法是很超前的，使京东方在这项技术上超过了业内绝大多数的厂商。2009 年，董学被提拔为产品开发部副部长。

刘家安和董学的经历说明了一个重大的理论主题——只有当学习者积极学习外来技术时，技术"转移"才会真的发生；而技术"转移"真正实现的标志，是学习者开始以自己的能力去解决自己遇到的技术问题。换句话说，外来的经验虽然有用，但不会自动地转移，只有在自主解决问题的挑战和学习中，才会把外来的经验转化成为自己的经验。因此，所谓的"消化、吸收"与创新之间的界限是模糊的、重叠的和渐进的（Bell and Pavitt 1993），使它们联系起来的关键因素是自主研发。

他们的经历也证明，尽管与其他中国企业一样，京东方在进入 TFT-LCD 工业时也不掌握技术，但自主建线方式为技术学习提供了与依赖引进方式不同的"框架"和精神动力，致使前者的技术学习远比后者的更有效。在京东方建设和运营 5 代线的过程中，韩国老师不愿意教中国学生是一个普遍现象[②]。但这种行为不是出于公司的政策（虽然表现出"抱团"的倾向），而是出于一种担心"教会徒弟，饿死师傅"的本能（也许还有对"学生们"的轻视）。但对"刘家安们"来说，学习和掌握技术是天经地义的事，既是公司的号召，也是他们加入京东方的个人动机，所以他们表现出不屈不挠的学习动力。因此，就本节所提到的皇甫鲁江、石涛、高文宝、刘家安和董学们以及更多本书所无法记录的工程师们（其

① 刘家安访谈，2014 年 8 月 13 日。
② 本书后面提到的其他京东方工程师也讲述过与刘家安相同的经历。此外，我们在后来对其他人的访谈中得知，高文宝实际上也有过被韩籍正职压制的经历，只是我们在 2009 年的访谈主要是理解技术，没有涉及这方面的内容。

中几个会在本书下面的章节提到）来说，他们的学习具有攻击性：他们的目的是要学到技术本身，而不仅仅是老师告诉的东西，即使是老师告诉的东西也要自己去辨识。我们问过刘家安本人为什么他会这样行为，他的回答是："可能哪个地方压迫越重，就反抗越深。他们（指韩国老师）对我们的羞辱很深。"这是一个充满个人感受的回答。但在过去30多年，中国建了许多号称引进先进技术的合资企业或外资企业，在那里却从来见不到因为学不到技术而感到羞辱的中国工程师。在那些企业，技术封锁不仅是外方的政策，而且中国技术人员也被"教化"成为对外国技术只有敬畏而不敢"反抗"的人。

在京东方自主建线的框架下，即使是韩国专家的行为也不同于合资企业的外方。他们是京东方子公司派出来帮助京东方建线的，后来又成为京东方的员工。他们可以忠于自己的技能（如同师傅捍卫自己手艺的秘密），但没有忠于另一个公司的理由。为了完成他们的职责，他们必须以京东方建线的需要为主，以数据、实践、现场为主地解决问题，所以他们不受设备供应商的牵制，反而引导供应商跟着京东方走——作为徒弟的"刘家安们"也从一开始就"不明不白"地学到了这一套。仅从技术上，日本设备供应商就看出了不同道路的区别：上广电的团队在技术上听命于通过合资转让技术的日方，那里不会出现刘家安和董学那样的"刺儿头"（如果有那种人也一定会被及时"消灭"）。于是，日本设备供应商反倒认为京东方的工程师团队会有进步，会有更大的发展空间——后来的事实证明了这个预测。

就是因为经历了上述过程，京东方逐渐生成了自主的技术能力，其最终标志是具有自主建线能力。建线能力是综合性的，必须以产品设计能力和工艺能力为基础。**产品开发能力**对于建线能力的重要性在于，选择生产线的世代是根据产品的目标市场，只有决定了终端产品，才能决定生产线的世代。例如，6代线的黄金切割尺寸是18.5英寸、21.6英寸、32英寸，8代线的黄金切割尺寸是26英寸、32英寸、46英寸——如果不能开发这些产品，那建这些生产线又有什么用？因此，企业开发相应产品的能力以及公司进入这些产品市场的战略考虑，是决定建设相应世代生产线的前提。此外，建线能力要求企业对产品技术所涉及的专利必须有使用权（独立的产权或完全充分的使用权，不用和别人商量）。

京东方的产品开发能力起源于为建设和运营5代线所进行的产品开发过程。在开始阶段，韩籍专家做主要设计，而京东方的中国工程师是跟着他们学习和参与产品设计。在下一个阶段，随着产品品种增多，人数不多的韩籍专家主要承担总体控制，而中国工程师则开始独立担当设计工作。5代线运营3年后，中国工程师已经全面接手了具体的设计工作，而由专家级别的韩国工程师承担 check

（检查）、解决问题、预防出错的工作（毕竟他们有更多的工作经验）。京东方光电从 2005 年开始自己设计产品，到 2006 年开发出 3 款产品，再到 2009 年开发出 10 款新产品，说明了这个团队的能力成长。

由于 5 代线是在学习技术的同时又是自主建设的——典型的"干中学"，所以京东方在学习和掌握为保持正常生产所需要的一般工艺能力的同时，就生成了建设新生产线所必要的工艺能力，分为两方面：第一，**整个工艺的优化设计能力**。从工艺设计和工艺实现（能够有效使用设备）的基础出发，能够给设备厂商提出具体的规格和性能要求。招标过程和商务谈判都必须以企业自己的工艺能力为基础，否则难以根据自己的工艺设计来选取设备供应商并进行相应的商务谈判。第二，**工艺设计的整合能力**。生产线是由各个生产过程和各种设备组成的一个系统，建线要求不仅具有个别工艺的实现能力，而且具有从系统层次上把所有工艺整合成为一条生产线的能力。没有自主运营整个生产线经验的企业很难具有这种能力。除了产品和工艺能力，建线能力还包括对厂房结构和动力配置的独立设计能力。

从纯粹技术角度讲，规划生产线的逻辑顺序是：产品设计 → 工艺设计 → 设备 → 工艺布局 → 厂房 → 配套设施和环境。但实际上，建线能力还要求更高层次的企业组织能力。例如，建线的最终目的是生产出能够适销并赢利的产品，所以建线能力要求企业具有**市场营销能力**。京东方经过建设和运营 5 代线发展起自己的营销网络和市场经验。**最后还需要人才队伍**，即完成建线的各项任务必须具有足够规模的技术和管理团队，如前所述，这支队伍也是经过建设和运营 5 代线而培养起来的。

在实际过程中，京东方真正具备上述能力仍然需要经历更多的建线和运营实践，其水平也有待中国工程师队伍的成长（本书后面内容将继续保持对京东方能力成长的分析）。但无论如何，"海外收购/自主建线方式"的核心是自主建线，走这条道路的风险更大，也经历了许多失误、挫折、失败、分歧和矛盾，但它使京东方团队的技术学习从一开始就是系统性的和攻击性的，从而为京东方后来的扩张打下了能力基础——这是自主建设和运营 5 代线的根本意义。

在收购成功之后立刻开建北京 5 代线的行动，代表京东方选择了高强度技术学习的道路，其动力来自她的进取性战略——在最困难阶段对新显示技术的人才投资、舍弃合资机会和转让生产线机会而等到跨国并购的机会、收购成功后以在本土建 5 代线的高强度投资方式建立起自己的技术学习平台，都是这个战略方针所决定的行动。这个战略起源于北京电子管厂遭遇技术替代毁灭的惨痛经历，继承于一个军工企业自强的传统，酝酿于为生存而挣扎的转型阶段……在走过漫长的 20 多年后，这个始终一贯的战略得到了回报——尽管中国有数家企业在 21 世纪初进入 TFT-LCD 工业，但京东方却成为其中技术能力最强的企业，所以中国 TFT-LCD 工业在 2009 年的大转折是从京东方向高世代线扩张开始的。

第五节
崎岖扩张路

京东方的决策者从进入 TFT-LCD 工业时就很清楚，要想在这个工业中成长起来，就必须不断扩张以达到市场竞争对规模经济和变化速度的要求，而且他们也确实具有跻身前列的雄心。但后来遭受的一系列挫折和现实条件的制约——海外上市计划的流产、5 代线资本金不足带来的财务压力以及缺乏国家支持等因素，使京东方无法施展抱负。尽管如此，进入这个工业就像骑上虎背，骑着不舒服，下来却更危险，不想死就只能继续扩张。

从 2004 年建成 5 代线到 2009 年建成 4.5 代线（见下）的 5 年时间里，京东方的真正问题是扩张无门，因为在只有一条生产线的情况下，无论效率多高也解决不了根本问题。第一，规模小就非常容易受到市场波动的冲击，特别是受到巨头们的摆布。第二，只有一条生产线就意味着产品单一。随着国际领先者在 2004—2006 年期间建成了 6 代、7.5 代和 8 代线之后，5 代线的产品从经济合理性上讲只能用于个人电脑显示屏，并不适合供应当时最有潜力的市场——彩色电视机，从而使京东方被限制在电脑显示屏市场里。因此，京东方饱受液晶周期折磨的根本原因不是她进入了这个工业，而是她不够大。从产业逻辑来讲，京东方要想在 TFT-LCD 工业中成长起来，就必须继续建设更多、更高世代的生产线。

事实上，京东方在建设 5 代线（内部编号 B1 项目）时，就同时成立了 6 代线的 B2 项目组，只是因为海外上市计划流产、无法筹措资金而未付诸实施。在那之后，京东方已经不可能纯粹通过资本市场来为扩张融资；完全依靠银行贷款也不可能，即使能够得到也风险太大；北京市政府对京东方是支持的，但没有那么大的财力去做超出补贴的事；而在奉行"退出竞争性领域"政策的国家，也没有可以进行这种投资的体制安排。事实上，建设 TFT-LCD 生产线所需的投资规模（一条线动辄百亿元以上）不仅是中国到那时为止所从未经历过的，甚至政策圈内对如何发展这种工业的思考都很少见。

2007 年 4 月，信息产业部副部长娄勤俭在接受媒体采访时表示，我国的平板电视显示器件几乎全部依靠进口，导致中国平板电视的销售利润大多被国外厂商攫取，这种情况"……令人担忧，不亚于中国彩电业产业化之前"。报道援引娄勤俭的话说，在平板显示屏上，中国企业也做了探索，比如京东方通过并购有了5代线，但5代线主要针对计算机，目前我国企业能满足平板电视的显示屏生产线还没有。他同时指出，"目前投资一条平板电视显示屏的投资要上百亿，单靠企业自身去投资很难，而企业为此的融资又很难，所以，我一直很担忧。虽然建显示屏生产线是企业的市场行为，但这对于我国平板电视的机遇发展来说至关重要"。他同时为此呼吁，平板电视显示器件投资太大，希望各个相关部门、金融机构重视，给予支持①。

当这位电子信息产业主管部门的领导表态之时，正是平板显示器在国内市场全面替代 CRT 显像管和中国彩管工业开始全面崩溃之时。虽然庞大的彩电工业的危机不能不引起主管部门领导的忧虑，但从上述讲话中可以看出当时政府政策思维中的两个问题：第一，静态的技术观点。京东方的5代线不能满足电视用屏的需要是事实，但政府主管部门似乎想不到从5代线的基础上可以发展到高世代线。既然排除了中国企业可以自主发展高世代线的可能，那么这种发展的技术来源就只能依靠引进了——这恰恰是中国政府直到2011年时才改变的思维②。第二，自由市场观点。虽然彩电工业陷入危机使主管部门认识到需要政府和金融机构出手相援，但仍然不敢触及发展新兴产业是企业行为或市场行为的底线，不承认国家参与是后进者成功地发展高技术工业的规律（如韩国、中国台湾和以色列等）。这两个想法是否正确不是这里马上要讨论的，但需要指出的是，这就是京东方进入 TFT-LCD 工业后的政策环境，也是为什么京东方注定孤独的原因之一。

京东方在2004年之后遇到的第一个扩张机会是深圳的"聚龙计划"。2005年下半年，在深圳市政府的推动和支持下，深感被卡脖子之痛的 TCL、创维、康佳、长虹四家彩电整机企业组成联盟，计划与境外液晶面板企业合资在深圳建生产线，并谋求信息产业部等主管部门的资金和政策支持。2006年初，深圳国资委属下的深超科技投资公司与上述四家彩电企业各出资200万元注册成立了聚龙光电公司。因为建线的动机是为彩电企业供应显示屏，所以联盟提出的目标是建设6代以上的生产线。在向境外企业寻求技术来源时，联盟得到的答复或者干脆是不转让技术，或者是技术转让费太高。当联盟把目光转回中国大陆时，发现中

① 见新浪科技报道：《娄勤俭痛惜彩电优势顿失 呼吁百亿资金支持》，http://tech.sina.com.cn/e/2007-04-03/23091447273.shtml。

② 那时，京东方6代线的成功量产终于改变了政府的看法。

国大陆只有京东方拥有可以建线的能力和知识产权，于是主动来找京东方，而后者也乐见有这样一个扩张的机会。2006 年 5 月京东方以 40% 的控股比例成为聚龙光电的技术提供方后，当事各方决定将聚龙光电的注册资本增加到 2000 万元，其中京东方以技术和资金占 40% 的比例，深超则占 20% 股份，其他四家彩电企业各占 10% 的股份。深圳市政府表示将对建线投入重金。按原来的计划，聚龙光电的 6 代线项目将于 2006 年 9 月动工，到 2007 年年底量产，恰好能赶上 2008 年北京奥运的黄金期[①]。

聚龙计划一经初步商定，京东方立刻组建了技术团队。但这个计划也充满矛盾，合资各方就上液晶面板还是上液晶模组、是上 6 代线还是上 7.5 代线等问题发生分歧，合作过程步履维艰。在聚龙计划的消息流传出来后，日本夏普于 2006 年 6 月主动向深圳方面提出建设一条 7.5 代线的计划，并且说京东方在技术上不行。面对夏普的提议，深圳市政府动摇了，觉得京东方并未建过 6 代线，还是夏普技术强、有经验。当一家珠三角的彩电企业支持这个转向后，联盟中的另两家珠三角企业对聚龙计划产生犹豫，长虹干脆撤出这个计划做等离子（PDP）去了，而京东方则被冷落一旁。

聚龙计划瓦解后，深圳方面与夏普谈判了一年。根据媒体报道，2007 年 7 月底，深圳有关方面与夏普签署合作协议，准备投资 280 亿元在深圳建设国内第一条 7.5 代液晶面板生产线。此前在 "聚龙计划" 的一条 6 代线合资案中不欢而散的四家彩电企业——创维、TCL、长虹、康佳——也再次聚集到此次的 7.5 代线项目中，而且还增加了海信，上述五家国内彩电企业共持股 20%[②]。但一个多月后的媒体报道却传出谈判终止的消息，原因是夏普违背最初的承诺，要求在控股的情况下转让技术。同时，夏普有关高层也公开表示，夏普目前的液晶屏建设计划主要是在日本的 10 代线项目，没有在中国投资液晶屏生产线的计划[③]。

此后，夏普继续玩着这套把戏。2007 年 8 月，上广电对媒体宣布正在规划建设一条 6 代线[④]。当时上广电、京东方和昆山的三家整合还在过程中，而上广电最初的想法是与京东方合作建 6 代线。消息传出后，夏普主动找到上广电提议合作，于是京东方又被甩掉。但后来与上广电合作的 6 代线项目都已经获批时，夏

---

① "京东方解读聚龙僵局：夏普 7.5 代线馅饼变陷阱"，《21 世纪经济报道》，2007 年 9 月 27 日。

② "'聚龙计划'涅槃：夏普深圳 7.5 代液晶项目签约"，《21 世纪经济报道》，2007 年 8 月 14 日，http：//digi.it.sohu.com/20070814/n251574353.shtml。

③ "京东方称聚龙光电项目被夏普拖延战术忽悠"，《21 世纪经济报道》，2007 年 9 月 27 日，http：//tech.163.com/07/0927/10/3PD08THT000915BD.html。

④ "上广电正在规划第六代液晶面板生产线"，东方网，http：//tech.163.com/07/0828/06/3MV9Q5KB000915BD.html。

普又找个借口撤出合作。有媒体分析，夏普的"搅局"使中国进入高世代线的时间推迟了2—3年[①]。

当京东方还在和深圳方面谈聚龙计划时，已经有几个地方政府（包括武汉、成都等）主动找过京东方商谈在当地建线的可能，反映出许多地方政府已经看到了液晶工业的重要性。根据媒体报道，2006年2月在北京举行的"四川与国内500强企业座谈会"上，成都市提出了"打造集成电路产业基地"的构想，而代表京东方参会的陈炎顺当时就表示愿与成都高新区洽谈设立制造基地[②]。由于成都市提供的条件较好，于是京东方决定在成都建设一条4.5代线。

在成都建设4.5代线的决定受两个因素的影响：第一，当时正在剥离北京5代线的过程中，而决心在平板显示器工业继续干下去的京东方仍然需要拥有自己的生产线。第二，在遭受连续挫折并陷入亏损的"水深火热"之时，京东方的决策者看到上高世代线投资太大、风险太大，而深圳市之外的其他地方政府也财力有限，于是改变初衷，决定先建一条低世代线。王东升对这个选择的"合理"解释是"选择一条进可攻、退可守的道路，先在中小尺寸液晶面板领域做到最强，然后伺机再往下走"。但建设高世代线才是京东方的真正所求，所以等到2007年下半年公司的财务情况刚一好转，京东方就立刻开始规划6代线和8代线。不过，京东方一直有手机液晶屏模组的业务，能够认识到小尺寸TFT-LCD市场的潜力。沿着开发这个市场的思路建设的4.5代线，虽然多少有点是无奈之举，后来却为京东方在智能移动终端市场开发了一座"金矿"。

虽然不是高世代生产线，但成都项目采取的融资模式却是一次具有重要意义的突破，为后来京东方建设6代线和8代线打开了一条融资通路。这个模式的形成要从北京5代线的政府投资讲起。如前所述，当年北京市政府（通过国资委下属的北京市工业投资公司）借款28亿元给京东方以支持建设5代线。在后来遭遇困难时，京东方的管理层提出把借款转成京东方集团的股份，一方面可以帮助京东方渡过难关，另一方面政府仍然可以通过资本市场回收这笔资金。北京市政府同意了这个办法。事后证明，这笔投资对市政府来说是很划算的，除了由项目而得到的税收等收益（每年京东方5代线上交10多亿元的税款，上游配套企业上缴27.8亿元税款，还有采购等活动拉动的投资等）。2007年赢利后，京东方的股价从"债转股"时的2.72元涨到12元，政府在股价10元左右时将一半股权变

① "LG 夏普忽悠中国企业政府 搅黄液晶业大整合"，《经济观察报》，2009年5月29日，http://tech.163.com/09/0530/09/5AI50TGH000915BD.html。

② "京东方4.5代线或将落户成都"，南方网，http://tech.163.com/07/0828/12/3N01H4FS000915BD.html。

现卖了 20 亿元，剩下的股权按现行市值也超过了 25 亿元[1]。

这个经验为京东方展现了一条融资的新出路：向政府或者特定的"战略"投资者增发股票以获得足够的资本金。于是这个模式被应用到了成都项目上。成都市除了提供土地、税收等方面的支持外，还提供了资本支持：2008 年 7 月，京东方为成都 4.5 代线搞了一次定向增发，向成都市政府旗下的成都高新投资集团和成都工业投资集团增发股票 18 亿元。此外，在陈元行长的支持下，由国家开发银行牵头的银团提供贷款 16 亿元，并且将还款期变为 10 年期。正如陈炎顺释怀所言："完成了这一轮（建设），感觉资本渠道和产业发展的关系就打通了。"[2]

2008 年 3 月，总投资 34 亿元的京东方第二条 TFT-LCD 生产线（4.5 代线）在成都开工建设，到 2009 年 10 月正式投入量产，其产品是小尺寸的液晶显示器，主要应用于移动多媒体类的终端产品上。

一旦找到了新的融资模式，再加上财务状况好转，王东升的"野心"就再度萌生——京东方再次开始寻找建设 6 代线的机会，并把目光主要锁定在长三角、珠三角和渤海湾三个地区。2007 年下半年，当夏普不辞而别之后，深圳又转向京东方，而京东方的决策者也放不下进入深圳的念头，除了运输、市场和基础设施等因素外，一个主要的考虑是建 6 代线需要投资 175 亿元，必须跟有财力的大城市谈合作。但一个"不速之客"却把京东方的 6 代线项目引向了合肥。

2008 年 4 月份，京东方的一位独立董事把合肥市的一位官员介绍给了京东方高管。当时京东方决策者的心思还放在进入深圳的可能性上，并没把这个来访当回事。但当京东方高管应邀回访合肥时，却一下子被当地领导的态度打动了——厂址的土地已经准备好了，而且还有备选方案（合肥方面承诺，深圳能给多少，他们就给多少）。评估之后，京东方的人发现合肥是一个很不错的地方：位于长三角经济带，两个小时路程到武汉，三个小时能到上海，一个小时能到南京，覆盖全国国民收入 60% 生产总值的区域；更重要的是水、电供应充分（一条 6 代 TFT-LCD 生产线一天要消耗 2 万多吨水），而且合肥水很好，有长江还有巢湖；更让京东方人没有想到的是，安徽省还是个电力输出省（原以为是电力输入省）；此外，合肥的科技人才很密集，在全国排第五，而且人员相对稳定；最后是合肥市上下一心，市委书记孙金龙亲自挂帅搞这个项目，市长吴存荣具体操盘，自上

---

[1] 中国证监会规定的，向特定的对象发行股票。京东方定向增发的完成对于后来《定向增发条例》出台也有关系。当时是向北京市政府这一特定大股东增发股票，钱是由一定股东拿的，有资本金，有中小股东的同意，政府也要履行相关的义务。而且这不是死钱，有退出的机会。

[2] 陈炎顺访谈，2009 年 6 月 26 日。

而下地推进。

虽然感觉合肥"有戏",但京东方高层内心还是被在深圳和上海受到的两次挫折留下了"心灵创伤"。当第一次和合肥市领导会谈时,京东方来访者首先提出的问题就是:如果夏普找来怎么办?合肥市领导表示绝不动摇,将坚持与京东方合作。王东升和合肥市委领导单独谈了三次,主要是提示风险。他表示,对京东方来说,6代线是一定要做的,但合肥不一定要冒这个风险。合肥市领导表示,有困难大家一起扛,合肥市愿为这个项目拿出60亿元。事实上,合肥市领导为上这个项目也要冒很大风险,但这样做也有比一个项目更深刻的理由。在过去10多年里,合肥已经集聚起了一个相当规模的家电产业,但因技术含量不高而根基不稳,合肥市领导由此看到了发展液晶显示器工业对于保持家电基地的重要意义。为了这个项目,合肥市委召开常委扩大会,市委、市政府、市人大、市政协四套班子的领导都参与讨论。据说合肥市决心之大,甚至把地铁项目暂停,腾出的钱用于这个项目。

2008年秋天,京东方与合肥市签订了建设6代线的资金框架协议,合肥市承诺出资60亿元,并承诺在增发不成功时保底90亿元。此后,夏普果然"如期而至",提出愿意与合肥合作建6代线,并诋毁京东方的技术不行。面对这种诱惑,合肥市领导果然也被打动,不过由于当时已经对京东方说过斩钉截铁的"誓言",所以只是摇摆了一下(市领导说:"要不就两条线都干!"),还是与京东方走了下去。

与合肥正式签约的日期定在2008年9月12日。在那之前,深圳市人事变动,新的主管市领导一上任就再提出要京东方在深圳建6代线。王东升在合肥签约的前一天亲赴深圳面见市领导,当面"谢罪"。深圳市领导对王东升直截了当,说你告诉我合肥给了什么条件,深圳全部都给。王东升只好解释第二天就要与合肥签约,同时也承诺京东方将来还是要进深圳的。木已成舟,深圳市领导也无奈,晚上请王东升吃饭时提议喝北京二锅头——按中国的习俗,"怨气"要以酒来化解。那晚,不断对深圳方面表示歉意的王东升喝得酩酊大醉……。第二天从深圳机场赶赴合肥时,经过"疏通"才使酒精含量过高的王东升通过安检,到合肥后又输液两个小时。令陈炎顺称奇的是,王东升从医院出来吃了一碗面条就赶赴会场,居然不按讲稿还发表了一通慷慨激昂的讲话[1]。

那时发生的一件大事是全球金融海啸的来袭。2008年下半年,本来还处于高

---

① 陈炎顺访谈,2013年7月5日。

涨期的液晶周期突然因市场萎缩而进入衰退，京东方再次陷入亏损。不过，这次不只是几个中国新手发生亏损，而是业内所有的企业都亏损了，包括三星、LG、友达、奇美和夏普这些巨头。危机迫使国际巨头放缓脚步，而京东方却迎来了多年盼望的扩张机会。2008年12月的集团工作会上，王东升提出"化市场低谷为成长机会"（王东升2013，第134页），京东方由此开始了逆势扩张之路。

京东方能够大举扩张的"本钱"不是资金，而是经过北京5代线发展起来的能力——后来她所有新建生产线的概念、设计基础、工艺组合和系统整合全部由自己完成。这种"本钱"为京东方赢得了包括资金在内的所有扩张资源。2009年4月，经国家发改委批准，中国第一个TFT-LCD工艺技术国家工程实验室在京东方设立。该实验室的建设得到国家发改委的资金支持（1500万元）和政策支持，以推进液晶显示器件研发、上下游技术融合与验证、标准研究和人才培养。

2009年4月13日，计划总投资175亿元的京东方6代线在合肥破土动工。由于京东方为建设第6代线已经准备了3年时间，所以在技术上具有信心，把工期设计得很短，计划只用10个多月的时间完成。这条线投产后，可以覆盖18英寸到37英寸的各种尺寸的产品（32英寸和37英寸的显示屏是电视机屏幕的主流应用），使中国彩电工业第一次获得了显示屏的本土供应来源。

2009年6月8日，京东方经证监会批准后发出公告，为合肥6代线进行120亿元的定向增发。比成都模式更创新的是，这次定向增发的对象还包括了企业和社会的力量。增发前人们还有些担心，但没有想到政府信用的作用如此之大。本来社会各界都看好这个产业，唯一的担心是京东方会不会"垮台"，政府的加入使得投资人立刻信心大增（"说明京东方不会垮"），何况中央政府的产业振兴规划已经把新型显示器规定为产业发展的重点，而且证监会也支持增发，真是占尽天时、地利、人和。这次增发获得成功，而且由于私人投资者认购踊跃，合肥市只出资了30亿元。最后的资金来源结构是1/3来自政府投资机构的钱，1/3来自市场机构投资者的钱，1/3来自纯市场的钱，一共筹集了120亿元的股本金。

合肥6代线的建设恰逢全球TFT-LCD工业在金融海啸下陷入投资停顿之时，顿时成为全球设备、材料供应商所瞩目的一条线。在合肥6代线开工仪式上，全球最大的设备供应商美国应用材料公司的代表在致辞中说，京东方是应用材料公司在中国显示行业的第一家客户，"京东方的努力让我们相信中国的平板显示产业在快速发展的全球平板显示市场中将发挥越来越重要的作用。"全球最大的玻璃基板供应商美国康宁公司的代表表示，康宁将全力以赴支持京东方的成长，"我们的成功依赖于京东方的成功。在我们看来，京东方不仅是我们的客户，更是我们的战略合作伙伴和朋友。"中国半导体设备企业北京七星华创的代表表示，"七星华创正在加大 TFT-LCD 设备研发的力度，我们希望能够为中国 TFT-LCD 产业发展尽自己的微薄之力，京东方合肥第 6 代线的建设将为国内设备行业带来新的发展机遇。"乐凯集团的代表在致辞中说道，乐凯公司已经在合肥投资生产 TFT-LCD 用各种薄膜和偏光片，这些材料在液晶面板生产成本中约占 30%，"京东方合肥 6 代线的建设对拉动上游材料的国产化有非常重要的意义"[①]。

合肥市领导的勇气也得到超过预期的回报：不仅是只花了 30 亿元就让 6 代线在合肥落户，而且在 6 代线动工后，已经有十五六家为 TFT-LCD 配套的企业申请在合肥开发区建厂。这股产业集聚的热潮使合肥市发现开发区用地已经不够，不得不（兴高采烈地）紧急向中央政府请示解决开发区用地问题。

合肥 6 代线从酝酿到开工的过程正是全球金融海啸来袭之时，但这个带来经济衰退威胁的危机以及中国政府振兴经济的举措却给了京东方大举扩张的机会。2008 年底，在中央政府 4 万亿刺激经济计划开始后，北京市政府开动员大会，要求各方寻找、推荐能够拉动需求的投资项目。北京工业促进局和亦庄开发区管委会的负责人立刻就大叫起来：这还用找啊，京东方的 8 代线呀！其实副市长苟仲文及其主管的工业促进局和亦庄开发区早就开始与京东方研究北京 8 代线项目，但由于对北京市发展工业一直有不同声音，加上市里正忙于北京奥运会，工作搁置。时机一到，在市领导的支持下，京东方全面启动在北京建设 8 代线的计划。于是，当全球 TFT-LCD 工业因市场需求不振而对建设新线的投资停顿时，京东方被压抑了许久的扩张势头却一下子迸发出来。2009 年 8 月 31 日，京东方的 8 代线（后调整为 8.5 代线）在北京亦庄开发区举行奠基仪式，并宣布该项目总投资规模达到 280 亿元，将于 2011 年第三季度投产。

就在京东方迎来扩张机会的时候，与她同时进入 TFT-LCD 工业的上广电却倒下了。2009 年 3 月末，媒体上传出上广电集团破产重组的消息。拖累上广电集团的正是那条 5 代线，它在 2005—2007 年连续三年亏损（共亏 5 亿多元），到 2008 年又巨亏 18 亿元[②]。根据媒体的分析[③]，上广电的困境源自技术上的不自主。上广电·NEC 不仅是引进生产线，而且还是合资，她的技术控制权一直掌握在日

① 以上发言见 2009 年 4 月 22 日《中国电子报》，http：//tech.sina.com.cn/e/2009-04-22/08573026070.shtml。

② "上广电败局：液晶五代线成祸首"，《中国证券报》，2009 年 6 月 1 日，http：//tech.sina.com.cn/it/2009-06-01/08143137034.shtml。

③ "上广电核心亏损来自液晶 面板价格雪崩是主因"，《21 世纪经济报道》，2009 年 4 月 14 日，http：//tech.sina.com.cn/it/2009-04-14/02012998781.shtml。

方手里，技术部门全部由日本工程师控制，中方员工主要是参与日常管理与业务部门，合资公司还要向日方缴纳一定的专利费。此外，由于严重依赖日系技术，上广电的上游关键零部件、设备和材料都被日本企业控制，这使得上广电无法有效进行成本控制。此外，上广电得到的"技术"仅限于引进的生产线，中方无权利用引进生产线的技术去建新的生产线。这种"以市场换技术"的模式严重限制了上广电扩张的可能性。上广电从2007年就开始与夏普谈判，准备从夏普引进6代线（后来甚至改为8代线）。从夏普的"劣迹"来看，即使上广电没有受到亏损带来的资金限制，也不会轻易做成"技术引进"的交易，只能继续受到控制。

一位曾经在上广电工作过的资深工程师提供了不同的解释[①]。根据他提供的信息，上广电·NEC在开始时是依靠NEC进行生产线和产品的设计，中方参与。后来上广电方面感到在产品技术上很被动，不能根据市场需求变化调整产品，就决定自己做，也从国内（包括台湾）和国外（日本）招聘人员培养自己的团队。经过一年多的努力之后，上广电的5代线就开始依靠自己而不再依靠NEC开发产品。这位在日本留过学、在韩国三星工作过、经历了上广电5代线全部历史后加入京东方的工程师认为，其实上广电可以自主建设6代线，但能不能在技术上突破不是技术层面本身的问题，而是领导者的决心和意志问题。因此，在这位技术人员的眼中，京东方走了出来而上广电倒下的根本原因是企业领导在掌握技术和进行扩张上的决心。上广电是一个把上海电子工业企业集合起来的集团，但在每一个部分都采取合资方式来获得技术。上海市曾经以为采取这种"大而洋"的模式能够保证国内领先地位，但后来却陷入技术依赖，不仅没有发展起来技术能力，而且连获得这种能力的愿望和决心都销蚀了。上广电破产的原因其实也是包括政府在内的各方在看不到企业扩张前景下的放弃。从这个角度看，媒体的报道和亲历者的解释在本质上是一致的。上广电破产重组时出售5代线。京东方在竞购中报价最高，但上海死活不肯卖给京东方，最后卖给天马。上海方面终于有机会以这种方式报了京东方当年"不辞而别"的一箭之仇。

不得不指出的是，京东方能够在2008年之后开始扩张的重要原因是国家终于以地方政府的形式参与进来了。从建设成都4.5代线到建设合肥6代线和北京8.5代线，三地政府的现金直接投入就超过100亿元。如果没有这种政府投入的"信用担保"，京东方其实无法向市场融资。对于为什么地方政府会成为京东方的"投资合伙人"，我们将在第六章详细讨论。

---

① 金波访谈，2009年10月28日。

从 2003 年年初通过海外收购进入 TFT-LCD 工业到 2009 年开建高世代线，京东方度过了难熬的 6 年多时光。这段时光是孤独的，不管她说什么、做什么，总是难被理解。但这种"孤独"到 2009 年夏末结束了，因为中国人看不明白并不代表能够按照产业规律思维的外国人也看不明白。京东方的扩张势头牵动了全球 TFT-LCD 工业界的神经：以京东方的 6 代线上马为开端，在金融海啸中停顿下来的夏普 10 代线、三星和 LG 的 8 代线恢复建设，友达和奇美的 8.5 代线建设启动；同时，夏普、LG、三星、友达、奇美开始加紧到中国大陆活动，跟各地政府积极接触，"探讨"在大陆建线的可能；那一阵，中国媒体不断流传着源自台湾企业的有关京东方的负面谣言。

京东方 8 代线的上马更像是一场"地震"，使国外企业对中国封锁技术的"长城"一夜之间崩塌——从京东方宣布要上 8 代线的那天开始，一场因外资纷纷要在华设厂而导致各地争上高世代线的"液晶热"席卷中国大地……事实上，京东方走的每一步都牵扯到全球 TFT-LCD 工业的神经，因为京东方走的是自主掌握技术的道路——对那些领先者们威胁最大的道路。当京东方建设 5 代线的时候，台湾企业就在中国大陆到处宣传"5 代线已过时"；夏普像"灭火队"一样追踪着京东方的足迹，同样是为了瓦解中国自主建设高世代线的任何企图。所以当京东方终于开始扩张时，日、韩和中国台湾企业的神经就"崩溃"了，因为它们看得很清楚，在中国的市场需求条件（庞大的消费市场和终端制造业）和低成本制造能力条件下，京东方依托高世代线量产后的崛起，将动摇由日、韩和中国台湾组成的液晶工业"铁三角"格局。在更一般的意义上，京东方所代表的中国大陆工业在技术阶梯上的爬升，将导致由中国大陆工业进行劳动密集型的下游组装并由外国工业控制上游技术的"垂直分工"模式发生结构性变化。谁还坐得住？

第五章　英雄崛起

京东方向高世代线的扩张使国外企业对中国的"技术封锁"一夜之间土崩瓦解，一场各方争相要在中国建设高世代生产线的"液晶热"突然爆发，令中国社会一时目眩，连政府也没马上回过味儿来。那时很少有人能明白"液晶热"实际上反映出中国工业的历史性转变，政府主管部门随后还是把政策重点放在到底应该批准几条外资生产线上。回顾那段仿佛就是昨天的历史，"液晶热"带来这么多纠结的真正原因是很少有人相信中国企业可以自主建设高世代线，也很少有人相信依靠中国企业就能够把平板显示器工业发展起来。

顶着所有这些"悬念"，京东方的产业大军在2009—2011年期间相继建成了成都4.5代线、合肥6代线和北京8.5代线，其运行效率之高甚至超过了京东方自己原来的预期。2012年，京东方在经历了连续四年营业性亏损之后，以四条生产线的满产满销实现了主营业务的盈利。即使如此，京东方也没有停下扩张的脚步，又相继开始建设合肥8.5代线、鄂尔多斯5.5代AM-OLED生产线和重庆8.5代线，其扩张气势比"液晶热"更加令人目眩。

京东方在扩张之后的盈利并非只是因为产业规模的扩大，更重要的是在扩张过程中完成了一次重大的组织转变——为适应多线扩张而实施的创新变革，使京东方彻底告别了在1990年代改革后形成的分散式组织结构，发展出能够协调更大规模和更加复杂生产的管理结构；京东方同时建立起研发体系，使自己成为一个研发与制造并重的高技术企业。正如2013年的赢利势头猛增所表明的那样，京东方的新一轮盈利是"结构性"的——她已经能够以足够的规模和不断的产品开发去赢得变化中的市场需求，而不再是那条完全由市场潮汐来决定盈亏的"小舢板"。到2013年，随着生产规模的剧增和企业组织形态的转变，京东方成为全球平板显示器工业挑战者的态势已是"锋芒毕露"。

第一节
"液晶热"的起落

2009年夏末，当世界经济仍然处于金融海啸带来的衰退时，中国突然出现了一场"液晶热"——国外企业一反多年来的封锁态度，争相要在中国大陆建设高世代 TFT-LCD 生产线，许多地方在这种条件下也纷纷准备上马液晶面板项目。拟议中的项目数量一时如此之多，以至于媒体的议论很快就从对"天上掉馅饼"的喜悦变成了对未来产能过剩的担忧。这场突如其来的"液晶热"难免让人产生困惑：在彩电工业遭遇技术替代危机、液晶面板供应受制于国外、引进技术遭到封锁的多年之后，中国的 TFT-LCD 工业怎么"突然"就要起飞了？其实，触发"液晶热"的原因只有一个——京东方向高世代线的扩张。

从2008年下半年开始，由于金融海啸的影响，欧美市场需求大幅下滑，液晶周期突然进入衰退阶段，全球主要的液晶面板企业（全部是日、韩和中国台湾企业）都遇到产能暂时过剩的问题。台湾液晶面板厂家以前一直向日、韩的企业供货，但从2008年8月起，日、韩企业为保护自己的产能而取消采购订单，致使台湾厂商的库存猛增，从第四季度开始几乎全面亏损。

这种状况似乎为中国大陆改善液晶面板供应提供了机遇。2008年12月21日，中共中央台办主任在第四届两岸经贸文化论坛宣布向台湾企业先期采购20亿美元的液晶面板[①]。此后不久，由工信部牵头成立了"海峡两岸平板显示产业促进工作组"。2009年1月16日，在工信部、国台办的支持下，中国电子视像行业协会在福州举办的"海峡两岸平板显示战略合作论坛"上，9家中国大陆电视制造企业与台湾液晶面板企业签署战略合作协议，向以奇美电子、友达光电为主的台湾厂商购买21.9亿美元的电视用液晶面板，采购量将超过1200万片，涵盖了各个主流尺寸规格[②]。同年6月，由该协会带领的大陆赴台湾面板采购团访问台湾，将2009年面板采购金额翻番至44亿美元[③]。

台海两岸达成意向采购之后，韩国企业从2009年2月起，突然以现金频繁采购台湾面板，从友达、奇美等手中买走了2008年10月以后积累的400万片库

---

① "大陆彩电驰援台湾面板：20亿液晶订单只是开始"，《经济观察报》，2008马12月27日，http://tech.sina.com.cn/it/2008-12-27/08362697028.shtml。

② "9家国产彩电巨头购面板酝酿反击洋品牌"，新浪科技，2009年1月19日。http://tech.sina.com.cn/e/2009-01-19/02262760975.shtml。

③ "台湾液晶面板产能不足 大陆22亿后续大单现缺口" http://www.chinanews.com.cn/it/it-jdxw/news/2009/06-11/1730021.shtml。

存，而且签署了 2009 年的年度采购协议。同时韩企开始控制向中国大陆彩电企业面板供应的数量，并提出涨价的要求，而手握大陆订单的台湾面板厂商也坐视面板缺货而不急于新的投资和扩产，导致液晶面板的价格从 2009 年 3 月到 8 月上涨了 30% 以上（价格趋势见第七章图 7.4），使中国彩电企业再度陷入困境。

液晶工业的政策环境发生了一个重大变化。2008 年下半年全球金融危机冲击中国经济之后，国务院开始制订一系列的产业振兴规划。2009 年 4 月，两个月前由国务院常务会议原则通过的《电子信息产业调整和振兴规划》被正式公布[①]。在这个规划中，"新型显示器件"第一次被列入国家政策支持的范围。在关于产业调整和振兴任务的部分，该规划写道："突破新型显示产业发展瓶颈。……以面板生产为重点，完善新型显示产业体系。国家安排引导资金和企业资本市场筹资相结合，拓宽融资渠道，增强企业创新发展能力。……充分利用全球产业资源，重点加强海峡两岸产业合作，努力在新型显示面板生产、整机模组一体化设计、玻璃基板制造等领域实现关键技术突破。"京东方经过 6 年"单打独斗"的液晶事业，终于落入国家政策的支持范围。不过，从上述引文也可以看出，当时政府并没有相信可以完全依靠中国企业发展这个工业，而是寄希望于与外资特别是台湾企业的合作。

因此，在落下 44 亿美元采购大单的背后，中国政府更为期盼的是台湾面板企业能到大陆投资设厂，或者开放大陆企业投资台湾面板企业。但与中国方面的一厢情愿相反，台湾当局于 2009 年 6 月 30 日公布的大陆投资政策[②]，堵死了大陆企业投资台湾液晶面板工业的可能性。对于台湾液晶面板企业到大陆投资，台湾当局当时仅开放赴大陆投资后段模组厂，对于关键的面板制造仍列在禁止名单中。

事实上，直到那时，日[③]、韩政府和"台湾当局"都严格限制向中国大陆转让

---

① "中国电子信息产业调整和振兴规划出台（全文）"，新浪科技，2009 年 4 月 10 日，http://tech.sina.com.cn/it/2009-04-10/18062992332.shtml。

② 台湾当局经济主管部门于 2009 年 6 月 30 日公布《大陆地区人民来台投资许可办法》，首批开放大陆资本赴台投资项目的 100 项中，面板、半导体等先进制造业不在开放清单内。参考《台湾开放首批 100 项大陆企业赴台投资项目》，2009 年 6 月 30 日，http://news.sina.com.cn/c/2009-06-30/154118124468.shtml。

③ 日本政府从 2002 年起制定并公布《全面控制出口管制外国最终用户名单》，日本企业在向被列入该名单的企业和组织出口有关敏感货物、技术时，须向经产省进行事前咨询，如得不到许可，货物不得出口。为强化技术出口管制，日本经济产业省发布对外安全贸易"管制名单"。《出口贸易管理令》规定的技术提供限制领域十分广泛，涉及 16 个领域 21 个大类 79 个项目中，就有 49 个项目涉及需要报请经产省审批许可，属于谨慎出口或控制出口的物品。日本政府发布这份"黑名单"的同时，还一再要求日本企业要"自重"，提高警觉，防止先进技术落入中国。液晶面板产业是核心战略产业之一，TFT-LCD 技术作为电子信息时代的核心技术之一，是一直受到日本政府严格限制的。我们没有找到限制液晶面板技术转移和出口的明确的法律条文。但韩国三星总部 LCD 事业部副总裁赵容德也证实"与其说企业在技术转移方面设置壁垒，还不如说是各政府之间设置了技术壁垒。韩国、日本政府在 LCD 技术向外输出上设置了一定的技术壁垒。"参考 http://tech.163.com/digi/09/0525/09/5A59M1V0001628C1.html；http://news.sina.com.cn/w/2006-07-31/14139616936s.shtml；http://www.china.com.cn/economic/txt/2008-05/05/content_15064726_2.htm。

技术（哪怕这种"转让"只不过是到中国大陆设厂）。韩国情报通信部的《2002年综合审查评价报告书》中有一句话："经济迅速发展的中国需要大量的技术……我国的知识头脑和技术流向中国的可能性空前地大"①。根据韩国2007年颁布的《防止产业技术外流及产业技术保护法》，出售、转让核心技术必须获得国家批准，液晶面板与半导体都是核心战略产业，韩国企业在海外建设生产这些产品的基地需要韩国政府批准。

不仅政府不愿意，日、韩和中国台湾企业自身也没有到中国大陆设厂或转让技术的积极性，掌握着高世代面板生产技术的三星、LG、夏普、奇美、友达都不愿打破政府当局的政策限制到中国内地建厂。直到2009年5月，三星电子全球副总裁还强调"暂时没有向中国国内转移液晶面板生产线的计划"，其LCD事业部总裁在8月25日进一步表示，"中国市场将会变得更大，但我们在决定之前必须了解更多状况"②。金融海啸来临后，友达、奇美纷纷将原定2009年的7.5代线、8.5代线的量产时间延后，甚至有些生产线延至2010年③。一直追踪报道液晶面板产业十多年的台湾记者陈泳丞在2009年9月1日的报道中评论说，"由于全球经济并未完全回暖，仅靠大陆方面的需求，台湾面板就到大陆投资设厂的欲望依然不高，台资企业2009年缩减开支已成定局"④。

很明显，中国大陆采购台湾面板的单方面善意并没有达到预期的效果，日、韩和中国台湾的企业不会因为中国大陆市场的需求扩大而到中国大陆设厂或转让技术（反而可以坐收价格上涨的收益），日、韩政府和"台湾当局"也不会因为中国大陆的需要而放松对技术的管制。

只有一个因素改变了这种局面——中国企业京东方出人意料地开始向高世代线扩张。2009年4月13日，京东方的6代线在合肥开工建设。这是在金融海啸开始后第一个开工建设的生产线，并因此而"牵一发而动全身"——从此全球主要TFT-LCD企业在金融海啸中停顿下来的投资计划纷纷重新启动。

更具有冲击力的是京东方于2009年8月26日发布公告，确认上马8代线。仅仅5天后的8月31日，京东方8.5代线的奠基仪式就在北京经济技术开发区举行。京东方要上8代线的消息已经流传了一段时间，但正式付诸实施还是有如一个"晴

① "韩国对尖端技术外流有点过敏"，《经济参考报》，2004年10月19日，http://www.eaonline.com.cn/news/39959.html。
② "大陆现有TFT-LCD生产线及筹建中的生产线"，《经济日报》，2009年8月26日，http://money.udn.com/report/storypage.jsp?f_MAIN_ID=407&f_SUB_ID=3924&f_ART_ID=192873。
③ 中华液晶网 http://www.chinafpd.net/fpd_news_view.asp?id=4222。
④ "大陆八代厂急起直追"，《工商时报》，2009年9月1日，http://tech.chinatimes.com/2007Cti/2007Cti-News/Inc/2007cti-news-Tech-inc/Tech-Content/0,4703,12050902+122009090100175,00.html。

天霹雳"，瞬间改变了业内所有"玩家"的心态。下面看看在 10 天之内发生了什么。

同在 8 月 31 日那一天，日本夏普宣布与南京市签订合作意向书，将与代表当地投资的熊猫集团成立合资公司，进行"8 加 6"代线的投资计划，包括夏普将其龟山第一工厂的第 6 代液晶线（建于 2004 年）出售给南京方，并提供生产技术支持；还包括未来合资建设与夏普龟山第二工厂同等的 8 代线。由于受到经济危机的打击，夏普 6 代线生产的 32 英寸面板价格暴跌。同时，夏普正在建设总投资为 42.8 亿美元的 10 代线。这两个因素导致夏普在 2008 财年遭遇了其 1956 年东京证券交易所上市以来的首次营业亏损，亏损额高达 1258 亿日元（以财报截至日期 3 月 31 日当日汇率计算，折合人民币约 86.8 亿元）[1]。为应对困境，夏普当年宣布裁员、减薪，并着手液晶工厂的重组。2009 年初，龟山第一工厂（世界上第一条 6 代线）停工。但这条在夏普内部被视为负担的 6 代线，却被包装成一块"肥肉"向中国企业兜售，从广州、深圳转到上海，再转到张家港、南京[2]。根据中国媒体的报道，2009 年 2 月传出夏普要以 11 亿美元的价格把 6 代线出售给上广电[3]，但到 4 月，上广电 -NEC 因财务危机被破产托管，这项交易不了了之；到 7 月 3 日，又传出夏普拟出售该线给彩虹集团[4]，但半个月后，彩虹集团在张家港的 6 代线项目停止，理由是液晶面板项目风险太大，彩虹转做上游玻璃基板的制造，而收购夏普生产线的交易也没了下文。夏普在京东方宣布上马北京 8.5 代线的 5 天之后与南京方面达成协议，以 138 亿元人民币的价格把它的二手 6 代线卖给由中电集团和南京市政府持股的中方，而且在谈判中还增加了 8 代线项目，显然是受京东方开建 8 代线消息的刺激，也为了得到启动自己 10 代线急需的资金。

8 月底，LG 与广州市政府签订一项非约束性谅解备忘录，将投资 30 多亿美元在广州兴建 8 代线（计划最快于 2012 年投产）。之所以签的是"非约束性"协议，是因为这个项目还必须得到但尚未得到韩国政府的批准。

9 月初，三星决定斥资 32 亿美元在大陆兴建 8 代线，开始对苏州和深圳两城市进行选址评估，预定最快在 2011 年第四季度投产[5]，目标是抢在 LG 的 8 代线之

---

① "南京接盘夏普二手 6 代线始末"，2009 年 9 月 1 日，http://www.21cbh.com/HTML/20090902/HTML_65H7ESWWFDAS_2.html。

② "彩虹缓建 6 代线项目被夏普'忽悠'"，《第一财经日报》，2009 年 7 月 20 日，http://it.sohu.com/20090720/n265330162.shtml。

③ "上广电拟购夏普六代线"，《东方早报》B11 版，2009 年 2 月 24 日。

④ "夏普正与彩虹协商 拟出售面板制造设备"，网易财经，2009 年 7 月 3 日，http://money.163.com/09/0703/08/5D9M7835002534NS.html。

⑤ "日韩液晶 8 代线扎堆来华落户 国产厂商寄望亡羊补牢"，2009 年 9 月 8 日，http://www.china.com.cn/news/tech/2009-09/08/content_18483661.htm。

前建成。10月，三星宣布投资 22 亿美元在苏州建设一条 7.5 代液晶面板生产线，待韩国政府批准后正式签约。苏州市政府给三星最大的自由度，该项目不是独资就是接近独资的控股股份[1]。根据三星自己的表态，该项投资计划并未包含在三星原有计划之内，而是"经过修正后的计划"的一部分[2]。于是，短短不到 10 天的时间，未等本国政府的正式批准，夏普、三星、LG 等日、韩企业就以惊人的速度敲定了在华兴建 8 代线的计划。

日、韩企业的行动引起中国台湾面板厂的激烈反应。9 月 2 日，友达、奇美同时公开呼吁"台湾当局"开放面板到大陆设厂。一向在大陆设厂问题上比较低调的友达甚至透露，已与数个大陆地方政府洽谈中。奇美则强调，"政策一开放，就马上谈"[3]。奇美总经理王志超接受路透社专访时，对大陆地区 LCD 面板产业加速忧虑重重，觉得"一定有公司要倒"[4]，对台湾当局的缓慢反应表示着急却又无奈。直到 2010 年 2 月 9 日，台湾经济主管部门才终于开闸，同意岛内企业通过专项审查的方式赴大陆投资高世代液晶面板生产线，但限定最高不得超过三条，并遵循"N-1"或"N-2"原则（N 为世代数），即台湾企业在大陆建设的生产线必须比其在台湾已有的生产线低 1—2 个世代[5]。

2009 年 9 月，奇美曾经有意在广东佛山上马一条高世代线，相关的环评报告也曾经见诸报端，但此后却再无消息。这家夭折的液晶面板企业叫广新光电，佛山科技局的公告上显示这是投资额高达 236 亿元人民币的 8 代线计划。业内盛传，台湾液晶巨头奇美是广新光电的技术支持方，对此奇美并未承认[6]。不过这时身为台湾第二大液晶面板生产商的奇美，日子并不好过。它受全球金融危机和韩国取消订单的影响，从 2008 年第三季度到 2009 年第二季度，连续四个季度亏损（亏损总额高达 140 亿元人民币）。2009 年 11 月 15 日，鸿海集团创始人郭台铭和奇美集团创始人许文龙联合宣布，双方旗下光电业务以换股方式合并，鸿海系群创光电以 2.05：1 的换股方式合并奇美电子，总交易额大约 74 亿元人民币。合

---

① "京东方在前台企在后：外资 8 代线柏林墙崩塌"，《经济观察报》，2009 年 9 月 26 日，http://tech.sina.com.cn/e/2009-09-26/04423470239.shtml。

② "韩液晶厂商内讧 三星 LG 打起大陆市场争夺战"，《投影时代》，2009 年 9 月 10 日，http://www.ce.cn/cysc/zgjd/kx/200909/10/t20090910_19669830.shtml。

③ "友达、奇美急着登陆"，《工商时报》，2009 年 9 月 3 日，http://gb.chinatimes.com/gate/gb/news.chinatimes.com/CMoney/News/News-Page-content/0,4993,11050706+122009090300238,00.html。

④ "大陆 LCD 面板业加速，为何引发台企担忧"，《投影时代》，2009 年 9 月 3 日，http://article.lcd88.com/2009-09/news-11-32-322272203271.shtml。

⑤ 当时台湾最新的生产线是友达刚量产的第一条 8.5 代线。依此原则，台湾面板企业可以登陆投资 6 代或 7.5 代生产线。

⑥ "530 亿豪赌液晶八代线 全球巨头押注广东"，《南方都市报》，2009 年 9 月 14 日。

并后，群创光电为存续公司，更名为"奇美电子"（为了区分，业内俗称"新奇美"）。在此之前，群创光电在2009年10月5日宣布，以换股方式收购小尺寸面板生产商统宝光电，交易估价为200亿新台币。2010年3月18日，群创、奇美与统宝三者合并后的新奇美电子正式成立，成为全球第三大面板厂，规模仅次于三星和LGD。在此一星期之前的3月11日，奇美电子总经理王志超表示，奇美电子的8.5代线已经提前在3月开始投产，预计4月正式出货[①]。

2009年9月12日，昆山龙飞光电耗资43亿美元的8.5代线举行奠基典礼，并计划以一年半的时间完成土建及装机工程。龙飞光电就是昆山龙腾光电的第三期计划，因为当时被当作中国的本土项目而得到政府的批准。虽然当时奇美、友达和宝成集团等台湾企业都否认与这个项目有技术上的联系（慑于台湾当局的禁令），但后来证明这条线其实是友达主导的[②]。

在"液晶热"中，总部设在惠州的中国彩电企业TCL在深圳市政府的支持下，决定在深圳建设一条8.5代线。这是继京东方之后第二个自主建设高世代线的中国企业，中国政府在很短的时间内就核准了这个项目。2010年1月16日，TCL集团和深圳市深超科技投资有限公司（以下简称"深超投资"）联合成立深圳市华星光电技术有限公司（以下简称"华星光电"），双方投资245亿元在深圳光明新区建设的一条8.5代液晶面板生产线，项目设计产能为100K/月，计划于2011年第三季度试产（关于这条线的实际建设情况见本章附录）。

由国外和境外企业以及中国大陆地方政府推动的"液晶热"出现后，中央政府在几个月中似乎没有什么反应。当这种反应终于见诸媒体时，其关注的焦点马上成为对产能过剩的担忧。据媒体于2009年11月18日报道，工信部信息司司长在出席深圳高交会某论坛时表示，国内高世代液晶线建设需要避免重复投资造成资源浪费，应形成国家层面的统筹规划。他说："年初的时候还担心金融危机可能对面板行业带来冲击，谁能想到下半年各地的高世代线就纷纷上马。"他坦言，在为整个面板业高兴的同时，也不得不为未来可能出现的产能过剩问题担忧，"广东、深圳已经有了8.5代线，离此百十公里的地方又要再建一条高世代线（注：显然是指佛山项目），这显然是不符合产业规律的。"他同时透露，工信部当时已经在制定新的政策，对液晶面板行业进行引导："第一，加强规划管理，引导产业的合理布局，避免盲目投资和低水平重复建设；第二，落实和完善相关产业政

---

① "奇美8.5代液晶线3月量产 具备在大陆设厂资格"，腾讯科技，2010年3月12日，http://tech.qq.com/a/20100312/000321.htm。

② 这条8.5代线后来并没有实际建设，见第七章第二节。

策，解决实际操作中面临的各种问题；第三，加强自主创新，掌握核心技术，提高创新能力；第五，推动资源整合，通过经营主体实力的提升，形成规模效益；最后，加强国际与对台合作"①。

相比之下，韩国政府的反应更快、更具战略性。据韩国媒体于2009年11月25日的报道，针对三星电子和LG计划在中国建厂过程中发生的技术外流争议，正在中国访问的韩国知识经济部长官崔炅焕表明了将允许两家公司在中国建厂的立场②。显然是为此专程到中国考察的这位韩国内阁部长表示："有些人认为，两家公司应该在因金融危机而投资低迷的韩国建厂创造就业机会，但（如果不允许建厂）很有可能丢失巨大的中国市场。"一个月后，韩国政府在由总理担任委员长的产业技术保护委员会上，批准了三星和LG到中国建设液晶面板厂的计划③。

根据媒体于2009年12月18日的报道④，发改委及工信部两部委到那时已经准备出台政策，给十分火爆的液晶面板项目建设"降温"。发改委相关人士指出，尽管液晶显示屏在《外商投资产业指导目录》（2007修订）中仍属鼓励类，但接下来的外资项目审批难度将加大，而国内拥有自主知识产权的面板企业将受到保护和扶持。2010年1月初，工信部和国家发改委联合下发《2010—2012年平板产业发展规划》，明确规定将高世代液晶面板生产的审批权收归工信部和发改委⑤。

自从2006年1月的全国科技大会上提出自主创新方针之后，中国政府在支持本国产业立场上已经表现出巨大的进步，但在如何支持方面仍然缺乏具体的原则。原因是中央政府在对"液晶热"做出反应之后，随即把政策重点放在控制生产线项目的数量上，却没有放在支持中国企业成长的具体办法上。中央政府在2010年初决定总共只批准5条高世代生产线的建设。到那时，京东方北京8.5代线、TCL深圳8.5代线和昆山龙飞光电的8.5代线都已经获得批准，于是5个"名额"还剩下2个待定，而争夺这2个名额的候选项目有5个：南京的夏普8代线，由中国电子信息产业集团（CEC）主导与夏普等日本企业合资（日方占25%，中

① "工信部担忧液晶面板生产线过剩 拟规划避免重建"，《中国证券报》，2009年11月18日，http://finance.sina.com.cn/chanjing/cyxw/20091118/02436978971.shtml。
② "三星在华设厂引发技术外流质疑 韩政府力排众议"，新浪科技，2009年11月25日，http://tech.sina.com.cn/e/2009-11-25/18323624485.shtml。
③ "韩国政府批准三星LG Display中国建液晶面板厂"，新浪科技，2009年12月24日，http://tech.sina.com.cn/it/2009-12-24/12503707636.shtml。
④ "液晶面板投资过热 两部委欲收紧审批口子"，《上海证券报》，2009年12月18日，http://tech.sina.com.cn/e/2009-12-18/08253689127.shtml。
⑤ "诸侯五霸跑部委 高世代液晶面板争夺狼烟"，《21世纪经济报道》，2010年3月19日，http://finance.sina.com.cn/chanjing/cyxw/20100319/02377592283.shtml。

方占 75% 的股份）；安徽合肥的鑫晟光电 8.5 代线，背后主导方是京东方；三星的苏州 7.5 代线；LG 的广州 8.5 代线；富士康的成都 8.5 代线。这个"五进二"的过程角逐激烈（需要通过国家发改委组织的专家委员会答辩），三星为了让自己的项目能够尽早得到批准，不仅会在中国投资内存芯片项目，而且还愿意放弃中国政府为其液晶项目提供的补助金[①]。

虽然外界无从知道审批过程的内情，但因为本来应该在 2010 年春天做出的批准决定迟迟没有结果，所以能看出中国政府在"五进二"上陷入"纠结"。事实上，那些外国企业在中国都有自己的政治疏通渠道，台湾企业还"享受"着中国大陆出于"和平统一"愿望的单方面优惠，何况所有的外资企业还可以通过急于上大项目的地方政府来对中央政府施加影响。复杂的利益关系当然会使中国政府感到棘手，但陷入手足无措的真正原因是经过 30 年"技术只能依靠引进"的政策思维之后，中国政府既没有支持中国高技术产业发展的战略，也缺乏依靠中国企业发展高技术产业的信心。于是就陷入一种模棱两可的"纠结"：从情感上支持中国企业，但同时又因为对中国企业没有信心而继续"开门揖盗"。实际上，由于外资在华建高世代线都需要得到本国或本地区政府的批准，所以中国政府也有正当理由拒绝批准外资建线。

经过长达几乎一年的拖延，中国政府于 2010 年 12 月正式批准韩国三星苏州项目和 LG 广州项目，而夏普南京项目、富士康成都项目和合肥项目未获批准。从事后看，这个拖延反映了中国政府正在进步：看不准就拖延外资项目，至少可以让中国企业赢得先机。事实证明，这个拖延帮助了京东方和华星光电。

韩国双雄在华项目获批的消息传来，韩国媒体兴奋不已（特别是因为未批准日本企业和中国台湾企业的项目），韩国《中央日报》《韩国经济》《电子新闻》等媒体抢在 2010 年 11 月 5 日就纷纷大篇幅报道了这一消息，其中《韩国经济》还将这条"喜讯"放在了报纸头版。但同时，作为直接受益人的三星和 LG 却毫无兴奋之情，态度消极与市场变化有关——这两家韩国企业到那时都宣布要削减 7%—10% 的产量[②]。事实上，2010 年下半年的全球 TFT-LCD 工业都在"热情"下降[③]。从 2010 年 5 月到 2011 年 4 月，由于市场需求疲软，导致各厂商库存增加，

[①] "三星捆绑内存工厂为求快速投资大陆面板项目"，《第一财经日报》，2010 年 4 月 16 日，http://www.enet.com.cn/article/2010/0416/A20100416640382.shtml。

[②] "三星 LG 高世代项目获批不兴奋 谨慎选择投产时机"，《第一财经日报》，2010 年 12 月 9 日，http://tech.sina.com.cn/e/2010-12-09/01574960558.shtml?from=iasknominate。

[③] "高世代面板产业热潮突冷 本土企业机遇隐现"，《第一财经日报》，2010 年 9 月 9 日，http://tech.sina.com.cn/e/2010-09-09/01294635228.shtml。

液晶面板价格经历了连续 11 个月的下跌，直到 2011 年 5 月才轻微反弹（后来又继续下跌）。被中国媒体传得神乎其神的夏普第 10 代线，也因产品销路不畅，投产不到一年就从 2010 年 8 月起实行减产[①]。

2011 年 3 月，LG 正式宣布暂缓广州 8.5 代面板项目的动工日期，原因是市场状况已经出现重大变化[②]。三星苏州的项目于 2011 年 5 月 30 日举行开工仪式，但实际上施工进展缓慢，其间又经历了因把原定的 7.5 代线改为 8.5 代线而不得不向发改委重新报批的曲折。事实上，2011 年对全球平板显示器工业来说是个不好的年头，韩国的三星和 LG、中国台湾的友达和奇美、日本夏普全都亏损。亏损当然会影响三星和 LG 的投资意愿，同时它们的战略又发生变化，开始大力推进需要花钱的 OLED 和柔性显示新技术，进一步降低了在华投资的动力。此外，它们可能也调低了对中国企业扩张威胁的预期，因为市场低迷对正在建设新线的中国企业打击更大，何况还不知道中国企业能不能建好这些高世代线。

台湾友达在昆山的项目（龙飞光电）也停顿不前，受台湾当局 N-1 原则的限制，友达开始时只能上 7.5 代线。由于台湾企业在韩国双雄被批准在中国大陆建线之后的强烈抱怨，台湾当局终于在 2010 年 3 月取消限制。友达把昆山项目改为 8.5 代线，但又要重新报中国政府批准[③]。随后友达和奇美也都出现巨亏，还遭到美国对它们操纵液晶面板价格的诉讼。在这些因素的影响下，昆山 8.5 代线项目陷入无限期的停顿。

总之，"液晶热"到 2011 年春天就冷却下来，那时真正处于建设状态的只有京东方的 8.5 代线（合肥 6 代线已投产）、华星光电的 8.5 代线和夏普南京的 6 代线。这个局面对于希望通过外资来发展高技术产业的想法确实是个讽刺。三星和 LG 在项目被正式批准后又缓建的做法让中国政府很难堪，说轻了是被恶心了一下，说重了就是挨了两记耳光。从历史的角度看，中国政府挨的这两记耳光实在是值得的，因为这个事件正式宣告：依靠外资转让生产线来发展中国高技术产业的政策只能破产。

"液晶热"从爆发到冷却恰似一出跌宕起伏的"大戏"，在不到两年的时间里把利害相关各方的心态暴露得淋漓尽致。不过，如果看清"液晶热"的来龙去

[①] 夏普生产的液晶屏主要是供应自己的电视等终端产品，但从第 10 代线投产后，供应外部厂商的比重超过自用，使夏普更容易受到市场波动的影响（见孙燕飚："不太熟练的面板操盘手"，《第一财经日报》，2010 年 9 月 9 日，http://tech.sina.com.cn/e/2010-09-09/01404635253.shtml）。

[②] "面板巨头中国战略：LG 暂缓建设　三星如期动工"，《第一财经日报》，2011 年 3 月 17 日，http://tech.sina.com.cn/e/2011-03-17/01245295327.shtml。

[③] "友达昆山项目酝酿变更高世代线"，《第一财经日报》，2011 年 3 月 10 日，http://tech.sina.com.cn/e/2011-03-10/01165266160.shtml。

脉就会发现，其实这出大戏的多次场景变换都是围绕着一个悬念：京东方能干成吗？

第二节
"铁流两万五千里"

2009—2011 年是全球 TFT-LCD 工业遭遇市场低潮的三年，金融海啸及其后续的影响（如欧债危机）带来了一个超长的液晶周期衰退阶段，2011 年甚至出现了全球巨头同时亏损的罕见局面。但就在这三年，那些从北京 5 代线上成长起来的京东方人进行了在建设工地上的"长征"，他们每年都建成并投产一条新的生产线。随着他们脚步声的远去，"京东方行不行？""京东方能干成吗？"之类的疑问也逐渐消失，人们突然发现，一个新的巨人正在成长起来。回顾这三条生产线是怎样建成的，可以帮助了解巨人是怎样长成的。

成都 4.5 代线（B2）

2008 年 3 月 26 日，总投资 34 亿元的京东方 4.5 代线在成都开工建设。京东方在规划生产线时做了编号，北京 5 代线是 B1（指第一条生产线），而成都 4.5 代线是京东方的第二条 TFT-LCD 生产线，所以编号是 B2（以下将注明各线的编号，并在需要简化文字时使用）。B2 项目由王家恒担任总指挥（石涛是建设组组长），而建线骨干则主要来自北京 5 代线。由于京东方的志向一直是做更大的液晶屏，所以这个突然"拐弯"向下做的项目在京东方内部曾经引起争议[①]。

建设 4.5 代线从技术上讲难度不是很大（建筑面积只有 5 代线的一半），但对京东方却具有重要意义——这是她第一次完全以自己为主建成的生产线。石涛在成都住了 13 个月，从头到尾没有离开。成都线由中国电子工程设计院设计，由上海宝钢冶金建设公司总承包。据他讲，由于通过建设 5 代线已经了解了产线，京东方在质量标准、费用控制和材料品质的把握上做得更好。他说："第二条线验证了我的很多想法是对的，在这之前不敢说第一条线哪里不好，因为没有被验证。……要想验证一些想法只能等到下一条线，而且这种投资是不能冒风险的"[②]。在工艺上，成都线第一次包括了北京 5 代线所没有的彩膜制程，通过引进

[①] 王家恒访谈，2013 年 1 月 31 日。
[②] 石涛访谈，2015 年 2 月 3 日。

人才后也是一下子就干成功了。

成都 4.5 代线的早期产品是用于手机的小尺寸液晶显示器，而京东方在手机市场的经验基础是其早期的液晶模组业务。如前所述，京东方于 2001 年收购了韩国现代集团的 STN 事业群，随后在国内相继建立了京东方现代（北京）显示技术公司和京东方（河北）移动显示技术公司，生产手机液晶显示模组。京东方的这部分业务在 2005 年之前是全国最大的手机屏模组制造商，也是国内最早做彩屏的厂商。这段经历使京东方很早就在手机显示屏领域打下市场基础，而这个基础就成为成都 4.5 代线的产品进入市场的渠道①。

王家恒当时最大的压力是使这条新线能够赢利（特别是在北京 5 代线处于亏损状态时），这也是王东升交给他的最重要任务。为完成这个任务，王家恒在项目建设初期就开始筹划产品。经过综合考量后，项目组为新线选定的第一款产品是 2.41 英寸 QVGA 手机屏。虽然这款产品的技术性能指标不高（一般新线要从比较成熟的产品做起），却是当时占主流市场的标准化规格产品，需求量大，切割效率高。但手机屏的市场价格变化很快，到 2009 年 7 月 1 日点亮第一块屏时，这款产品的市场价格已经跌为规划时的 70%，即使按当时计算的满产满销也是亏损②。这个压力使王家恒在很长时间里睡不好觉，直到新产线的业绩救了他的睡眠。设计产能 30K 的成都 4.5 代线于 2009 年 10 月正式投入量产，第一次完全流片的良率是 75%，并很快就爬到 90% 以上。凭着质量好，第一款产品迅速打入深圳手机市场，客户包括联想、中兴、海尔、海信、波导系以及山寨手机（在深圳手机市场上，"除了华为之外几乎都成为京东方的客户"）。由于这款产品的热销，成都 4.5 代线在开始量产的 6 个月之后就实现满产满销，2010 年 3 月现金流为正，4 月就达到单月出货 1206 万片（屏）并开始盈利。

为了提高赢利性，王家恒的第二步是开拓国际客户，争取三星的订单。还在设备刚刚搬入的 2009 年 3 月，王家恒就要求营业部与三星手机部门商务接洽，对方给了一个不好做的产品（2.2 英寸 QVGA PS）。成都开发团队以"干不成就死"的决心，对自己提出很高的要求，对画面品质等要求都规定很细，每 2 周送一次样，改模具、用新材料，于 2010 年 8 月 2 日一次性通过供货商认证，并在同月 15 日实现对三星的批量出货。到 2011 年年底，成都京东方为三星开发了 5 款产品，累计出货量超过 2800 万片。由于三星的采购价格比国内客户要高很多，所以大大提高了盈利率。

---

① 张文静访谈，2013 年 1 月 31 日。
② 王家恒访谈，2013 年 1 月 31 日。

从此王家恒坚持与客户一起开发、为客户定制的原则，后来又开发了 3.5 英寸（主要客户是联想和中兴）、1.77 英寸（出于放量考虑的低端产品）、2.0 英寸等几款产品，基本覆盖了功能手机的用屏规格[①]。坚持与客户共同开发产品的做法，使成都 4.5 代线赶上了智能手机的第一波。2010 年 8 月，三星向京东方提出开发 3.2 英寸 QVGA 屏的需求。B2 的产品开发部在设计这款产品时，发现生产 3.14 英寸屏将比 3.2 英寸的玻璃基板切割效率高很多。经与三星手机设计和市场人员沟通，了解到这是一款入门级智能手机的显示屏，客户的目的是通过增加屏幕的尺寸来与当时市场上流行的 2.4 和 2.8 英寸产品竞争，以夺取入门级智能手机市场。经过测算，B2 开发人员 3.14 英寸可以满足竞争需要，同时因切割效率最大化可降低成本，并向客户提出 1∶1 尺寸设计样图进行外形对比，得到欣然接受。3.14 英寸屏后来成为明星产品，在投产后一年多的时间里保持着每月 200 万片出货量的水平。

在京东方规划和建设 4.5 代线时，功能手机还在市场上"一统天下"，所用的显示屏面积小且技术含量较低，意味着这个市场对液晶面板的需求量和利润率都较低，这也是有人认为不该上这个项目的原因之一。但连主张上这个项目的人（如王东升）都没有预料到的是，成都 4.5 代线投产后不久就迎来了所谓"移动互联网"（移动计算）的兴起，智能手机开始风靡市场。由于智能手机的显示屏要求更高的技术性能（必须以 TFT 替代 STN），而且尺寸更大，所以移动互联网的兴起大大增加了对半导体平板显示器的需求量，也显现出成都 4.5 代线的优势。从 2010 年下半年起，B2 的产品就处于供不应求的状态。当时全球平板显示器市场仍然处于低迷状态，但智能手机用的小尺寸液晶面板却成为需求增长最强劲的领域。2010 年 8 月，京东方决定把 B2 的产能从 30K 扩大为 45K，同时进行使用低温多晶硅制造 TFT 的技术改造。2011 年 9 月 9 日，45K 扩产项目正式量产。

成都 4.5 代线从 2010 年 10 月开始宽视角手机屏的开发，以便使手机屏从任何角度看都不影响消费者体验。京东方掌握的 ADS 宽视角硬屏技术非常适合手机屏，为京东方在小屏市场上带来优势，苹果 iPhone 采用 LG 液晶屏的重要原因就是 LG 使用与京东方 ADS 同源的 IPS 宽视角技术。三星大量采用京东方液晶屏的原因之一就是因为京东方使用 ADS 宽视角技术（三星传统采用的宽视角技术是 VA，但在移动等产品上也采用与 FFS 类似的 PLS 技术）。成都 4.5 代线产出的 70% 和北京 5 代线产出的 50% 都是供应三星。

到 2013 年初，成都 4.5 代线已有 3300 人的规模。这条线对于京东方有两个

---

① 张文静访谈，2013 年 1 月 31 日。

重要的意义：第一，这条线从 2010 年 4 月起，一直保持着盈利状态，从未亏损过。在京东方主营业务处于亏损状态的 2010—2011 年，成都 4.5 代线的持续盈利状态对于京东方人起到了鼓舞的作用。第二，它更大的意义是使京东方在"移动互联网"兴起的前夜切入了手机显示屏市场，并以在这个领域所锻造和积累起来的技术 / 产品开发和市场营销的能力，使京东方迎来了智能移动终端市场需求的爆炸式增长。从 2010 年 10 月开始，京东方实施组织重构（本章下一节详细介绍），B2、B1 和 B3 逐渐被纳入中小尺寸产品事业部，统一进行产品企划，特别是凭借 4.5 代线积累的能力推动了 B1 的转型。2011 年，全球电视市场的需求低迷导致液晶面板全行业的库存增加、价格下滑，但中小尺寸面板的市场需求却越来越旺盛。面对市场需求结构的变化，京东方决定加大向中小尺寸产品转型的力度，在 4.5 代线开发的产品被相继导入 5 代线和 6 代线，甚至导入 8.5 代线。台湾友达的高管曾经问：为什么京东方的小屏做得那么好？京东方以 4.5 代线较早地切入小屏市场是一个重要原因，虽然有点"歪打正着"的味道。

合肥 6 代线（B3）

当成都 4.5 代线投产时，合肥 6 代线已经动工建设。它既是京东方的第一条高世代线，也是中国大陆的第一条高世代线，而且还是自主建设的，对于京东方乃至中国 TFT-LCD 工业的发展都具有重要意义。与建设 5 代线不同，6 代线的建设从方案设计到设备采购全部由京东方自己负责。这个项目占地 611 亩，除去配套的两个电站和一个气体厂房不属于京东方之外，其余还有 549 亩。6 代线的建筑面积是 5 代线的 2 倍（按面积算，6 代线 10 万块基板就相当于 5 代线的 20 万块基板），是 4.5 线的 4 倍左右，而 175 亿元的投资使它成为 1949 年新中国成立以来安徽最大的单个工业项目。这确实是一个可以令人扬眉吐气的项目，对京东方如此，对合肥 6 代线总指挥刘晓东也如此——他是憋着一口气干这个项目的。王东升从北京 5 代线调离刘晓东的目的本来是让他去负责 6 代线的筹建（2006 年 5 月），但当 5 代线在 2007 年扭亏为盈后，公司内部出现了一些议论，说刘总在时亏损，而韩（国建）总一来就赢利了。实际上 2007 年 5 代线的盈利既与韩国建的大刀阔斧改革有关，但更与市场回暖的大势有关。尽管如此，这种议论还是让刘晓东感到"羞辱"——建 6 代线是他证明自己的机会。

当京东方与合肥市签约 6 代线项目之后，夏普以其一贯的作风也找到合肥市要求合作，致使合肥市政府内部出现两个声音：一个坚持与京东方合作；另一个则认为应该改为与夏普合作。京东方的投资预算是 175 亿元，而且因为是第一次建 6 代线，所以在预算上相对保守，不敢在未经实践之前就许诺节省；而夏普的预算是 130 多亿元（旧设备），所以在合肥市政府的一些官员眼中，夏普项目不仅便宜许多，而且其技术肯定比京东方更先进。面对分歧，合肥市领导派财政局局长（兼建投的董事长）去和夏普的人接触，以进一步了解情况。由于不太懂这个行业，那位局长就向刘晓东询问情况，并提议让刘冒充合肥市政府的干部陪他去见夏普的代表。刘晓东的回答是可以陪他去（因为双方已经签过协议），但冒充不行，因为夏普的那 4 个人都认识自己。其实，那 4 个人就是夏普为"搅黄"中国的液晶项目而长年累月在中国各地谈判的代表，2006 年的深圳聚龙计划也是被他们"搅黄"的。为了保密，刘晓东那天从北京直飞上海参加与夏普代表的会谈，当天返回。会谈中，由于翻译不熟悉专业词汇而磕磕巴巴，刘晓东索性甩开翻译用日语直接与对方四个人谈。生性豪爽的刘晓东把双方情况都公开了，问对方的厂房怎么建，设备怎么安排，产能多少，产线是怎么设计的，同时也告诉对方京东方是怎么做的。在会谈现场被惊到的财政局长回去后立刻给合肥市政府写了一份报告，结论很明确：第一，京东方在技术上一点不差。他本来以为京东方的总经理只是个行政管理者，没想到不仅精通技术，而且还会日语。第二，根据双方建设方案的对比，京东方的建设成本不会更高。因此，合肥市还是应该相信京东方，坚持与京东方合作[1]。

合肥 6 代线于 2009 年 4 月开工后，海外的业内同行通过各种媒体在各种场合发出负面消息，说京东方没干过 6 代线，没有自己干的能力和水平。负面消息的一大来源显然是夏普。那时，夏普已经与中电集团和南京市签约（2009 年 8 月末），在南京建设 6 代线（把夏普在日本的旧线搬过来）。当南京 6 代线开始建设后，该项目的中方人员多次来合肥参观京东方 6 代线的建设情况。作为竞争对手，京东方本来是可以不接待南京来访者的。但他们中很多是原来在南京华飞做彩管的，与刘晓东相识多年，很难拒绝。刘晓东一次在与南京来访者吃饭时，对方告诉他："夏普的人说，京东方不可能按照他们对外宣传的计划那样建成 6 代线。"南京夏普的来访者很多，不同层次的人都来过，而且从建厂过程到工艺运营到技术方案什么都问。对于接待他们的原则，刘晓东对下属的要求是："认真接待、热情周到，不许说假话骗人……"不过他又加了一句："不许把真话都说了，问你什么说什么"[2]。

合肥 6 代线建设初期，刘晓东感觉所有的工作都特别难。虽然他从 2003 年

---

① 刘晓东访谈，2013 年 1 月 10 日。
② 同注①。

就开始参与建设和运营5代线，但毕竟这次是他和他的团队自己负责（6代线仍有韩国工程师参与，但已经不像建5代线时那样承担领导责任），完全靠自己干。所以刘晓东在开始时非常谨慎，"战战兢兢"，一点点去做。他坚信的一点是，虽然没有干过，但从道理和逻辑上讲是没有问题的，需要做到的是把所有的东西都梳理清楚，真正能按照逻辑来落实就"不会跑调"。这条线的整体方案以及每一个环节——包括过道的砖和厂房的设计——都是京东方自己设计的，从概念、布局到核心材料都是京东方提出来的。项目组从厂房建设、工艺方案到产品设计选了好多的合作伙伴，也和韩国公司合作，但是关系变了——"设计院的职能就是把我们的要求变成图纸"[1]。在那段时期，刘晓东全力以赴，每天泡在现场。他上任总指挥时还像个小伙子，等6代线项目完成时已是白发丛生。石涛还是建设组组长，在建线的十几个月里也天天在现场，包括周末。

路是走出来的，经验是在干中积累起来的。随着建设的进展，刘晓东和他的团队感觉"越走越开朗，越走越明确"。京东方在建5代线时，所有的核心区和难点环节（如洁净车间的施工）都是请外国公司承包的。这种方式虽然稳妥，但设备搬入的时间点却无法把握。刘晓东对中国的有关施工单位进行了考察，认为它们有足够的实力，所以6代线的关键区域和环节的施工全部委托给国内施工单位，没有请一家海外的公司，这使建设成本大幅度降低。2012年评出的国家建筑金奖，在80多个项目中只有3个工厂项目获奖，合肥6代线是其中之一。

2010年5月1日，合肥6代线正式开始设备搬入。这是一项浩大的复杂工程：整个工厂有5000多台设备，几百个种类。组建设备搬入团队需要几百人，关键是要人员齐全，对所有设备都要弄懂，而且还能够跟供应商提要求，根据未来的产品规划以及最低成本要求把生产线做成，尤其是产线的前后匹配和各工序的协调要一次性做好[2]。合肥6代线从日本佳能采购了13台光刻机，这是体积庞大的关键设备，运一台需要20台恒温恒湿的车装，连车一块儿从日本运到上海，在中国换车头再拉到合肥，如果晚一天就耗费很多钱，还得事先通知供应商。结果13台光刻机按照计划在一天之内完成搬入，一天都没耽误。

2010年9月，京东方合肥6代线生产的第一块液晶显示屏点亮下线（标志着生产线的打通和项目的全部建成），于是继完成设备搬入之后又让外界震惊了一下。同年10月18日，合肥京东方正式量产（量产仪式在11月举行）。年底过后传来的消息更加"令人发指"：合肥6代线量产后第二个月——即2010年12

---

[1] 石涛访谈，2015年2月3日。
[2] 张羽访谈，2013年1月9日。

月——的全月平均良率达到 95% 以上。这个消息不仅对业内来说是"忍无可忍"，而且把京东方的领导人也惊到了。实际上，刘晓东的原定目标是希望 6 代线在 2010 年年底之前达到 90% 的良率，哪怕到 12 月底之前有一天达到 90% 也算，但连他也没想到量产后的第 38 天就达到 95%，而且再没掉下来过。京东方发布这个消息后，外界根本不信，说是"吹牛"。京东方要自主建设 6 代线时就被说成是"吹牛"，公布计划进度表时也被说成是"吹牛"。当这些"吹牛"都实现后，说京东方"吹牛"的焦点就集中在良率上。不过外界有核实的渠道：当时合肥 6 代线投产的是第一期 30K 产能的设备，第二期的 30K 设备正在安装，而第三期的 30K 设备刚运到，所以在合肥现场有 1000 多名来自韩国、日本和中国台湾等设备供应商的专家在工作，而他们每天都能看到 6 代线的生产数据。外界为了找到京东方"吹牛"的证据，就去找设备厂商求证，得到的证据令打探者大失所望：设备厂商告诉他们那是真的。于是，质疑声悄然消失 [1]。

2009 年 4 月刚开始建设 6 代线时，京东方派到合肥的员工只有 100 多人；到 2012 年年底，合肥 6 代线有员工 5600 多人，平均年龄 23 岁。作者曾经访谈过合肥京东方的几个基层骨干，这里举两个其中的例子。孙国防是 2009 年从北京化工大学毕业后进入京东方的一名年轻工程师。在应聘京东方时，他怀着对更大发展空间的憧憬，在填写工作岗位志愿时写明只去合肥 6 代线（京东方在招人时已经注明了去合肥的选择）。入职后，孙国防直接进了还在北京总部办公的 6 代线项目组（有 100 多人，在 6 代线的土建阶段，项目组只有几十个人被派驻合肥），与其他 3 个人筹划整个 ODF（液晶滴注）科室，其间曾被派到 5 代线实习。孙国防第一次到合肥出差是在 2010 年年初，打车来这里的时候，当地都没人知道这个项目。但一旦到了工地，孙国防被震撼了：有很多人在建设工地施工，几十台的吊车在同时作业，场面壮观。2010 年的 4 月底，项目组全部进驻合肥，开始设备搬入的工作。在为第一次点亮屏做准备时，为了控制好液晶滴注的量，孙国防连续工作 30 多个小时，从此使他的脚留下点"小问题"，但他仍然认为"还是很值得"。在 6 代线试产初期，孙国防的科长是一名韩国籍工程师，技术水平很高，传授给年轻的中国工程师们许多知识和经验，但后来科里已经没有韩国工程师了。到我们 2013 年 1 月访谈孙国防时，他已经成为副科长（科长由上面的部长兼任），领导 16 名工程师和 47 个操作员。孙国防是山东人，名字是曾祖父有意取的（妹妹叫国娟），原因是老人家经历过中国被日本侵略的年代。在老人心

---

[1] 刘晓东访谈，2013 年 1 月 10 日。

里，一定是想起自己的子孙就想起国家——只有国家安全，子孙才能幸福。这种家风使孙国防从小热爱军事，他坦承京东方的军工渊源是他选择这家企业的原因之一，虽然他也说不清北京电子管厂到底是怎么回事[①]。工作之余与同样年轻或更年轻的同事们在外喝上一杯，他们也会为钓鱼岛热血沸腾，怒气冲天[②]。

冯太光是合肥6代线液晶模组厂的一名班长。他是辽宁人，满族，2005年在丹东一所技校毕业（电控电子专业）。京东方从他所在的技校招人，当时只有他一个男生被面试上（同时被招的4个女生后来都回老家结婚了）。冯太光一直是5代线的一名作业员（工人），当他听说公司要在合肥建新线时就报了名，目的很简单：想出来看看中国的南方是什么样的。2010年正式到合肥后，他成为一名组长，不过初期他的岗位并不稳定，今天到这里支援，明天到那里支援，后来才稳定到模组工序的后半段。到我们访谈时，他已经成为班长，管辖330人（其中有210名女工），其中90%是安徽人。冯太光是到合肥后才恋爱结婚的，妻子就是他曾经管过的安徽人。当我们追问他是不是"利用职权"把安徽美女追到手时，他笑而不答，只说岳父母很喜欢他。冯太光对现状很满意，他说自己比在老家还有联系的同学发展的都好。他已经在京东方干了七年半，从没想过离开；他说公司领导对员工很好，合肥京东方的宿舍在安徽所有企业中是最好的，虽然离丹东比较远，但家里还有个哥哥，而且由于连续两年被评为优秀员工，所以按公司的规定，今年（即2013年）父母可以由公司承担路费过来看他[③]。看上去他会变成安徽人的。

从合肥京东方为员工盖有良好宿舍等做法上，其实都可以看到北京电子管厂的影子。合肥京东方的党委副书记和工会主席是1969年进入北京电子管厂的徐燕[④]。据接受访谈的年轻人讲，"徐书记"每季度都会随机抽班组长和操作工座谈，然后把发现或反映出来的问题点列出来，贴在食堂，并告诉大家应该怎么解决这

[①] 本书将使他了解自己企业的出身。

[②] 孙国防访谈，2013年1月10日。

[③] 冯太光访谈，2013年1月11日。

[④] 徐燕是68届的初中毕业生，进厂时正值企业非常辉煌的时代——"在市场上要买北京牌的电子管和半导体三极管得排队"。她后来经历了北京电子管厂最困难的年月，但一直没有离开。谈到现状，徐燕认为，"京东方人现在的精神还是过去电子管厂的精神，保持做事严谨、认真的态度……我觉得有些东西在传承，京东方人做事的风格来自原来的产业根基。……我们有一种要做就做好、认真严谨的作风，我自己觉得电子管厂就是这样。"我们也问到她当时对于收购韩国现代液晶业务的看法，她是这样回答的："当时我们都觉得日子挺好过，也从证券市场拿到钱了。董事会上讨论要收购（韩国现代）液晶业务，当时争论很激烈。那个会开了很长时间，说盈利的话是几个亿，亏损的话也会是几个亿。大家都觉得太冒险，而且又没技术。我是监事，没有投票权，但从内心还是希望企业稳定发展。"可见她当时也对收购的决定很怀疑，这说明王东升确实是"一意孤行"。不过，心直口快的徐燕在回顾往事时说："我看到京东方现在的发展很自豪。我就是看着她一步步走过来的。当时董事长的思想看不懂，我们也跟不上，但反过来仔细琢磨，他是对的"（访谈，2013年1月10日）。

些问题。冯太光提到，有一次徐书记在检查工作时遇到停电，就徒步上下 17 层楼——"我们都觉得领导挺好的，经常和我们聊一线的情况"[1]。比徐燕资格更老的是华育伦，他在北京电子管厂 1992 年的改革后就是一个二级单位的总经理，退休后返聘到合肥 6 代线负责安全。那里的员工都知道，华总每天下班后都要围着巨大的厂房建筑走一圈，检查每一个角落。于是，北京电子管厂的传统在合肥 6 代线也继续着……

为了保证新线量产的稳定性，合肥 6 代线投产初期的产品是 32 英寸电视屏和 18.5 寸台式电脑屏，都是当时在电视和电脑市场用量最大的规格。32 英寸 LED 背光源液晶电视屏于 2008 年 6 月在北京 5 代线研究所试制成功，也是京东方应用 FFS 宽视角技术的第一款大尺寸产品。这款产品在合肥 6 代线投产后，成为中国本土生产的第一块 32 英寸电视液晶屏。合肥 6 代线于 2011 年 4 月达到满产（90K/月），并于 2012 年 6 月实现单月盈利，到年底赢利 1.2 亿多元，它的成功建设和运营也让刘晓东痛快地出了一口气。

建成 6 代线是京东方液晶历程的一个重要转折点：

第一，建设 6 代线打破了京东方在进入 TFT-LCD 工业后长期受限于只有一条 5 代线的困境。虽然成都 4.5 代线的建成和盈利给京东方带来一股活水，但它从规模上还不足以打破扩张停滞的僵局，而上马 6 代线一下子使京东方在原定的方向上迸发出扩张势头。35 岁就接替刘晓东任合肥京东方总经理的刘锋是 2004 年 4 月加入京东方的，他是 1977 年出生的金牛男，山东人，本科、硕士都是北航毕业的。当时应聘京东方的主要原因是他觉得这个产业新，以后有发展前途。入职后，他在总部待了两个月，又去韩国做了两个月的"研修"，然后就到 5 代线参与了设备搬入，此后就一直在 B1 工作。2008 年，刘锋开始参与规划 6 代线，那时和他一起去京东方的一些同事都因熬不住而离开了。在他的记忆中，那时的企业规模很小，又在亏损，国家对产业的扶持也没有，全靠京东方自己在做。他那时也挺失望的，产生了悲观情绪。使刘锋坚持下来的原因是王东升永远会为下属展示的未来前景。王东升有一次对 6 代线规划组的人讲："将来我们要规划 8 条生产线"，"我们的目标是在规模上超过夏普，在技术上超过友达和奇美"。刘锋那时当然不信（很可能是一如既往地除了王东升之外没人相信），但董事长的话却使他相信京东方会继续发展。今天，刘锋对王东升当年指出的目标已经相信了："一路走来，董事长提出的目标都在一步步实现，我发现京东方是可以做到

---

① 冯太光访谈，2013 年 1 月 11 日。

的"[1]。他认为 6 代线的建成是公司的转折点，坚定了京东方全体员工对企业未来的信心。

第二，在建设 6 代线之前，人们普遍看不出京东方的道路与其他道路有什么不同，企业多年"半死不活"的状态使政府、金融机构和媒体对这个产业不看好。但建设 6 代线标志着京东方道路的脱颖而出——与京东方同时以 5 代线进入 TFT-LCD 工业的上广电崩溃了，昆山龙腾因为没有自主扩张的能力而逐渐边缘化。事实证明，只有自主掌握技术能力、不依赖引进生产线的道路才能发展壮大，才能发展出竞争优势。合肥 6 代线是中国建成的第一条高世代线，它开建之初恰逢中国社会普遍认为只有从国外引进才能建设高世代线之时，而它的成功建成和运营使这种说法从此在舆论界消失。

第三，建设 6 代线使京东方摆脱了多年来"孤军奋战"的状态，引起从政府到社会的关注，也引起了全球 TFT-LCD 工业界的关注。预算投资 175 亿元（实际投资 130 多亿元）的 6 代线是自 1949 年新中国成立以来安徽省最大的工业项目，它的建成一下子使合肥成为一个令人瞩目的高技术产业基地，吸引了络绎不绝的参观者。当时的中央领导吴邦国、李长春、贺国强、习近平等人都来视察过，安徽周边几个远比安徽经济更发达的省的领导都来参观，包括江苏省委书记和省长、浙江省委书记等，而上海市委书记率领的团是规模最大的，有 200 多人。这个项目给合肥市和安徽省赢得了荣光，尤为重要的是，这条线的成功建成和运营使中国政府树立起可以依靠中国企业来发展平板显示器工业的信心，也为京东方赢得了政府后来的更多支持。

北京 8.5 代线（B4）

合肥 6 代线动工建设的 6 个月之后，即 2009 年的 10 月 19 日，由韩国建担任总指挥的京东方 8.5 代线在北京亦庄破土动工，建线的骨干依然主要来自 5 代线。这条线的设计产能是 90K/ 月，玻璃基板尺寸为 2200mm×2500mm，包括阵列、彩膜、成盒和模组四部分生产工序，产品以 26 英寸—55 英寸液晶电视显示模组为主。8.5 代线的厂房是个庞然大物，高近 40 米，总建筑面积约 72 万平方米，占地 560 亩，相当于 100 个足球场那么大。此外，美国康宁公司在京东方 8.5 代线旁边同步建设一座熔炉，为其供应玻璃基板，这是康宁在中国大陆第一次建炉。

京东方对 8 代线的技术已经准备了很长时间，在 5 代线里就有专门的小组设

---

① 刘锋访谈，2013 年 1 月 9 日。

计 6 代和 8 代线。在 2009 年为应对全球金融海啸的冲击，北京市迅速批准了京东方上 8.5 代线，把它作为拉动经济增长的重点项目，而这个总投资 280 亿元的项目也是新中国成立以来北京市投资最大的单体工业项目。市政府为这个项目专门成立了领导小组，由常务副市长吉林担任组长，主管工业的副市长苟仲文任执行组长，一个星期开一次会。为了确保项目启动时的资金能跟得上，也为了以后完成资本市场融资和银团贷款，北京市从一开始就投入了 85 亿元。这种重要性也使韩国建背负了巨大的压力和责任。国外建 8.5 代线，从打桩到产品出来至少需要 24 个月，一般是 26 个月。为加快进度，王东升亲自做进度规划，把工期定为 20 个月。本想这个进度是可以通过领导小组的审批，谁想一汇报就被否，市里要求这条线从破土动工算起，必须在 18 个月内点亮第一块屏。当建线时的压力已经成为回忆，放松下来的韩国建也有得意之处："我也创造了奇迹——我是北京市花钱速度最快的人，在一年多的时间里把 280 亿元全部花掉，比北京奥运会的花钱速度还快"[1]。

上 8.5 代线时，王东升交代给韩国建两个目标：第一，清白、廉洁地做这个工程，要对建设全程进行审计监管；第二，量产时要超过 85% 的良率，那样项目就算成功了（LG 是 80% 的良率）。韩国建当时的回答是：第一件事可以拍胸脯保证，但第二件事只能尽力——毕竟 8.5 代线的工艺模式和设备与京东方建过的其他生产线都不一样。2013 年 5 月 9 日，韩国建在北京亦庄接受我们访谈时说："我们这些人没有个人价值的观念，一切为了公司，说加班就加班。我是最近一年才稍微宽松点，把 8.5 代线弄完交给年轻人去做之后，自己才平静点……"[2]

与外地不同的是，在北京建线要难得多。一是市政府要办的事多，拿出这么大一笔钱不容易。幸亏市政府秘书长黎晓宏是金融专家，他设计出一个四两拨千斤的出资方案，通过北京信托的平台发债来筹集 85 亿元的政府投入，政府对发债平台贴息补贴，分年回购。按照京东方的惯例，地方政府对京东方在当地建线的资助是以股权形式投入到京东方集团，然后再由京东方投入到负责建设和运营生产线的运营子公司，以此来保证京东方对于生产线的绝对控股地位（90%—100% 的股权）和投资决策权。但根据国家规定，发债不能用于认购股票，所以北京市政府的投资没有通过增发股份投入京东方集团，而是直接投入运营 8.5 代线的北京京东方显示技术有限公司，使北京 8.5 代线的股权架构不同于其他线。

---

[1] 韩国建访谈,2013 年 5 月 9 日。另外，北京 8.5 代线的建设组组长是从上广电加入京东方的金松，他后来离开京东方加入华星光电。

[2] 韩国建已到退休年龄，于 2013 年初从 8.5 代线退下，转而负责京东方的整机代工事业群。

在北京 8.5 代线的股权中，京东方占 51%，国资委属下的国管中心占 48%，另外 1% 属于北京亦庄开发区。二是北京缺水，但 TFT-LCD 生产过程又高耗水（需要多次清洗玻璃基板），8.5 代线一天用水近 4 万吨。因此，这个项目必须得到国家环保部门的批准。当时在项目组中负责此事的顾香春[1]回忆说：为了过环保这一关，京东方高层决定用再生水，但全球 TFT-LCD 行业里没有用再生水的先例，京东方以前也从来都是用市政自来水。再生水主要来自处理过的生活污水和工业废水，当时亦庄开发区供应的再生水有两个问题：尿素成分和硼的含量高。用水清洗的玻璃已经做过半导体刻蚀，含尿素有微生物，容易污染系统，而硼是可导电元素，容易造成短路。由于担心使用再生水造成质量问题，京东方项目组一开始跟挤牙膏似地与环保部门"讨价还价"。京东方最初的方案是在全部用水量中使用 5000 吨再生水，后来增加到 1 万吨，又被专家评审委员会否决，说比例太低。只好又报了 2 万吨再生水。最后部里把京东方的人叫过去说，部里只能给你们 5000 吨自来水，其他的用再生水，行不行？要不行就算了（也就是不批这个项目了）。由于整个行业都缺乏经验，所以没有人能够回答用这么多再生水行不行的问题。顾香春只能硬着头皮说：只要行，就用。项目组从亦庄开发区取水送到上海一家研究所做了 7 天的试验后，根据再生水工艺、TFT-LCD 工艺和大量的数据做出方案上报，终于在北京 8.5 代线奠基仪式的前一天，即 2009 年 8 月 30 日，拿到了批文（环评后还要有发改委的批文）[2]。

8.5 代线在建设过程中也比 6 代线出的问题多，主要是由追求速度带来的。在施工高峰期，有 15000 人在工地上工作，几个施工单位同时进厂施工。8.5 代线厂房结构复杂，施工单位的人又不认识，业主方协调起来很难。2010 年 7 月厂房封顶后，在拆脚手架的时候出过几起安全事故。此后，亦庄开发区领导带队检查安全，下令停工检查一周，还把安全局局长叫来，让他把工地盯住。为赶工期，拆下的钢管脚手架被临时堆积在厂房前的一片空地上，最后用了将近 2 个月的时间才把这些东西清理完，按照 8 吨卡车来算拉了 10000 多车。洁净间施工时

---

① 顾香春 1984 年毕业于南京工学院（后改名为东南大学），被分配到与北京电子管厂一街之隔的电子工业部第 12 所。他那时就经常听说马路对面的北京电子管厂发不出工资。1989 年 3 月，顾香春离开 12 所加入北京·松下彩管公司，一直工作到 2009 年公司关闭。北京·松下关闭时，大部分职工以买断工龄方式退职，在 2009 年五六月间因工龄买断的问题还发生过职工闹事。虽然北京·松下的中方人员那时已经属于京东方集团管辖，但当时京东方的 5 代线还在亏损，6 代线在建，负担很重，"不像现在缺人缺得厉害"，所以凡买断工龄的就不再安排。当我们追问大多数北京·松下的工程师下落时，他说"干什么的都有"，有开出租车的，有自己找到其他公司的，还有完全下海单干了的——"人到了那个年龄段，再求职比较难"。两三年以后，原北京·松下的少量优秀人员被吸收到京东方的液晶事业中（访谈，2013 年 8 月 2 日）。

② 顾香春访谈，2013 年 8 月 2 日。

恰逢冬天，水电气热全都供不上。铺电缆花了四五个月，按轻重缓急的顺序铺。与对面康宁项目同步的供电也没谱，送电条件都很勉强。楼里经常是黑灯瞎火的，工作人员打着手电筒，出来以后一看鞋上都一层的浮土。由于这些问题，在按照进度表12月份应该开始搬入设备，但是只象征性地搬入1台设备。因为在没电的条件下，关键性设备搬入以后，将来使用起来会有问题。直到过了2011年的春节，洁净室通电45天后，在湿度温度受到有效控制、洁净度达到标准的条件下，大批量的设备才往里搬。追求建设速度给8.5代线遗留了很多问题，后来不得不补了很多漏洞，但在大的环节上没有问题，工程质量也没有大的问题，费用则节约了9亿多元[1]。

从设备搬入开始，建线任务就主要由京东方技术部门的人来干了。尽管厂房建设和洁净间施工的进度都延误了，但从大批搬入设备开始，京东方人还是把时间抢了回来。那时皇甫鲁江被韩国建要到项目组（韩认为皇甫是京东方里少有的既懂技术又能动手的博士），担任生产技术组的副组长（后来任工厂长助理）。在产线设计和设备选型阶段，皇甫的主要工作内容还是技术，但进入设备安装调试阶段后，他的主要工作就变成了协调工艺设备安装、调试和工艺测试的进度，包括协调解决各类动力管线和工艺设备的连接，督促进度滞后设备的安装调试。皇甫在回忆那段经历时说：在进度的压力下，他在那段时间"经常会和动力安装部门、各类供应商争执，也没有想到自己的脾气会变得那么坏"。当然也有一些趣事。例如，按照合同规定，尼康光刻机（光刻机是TFT生产线上最昂贵的设备）搬入指定场地后，要由尼康的技术人员安装调试90天的时间，然后尼康方面才会把设备交付给京东方进行工艺调试。但京东方的人为了赶进度，会想出各种借口"侵占"设备交付前的机时——"有时候征得他们的同意，有些时候采取一些手段也就直接用了。"皇甫至今还难忘那段日子的一些感受：工艺调试有一个阶段叫"loop test"（工艺联调），即一批批地投入玻璃基板，以查证和改善几十道工艺流程之中制约产品良率的工序和因素。一旦某个工序被确认为对良率有关键制约，在高层沟通例会上的讨论就会莫名地对这道工序责任者产生一种暗示："这么大的生产线（责任）就卡在你那了！"皇甫嘿嘿一笑："很难想象这位责任者还能吃好、睡好"[2]。

建线也是中国工程师成长的良机。2009年，当刘家安在5代线干得正欢的时候，他被调到B4项目技术组的液晶成盒组，任副部长。领导调他的主要目的是

① 顾香春访谈，2013年8月2日。
② 皇甫鲁江访谈，2013年5月30日。

不让外籍专家再封锁技术。B4 的总体设计是京东方做的，但实际上在许多技术细节的设计仍然依靠外籍专家。刘家安刚上任时没有人向他报告（科长全部是外籍），他也没有资料，每天组里开会要看科长的图纸时，刘家安不得不站到科长身边去看。也难怪，刘家安那时才 30 岁出头，比他资深许多的外籍科长怎么都觉得比他强。不过刘家安保持着"攻击性学习"的精神，主动带着中国工程师去做，把建厂的技术学到，避免技术路线决定过程中出现大的偏差。下班以后，刘家安就自己开始学所有的方案，有可以改善的地方就提出自己的观点，用两个月的时间基本把所有的供应厂家的资料都摸清楚了。到那时，外籍部长不再参加刘家安主持的会议，外籍科长也开始正常报告——"他们觉得你是来做事的，你有自己的想法，建立起尊重就好了。"刘家安说："我们是建完那条线才得到外国专家认可的，很多核心岗位都开始由中国人担任。建 B4 可能是我个人成长最快的阶段，包括在技术、运营、管理方面。京东方就是敢于用我们这些年轻人"[①]。

2011 年 6 月 28 日，第一期 30K 产能的生产线调试打通，第一次生产出点亮的优级品。这是个大成就，因为北京 8.5 代线是京东方专门针对采用 ADS 技术的电视屏而建的第一条生产线，与此前的产线相比，不仅在尺寸上而且在一些关键工序上都有很大差异。建成这条自主设计的 8.5 代线，证明京东方对高世代线量产技术的掌握。产品点亮意味着整个项目从建设期转向运营期，开始了"量产爬坡"阶段。产品点亮只是标志着产线通了，但量产则是在这个基础上做出合格的产品。在这个阶段，为了提高产品合格率和良率，工程师和作业人员通过一次次小批量的投料，在实际生产过程中寻找问题。同时，企业对以新人为主的员工队伍进行洁净教育，制定设备清扫作业指导，全体动员查找灰尘源，用了 3 个月的时间把所有量产的问题一个个地解决掉。2011 年 9 月 28 日，京东方正式宣布 8.5 代线的第一个 30K 产线量产，当时的良率达到 85%，并在两个多月后超过 90%。虽然管理者仍然需要解决许多问题（包括在量产后冒出来的新问题），这个爬坡速度之快是罕见的。

京东方的 8.5 代线是电视机工业的新供应商，所以其产品需要一一向客户送样，从头进行认证。第一批主要客户是国内几家大企业，如康佳、长虹、海尔、海信、创维等。由于各个电视制造企业都有自己的特点和传统，所以向它们供应的液晶显示产品不是在各企业之间可以通用的。当时 8.5 代线处于特殊阶段，第一期 30K 产能的设备已经投产，第二期 30K 产能的设备还在搬入，一边生产，

---

① 刘家安访谈，2014 年 8 月 13 日。

一边工程收尾，修修补补的活儿很多。8.5代线在量产初期曾经有过产品积压，那时与客户之间处于产品磨合，存在结构方面的问题（如客户不适应京东方使用的模具）。由于这些问题，有些客户不认可京东方的电视屏，愿意配合的是长虹和康佳，海外客户只有三星。解决这些问题对京东方的产品设计能力是一个考验，从设计起就要考虑客户的要求，同时还要在性能关键指标上达到全球一流厂商的同一个水平。内部因素来看，针对良率和客户成立了很多和客户合作的项目组。比如长虹的产品出现了品质上的问题，在论证的时候发现了，就成立专门的项目组，非常快地予以解决。

8.5代线刚投产时，产品（32英寸液晶屏）遇到一些问题，如残像（残像是屏幕长时间显示固定画面后变换显示画面，新的画面上会在一段时间内隐隐看到前面固定画面的残留），严重的残像甚至导致无法出货。后来几经周折，查明严重残像的原因是在研究所和其他工艺线进行产品技术开发时液晶取向层工艺与8.5代线的取向层工艺差异，后来通过工艺上的调整把问题解决掉。残像改善后，B4的品质管理总监去三星征求意见（当时是京东方8.5代线的最大客户），三星一位主管评价说："从来没有见过残像这么干净的屏，老实讲，比我们三星自己的屏更漂亮。"当这位总监在B4的一次高管会议上报告此事时，参会人员禁不住自发地热烈鼓掌——产业人最大的骄傲就是自己做出了好产品[1]。

8.5代线投产初期遇到的一个困难是当时电视面板的价格已经低于规划这条线时的水平，于是导致销售价格低于成本。2011年底，国家发布了节能补贴政策，32英寸以下的电视是补贴最多的。这个政策对B4的刺激很大，从此市场也突然好起来了，32英寸电视屏供不应求，库存销售一空。北京8.5代线于2012年7月底实现满产，达到月产9万片（90K）玻璃基板，产品良率达到94%，并由于成本大幅度下降而首次实现月度盈利。2012年9月启动"120K扩产"（即产能从90K扩大到120K）。

有意思的是，使用再生水也成了一件好事。当初为了确保再生水不影响产品质量，京东方依靠一家一直为京东方做水处理业务的日本公司，在供水系统中加装一个预处理系统以保证尿素含量降到自来水的水平，对硼则再加一个特殊工艺来处理。到8.5代线真正投产时，又从北京城南的小红门地区拉了一条18公里长的专用管道，向亦庄再生水厂供应没有工业废水的生活污水——因为纯生活污水不含硼，经处理后再专供8.5代线使用。事实证明，再生水占8.5代线全部用水

---

[1] 皇甫鲁江访谈，2013年9月30日。

量的 95% 后也没有任何问题，实际生产后的效果比当初论证的预计还好。项目组曾经预计再生水的成本高，后来证明其实更便宜。后来 B4 通过采用许多节水的工艺和设备，把用水量降了下来，到 90K 满产后的用水量是每天 2 万吨，只有规划用水量的一半。顾香春在接受访谈时得意地说："到 8.5 代线参观，这绝对是个亮点。后来，董事长对大家说，我们在北京上 8.5 代线，缺水是个痛点，当初大家对采用再生水替代自来水的方案感到很难，最后不但成功了，还成为创新亮点。创新就是发现客户的痛点、痒点和兴奋点，找到解决的办法"①。

对于能够"顺利地"跨过自主建设高世代线的坎儿，不仅一时让外界难以置信，其实连京东方自己的人都不信。当合肥 6 代线不断实现优良指标的消息传到正在参与建设 8.5 代线的皇甫鲁江耳朵里时，他也将信将疑。就算是自己参与干的 8.5 代线也让他觉得不可思议："2011 年 6 月 28 日才点亮，到 9 月底居然就量产了。"他还说："奇怪的是，我们当时觉得 32 英寸屏没有赢利的可能，后来竟然赢利了。"对于两条高世代线"建一条成一条"这件事，皇甫鲁江觉得京东方真是有如"神助"②。

其实"神"就是京东方人自己。在离开 B4 一年半后的 2013 年秋天，皇甫鲁江从京东商城网购了一台采用京东方 32 英寸液晶屏的电视。到货后，他以职业习惯关掉房间的灯去审视液晶屏。当他看到在敏感画面下近乎完美的显示时，他的反应是："这是业界顶级品质的屏！"皇甫离开 B4 前看到过日立和 LG 的样品，但都没有他买的这个电视的屏好。提起这件事他就很兴奋："离开 B4 两年了，没想到他们做得那么好。我每次见到在 B4 的过去同事，都由衷地赞扬他们做得真好。他们一定付出很多心血，一点一滴地改善产品的品质。"当我们问他："这个故事的含义是不是这样：中国过去不做技术，才觉得技术特难。你的故事告诉我们，从差到好是需要去做的，不做才会永远落后。"皇甫突然亢奋地说："我们能做好，我们真的能做好。从差到好，真正深入进去后，高技术并不神秘。只要系统是好的、注重积累、认真努力，技术没有那么玄，我们能做好！"③（无论是凭资历还是凭能力，皇甫鲁江都可以担任高级管理岗位的职务。事实上，公司负责人事的领导宋莹在 B4 建成后找他谈话，准备调他到管理岗。但皇甫鲁江不想"当官儿"，只想做技术，在 B4 建成之后重回研发一线。）

两条高世代线的建成投产使京东方在全球平板显示器工业的排名上跃升到全

---

① 顾香春访谈，2013 年 8 月 2 日。
② 皇甫鲁江访谈，2013 年 5 月 30 日。
③ 同注②。

球第五，排在三星、LG、友达和奇美之后。特别具有长远意义的是，京东方的扩张从此改变了中国政府在这个工业领域对待外资生产线的政策。

第三节
扩张中的组织转变

当京东方的两条高世代线建成之时，全球平板显示器工业正处于市场疲软状态，同时又在经历新一轮产能增加。2011 年，南京夏普的 6 代线、台湾友达的第二条 8.5 代线、韩国 LG 的 8.5 代线（其第 9 条线）以及京东方和华星光电的各一条 8.5 代线相继投产。新增产能的释放加重了市场需求疲软的趋势，使中国液晶面板市场从 2010 年第三季度开始出现连续十几个月的价格下降。面对残酷的市场环境和巨大压力，刚刚因建成多条生产线而成长起来的京东方，只有更加适应市场的变化才能站稳脚跟，但原有的组织结构却难以使京东方在多线扩张的条件下面对这个挑战——"战略与结构"的问题被多线扩张所凸显出来①。

在领导京东方的 20 年里，王东升一直在和"组织"做"斗争"。从 1992—1993 年的改革到 90 年代末的再技术化，从 2003 年建设第一条 TFT-LCD 生产线到 2009 年后的多线扩张，他在每一次战略转折关头都会推动适应这些转折的组织变化。这不是一件轻而易举的事，因为只要存在市场竞争，工业组织的领导者就永远成不了"专制者"，无法仅凭下命令就让组织发生变化。即使王东升已经在京东方成为"神"，他也仍然需要把握时机，向干部员工解释和灌输变革的合理性，权衡各种利害关系，借力使力地推动组织转变。王东升作为领导者的品质表现在，一旦组织转变的需要和条件出现重合，他总是能够抓住时机果断行动。以多线扩张为契机，京东方在 2009 年之后发生了两个重要的组织变化：（1）以专业化和市场导向为主要目标，从分散化向集中化组织结构的转变；（2）以建立集团研发体系为标志，从偏重制造向研发和制造并重的转变。本节和下一节分别介绍这两个变化。

直到 2010 年 10 月之前，京东方沿袭着从 1992 年"打破大板块，分灶吃饭"之后所形成的组织结构。当时为了使连续亏损七年的北京电子管厂活下去，不得不把原来集中化的总厂体制打破，分立出来 20 多个自负盈亏的法人子公司。

---

① 战略变化必须由组织结构变化所支持或"结构跟随战略"的主题是由钱德勒首先阐述的（Chandler 1962）。

这样做的目的也很清楚——用大白话说，就是不要把大家捆在一起都死了，谁有生路就自己走，谁能活谁就活，活一部分是一部分。后来的股份制改革也是在这个基础上实施的。

这种"集团化"所形成的其实是一个分散的组织结构，集团总部更像是一个控股公司，而具有法人地位的子公司获得经营决策的"自主权"，并对自己的经营业绩"自负盈亏"。当然，由于这些下属经营单位基本上都是集团的全资子公司，所以它们的领导干部任命、重大投资项目和重大资金调配要由集团总部实施或批准，但这些子公司的总经理对于重大事项之外的职能管理，基本上都是自己说了算。其实这也是中国国有企业的普遍趋势。在市场化初期，特别是受"承包制"的影响，几乎所有的国有企业都经历过"划小核算单位""自负盈亏"的重组。从事后观点看，虽然当时这种做法是为生存之举，但管理责任下放及其随之而来的管理职能分散，使企业普遍缺乏对过程的控制，反而阻碍企业竞争力的增强。

分散结构的缺陷在京东方进入 TFT-LCD 工业之后就显现出来。为建设和运营 5 代线成立的京东方光电是一个合资公司，有 BOE-HYDIS（韩国京东方）的投资[1]。尽管当时 BOE-HYDIS 也是京东方的子公司，但仍然因为涉及外方签字而不能轻易变动京东方光电的资金格局。当 HYDIS 在 2006 年进入破产程序后，5 代线的资金格局就完全不能变动了。后来 5 代线在面临银团贷款还款时受到银行管制，京东方集团不得不施以援手——总不能看着它死掉，更何况它是京东方的第一条线和本土的产业基地。但当京东方光电的账上有些资金可以活用的时候，集团又动不了。即集团总部在这个子公司困难时不能不管它，而在它账上有钱时又不能动[2]。

当京东方开始多线扩张后，这种分散体制的弊端立刻就显现出来。从管理体制上讲，每条线都是具有法人地位的公司；但从产业性质上讲，各条生产线的供应商（特别是主要的材料供应商）基本是相同的，而客户也基本相同。于是就出现"多头对外"，即它们同时分别与同一个供应商或同一个客户谈判交易。这样不仅导致京东方内部的竞争，而且也给客户和供应商带来混乱。从京东方内部来讲，如果再以这种分散的结构去运营，就无法共享并加以最大地利用有限的资源——干部、人力、资金、技术、供应商、客户等。当这些线投入运营后，产线之间的产品协调也会出问题[3]。此外，京东方接受我们访谈的人不会明说的是，由于建新线高度依靠项目执行者的创造性，所以得到高度授权的总指挥或总经理都

---

[1] BOE-HYDIS 最初占京东方光电 25% 的股份，后来随着京东方集团的增资，其股比逐渐降为 10%。
[2] 宋莹访谈，2013 年 9 月 22 日。
[3] 同注[2]。

像是"封疆大吏",按自己的习惯行事,并带着自己熟悉的干部在建线过程中形成各自的运营"系统"。这种趋势如果任其发展下去,京东方内部就会出现不同的"山头"。

看出这些问题,王东升于2009年提出要进行组织变革。在初期,京东方把这个变革称为"OPI"(即Organization,Process,IT——组织、流程和信息系统三个关键词的英文缩写)并成立了一个项目组开始进行研究,内容包括对业内标杆企业的组织研究,整体的经营策略研究,以及对关联企业的组织架构都做了标杆企业的研究分析。研究以后发现组织一定是根据战略来决定,而在流程和IT具备后还必须有内控体系,于是就在"OPI"的头尾各加了一个字母S(Strategy)和C(Control),变成了"SOPIC"(Strategy,Organization,Process,IT,Control)。当把需要变革的主要内容逐渐确定后,京东方请咨询公司帮助梳理战略,设计配合战略的组织、相应的流程、IT系统和内控体系。虽然这些名词听上去"洋里洋气",但它们把需要触动权力关系的变革披上了"科学"的外衣,可以减少组织内部对变革的抵抗。其实这也没什么奇怪的,意识形态的变化从来都是领导组织转变所必要的。

需要重塑组织结构的迫切性还来自贯彻王东升在2008年之后越来越强调的任务——产品创新。他对这个问题的关切首先产生于对北京5代线(B1)扭亏为盈的努力,继而在6代线投产前,把提升产品竞争力当作在更大产业规模基础上实现盈利的关键。提升产品竞争力不仅包括开发新的不同尺寸产品,而且要求采用更先进的技术开发性能更优越的产品。王东升在2010年7月19日的集团年中工作会讲话中说:"各级主管的领导力、负责任和勤奋用心的程度直接关系到企业战略能否得到快速有效执行,从而影响企业的生死存亡。因此,公司对各级主管的最基本要求,就是要百分之一百二十地尽心尽责,不断提升自身能力,忠实、不折不扣、坚定地执行公司战略,直至取得成功。在推进公司重大项目、执行公司重大战略过程中,绝不能碰到困难就后退或拐弯,以至企业贻误战机,造成战略性损失。更不能不顾全局、画地为牢,人为地在组织和部门之间设置无形的墙,以至于战略无法得到正确贯彻,造成损失"(王东升2013,第98页)。

2010年10月,京东方开始正式实施被称为"SOPIC"的创新变革,其指导原则——用王东升的话讲——是实现三个转变:"一是运营机制从生产导向向客户导向转变;二是运营管理从单个工厂法人为中心区域性管理向整体显示事业为中心全球化管理转变;三是商业模式从显示模组提供商向显示产品和服务整体解决方案提供商转变"(同上,第78页)。其主要内容——用公司的官方语言来说——是以强化基础能力（客户/市场应对能力、运营精细化）为目标，以专业化、集中化、流程化、信息化为手段，用3年的时间把京东方培育成为业内最具盈利力的企业。在第一阶段（第一年），实施变革的重点是专业化、集中化，在集团层次设立经营企划、运营管理、产品开发、全球营销、全球供应链、全球制造等"中心组织"，其实质是把原来分散在各生产单位的职能管理集中统一起来，以专业线作为管理的主线。经此变革，当时已经投入运营的4.5代线、5代线和6代线成为"全球制造"下的生产工厂[①]，还在建设中的8.5代线以项目组的形式直属集团，但在投入运营后也进入SOPIC体系。

在职能管理集中化的背后是财务、人事等权力的集中。实施变革后，全集团的人事（包括提拔、考核、相关薪资奖励）都要由京东方总部批准，但征求现地总经理的意见。财务也改为以专业线为主线（审计原来就是集中的），早期阶段还要听从现地总经理，但后来各线的财务部门全部改成集团总部的派出机构。集团总部原来就设有企划中心（负责战略规划），但那时的生产线都有独立的经营企划，2012年全部实现"一体化"，生产线的经营企划由集团企划中心直接领导[②]。

这场变革在实际过程中遇到的阻力已经很难通过访谈说清楚，不过总体情况可以从宋莹的一段概括性话语看出："总经理们经历过观念转变的过程。不能说SOPIC创新变革方案在2010年10月一发布，大家就都能跟着转。最初在差不多2年的时间里还是很痛苦的过程，即使到现在也不能说就完全转了。设定的3年创新变革后面还要再延续，但逐步逼近这个目标还是很有作用的。如果没有最初的3年目标，可能用5年的时间都不一定能达到现在这样的状态。回过头来看，对这种组织模式和运营机制在有目标后还是变化很大。现在大家对这种组织运营模式都基本上是认可的，认为应该这样去做。企业这么大规模了，不可能还是一个个法人体各自为政的局面，那样的运营方式肯定不适合"[③]。

在SOPIC第二阶段（2011年10月至2012年12月），变革的核心内容是"形成快速应对市场/客户的产品事业部机制；第一时间推出新产品；强化内部控制和全面预算管理；推进流程优化和IT保障；夯实基础、精细管理、降低成本、提升毛利率。"为帮助理解变革的实质内容，我们以图5.1来描述京东方在这个阶段形成的组织结构。

图5.1反映了京东方在2013年的组织结构。从图中可以清晰地看出，"事业

---

① 尽管它们在形式上仍然是法人体。
② 宋莹访谈，2013年9月22日。
③ 同注②。

群"其实才是西方企业意义上的事业部（Division）。京东方最大、最重要的事业群当属从事平板显示器业务的显示器件事业群，其产业规模目前远远超过整机代工、光科技、显示系统品牌事业群以及其他独立的经营单位。首席运营官（COO）的职位是专门针对这个事业群设立的，反映出它的重要性。图 5.1 中没有明确表达的是显示器件事业群也被划分为两大部分：大尺寸和中小尺寸业务。这两类产品在技术特点和市场特点方面具有很大的不同，需要分类管理。2013 年，首席运营官（COO）是刘晓东，负责大尺寸显示器业务；同级别设立了负责中小尺寸业务的 Co-COO（联席首席运营官），由王家恒担任。在他们之下是一组事业部（BU）和全球制造、全球供应链（采购）、产品开发等中心组织。在各事业群之上的集团层次还设立经营企划，下面有很多本部，会把这几个串起来[1]。在结构图里，各条产线是在"全球制造"下面，它们仍然是具有法人形式的公司（现地法人体），但其总经理都被称为"现地总经理"，意味着他们的管理权限是各产线的运行，而他们不是真正的公司经理。

SOPIC 变革第二阶段的突出之处是把原来在全球营销之下的事业部提升了一个层级，由首席运营官直接领导。它们从整体上替代掉了全球营销中心组织，成为与全球制造平行的单位。2013 年，显示器件事业群的事业部有 5 个：电视（TV）、电脑监视器（MNT）、笔记本（NB）、（TPC）和移动产品（Mobile）。在京东方的组织体系中，事业部与生产线之间的关系是职能的，事业部在组织内部代表了客户；生产线并不隶属于事业部，但它们的生产和产品方向是以事业部为准确的意见。这种关系在京东方内部被称作"BU 牵引，现地推动"，其含义是事业部提需求，现地产线以盈利为目标去推动事业部的销售。在这个关系中，产线已经没有和客户打交道的责任和义务了，主要由事业部和产品开发组织来解决客户的问题。

每个事业部主要包括三个部门：销售、FAE（产品出来后去现地做技术支持）和企划，其中企划是事业部里与工厂、客户连接最紧密的环节。企划产品时，要从公司和客户的两个角度讨论价格怎么定，成本怎么定，对生产的影响怎么样。做方案时要分析得非常透彻，例如 7 英寸的产品，要放 5、6 和 8.5 代线上进行测算，以决定在哪条线生产它时的良率最好、成本最低、效率最高。在协调销售、生产、产品开发和供应时，首席运营官主持由事业部牵头的客户—产品分析会（customer product review）会。事业部在企划过程中的新想法要在会上进行讨论，内容包含产品的量和价格，产线方面会提出设备的对应能力，产品开发方面

---

① 全球制造现在归张兆洪管，他同时也是 B4 的总经理。全球制造下面分好多个产线。

会从技术上检讨可行性；采购和供应链方面则对物料清单（BOM）进行检讨。在这种会议上形成一个收益比较，而生产线则需要去抢单。如果几条产线都能做的话，最后决定的依据一看收益、二看产能，有时候也看客户，以此来决定由哪条产线来生产该订单。事业部的考核指标是看销售量和边际效益。产线总经理的任务是把事业部提出的需求最大限度地做好，考核指标包括良率和制程损耗。定价和物量分配都是 BU 管。

从上述描述和分析看，SOPIC 创新变革的核心就是互为因果关系的两个内容——集中化和客户导向，其目的是为了协调更大规模和更加复杂的生产系统，使其能够迅速响应市场需求及其变化。2011 年，全球平板显示器工业苦于市场对电视面板的需求疲软，但同时由于移动互联网的兴起，市场对中小尺寸面板的需求却越来越旺盛。为适应市场需求结构的变化并抓住新的市场机会，京东方决定把显示器的生产重心转向中小尺寸产品，而 SOPIC 创新变革对支持这个转型起到了关键作用。

SOPIC 创新变革的作用可以从北京 5 代线（B1）的战略转型中清楚地显示出来。B1 是京东方最老的生产线，在 2008 年下半年爆发全球金融危机后再次陷入亏损境地，到 2009—2010 年间已经处于最困难的状态：它在经历亏损的同时还担负着支援 6 代线和 8 代线建设的任务，不仅被调走大批骨干人员，而且还要为正在建设的高世代线进行产品验证，经常因为在线上跑试验产品而影响正常生产。王东升也在思考怎样让 5 代线扭亏为盈的问题，并形成了关于产品结构调整的原则性想法（更详细的解释见下章）。2008 年 12 月 19 日，王东升在年度集团工作会上提出：5 代线要以产品为核心，加快落实小型化、增值化、柔性化的产品战略，首要落实 15.6 英寸以下直至 8 英寸左右范围内新产品的开发战略（王东升 2013，第 130 页）。

但新产品开发战略并没有马上奏效。曾经在 B1 工作过多年的邱海军回顾说，连续几年亏损对任何人都是一种考验，因为人是有抱负的，有些人看不到希望就会离开。他说："其实我们每个人都很努力，但每次年终总结的时候都是亏损，我们也很困惑。"5 代线最初的产品是 17 英寸液晶屏，在 2008 年再次陷入亏损后，为了赢利曾经尝试过各个尺寸的产品，往上试过 32、26、23.6 英寸都不行，往下试过 14.0、15.6、17.3 英寸的也不行，再向下走到 7 英寸时，一下子就找到盈利点了。只是在走过 SOPIC 变革的过程之后，他才能够明白真正的原因是什么："单纯从自己的角度出发进行生产是不赚钱的"——客户导向才是关键[①]。

---

① 邱海军访谈，2013 年 7 月 22 日。

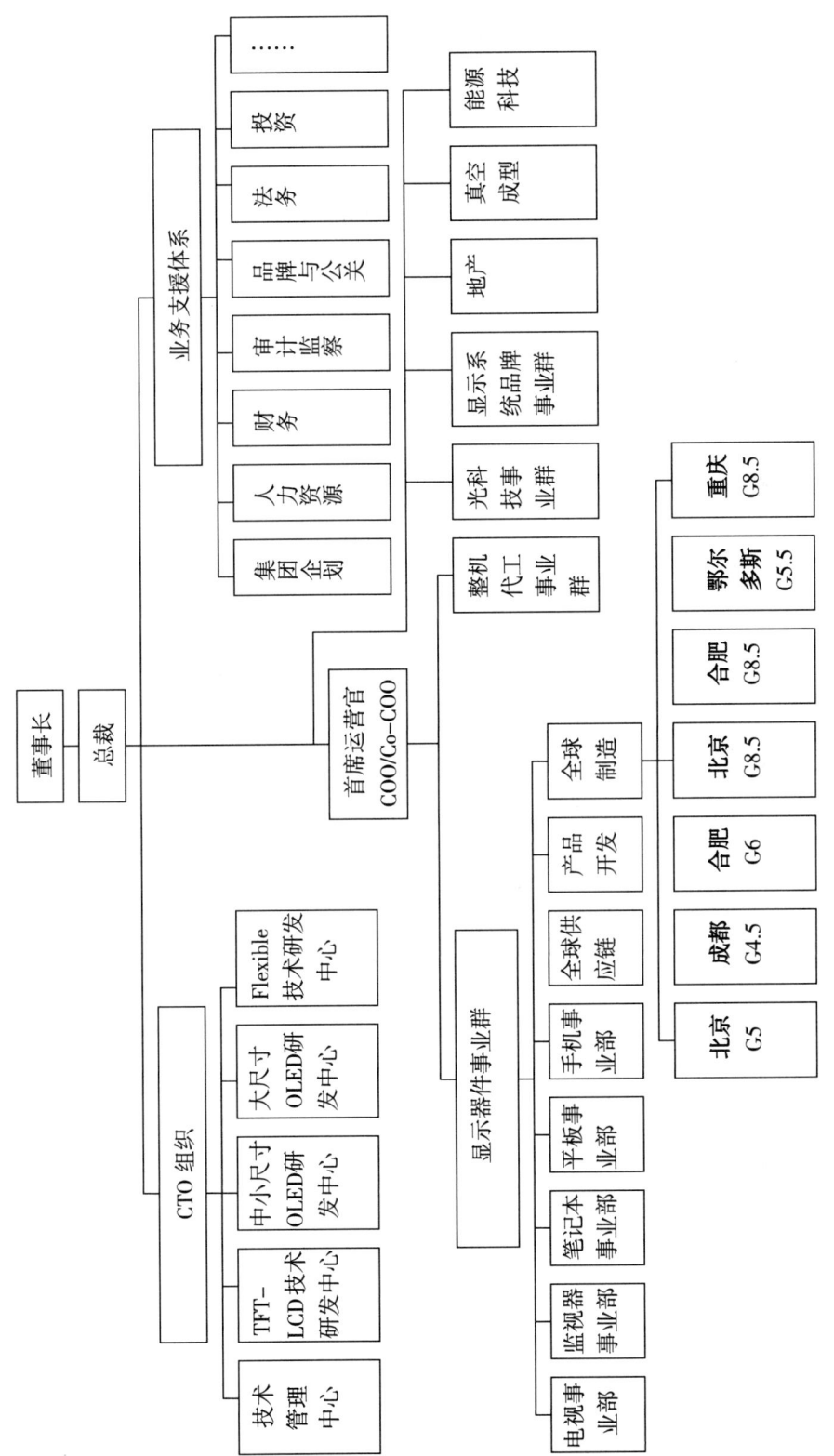

图 5.1：京东方的组织结构（2013）

B1 的经营状况在进入 2010 年后变得越来越差，到该年五六月时几乎是每个月就亏损一亿元。王东升决心将 B1 向手机、平板电脑移动产品转型。要求 B1 必须背水一战，增强移动产品技术开发能力，特别是京东方自主的、但尚未商品化的 FFS 技术。亲自决定 B1 上两个项目，一个是 iF156，另一个是 iF95，并要求在三四个月后就必须量产。iF95 的含义是"iPad like FFS"（"使用 FFS 技术并类似 iPad 的平板电脑屏"），95 指的是产品的目标良率要达到 95%。那时，苹果推出的 iPad 引发了平板电脑市场的兴起，而 LG 因为使用与 FFS 同源的 IPS 技术更符合 iPad 的要求（对于 IPS 和 FFS 技术的解释见下节），也成为第一个为苹果供应液晶屏的厂商。三星自己生产的屏因使用 VA 技术而不适合用于小尺寸，所以迫切需要外购使用 FFS 技术的显示屏为自己的终端供货。于是，平板电脑市场的出现对 B1 来说是一个非常好的客户机会。2010 年 7 月底，iF95 正式立项，开发任务交给了 B1 的产品开发部部长董学。

一领到任务，董学就直接搬进他的"War Room（作战室）"。领导让董学自己安排人，他就"忽悠了一帮人"（原话）进入项目组，其中有 10 个主力。这个项目有两个选型——10.1 英寸和 7 英寸。董学团队决定先做 7 英寸，反正本来就想从大往小了做，就一下子干起来了。样品一个月就出来了，但上线一试产，"基本就没有良品"。原因在于这是第一次生产使用 FFS 技术的产品，其工艺路线与 B1 以前一直生产的 TN 模式产品完全不一样，涉及阵列（Array）基板设计的变更，曝光、刻蚀的工艺流程也差异很大——以前是 4 mask，而 FFS 产品需要 6 mask 的工序才能做出来。工艺不一样了，设计上就要摸索，有很多技术搞不定就全废了。好在那时因为老产品滞销，所以产线空着，全公司的人都在推动这个项目，"可以让项目组可劲儿造"。董学团队也不休息，每天从早上 8 点忙到晚上 10 点，持续干了 3 个月（据说那间"作战室"里曾经堆满了方便面，后来还把床搬了进来），直到第三批才有了正儿八经的良品（良率 10%）。8 月中旬，销售部门与三星移动通讯事业部联系上，说有 7 英寸的样品推荐。他们挑了几十个送过去，对方看到后反响特别好，要求赶紧送样认证。8 月底左右，还有个问题，设计的规格不一样。三星要求的是 2.3 毫米厚度，项目组做成了 2.4 毫米厚度，致使平板电脑的其他元器件塞不进去。本来董学团队是拿了三星的规格，但 B1 的供应链以前都是做大尺寸产品的，像背光源、模组、导光板材料都与小尺寸产品不一样，所以做出来比别人厚。由于着急要出东西，再找合格的供应商也很难，于是董学不管三七二十一就开了模具。结果看上去还可以的样品送到三星后，对方说不行。补救的办法是对产品进行减薄——把玻璃的两面腐蚀后降低厚度，然后打上一层 ITO（透明电极）做保护（当时国内减薄的很多，但能打 ITO 的很少）。在寻找代工厂时，听说韩国有家减薄厂，就送去加工。但这个选择非常麻烦，切成半成品后先通关送到韩国，减薄完后再通关回来，而且因为以前没有这项商务，还得在海关重新备案。这时项目组的一个成员有个在比亚迪工作的哥儿们，说比亚迪给日本厂家做减薄代工。于是，经联系就请比亚迪做。为保险起见，董学派了一名工艺工程师去现场看了看，他回来后对董学感叹了一句："那设备相当简单，我们自己都能做。"

到 8 月底把这个东西做出来后，效果确实不错，但三星很苛刻，要求 2 周内必须把改样送到进行认证。三星他们主要关注的是 panel 的品质，涉及背光源全部要变，以前开的模具一点都用不了，因为材料都要变。最大的问题是模组，一般需要 5 周，董学就让工程师入厂，跟着样品走，做出来一个就提出一个组装。即使这样，还是花了十八九天才做出来。一做又有一批不良。此后，项目组基本上按照两周的周期送样品，不断克服了一系列困难，在第三次送样后通过三星认证。2010 年 11 月 25 日，B1 通过三星移动通讯事业部的工厂审核，并在 12 月开始为三星 Galaxy Tab 平板电脑量产 7 英寸液晶屏[①]。

这个项目从立项到量产只用了 4 个月的时间，以"开发速度最快、认证速度最快、量产速度最快"创造了京东方产品开发历史上的记录（在一般正常条件下，产品开发的周期是五六个月，从开始开发做到量产是一年的时间）。它也创造了三星历史上的记录——从来没有一个厂家能用 2 个月就完成从送样到通过认证的过程（一般最快也要 4—6 个月），京东方 B1 也因此成为三星历史上导入最快的供应商。这个产品的赢利性非常好，物料成本是 20 美元—30 美元/片，但销售价是 50 多美元/片。不过该产品在早期阶段并没有怎么起量，主要是后端模组线的产能不行，京东方的固安模组厂又做不了，导致物量提升的爬坡速度太慢，不得不现找外面的模组代工厂。当然后来量起来了，这个产品也转到 B3 生产，到 2013 年仍然每月出货 100 万片。

无论 7 英寸产品当时在供货上遇到什么曲折，但 B1 团队第一次完成了开发 FFS 技术的量产产品。项目确实非常成功，速度非常快。后来经过追加专利，京东方在 FFS 的基础上形成了命名为 ADSDS（简称 ADS）的技术体系。B1 因这款产品与三星建立起良好的商务关系，并搞定了除苹果之外的明星客户。这款产品的成功促进了京东方向中小尺寸产品的转向，使京东方在抓住市场机会上迈出非

---

① 董学访谈，2013 年 10 月 11 日。

常准的一步。

还在董学团队拼命解决 iF95 项目的技术和生产问题时，B1 已经被纳入 SOPIC 创新变革的框架。2010 年 10 月，王家恒开始负责京东方的全部中小尺寸产品业务，B1 也划归他来领导。他从 B2 和 B4 各抽了 100 多人帮助 B1 转型，还从 B2 导入一批小尺寸产品以开动 B1 的产能。负重多年的 5 代线人也窝了一口气，一定要盈利。从此，B1 实施战略调整的坚定原则就是"尺寸做小，客户导向"，其产品开发被纳入移动产品事业部的统一企划。实施客户导向就是生产计划要从客户的想法（客户想要什么、需要什么）开始，而不是从生产者的想法（市面上有什么就生产什么）开始。回过头看，邱海军相信，如果按现在的 SOPIC 框架去运营当年的 5 代线，也照样能盈利[①]。那时 5 代线已经能做电视、电脑监视器，又能做笔记本、移动产品，如果按照现在的做法在客户 – 产品分析会（Customer Product Review）上分析，发现做电脑监视器不赚钱就不做，手机屏能赚钱就做，怎么会不赚钱呢？这个道理很简单：所有的产品都是从客户那儿来的，做什么产品、什么产品能盈利都取决于客户，如果客户提出的产品能做又赚钱，不就可以了吗？但就是这个简单的道理，让 5 代线人挣扎了好几年才明白。

为响应快速的市场需求变化，王东升在 2011 年 12 月 20 日的京东方年度集团工作会上宣布，集团决定把产品创新和产线产品小型化、增值化、特色化调整作为 2012 年经营工作的主线（王东升 2013，第 43—44 页）。总裁陈炎顺也同时提出，5 代线和 6 代线要在 2012 年实现产品小型化的全面转型。6 代线（B3）的转型比预想的要困难，因为这条线当初是按照生产大中尺寸产品的需要设计的，部分设备对应不了小尺寸产品，需要改造和追加新设备。尽管存在这种局部性的困难，但多线转型仍然显示出 SOPIC 框架的作用。京东方在多线扩张之初，曾经设想各条生产线的分工是：B2 生产手机屏，B1 生产笔记本电脑屏，B3 生产电视屏和笔记本电脑屏，B4 生产电视屏。但到 2013 年，B3 已经不再生产电视屏，全部转向生产平板电脑、笔记本电脑和电脑监视器的显示屏，甚至 B4 也开始生产中小尺寸产品。在产品转型过程中，B1 生产的第一批小尺寸产品大多是从 B2 导入的，而且 B2 的市场积累也为 B1 的产品提供了成熟的市场渠道和开发方向；反过来说，B1 的技术积累比 B2 更深厚，其开发"机器"一旦开动就成为京东方高端中小尺寸产品的主要来源，所以当 B3 实行产品小型化时，它的第一批中小尺寸产品又是从 B1 导入的（B3 在 2012 年上半年也开发出来 10.1 英寸采用 ADS 技术

---

① 邱海军访谈，2013 年 7 月 22 日。

的平板电脑屏，并开始量产）。多条生产线能够实现这样的协同效应，就是因为它们的产品企划都被划入移动产品事业部。SOPIC框架把专业组织（如各线的产品开发部）从各公司中拉了出来，以事业部为龙头去统筹各线的产品开发和生产，使京东方的整体转型成为可能。如王家恒所说："小屏单位面积的显示密度更高，技术变化更大。团队成功更重要的是一致行动，统一行动方案。技术、能力都是构架在整个团队的凝聚之上的，其他都是可以改善的"[①]。

iF95项目成功后，在移动产品事业部的企划之下，B1在2011年年初立了一个由"女中豪杰陈希"（董学的话）负责的后续项目iF98，它是京东方的第一款窄边框4.3英寸手机屏。当时其他厂商开发这类屏大多是用LTPS（低温多晶硅）做，设备精度和工艺精度要求很高，而B1是在非晶硅的产线上做的这个产品（对于相同产能产线的投资，非晶硅只有低温多晶硅的一半）。在iF95的基础上，iF98做了gate栅线的驱动集成，把驱动IC、栅线都集成在屏上。该项目开发过程中最坎坷的是没法验证，因为B1的品质部门本来都是验证中大尺寸产品的，小尺寸的一放进去就没法做。尽管费了许多周折，这个产品一出来就抓住了智能手机市场的机会——"谁也没想到会那么火，比7英寸产品还赚钱"[②]。2011年末，4.3英寸手机屏开始量产，首先给中兴出货。2012年11月，三星要求两个供应商在一个月内送样4.3英寸屏，京东方凭借在高分辨率上的透亮度，第一次送样就超过竞争对手，从原定的第二供应商变为第一供应商，后来三星的所有4英寸+的手机面板都是京东方做的。量产后，京东方5代线成了整个行业里非常超前的产线，用非晶硅做的产品和LTPS的产品差不多。2011年，B1连续开发出中小尺寸的新产品，并在2012年全部实现了产品小型化，成功转型导致赢利能力大增。

产品转型也促使B1的组织行为发生明显变化。已经成为中小尺寸产品开发中心中心长的董学解释说："中小尺寸产品赢利性好，但技术竞争也更激烈，技术上快一步就会赚钱，但慢一步就可能全赔了。既然加入这个行业，就必须一直变一直变。"苹果推出视网膜技术之后，京东方就开发了5英寸的高清屏（联想的乐phone3采用此屏）。到2012年，京东方开发的手机屏达到300ppi的水平，市场销售不再是问题。2013年年初，京东方在iF98的基础上升级，开发出全球第一款5.5英寸全高清（分辨率1920×1080）的LTPS-TFT（低温多晶硅薄膜晶体管）手机显示屏，其像素密度达到403ppi，分辨率超越了市面上所有的移动产品，给一直主导高分辨率手机面板的日本企业造成很大的冲击（日本企业用的技术也

---

① 王家恒访谈，2013年1月31日。
② 董学访谈，2013年10月11日。

是 FFS）。目前京东方正在开发分辨率更高的手机屏，包括开发把触摸功能植入显示屏（In-cell）的高附加值产品。董学说："这个方向已经定好了，也不知道什么时候是个头，反正一个一个地做……"

当 5 代线和 6 代线相继转产中小尺寸面板后，反倒是以其更高的切割效率对率先生产小尺寸产品的成都 4.5 代线造成巨大压力。当我们在 2013 年 1 月访谈王家恒时，他曾恨恨地说："如果把这几条线单拉出来看，没有一条比得过 5 代线……在 MA 内部，5 代线已经超过 4.5 代线。……去年下半年开经营会，成都线的成本竞争力最差，5 代线和 6 代线开通（小尺寸生产）后它就没饭吃了"[1]。2012 年 7 月，北京 5 代线实现了 4 年来的第一次月度盈利，从此不再亏损；到 2013 年，这条线成为京东方所有生产线中赢利性最高的：它的折旧全部提取完毕，而且没有一分钱银行贷款，全部产能昼夜不停、满产满销，在产的十几款产品中没有一款是亏损的——真的就像一台印钞机一样为京东方贡献着利润。它唯一的问题是产能不能满足客户的需要，不得不"砍单"，造成一些客户的不满。北京 5 代线在京东方进入液晶工业的早期阶段所经历过的那些亏损年月，已经成为久远的记忆。

SOPIC 创新变革是在恰当时机采取的恰当措施，它也恰当地反映出企业战略的精髓——"一个好的战略是利用有效率的组织结构，把资源的独特组合应用于特定的合适用途"（Loasby 2010，pp. 1302-1303）。于是，战略与结构的经典主题——结构必须跟随或支持战略（Chandler 1962）——再次被京东方的实践所证明。

第四节
挺进前沿

当 2009 年京东方大举扩张之际，王东升有好几个晚上都在思考如何构筑京东方的核心技术战略。京东方的规模即将起来，他担心一旦技术发生变化就出大问题[2]。那时使用宽视角技术的产品明显是方向，所以他感到必须解决有关核心技术的自主权问题。

通俗地讲，宽视角技术是显示器件的一种结构设计，涉及液晶分子的排列方式、玻璃基板和液晶界面层材料和处理工艺等，其目的是使人从不同的方向观看时，显示的效果不变，所以首先需要宽视角技术的产品是电视屏。京东方 5 代线

---

① 王家恒访谈，2013 年 1 月 31 日。
② 王东升访谈，2014 年 7 月 23 日。

在 2010 年以前大量生产的 TN 模式液晶屏也是器件结构设计，它最便宜，良率最稳定，但光学视角不好，侧面正面看连颜色都不一样，主要应用在电脑和笔记本电脑上（很容易理解，使用电脑的人很少不从正面看着屏）。

宽视角技术有两大流派。第一个流派是 VA 技术（Vertical Alignment，垂直取向），由夏普率先开发并持有基本专利。在这种结构设计中，棒状液晶分子是按垂直于玻璃基板的角度排列。受到挤压时容易"倒伏"，形成"波纹"显示现象，所以也被俗称为"软屏"。夏普、三星和大多数台湾企业都使用了 VA 技术（包括华星光电）。第二个流派是 IPS 技术（In Plane Switching，平面转换），最初由日立开发。IPS 屏中的棒状液晶分子在自然状态下平行于玻璃基板排列，在屏幕受到挤压时其排列方向受扰动相对较小，所以也被俗称为"硬屏"。与 VA 阵营相比，IPS 阵营要小，除日立之外还有韩国的 LG 和现代集团（即后来被京东方收购的 HYDIS），以及后来的京东方。IPS 技术非常适合做高分辨率的产品，后来苹果为其 iPhone 和 iPad 选择了 LGD 的 IPS 液晶屏，对市场影响很大。

HYDIS 从日立引进 IPS 技术后，对它做了重大改进，于是形成有自己专利权的 FFS 技术。相对于 IPS 模式，FFS 结构更容易实现高的光透光率。因此，IPS 的专利拥有者日立也放弃了传统的 IPS 模式，而采用了 IPS-alpha 技术（实际上就是 FFS 技术）。但由于工艺难度提高、已有产线适用工艺已经固定等问题，LGD[①]始终坚持采用传统 IPS 模式的技术。

京东方收购 HYDIS 后，双方做了专利的交叉授权，从此京东方可以使用 FFS 技术。但在 2010 年之前，京东方除了在研发电视屏上使用这个技术之外，尚未有这样的产品（北京 5 代线一直生产 TN 模式的产品）。王东升当时的思考是，如果京东方做 VA 的方向，那专利在夏普手里；如果是做 FFS 的方向，京东方仍然需要购买底层的 IPS 技术，而且 HYDIS 后来被一家台湾公司收购，存在着专利纠纷的未来隐患。于是王东升认为必须自己拥有对核心技术的专利。

京东方采取了一个"组合拳"。第一，开发使用 FFS 技术的产品，上一节提到的 iF95 就是京东方的第一个重大突破[②]。有了这样一个产品平台，京东方就可以在 FFS 专利的基础上继续进行更新改造，不断追加专利，逐步形成自己的体系[③]。

---

① LGD（LG Display 的缩写），指的是 LG 的显示部门。由于本书对 LG 的叙述只涉及它的显示部门，所以本书中的 LG 和 LGD 基本上指的是同一个主体。

② 王东升说："当初如果没有 iF95 的话真是麻烦，通过这个项目把所有的都打通了"（访谈，2014 年 7 月 23 日）。

③ 按照董学的解释，基础的专利是不可能变的，两个电极一搭，就叫 FFS。但产品不光是像素，还有窄边框的设计、涉及逻辑电路，还有像素结构的优化来进一步提升视角、降低功耗，这是一系列专利的持续积累（访谈，2013 年 10 月 11 日）。

在这个过程中，京东方成立了一个代号叫 H 的专利项目组，讨论在 FFS 的基础上叠加自己的专利，形成一个京东方的宽视角技术体系。此后，王东升提出这个技术要用京东方的商标，于是由技术管理中心向全集团征集名字，中间经过多次讨论，于 2010 年末初步命名为 ADSDS（以下简称 ADS）。此后公关部和法务部接手实际操作，检查是否有重名，最后进行商标注册[①]。第二，成立 2H 项目组，跟日本 A 公司谈判专利交叉授权，以解决 ADS 底层技术的使用权。京东方是在 2011 年正式开始谈判的。日本 A 公司一开始很强势，拿出 9 项专利，让京东方检讨是否在产品上使用了这些技术。日本 A 公司的专利是源头专利，双方的专利实力也有差别，而且日本 A 公司认为自己的产品不可能用到一个中国企业的专利。因此，价格一直压不下来。但是，在谈判过程中，京东方已经开始在产品上大量采用 ADS 技术，同时专利数量急剧增加。在与日本 A 公司谈了一年后，京东方也提供 6 件专利，请日本 A 公司检讨京东方的专利权利要求。此后，日本 A 公司的态度软下来，因为它也有产品踩了京东方的专利。2013 年，双方友好签约，京东方一次性付给日本 A 公司一笔钱，以较小的代价解决了底层专利的问题（韩国 S 公司为开发中小尺寸屏而使用 IPS 技术时是向日本 A 公司支付 1.5% 的提成）[②]。

至此，京东方拥有了独立的宽视角技术 ADSDS。王东升称其是可以长时间领先的技术：具有宽视角、节能、高分辨率、硬屏、更薄等性能。到 2014 年，京东方 70% 的产品，包括手机屏、iPad 屏、电脑屏和高档的电视屏，都在使用这个技术。

从 2009 年开始大举扩张后，京东方发生的另一个重大组织变化是建立技术研发体系。在此之前，虽然京东方一直存在技术研发活动，但主要是附属于生产线的研发活动，没有从整体层次安排的研发。建立研发体系的努力从组织上改变了京东方技术活动的强度和方式，也改变了扩张的性质——正在建设的鄂尔多斯 5.5 代 AMOLED 生产线、合肥 8.5 代线、重庆 8.5 代线以及正在规划的其他生产线则属于第二轮扩张。

建立京东方技术研发体系的负责人是董友梅，她虽然是后来加入京东方的，但却有着与北京电子管厂出身者相同的血脉。董友梅是 78 级大学生，1982 年毕业于西北电讯工程学院（后更名为西安电子科技大学）的激光专业，被分配到长沙 770 厂（曙光电子管厂，即后来的曙光电子集团公司），进入该厂设计所的液晶实验室工作。770 厂是 1960 年代初由北京电子管厂等援建的，两者是同样风

---

① 董友梅访谈，2014 年 10 月 30 日。
② 同注①。

格的国有企业，生产类似的产品，也都直属电子工业部。董友梅上班第一天就进实验室参与液晶技术的研发，当时做的项目是电子手表的显示屏，属于无源 TN-LCD 技术[①]。

董友梅的职业经历几乎是中国工业研发体制的一部"微观"史。当她开始工作时，中国的工业研发还是计划体制的模式，研发项目都是由企业的上级主管部门安排。电子工业部很早就开始布置跟踪液晶技术，长沙的 770 厂、北京的 774 厂和上海电子管厂都是国内第一批研发液晶技术的定点单位。那时日本企业已经开始批量生产无源 TN-LCD 的产品，但在中国还处于实验室阶段。早期的液晶技术还很粗糙，也没有标准化，董友梅在研发过程中，从设计到作业全是自己干。今天的工程师很难想象，对于现在已经高度自动化的 PI 摩擦工序进行分子排列表面处理的工序，中国人和韩国人、日本人在 1980 年代初期干的是同样的事情，就是拿着镀膜机蒸氧化硅。不过，自己从头开发技术的经历也非常锻炼人[②]。

中国本来在液晶领域的起步并不比国外晚多少，但当液晶技术的产业化到 1980 年代后期在国外兴起时，中国工业在液晶技术领域却被远远地甩开了。从自己的经历看，董友梅认为被落下的基本原因是企业体制。计划经济时代的企业只不过是一个制造厂，靠国家的资源分配运转，自身没有市场企划和产品企划。这种"缺脑袋"（没有市场和产品企划功能）的单一工厂在新技术的产业化上是缺乏能力的。在她看来，很多国有大企业其实都有很好的基础和功力，她过去在 770 厂设计所的老领导素质都很好，很多是留苏或清华、上海交大等老名牌大学毕业的，他们看问题的角度和高度都给董友梅留下很深的印象。但当整个体制一下子转到市场经济，国家不再管企业了，这些企业就需要完成从工厂向公司的转变，发展出来完整的公司体系和能力，否则就会死掉。当企业还不具有市场能力的时候，这个组织里的领导人拥有什么样的远见就变得非常重要。在这个过程中，比较优秀的企业开始了自我学习和成长，把自己缺失的东西尽快补上，关键在于企业领导人是否具有前瞻意识和战略眼光。在董友梅的心目中，京东方就是一个经历了凤凰涅槃的优秀企业[③]。

董友梅在 770 厂的经历不太走运。1985 年，该厂从日本引进中国第一条无源 TN 的集成线，玻璃的加工尺寸是 7 英寸，产品用于计算器，在玻璃上面已经可以排很多的图形。1987 年之后，STN-LCD 在日本形成产业化，电子工业部决定跟踪这项技术，董友梅又成为第一个 STN 国家攻关项目的负责人，她和她的团队

---

① 董友梅访谈，2009 年 6 月 6 日。
② 同注 ①。
③ 董友梅访谈，2013 年 8 月 2 日。

开发出来中国第一块 640×240 的 STN 液晶屏。但当研发人员在 1990 年代初做出样品并面临产业化的时候，770 厂在战略上选择了与韩国 LG 合资生产彩色显像管，放弃了包括液晶在内的研发项目。已经成为新产品开发处副处长的董友梅发现自己失去了个人事业的舞台，成为中国电子工业技术降级的又一个见证人。今天，湖南 LG·曙光彩色显像管公司已经随着彩管工业的崩溃而消失，而曾经是骨干电子企业的 770 厂也失去昔日辉煌。

770 厂放弃液晶项目后，心灰意冷的董友梅曾经想去深圳，因为那里集聚了很多做液晶的企业。不过由于一个偶然的机会，她被清华大学作为引进人才"挖"走了，于 1994 年加入清华大学的液晶中心。董友梅在清华的经历折射出中国科技体制的另一个问题，即研发与产业的关系。清华大学从 1970 年代就开始研究液晶技术，并在北京市科委支持下于 1993 年成立了清华液晶中心，最初依靠国家计委和市科委的支持从事 STN-LCD 研究。1990 年代那段时期，国家计委意识到学校科研与企业应用之间的连接有断裂，希望成立工程研究中心来解决这个问题。1995 年，在原清华液晶中心的基础上，成立了由国家计委批准的清华液晶技术工程研究中心，中心按照企业方式运作，以促进"科研成果转化"，并在 1996 年成为独立法人，定位为液晶技术专业研究机构及液晶产业服务机构[①]。但这个体制反而使中心陷入尴尬境地，它一方面没有得到国家的扶持，另一方面也失去了大学的支持（学校认为液晶中心已经独立），但运作方式和人事还是学校的方式，使市场也难以接受这个独立的工程中心。几年下来，那里已经没有让她振奋和期待的事情可干了[②]。

2003—2004 年，上广电和京东方这样的中国企业进入 TFT-LCD 工业使董友梅感到振奋，她看到中国液晶产业和技术研发的主战场已经转向企业。于是，当王东升向她"摇橄榄枝"的时候，她就动心了。王东升的抱负感染了她，重回工业前线对她这个本来就是企业出身的工程师也同样充满诱惑。

2005 年，董友梅加入京东方，被任命为集团的技术副总监兼技术管理部部长。不过当时这个部也就五六个人，做的工作主要是整合下面子公司的材料，寻找机会向政府申报项目为主，是公司技术对外的一个窗口。她还负责京东方总部大楼 IT 桌面的支持服务和公司的专利管理（当时由于新申请的专利很少，专利

---

① 清华液晶中心于 1991 年 6 月建成一条 LCD 试验线，并在中小尺寸 STN-LCD 生产工艺研究中取得突破性进展；1998 年建成一条具有一定规模的 STN-LCD 中试线及 COG、TAB 模块线（主要设备从国外购进）。

② 董友梅访谈，2009 年 6 月 6 日。

管理只有 2 个工作人员）。京东方跟日本企业的接触很多，建厂的前几年日本工程师在中国同行面前都会表现得很牛、很冲。不过，当董友梅有一次在和日本工程师会谈，提到自己什么时候开始干这一行、干过什么的时候，对方的态度一下子恭敬起来——原来是老前辈啊！[1]

作为一个历尽沧桑的资深工程师，董友梅并没有对刚加入京东方时的"冷清"抱怨什么。个人的曲折经历使她很清楚，从一个计划体制下的工厂变成有全球竞争力的公司需要一个长期的过程，而且在这个过程中也有一个优先顺序的问题。京东方于 2003 年完成海外收购后，首先是学习、活用了韩国的 TFT-LCD 运行体系，然后思考怎样让本土的干部和工程师成长起来，完成扎根战略。在她看来，公司在早期只能把更多的力量和关注点放在产线建设和产品的制造与销售上，只有当多条线逐渐投产后，技术研发体系化和创新链条专业化分工的需要程度才会凸显出来。使董友梅佩服的是（原话是"董事长确实很厉害"），王东升对时机的捕捉恰到好处[2]。

2008 年下半年，国家发改委准备设立中国液晶工业的国家工程实验室，有 5 家企业竞争。就实力来讲，当时京东方只能排在上广电之后，但董友梅代表京东方在专家委员会的答辩中获得第一名，赢得了这个名额。2009 年 4 月，经国家发改委批准，中国第一个 TFT-LCD 工艺技术国家工程实验室在京东方设立。王东升以此为契机，倒逼公司内部的创新组织整合，把集团的中央研究院、京东方光电（5 代线）的研究所整合起来，成立了技术研发中心，建设系统的技术创新体系。不仅如此，王东升借这个机会明确规定，以集团的技术转让费和提成费收入[3] 建立起集团的技术创新基金。他还在多次会议上强调，这笔钱谁也不能动，只能用于技术创新，这是京东方的法律。设立国家工程实验室带来 3000 万元的政府资助（国家发改委支持 1500 万元，北京市发改委支持 1500 万元），但京东方自己投资 2.6 亿元在北京亦庄建设了研发大楼和一条专门用于技术研发的 2.5 代试验线（2010 年 5 月建成）。2009 年是京东方在技术发展上具有里程碑意义的一年，王东升再次借力使力，推动改变权力关系和利益格局的组织变革，这是王东升领导京东方 20 年组织转变过程中的又一项重大成就。董友梅从此迎来了她职业生涯中最有成就的阶段。

到 2013 年，京东方从 2009 年开始建立的技术研发体系的概况如图 5.2 所示：

---

① 董友梅访谈，2009 年 6 月 6 日。
② 董友梅访谈，2013 年 8 月 2 日。
③ 集团建新线的时候会输出技术和人员，也会收入技术转让费和提成费。

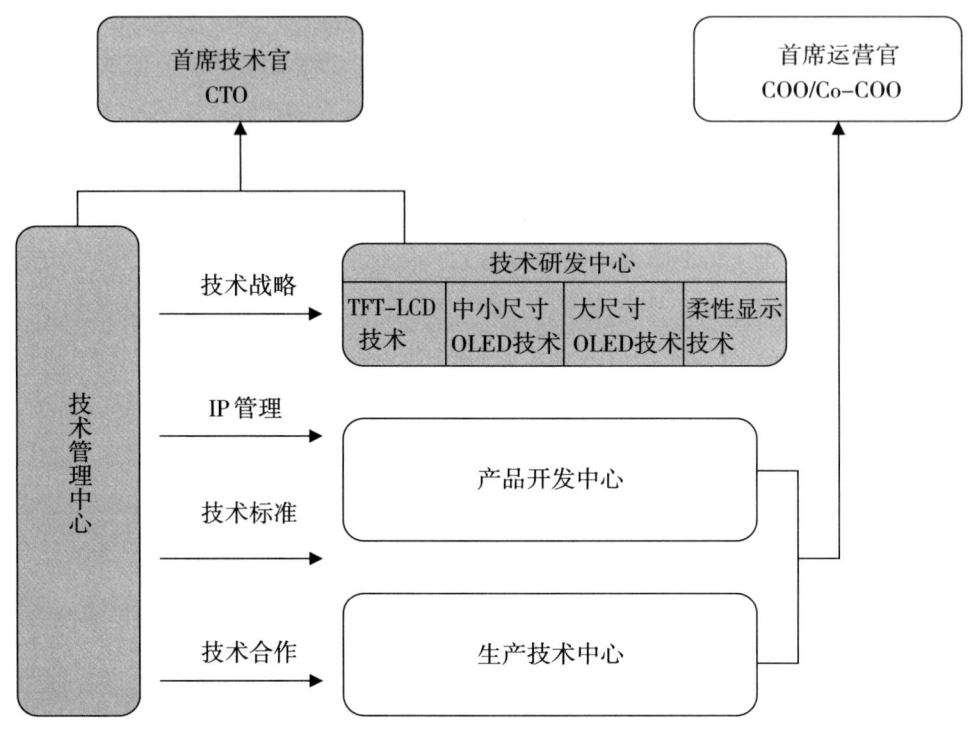

图 5.2：京东方的技术研发体系

　　技术管理中心。是集团技术创新管理的总部部门，负责集团的技术战略（根据集团的总体战略和事业战略）确定哪些是技术研发的重点方向，在重点方向上的路线图（目标与技术路径）、IP管理（整个集团的专利申请、专利风险的防范和专利诉讼处理，大约50人，三星电子是600多人）、技术标准及技术合作（和外部的合作，校企合作）。这些业务都有专门的职能部门去对应，3个本部，10多个部门，有100人左右。

　　技术研发中心。由集团研究院和京东方光电研究所整合而成。最初是一个中心，现在按方向分为4个中心：TFT-LCD技术研发中心；大尺寸OLED研发中心；中小尺寸OLED研发中心；柔性显示技术研发中心。4个中心的负责人全部具有博士学位，其中一人是韩籍。

　　产品开发中心。产品开发中心有两个，一个针对IT&TV等大尺寸产品，另一个针对手机、平板电脑等小尺寸产品，分两个中心：TT/TV和M/A产品开发中心，分别由李成奎博士（韩籍）和董学负责。京东方原来各个产线都有产品开发部，SOPIC变革后，各产线的产品开发组织全部被整合进以两个产品的开发中心为体系中。IT/TV产品开发中心的中心长是一位韩籍工程师（博士），他向COO

刘晓东报告；M/A 产品开发中心由董学任中心长，他向 Co-COO 王家恒报告。

生产技术中心。和生产线联系更紧密一些，涉及业务内容部分在 2003 年 5 代建线时就已经开始，也可以说是最先建立的，但以支撑运行为主，价值创造部分最近刚开始强化。生产技术中心主要是维护生产过程中和设备状态直接关系的工艺参数的调整，工厂长直接负责这些事。

董友梅现任京东方首席技术官（CTO），她所直接领导的集团技术管理中心和技术研发中心在京东方内部被称作"CTO 组织"（本书下面沿用这个概念）。董友梅兼任技术管理中心的中心长，4 个技术研发中心的中心长则直接向她报告。产品开发中心和生产技术中心则直接向首席运营官（COO、Co-COO）报告，但在专利、技术标准等方面的业务由技术管理中心统括处理，也就是说在专利等业务方面已形成矩阵结构。每年集团都会召开一次技术创新大会，创新大会的组织及创新项目、创新个人的评选由技术管理中心负责，但覆盖整个集团。

2013 年，全集团技术人员总人数是 7000 多人，其中生产技术人员最多，大约有 5000 多人，因为每条产线都有大量的设备工程师、动力工程师和工艺工程师；产品开发中心大约有 1000 人；属于 CTO 组织的技术管理中心大约有 100 人，而技术研发中心大约有 800 多人（前瞻性技术研发）。在 2009 年之前，集团的中央研究院只有十几个人，主要从事 LED 背光源方面的研发；京东方光电研究所有几十个人。成立 CTO 组织之后，技术研发中心的人员数量增加很多，同时人员结构也趋多样化。在 2013 年的 500 多位工程师中，有 20 个台湾专家，10 个日本专家和 100 多个韩国专家。

这个技术研发体系并非没有矛盾。向首席运营官负责的产品开发系统拥有立足于生产线的产品开发中心和各产线的产品开发部，具有强大的实力（用皇甫鲁江的话说就是一群悍将，想想董学那样的家伙）。但是，由于它的主要任务是为当前的生产服务，所以它不可能去研发一时还无法应用在产品上的技术。因此，如果京东方只依靠这个产品开发系统，就会忽略具有潜力但还没有应用的技术——"原来是干了有用就用上，不能用就不用"。建立 CTO 组织最具有意义的作用是使京东方跻身于新技术领域的研发。京东方对新技术研发的大规模展开是从 2010 年研发中心大楼和实验线建成时开始，从那时起对技术研发应该做什么、重点方向和目标是什么有了明确的要求。

另一个是对新型半导体材料 TFT（薄膜晶体管）和 OLED 的研发。由 TFT 控制的 OLED 叫 AM-OLED。许多外行人不明白的是，AM-OLED 显示器的关键技术不仅在于显示发光方式，而且在于控制发光的 TFT 技术。OLED 是一种发光方式，而控制 OLED 的 TFT 必须使用新型的半导体材料——目前主要是氧化物半导体（Oxide）和低温多晶硅（LTPS）。这两种半导体材料的电子迁移率都比非晶硅（a-Si)的高出 10—20 倍，意味着可以做出更多的像素，提高分辨率[1]。相对而言，低温多晶硅技术更成熟，技术性能也很好，但制造工艺非常复杂，无法应用在大尺寸显示屏上。氧化物半导体材料在制造技术上接近于非晶硅，所以近年来成为领先厂商开发大尺寸显示屏。特别需要指出的是，以低温多晶硅和氧化物半导体制成的 TFT 也都可以驱动 LCD（液晶显示屏）并大幅改善其显示性能（因像素更高而分辨率更高）。于是，新型半导体材料 TFT 技术的发展，不仅促进了 OLED 的产业化，而且也促进了液晶显示技术的发展——反而使 OLED 替代 LCD 的过程变得更慢、更不确定。

OLED、氧化物半导体和低温多晶硅 TFT 等技术是不存在"引进"的可能性的。这些技术的原理已经出现了十几年甚至几十年，但对所有企业的挑战是开发出可以工业化生产并具有市场竞争力的技术。京东方 CTO 组织开发这些技术的努力都是从查阅论文和资料开始，没有任何基础数据，工艺也都没有，只能依靠自己把系统建立起来——"一开始往里面投片，关于时间、温度、压力等数据都是从零开始试验出来的"[2]。

中小尺寸 OLED 技术研发中心的中心长是皇甫鲁江（他离开 B4 重返研发一线后担任这个职务）。当我们问他"是 LTPS 难做，还是 OLED 难做"时，他说那要看研发的目标——"我们现在的目标是做成在品质上可接受的产品，那么就是 LTPS 难做。但将来的目标如果是产品的寿命长、发光效率高，那在 OLED 上就更需要功夫，因为涉及材料。重点是什么是有时效的，我目前侧重是 LTPS"[3]。2011 年，京东方已经在成都 4.5 代线建成了一条 LTPS TFT 的中试线。

皇甫鲁江在给新员工培训时讲了他自己对"高技术"的理解：什么是高技术？——第一是涉及的技术因素多（即包括多个技术）；第二是每个技术因素能够满足要求的范围窄，这就是复杂技术或者叫高技术。例如，LTPS（低温多晶硅）就是这样一个技术。制造非晶硅（a-Si）TFT 需要经过 70 多个工序，每道工序的良率都要在 99.9% 以上。相比之下，制造 LTPS TFT 的工序要比 a-Si TFT 多得多，保持良率就更难得多。用非晶硅在玻璃基板上做出电路需要经过 4—5 次的刻蚀（mask），而用 LTPS 则需要 9—13 次，而且又因为温度高而涉及硅的结晶，工艺

---

[1] 电子迁移率高意味着信息传输量大，于是可以用更窄的通道传递需要的信息，这样就可以在玻璃基板上增加薄膜晶体管（TFT）的数量，从而提高显示屏的像素，即提高分辨率。
[2] 皇甫鲁江访谈，2013 年 9 月 30 日。
[3] 同注[2]。

上的 margin 非常小。他认为所谓高技术并没有什么特别的悬崖式高度，但把复杂技术组合在一起就会面临问题，特别考验团队的能力[①]。

到 2013 年 9 月，皇甫鲁江团队已经做出"非常漂亮"的 LTPS TFT 驱动的 OLED，样品已经点亮，正在不断地改进。但他仍然对量产很谨慎，因为量产不是样品看着漂亮就可以了，一些指标实际上还没有达到要求。但他也不认为解决问题的障碍是什么难度，而是要有耐心地系统去做，要做肯定能拿下来。用 LTPS TFT 驱动的 OLED 也是该团队自己做的，是用蒸镀工艺做上去的。皇甫鲁江负责开发的中小尺寸 AM-OLED 产品将在鄂尔多斯生产。我们问他：开发出来的产品到生产线实际生产时会不会出问题？他以一种资深技术专家所特有的淡定回答说："不出问题才怪！"他认为在两者结合的过程中肯定会出问题，但只要不出致命的问题，他们都有办法来解决[②]。

CTO 组织的一项重大成就是氧化物（Oxide）TFT 的开发，这项技术属于国际前沿，在 2000 年前后才出现（1990 年代末期，日本某大学研究者开始申请专利，用来做 TFT 研究）。到 2004—2005 年已有氧化物 TFT 的样机出现，后来越做越好，虽然尺寸做大了还是有很多缺陷。到 2013 年，只有日本夏普用于小批量生产，而三星和 LG 在这方面还都处于研发阶段，还没有成熟。CTO 组织在 2010 年建好实验线后，开始检讨包括氧化物在内的新型半导体材料，但因为当时还是研究阶段，没有人想到会量产，所以立项过程费了一番周折（受行政领导的认识影响），直到 2011 年 3 月才正式立项。

负责开发氧化物半导体 TFT 的是"比皇甫鲁江还皇甫鲁江"的王刚，他担任大尺寸 OLED 技术研发中心的中心长。王刚是 1999 年中科院物理所毕业的博士（他毕业时该所与长春光机所合并成为光机精密仪器机械与物理研究所），本科和硕士研究生毕业于吉林大学。他读博士的时候就开始研究显示，参加的课题就是做 3.5 英寸的 AM-OLED 样机开发，他在其中专攻 TFT，当时用的还是非晶硅。1998 年年末，王刚的导师黄锡珉和吉林省一起推动了吉林彩晶项目的上马，他也参加了该项目的工作，还到日本 DTI 的工厂实习了一个月。到 2000 年王刚博士毕业时，彩晶项目已陷入困境。当时王刚已经与京东方有接触，但 2000 年时他又去中科院长春应用化学所做博士后研究，在 2003 年 3 月出站后加入京东方。此后他被派到韩国 HYDIS 学习设计，回来后到 5 代线的设计部任副科长。他说："那个时候我们也挺郁闷，韩国人是正职，往下走的业务也是韩国人主导。他们

---

① 皇甫鲁江访谈，2013 年 9 月 30 日。
② 同注 ①。

也不告诉我们为什么，如果问起来，他们说跟着学就行了。"一年多后，王刚又调到集团的中央研究院。在那几年里，京东方的主要精力放在建线和掌握生产技术上，中央研究院只有十几个人，没有开发和试验手段，许多行政领导也不信任新技术。直到 CTO 组织的成立，特别是 2010 年研发大楼和实验线的建成，王刚终于得到做研究的条件，使他的研发生涯走上正轨[①]。

制造氧化物 TFT 需要用氧化物半导体材料（目前都选用 IGZO 材料）在玻璃基板上生成各种膜。虽然这种材料与非晶硅的工艺结构是一样的，但非晶硅是单一成分的材料，而 IGZO 是化合物半导体，其中的各种成分是有一定配比的，如果稍微偏离就会影响到半导体特性，所以控制工艺的 margin 特别难。氧化物的靶材是从专业供应商那里购买的，但用什么工艺能够做出符合特性要求的膜是需要自己研究的。在制作过程中，要加气压、充氧气，玻璃基板需要加热到一定温度。这几个因素是互相影响的，例如研发人员本来觉得温度越高膜就越致密，但如果温度太高，气压就可能不合适了。王刚团队在摸索中需要把温度从 20、30度做到 100 度甚至几百度，通过很多次的试验去把握合适的温度。做完一次试验以后，根据结果调整参数，再做下一次的实验[②]。

王刚团队开发了 3 个多月，做了 3 次试验都效果不好，每次的性能差异都很大，令大家都很沮丧。王刚急了，找了几个主要的工艺设计人员成立了临时攻关小组，要求在两个月之内必须解决这些问题。攻关小组差不多要每周开 2—3 次会，针对结果分析原因，同时加强了与材料和设备厂商的沟通，而设备厂商也提了建议，虽然按这些建议去做的效果仍然不行（与不同的环境有关）。为突破困境，攻关小组对关键的几个环节集中力量去解决，抓住了几个点进行讨论。首先是制膜过程的功率、温度、氧压等参数。其次，随着研发人员对 IGZO理解的逐渐深入，他们发现 IGZO 最容易受影响的是上下两层膜，其界面的特性很重要。这种材料对水汽、氧非常敏感，如果氢的含量过大就会出问题，所以控制上下层的氢含量并阻止它们向 IGZO 的渗透很重要。最后，退火工艺也非常重要，研发人员原来认为，IGZO 做完后的底层和上面的保护层都需要退火，而且退火越多越好，退火的温度越高越好。后来他们发现，保护层其实并不是退火温度越高越好，因为退火温度一提高就会把氢赶走，导致 TFT 的特性消失。所有这些知识都只能通过试验而经验性地获得。当时 CTO 组织的实验线

---

① 王刚访谈，2013 年 10 月 11 日。

② 王刚猜测，LG 的大尺寸 AM-OLED 到那时之所以还没有量产，就是因为氧化物 TFT 的性能还不稳定（访谈，2013 年 10 月 11 日）。

每个月分配给王刚团队 10 天的时间，为充分利用时间，团队成员都加班加点在产线上流片。流片一天 24 小时不停，为此有的工程师要 24 小时连轴转，第二天找人接走，非常辛苦。

2011 年 9 月初，攻关小组获得了比较好的氧化物 TFT 特性。此后又继续做了 2 次实验，也都获得比较好的特性。有意思的是，王刚坦承他们当时其实也不是特别清楚到底是调整了哪个环节就使氧化物 TFT 的特性变好了，也不知道哪个环节是最主要的——"不知道是因为攻关小组的工作强度大呢还是功夫下够了，反正就是试出来了"。不过，大家都已经比较清楚那些趋势性的问题和需要互相匹配的其他条件，怎样退火也掌握了。9 月底，王刚团队用氧化物 TFT 点亮了 3.5 英寸的 LCD 样机；到了 10—11 月，又点亮了 18.5 英寸的 LCD 样机；到了 12 月，他们在京东方与成都电子科大的联合实验室点亮了 4 英寸的 OLED 样机（当时是单色的，但与彩色的区别不是特别大）。谈到这里松了一口气的王刚说："我们当时做的水平赶不上三星、LG 和友达，但能够在一年内就点亮还是很快"[1]。

王刚从博士阶段就开始在吉林彩晶从事技术研发，在京东方也经历过在北京 5 代线和中央研究院做研发的阶段，其间多次遭遇自己提议或做出的技术不受行政领导理解或重视的遗憾。但这一次不同。2011 年年底，当 CTO 组织开发出采用氧化物 TFT 的显示器样品后，董友梅马上向王东升报告这个成果，并提议在合肥 6 代线（B4）改造出一条 2K 的先导线，对氧化物 TFT 产品进行中试。王东升立刻接受了这个提议——只要他一下决心，任何技术就会走上快车道。此后，京东方决定把正在建设的合肥 8.5 代线（B5，详细介绍见下）的 30K 产能改建为氧化物 TFT 量产线（B5 的全部设计产能是 90K），并建设一条采用氧化物 TFT 的大尺寸 OLED 先导线。

2012 年 10 月，京东方发布了两款 17 英寸使用氧化物 TFT 的 AMOLED 显示屏，它们之间的区别是分别使用喷墨打印和真空蒸镀的方法制成的 OLED。2013 年 4 月 10 日，京东方在首届中国电子信息博览会（CITE）上，展出了 65 英寸氧化物超高清显示（LCD）并荣获"CITE2013 创新金奖"，同时获得"CITE2013 创新奖"的还有 110 英寸超高清显示（4K×2K)屏和 55 英寸超高清裸眼 3D 显示屏。2012 年三星在拉斯维加斯展示的 110 寸 4K×2K 超高清电视使用的就是京东方的面板，引起了不小的震动。

在新技术开发上，布局和技术轨道的选择是董友梅必须考虑的战略性问题。

---

① 王刚访谈，2013 年 10 月 11 日。

新技术在成熟之前，往往存在多种技术轨道，如驱动 OLED 的 TFT 有低温多晶硅的也有金属氧化物的，而制造 OLED 则有溶液制程、蒸镀、打印等多种方式。最后哪一个成为主导轨道是不确定的，但却影响企业的命运。例如，三星由于在 LTPS TFT 驱动的 OLED 上占据了先发优势，所以它在大尺寸 OLED 方面，没有像 LG 那样孤注一掷去做氧化物 TFT，而是一直希望把中小尺寸的技术移到大尺寸上来，一直用 LTPS 拱大尺寸 OLED，但这种选择也包含着风险[①]。面对这种不确定的局面，京东方的方法是全面布局，然后在过程中识别最合适的轨道，再确定主要资源的投入方向。目前京东方在中小尺寸和大尺寸的 OLED 上都在开发，在大尺寸 OLED 方面的溶液制程以及蒸镀方式、小尺寸方面的蒸镀和打印方式也都在探索。为缓解资源的绷紧，京东方与上游厂商的合作项目数量近两年持续增长，如与做 OLED 小分子打印工艺的爱普生和做高分子打印的住友化工都在合作。在京东方从后进者向领先者的转变中，怎么利用这些上游厂商已有的技术积累是很重要的。董友梅说，再看远一些，石墨烯（近年来被发现的新型半导体碳材料）可以应用在显示上。以碳材料代替硅材料对地球资源利用有很大的优势，也可以柔性。在柔性和碳材料等更前瞻的方向上，她要求各研发中心的中心长都要布局，但不是资源的重大投入点，更多地靠与外部大学的合作[②]。

CTO 组织的技术研发不只这些。透明显示，防窥等一些消费者可以直观感受的新技术也是从研究所出去的，但也有不能直观感受的更基础更核心的技术，比如窄边框、低功耗等（一英寸做到 0.7w 的技术），1+4mask 到 0+4mask（工艺的减法）等新技术也在不断向产线和产品输入。第一时间上市的产品比例也达到了 30%。

京东方研发体系的形成大大扩展了研发活动的范围并提高了效率，其结果表现在专利数量的大幅度增加上。从 2010 年起，京东方专利申请数量出现跳跃式增长趋势。2011 年，京东方的专利申请数量突破千件，比上年翻了一番；2012 年的专利申请数量又比上年翻一番多；2013 年达到 4200 多件，2014 年则达到 5100 多件。

京东方在技术研发方面已经达到这种状态：只要别人做了的技术，京东方就一定能够做出来。京东方正在进入的状态是也去做别人都没有做过的技术。尽管成为这样能够领导产业方向的企业还需要时间，但由于京东方已经转变成为一个研发与制造并重的企业，所以国际领先企业要是再想把中国企业甩开，那答案就仨字儿——"没门儿"。

---

① 这个问题在第八章会有分析。
② 董友梅访谈，2013 年 8 月 2 日。

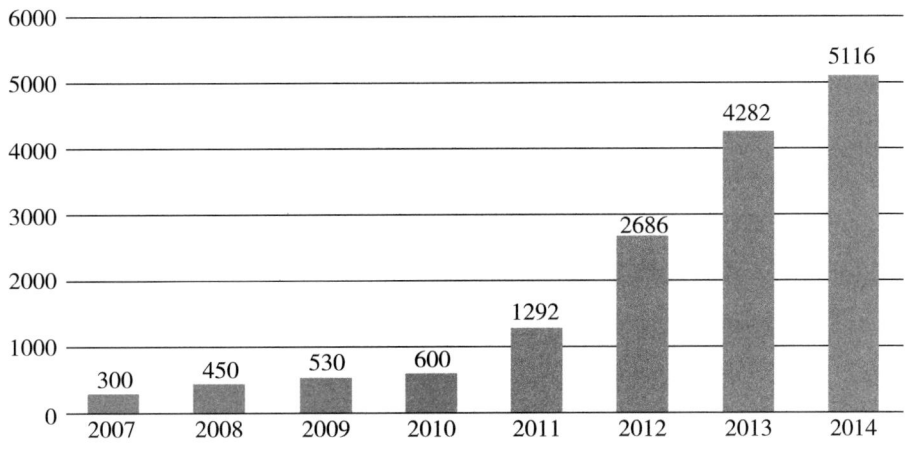

图 5.3：京东方专利申请数量的增长

第五节
新一轮的扩张和新一轮的盈利

多线扩张的战略导致组织结构的重组，新的组织框架能够更有效地协调大规模的生产和分配，从而支持进一步的扩张。就在以成都 4.5 代线、合肥 6 代线和北京 8.5 代线为标志的扩张浪潮尚未尘埃落定之时，京东方又开始了新的扩张——建设合肥 8.5 代线、鄂尔多斯 5.5 代 AMOLED 生产线和重庆 8.5 代线。这三个项目可以被看作是京东方的第二轮扩张，它们具有不同于第一轮项目的两个特征：第一，京东方在这些项目中明显增加了用于新技术竞争的内容——如 AM-OLED 面板和氧化物半导体、低温多晶硅等 TFT 技术；第二，新生产线使用的新产品技术主要依靠京东方自己的研发，而不再是大多依靠产业链中已有的技术（这个趋势导致专利数量的激增）。因此，第二轮扩张的核心内容则是以新技术为导向的产能扩大，而京东方建立的技术研发体系也成为支撑这种扩张的力量。

合肥 8.5 代线（B5）

2012 年 8 月 15 日，京东方发布公告，将与合肥市政府和巢湖城市建设投资有限公司在合肥（新站综合开发试验区）建设一条 8.5 代 TFT-LCD 生产线，项目总投资 285 亿元。实际上，合肥 8.5 代线早就开始酝酿了，但它后来遇到一些波折，特别是反映出地方政府之间复杂的竞争关系。

当合肥 6 代线于 2009 年 4 月开工建设之后，受到鼓舞的合肥市政府就向京东方提议再建一条生产线。不过，当时京东方已经因为在外地建线而使北京市不满。为遮人耳目，京东方宣称在这个项目中扮演的角色只是提供技术支援。2009年 8 月 26 日，筹建 8.5 代线的合肥鑫晟光电科技有限公司注册成立，合肥市占90% 的股份，京东方以技术入股占 10%。

合肥方面希望迅速推进项目，但京东方则宁可放缓速度，原因有二：第一，从策略上讲，合肥 8.5 代线不能早于北京 8.5 代线。第二，由于那时京东方正在建设合肥 6 代线和北京 8.5 代线，所以再建新线的人员严重不足。

但"拖延"就使合肥 8.5 代线项目赶上了"液晶热"所引发的国家管制，对液晶项目由备案制变成了由国家发改委和国务院审批的核准制，致使合肥 8.5 代线项目被纳入本章第一节所描述的"五进二"过程。2010 年 2 月末，合肥 8.5 代线项目参加了国家发改委组织的答辩，但最后"五进二"被批准的是三星和 LG的项目，于是合肥 8.5 代线的建设就停顿下来。随着 6 代线的建设接近尾声，项目总指挥换成了刘晓东。

经过将近一年的停顿，合肥 8.5 代线项目的两个障碍——北京市不同意京东方继续在外地建线和未获中央政府的批准——逐渐得到化解。那时北京 8.5 代线已经即将建成，而且合肥方面通过认购京东方股份的形式，出资 20 亿元用于建设北京 8.5 代线，从而支持了北京市政府。于是，北京市政府同意京东方在合肥建 8.5 代线。

在国家审批方面障碍的化解则有数个原因。第一，外资项目被批准后迟迟不动。到 2011 年春天，LG 宣布缓建广州项目，三星公开未说但其苏州项目实际延缓，昆山的友达则彻底不动了。国家发改委和工信部借机松动了对国内企业项目的管制。第二，到 2011 年末，由于"液晶热"已经消退，所以从 2009 年 10 月实施的审批制又恢复到此前的备案制。第三，京东方的合肥 6 代线到 2011 年 4月已经实现满产满销，成为各级政府领导人参观的重点。中国第一条高世代线成功建设和运营改变了政府有关部门的态度，依靠中国企业发展这个工业的信心增强了。在这些条件下，有关政府部门实际上早就"默许"京东方上合肥 8.5 代线，项目的建设施工又重新开始，只是不为外界所知。

2012 年 5 月，国家发改委和工信部正式批准合肥 8.5 代线项目。有趣的是，当正式批文于同年 8 月下达后不久，建筑规模巨大的合肥 8.5 代线厂房就封顶了。这个项目原本是按照传统非晶硅 TFT-LCD 技术设计的，但正如我们在上一节介绍过的，京东方中途决定建设一条 30K 的氧化物 TFT 量产线（B5 全部设计产能是 90K）和一条采用氧化物 TFT-OLED 先导线。由于中途的改建，所以 B5 建设周期比北京 8.5 代线要长，但这个改动是值得的。京东方、三星和 LG 在开发氧化物 TFT 上都比夏普晚一些，但京东方是第一个在新建 8.5 代线上做氧化物的企业，而其他公司都是改造已有的生产线。批量生产氧化物 TFT 将使京东方在这个领域与夏普、三星、LG 等国际领先企业处于并驾齐驱的位置，

2013 年 12 月 28 日，合肥 8.5 代线正式投产，同时点亮 3 款产品：10.1 英寸 TN 屏、分别使用非晶硅 TFT 和氧化物 TFT 的 55 英寸的液晶显示屏。于是，中国第一条 8.5 代氧化物面板生产线投产，而京东方内部提出的目标是"将 B5 建设成为全球最具竞争力的氧化物 TFT-LCD 生产线"。2014 年 1 月，大尺寸 OLED 先导线的设备在 B5 完成搬入，预示着中国的第一块大尺寸 OLED 显示屏将在这里产生。至此，京东方至少在这个领域已经在技术上与三星、LG 并驾齐驱了。

鄂尔多斯 5.5 代 AM-OLED 生产线（B6）

当三星宣布建成世界上第一条 AM-OLED 生产线后，京东方就迅速规划了同样的一条线，虽然当时还没有确定建在哪里。2011 年 3 月，鄂尔多斯市市长在北京参加"两会"期间参观了京东方的 5 代线。参观结束后，市长对接待他的陈炎顺说："你们这个（东西）好，到我们那里建一个吧。"陈炎顺回答说："我们有一种商务模式，资本金不得低于 60%。投一条线需要 200 亿元，你们得拿 120 亿元，其他的我们来做。"市长说："我们没钱，但我们有煤。"当时煤价很高，当地政府也有以煤换工业项目的政策。陈炎顺立刻意识到这是个好方案，给煤就相当于给钱，于是表示同意。双方经过几个月的协商达成协议，鄂尔多斯市以 10 亿吨煤的探矿权换取京东方在那里建设 AM-OLED 生产线。2011 年 8 月 12 日，京东方宣布将投资 220 亿元人民币，在鄂尔多斯建设一条 5.5 代（1300 mm × 1500 mm）LTPS 生产线。

北京市和内蒙古自治区每年有个京蒙对接的合作框架，于是京东方就把这个项目报进去。汇报后，主管市长说 10 亿吨的煤必须放在北京市（北京缺煤），由京煤集团承接。这样对京东方来说，反倒好协商了。2011 年 10—11 月，京东方以 36 亿元出让了先期获批的 2 亿吨探矿权（内蒙古方面为防止京东方拿了煤不干项目，先期只给部分探矿权），使当年主营业务亏损的京东方盈利，避免了被 ST。

B6 项目的总指挥是陈曦[①]。他于 1980 年考入清华大学无线电系（后改为电子工程系），在那里从本科读到硕士研究生毕业。1987 年底，刚刚毕业的陈曦加入

---

① 陈曦访谈，2013 年 8 月 15 日。

了北京·松下彩色显像管公司，一直工作到 2009 年该公司终结，经历了彩管工业在中国最辉煌的阶段以及穷途末日。其实王东升在京东方进入 TFT-LCD 工业的前后，就已经看中了几个北京·松下的优秀干部，刘晓东和陈曦都在其中。陈曦在北京·松下彩管关闭后，到松下（中国）工作了一年就加入京东方。2011 年 4 月，陈曦陪同王东升到鄂尔多斯考察项目，同时接任负责这个项目。

陈曦的工业经验是在 CRT 彩色显像管领域，没有经历过液晶阶段，那能领导建设属于前沿技术的 AM-OLED 生产线吗？对于这个问题他是这样回答的："其实干这样的工厂，京东方不止一次经历过类似的情况——都是从一片荒野开始。京东方后面的团队确实很厉害，有建设的、采购设备的，只要董事长和总裁说要搞这个项目，各个专业部门很快就把人给我配齐了，并不是靠我一个人去凑齐。"陈曦表示对他来说，B6 是"SOPIC 变革"的最受益的项目，他不用单独去请人，不管在哪个组织工作的人都可以来这里，专业组织在做各种技术评估时也起了非常重要的作用。因此建线是依靠京东方整体的力量，按照节点和计划来推，每个节点董事长王东升都要来验收——他是自己给自己制定的总命令。总指挥是起牵头的作用，各职能领域的工作通过专业分工进行，这样陈曦反倒轻松了。

B6 是属于技术前沿的生产线，其实决定上马这条线时，京东方也是刚刚开始研发 AM-OLED 显示屏。因此，B6 生产线的工艺设计不是依据已经掌握的产品和工艺技术，而是依据来自产业链的信息和自己的摸索，在成都 4.5 代线的 LTPS 中试线积累的知识、经验和人才很重要。B6 投产后需要克服的问题是，要针对 CTO 组织开发出来的产品在实际运转中把配套工艺做出来并逐渐完善。B6 设有产品开发部，但在 SOPIC 框架下，它隶属于小尺寸产品开发中心的副中心长，而为 B6 安排的产品也是从市场端开始设计。这同样显示了京东方的整体力量。

B6 生产的 TFT 背板将全部采用 LTPS，第一期的 30K 产能是生产 LTPS TFT 驱动的 LCD，其中加入了 4K 的 OLED 的中试线，作为第二期生产 LTPS TFT 驱动的 OLED 的基础。制造 LTPS 最关键的技术是在普通的 a-Si 表面进行激光退火，使电子迁移率提高 100 倍，于是就可以把同样的线宽做得非常窄，大大提高电路的集成度，也就大大提高了显示器的分辨率。但因为制造 LTPS 的设备更精密更复杂，所以供应商的范围非常局限，如准分子激光退火设备、集成化的设备和离子注入设备几乎都是全球只有一家厂商供应，曝光机供应商仍然是尼康和佳能，但做到 500ppi 的分辨率及其像差矫正的只有尼康，所以采购设备的价格谈判很困难。令陈曦得意的是，他在 2012 年完成了设备采购谈判，而且买的全是最好的设备，后来的日元贬值又使实际成本下降——"如果我将来不在 B6 了，至少人家不会骂你陈曦买的什么破设备。"

我们在 B6 访谈了一位台湾籍的阵列（Array）高级工程师[1]。他出身老奇美，后来在富士康集团的深超光电工作了几年，于 2012 年年末加入京东方。他说 2010 年就通过一位加入京东方 CTO 组织的前同事向京东方投了简历。调动的原因第一是奇美所有权变动后的人事矛盾，但更重要的是对未来的预期。他和以前的台湾同事都一直说，TFT 是没有出口的高速公路，所以大者一定恒大。介绍他到京东方的那个朋友向他介绍了大陆企业的发展，让他相信到大陆企业会有更好的发展。他本来也是把简历投到 CTO 组织，但京东方认为 B6 更需要他这样的人，就派他到鄂尔多斯。这位台湾籍工程师在介绍生产线时说，对于 B6 生产的 LTPS TFT，目前全世界各个厂都没有人敢说自己的制程是最完美的，大家都处于改进过程中，并不是每个企业有钱买设备就做得出来，许多工艺的程序、要求和搭配都是通过经验摸索出来的。例如，在 B6 产线上有一站是镀层，本来是做完这一站就到下一站了，可是刚镀完后其实稳定性不好，启动的电压会漂移，所以必须在特定区域放一段时间。这个做法效果很好，但不知道是为什么，凭借的是做半导体的经验。其他公司不可能知道这些 know-how（诀窍）——"就算你拿到其他公司的东西，你也不知道为什么要有这样多这样的站点。"他解释说，产线与 CTO 组织是合作的关系，CTO 主导制程的 advance 的部分和新技术的开发，负责研究怎么搭配工艺链，怎么提高制程良率，怎么降低成本，然后再把技术导入到各分公司来做。B6 有机台，可以和 CTO 互相搭配来做（CTO 组织受到实验线机台的局限），两边可以沟通合作，没有冲突。

除了建线的技术问题，让陈曦挠头的还有早期阶段的工业环境问题。虽然在鄂尔多斯建线没有拆迁问题，但土地出了很大的问题。由于当地建设太快，有很多违规使用土地的情况，当地政府在土地管理上也出现一些混乱，致使京东方很长时间没有拿到土地证，而没有土地证就会影响京东方的融资。陈曦说土地证问题把他折腾惨了，搞了一年多才弄完。北京总部也急了，专门派人来这里帮他，还问是不是当地政府故意为难。实际上当地政府是支持的，但对发展工业没什么经验。陈曦说："他们对于电子厂怎么建不知道，说白了，就是不知道怎么伺候你。"比如说，投产前要接污水管道，当地政府部门说你就直接排吧。京东方的领导说那不行，生产线一天要排 12000 吨污水，把对方吓了一跳；又说给建个污水池子，京东方的人说那干两天就满了怎么办呢？最后索性"勒令"他们在 7 月份必须把污水管接上。

---

[1] 张龙泉访谈，2013 年 8 月 15 日。

还有稳定供电的问题。内蒙古不缺电，但当地的电网和国家电网不并网。由于农业用电非常多，电压极其不稳定，京东方要求确保稳定。北京的电网如果电压波动 0.1 秒时间以上就要跳闸。生产线上搬运玻璃是靠电把玻璃吸在机器上，一旦跳闸玻璃就会掉下来摔碎，再清扫全部的机器设备需要两个多小时，而鄂尔多斯的人觉得跳闸不是什么不得了的事。为了让当地政府部门知道电压稳定性有什么重要性，京东方的人"一遍遍拉着他们看，让他们慢慢明白这个道理。"

从另一方面讲，当地政府在很长时间里也对京东方存在怀疑的心理，因为他们被"骗"了很多次——在以煤换来的众多工业项目中，真正踏实干成的只有几项，剩下的大多是以工业投资为幌子来获取探矿权的。有探矿权就能挖矿，在前几年煤价高达七八百元一吨的时候，煤老板每天睡一觉醒来就是几百万。虽然京东方多次表示作为一家负责任的上市公司绝不会骗人，但最后只能靠实干赢得信任。到 2013 年夏天，京东方的作风和 B6 的进展已经让当地政府的态度从怀疑变成了敬佩。经过自治区经信委组织的 3 次审计，京东方的投资进展被确认符合要求，于是内蒙古自治区开会批准向京东方兑现全部 10 亿吨的探矿权。此后，自治区党委书记来看了这个项目，区里还组织各盟市旗的领导 100 多人来参观，而且要进 B6 的洁净车间，让京东方的高管纠结了一番（为防止带入灰尘，洁净车间一般不欢迎外人参观，但领导们兴致勃勃要看高技术生产线，只能让京东方冒一次良率下降的风险）。不过政府一信任，支持起来也是实打实的——看到 B6 绿化区草坪的草长得不好，政府专门派了绿化队全部重新栽种整理。后来陈炎顺对这个项目很得意，虽然融资方式很特别（以前都是通过股市增发），效果却很好，而且项目还没建成就为集团做出贡献。

2013 年 11 月 21 日，京东方第 5.5 代 AM-OLED 生产线（B6）在内蒙古鄂尔多斯点亮投产，并于 2014 年 4 月实现量产，投产的头两款产品都是 5 英寸的手机屏。我们在 2013 年 8 月访谈陈曦结束时问他："这条线还有什么故事？"他的回答是："故事还没开始。我认为真正出彩的地方还没有开始，现在受再多的苦，如果没有出东西来，都是瞎扯，所以我们继续加油去弄。"如果 B6 能够按照预期实现大批量生产 LTPS 的 TFT 以及由 LTPS 驱动的 OLED 显示屏，京东方就在技术追赶的路上迈了一大步。

重庆 8.5 代线（B8）

2012 年 12 月 21 日，京东方宣布与重庆市人民政府签署了投资框架协议，双方确定在重庆市两江新区水土高新技术园投资建设"第 8.5 代新型半导体显示器件及系统项目",投资总额 328 亿元。根据框架协议,该项目包括 9 万片 / 月玻璃基板投片量基于氧化物技术的新型半导体显示器件及 3 万片 / 月玻璃基板投片量的内置触摸屏生产线[①],以及建设液晶电视机生产线(设计产能为 200 万台 / 年),并设立重庆研发中心。

对京东方来说,重庆 8.5 代线是一个从"天上"掉下来的项目,它的促成特别反映出中国政府的态度转变。2011 年,三星要在中国投资建闪存芯片厂,把北京、西安、重庆作为备选厂址,并派了 100 多人的考察团到处看。重庆当时在三星的评估中得分最高(其次是西安,最后是北京),于是重庆市马上平出一块地,准备接受三星的闪存生产线项目。2012 年 3 月,原重庆市委书记薄熙来的腐败案事发,三星为避免政治风险就决定把项目地址改到西安。此后富士康与重庆市接触,表示愿意在重庆建 8.5 代 TFT-LCD 生产线。重庆方面对此很高兴,准备把原计划用于三星闪存项目的厂址拿出来,并将项目申请报送国家发改委。但在同年 8 月底的项目审查答辩会上,国家发改委的官员和专家委员会成员都建议重庆市与国内企业合作(纷纷表示"京东方也不错啊""与其让富士康做,还不如让京东方做"),并建议重庆市与京东方联系。

2012 年 9 月 15 日,王东升接到重庆市长黄奇帆的电话,邀请京东方派人到重庆会商。9 月 19 日,京东方派出陈炎顺一行到重庆考察,与市政府、经信委、两江新区就设立产线的各种需求初步交换意见。重庆方面在会谈中发现富士康的要价其实是很高的:第一,富士康提出的 8.5 代线(90K 产能)投资预算是 300 多亿元,同样要求重庆方面投资,而且是直接投资,没有退出机制(具有财政补贴的性质);第二,富士康的项目让地方政府的负担很大,它只提出需要工人的人数,然后由地方政府负责招工;它只管自己的厂区,连职工宿舍都是由政府来管,由政府承担这部分费用和管理;第三,富士康的地价收入和高管人员的收入都要免个人所得税。总之,从融资、土地、税收、投资总额和投资方式等各方面来说,富士康的要求都很苛刻。相比之下,京东方提出的 8.5 代线(90K 产能)投资预算是 245 亿元,外加上 30K 产能的触摸屏生产线才达到 328 亿元的总投资额[②]。重庆方面立刻觉得京东方的要求比富士康低多了。因此,重庆市方面对会谈结果表示很高兴。

2012 年 10 月中旬,王东升率陈炎顺、刘晓东等一行 10 人去重庆谈相关事宜,双方基本谈定。2012 年 12 月 21 日,重庆市与京东方举行签约仪式。重庆 8.5 代线的厂址在北碚区的水土园区,是两江新区的一部分,上风上水,离嘉陵

---

① 这是考虑到该项目是为笔记本电脑和液晶显示器配套。

② 李耀辉访谈,2013 年 9 月 27 日。

江也就两公里。

2013年1月18日，公司正式注册。同年7月17日，开工仪式。重庆市长黄奇帆亲自参加仪式并发表讲话。他在讲话中透露：京东方项目投资300多亿，包括100多亿元的银行贷款，190多亿元的资本金。在190多亿元的资本金中，重庆国资委和两江新区通过金融企业股权出让和土地出让共筹集100亿，京东方通过股市面向重庆企业定向增发筹集90亿[①]。这个项目计划于2015年5月建成投产。关于这条线的建设情况，我们在第七章还会交代。

京东方从2009年开始的扩张伴随着媒体的质疑和社会争议（本书在下一章将集中讨论这些争议），原因是京东方的主营业务在2008—2011年期间是亏损的。在亏损的条件下持续对生产能力进行大规模投资，的确是一种挑战"常识"的行为，但它不仅与产业性质有关，而且恰恰反映出京东方的雄心壮志。实际上，对于工业投资来说，真正的风险不是外行所关注的投资规模，而是这种大规模投资能不能转化成为经受住市场竞争的生产能力（即赢利的前提条件）。京东方做到了。到2012年7月，京东方的B1、B2、B3和B4四条生产线全部实现满产满销，并在该年第三季度实现自2008年第三季度以来的第一次季度盈利。2012年，京东方实现净利润2.58亿元，终于迎来了新一轮的盈利期。

京东方的新一轮盈利是结构性的：第一，盈利是在生产规模以几何级数扩大的基础上实现的；第二，在销售规模迅速扩大的同时，销售的增长和价格不再是被动地依靠周期波动的市场，而是依靠不断的产品开发和技术进步去赢得需求。因此，京东方能够在2013年实现23.5亿元的净利润（比上一年增长800%）并非意外。从生产规模上讲，京东方已经在2012年结束时跻身全球前五。从技术上讲，京东方已经逼近前沿，用京东方高管自己的话说，"不再是只能看见领先者的背影，而是已经看到了对方的侧影"。

历史总是充满戏剧性。就在2009年京东方起飞之际，当年的明星企业北京·松下彩管公司关闭了。陈炎顺是北京·松下的最后一任董事长，负责处理关厂后事，而他当年到北京·松下要分红的财务处处长王大姐（见第五章第三节）是最后一任中方副总经理。当王大姐于2013年退休时，陈炎顺为她摆了一桌席，还送了她一幅字"人正、品真"，表示对她工作生涯的敬意。席间，陈炎顺提起往事说："王大姐，你当年死看不上我们、看不上京东方，我们找你要点分红钱多

[①] "黄奇帆在重庆京东方项目启动仪式上的致辞"，华龙网，2013年7月18日，http://news.ifeng.com/gundong/detail_2013_07/18/27639609_0.shtml。

艰难啊。你还记得我们在仙鼎饭店，你让我们喝一杯酒给 20 万吗？"王大姐的回答是："哎呀，这个时代发展太快了"①。确实是太快了——在短短 5 年间，京东方发动了一场海啸般的扩张，从一个边缘企业一跃成为全球 TFT-LCD 工业中的主流企业。

附录：华星光电的工业英雄

2011 年 8 月，深圳华星光电的 8.5 代线建成投产，这是中国第二条自主建设的 8.5 代线，为中国 TFT-LCD 工业的崛起增添了动力。华星光电自主建线的时机与京东方大规模扩张的时机一致，说明全球金融危机导致的衰退反而为中国发展液晶显示器工业带来了机会。但华星光电敢于自主建线也同时说明，只有勇者才能抓住机会，而那些把机会转化为成功的勇者就成为英雄。因此，了解华星光电自主建线的来龙去脉，可以帮助从工业层次上理解战略行动的重要性。为了不影响本书的行文，这里以第五章附录的形式单独介绍华星光电自主建线的过程。

深圳市政府早在 2005 年底就制定了平面显示产业发展规划，这个规划促成了本书第五章提到的聚龙计划。在那个计划被瓦解后，深圳方面与夏普、LG、三星以及友达等面板巨头都进行过谈判，但在高世代液晶面板生产线的引进上却一直没有进展。据参与了前期引资谈判全过程的一位官员透露，"无论是日本、韩国还是中国台湾地区的面板企业都将面板技术作为严格封锁的核心技术，导致最初几年的谈判一直不顺利。"当时深圳市主管领导甚至找到了日本通产省沟通引进面板生产线，但日本方面一直没有松口。在谈判中，外资面板巨头漫天要价，有的企业甚至要求深圳市政府除了出资 30 多亿美元并且交纳 3.6 亿美元的入门费外，而且还要得到技术引进费并且每年享受分成，最后仍然久拖不成②。当京东方于 2008 年 9 月改为在合肥建设 6 代线后，深圳方面继续与夏普谈判引进 6 代线。

2009 年 6 月，准备签约的夏普突然决定改为与南京合作，致使深圳的计划一下子走入死胡同。就是在这种条件下，TCL 集团的董事长李东生向深圳市领导提出了组建团队自主建线的建议（TCL 是原定承担与夏普合作建线任务的中方企业）。深圳新任代市长王荣（后任市委书记）立刻支持这个想法。这是一个冒险的决定，

① 陈炎顺访谈，2014 年 9 月 23 日。

② "首条 8.5 代线开工 广东补缺彩电上游"，《21 世纪经济报道》，2010 年 1 月 15 日，http://tech.sina.com.cn/e/2010-01-15/01443772762.shtml。

如果项目能干成当然是大好事，但如果失败，决策者的政治前途也许就断送了。风险如此之大的原因是：第一，该项目投资巨大（后来的预算是总投资245亿元），是深圳市有史以来的最大工业项目；第二，当时并不存在一个能够建线的团队，只是存在招人的可能性。因此，当时市委常委开会讨论时，大多数人持反对态度。这种决策的困难反映出中国工业发展两条道路的矛盾：引进生产线的风险小，因为可以"傍上"大哥跟着赚点小钱；自主建线的风险极大，因为充满不确定性。但后来的历史证明，如果真的引进了夏普的6代线，那么深圳发展液晶面板工业的道路将会充满泥泞和沮丧（至少是因为大哥自己也走上了穷途末路），而自主建设8.5代线却使深圳的工业抱负和TCL的转型迎来无限生机。

TCL进入液晶显示器工业的想法由来已久，也是聚龙计划的主要发起方。那个计划流产后，TCL一直寻求通过与国外企业合作引进技术进入这个工业的途径，但困难重重。2007年，TCL与三星签订技术合作协议，在三星的技术支持下（包括由三星提供人员培训和技术指导）建设一个液晶模组厂（共4条生产线）。TCL液晶模组项目的负责人是来自南京LG液晶显示公司（模组厂）的贺成明，项目的20余名核心技术人员也都是贺成明在南京的老部下。项目于2008年4月打桩，9月厂房封顶，11月搬入设备安装，到2009年2月量产，并在投产的当年实现了盈利。TCL的液晶模组厂本来是为三星代工的，但项目的实施却使TCL生成了自主的能力。在这个项目的4条生产线中，只有第一条线是由三星派来几个人提供的帮助，其他三条线的设备采购则都是由TCL自主招标、采购设备并组织建设的（采用的大多是三星供应商的设备）。TCL通过这个项目集聚了一些人才，熟悉了液晶面板行业并在业内建立起人脉关系。更重要的是，在收购法国汤姆逊CRT彩电业务导致TCL连续数年的巨亏后，液晶模组项目的成功让TCL的决策者重拾信心，也成为TCL转向自主建线的一块踏脚石。

2009年春天，台湾某公司董事长王先生在拜访贺成明时说，其实你们可以通过招募台湾工程师团队自主建设TFT-LCD生产线，台湾的液晶产业就是这样发展起来的。贺成明当时的反应是"这怎么可能？"但这个聊天中提出的建议显然令他心中一动，于是就把这个提议告诉了一位在TCL液晶模组项目工作的台湾工程师。面对贺成明的询问，那位工程师想了想回答说："如果多组织些人员，这是有可能的。"贺成明向TCL集团领导报告了此事，但对方的反应与他自己的反应是一样的："这怎么可能？"

夏普的毁约断了深圳市和TCL通过"国际合作"建设生产线的念头，于是李东生想起招募台湾团队自主建线的建议，他找到陈立宜。研发工程师出身的陈立宜原是奇美的重要干部（原任奇美的电视面板产品事业处协理），2006—2009年负责开拓中国大陆市场，取得辉煌业绩。也许是看好大陆市场的前景，他在金融海啸之前就谋划把奇美的8.5代线设在大陆[①]。2009年3月，奇美在金融海啸冲击下的业绩下降引发了内部人事纠纷，陈立宜受到排挤，被迫离开奇美。他随后与另一位离开奇美的干部带领一支20人左右的设计团队准备在惠州创业，建立一家模组设计公司（design house），同时也参与了TCL的模组项目[②]。陈立宜回忆说："李董问我，自组团队可不可行……（他）给我一天时间跟台湾团队谈"[③]。陈立宜考虑一晚答应了，并在极短的时间里起草了建线规划。

经过贺成明和另一位台湾干部向市领导的汇报和多次开会讨论后，深圳市政府在2009年9月确定了TCL集团提交的自主建线方案（稍后正式批准）。2010年年初，深圳市与TCL联合成立8.5代线的项目公司华星光电，其100亿元的资本金各出一半（政府的出资由深超投资执行，TCL的出资主要靠社会融资）。由于对这个项目存在反对意见，王荣背负着巨大压力。据说他曾经直言，这个项目干成了是中国自主创新的一面旗帜，干不成就是夜郎自大的一个笑话。为了有个"备胎"，后来政府麾下的深超投资把所持华星光电的15%股权转让给三星（转让价15亿元人民币），以便在万一不行时可以由三星接管，同时TCL出资1亿美元获得三星苏州项目的10%股权[④]，形成双方的战略联盟。王荣代理市长亲自担任液晶项目领导小组组长。经TCL李东生推荐，深圳市同意，性格刚烈的贺成明被任命为华星光电的法人代表和CEO，全面负责项目。

贺成明于1963年出生，祖籍江苏徐州；1985年7月从西安交通大学电子物理专业本科毕业，然后继续在本校读研，是吴祖垲院士和孙鉴教授的研究生，也是吴院士的关门弟子。吴院士开发了中国的第一只日光灯、第一只黑白显像管和第一只彩色显像管，对贺成明具有榜样作用。1988年7月研究生毕业后，他加入华飞（南京与飞利浦合资的彩色显像管企业），是唯一真正科班出身做彩管的，在后来的年月里，他为企业解决了好多技术问题，是华飞二期和三期工程以及29英寸、34英寸等产品的技术负责人。2001年LG和飞利浦的显示业务合资后（见第二章第四节），双方在荷兰开会讨论如何做彩管业务。参会的韩国

① "我为何从战将变叛将？"，台湾《商业周刊》第1280期（2012年6月4—10日）封面故事，（以下简称"叛将"），第108页。

② 贺成明访谈，2013年7月10—11日。

③ 同注②。

④ "TCL与三星结盟前后韩国面板双雄中国开战"，《21世纪经济报道》，2011年4月23日，http://tech.sina.com.cn/e/2011-04-23/00555440941.shtml。"TCL和三星相互投资液晶面板工厂"，新浪科技，2011年4月25日，http://tech.sina.com.cn/it/2011-04-25/20445447971.shtml。

人大部分是搞技术的，飞利浦的人员很多是搞管理的，对于产品技术路线的确定和发展，LG 人员的意见经常占上风。那时贺成明的职务并不高，但技术水平高，就提出用飞利浦生产线做 LG 产品的建议。飞利浦的高层说，既然如此，第一个项目就在南京上，产品为 29FCD（29 英寸纯平显像管）。贺成明接了任务后发现全世界没有这样的先例，因为彩管生产线设备，工艺和产品都是配套的。为项目组建的技术团队有 200 人，其中荷兰人 80 人、韩国人 70 人、华飞人员约 50 人，是一次完全的国际组合。当韩国人给出难题时，他就召集项目组成员去韩国开会讨论技术方案，谈不完就不让回家。工作结束后他乘飞机回国，到家都午夜了，只有妈妈在等他——他连中秋节都忘了。贺成明领导的项目组用 4 个月就完成了预计 8 个月的任务，1500 万美元的预算只用了 700 万。他们基于飞利浦生产线开发出来的新产品除了电子枪用飞利浦的之外，其他零部件用 LG 的。由于 29FCD 产品及时占领市场，性能指标满足客户需求，为华飞赢得了丰厚的利润。——"打完那仗以后，在华飞每个韩国人遇到我都向我鞠躬表示尊重"；"南京市奚永明副市长专门到工厂来祝贺，LG-飞利浦的总裁 Andreas Wente 发来贺电。"①

贺成明在彩管工业工作了 15 年，但认为那是一个没有"自生能力"的工业。问题不是出在技术上，而是领导人没有担当精神。他说："引进就是领导很省事。第一条生产线引进也可以，但第二、第三条不断引进就不对了。等到别人不做了，自己也死了。"他以韩国工业作为比较的例子说："我们当年写论文的时候，三星和 LG 的人还读我们的论文呢，他们比我们还落后。但他们引进一条生产线后就完全复制，自己设计产线、产品。他们设计的显像管很蠢，但也坚持用，于是就做起来了。"2003 年初，贺成明不愿意再从事彩管行业，调到 LG 在南京新建的液晶模组厂做技术副总，成为从彩管工业转向液晶显示的主要技术干部之一。2005 年，他应 TCL 领导之邀加入 TCL，负责平板显示项目，2007 年因不愿再和外资谈判离开半年；后来得知 TCL 的液晶模组不再合资，又接受邀请回到 TCL 负责这个项目。2009 年 11 月，他被深圳市和 TCL 任命为华星光电的CEO。

华星光电的 8.5 代线其实是一个"置之死地而后生"的项目。根据媒体报道，华星光电的 8.5 代线项目于 2010 年 1 月 16 日开工。但贺成明说那是假开工，只是象征性地打了一根桩就停下来了，因为当时团队都没组建起来。那个项目是边

① 贺成明访谈，2013 年 7 月 10—11 日。

干边到台湾去招人，如果在几个月内招不足人，项目就完蛋了。项目公司刚刚成立一个月，和陈立宜搭班子的合作者突然辞职，顿时令陈立宜倍感压力。得知他在台湾招人遇到困难的消息后，贺成明立刻飞到台湾直接"参战"，在到一个企业挖人时差点与相识的该企业领导人迎头相撞。华星光电招募台湾工程师时恰逢台湾企业遭受市场衰退和亏损的重创，所以可以招到人。尤其是 2009 年 11 月群创合并奇美时的作风非常强势，让奇美的许多人选择离开，听说华星要人就愿意过来。不过，这也引起台湾各方的"防堵"。根据台湾媒体的报道，"这场两岸威胁、利诱的人才角力战，赤裸裸在台湾北、中、南的咖啡厅上演"[1]。当时奇美内部传言四起，"郭董（郭台铭）说去华星也没用，他会把它买下来后，叛逃的都fire（开除)掉"[2]。到 2010 年 3 月，华星光电已经招到 70 多人，可以设计厂房了，工程也开始真打桩。但最初的设计尚不完善，边建边修改，到 5 月份才定下来，那时已经有 100 多人，能够正常开展工作（最后台籍工程师达到 200 多人，还有大约 20 名韩国和少数日本的工程师)[3]。华星当然也需要招新人，贺成明说当时从全国排名前 20 的大学招人，由台湾资深工程师具体指导，同时规定对下属的培养就是对自己的培养。

贺成明在初期解决的主要问题是队伍的团结和技术融合。由于团队骨干来自奇美、友达和韩国 LG 等多个企业，所以难免因经验不同而在技术上各有各的想法。贺成明坚定地支持由陈立宜（华星执行副总裁）主导技术路线，同时吸收 LG 和友达的经验，顶住了由日本人来主导的建议。陈立宜有研发和营销经验，但缺乏建厂经验，就由其他渠道招来有建厂经验的人来弥补。在华星光电的领导层中，高级副总裁金旰植曾任 LG 液晶显示生产技术中心总部执行副总裁，负责过 LG 从 3.5 代到 7.5 代线的建线；副总裁王国和曾任奇美的厂长和龙腾光电的副总经理，是建厂专家；华星副总裁王兴隆曾任友达资深协理，一手奠定友达品质管理的基础。在贺成明的领导下，大家相互配合，没有红过一次脸。

但以外招为主的人员很容易成为"乌合之众"，尽管有重金礼聘。当时有个台湾人在一个很小的事情上发难：用笔名在公司网站发帖子，说自己的宿舍被盗，借机抱怨"住的是猪狗房，干的是牛马活"，好多人跟着附和。贺成明一下

---

① 《叛将》，第 110 页。

② 同注 ①。

③ 华星光电的 8.5 代线建成后，台湾有媒体把陈立宜称为"台湾第一叛将"，陈本人还遭到台湾当局的"调查"。但回顾那段历史，中国 TFT-LCD 工业的扩张机会其实是全球经济和工业的结构性变化带来的。金融危机带来的液晶衰退和台湾当局禁止企业在大陆建厂，导致遭遇困难的台湾工业不得不释出技术资源，而工程师们也需要寻找自己的前途。华星光电不过是以自主建线的勇气抓住了这个机会。账还是应该算在台湾当局和工业决策者的身上。

子陷入困境：这件事如果处理就会把团队打散；不处理则风气就坏了。他思考了两三天想定："如果带一帮只知道抱怨、不能艰苦创业的人打仗，就一定输。"于是召集内部高层讨论，他直言："国民党是怎么输的？共产党住窑洞，国民党住庐山别墅，不输都怪。现在给你们的住房比我这个 CEO 的还大。我们今天在一起是为了打胜仗，打胜仗就要有能打胜仗的队伍，所以一定要处理这人。"结果大家一致同意处理此人，于是那个人就害怕了，开始写检讨——"其他台湾人说要把他遣送回去。我说留，写了检讨仍然是好同志。"贺成明说，"干大事要靠信仰"。他以身作则，不计待遇，年三十的晚上去工地陪工人吃饭，然后再回南京。回顾建线经历，贺成明说："打江山不是这么容易的事。每件事都做对了才能获胜，但一件事没做对就会失败"①。

虽然投资巨大，但华星光电尽力节省，实际建线比预算少花几十亿元。贺成明说仅曝光机就节省了几亿元，"有的地方用佳能的，有的用尼康的，能少用就少用"。当时需要购买一个核心设备，供应商只有一家日本企业，报价十几亿元人民币，一点都不降。后来贺成明了解到韩国也有这样一家厂商，但只供应某大公司。贺成明通过很多朋友找到这家公司的社长，后者就礼节性地到深圳来拜访，但只见"贺总"。宴请时，社长说喜欢五粮液，于是贺成明就与他一人一瓶地喝。席间每当他要解释不能卖设备的话时，贺就说喝酒喝酒，一直喝到他醉倒被抬走。第二天华星光电内部就传出消息，说贺总热情接待了这位社长，还共进晚餐。日本供应商看到一惊：啊，怎么韩国人去了？！随即派人来访，设备报价降了几亿元。贺成明还是不满意，于是过了一个月又把那位韩国社长请来喝酒。社长满腹狐疑，问贺总到底有什么事？贺成明回答，只要来喝喝酒就是帮忙，如果可以的话，还想讨论点技术问题。社长答应了，而只要他在技术信息上开放一点点，贺成明就故意向日本人透露了一点点。日本人闻讯大惊：啊，已经开始谈这个东西了？！于是把设备报价又降几亿元，再经协商，最后以不到一半的价格成交②。

华星光电克服了许多困难。当主体厂房完工进入设备安装阶段时，原定 3 月 15 日从日本启运的曝光机，在货轮正要出发时遭遇 2011 年 3 月 11 日的日本地震和海啸，曝光机遭海水浸泡。等了些天换上新生产的曝光机后，运到深圳的货轮又被测出有辐射，被强制在公海漂流了一个月才让进港。贺成明说那段时间他们每天开会，讨论日本地震的影响。设备一到，全体赶工，许多人连续三个月每天只能睡几个小时。最后，华星还是按期完成了设备安装。

---

① 贺成明访谈，2013 年 7 月 10—11 日。
② 同注①。

技术融合的关键是宽视角技术，它因涉及液晶分子的排列方式，所以是液晶显示器的基本技术。虽然华星光电使用的 VA 方式在原理上是公开的，而且供应商也能提供相应的设备，但能够用于产品设计和生产的技术却只能靠自己摸索出来。华星光电用了一年多的时间，花了大量的精力，最后试成了自己的技术 HVA 并申请了专利，成为拥有自主技术的企业。生产线建成后生产的产品必须在产线建成之前就开发出来。为解决产品的试产问题，贺成明找到天马的老总，对方第一次没有同意，后来答应华星租用上海天马的 4.5 代线为自己的产品试产。之后华星用省下的钱并利用厂房的下夹层空间，还自建了一条 4.5 代实验线。

　　生产线投产初期的良率不高，在 2011 年 8—11 月期间一直维持在非常低的水平。当时产线的各个环节天天找原因，一会儿说漏气，一会儿又说材料不行。后来发现，真正的技术原因是工艺没调准，工艺参数不行，而这些技术问题其实是组织协调问题造成的，如彩膜段是韩国人负责，下属都是台湾人，上下想法不一样；阵列厂的厂长比较文气，良率比较差，等等。但在华星已经形成的风气下，没有人互相指责，大家共同解决问题。到该年 12 月，良率瓶颈一下子被突破，达到可以上量的良率水平，到 2012 年 2 月，良率达到 90% 以上，满产后稳定在 94% 左右。

　　在市委书记王荣和市长许勤的领导下，深圳市政府自始至终全力支持这个项目，资金到位一天都没耽误。此外，政府对华星建线过程中需要解决的问题一路绿灯，如台湾媒体所描述："……在中国建厂，不比台湾。硬体从来不是问题，要搬设备，政府可以下令交通管制，拆高速公路收费亭，一天内让两百台货柜车进城，设绿色通道让日本的设备四十八小时入关；赶建厂时，一天可以派两万个工人进场"[①]。

　　决策者和执行者的坚定性做成了看似不可能的事情，开始被许多外人不看好的华星光电 8.5 代线如期建成。对于以 17.5 个月建成 8.5 代线（从 2010 年 3 月到 2011 年 8 月）的结果，连台湾团队的领军人陈立宜都感到"意外"。他评论说："来大陆以前，我觉得我剑术练得很厉害，但是这里人家是拿枪"[②]。贺成明回顾说："建线就像打仗一样，要一口气顶上去。"他的刚烈性格得罪了不少人，但正如市委书记王荣所说，没有这个性格就没有华星光电。其实，以本书作者研究中国工业十几年的经验看，但凡大讲外国技术有多可怕而只能引进的人，

　　①《叛将》，第 112 页。
　　②《叛将》，第 120 页。

大多是些油头粉面的"娘娘腔";但那些敢于从弱势中奋起掌握技术的企业领导人,无论是像王东升那样表面温和、透着精明的"江南男子汉",还是像贺成明那样一点就着的北方汉子,却个个性格强悍、内心如铁。虽然贺成明于2012年6月不得不离开华星光电回到老家南京,但他仍然是历史应该记住的又一个中国工业英雄[①]。

---

① 关于贺成明的性格还有个例子。还是他在TCL负责与三星合作的液晶模组项目时,一次他到三星总部谈判期间大家喝酒,有个韩国人对他不礼貌,说:"老子是三星的,你们TCL能跟我们比吗?"贺成明当场把桌子一翻,说"你们搞什么?"拿酒瓶子就把饭店的镜子给砸了。贺成明向我们解释说:"韩国人是讲辈分和级别的,他的级别比我低好多……我爸是八路军,不能受这种羞辱。我说你有什么,我叔叔是抗美援朝上甘岭战役的战斗英雄,还得到国家领导人的接见。"他第二天就飞回国内了。飞回来后想想不对劲,不能就这样回来了,韩国这么低层级的人员都敢这样,今后合作一定会很困难,下午买张票又飞回韩国,连行李都没动。他到韩国就给那个人的老板打电话,说这个人一定要处理。后来模组厂的业绩出来了,三星的人对他们都很尊重。

第六章　扭转乾坤的力量

从 2004 年到 2014 年的 11 年间，京东方依靠自主融资，投资 1400 亿元建设了 7 条半导体显示器生产线，而其中的 6 条生产线及其将近 1300 亿元的投资发生在 2008—2013 年的 6 年间。一个制造企业，在如此短的时间里实施了如此高强度的投资，这在中华人民共和国的工业史上是首例。更有意义的是，这些巨额投资被迅速转化成为经得起市场竞争考验的工业生产能力，使京东方在生产规模以几何级数增加的基础上进入了新一轮的盈利阶段。

在被结果证明之前，京东方的行为曾经在中国财经媒体的报道中备受质疑、挖苦和嘲笑。由于媒体的看法集中反映了社会流行性思维，所以京东方不得不忍受孤独也就不奇怪了。那么，是什么力量使京东方在孤独中仍然采取了这些扭转乾坤的行动？本书在追寻京东方的奋斗历程时，一直在寻求对相关问题的答案：为什么京东方在经历过"去技术化"后又重新选择进入高技术工业？为什么京东方敢于从边缘的地位向产业主流发起进攻？在已经了解京东方在扩张中的投资、建线和组织转变等方面的行动后，我们仍然要回答：为什么京东方敢于在亏损时进行大规模投资？为什么京东方坚信自己从未被外人看好的投资能够大规模赢利？我们在寻求这些问题的答案时发现，京东方是一个有理论的企业；因为有理论，所以就有对自己行动逻辑的信念和坚持以及对问题的解决方法；而当体现了这种理论的原则成为从管理层到一线员工的行动方针甚至习惯时，京东方就在磨难中锻造出来一支产业雄师。就是这样的力量，最终改变了世界。

第一节
"寡人"王东升

称王东升为"寡人"，首先是在描述他的孤独。在任何一个组织（无论是国家或是企业）的决策顶端，领导人在很多情况下不得不面对孤独，因为他们在做出影响组织命运的关键决策时，无论是否有人可以商量和咨询，最后只能靠自己下决心，同时又必须对决策后果承担最终的责任。就像一个规律一样，一个决策的正确性得到证明所需要的时间越长，做出这个决策的领导人所必须忍受的孤独就越多。在领导京东方的20多年里，王东升经历了许多孤独时光，特别是从决意进入液晶显示器工业开始，他不得不度过最难忍和最漫长的孤独。这并不奇怪，因为以京东方当时的资源／能力条件进入一个新兴的高技术产业，其决策不仅难以为多数人所理解，而且其正确性需要更长的时间才能被证明。

如本书在前面所记录的，王东升几乎是"一意孤行"地带领京东方进入TFT-LCD工业。既然是这样选择了命运，孤独就不奇怪。但更重要的问题是，王东升为什么能够在漫长的孤独中坚持下来？仅仅以领导人的个人性格甚至素养无法解释这种坚持。在企业处于市场竞争的条件下，如果决策的合理性不能被以抽象的、连贯的逻辑想清楚，决策者就难以分辨短期现象（如市场波动导致的业绩下滑）与产业长期趋势之间的区别。在这种情况下，领导人无论性格多强，遇到挫折也难免动摇。此外，一个企业在工业竞争中越是发起超越现有资源／能力水平的挑战，决策的成功就越取决于全体员工的努力。在这种条件下，如果企业领导人不能把自己的决策理由表述为管理团队和全体员工能够相信的道理，决策就难以转化为有效的组织行动。但如果决策理由能够被相信，这些道理就不能停留在一般号召上，而必须成为其结果能够被实践所逐渐验证的预期目标和工作方法。

正如历史所证明的那样，那些能够在"孤独"中带领企业走向伟大的领导人一定具有关于自己企业的"理论"。这种"理论"把决策的理由系统地表达为对未来结果的合理预期，不仅能够在实践中被逐渐验证，而且能够以始终一贯的逻辑把对"该不该做"的回答扩展到对"怎样做"的回答上。王东升的力量就在于他是一个"理论家"，在实践中发展出来一个关于京东方的"理论"，而且这个"理论"又在实践中一步一步地被证实——当中国CRT显像管工业土崩瓦解后，京东方内部无人再怀疑是否应该进入液晶工业；当合肥6代线建成后，无人再怀疑后续产线该不该建；可以预期，如果京东方的这一轮赢利持续下去（从逻辑上讲一定会持续下去），社会也将不再怀疑京东方所选择的道路。没有这样一个理论，王东升无法忍受住孤独，更无法让京东方的全体员工也忍受住成功之前的孤独。

为说明这种领导人关于自己企业的理论是什么（Zenger 2013），我们先从什么是企业战略讲起。一般来说，企业战略是关于对企业兴衰存亡的选择（Rumelt，Schenel and Teece 1994）。被称为战略大师的迈克·波特认为，企业的战略涉及发现和瞄准有吸引力的市场，然后定义可以带来持续竞争优势的位置，并通过有意地选择一组与众不同的活动来向顾客提供独有的价值或以独有的低成本提供共性价值（Porter 1996）。波特的概括反映出企业战略领域中定位理论的精髓——企业要选择有利的位置，防止被模仿和被盘剥，以保证获得可持续的利润流。但是，这种流行于全球工商管理学院战略课程的理论，只能解释企业在现有工业环境中和现有资源／能力基础上应该做出的战略选择，并不涉及一个企业从技术较简单的工业进入技术更密集的工业并因而必须发展出原来不具备的资源／能力时的战略选择。有关全球发展史的一个事实是，如果一个后进国家能够实现产业升级，那么这个国家就必须有企业选择进入该国原来所没有的、技术和资本密集程度更高的工业。但在这个背景下，这种后进者企业所面临的首要问题就不是学院派战略理论所关注的焦点——定位、差异化或独特能力，而是为什么要冒大得多的风险去进入充满更多不确定性的新工业领域，以及为什么要与比自己强大得多的对手去竞争。

当后进者从相对弱小的地位出发，进入充满更多不确定性的新工业或向更强大的竞争对手发起挑战时，必须具有超越常规战略考量的视野、动力和选择。但如果这些超越常规战略思维的想法和做法不能被系统地表达为对决策理由及其后果的合理解释，就无法在决策中排除掉"冲动"和"武断"的成分，也无法激励组织成员去为之奋斗（没有人会为"异想天开"去献身）。理论是对预期的合理解释，它在经验证据的基础上以更抽象的逻辑把某种思想或见解一般化，排除掉自相矛盾的不连贯，并能够帮助决策者进行超越现有经验的推理。理论可以扩大决策者的视野，可以坚定符合逻辑但尚未被证明的信念，可以为企业的战略选择提供背后的逻辑，从而为组织的成员提供奋斗的方向和路线图。这种理论不是突然从天上掉下来的，而是在实践过程中发展出来的。虽然理论在发展过程中需要不断地被修正，但因为抽象掉短期现象的干扰，所以能够使领导者抓住制胜的本质。理论可以最终被证明是错的，但却在一定的时间空间条件下给了行动者以坚持的理由。因此，有"理论"的企业更可能发起上述挑战，也更可能成功。

这种实践性极强的理论包括：（1）为创造更大价值而进入新领域的远见和信念——它们是理论发展的前提和起点（而不是相反），往往起源于决策者在经验基础上产生的直觉，具有"意识形态"的倾向；它们设定了看问题的高度、角度和时间跨度，但它们本身要得到合理的解释才能去指导作为行动指南的战略。（2）指导组织行动的战略，表现为在远见和信念之下有关企业重大行动的选择及其合理解释。由于远见和信念与现有资源／能力之间的落差，所以这些挑战者的战略选择往往与行业的流行实践出现不同,不按"规则"出牌是其典型特征。(3)方法论——不同寻常的抱负和非常规的战略选择,决定了为实现战略目标的操作方法也不能简单地沿袭"行业最佳实践",而必须发展出来符合自己战略思维的工作方法,并说明这些方法的原理。从整体上讲,发展出这样的理论是一个动态的、试错的过程,不断在新经验的基础上受到修正、更新和补充,但其理论性表现在它始终保持着一贯的逻辑。王东升的"理论"就包括上述三个要素,而且它们在逻辑上一以贯之。

本书在追寻京东方的历史时指出,京东方进入 TFT-LCD 工业的行动首先是出于远见和信念。就远见而言,王东升不仅看出平板显示器对 CRT 显像管的替代前景,而且看到平板显示器工业为京东方带来的成长机会——不仅技术替代是边缘企业跻身主流的良机,而且新兴工业还可以带来巨大的成长空间。换句话说,他是从工业演进的逻辑联接点上,而不是所处工业自身的演进上,看到了京东方可以为自己创造的产业空间。但仅仅看到这种前景并不就意味着敢于进入,因为它超出了企业现有的资源/能力水平。弱小者敢于采取这样的行动还需要信念。信念具有理想主义的色彩,但它不是异想天开,而是决策者对于从事某种事业或采取重大行动的合理性的坚信,尽管这种被相信的合理性暂时还不能被证明。信念之所以必须包括对行动合理性的解释,特别是因为对于领导人来说,他不仅需要自己相信决策或行动的合理性,而且必须能够说服其他组织成员也相信,这样才能把领导人的远见转化为组织的战略选择。因此,远见和信念是交织在一起的。其次,对发起新挑战可以在长期的未来获得成功的相信。由于后进者典型地面临着远大抱负与现有资源/能力之间的巨大落差,所以没有对未来成功的相信就不会采取挑战的行动。但由于存在着不确定性和高风险,对于由信念所支配的决定和行动,其长期的经济合理性只能从逻辑上和价值观上去相信,无法在短期内被证明。也正因为如此,信念对组织具有激励效应,使组织的成员相信自己从事的"冒险"具有正当的价值,即使存在失败的可能也愿意为之奋斗。历史经验起着重要作用,因为不仅存于领导者个人头脑中的信念是通过组织的经验所塑造出来的,而且对成功的相信也必须借助历史经验——包括自己的经验,也包括外部的经验——的佐证。

王东升关于京东方进入 TFT-LCD 工业的远见不是突然的"灵机一现",按时间顺序是产生于王东升要做高技术产业的信念之后。本书在前面已经提到,王东升的信念在很大程度上是北京电子管厂的历史所塑造的,尽管有着他个人的特质。北京电子管厂是新中国建设的第一批高技术企业,传奇般的领导人周凤鸣为这个企业留下了深深的印记。王东升大学毕业进厂时的厂长是邱芝亭（女，1919—2013），她出生于北京昌平，1938年参加革命后到延安抗大学习，第二年加入中国共产党，于1942年初被派往西安从事情报工作。1947年，邱芝亭所在的情报系统被国民党破坏，他们夫妇被逮捕后押到南京，经受过严酷的考验。1949年南京解放时她被解救，又回到中央军委情报部当特工教员。1953年12月，邱芝亭参加筹建北京电子管厂。那时的建设者们都不懂电子管，邱芝亭虽然不懂怎么造电子管，但她曾经长期使用电台滴滴答答地发报，已经算是专家，所以她任基建训练班的班主任，负责培训那些从革命根据地走出来的建设者①。邱芝亭历任科长、车间主任和从774厂分出去的775厂厂长等职，"文化大革命"中也曾被抓挨斗，1978—1982年担任北京电子管厂厂长。

王东升担任厂长以后，每年都要去看望邱芝亭。她从来都说："你们很困难，不要买东西来看我，我的待遇很不错了，有的人没能活下来，我能活下来已经很好了。"她离休后学国画，画的荷花很漂亮。每当企业遇到困难，她都会打电话鼓励王东升。尤其是在京东方进入液晶工业的10年里，邱芝亭一直支持王东升，说他走的路是对的，别怕有人说坏话，也会建议应该怎么做。她平常生病住院都不告诉京东方，但在去世前一星期病重时，她住院一醒来就问离休办的人：王东升来了没有？其实她想着的是她的老厂。王东升出差回来赶紧去看她，她当时精神很好，还说要出院了，不用来看。邱芝亭的住房很小，她女儿曾经提出能否再解决一间房以方便照顾母亲。邱芝亭知道了坚决不同意，说住房都改革了，绝对不麻烦组织。她在弥留之际向子女们交代了"五不"。邱芝亭去世后，许多人要求开追悼会，她女儿动心了，但儿子坚决不干，说这是妈妈最后的遗嘱，必须执行。京东方举行了一个小范围的追思会。

王东升自己对我们说，"为什么会有王东升？"——就是因为大企业这种传统的熏陶。"我们这样的大企业，不是抽象的，是由具体的人组成的。"仅就领导人来说，从周凤鸣、邱芝亭的老一代领导，到张红飚、胡耀秀等人的那一代领导，他们"从来不跟企业要任何东西，他们自己的日子过得很简朴，从来不给我们为难"。邱芝亭曾经告诉王东升，她当年是中央特科的人，离毛主席工作的地点也就是几百步的距离②。她在搞地下工作时，凭的是信念的力量，当她一下子从革命者成为建设者，仍然凭的是信念的力量。王东升是更年轻的一代领导人，具有老一代人无法获得的国际视野和市场条件下的企业家精神。但是，王东升的使

---

① 王东升访谈，2013年10月9日。
② 同注①。

命感、崇高感和责任感是北京电子管厂所塑造出来的，如他所言："企业是有生命的，京东方是有魂的，通过传承都融在一批人的血液里"[①]。

王东升的信念决定了他的远见，因为前者决定了后者的视野。即使在京东方沦落成为一个边缘企业的阶段，他也没有选择当时利润前景更好的房地产，而是不止一次地尝试重回高技术产业，而且遭受过失败。当全球平板显示器工业的发展和中国市场的变化带来机会时，他以自己的远见带领京东方进入了 TFT-LCD 工业——这个行动可以说几乎是王东升"一意孤行"的结果。关键时刻的"一意孤行"无非说明，有信念的企业领导人往往是孤独的，尤其是在企业现有的资源／能力与他们的远大抱负之间存在明显差距时。

但王东升有足够的理由坚持自己的选择：从逻辑上讲，北京电子管厂遭遇技术和产业替代的惨痛经历让王东升坚信技术替代的必然性——所有现存技术都可能被新技术所替代，如果不主动参与新兴平板显示技术的潮流，京东方围绕 CRT 显像管技术的留存产业基础就会再次遭受毁灭性的扫荡；同时，平板显示器在全球电子元器件工业中正在成为仅次于半导体集成电路的第二大领域，是京东方要成为主流高技术企业所不可错过的产业机会。从价值观上讲，进入新兴的 TFT-LCD 工业不仅对京东方的长期成功很重要，而且对中国电子工业乃至国家的发展都非常重要，"产业报国"给了他"比高利润前景更加强大的激励"。王东升从自己的直觉出发去发展"理论"的必要性在于，他不仅要从逻辑上想清楚自己的直觉，而且要说服其他人相信这些理由，并把这些最初源自他个人的远见和信念灌输到组织之中。

为什么王东升会相信当时还处于边缘位置的京东方能够在一个主流工业中成功？除了个人的经验积累和对"产业规律"认识的深入，王东升对在高技术工业获得成功的相信还来自超越个人经验的精神来源——反映了一个英雄年代留下的精神遗产。2011 年 7 月 8 日，王东升在集团表彰大会上说：

> 作为科技创业者，让我最不能忘怀的是"两弹一星"元勋们，我们这代人就是在钱学森、邓稼先为代表的一批充满理想主义情怀的科技前辈的英勇事迹熏陶下，成长起来。目前京东方正处于发展的关键时刻，我们必须加快产品创新和技术进步，实现长期稳定盈利。
>
> 当年，邓稼先们在一片了无人烟的戈壁滩，凭着坚定的理想信念、

---

① 王东升访谈，2012 年 12 月 22 日。

顽强的意志力和求真务实的科学态度，在缺乏信息、装备和资金等诸多困难情况下，硬生生地把两弹搞了出来。我们现在的条件要好多了，只要我们坚定成为显示领域世界领先企业的理想信念不动摇，不断创新进取，以不达目标决不罢休的韧劲，一代代坚持下去，我们一定能实现我们的理想和目标！

在王东升领导京东方的 20 年里，特别是在他以自己的远见带领京东方进入半导体显示器工业后的 10 年里，他给京东方注入了基于信念的目标和方向。但如果远见和信念转化为目前的行动，就需要有战略——如果远见和信念是关于对未来结果的预期，那么战略就是关于选择实现这些预期的途径，而方法论就是关于为达到特定战略目标而采取的工作方法。在实践中，领导人关于自己企业的"理论"是发展出来的，构成这个理论的三个主要要素——远见和信念、战略、方法论——也是在一个互动的过程中发展出来的。为理解王东升战略思维和方法论的实质，我们以下描述京东方进入 TFT-LCD 工业之后的五个重大战略选择。这些战略选择是针对每个阶段的主要问题做出的，在时间上是相继的，而且与方法的创新交织在一起，但它们的逻辑全部是始终一贯地由远见和信念所决定的。

在进入 TFT-LCD 工业阶段，**京东方的第一个战略选择是摈弃引进生产线和合资方式，走自主掌握技术的道路**。这个今天看起来貌似理所当然的战略选择在当时却是"另类"，因为在那个阶段发展新工业时，中国企业普遍采取的做法往往是伴随着合资的引进生产线（也是受到政府鼓励的做法）。正如本书在前面几章详细描述过的，京东方的进入战略是经过生存阶段的挣扎之后形成的，那个阶段的合资经验使京东方的领导人认识到，合资或引进生产线的道路不会让京东方成为一个领先的高技术企业。正是由于坚持自主掌握技术的战略，京东方才抓住了跨国并购的机会，并在收购后立刻执行本土扎根计划（建设北京 5 代线）。因此，跨国并购和利用收购的技术资源在本土建线就是为实现这个战略而采用的方法。这个战略在京东方成功进入之后的延续就是通过自主研发跟上技术演进的前沿，而建立 CTO 组织和研发体系就是相应的方法。

第二个战略选择是以跻身世界先进行列为目标，坚决通过扩张把规模做起来。规模经济是工业竞争优势的一个主要来源，而作为后进者的京东方要想赶超领先者，规模扩张就是必不可少的环节。虽然在进入 TFT-LCD 工业的最初几年，京东方的扩张受阻，但以跻身世界前三的扩张计划却从来没有动摇。王东升最初的设想是通过资本市场为扩张融资，但没有走通；继而又企图通过参与地方政府支持的项目（如聚龙计划）进行扩张，再次受阻。京东方最后走出来的融资之路是在地方政府创造产业的需求下，向包括政府在内的大投资人定向增发股票——这就是京东方在特定社会条件下摸索出来的新方法。京东方能够扩张的前提是生成了技术能力，成为能够把投资转化为有竞争力的工业资产的企业，并因此成为要创造新产业的地方政府所倚重的对象。一旦走通了融资之路，京东方的扩张势头令人瞠目结舌，其速度和规模超出了行业记录。

上述两个战略选择的内容在本书前面都已经详细介绍过，这里不再重复。下面需要详细描述的是**京东方的第三个战略选择——以提高产品竞争力为中心的市场竞争战略**。这个战略及其方法论的形成在时间上都晚于进入和扩张的战略，其原因并不难理解，京东方不仅经历了技术、市场和组织的学习，而且经历了液晶周期的折磨和领先者的打压之后，王东升关于如何竞争的战略和方法论才逐渐发展起来。

在王东升的"理论"演进过程中，以产品竞争力为中心的市场竞争战略起源于京东方遇到的危机，而且是以方法论为先导发展起来的。当北京 5 代线从 2008 年下半年再次陷入亏损后，王东升集中思考如何扭亏为盈。2008 年 11 月 11 日，王东升在集团党委中心组学习扩大会议的讲话中说："2005 年 5G（代）线投产后，我们经历了连续两年巨亏危机，OT（注：即 5 代线）有相当一段时间产品品质差、新产品开发速度慢、材料成品库存高、浪费现象严重，特别是企业经营方向和策略模糊，干部思想离散，形不成统一意志。"这个实情就是王东升扭转局面的切入点。也正是因为他的远大抱负与京东方现有资源 / 能力之间的"绷紧"，使他的想法能够突破常规而极具创新性。

财务出身的王东升具有一个优点，他在思考问题时能够从最微观的层次上（产品）寻找问题根源。他发现，5 代线开发的 26 英寸显示屏虽然是一款销售顺畅的新产品，但它仍然不盈利。为什么？王东升从财务的角度形成这样的分析思路：如果生产线能够盈利，就要求它所生产的每块玻璃基板都产生足够高的收入。5 代线的每块玻璃基板可以切出 5 个 26 英寸的屏，但这 5 个屏的销售收入不足以使一块玻璃基板达到盈利的水平。经过计算和思考，王东升提出一个"12 块定律"，即 5 代线的一块玻璃基板至少切割出 12 块显示屏才能盈利（这当然意味着显示屏的尺寸更小），而且以此为最低限，屏切得越多，玻璃基板的边际收益越高。

这个定律的根据有二。第一是对良率 / 成本的影响——一块玻璃基板切割的屏越多，它的良率就越高，或成本越低。一块玻璃基板的不良往往是某个角或点出问题。如果一块基板切 1 个屏，只要这块基板的一个点出问题，它的良率就是零；但如果切的屏越多，例如切 100 个屏，那么即使坏了 1 个点（废掉 1 个屏），这块基板的良率仍然是 99%。第二是对单位面积价值的影响——一块玻璃基板切割的屏越多，它的利润就越高。液晶屏的价值最终取决于终端产品（整机）的价值，如果一块玻璃基板切 1 个屏，就意味着这块基板的产品将用在 1 个整机上；如果切 100 个屏，则意味着这块基板的产品将用在 100 个整机上。一个整机无论大小，都是由一组元器件组成的完整系统，所以多个整机的附加值之和一定比一个整机的附加值高，由此导致一块玻璃基板切出的屏越多则价值越高。

上述两个逻辑关系就是"12 块定律"的原理。虽然没有用数学公式来表达，但这个数据逻辑关系在王东升的脑子中已经清晰地形成[①]。这个定律属于方法范畴，但产生这个方法的思维方式却具有战略性的特征——它颠覆了平板显示行业以"切割效率"为中心的传统思维。切割效率指的是在玻璃基板上切出的屏占基板的面积最大，或切割后的边角余料最小，即屏对于基板的物理利用率。但王东升认为这个概念是典型的生产视角，它追求的是技术或生产的效率。从利润的角度看，他认为比切割效率更重要的是玻璃基板的赢利效率——即后来被他概念化的"玻璃基板的边际收益"。正是因为这种战略性思维导致的方法上的创新性，"12 块定律"成为京东方推动北京 5 代线产品小型化的战略指导原则，也成为京东方向"客户导向"转型的第一个理由。

"12 块定律"是针对北京 5 代线提出的，带有一定的特殊性，但它构成了王东升发展出京东方竞争战略的第一步。在这个定律的基础上，王东升的头脑中发展出来一个新概念——"玻璃基板的边际收益"，并由此产生出更具有普遍性的"基本经营法则"。2009 年 7 月 25 日，王东升在集团年中工作会上正式提出"基板实际边际收益要大于基板保本边际收益"的"基本经营法则"，它的公式是：

$$P=\sum(ASP\text{-}BOM\text{-}\alpha)X\text{-}Bx\text{-}Bt$$

在这个公式中，P 是利润（profit），ASP 是平均销售价格，BOM 是材料费，α 是废品损失，X 是数量，Bx 是付现固定费用，Bt 是分摊费用。使用这个公式，可以计算出来生产一个产品是否能够满足生产线赢利的最低要求。

对于这个"基本经营法则"的实质内容，王东升在 2009 年 12 月 27 日的集团年度工作会上的讲话进一步做了阐述。他指出，京东方必须解决的中心问题是提升产品竞争力。这句话确实直指京东方当时的主要矛盾。那时，成都 4.5 代线刚刚投产，

---

① 王东升访谈，2013 年 10 月 9 日。

合肥 6 代线和北京 8.5 代线也已经开建，而北京 5 代线却在亏损，如果不提高产品竞争力，那么更大的生产规模就可能导致更大的亏损。王东升在讲话中提出，提升产品竞争力的用力方向有三：第一是速度，即向市场推出适销对路新产品的速度；第二是品质，包括产品的品质好和产品的生产良率高；第三是赢利性好——其标准就是由基本经营法则来衡量。具体地讲，如果基板实际边际收益要大于基板保本边际收益，那么 5 代线单块基板的边际收益不得低于 2300 元，4.5 代线单块基板的边际收益大致也不得低于 2300 元。产品边际收益总额要大于产线固定费用总额（5 代线每月为 1.9 亿元人民币，4.5 代线每月 6000 万元人民币）。王东升强调，这就是京东方产品企划、产品结构优化的计算依据[①]，一切产品企划都要围绕这个公式来进行。

为优化产品结构，王东升提出按单位收入把产品分为 S、A、B、C、D 五类，其中 C 类和 D 类产品的边效是小于零的，不能再做；B 类产品的边效是正数，可以做，做了能抵固定费用；A 类产品是有一定利润的；S 类产品的利润率要达到 10% 以上。王东升开始要求 A、B 类的产品满销满产，到第二年是 A、S 类产品满销满产，从 2013 年开始力推的是 S 类产品满销满产。

"基本经营法则"为衡量产品的赢利性提供了可操作的标准，但还不足以说明产品竞争力的全部内涵，也就不足以为提升产品竞争力提供一个战略。当京东方正在成长为一个多生产单位大企业的关头，王东升迫切需要以一个进取性的竞争战略来激发京东方团队的斗志。正如他自己所说："我开始提单基板边际收益和基本经营法则，但后来我发现他们（指他的部属——作者注）在'极高的志向'这儿不行……"[②]。于是，以"极高的志向"为战略思维的框架，以创新性的工作方法为基础，一个京东方在平板显示器工业中的竞争战略呼之欲出。

2010 年 4 月 21 日，王东升在集团中心组战略务虚会上首次提出液晶显示行业生存定律，并且在当年集团年中工作会上做了进一步解释："**每三年，液晶显示面板价格会下降 50%，若要生存下去，产品性能和有效技术保有量必须提升一倍以上**"。根据王东升对这个定义中的两个概念的解释，第一，产品性能是指产品功能与品质的总和（如图像更真美、更轻薄、更节能、更环保、更便利、更人性的方向进步），产品性能提升可以用产品性能指数来衡量。产品性能指数是产品成本创新和价值创新程度的衡量工具，以某时间点代表产品的边际收益为基准计算。第二，有效技术保有量是指支撑产品性能提升、成本下降和产线效能增强的技术保有量，简而言之是指支撑产品竞争力和产线盈利力的技术能力。产线效

---

① 讲话集，第 104 页。
② 王东升访谈，2013 年 10 月 9 日。

能是指生产节拍、生产柔性度、良率保证度、运转稳定性等。这一定律可用以图6.1 所显示的曲线来表示（王东升称之为"对勾曲线"）。

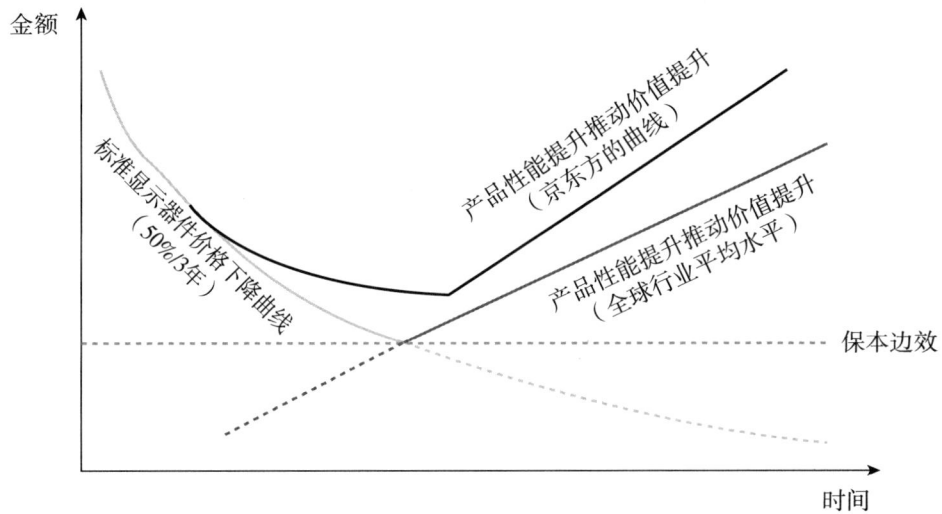

图 6.1：对勾曲线图

按照王东升自己的解释，"对勾曲线揭示了液晶显示企业的生存法则：**标准液晶显示产品价格下降趋势不可避免，企业必须通过技术价值创造驱动不断提升产品性能、成本力和产线效能，也就是，以产线最佳盈利性为原则，不断推出有成本力和附加值的新产品，确保企业稳定盈利，实现可持续发展**"。

"生存法则"涵盖了王东升定义的提升产品竞争力的三个维度，即速度、品质和赢利性[①]。根据这个定义，王东升对产品开发提出了"技术领先，全球首发，价值共创"的原则。当然他在内部还有一句叫"动态平衡"，不过那"是降龙十八掌的最后一招，不告诉别人。"其实不告诉别人的还有其他内容。公开讲的生存定律是说 36 个月，但其实王东升在内部要求的是 18 个月。

"生存法则"是王东升所诠释的产业竞争规律（韩国媒体率先将其称为"王氏定律"），虽然它本身不是竞争战略，但却为京东方的竞争战略设定了"参数"。

---

① 生存定律强调创新速度，为了让其他干部听得懂、能操作，王东升又提出了"5P1H"创新方向。
第一个 P 是 picture，即画质。画质又分为 96 个指标，不同产品的指标组合也都不一样。根据不同细分市场客户要求而定。
第二个 P 是 power，节能。
第三个 P 是 PAS——panel as system /service（屏就是系统 /服务）。即不断提升屏的功能集成度，比如触控整合、芯片整合等。
第四个 P 是 POF——pilot of fashion（屏也是时尚品）的意思，要很漂亮，比如轻薄无边框。
第五个 P 是 Price（价格），即高性价比。
H 是 health，指屏要有利于使用者的健康。

在这个框架下，京东方市场竞争战略的中心目标是提高和保持产品竞争力。为提高由速度、品质和赢利性来定义的产品竞争力，王东升"深度合作、协同开发"，于是京东方把营销的重点放在"战略客户"（即与京东方建立稳定合作关系的大客户），"因为这些客户都已经在开发两年后的东西，战略客户才会告诉你2年后的产品，第一时间推出的时候肯定会用我们屏"。王东升将其概括为"技术领先，全球首发，价值共创"。理解了这个逻辑，就不难理解为什么京东方要实施客户导向和产品小型化。综合起来看，京东方竞争战略的核心就是创新——"特别是观念、技术和应用创新"（王东升语），而且要保证创新的速度超过市场需求变化的速度——这是保持赢利性的必要条件。

从2008年下半年到2010年上半年的两年时间里，王东升从方法论出发，以产业竞争规律为框架，形成了以提升产品竞争力为中心的竞争战略原则（迄今仍在完善）。在这期间，京东方的第2条生产线（成都4.5代线）已经满产，第3条（合肥6代线）即将投产，第4条（北京8.5代线）正在建设（合肥8.5代线和鄂尔多斯5.5代OLED生产线都在酝酿之中）——一个多生产线大企业的格局正在形成。

正是在这个背景下，为贯彻竞争战略并克服原有组织结构对于多线扩张的阻碍，王东升实施了**第四个战略——实施以集中化和专业化为中心的组织变革**。这个战略目标是在实现组织集中化和专业化条件下的客户导向，其执行的内容和过程在第五章中已经详细介绍，这里不再多说。需要强调的是，实行组织变革的方法论就是"SOPIC创新变革"。如本书第六章所述，"SOPIC"的含义是战略、组织、流程、信息系统和内部控制。按照王东升思考问题的逻辑，要贯彻以提升产品竞争力为中心的战略（S），就必须以一套方法论（如基本经营法则和生存定律）来培训京东方的干部；但目标和战略不能光说，必须锻炼组织（O）；协调组织的行动就要建立流程（P）；流程是很细节、很复杂的东西，要处理大量信息，光靠人工是不行的，需要建立信息系统（I）；最后，对整个过程中的风险要有控制（C）。一旦付诸实施，由上述五个方面组成的"SOPIC"就是一个执行京东方竞争战略的体系，它包含了改革和创新两大主题，所规范的组织行动一定是客户导向的企业行为。

"SOPIC"体系从2010年10月份开始正式实施，通过集中化、专业化的组织变革把京东方竞争战略的原则和工作方法固化为组织程序，然后再通过实践把这些原则和方法转变成为组织能力。实施"SOPIC创新变革"后，京东方每年都对提升产品竞争力定出具体的工作指标，每年都要求S和A类产品的增长。2012—

2013 年度，京东方第一时间推出市场的产品达到 70%，其中手机产品达到 75%。京东方在 2012 年的主营业务扭亏为盈和 2013 年的利润暴增，充分证明了竞争战略和"SOPIC 创新变革"的有效性。因此，京东方的新一轮盈利成为"结构性"的——即不再是完全由市场潮汐所决定的，而是在规模扩大的基础上，越来越多地凭借创新速度超过市场变化速度所获得的。

以竞争战略为导向，以组织变革战略为保证，两者的结合就成为企业能力成长的框架。在官方的讲话和文件中，京东方把自己的核心战略描述为"剑字"战略，即套用武侠小说里武功高手的功力不断提升的境界，把京东方进入 TFT-LCD 工业之后的成长阶段依次划分为扎根、钢剑、铁剑、木剑、无剑几个阶段——越往后发展，剑就越轻越柔，越能更快速、更准确地击败对手。在武侠小说中，无剑是说任何一个东西都可以成为剑，成为克敌制胜的武器，就是到了武功的最高层次。从这个意义看，"剑字"战略实际上是京东方培育组织能力的行动计划，其内容反映了"SOPIC"创新变革的成果。因此，本书没有把它单列为一个战略。

与其远见和信念的来源一样，王东升的战略思想和方法论也有深厚历史经验的底蕴，并非仅仅是突然的灵光闪现。他自己的解释是，"这和我的经历有关，还有我的背景——我是搞计算机软件出身的，擅长系统设计和数学模型，是系统工程专家；我还是财务出身，财务主要讲利润，我知道利润是怎么出来的。财务专家、系统工程专家再加上产业经历，让我比竞争对手的高管更懂。他们都没有经历过我这样的高低温实验，没有像孙悟空那样在太上老君的炼丹炉里练过的，所以悟性还是不一样"[①]。

在太上老君炼丹炉里的修炼不仅包括王东升在京东方进入 TFT-LCD 工业初期经历的磨难，还包括他在北京电子管厂的经历。本书在第二章描述过，以进口设备建成的"811"半导体器件生产线曾经给北京电子管厂带来过希望，但也成为炸沉那艘"航空母舰"的最后一颗水雷。1980 年代后半期，北京电子管厂曾经成立过一个工作小组调查和探讨拯救"811"的办法，而年轻的王东升也是那个小组的成员（虽然不是主要人物）。"811"是北京电子管厂历史上第一个洁净车间，却因为维持成本太高而给工厂带来厄运。洁净车间内部要保持恒温恒湿的条件，而支撑这些条件的是电（用于开动照明、空调、吸尘等一系列设备）。即使那个时候的人工费和电费都很便宜，"811"干不干一天也需要 10 万元的费用（这个数字是王东升当时自己算出来的）。由于高昂的固定费用，这种生产线必须一天 24 小

---

① 王东升访谈，2013 年 10 月 9 日。

时不停地生产才可能维持下来。"811"建成后无法维持生产的直接原因是军工不再订货，但当时就算是有订单，王东升认为那种计划体制下的商业模式也不行，因为要实现盈利，第一是产品必须面向全球市场，区域市场不行；第二是必须保持技术进步，不然卖不出去[1]。

"811"的经历让王东升刻骨铭心。今天看来，那个项目很小，投资不过两三千万元（虽然对当时的北京电子管厂来说是个巨大的数字），而北京5代TFT-LCD生产线不管是否生产，一天的固定成本是500万元。王东升说："所以我觉得一定得全球卖，一定要技术跟得上。技术跟得上不一定赢，但跟不上一定死，这是血的教训"[2]。从"12块定律""基本经营法则"到"生存定律"，再到以提升产品竞争力为中心的竞争战略和"SOPIC创新变革"，王东升的战略和方法论思维都起源于那个压垮了北京电子管厂的最后一根稻草——"811"项目。如他自己所言："没有去过几次鬼门关的人，是悟不出来的"。

随着京东方在TFT-LCD工业的崛起，王东升正在发展出**第五个战略——以半导体技术为核心的有限多元扩张战略，为京东方在自己核心能力和资产的基础上构建一个可以创造更大价值的空间。**王东升对这个战略的思考促成了他的新远见，其过程典型地反映出远见、信念和战略之间在"理论"发展中的互动关系。

到全球TFT-LCD工业遭遇市场疲软的2011年，随着6代线和8.5代线投入生产以及公司组织架构的重新调整，京东方成为全球平板显示器工业挑战者的态势已经"锋芒毕露"。更让竞争对手后脊梁骨冒凉气的是，京东方的扩张势头似乎刚刚开始。就在这一年，韩国双雄开始"狂吹OLED风"[3]。OLED技术到那时已经出现十几年了，虽然比LCD有明显优点，但成本居高不下和技术难题使其产业化的步伐缓慢。不过，可能载入未来全球显示器工业史的有趣事实是，OLED产业化的突然加速也是由京东方的扩张所触发的。2011年6月，三星宣布第8代AM-OLED面板试验线将于2012年5月投入使用，其产品可以切割46英寸、55英寸等大尺寸OLED面板，并表示计划将OLED面板的使用领域从智能手机、平板电脑扩展到电视等领域。随后，2011年8月，LG也表示，将投资28.3亿美元建设第8代OLED面板项目（同上）。这些动作表明，韩国双雄突然开始加速OLED技术的产业化。根据中国媒体的一篇报道："'三星和LGD放

① 这种认识其实已经看到在半导体类工业竞争中决定成败的两个关键因素：规模和研发。
② 王东升访谈，2013年10月9日。
③ "海外巨头阻击中国面板业遭遇5年之殇"，《第一财经日报》，2011年12月1日，http://tech.sina.com.cn/e/2011-12-01/01006406340.shtml。

风 OLED 电视，无非是想牵着中国厂家鼻子，从根本上掌握平板显示上游的话语权。'复旦大学先进材料实验室平板显示工程研究中心主任谷至华指出，三星和LGD 放风 OLED 电视，其实是一个迷魂阵，目的就是想搞乱中国高世代面板项目军心"（同上）。果不其然，韩国双雄进军 OLED 的消息在中国社会引起又一轮喧嚣。当京东方的生产线一投产就落后的说法不攻自破之后，OLED 很快就会替代 LCD 的说法又给中国的"聪明人"打了一大管鸡血，使他们可以继续振振有词地指责京东方怎么做都会落后，所以扩张是没有意义的。有趣的是，韩国双雄力推新技术的做法把自己的阵脚也搅乱了，在全球业内也引起对平板显示产业演进方向的争议和迷茫。

面对这种变化和议论，王东升必须对产业技术的走势做出回答。在这个问题上，他再次展示出抽象思维的特点：在思考本企业所处工业的发展方向时，超越个别技术领域，从工业层次的逻辑联接点上（即各种技术的背后联系上）把握技术演进的方向。用王东升自己的话说，就是"跳出显示产业找规律"，从"技术替代的大历史背景"和"信息产业大生态"的脉络中思考。事实上，他很早就从更抽象的层次上理解显示技术。显示技术属于光电技术——光和电互相转化的技术。电可以转化为光——如显示，光也可以转化为电——如太阳能，而控制光电转化过程的关键就是半导体技术[①]。一旦抓住半导体技术的关键作用，显示技术演进的方向和动力就清晰起来。

2012 年 9 月 18 日，王东升在北京 2012 国际平板显示产业高峰论坛的主题演讲中提出，应该把以半导体为基础技术的平板显示产业重新定义为"半导体显示产业"[②]。这个提议是大胆的，因为"平板显示"（FPD）的概念已经形成并国际通用了几十年。无论这个新概念被接受的程度如何[③]，从中可以看出王东升对技术和产业发展大势及其决定因素的思考和判断。为帮助理解京东方扩张行动背后的战略逻辑，下面简要分析一下这个概念的含义。

第一，王东升以半导体技术替代电真空技术的历史趋势，解释了 TFT-LCD 在平板显示技术竞争中胜出的根本原因。仅仅在十几年前，平板显示领域还存在着 TFT-LCD、PDP（等离子）和 FED（真空微电子显示）等几种几乎不分上下的技术轨道，但为什么 TFT-LCD 此后却一路绝尘，不可逆转地压倒了 PDP 等其他

[①] 在 2009 年 4 月 2 日的访谈中，王东升就表达过这个思想。

[②] 王东升:《半导体显示，一个产业新定义》，http://znzd.cena.com.cn/a/2012-09-18/134794159072227. shtml。

[③] 在王东升的演讲一年之后，LG 推出了曲面 OLED 电视。至此，再使用平板显示的概念已明显不符合事实。

平板显示技术？虽然对这一胜负存在多种解释，但王东升却从比显示技术层次更高的基础技术和产业层次给出了一个历史性理由："TFT-LCD 在显示领域脱颖而出的关键是它顺应了半导体技术替代真空电子技术这一历史大趋势。"所谓的"历史大趋势"就是，"六十五年来，电子器件领域发展的历史基本是半导体技术替代真空电子技术的历史。"这个根本性的技术替代包括三个方面：（1）"半导体晶体管和集成电路对电子管的替代"；（2）"以 TFT-LCD 为代表的半导体显示器件替代了 CRT 真空电子显示器件"；（3）"以 LED 和 OLED 为光源的半导体照明器件逐步替代白炽灯和传统节能灯等电真空光源"。因此，王东升把显示技术的演进置于半导体革命以来的更大产业历史脉络之中。

第二，王东升以半导体技术的关键作用，揭示出决定未来显示技术走向的关键因素。根据王东升的定义，"半导体显示是通过半导体器件独立控制每个最小显示单元的显示技术统称"，它具有三个特点：（1）以 TFT 阵列等半导体器件独立控制每个显示单元的状态；（2）采用半导体材料；（3）采用半导体制造工艺。因此，与半导体显示技术和产品相关的材料、装备、器件和应用终端所组成的产业链统称为半导体显示产业（这个产业链显然与半导体集成电路的产业链有高度重叠）。从这三个特点看，TFT-LCD 以及被说成是下一代显示技术的 AM-OLED、Flexible Display（柔性显示）都属于半导体显示技术，都需要 TFT 阵列技术，但半导体材料发生变化——从非晶硅到低温多晶硅和氧化物半导体。因此，在半导体显示技术决定性地战胜非半导体显示技术之后，决定显示技术发展的关键因素不仅取决于显示方式，而且取决于 TFT（薄膜晶体管）技术特别是半导体材料技术的发展。

第三，王东升以对技术变化性质的判断把握住产业发展的方向和路径。对于 OLED 是否会像 TFT-LCD 替代 CRT 显像管那样替代 TFT-LCD 的问题，王东升提出："我们是否可以从哲学高度用两句话来回答"："从 CRT 到 TFT-LCD 是技术的中断和开始"；"从 TFT-LCD 到 AM-OLED 是技术的延伸和发展"。这两句话是两个判断：从 CRT 到 TFT-LCD 的发展是技术的革命性替代，因为在性质上是半导体技术替代真空电子技术；但从 TFT-LCD 到 AM-OLED 则是连续性替代，因为半导体驱动技术的基础是连续的——"它们之间技术相关性和资源共享性高达70%"。王东升由此判断，多种半导体显示技术将长期并存、相互促进，应用各有侧重，市场各有所需。

对技术变化性质的上述判断具有重大的产业意义。当技术变化具有连续性时，技术的"互补资产"就具有连续性，于是新的技术变化对于企业来说就是

"能力增强型"的[①]。更具体地讲，由于技术变化具有连续性，所以一个企业在TFT-LCD领域发展起来的制造能力和营销网络等有形资产、品牌等无形资产（技术的"互补资产"），对于该企业在AM-OLED和柔性显示领域的发展仍然是有用的和重要的。这个重要性可以反过来说，对于企图在AM-OLED等新显示技术领域进行竞争的企业来说，TFT-LCD是难以逾越的阶段——没有在TFT-LCD市场打下的产业基础，一个新进入者就很难在新的显示技术领域赢得竞争。这个道理恰恰是许多人不明白的[②]。

王东升的演讲在与会者中间引起热烈反响，参会的韩国信息显示学会（Korea Information Display Science）会长张震教授（韩国人）听完演讲后，当场邀请王东升在2013年的国际会议上就这个主题发表演讲。2013年8月27日，王东升在韩国大邱举行的国际信息显示学术大会（IMID2013）上再谈"半导体显示"，再次引起热烈反响，特别得到韩国业内人士的普遍认可。因为在面临各种技术孰优孰劣的争论下，王东升提出的概念和定义从理论上解决了很多人的困惑，也解决了产业发展方向的一个大问题。（提醒读者，本书从此也正式使用王东升提出的"半导体显示"概念。）

但对我们来说，当王东升提出半导体显示产业的概念时，一个揭示京东方未来进攻方向的新远见就产生了，从中可以看出京东方的战略方向：

第一，以进入世界前三为目标，京东方将毫不犹豫地在TFT-LCD产能上继续扩张，绝不会因为众说纷纭的新一轮"技术替代"而放缓扩张势头。根据《韩国经济报》的报道，王东升在2013年8月27日的大邱国际信息显示学术大会上表示："跟数量、规模比，我认为质量更重要。我们会在增加设备的同时，以技术投资引领创新。我们没有适可而止的想法。"该报道称："京东方依靠中国内需市场，扩大供给，致使名列前茅的LG和三星显示也非常紧张"[③]。

第二，但同时，京东方不会简单重复现有技术，而是把扩大的产能作为采用新技术的平台，在新的显示技术领域追上来。鄂尔多斯5.5代线本来就是采用低温多晶硅TFT技术来生产OLED和LCD的项目，合肥8.5代线在建设过程中加

---

① Tushman和Anderson（1986）把主要的技术化区分为"能力增强型"和"能力摧毁型"两类。能力摧毁型的技术变化要求新的技能、能力以及产品开发和生产知识，所以掌握新技术会根本改变企业在一个产品族方面的能力。能力增强型技术变化是建立在一个产品族现有知识基础上对价格／性能的明显改进。这种创新替代较老的技术，但并不使掌握老技术所必需的技能过时。

② 在AM-OLED是替代TFT-LCD的下一代显示技术的思维下，中国出现了以开发OLED为目标的新企业（数量超过当年进入TFT-LCD的企业）。但这些没有TFT-LCD工业基础的企业能不能与从TFT-LCD基础上进入OLED的企业竞争，不确定性很大。

③ "从边缘的追赶者成为核心企业……中国显示企业'正以可怕的速度在疾驰'"（记者尹正贤），《韩国经济报》（A13版），2013年8月28日。

287

进了氧化物半导体 TFT、OLED、铜导线等新技术，而在王东升关于"半导体显示"的讲话之后上马的重庆 8.5 代线项目，更是从设计开始就包含了氧化物半导体背板、铜线等技术。

第三，多元化扩张将沿着半导体技术的脉络前行，包括两个方面：一是在显示器件领域，即从传统 TFT（非晶硅）的液晶显示向高性能液晶显示、OLED 和柔性显示发展。在这个领域，技术领先和产业领先是同一个目标的两个必要内容，即京东方在技术上与领先者并驾齐驱是以在规模上跻身世界前三为条件的。二是从显示器件向其他领域扩展。从信息技术产业的演进看，京东方面临的真正挑战不是什么 OLED 替代 LCD 之类的事情，而是如何使自己从一个核心元器件供应商扩展到系统级的供应商，以避免元器件在产业链附加值中比例下降的一般趋势。进入终端产品和应用系统领域显然是实施这个转变所必要的，但它要求终端产品和应用系统上的创新，而且要求京东方成为具有多技术的企业。这个战略的有效性有待实践的考验，其方法论有待创造，但其原则很清晰，仍然是从工业演进的逻辑联接点确定企业成长的立足点和方向。

王东升在领导企业的 23 年里，发展出一个关于京东方的"理论"。**这个理论从京东方要做高技术领先企业的信念出发，产生了抓住技术替代机会进入资本和技术密集度更高的半导体显示工业的远见，继而在这种远见和信念的引导下，形成了通过自主创新道路从边缘跻身先进行列的战略，并创造出特定于京东方自身条件的一系列工作方法。**王东升之所以能发展出这个"理论"，与他的思维特点有关：第一，全球观点。从酝酿进入 TFT-LCD 工业的阶段开始，王东升为京东方定下的目标就始终是进入世界前三，其实他心里想的就是要争当全球第一，从来没有把做中国的第一当作目标。由于高技术产业的市场竞争是全球性的，所以只有采取全球观点才能看清技术和产业的走向，是不是中国的第一其实是没有意义的目标。第二，惯于从工业层次进行抽象思考。因此，他能够超越表面的现象，看出 TFT-LCD 与 AMOLED、柔性显示的技术联系（及其与 CRT 显像管之间的技术断裂）在于半导体技术。第三，深厚的经验积累以及从经验中吸取教训的意愿。他经历过失败，也犯过错误，但他总是能够从中吸取教训，所以能够从"811"项目的失败经验发展出"12 块定律"。第四，在领导企业进入高风险事业时，他必须去说服并激励其他的组织成员。如他所说："靠权力来树立威信，时间是不会长的"。说服别人就需要讲出道理，而且要系统地讲，于是讲道理的过程也就成为构建理论的过程。

由于王东升的"理论"逐渐被实践所证实，所以他在京东方也成了"神"。但王东升的"理论"形成于企业的实践，而企业的实践离不开团队。王东升领导京东方

20多年的历程离不开管理团队中其他人对他的鼎力相助，其中一些人的帮助被证明是不可或缺的。如果说王东升确实有过人之处，那就是只有他把决定了京东方道路的理论逻辑贯彻始终（有些人在某个阶段会坚定支持王东升的决定，却在另一个阶段成为反对者）。更重要的是，关于京东方的"理论"必须要继续发展下去。王东升为京东方的未来20年奠定了基础（这个基础也包括了"理论"），但自然规律决定他不会再领导京东方20年，所以京东方需要一代又一代的人去继续发展这个理论。

王东升当然不是神，其实他是一个性情中人。外人初次接触他，会觉得他很温和，但当你在谈话中听他滔滔不绝而插不上嘴时，你会发现他实际上内心很坚硬。他是一个精明人，能算出一块玻璃基板怎样做才能让企业赢利，但当你看到他说不能告诉别人京东方内部的策略其实是每18个月性能提升一倍时的一脸真诚，又对他的"天真"忍俊不禁（太低估竞争对手的智商了吧？）。继承了老国企的优良传统，王东升确实有着单纯的一面，所以他在京东方提倡的是"简单和谐的人际关系"。不过作为企业的一把手，企业内部的所有关系最终会集中在他身上，而企业与外部的所有关系——政府、供应商、客户、合作伙伴，等等——也会集中在他身上，于是20多年来他不得不游走于各种刀刃之间。他是一个有点"自负"的人，也是个急脾气，所以总部里那些一时不能理解他意图的年轻总监、部长们往往招来一顿训斥，当然事情过后他还会去安慰被他训斥过的人。可以让人宽慰的是，只要京东方总部的楼道里经常传来董事长的咆哮声，京东方就在进步。

恰恰是因为他的个人特质，再加上他所处的位置，所以王东升才成了"寡人"——他经常陷入"孤独"的原因，不仅在于他更充满理想主义和激情，而且在于他对未来世界的思维总是走在别人的前面——许多其他人在经过事实证明之后才理解的道理，王东升已经在事实展开之前就想到其背后的逻辑，并成为他决策的依据。这并非意味着王东升不会犯错误，但他遇到的挫折、失败及其修正都使他的逻辑更加清晰、更加一贯。正因为如此，所以王东升成为京东方的"灵魂"和领路人。京东方在全球半导体显示工业的崛起，既是她的管理团队和全体员工奋斗实践的成功，也是这个理论的成功。

第二节
产业逻辑对撞财务逻辑

在很长的时间里，京东方是孤独的，因为她选择的命运不为社会"主流"所理解。在进入 TFT-LCD 工业之后，京东方逐渐成为中国媒体关注的话题，但其关注的焦点大多是京东方的融资行为和财务业绩。当反映了"主流"看法的媒体在它们报道的时点上只关心京东方赚没赚钱时，京东方要做的事情是在一个新兴的高技术工业中成长起来，并把一个中国原来没有的高技术工业发展起来。在 2012 年年末之前，由于京东方的融资数额巨大并经历了两轮亏损，所以她就成为媒体眼中的负面典型。有趣的是，当京东方的新一轮赢利表现出强劲势头之后，许多媒体反而丧失了对京东方报道的兴趣。这种目标和态度的差异反映出长期产业投资行为与短期赢利期待之间的矛盾，其实是两种对待工业投资的思维逻辑或态度之间的冲突，即产业逻辑与财务逻辑之间的对撞。

对这两种逻辑没有严格定义，我们还是从现象的特征上去描述它们。对于财务逻辑来说，一项投资的全部意义就是产生财务回报（从货币生出货币），而且产生回报的时间越短越好。对于持财务逻辑的人来说，投资工业项目只不过是为货币增值所不得不经历的环节，工业发展的内容只是一组财务数字，没有实质意义；投资风险主要来自投资者能不能把握市场波动带来的机会（投机成功）。财务逻辑是商人和金融行业的习惯性逻辑，也是投机性资本市场的主导逻辑。

对于产业逻辑来说，一项投资的主要意义在于工业的发展，财务回报是衡量工业成功的指标，也是保证工业能够持续发展的必要，但不是投资意义的全部。恰恰因为是以工业发展为目的，所以在产业逻辑下，对投资强度和回报时间的预期不是取决于资本赢利本身的需要，而是取决于工业的性质和企业的目标——技术进步速度越快，对最低规模的要求越大（即规模经济效应越明显），企业进入的时间越晚（即与工业领先者的差距越大），则投资强度越大，而投资产生回报的时间就越长，所以投资的风险也越大——风险主要来自企业能不能把投资转化为经得起市场竞争考验的实际生产力（即产业成功）；但企业的目标越是远大，则越是必须而且敢于冒这样的风险。不产生财务回报的工业是不可持续的，但如果投资的条件是在短期内就必须获得财务回报，那么高生产率和高附加值的工业就发展不起来。

就内容来说，财务逻辑要比产业逻辑容易理解得多，只要会小学算数就能理解。相比之下，产业逻辑因其内容复杂得多而较难理解——不仅需要理解因不同工业而异的技术和市场特性，还要理解企业的战略、组织及其在工业中的位置。因此，对于普通人来说，接受财务逻辑比接受产业逻辑要容易，这也给中国财经媒体的"忽悠"提供了方便。

图 6.2 提供了一个京东方通过资本市场融资并在半导体显示工业扩张的全景。从她进入 TFT-LCD 工业之后的投资轨迹看，京东方在 2004—2013 年的 10 年间，

投资建设 7 条生产线，同时也经历了 6 年的主营业务亏损。特别是从 2008—2009 年京东方开始扩张后，同时发生的大规模投资和亏损成为京东方在这段时期的一个显著特征，也因此而成为中国财经媒体从财务逻辑进行报道的一个热点话题。媒体对一个正在亏损的企业仍然进行大规模投资提出质疑，本来也是人之常情。但当许多媒体对京东方的融资用途及其产业发展内容没有兴趣，却只关心京东方的融资规模和融资时点的财务绩效时，就逐渐形成了一种自我循环（以自己的推论作为自己论点的证据）的负面报道模式。在京东方进入新一轮大规模盈利阶段的今天，这个报道模式显得如此荒谬和可笑。但是，由于它在过去 10 年里为社会大众塑造了京东方的固定形象，也反映了中国在这期间的社会心理，所以还是有必要回顾一下。这个报道模式主要包含三个主题，京东方融资的目的是为了弥补亏损；京东方的生产线技术落后；京东方能生存是因为政府补贴。

第一，亏损不止，融资不已。由于京东方是在亏损的情况下连续进行了融资和投资，记者们自认为找到了一个"规律"，"分红不多，融资不少""亏损不断，圈钱不休"[1]，但完全忽略了投资的产业发展内容。京东方的亏损主要发生在只有一条 5 代线的阶段以及合肥 6 代线和北京 8.5 代线实现满产之前，在这个阶段进行融资的目的是为了扩张。记者们为了证明自己正确，把京东方每一次为新建生产线的融资都说成是为了弥补亏损，但京东方的生产线从 1 条变成 7 条、产品结构迅速升级、市场份额迅速增大等等变化，都不是这些媒体所关心的内容。正如《华夏时报》在 2011 年 4 月末的报道所言："尽管一直得到国家的扶持，但是'阿斗'京东方 A 在过去的数年中始终处于'越亏越投，越投越亏'的怪圈"[2]；《每日经济新闻》说："难怪，京东方 A 被称为'不死鸟'。华安证券王世新称，'不死鸟'的秘密就是想通过高额融资，投资巨大项目，赌明天"[3]。当然，随着京东方进入新一轮大规模盈利阶段，媒体的口气也发生变化，改用"质疑"来代替"断言"。2013 年 10 月 15 日《第一财经日报》在《三季度面板量价齐跌 京东方再融资前景堪忧》[4]的报道中质疑京东方的 460 亿元融资计划："如此大规模的再融资扩产，在行业产能过剩、面板行业销量下降以及价格下行的现在，更是为京东方今后的前景蒙上一层阴影"；"作为市场众多投资者质疑的'只融资，不赚钱'，京东方是否再次陷入被动的行业轮回？""定向增发融资项目还未成行，即已蒙上阴影"。

① http://tech.sina.com.cn/it/2009-09-08/05563417683.shtml。
② http://finance.sina.com.cn/stock/s/20110429/22399776326.shtml。
③ http://tech.sina.com.cn/e/2012-02-04/01236682227.shtml。
④ http://tech.sina.com.cn/e/2013-10-15/02028815706.shtml。

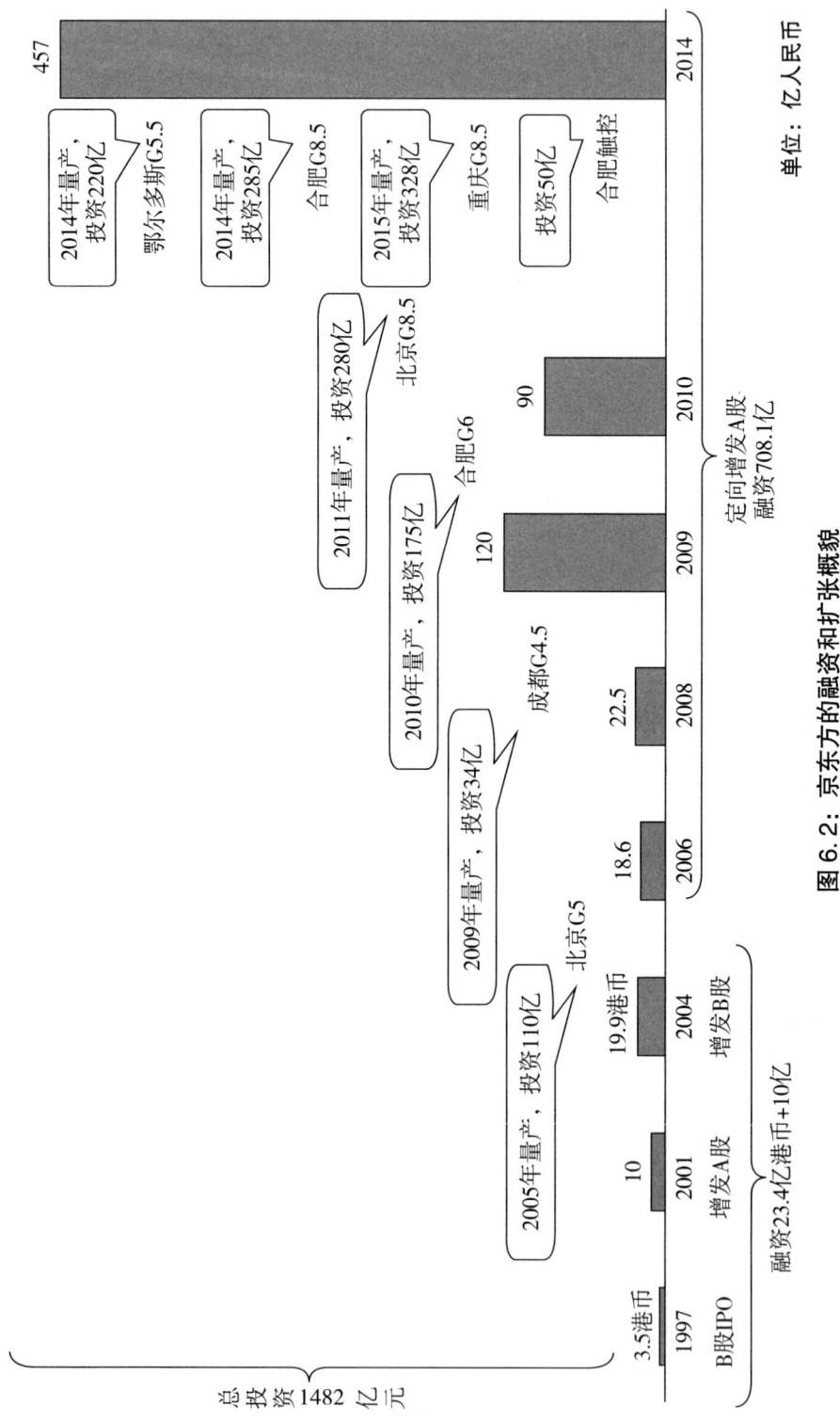

图 6.2：京东方的融资和扩张概貌

单位：亿人民币

292

虽然这篇报道实际上只是以市场波动为借口，但对比几年前媒体信心满满断言"京东方巨额融资遭质疑 募资项目是赔钱货"（2009年6月11日《长江商报》①），改成这种语气表明财经媒体已经被迫承认京东方的力量。

第二，技术落后。不懂工业的财经记者们也无法证明京东方不会成功，于是就去找技术理由。例如，2009年11月26日《南方日报》报道说，由于广东、深圳决定上马8.5代线，所以在建的京东方6代线还未投产就已经在技术上落后两代半了，因此对将来这个项目是否能够收回投资提出质疑。由于包括外资在内的几条7.5代线和8.5代线，所以合肥6代线"目前内地尚未投产的6代线可能刚刚启动就会立刻被纳入落后生产线的行列"②。2010年6月28日《理财周报》在对京东方的报道中称："面板行业是先发制人的行业。而国内领先如京东方仍固守CRT时，国外已扩展5代线，在5代线满产，4.5代线还在爬坡的时候，国外已经在中小尺寸上上了OLED；京东方8代线尚未兴建，夏普已经在建10代线……因此，国内企业极难摆脱建成一家亏损一家的宿命"③。当京东方宣布合肥8.5代线项目后，2012年8月17日《第一财经日报》在题为《捆绑地方政府屡战屡败：京东方再上8.5代线》④的报道中说："当前，三星正在弱化LCD部门而强化OLED，华星光电8.5代线上半年经营性亏损4亿多元，全球液晶面板行业面临产能过剩的局面，京东方285亿投资一再亏损的LCD项目，让很多业内人士看不懂。"该报道援引"家电业观察人士、夸父企业管理咨询机构首席顾问"刘步尘的话说："OLED时代马上就要到来了，拿这些钱去投入到OLED上价值会大1万倍。"当京东方宣布重庆8.5代线项目后，2012年12月30日的《中国经营报》对此报道说："三星缩产为AM-OLED项目预留市场空间，全球没有新增产能释放，2013年将是三大技术竞争更加白热化的一年，满产状态下的京东方明年盈利并未有太大难度，但2013年之后，京东方的8.5代线在新技术下，仍处于夹缝生存状态"⑤。当京东方宣布460亿元融资方案后，新华网财经版在2013年7月30日登载了一篇源自"证券之星"的网文《京东方只为圈钱而生 上市以来亏60亿圈钱超700亿》⑥。该文为了证明京东方的投资没有道理，声称："我们来看一下公司历年所投资的项目，就会发现项目总是慢人一拍。新的生产线建成后，就已

① http://finance.sina.com.cn/stock/s/20090611/14346336254.shtml。
② http://tech.sina.com.cn/it/2009-11-26/09203626288.shtml?from=iasknominate。
③ http://tech.sina.com.cn/it/2010-06-28/05474356929.shtml。
④ http://tech.sina.com.cn/e/2012-08-17/01227514292.shtml。
⑤ http://tech.sina.com.cn/it/2012-12-30/08327937409.shtml。
⑥ http://news.xinhuanet.com/fortune/2013-07/30/c_125087118.htm?anchor=1。

经落后于别人。这次募资是用于 8.5 代液晶面板的项目，但目前美国液晶面板已发展到 13 代了。8.5 代目前来看还不是特别落后，但募投项目完成后呢？到底落后于市场多少步，就不知道了"。居然能出现"目前美国液晶面板已发展到 13 代了"的话——这就是中国财经媒体的知识水平。

第三，靠政府补贴生存。既然京东方在媒体眼中是每投必亏，而且技术落后，那为什么这个模式能够持续？媒体不敢直接攻击政府，于是就把矛头指向京东方。2009 年 7 月 31 日《商界评论》杂志在题为"京东方大战风车"[①]的文章中说："京东方敏锐地嗅出中国缺'屏'，地方政府缺'标榜'的现实状况，京东方开始向中央求助政策扶植，"在北京 5 代线得到北京市政府从土地、税收到资金等一系列扶持后，"借此东风之势，京东方开始由点到面，游说各地方政府加入阵营。""但膨胀的野心和融资手段的不断成功，使得嫩苗被硬拔成一棵畸形的大树。如果说中国'屏'是顶在一切头顶的阳光，政府就是在阳光下拔苗助长的始作俑者。"2010 年 8 月 12 日《南方周末》题为"京东方：从资不抵债到 180 亿圈钱术"[②]："京东方从一家资不抵债的电子军工企业，发展到现在 180 亿元的净资产规模，竟然都是来自政府、银行和资本市场的'馈赠'。更令人惊奇的是，它提前进行巨额资产折旧，虽然亏了股民，但却让地方政府看到了利益，从而积极投资于它。"那么，地方政府看到的利益是什么？2013 年 1 月 7 日《南方都市报》在题为"'烧钱王'京东方：绑架政府还是拉动产值？"的报道说："京东方的扩张，与当地政府的鼎力支持密不可分。不论是在北京、合肥，还是在重庆，京东方与当地政府的关系，都让外界艳羡不已。不过，也有声音认为，所谓密切关系，只是京东方捆绑了地方政府。……地方政府缘何如此大方，申银万国证券分析师余斌向南都记者表示，一是可以拉动投资，一个面板项目可以带动巨大的投资效应，进而可以带动就业；二是可以提高相关信息产业聚集效应。政府本身不会追求这笔投资的利润有多高，至少短期内没有投资回报，更谈不上利税"[③]。

站在 2014 年的立场上看，上述媒体报道没有一条说对了。从京东方今天的状况出发，回过头再去看那些报道，任何人都可以确定：所有那些挖苦攻击京东方的媒体报道都做出了错误的结论和错误的预言。但在那段时间里，经过连年小人之心的臆想和揣测，最后连这些财经媒体及其记者们都对自己的话信以为真了，所以当 2012 年京东方再次盈利后，他们显得很错愕。例如，2013 年 4 月 2

---

① http://finance.sina.com.cn/leadership/mroll/20090731/16116556377.shtml。
② http://tech.sina.com.cn/it/2010-08-12/15084538113.shtml。
③ http://tech.sina.com.cn/e/2013-01-07/04397952426.shtml。

日《南方都市报》以"豪赌 12 年京东方翻身 面板企业能风光几时？"为标题，报道了京东方 2012 年主营业务赢利的消息。但正如标题所显示的那样，虽然不得不报道京东方赢利的事实，但还是要暗示这是市场波动造成的，难以持续——令人感受到这家报纸及其记者的酸楚心理。当京东方在 2013 年 7 月宣布把当年上半年的盈利预告调高到 8 亿元以上时，《南方都市报》在 2013 年 7 月 17 日发表题为"'烧钱王'京东方短期回暖？"①的报道，文中把京东方的盈利剧增归因为市场回暖，同时又以对产能过剩和 OLED 替代 LCD 的担忧来暗示盈利仅仅是"短期回暖"。当京东方于 2014 年 4 月宣布上一年度赢利 23.5 亿元之后，《南方都市报》发出一篇题为"京东方净利增 8 倍 推股东回报计划稳人心"②的报道，在报道事实的同时还不忘酸酸地加上一句："京东方的扩张颇具争议性，而此前追捧京东方的大都为国资背景投资者，并不利于长期发展。在饱受诟病之后，京东方也做出了更为关注投资者收益的姿态，昨日其提出了股东回报计划和回购股份长效机制，欲以此收买人心。"话说到此，其实让人看出这家媒体及其记者的心理已经崩溃了。京东方赢利的消息之所以让财经媒体如此不舒服，是因为它们已经陷入了自己挖的陷阱——认定京东方不可能赢利，所以承认京东方的盈利就是让他们自抽耳光。

其实当媒体和记者们还在纠结的时候，资本市场的投资者们早就闻出金钱的"芳香"了。对投资机构动向极为敏感的《中国证券报》于 2013 年 12 月 25 日以"京东方变了！"③为题报道说："京东方变了！在京东方人的眼里，这种改变来自于机构的态度转变。前几年，机构都躲着京东方走；而去年，来京东方调研的机构高达 354 家，几乎每天有一家机构登门。这种改变也来自客户。今年以来时有客户千方百计找到京东方总裁陈炎顺要订面板，客户上门求着订货，前几年简直无法想象，但如今京东方却无法一一满足要求，因为各条生产线都已经满产满销，只得婉言谢绝。在机构的眼里，京东方迎来了业绩拐点。在京东方人的眼里，公司综合能力大幅提升，似乎闻到了寒尽春来的气息……"——令人顿感春风扑面。回顾这段历史，那些挖苦攻击京东方的媒体报道之所以都做出了错误的结论和错误的预言，原因也很简单——大多数中国财经记者不懂工业，而且也没有心思去学习。可以成为媒体的一个教训的是，只有那些仅涉及客观事实的报道可以逃脱被嘲笑的命运，而凡是带有记者和媒体自己判断的报道无一不成为垃

---

① http://nandu.oeeee.com/nis/201307/17/81542.html。
② http://finance.sina.com.cn/stock/s/20140423/061018888455.shtml。
③ http://finance.eastmoney.com/news/1354,20131225348344327.html。

圾，从中找不到任何可以帮助理解中国工业史的营养。于是，以其多年不懈对京东方"劣迹"的追踪报道，中国一些财经媒体在中国半导体显示工业崛起的苦难辉煌历程中，终于为自己争得了只能冠名为"可耻"的一席之地。

中国财经媒体成为笑柄所反映的问题，是财务逻辑从 1990 年代开始逐渐主导了中国社会对于工业发展的思维。原因是多方面的：在依靠大量引进外资加速经济增长的政策导向下，中国工业逐渐放弃了技术上的自主开发，要发展稍微有点技术含量的工业，也无非就是引进生产线或合资那些"短平快"的做法；在经历过"全民经商热"和"一切向钱看"之后，资本市场发展起来，越来越多的人希望从股票投机中获利，导致中国的资本市场具有强烈的投机性；对于企图利用市场短期波动赚钱的人和机构来说，关于市场波动的"信息"远比关于工业的知识重要；随着重视"理财"远超过工业发展的财经媒体一片繁荣，记者行当的进入门槛降低，学过高中作文的人就能"胜任"；占据政策话语权的经济学家从来就不懂工业和技术（原因很简单，经济学教科书上根本就没有这些内容）；在政府内部，对于工业的经验和知识随着机构的变动大量流失。在这些条件下，中国社会的"主流"对于工业发展的认识越来越浅薄，对于高技术产业更是越来越陌生。在这样的社会环境下，诸如京东方这样的企业不得不长期忍受孤独，也就没什么意外了。

由于京东方在一段时间里成为媒体上的"好题材"，于是不懂装懂的人也赶来"淘金"。2011 年 9 月 1 日，一位"网络名人"在自己的搜狐博客上发表了一篇文章:《京东方：中国高科技发展的悲剧》[①]。该文写道，"中国 A 股市场有一家绝妙的企业，身为历史悠久的国有军工企业，背负中国显示器赶日超韩的重任，投入数百亿，依然在泥潭中无法挣脱。地方政府扶植具有战略意义的重要企业，却将所有的鸡蛋放在京东方一个篮子里，最终酿成了中国高科技领域与证券市场的悲剧。"该文以挖苦的语气历数了京东方进入 TFT-LCD 工业后的经历（主要是建线、融资和亏损的情况），称京东方因缺乏核心技术而"一直气喘吁吁跟在日韩等国的企业之后"，于是"在京东方的豪赌中，投资者未能获益，政府同样未能获利。在资本市场，树立起一个负面标杆，即只要是战略性企业，不管赢利前景如何，都会万千宠爱集于一身"。"如京东方或者中石油这样的企业往往树起民族与经济安全两面大旗"，但"这家把'困难时期即将过去'挂在嘴上的企业，十几年来带给投资者的是苦涩与失望"。"京东方并不孤独，日本政府主导的电子

---

① http://yetanyetan.blog.sohu.com/183092350.html#comment。

产业失败，数字时代是美国企业的天下；美国克林顿总统任期的抗癌计划同样折载，有雄心有战略并不等于成功，原因很简单，我们永远不知道下一个乔布斯诞生在哪个车库里，因此所能做的只有让市场给予乔布斯群体更多的空间"。

如果仅仅是描述京东方"越投越亏"倒也没什么，搞笑的是这位"网络名人"自以为掌握着中国高科技工业发展的真理并占据着道德立场，所以此文一开头就断言："中国的高科技行业必须另立标准，另建市场，否则只能在永远落后一步的巨额亏损中，被国际领先企业拖垮。如同美国的星球大战拖垮了羸弱的苏联经济，面板争夺战让中国企业不堪重负。"以此为立论的基本依据，此人在文章结尾时不禁文采飞扬："培育高科技产业，首先要建立高科技体制，让风投为新科技插翅，让企业承担成本，让税收显示优惠，让本土的标准呵护企业，而不是让投资者成为风投家，让银行成为高科技企业的出纳，让资本市场成为亏损者弘扬民族大义的演讲场。"只是这番话太廉价了。

此文指责京东方的最根本依据，就是中国发展高科技行业"必须"而且可以"另立标准，另建市场"。如果这个依据是真实的，那中国另立个 CPU 标准不就超过英特尔了，另立个操作系统标准不就超过微软了，再立个大飞机标准不就一举超过波音、空客了吗？如果"另建市场"，在全球化条件下就只能通过闭关自守、政府管制——作者不是自我标榜为市场派吗？中国是后进国家，要赶超就首先要掌握领先者开发的技术、进入领先者开拓的市场，然后再通过创新超过去（创造别人都没有的东西是跻身前沿时才可能的）——在 TFT-LCD 工业领域，所有这些努力都必须依靠进取性投资战略的支持，而京东方当时遇到的困难恰恰是因为做出了这样的努力。这位网络名人先是自己杜撰了一个站不住脚的依据，再以此去指责别人，除了哗众取宠，连问题的症结何在都不知道。

搞学术的也有人来"淘金"。2013 年第 6 期的《中国工业经济》发表一篇以京东方为案例讨论"企业寻租与政府利益输送"的文章（步丹璐，黄杰 2013），两位作者是财务会计背景。就学术而言，这篇文章毫无价值。不过，如果有人想体验一下什么叫学术界的"脑残"，或闲极无聊时想娱乐一下，倒是不妨翻来看看。文章提出的基本论点是：（1）在财政分权的制度条件下，地方政府为获得政绩而盲目引进投资，而上市公司会利用地方政府的盲目竞争，以项目投资为手段获得当地政府的补助（该文把政府认购定向增发股票和贷款担保全部包括在补助之内）；（2）政府提供的补助不但没有对上市公司的业绩起到积极作用，反而使其更加依赖"寻租"；（3）这场寻租游戏会造成多方的福利损失。既然如此，全文也就出现了一个基本的逻辑问题：在这场企业毫无效率的寻租游戏中，地方政府获得的"最大化利益"到底是什么？作者在文章开始部分就宣称他们有一个重大发现："为了引进投资，地方政府对上市公司的投资项目给予直接的财政补贴、融资支持、地方稀缺资源，导致上市公司对地方经济的投资资金基本由地方政府承担"（第136页）。如果按照文章所称京东方无效率的断言，那确实就只能得出这个结论，但这个结论的逻辑是可笑的——地方政府承担全部费用请来没有效率的企业，那能得到什么政绩呢？这个逻辑倒是把读者逼到了死角：如果地方政府不是脑残，那文章作者就是脑残。

"脑残"的根源是作者对京东方所处的工业和京东方在该工业中的竞争过程没有任何了解，甚至根本就不知道京东方是干什么的。文章的全部证据仅仅是财务报表的数字，但如果不了解工业内容就玩弄数字，只能建立起虚假的因果关系。例如，作者以京东方的业绩从2005年开始下滑乃至亏损为理由，指责京东方在2008年以后的所有投资项目都是投资收益为负（同上，第140-141页），以此来证明京东方得到的补助越多业绩就越差。这个连时间顺序都不对的说法，以大而化之的财务数字抹杀了工业投资项目的实质内容。于是，当2008年之后京东方的生产线一条接一条地投产并在2012—2013年进入新一轮大规模盈利时，文章的所有论点也就都崩溃了。从这一点上说，该文作者的认识水平丝毫没有超过媒体记者。仅凭财务数字来判断，21世纪初年的中国彩管工业仍然是一朵鲜花，但它随后在短短几年之内被技术替代风暴扫得片甲不留，难道是因为地方政府的投资突然变成"盲目"而企业的行为突然改为"寻租"吗？再例如，为了证明京东方在地方投资的目的是为了获得政府补助，该文在表2列出京东方在各地项目的投资额和获得当地支持金额的对比（同上，第140页）。仅挑出两个最显眼的例子：在鄂尔多斯项目上，京东方投资0.02亿元，而获得地方政府补助36亿元；成都4.5代线，京东方投资0.01亿元，获得当地补助、定向增发和担保贷款共约70亿元[①]。于是文章声称，京东方在鄂尔多斯的投资回报率为1800倍，而成都项目的投资回报率为6988.45倍（同上，第141页）——简直是惊天暴利。但是，不知为什么这两位财务会计专业背景的作者，把通常所说的"资本杠杆率"说成是属于利润率指标的"投资回报率"？如果京东方能够得到这么高的"投资回报率"，为什么作者还指责京东方"行业中等偏下"的资产收益率？只能说，作者

---

① 在该文表2上，地方政府对成都4.5代线项目的近70亿元补助中，担保贷款占了近52亿元。由于仅担保贷款一项就已经大大超过建设这条线的实际总投资，所以不禁令人怀疑该文作者为获得戏剧性效果而耍了一个花招，把成都4.5代线的历年贷款的流量（包括企业运营中的贷款）全部算为一次性的政府补助，而且没有减去还贷额。

或者是专业资质不够格，或者是在耍花招。不仅如此，该表列出的京东方投资金额是在当地建立项目公司的初始注册资本金（按京东方的惯例，在地方建线时首先注册成立一个公司运作项目，然后才开始筹资对生产线建设投资）。如果作者知道建设鄂尔多斯生产线的投资是220亿元，而建设成都4.5代线的投资是34亿元，还会这么计算吗？

该文仅凭财务数字在臆想和捏造因果关系时也经常出现极富喜感的议论。例如，为证明京东方在地方投资的目的是建立可以"寻租"的政企联系，该文说："……获得政府补助的公司也面临更多的政治干预以及社会责任，京东方每在一个地方建立新公司后，就在当地大量招聘，如京东方投资0.02亿元建设的京东方鄂尔多斯源盛光电在2012年的招聘规模达到400人。自从京东方获得大量政府补助以来，京东方员工人数迅速上升，从原来的9000人左右上升到2009年的12000人，又迅速上升到2010年的17000人，2012年上升到将近23000人，比同行业同规模公司平均数3000人高出7倍，因而我们推断京东方在获得巨额补助的同时也承担了解决就业的社会责任"（同上，第144页）。虽然该文没有交代哪些是"同行业同规模公司"（中国半导体显示工业的主要上市公司只有京东方一家），但"原来的9000人"指的是京东方只有一条生产线时的员工规模。从产业规模上看，在员工人数上升到"将近23000人"的2012年，京东方已经有四条生产线满产满销，同时还有两条生产线在建，资产规模增加了n倍，产量增了n倍，难道员工人数不会随着生产规模的扩大而增加？——由于作者脑子里没有工业内容，所以员工人数增加的原因就被他们"推断"是政府补助的增加。但如果政府花点钱就能增加就业，那为什么政府不直接做此事，还要通过外来的、无效率的企业倒一道手呢？这个说法倒证明了该文确实是一篇遵循"财务逻辑"的"典范"之作：工业企业的资产和能力没有任何意义，有意义的只是财务数字——尽管玩弄财务数字的结果是逻辑不通。

为什么京东方的扩张需要那么多的投资？为什么京东方在亏损时还要继续投资？——这不仅是关于京东方的两个问题，实际上也是关于发展中国高技术产业所绕不过去的基本问题，必须从产业逻辑上予以正面回答。就京东方的历程而言，这两个问题的答案与三个事实相关——产业性质、后进者地位和企业的目标，分述如下。

第一个事实：产业性质。TFT-LCD工业属于半导体类的工业。自从1947年美国贝尔实验室发明了晶体管之后，半导体工业的崛起展示了一条与传统工业截然不同的轨迹——遵循"摩尔定律"的高速技术进步与高强度投资互为因果的动态演进。包括集成电路（芯片）和显示器在内的半导体类工业有一个基本特点，用通俗的话讲就是一代产品需要相应的一代生产设施。例如，在汽车和其他机械产品工业，同样的机床可以生产不同型号的产品，但在集成电路和显示器工业，产品的变化要求全部生产设施的变化（不仅包括设备，还包括厂房）——即一代产品一代生产线。在这种情况下，由于技术进步速度和规模效应对于竞争优势至关重要，所以半导体类工业的投资强度非常大——企业只有不断地投资才能保持竞争优势，甚至只是为了生存下去。

直到包括京东方在内的几家企业于 21 世纪初年进入 TFT-LCD 工业时，中国工业几乎没有经历过这种竞争——技术进步每天 24 小时不停，而为推出一代新产品所需的生产线动辄就要数十亿美元的投资。已经习惯于用短平快的商业思维看待工业的中国社会，对于这种高技术工业极为陌生，所以对京东方以如此高强度的投资和建设速度进行扩张感到不适应。由于陌生而引起的不理解是情有可原的，但以财务逻辑去攻击京东方遵循产业逻辑的行为，其结果只能是让攻击者自己显得可笑。

同样的问题在媒体最近对发展中国集成电路工业的讨论中被提出来。2014 年 6 月 10 日的《经济参考报》刊登了一篇题为"芯片企业投入不及国际巨头 1/10 产品做得出卖不出"的报道[1]，其中援引中国半导体行业协会副理事长的话说："目前投资一条月产 5 万片的 12 英寸芯片生产线需要 50 亿美元。为建设新的芯片生产线，2012 年韩国三星投资 142 亿美元，美国英特尔投资 125 亿美元。而我国中芯国际和上海华力两个 12 英寸的芯片领先企业平均每年投资不到 5 亿美元，不到国际一流公司的十分之一。"根据该报道，中国半导体设备企业更是面临"缺钱"的问题——"该行业周期长、投入多、见效慢、风险大等特性，让市场投资者望而却步。"这种情况无非再次证明，后进国家如果仅仅依靠包括资本市场在内的市场机制，就没有可能发展高技术工业。

第二个事实：京东方是后进者。与技术变化缓慢的劳动密集型工业不同，高技术工业的领先企业凭借其规模和技术优势，会对后进者形成进入壁垒（即从后进者角度看的门槛），而且这种壁垒还在迅速变动——后进者与领先者的差距越大，进入的门槛就越高。在技术进步速度快和规模效应大的高技术工业，后进者无法仅凭劳动成本低克服这种壁垒，往往需要付出比先行者更大的投资成本才能跨过门槛（对技术的掌握、劳动者技能的提高无不伴随着投资），而且后进者进入的时间越晚，需要克服进入壁垒的投资强度就越大。即使能够成功进入，也不意味着企业可以凭着现有资产带来的利润而活下去。在半导体显示这个技术进步速度极快的工业中，需求的增长空间以及随之而决定的市场份额和利润是由领先

---

① http://finance.sina.com.cn/chanjing/cyxw/20140610/005919358563.shtml。

者的态势所左右的。后进者如果仅仅停留在跟随者的状态，不但只能处于边缘地位，而且随时可能被技术和市场的变化所淘汰。因此，进入这个工业的中国企业面临的是一把利剑的锋刃——或者最终挤入领先者的行列，或者最后被淘汰出局——没有什么机会可以长期维持于中间状态。

除去吉林彩晶项目不成功的最初尝试，当上广电、昆山龙腾和京东方以建成 5 代线进入 TFT-LCD 工业的时候（2004—2006 年），全球领先企业已经建成了 6 代线（每条线需投资 20 亿美元左右）和 7 代线（每条线需投资 25 亿—30 亿美元）。6 代线和 7 代线的投产使 5 代线在电视用屏市场上丧失了竞争力，而电视用屏恰恰是当时液晶屏增长最快、需求量最大的市场。同时，上广电、昆山龙腾和京东方 3 家中国企业在 2006—2007 年遭遇的亏损，不仅与全球产能的增加有关，而且与领先企业以自己大得多的规模打压 5 代线产品的市场价格有关（这些领先企业自己的 5 代线已经快折旧完毕，所以成本也已经低于中国企业）。到 2006 年，当 3 家中国企业处于水深火热之中时，全球领先企业又相继建成了 7.5 代线（每条线需投资 31 亿—33 亿美元）和 8 代线（每条线需投资 35 亿—40 亿美元）。到京东方终于开始扩张的 2009 年，夏普建成了 10 代线（投资 45 亿—50 亿美元）。由于陷入扩张停滞境地，当时中国企业与全球领先企业之间的差距是在拉大，而不是在缩小。当京东方终于开始扩张并展示出势头时，全球领先企业又高调转向 OLED 等新技术，企图甩掉追赶者。如果京东方停步于一条 5 代线，不但追不上先进，而且实际上是无法生存下去——上广电的倒下已经证明了这一点，而中国财经媒体及其记者们从来没有明白过这个道理。

第三个事实：京东方是一个立志成为领先企业的挑战者。 从半导体显示工业的历史看，从后进者转化为领先者是可能的。后进者赶超领先者的关键，第一是发展出可以驾驭技术进步的能力；第二是奉行进取性的投资战略。除了作为产业化先驱的日本企业之外，所有成功的后进入者都是从掌握低于当时最先进水平的较低世代线为开端的。例如，韩国三星和 LG 于 1995 年以分别建成 2 代线而进入该工业时，日本企业已经建成了当时代表最先进技术水平的 3 代线；当 20 世纪 90 年代末，台湾企业通过接受技术转让以建设 3 代和 3.5 代线进入时，夏普和 LG 已经建成代表该工业最先进水平的 4 代线。但实践证明，对于后进入者来说，能够在进入这个工业之后站住脚并开始成长的最关键的因素，不是进入时的技术水平，而是对技术能力的掌握。一旦通过掌握较低世代线技术而建立起学习的基础，一个企业的技术进步速度就取决于是否能够贯彻一个进取性的投资战略。在这种条件下，后进入者切入 TFT-LCD 工业的最初技术水平并非决定成败的关键因素——决定性因素是技术能力以及由投资战略所决定的技术能力成长速度。例如，曾经在技术水平上落后的韩国 LG 和三星，以通过反周期投资率先建设 5 代线为转折点（2002—2003 年），一举在包括技术水平在内的各个方面超过了日本工业。即使是最初仰仗日本技术转让的台湾工业，也因为采取了更加积极的投资战略而在规模上超过了日本工业。

进入 TFT-LCD 工业的决定是京东方立志要做高技术工业领先企业志向的结果，这是理解京东方道路的关键。这个志向（信念与远见）决定了京东方通过跨国并购的进入方式，也决定了她没有坐享被收购企业的利润，而是利用收购来的技术资源在国内自主建设 5 代线。尽管京东方在这个阶段曾经因遭遇"液晶周期"而受尽磨难，但就是在这个阶段发展出可以自主向高世代线挺进的能力基础。因为有了这个能力基础，京东方才可以开始扩张。京东方曾经因为只拥有不能经济切割电视面板的一条 5 代线而受到嘲笑，而嘲笑者则无一例外地把中国发展 TFT-LCD 工业的希望寄托在外国企业能否转让高世代线上。但是，是京东方的扩张触发了那场标志着国外技术封锁崩塌的"液晶热"（2009 年），也是京东方建成了中国的第一条高世代线（合肥 6 代线）和第一条 8.5 代线，尽管中国媒体欢呼南京项目（夏普 6 代线）是外国企业第一次向中国转让 5 代以上的生产线，尽管中国的记者们欢呼三星和 LG 的 8 代线将使京东方的 6 代线"未建成就已落后"。从 2009 年到 2013 年的 5 年间，京东方连续建成五条生产线（另外还开工了一条），一跃跻身全球前五，并将于 2017 年跻身前三。如果韩国和中国台湾企业是以高强度投资战略而超过日本企业的，那么作为后 – 后进者的京东方则是以超高强度投资战略而跻身世界先进行列的。

由于 TFT-LCD 工业的性质，由于中国企业处于后进者的位置，由于中国企业如果不在规模和技术上迅速接近领先者就不可能发展起来，所以京东方在进入这个工业后的投资战略是合理的，也是必要的——这就是产业逻辑的回答。但这种投资战略确实不是资本市场所愿意支持的，甚至是无法支持的。客观地讲，资本市场的投资者很难应对京东方投资战略所包含的巨大不确定性。那么，京东方如此巨额投资的融资来源在哪里？

第三节
产业资本扩张的发动机

与其领导人最初的设想不同，京东方从资本市场上融资进行扩张的道路并没有走通。从实际过程看，京东方扩张的主要融资来源首先是地方政府，虽然也是通过资本市场的形式（由京东方向地方政府的融资平台定向增发股份），其次是往往由国开行牵头的银团贷款。也因为如此，所以中国财经媒体纷纷说是京东方得到政府的补贴。如果历数京东方得到的政府补贴（主要是对技术研发的资助），加起来也不够建一条低世代线，而京东方连建了 7 条线，其中 4 条都是高世代线，还有一条是投资成本更高的 AM-OLED 线。京东方得到的不是补贴，而是地方政府的投资。虽然地方政府的投资在各个项目总投资中的比例不一，但起到的作用超过了投资金额本身：地方政府的参与使资本市场的投资者有信心、使银行愿意贷款，而且地方政府会通过政府内部的途径求得发改委和证监会的批准。从这种意义上说，地方政府不仅是当地产业政策的制定者，而且成为京东方扩张的"投资合伙人"。

京东方是一个奇葩企业。"奇葩"本来是一个褒义词，现在却流行于调侃时的贬义表达，其实质含义与"怪物"相当。称京东方是一个奇葩企业，是说这个企业居然干成了一件看似不可能干成的事。事实上，京东方从来没有成为政府的标杆（以后是不是倒很难说）。在京东方进入 TFT-LCD 工业之后的前后，中央政府奉行的是加入 WTO 后"与国际接轨"的自由化经济政策。在发展高技术产业方面的方针是引进生产线和外资设厂，其惯性甚至一直延续到自主创新方针提出之后。直到 2009 年的"液晶热"，政府还是把发展 TFT-LCD 工业的希望寄托在引进外资高世代生产线上，2010 年还批准三星和 LG 在中国建线。在这个过程中，政府有关部门同情京东方，也不断予以方便。但问题的实质是，中央政府在中国半导体显示工业崛起的过程中从来没有过一个立足本国企业的产业政策。中央政府后来确实越来越支持京东方（以及华星光电等），但那是在合肥 6 代线建成之后，即在京东方证明了自己的能力和重要性之后。随着计划经济体制的消融，政府财政尤其是中央财政已经不存在对国有企业的直接投资，为发展"战略性新兴产业"的国家产业发展基金也只是最近两三年开始讨论的事。于是，京东方在中央政府的政策中，既没有成为标杆，也没有得到投资。

如果说京东方得到了国家层次上的融资来源，那么唯一能够为产业提供融资的渠道是国家开发银行（以下简称国开行），而恰恰是这家政策性银行在京东方最困难的阶段施以援手。在陈元的领导下（1998—2013 年），国开行成为一个遵循产业逻辑的主要投资机构，京东方也深受其益。根据陈元的理论，开发性金融"不仅是以国家信用方式弥补市场发育不足、体制不完善等有缺损的地方，更是用建设市场、建设体制来培育市场和弥补市场不足"（2012，第 18 页）。不过，他似乎认为市场体制不完善是开发性金融可以发挥作用的根本原因（同上，第14-15页），但从本书对中国半导体显示工业发展过程的分析看，即使资本市场"完善"，也不会提供长期产业投资。因此，中国将长期需要开发性金融，其原因应该不仅仅是市场体制不完善。

对于工业企业来说，银行贷款只能是补充性的，因为它代替不了资本金的作用。经历过北京5代线因资本金不足而过多依靠银行贷款的风险之后，京东方定下一个原则，任何新建生产线必须筹足占总投资60%的资本金，其余部分才依靠银行贷款。当从资本市场融资的路走不通之后，京东方从2008年之后的主要融资对象转向地方政府，以通过资本市场的定向增发形式募集资本金。这个模式起源于成都4.5代线（B2）项目（见第五章第五节），在其34亿元的总投资中，由京东方向成都市政府的地方融资平台定向增发18亿元，再由国开行牵头的银团提供贷款16亿元（10年期）。为说明京东方通过实践形成的这个商务模式，我们再集中回顾一下京东方在扩张过程中的融资情况[①]。

在第一轮扩张中，京东方在与合肥市商讨总投资为175亿元的合肥6代线（B3）时，最初提出需要90亿元资本金，但合肥没有这么多的钱，最多只能出60亿元，而且还是把地铁项目停了才可能凑出来。于是京东方采取了向大投资人融资的办法，结果2008年增发时的市场反响特别好，融资额超出预期，合肥市政府实际上只出了30亿元。总投资280亿元的北京8.5代线（B4）需要170亿元的资本金，其中北京市政府出了85亿元，其余的由京东方从市场上筹措。但正如在第六章第二节中所述，北京市政府出的85亿元没有通过增发股份投入京东方集团，而是直接投入到项目公司，2013年460亿元定向增发时，这部分投资转回上市公司股份。

到第二轮扩张时，京东方的商务模式趋于成熟，而且那时合肥6代线和北京8.5代线也相继投产，京东方因证明了自己的能力而获得地方政府的信任。合肥8.5代线（B5）的总投资是285亿元，在175亿元的资本金中，合肥市政府拿出100亿元，另外75亿元是从市场融资。在合肥拿出的100亿元中，有40亿元由合肥市直接投入项目公司，另外60亿元是对京东方的免息借款（这样便于京东方控股项目公司）。2013年的460元定向增发包含把60亿元借款"债转股"的内容。由于合肥市从6代线上受益匪浅，所以对于B5项目的决策很快，支持力度更大。在商讨建设鄂尔多斯生产线（B6）时（见第六章第五节），京东方设定

---

① 以下所讲的政府投资全部是通过资本市场的定向增发方式。

65% 的做资本金，其中，一部分由当地政府筹措，当然这是以采煤权的形式。总投资 328 亿元的重庆 8.5 代线（B8）同样遵循了这个原则[①]。

综上所述，京东方形成的商务模式是"政府支持，市场化运作"，但不是纯粹的资本市场融资，而是以政府出资作为背书的定向增发。那么，为什么地方政府会成为京东方扩张的主要融资来源和"同盟军"？这个事实反映了中国经济体制逐渐形成的一个结构性特征，即地方政府成为市场竞争的又一个主体。中国从 1980 年代逐渐下放权力，使地方政府成为具有动机并掌握资源的经济发展主体。1994 年实行分税制后，虽然中央政府重新掌握了财政收入的大头，但地方政府作为经济发展主体的地位也被制度化了。从 1990 年代末开始，也是由于国家开发银行的推动，地方政府逐渐发展出以城市建设投资公司为原型的地方融资平台，打破了城市基础设施建设只能依赖地方财政收入的局限（参见陈元 2012，第 3 章）。由于地方融资平台可以把地方政府的资源配置职能接入资本市场（包括融资和股权投资），所以在地方国有企业资产增值和土地增值可以成为主要收入来源的条件下，地方政府成为能够对经济发展进行投资的主体。史正富（2014，第二章）把中国的市场经济概念化为一个三维的体制，即在常规市场体制的两大经济主体——政府和企业——之外，中国形成了一个中央政府、地方政府和企业之间三维互动的市场体制，而这个体制是使中国经济具有超常投资力的主要原因。

学术界对中国地方政府的经济发展职能多有分析，但很少有人理解的是，在地方政府成为市场竞争主体的过程中，特别是在最近 10 多年里，许多地方政府逐渐改变了纯粹的"招商引资模式"，出现了"创造产业模式"。在招商引资的模式下，地方政府提供优惠条件吸引外来的投资，但没有对产业的选择权。相比之下，创造产业模式是地方政府有目标地引进特定的企业在当地创造原来没有的产业（高新技术开发区），这种模式要求地方政府参与投资，而能够这样做的地方政府也因此而掌握了选择产业的决定权。在创造产业模式下，地方政府引进的企业必须具有发展目标产业的能力。由于目标产业往往是技术和资本密集度更高的，需要的投资强度更大，所以地方政府参与投资成为引进这些企业及其项目的必要条件。在实践中，这两种模式的内容往往重合在一起，但这两种不同的行为倾向仍然可以从概念上明确区分。一般来说，创造产业模式更多地发生在具有一定发展基础并需要产业升级的地区。

[①] 陈炎顺访谈，2013 年 7 月 5 日。

京东方的扩张恰恰是在找到与地方政府创造产业需要的契合时才突破融资瓶颈的。在京东方扩张前夜的 2007—2008 年，液晶显示器在中国市场上全面替代 CRT 显像管，中国彩管工业开始崩溃，而中国庞大的彩电工业迅速陷入被"卡脖子"的困境。随着 TFT-LCD 工业重要性的凸显，许多地方政府都看出发展这个工业对于当地经济发展的好处（尤其在电子终端产品制造业集聚的地方）。在那个关头，TFT-LCD 工业中"有能力的企业"大多是日韩企业和中国台湾企业，而京东方是唯一有能力建线的中国大陆企业，虽然尚未得到建线实践的证明。在这种条件下，虽然地方政府的首选仍然是引进外资项目，但它们之间的竞争却为京东方打开大门。在与上海、广州、深圳、苏州等地吸引外资项目的竞争中，较为不发达的成都和合肥处于不利的地位。但也正是这种不利条件，使成都和合肥的领导人愿意冒更大的"风险"选择与京东方合作①。这两个项目成为京东方扩张的突破口——成都 4.5 代线开创了向地方融资平台定向增发股份的融资模式，而合肥 6 代线（中国第一条高世代线）则锻炼并证明了京东方的能力，于是就有了后继的北京 8.5 代线、合肥 8.5 代线、鄂尔多斯 AM-OLED 线和重庆 8.5 代线。具有讽刺意味的是，在争夺外资企业建线上具有优势的地方，最后都成了发展这个工业的落后者（深圳是因为转向支持华星光电自主建线才没有落入这个行列），而在那场竞争中处于不利地位的合肥，就是因为敢冒"风险"选择与京东方合作，反而一跃成为中国半导体显示工业的一个主要生产基地。

地方政府之间的竞争性使其领导人的眼光和魄力也像在企业的竞争中那样起到重要作用，他们的"企业家精神"不仅决定选择项目的成败得失，而且也使某些地方政府成为遵循产业逻辑的力量，因为要达到创造产业的目的就必须这样做。于是，愿意提供长期产业投资的地方政府就成为京东方的"合伙人"。实际上，这种过程同样充满风险和不确定性，而且同样必须对结果"自负盈亏"。从这个意义上讲，地方政府的企业家式行为是市场经济的一部分，而不是计划经济的一部分，这是理解中国经济体制演进的一个关键点。在这个过程中，引进京东方的各地方政府都没有任何想补贴京东方的动机，它们提供投资的动机只是想借助京东方的能力在当地创造出一个原来没有的新兴产业。这种投资之所以被媒体记者、网络名人和学术投机者误认为是政府补贴，不过是因为他们头脑中没有产业发展的概念。于是，在京东方的发展过程中，由于基于财务逻辑的资本市场不会提供长期的产业投资，所以基于产业逻辑的投资是来自国家开发银行和地方政府。至于为什么一个处于工

---

① 事后证明这种"风险"是主观想象的，因为引进外资建线的风险大于引进京东方的风险——三星、LG 的项目被推迟，南京夏普 6 代线一直亏损，而富士康为建线而要求的优惠条件远超京东方。

业化过程的发展中国家会是这样，那倒是值得研究的问题。

回顾整个过程，京东方得以扩张的条件是几个关键因素的完美结合。第一，在中央政府和资本市场都没有对中国 TFT-LCD 工业发展的融资起什么作用的条件下，中国仍然存在着诸如国家开发银行和地方政府的长期产业投资来源。第二，中国庞大的下游电子产品工业不仅为京东方提供了巨大的市场，而且这些工业遭遇的"缺屏"困境牵动了各方的关注，为京东方的奋斗提供了"政治"条件。第三，2008 年下半年爆发的全球金融危机带来了"机遇"：一方面是所有的国际领先者都被迫放缓脚步，另一方面是中国政府刺激经济的"4 万亿"计划为京东方的扩张创造了宽松的融资条件。

但上述因素都只能是中国半导体显示工业崛起的必要条件，其充分条件仍然是由京东方的奋斗所创造的。第一，京东方所选择的自主掌握技术的道路及其为此付出的努力，使她在中国出现支持 TFT-LCD 工业扩张的条件时，成为唯一具备建线能力的中国企业。如果当时中国不存在这样一个企业，客观环境变化所提供的任何有利条件都不足以使中国能够发展这个工业。换句话说，是京东方的奋斗动员了蕴藏在中国经济体制内的代表了产业逻辑的力量和资本。第二，京东方的扩张是由她自己主导的，而不是由地方政府主导的。地方政府的视野和动机往往受到地域性的局限，它们投资半导体显示工业往往是从当地终端产品（如电脑、电视等）工业的需要出发；而京东方的产业视野和动机则是全球性的，她是从"显示无处不在"的眼光而不是从任何特定终端产品的需要去看待显示器工业，所以奉行的是全球制胜的战略。第三，是京东方的企业过程把巨额投资转化成为经得起市场竞争考验的生产能力，这个作用是其他任何主体都无法替代的。

基于上述三个原因，如果说从 2009 年开始出现有利于中国半导体显示工业发展的融资条件，那么京东方的扩张就是把这些条件转化为中国在该工业领域形成产业资本的主要发动机，其标志就是京东方能够按照原定的目标、时限和要求精准地完成总投资达一千多亿元的 6 条高世代生产线（其中 4 条是高世代线）。为理解这个发动机是如何运转的，我们分析一下京东方在 2009 年之后形成的"扩张模式"。这个模式的构成元素如下。

第一，是京东方投资建线的商务模式，上面已经对它做了详细介绍。"政府支持、资本市场运作"是陈炎顺总结这个商务模式的原话，但不应忽略的还有国开行牵头或参与的银团长期贷款。

第二，是在每个建设项目的实施上贯彻"三五原则"，即"五同时""五确保"五典范"。关于"三五原则"的具体内容下面再详述，这里可以指出的是，遵循这些原则保证了京东方在建设产线的时候不仅盯着建设本身，而是更多地盯着产品、市场、技术和工艺，使产线在建设的同时规划产品和市场。

第三，每个项目的建设都是按照"6个战役"打——桩基完成、厂房封顶、设备搬入、点亮投产、量产爬坡、盈利满产，一个战役一个战役地打，规划组织都是人人负责。

第四，生产线建设的组织结构基本上都是一样的。由集团最高层组成的项目领导小组负责项目战略指导；项目总指挥负责项目关键节点把控；项目执行总指挥负责项目具体实施，并任项目公司总经理，对项目运营后的盈利负责；项目公司董事长由集团总部委派相关高层领导担任，负责对建设、运营的监督。

第五，集团总部各个专业部门（审计、法务、人力资源）的支撑到位，建设的人只管建设，所有的人财物、企划都在总部，而总部在操作运营上有了一整套的流程体系。

第六，每条线量产后都以市场需求为导向，按照基本经营法则不断调整产品，投入产品开发，并根据需求和产品的变化进行产线调整和扩产。

由上述元素构成的"模式"是京东方扩张的"法宝"，它实际上是一套管理体系。这个扩张模式使京东方在2008年以后建成的每一条生产线从开工到点亮不会超过18个月，都是保质、保量、按时完成投产的；还使京东方在保持高速发展的同时，把风险死死地控制在合理的范围内，基本摆脱了在此之前的起步阶段遭遇到的风险。

京东方的扩张模式或管理体系是在实践中形成的，它同时代表了京东方的能力发展。为理解这个模式是如何形成的，我们继续分析其中的"三五原则"，其具体内容如下。

"五同时"指的是在实际建线之前的工作原则：

● 同时企划好产品、加快产品开发；

● 同时企划好市场与客户、加快战略客户的开发；

● 同时企划好供应链策略、提升议价能力，巩固和完善战略供应商伙伴关系；

● 同时做好人员培训、管理制度、工艺技术文件、IT系统等软件建设工作；

● 同时完善组织与人员配置，做好生产运营准备。

"五确保"指的是在建线过程中遵循的工作原则：

● 确保工程质量；

● 确保工程预算；

● 确保工程安全；

● 确保工程进度；

● 确保顺利运营。

"五典范"指的是建线要达到的效果：

● 安全典范；

● 品质典范；

● 进度典范；

● 廉洁典范；

● 协作典范。

"三五原则"是王东升概括出来的，其基础是京东方的建线经验："五同时"和"五确保"来自对合肥6代线经验的概括，"五典范"来自对北京8.5代线经验的概括。由于建设合肥6代线对于京东方的成长具有重大意义，所以这里以石涛对那段经历的回忆为例，说明"三五原则"的实质内容是怎样形成的。

合肥6代线是京东方第一次建的高世代线，而且施工环境很陌生。石涛坦言那条线的建设是他付出辛苦最多的项目，那个项目大部分时间是在赶工状态，所以过程很狼狈[①]。为什么一直处于赶工状态？石涛的解释是：第一是各参建单位在开始时对工程的复杂性认识不足，因为它们也是第一次参与这么大规模的项目，资源准备也没有到位；第二是施工过程中的专业交叉造成很多项目管理者没有想到的问题。石涛说他吃苦头最大的地方，就是建到厂房后面部分时发现厂房外的正式管网还没有做，然后外面又开始翻土断路，而断路会影响整个现场的设备搬入。因为事先没有想到会出现这样的局面，所以石涛"最后狼狈到每天早上7点钟全体集合，带着队伍去现场，晚上9点半结束，现场管理人员只能请病假不能请事假，连续干了2个月。厂房的内部和外部同时做。"吸取这个教训，以后的建设项目都是在前期主体没做的时候就把管线都埋下去，再也没出现过这种局面。按石涛的说法，合肥6代线是拼出来的，是靠勤能补拙建好的——"赶工的时候就没觉得这工程要完，但是两个星期后就突然发现顺了，工地一天一个样，最后就突然赶完了。"建设合肥6代线弥补了京东方建设团队很多经验不足的地方，提高了他们管理流程和模式的能力。虽然这个项目在建设过程中遇到很多意想不到的问题，但最后的质量很不错，也验证了京东方的现场管理体系和方法在原则上是对的。

---

① 石涛访谈，2015年2月3日。

石涛后来总结，承包商的资源和它们对这个行业的理解很重要，而京东方的管理模式和体系则一定要健全，不能只管理某个公司，而是要使所有的参建单位都能认可京东方的管理模式和方法，认同京东方的管理文化。他说："我后来感觉项目能够成功的一个重要原因就是参建单位认同我们的现场管理文化，如果不认可的话就会在大大小小的事情上有冲突。"这在招投标的时候我们就已经安排好了，告诉他们什么时候进入、什么时候完成。这是在之前我们就已经完成好的整体策划。

那怎样使众多的建设公司认同京东方的现场管理文化呢？石涛解释说，京东方在招投标结果确定之前就会与建设公司沟通对于施工的要求和标准，确认各施工方是否能完成京东方的要求。京东方团队会反复提问，目的就是使参建单位在进入工地之前就完全知道工程的标准和要求，清晰地知道业主的目标是什么，使它们对工程的理解与业主达到一致。京东方团队还要使自己的执行力得到建设公司的认同，要让它们知道京东方团队是说话算话的并信任京东方。他说，如果没有对要求和标准的一致认可，等工程单位进场后有自己的一套，那就麻烦了，它们会反客为主，沟通成本和现场的管理成本会变得无穷大。石涛说："这是这么多年来我们管理流程的核心原则，我们所有关心的问题事先一定要充分交流好，得到参建单位的认可，不能存在一点疑虑和猜忌的地方，这样它们才能完成合同上的要求和规定。"一旦签了合同，所有的施工单位就与京东方成为一个团队，遵循一个文化，一起完成这个项目。如果项目成功，就是全体团队的成功；如果失败，则没有任何一个参建单位是没有责任的。这样做事的氛围就成了"我要把事情做好"，对于每个参建单位来说，只有把项目做好了，自己才能走出去。石涛说，京东方后来项目的流程文件都是根据"三五"原则做的，三个原则后面的两个——"五确保""五典范"——都是建设团队负责的，对每一个项目的评价都是靠这两个"五"，其根本就是一句话：要营造一个共同做事的文化。

从以自主建线方式开始高强度的技术学习，到形成以"政府支持、市场运作"为特征的扩张模式，京东方成为中国半导体显示工业崛起的主要"发动机"。从财务角度看，这个工业的崛起就是中国在这个工业领域形成有效的和不断扩张的产业资本。从京东方融资建线的扩张过程看，她也确实是一个把各方所持资金转化为高技术工业产业资本的发动机。那些财经媒体编造的京东方"怪圈"——越投越亏，越亏越投——的目的，是企图让世人形成一个京东方是以新的融资来弥补亏损的印象。但京东方每一次建线的结果都是形成了有效的生产能力，即有效的产业资本，而新的融资是用于形成新的生产能力，无非是京东方的投资有点猛，而新的投资能够产生财务回报还需要点时间罢了。

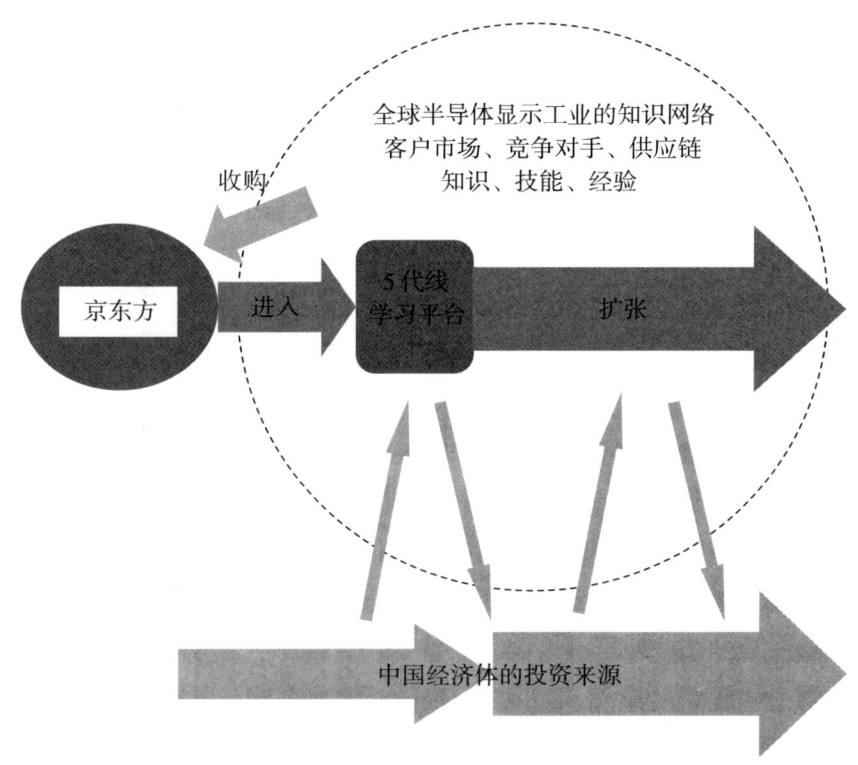

图 6.3：京东方扩张机理的示意

图 6.3 是对京东方扩张过程及其机理的概括：（1）**进入**：在全球 TFT-LCD 工业的知识网络已经形成之后，从这个网络中获得一定的技术资源是后进者进入该工业的必要条件①。京东方是利用收购获得的技术资源，以自主建设 5 代线的方式进入该工业。（2）**能力成长**：自主建设和运营 5 代线使京东方在全球 TFT-LCD 工业的知识网络中建立起学习平台，是京东方发展出技术能力的关键环节。（3）**扩张**：通过 5 代线平台形成的能力基础，京东方在各种条件具备的时机开始大规模扩张，并加大技术研发的强度，直至把全球 TFT-LCD 工业的知识网络推向新的边界。（4）**融资来源**：京东方的扩张与中国经济体提供的融资来源是互动关系，她把投资转化为有竞争力产业的过程引发更多的长期产业融资。

把京东方模式看作是产业资本形成的发动机，可以帮助理解更宏观的经济问题。经济学理论的一个基本共识是：长期经济增长的主要源泉是生产率的增长。从这个前提出发，可以把一个经济体的产业部门简单地划分为两类：第一类是其生产率的

---

① 本书第三章讲述了美国发展平板显示器努力的失败，证明在这个知识网络之外"另起炉灶"的做法是无效的。此外，华星光电招募台湾工程师团队的做法也是从这个知识网络中获取技术资源的一种方式（见第五章附录）。

增长快于整个经济体的平均水平；第二类是低于平均水平的。还是出于简化的目的，让半导体显示工业（高技术工业）代表第一类产业部门，让房地产代表第二类。经济发展的动力是第一类产业的发展，而第二类产业由于生产率增长低于平均水平，所以当其是必需品时，其价格会随着经济发展水平的提高而上涨。因此，房地产价格取决于由较高生产率的产业部门所带动的经济发展，从某种意义上讲，这类产业的发展是在分享经济发展的成果。第一个阐明工业发展带动不动产价值增加的人不是今天的聪明人，而是170多年前的德国经济学家弗里德里希·李斯特（1983，第198-199页）。虽然两类产业部门都是必要的，但它们之间必须保持一定的平衡关系，而中国经济目前面临的一个主要问题就是对房地产的投资过多（余永定2015）。

从资本形成的角度看，对半导体显示工业的投资如果能够形成经得起市场竞争的生产能力，那么整个经济体的生产率就会提高，从而产生经济发展；如果投资过多流入房地产，那么虽然社会可能在一段时间内产生由泡沫带来的"繁荣"，但经济发展终将由于生产率增长的减缓而陷入停滞。因此，较高生产率产业的资本形成对于经济发展是首要的，这就是为什么实体经济重要的原因。但这种产业资本的形成是更加困难的，因为对于以产业发展为目的的投资来说，形成有效产业资本的标志是能够产生财务回报，而产生财务回报的条件是这些资本的生产能力必须能够在市场竞争的条件下产生更高的生产率。投资只是形成有效产业资本的必要条件，它的充分条件是运用资本的企业能够发展出足够的组织能力。因此，如果一个经济体中没有敢于进入较高生产率产业并发展相应能力的企业，可用于投资的国民储蓄就只能流入房地产和其他投机性领域，最终造成经济发展的停滞。

上述分析可以看出京东方道路的经济学意义：当京东方领导人在世纪之交做出对"命运"的选择时（即做高技术工业而不做房地产），他们选择的是为社会创造价值，而不是从社会分享价值。京东方后来经历的所有苦难都源于这个选择，但它也是一个足够的理由让历史记住京东方，而不是任何一个房地产企业。

京东方在10年的时间里募资1400亿元，建设起7条半导体显示器件生产线。截至2015年3月31日，京东方归属于上市公司股东的净资产达到771亿元，总资产达到1366亿元。京东方对于中国高技术工业发展的突出贡献，不仅在于她敢于进行如此高强度的投资，更在于她最终发展出足够的能力，把这些巨额投资转化为经得起市场竞争考验的生产力。2012年的主营业务盈利和2013年净利润800%的增长，不仅标志着京东方"液晶历程"的成功，而且标志着中国在发展一个过去没有的高技术工业——半导体显示——上的成功。领导了京东方20多年的王东升是财务专业背景，而且出身财务的人在京东方的领导班子中占比不少。但与常识相反，这些人领导的京东方是一个坚持并专注于发展高技术工业的企业。当财务出身的企业领导人如此献身于工业时，我们才能见识到发展高技术工业也可以通过一套令人眼花缭乱的资本运作。京东方的新一轮盈利是战略主导财务的结果，她在全球半导体显示工业的崛起是产业逻辑对财务逻辑的胜利。无论从哪一种视角去看——正面的、负面的，京东方确实可以说是一朵奇葩。

第四节
产业雄师

正如我们在前面讨论京东方的投资战略时所指出的，京东方如果要在半导体显示工业中发展起来，不仅必须进行高强度的投资，而且必须把这些巨额投资转化成为经得起市场竞争考验的生产能力。本书前面的内容已经描述和分析了这个投资转化为生产能力的许多方面，如京东方建设 7 条生产线的过程，重塑组织结构和建立研发体系，以及实施以提升产品竞争力为中心的竞争战略等方面，还需要介绍的是京东方如何锻造出从事生产、研发和管理活动的产业大军。

从最直观的现象看，高速扩张使京东方产业大军的规模急剧扩大。在扩张前夜的 2008 年，京东方的员工总数是 9600 多人，而短短 6 年后的 2014 年，京东方已有员工近 5 万人。

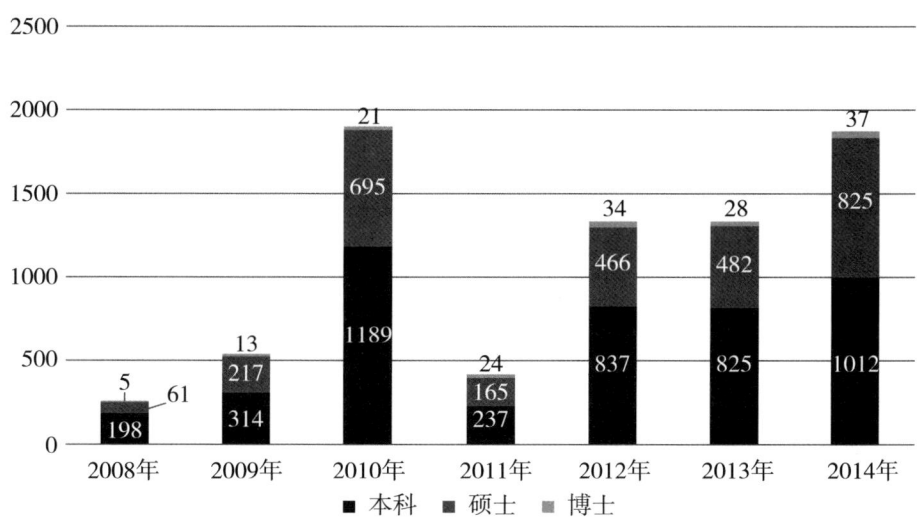

图 6.4：京东方历年新增应届高校毕业生人数（2008—2014）

数据来源：京东方。

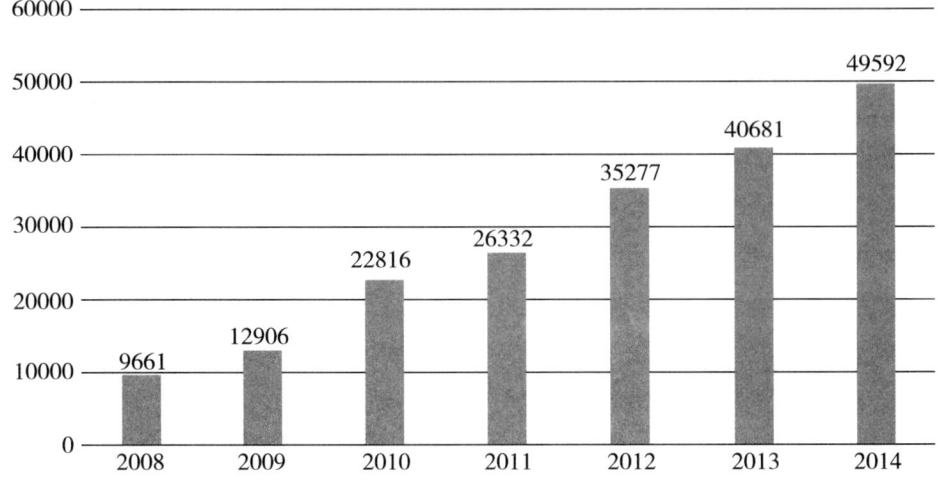

图 6.5：京东方历年员工总数（2008—2014）

注：2008、2009 两年人数只包含与公司签署劳动合同的员工，与年报口径一致；2010 年以后包含了劳务派遣、实习生等所有用工形式。

数据来源：京东方。

　　如此迅速的扩张当然使企业面临着训练产业大军的重任。京东方从总部到各产线都设有培训系统，长期对员工进行培训。对于新入职的员工，"产业人养成特训营"是京东方总部投入资源最多的项目。这个培训项目是从 2003 年开始的，其主要内容是 20 天的军训（包括团队拓展、演讲比赛等），实际上是一个让新员工在心理上从学生转变为京东方产业人的"仪式"，公司为此每年都要投入大量资源。以 2013 年为例，参加军训的新员工共 1227 人，直接费用包括军训费（付给部队）、用品（每个人发包和军训服装）、交通费（1200 多人从车站到部队的移动）、工资（因为是带薪培训），再加上受训期间不工作的成本，公司为每一个人承担的成本达到 5000 元。按照每期 1000 人算，一期的产业特训营需要花费至少 500 万元[①]。

　　使新员工真正成为产业人需要在实践中的长期锻炼，而京东方的年轻产业大军之所以能够在企业的高速扩张中迅速形成战斗力，其关键是企业的骨干队伍。产业大军需要骨干，就像一支军队的战斗力不仅取决于指挥官，而且取决于中下级军官的素质。京东方是一个有历史积淀的企业，但当她进入 TFT-LCD 工业时，除了少数技术专家，并没有相应的工业经验和有技能的团队。在京东方已经实现大举扩张的今天看，北京 5 代线确实是一个具有关键意义的学习平台，而且就是

------

① 范建伟访谈，2013 年 9 月 2 日。

因为这条线经历的艰难困苦，才造就了一支今天仍然很年轻的骨干队伍，才使京东方在高速扩张中的年轻产业大军能够成为"经得起市场竞争考验的生产能力"。详细描述这支骨干队伍的成长过程是本书篇幅所不允许的，于是我们以6位年轻工程师口述的个人经历来反映这支骨干队伍的成长状况 [1]。他们的故事生动地反映出京东方的成长过程，从个人的工作经历和内心世界方面告诉我们京东方是怎么掌握技术的，是怎么建起一条条生产线的，又是怎么形成团队精神的。在集体的层次上，他们的故事还告诉我们什么是产业逻辑，什么是改变世界的力量。

尚飞是1983年生人 [2]，2005年从北京理工大学机械自动化专业本科毕业后，进入北京5代线（B1）的研发部。当时虽然行政领导是京东方的人，但技术上却依赖从韩国京东方派来的韩国工程师。据他回忆，韩国工程师对中国工程师是有戒心的，不愿意中方人员学到技术。这倒不是有组织的技术封锁，而是担心"教会徒弟，饿死师傅"。尚飞度过了一段很辛苦的日子，他很想学东西，但没有人教，只是干活。他回忆说："我那个时候就是到处去帮忙，只要看到哪个地方在做事忙不过来，我就去帮人忙。帮完之后我会问，为什么要做这事，这么做是什么原因。"一直到了2006年年初，情况开始发生变化。

尚飞的韩国老师能力非常强，但个性也非常强。尚飞一直对他特别尊敬，特别诚恳，只要是他安排的事情，尚飞都会好好去做、去学。从2006年一季度开始，韩国老师愿意并有心地教他。尚飞后来才知道，京东方那时已经要求韩国工程师从韩国京东方的派出人员转为京东方的员工，他的老师对此极为不满并准备离开。韩国老师离开时（他现在在LG工作），5代线刚开始开发19英寸的第一款宽屏产品。尚飞当时知道设计的架构，但没有一点设计的经验，老师的离开使开发团队在这个方向上只剩下尚飞一个人，他不得不硬着头皮去做。那是一段苦日子，从6月份开始到10月份项目完成时，尚飞的头发基本上全白了（现在还有白头发）。19英寸宽屏产品在2006年11月份量产，非常成功，为公司赚了很多钱。回顾那段经历，尚飞觉得他那时就是处于董事长说过的"强力激发"状态，

尚飞一直在B1工作，从普通工程师做到科长，又做到部长，主要从事模组的开发。他说京东方一直存在的一个问题是，显示端做得很好，但是模组端的成

---

① 对这六位工程师中的前五位的访谈不是通过京东方正式安排的，而是利用已经建立起来的个人关系在"私下"联系的（实际访谈的人数不止这五位）。我们没有对访谈设定具体问题，只是要他们讲述自己在京东方的经历。他们的职务和工作内容全部以访谈日期时的实际情况为准。

② 尚飞访谈，2014年3月21日。

本太高，竞争力不足。一个原因是那时的显示透过率不是很好，所以必须在背光源做补足。另一个原因是原来的产品是由韩国工程师主导的，所以大量使用从韩国进口的材料。例如，当时用于背光源的CCFL灯管全是从韩国进口的，很昂贵。尚飞他们觉得很奇怪，CCFL灯管没什么技术含量，为什么非要买韩国的呢？但韩国工程师说如果不用这个灯，客户会不认可。尽管有阻力，京东方仍然大张旗鼓地进行了材料的国产化，寻找并引入国内供应商。在这个过程中，尚飞成为B1整个成本降低项目组的小组长。他也坦承犯过错误：在引入一家国内供应商时，为了提高产品信赖性品质，尚飞修改了产品设计，结果反而导致不良率上升。后来发现问题出在设计上，原因是经验不足。尚飞解释说，除了满足合理性和规格，设计还有很多经验性的东西，还要考虑到作业员的实际操作习惯，需要积累。他们后来的做法就是把所有可能出现的问题做成数据库，在产品设计上提前进行预防。那个阶段的国产化很成功，当时的口号叫"一英寸一美金"，即把每一英寸背光源的成本降到一美元，到后来做到一英寸只有零点几美元的水平。

尚飞对京东方第二轮亏损阶段的"苦日子"记忆犹新。2008年下半年全球金融危机时，B1让一半的操作员回家，但还给他们发基本工资并与他们保持联系，因为复产时还需要他们回来。当时很多操作员不理解，觉得干得好好的，怎么就让回家等着了，认为企业效益不好是设计人员工作不努力。尚飞因为是党员，所以负有给100名操作员打电话的任务，经常和他们聊聊，诸如"现在回家了，家里什么情况啊？公司现在是什么状态，需要你们对公司有信心"，等等。尚飞在和其他人的沟通上非常诚恳，他负责联系的那些操作员后来都回来了，但回想起那段经历他仍然觉得心酸。

那个阶段也是研发人员非常忙碌的时候。当行业不景气的时候，开发会更重要。行业最景气的时候也是工厂最忙的时候，需要尽量减少开发验证对产线的影响。但如果不在那个时候就储备新产品，一旦市场需求变化，下个阶段就没产品做了。在这个问题上，开发和生产永远是矛盾的。开发方面总想一直保持开发新产品，而生产方面总想有产品的时候不要动产线。回想起来，尚飞认为那时的开发做得不好，想到什么就做什么，看市面上什么卖得好就开发什么，结果往往是产品出来后就已经过时了。2009年之后，京东方开始出现SBU这样的概念，有了产品企划。也是从那个时候开始，B1按照董事长的要求开始转型做小尺寸产品。尚飞参与了10.1英寸产品的开发，也遇到做小尺寸产品的痛苦：B1产线原来是为了生产电脑监视器而设计的，由于设备不适应，做小尺寸产品时，残像（画面上残留着上一帧的图像）特别多。原因是面积变小了，滴入的液晶容易与边框胶产生混合。尚飞第一次体会到残像会造成多大的痛苦，他们连续做了几十次样品，前后持续了将近半年的时间。

那段时间午夜12点是正常的下班点，尚飞因为心里有很多事情，回到家也睡不着觉，4点多就醒了，于是养成了先去跑步，然后洗澡，再看会儿新闻坐班车上班的习惯。尚飞记得，2009年春节前的腊月二十九晚上，他带着工程师从苏州代工厂把开发的样品带回B1，测试完就在实验室睡了一觉，早上起来发现公司已没人，说是都放假了。尚飞又对样品进行新环境测试，完成阶段性工作才想起回家过年，他对当天买的五折机票印象特别深。尚飞是重庆人，大年三十回到重庆后连吃了三顿年夜饭——在自己家、外婆家和妻子家各一顿，但其间接到电话说测试结果不太好，于是他在大年初一坐下午5点的飞机赶回北京，整个春节都是在实验室过的。尚飞的家庭是重庆的一个望族，祖父母有三个儿子和三个女儿，在各个领域都是非常优秀的人物，而尚飞是这个家族的独孙。当时奶奶对尚飞说，"你这是什么工作啊，这么辛苦就别干了"，但他还是回到公司投入工作。

经过将近10年的锤炼，尚飞已经成为一个京东方的产业人。当了部门领导后，他也对自己手下的人讲强力激发。什么叫强力激发？按尚飞的说法，就是"关键时刻顶得住就能成长"。有一段时间，尚飞与另一位同事（陈明）受命开发3D和Touch（触摸）。王东升给他们做了分工，让陈明做3D，让尚飞做touch（触摸）。他回忆道："董事长问我一年能不能干出来，我说能！"不过颇具喜感的是，尚飞从王东升那里领完任务回来后，做的第一件事就是到处打听什么是触摸。这也难怪，触摸是显示屏的事，主要是Array（阵列）设计和电路设计，这与他一直做的TFT模组开发是不同的领域。不过尚飞那时已经从自己做技术变成领导团队做技术，所以从王东升那里领到这个任务，"就相当于董事长给了个番号"。于是尚飞开始组建团队，在公司内外到处联系具备触摸基础的人，他招到的第一个团队成员就是从台湾竞争对手过来的。苦干了一整年之后，尚飞的团队开发出来两款可量产的触摸产品并完成了客户认证。从此B1就建立起了touch开发部，包括做屏和电路的整个开发团队。当尚飞于2011年从B1调到B4（北京8.5代线）时，董学死活不让尚飞从这支团队带走一人。目前，这支团队正在开发集团的重点项目full-in-cell touch（全嵌入式触摸），对此感到自豪的尚飞说："那里面的每个人都是我招的，一个一个招的。"

2012年初，度过京东方最艰难阶段并处于个人上升期的尚飞离职了，原因是父亲身体状况不佳，两次病危，他只能离开北京处理家庭事务。听说他离职，王东升直接给尚飞发了一条手机短信，极力挽留他，并直言："京东方需要你"。

当时尚飞含泪回复道："自古忠孝难两全……"在父亲开始逐渐康复后，尚飞于2013年2月重回京东方，被调到重庆8.5代线（B8）项目组，直属邱海军领导（邱是开发组组长，尚飞是其中的产品开发组组长）[①]。在B8建设期间，项目组的100多人全部住在合肥，借助8.5代线进行规划和开发活动。由于人手不够，尚飞什么事都得懂、都得做、都得管。他说趁现在还年轻要多学习，正在一门心思学新型半导体材料设计，希望掌握氧化物TFT的设计，以后从panel到module就都掌握了。再加上干过3D和触摸，他对半导体显示行业就全通了——这是尚飞人生中的又一次"强力激发"吧。

龙海涛是1974年出生的东北人，1997年从中南财经大学的人力资源专业毕业。他原在北京一家网络公司工作，后来随朋友出来成立了个小公司，结果做亏了，成了"北漂"。在重新找工作的过程中，觉得京东方还不错，就在2002年加入京东方，不过他是进入了属于传统产业部分的电子材料事业部。他开始是做人力资源管理，几年后到生产车间做生产管理。随着京东方进入TFT-LCD工业之后对"传统产业"的调整、压缩，该事业部就因为产品结构和北京旭硝子类似（都生产低温封接玻璃粉）于2009年被并入北旭。合并后，由于北旭在天津蓟县也有生产车间和工厂，所以该事业部原来在总部这边的生产车间就被关闭。京东方一如既往，尽量为富余出来的人安置工作。恰好京东方在合肥上马6代线需要人，于是龙海涛就被安排到B3。在面试时，龙海涛被问是想做人力资源还是想做生产管理，他回答说，自己从2005年就开始做生产管理，对人力资源的政策没有那么熟悉了，于是他被安排到制造部门。

龙海涛一到B3项目组就被派到韩国东友去研修，是从北京直接去的。东友是日本住友设在韩国的子公司，生产彩膜（彩色滤光片）、PR胶和光阻材料，同时也是京东方的供应商（B1因为没有彩膜工厂，都是采购它的彩膜）。合肥6代线是中国大陆建的第一条高世代TFT-LCD生产线，其彩膜部分也是中国大陆的第一个彩膜厂。在它之前，上广电于2006年宣布，与日本富士胶卷共同投资2.67亿美元设立一家彩膜厂，为5代线配套，但事实上没有做起来。京东方的B1没有彩膜部分，B2首建彩膜厂，但是低世代的。高世代和低世代的彩膜厂不一样，低世代的玻璃基板小，对应的曝光面积和玻璃基板的尺寸基本一样，曝一次就可以。高世代的玻璃基板大，曝光面积小，需要曝几次，所以曝光如果有什么不良

---

① 这也是两人之间的又一次合作，2009年春节期间和尚飞一起改善产品不良的，正是时任产品技术部部长的邱海军博士。

点，很可能会出现相应的空缺。此外，在涂布在显影的时候，大尺寸玻璃基板比小尺寸的更容易产生残像。由于技术空白，在国内找相关人员就很难，只能靠自己培养。

龙海涛那批去韩国研修的共有50人（其中4人是翻译），另外还有40多人到B2实习，相当于第一批来B3彩膜的有90多人。研修半年后，龙海涛于2010年年初回到北京，然后就到合肥工作。他的妻子也是京东方的员工，后来全家都搬到合肥。到B3后，他通过竞聘当上生产管理科的科长。

B3的彩膜分厂可以说是由住友援建的，这也是为了帮助自己的大客户。投产时，住友还从东友抽调了一线作业人员到合肥，包括操作和检测的，京东方的人员则跟着他们边干边学。龙海涛说，刚开始是纯粹学理论，但在量产过程中，他第一次看到这么大的玻璃，了解到残像是什么样的结构、什么样的形态。那些支援的人半年后撤走，京东方团队成功地把彩膜生产接过来了。由于这些原因，彩膜分厂在B3成为比较独立的单位，设有独立的生产管理部和品质保障部。彩膜的制造都是自动化的设备，玻璃在生产线上流片，涂布、曝光、显影之后形成相应的形态（pattern）。检测有两个主要环节：工程检查（简称"工检"），是指工程过程中的检查。工检是靠人眼，看涂布或曝光的时候有没有残像，这是在工检的时候确认的，但并非每一张都看。如果出现的话，就要采取对应的动作，避免产品的不良。另一个是最终检查，就相当于出货检查。彩膜工厂生产的所有产品都要确保质量，检查后没问题才可以给下游的工厂，给液晶盒贴膜作业。

彩膜分厂在量产的早期阶段曾遇到瓶颈，产量总是冲不上去。生产是自动化的，加工过的玻璃"呼呼地都过来了"，但在final检的时候却根本检不过来，前面总是堆着很多片子。后来大家就讨论解决方法，决定采取激励措施。一个措施是实行班组评比，对检得比较多的班组进行奖励，很快就从平均每天检出3100张左右提高到3400张，后来的峰值达到4200多片，基本突破了最终检测的瓶颈。当时的作业员很年轻，都是1985年以后出生的。龙海涛对他们的激励方法其实很简单，他以打赌的方式和各个班说，只要达到了多少，他就请大家吃肯德基。达到后吃了一顿，龙海涛就说要吃下一顿又得达到多少，也很快就达到了。后来他就说，老吃肯德基太俗了，咱们下一次吃必胜客吧。龙海涛解释说，当作业员掌握了做快的方法和技能，达到一定水平后，就会一直保持下去，不会退回去——"就相当于车的磨合，磨合好了挂到三档、四档，就那么快了。"[1]（从理论

---

① 龙海涛访谈，2014年3月21日。

上讲，就是能力的增长。）

2013 年 5 月，龙海涛从 B3 被调到 B5，成为彩膜分厂的制造部部长。B3 彩膜分厂的技术部和制造部加起来有 230 多人，而 B5 的彩膜厂也有 200 多人，满编的时候将近 400 人。B5 的一期设备安装已经完成，可以量产了（30K），二期的设备还在搬入阶段，其他各个分厂也都在搬入设备。龙海涛说，B5 的彩膜有很多新的东西。例如，B3 有两种彩膜工艺，TN 的和 ADS 的，而 B5 除了这两种工艺，还有有机膜的（"阵列先做到 POX 层，然后在表面镀一层 PR 胶"）。多涂一层有机膜，工艺变复杂了。B3 生产的阵列玻璃（Array）和彩膜玻璃（CF）是到成盒（Cell）工序才见面的，但 B5 的阵列玻璃生产完后，有一部分产品就到彩膜分厂来镀膜，做完后又回到阵列去继续加工，然后才到成盒去。于是工艺流程变成一个三角形，这对物流、工艺控制和尘粒的管控要比原来难很多。龙海涛并不太清楚用这种工艺制造的终端产品有什么性能优势，但他最近在中央电视台看到 LG 的 OLED 曲面显示屏广告，猜测像 LG 这样的竞争对手可能也在做相似的产品。

对于龙海涛这样的基层生产管理者来说，面临的一大挑战是"90 后"员工正在步入工作岗位。为把握他们的特点，龙海涛让"90 后"员工自己写自己的思想，其中有一个小女孩写道："'90 后'基本上是属于家庭条件比较不错、比较乐观、做事不计什么后果的一代。"他担心的是，制造型企业有很多工作是重复性的、单调的、枯燥的，可能与"90 后"的梦想容易产生差距，于是在管理上要规避什么样的风险就很重要。例如，如果离职率高，那么产品的质量就不可信，因为经验积累非常重要。凡是进厂的新人，龙海涛都会和他们面谈，聊一聊他们的梦想和苦恼，鼓励他们在工作中交到能够一辈子结交下去的朋友。他说彩膜分厂尽管工作强度比较大，但在所有的分厂中离职率最低，每月 3% 以内，目前是 2% 左右。

对于是否回北京的问题，龙海涛表示服从公司的安排，安排在哪儿就在哪儿干，而且在哪儿都要把事情干好。他回忆 2002—2009 年在北京工作时，那里生产低温封接玻璃粉，主要是含铅的东西，非常重，生产条件、作业环境都比合肥产线要艰苦很多。当时车间里的老师傅最年轻的都 42 岁了，55 岁的老师傅拿个单件就要 50 公斤，照样去干。龙海涛觉得来京东方工作的最初动机是谋生，但是越做越觉得要把这事做好，对公司的感情在过程中就会培养出来。他认同京东方的文化，觉得它的底蕴深刻，也很开放，是很多其他企业无法比拟的。京东方吸引的人才越来越多，不管从哪里来的，都能很快融入企业，做事也越来越顺。他说董事长是个爱才如命的人，看到能干的人，董事长就喜欢，就要委以重任。他以自己为例，虽然他原来从事的那块业务不行了，但当领导看到他有一定的潜

320

质时，就给了他学习的机会，让他转行——"我要好好把握住这样的机会，伴随着企业共同成长。"

张清坡是龙海涛属下的检测科科长，河北保定人，在河北广播电视大学（位于石家庄）读的大专（计算机与信息管理专业），2004 年毕业时加入京东方[①]。张清坡记得那时京东方的招聘还是挺严格的，专业基本功的要求很高，甚至还有视力、身高的要求。他说现在的作业员不好招，标准也就降低了。入职后，张清坡接受了一个月的培训，培训师是一些韩国人。培训一结束他就去擦地板，为设备搬入做准备。当时在张清坡他们之前加入京东方的人里，还有一批去韩国研修的，回来后都成为他们的班长，令他们都很羡慕。张清坡在阵列制造科当作业员，他还记得 B1 出来的第一块玻璃基板是他协助刘锋（刘后来相继担任 B3、B5 的总经理，见第五章和第七章）一起拿进去的。张清坡在当作业员的时候就想法比较多，看到工程师在做什么，他都会去问并主动帮忙，而对方看他挺热情时就会说来吧。其实当时张清坡很崇拜那些工程师，他本来就是个喜欢动手的人，比如喜欢组装个小风扇、小电动汽车什么的，所以很喜欢跟着资深工程师们学习掌握设备，逐渐发现很多东西的原理都是相通的。

张清坡干了两年多后，于 2007 年离开了处于盈利状态的京东方。他觉得自己学历太低，在京东方有些梦想没有实现，也想到外面补充一下，于是"一时冲动就跑了"。此后，张清坡在一家台资销售公司工作了两年，基本上代理的都是日本电子产品。他是有针对性地选择了那家公司，因为他特别喜欢液晶显示行业，而且从京东方学了许多东西（特别是设备），所以他觉得不能扔掉，于是就再学元器件，如传感器、伺服电机、触摸屏，等等。他出去后仍然经常和京东方的人来往，也一直很关注京东方。即使是离开了京东方，他仍然记得王东升的话："董事长说的'干事业、练胸怀、长本领、交朋友'，每个字都很实用。"

2009 年，京东方因上马合肥 6 代线（B3）而特别需要人，于是张清坡利用与京东方保持的良好关系，抓住机会又重新加入了京东方。令张清坡感到特别幸运的是，他进入 B3 后被派去韩国研修半年彩膜技术。当时中方研修人员进入他们的产线时不让带手机，不让拍照，所以他们都拿个小本，有什么东西都记上。基于对设备的经验，张清坡发挥了自己的"小聪明"。他发现韩方在机器旁边都贴了韩语说明，于是就把所有的韩语都抄下来了。他问韩国人这是什么，回答说

---

① 张清坡访谈，2014 年 3 月 21 日。

是出现不良时怎么处理的指示；又问为什么要贴这些指示，回答说作业员会看到这些指示，如果有什么不良的话，会对照指示进行处理。张清坡就把每条生产线的指示都抄了一遍，让翻译翻了一遍讲给大家听。他还故意问大家"觉得有用吗"？其实张清坡心里清楚，这才是最重要的，因为这些处理方式是很难得到的。设备哪儿都有，但对不良的处理方法是不一样的，如果中国人看不懂那些指示，对方也不会告诉你。张清坡知道自己以后要干制造，所以要准备对策。他说："我一直都这样，想得比自己所在的位置要远。"现在，京东方各生产线的彩膜厂里都会有简单的提醒指示。

从韩国研修回来后，张清坡于 2010 年 2 月结婚。他的妻子也是在 B1，两人因京东方而结缘。他婚后就来了合肥，好不容易找到连出租车司机也不知道的那个厂区工地，发现一片荒芜，被当作宿舍的技工学校里空无一人，但当张清坡看到早上的一抹阳光时，真是觉得充满了希望。合肥的冬天比较冷，也没有暖气，宿舍走廊的窗户都是开着的，风呼呼的。刚来的人进出被窝都不太适应，他就和宿舍的人买了吹风机，在睡前先把被窝给吹暖了。到的人一多，附近的电热毯也脱销了。培训了几天，张清坡就和另外几个人先进了工地，负责安全。当时大家一片激情，每天起早贪黑地干。当厂房建得差不多时，路还是土路，厂房也还在施工，产线里都是空的，高压地板也刚铺上，有些地方需要安装防震台也空着，感觉挺危险的。张清坡因为经历过 B1，所以对 B3 不陌生，给大家讲了很多经验。

张清坡再一次感到很荣幸的是，他不久被任命为班长。他记得第一天给大家开早会之前很紧张，不断问自己要说什么，不过那天还是说得头头是道。过了一个月，关切自己形象的他还问那些组长自己在第一次早会上说得怎么样，大家都说挺好的。在彩膜厂，班长下面有四五十人，科长下面有 4 个班，部长下面满编是 200 多人（他说模组厂那边人很多，一个班长下面有好几百人，一个部长有好几千人，相当于团长级呢）。毕竟是新建的产线，大家都是第一次当作业员、组长、班长，遇到的事情特别多。2010 年有一个月出了 4 个操作失误，当时张清坡的一个组长都快要哭了，但他说出了问题不怕，关键能否解决问题，而且在以后的工作中不要出类似的事情。当时彩膜分厂的工厂长还特地点出来是哪个班出的问题，对他的压力特别大。但他没说出来，因为他不想把自己的压力传给下面的组长或作业员。

张清坡认为他们作为一线的管理者，需要不断地学习。新员工多的时候确实比较麻烦，他们这些班组长都不断强调，作业员只要看到不良，不管懂不懂，都必须先叫他们，他们就在第一时间进线①。当时从韩国东友来支援的人也都在，双方关系比较好，确实教了京东方人不少东西。张清坡从 B1 开始，自认为学得比较好，而且认为只有学得多，处理问题才能比较多，对公司的帮助也多。他觉得现在的作业员对技术的掌握和认识还不够深刻，好多人就是只满足于做一件事。他认为，既然公司提供了这个平台，就要好好抓住机会——"说句不好听的，即使从这儿走了去其他公司，也是带着技术走的，而不是空手而去。"当然，如果在京东方学好了，可能会有一个很高的提升，不管是从职级上还是职务上都有提升。最开始时会有困难的过程，但只要咬牙挺住就会有好的提升。他认为京东方对普通工人的发展规划还是不错的，有初级工、中级工、高级工，初级技师、中级技师、高级技师，按照这样一个个台阶，顶住压力就能往上走。

2012 年 8 月，张清坡被调到合肥 8.5 代线（B5），负责检讨设备。当时 B5 的制造方面需要检讨一些制具及其人员，B3 的领导就把他推荐过来。张清坡解释说，"技术部负责购买设备，我们负责车台、柜架等生产辅助设备，包括更衣室怎么布置，要什么样的规格。检讨的时候经常讨论这个合适不合适、合理不合理。"2013 年 4 月，张清坡和另外十几个人到 B4 实习一个月。他这样描述了京东方内部的实习情况："现在京东方各个工厂的实习已经成为非常好的办法和传统——建 B3 时派人到 B2 实习，B4 成立的时候派人到 B3 实习，B6 也到 B3 实习，而 B5 也到 B4 实习，现在是 B8 的人到 B5 实习。无论在哪里实习，各个工厂都认真传授自己最核心的东西。这是非常好的现象，说明我们公司至少已经有了非常好的平台。以前去国外学习不仅成本高，而且学到的东西可能还不一样，语言还不通，看到设备还不让拍照片。现在在自己的工厂里，如果确实需要拍照片，有个审批就让拍，可以带走。"这段朴实的话可以清楚地让外人理解，京东方的力量源泉是什么。2012 年年底，作业员出身的张清坡评上了工程师，2014 年初又通过竞聘被提拔为检测科的科长。他觉得有这样的机会，责任感更大了。他对自己经历的总结就一句话："有激情，多一点坚持，多一份责任，就会干得比别人好。"

刘华峰是吉林松原人，1981 年出生②。他是 2005 年 10 月通过社会招聘加入京东方的，在 B1 的阵列分厂做干刻工程师。加入京东方之前，他在另一家单位工作了一年，主要从事机械设备的结构设计，跳槽的原因是那家单位经常拖欠员工

---

① 京东方的生产线是超净车间，人员进去要经过更衣和清洗，为保持洁净而尽量避免人员进出。
② 刘华峰访谈，2013 年 9 月 25 日。

工资。刘华峰一直是生产现场工程师，多年来他都是从早上9点多进线，一直跟踪到设备PM什么时候完，最后一个出来的。他之所以能评上资深高级工程师，是因为他一手解决了一个技术问题：某设备的一个元件总是造成产品被污染，当时的解决办法是换元件——"价值几十万元的元件就直接扔了换个新的。"他后来想，为什么不尝试换一种方法改进？结果他一试就把问题解决了。他的这种主动性和创造性似乎与他的失败经验更有关系。刘华峰还记得在B1时，一批产品的一个参数被一位工程师改错了，结果出了废品。当时需要用一台设备把每4张玻璃分组处理，选出做错的玻璃进行报废。刘华峰跟着一个同事把报废的玻璃一张一张地砸，砸了一下午（共砸了280张玻璃），到后来他站得腿都软了。一张玻璃如果做成成品的话，当时能卖1万多元人民币，而生产出残次品就是因为某工程师把一个"0"和一个"1"改颠倒了，这件事让他刻骨铭心。他提到以前的一位领导说过的话："咱们都是砸了很多钱，犯了很多错误，才培养出一个好的工程师。"他自己的经历证明了这一点。

2007年的时候，有一次刘华峰倒班时在办公室玩游戏（那时因产量不高而压力较低），被一位领导抓到了，说玩游戏要被开除。但另一位领导说，刘华峰平时工作都挺努力的，把他留下来吧。虽然没被开除，但刘华峰心里还是有个坎，情绪很低落。把他留下来的那位领导跟他谈心，对他说："你在这里工作，努力不努力都是工作，学习不学习也都是工作。我认为你越是在这个时候越是应该努力地学习。"这次谈话对刘华峰的触动特别大，他说："我为什么来B6，也是因为他来的（当年把刘华峰留下来的领导成为B6的一个部长）。我不是出于感恩，而是他当年对我的帮助让我看到了另外一个机会。出于对他的认同感，我按照他说的来做，随着我这么做下去，突然觉得学到很多东西，突然觉得自己变成科室里最重要的一个人。"

2011年底，刘华峰主动申请来鄂尔多斯的5.5代生产线（B6），但领导不让他走，要求他必须好好培养B1的干刻工程师。他又做了一年后再次申请并得到批准，于2013年3月调入B6。刘华峰要求到B6的主要原因是他认为B1已经是成熟的产线，在技术上突破有难度了。B6的LTPS（低温多晶硅）技术非常新，对他是一个很好的学习机会："对于我们搞TFT的人来说，LTPS和OLED的技术就相当于殿堂级的。"此外，调动后他成为管理岗，直接从资深高级工程师成为负责干刻工艺的科长，可以拓展自己的能力。他的科室有25个人，其中有一个是从韩国公司挖过来的资深高级工程师，还有一个是在天马工作过两年的人，其余的22人都是2012年和2013年的应届毕业生。

到了 B6 之后，刘华峰只要有时间就会进生产现场，但更多地转向寻求方法，学习怎么去管理，怎么让业务流程更规范。在 2012 年和 2013 年，他都做了生产管理标准化，为整个阵列分厂写了范本，其他的科室都是按照他的范本做。刘华峰觉得他到 B6 之后的最大收获是和人的交往。他刚来 B6 时认识的人很少，遇到事情时都不知道各部门的领导是谁。现在他都基本熟悉了，既包括阵列、成盒、模组等，也包括动力、技术安全、采购、物流等方面的人员，更容易进行工作协调。通过建立起工作伙伴关系，他现在感觉沟通很顺利，遇到困难时可以商量大家怎么去做，如何一起克服，工作做得越来越好。同时刘华峰也逐渐学会怎么去领导他的科室。当他手下的 20 多名工程师还在各个工厂实习时，他就给他所认识的领导或工程师打电话，询问每个实习者的性格，以便根据每个人的特质和设备安装调试阶段的需要，先行做工作分配。他解释说："这个工作分配很重要，因为前期不能让所有人趴着没事干，要让个别人先担当起来，树立榜样的力量。但这样做的话也要考虑到别人的感受，有的人当了设备担当，有的人没有，就会产生情绪。那么就让他做其他附属设备的担当，或当主设备的副担当。"他也学会了怎么批评手下："有时候我在宿舍和同事们一起喝喝酒，有些不适合在工作场合说的话就在那时说。如果在工作时候说一个人的缺点，打击会蛮大的，但在大家喝酒聊天的时候说，我感觉大家更容易接受。"

刘华峰顾不上考虑以后再回北京的事，他说："公司没有说过什么时候让我回北京。我怎么也得等到 B6 很成功、一切走上正轨之后再想别的事情。我现在没时间去想别的，我连着上了 12 天班，连着好几天加班到晚上 8 点多，还有一天加班到 11 点。周日休息了一天，这周又是连续 6 天的班。"在设备安装阶段，需要对设备安装的问题进行统计，所以报告特别多。刘华峰和同事们经常吃完晚饭才回到宿舍，"抽根烟喝杯水，然后写一个半小时的报告再睡觉。"在访谈他时，他的工作已经转向工艺调试——"现在是必须盯着去做工艺，盯着跑 rope run（工艺联调）。一点一点投入物料，看工艺流程能不能一点一点跑开，看设备的整体情况怎么样，就是看玻璃基板从投入到产出能做到什么程度。"

刘华峰已婚，孩子都 4 岁了，妻儿都在北京。他说一个人做出任何决定都有一定的成本，他来这里是为了来学习并寻求自己的发展——"说心里话，对于项目建设来说，我来或者别人来可能都有帮助，但对于他自身来说，来鄂尔多斯是为了实现更高的人生期望值。"他问家人："我是在 B1 继续做我的资深高级工程师，还是来 B6 在新的领域和岗位上学习，来拓展我的新能力？"他认为作为 1981 年出生的人，正是需要有冲劲的时候，所以他对家人说，他要过来尝试一下，学习一下。他说他爱人对他过来没有什么意见，他到鄂尔多斯的外派津贴也挺高的，如果时间允许，也能承担一个月飞一两次回北京看家人，所以还是挺好的。

对于京东方的前景，刘华峰说了一段朴实但深刻的话："我在 B1 亲身经历过公司只有一条产线的阶段。亏损时我也感觉到心灰意冷，后来一点点现金流为正了，一点点盈利了。原来只做一个产品，不管亏损、盈利都得做，现在则可以去转型，关键是我们的转型还能成功。在市场有压力的时候，我们挺着，当市场好的时候，我们也能盈利。再回过头来看，我对 B6 也有前所未有的信心。我感觉每一条产线都应该这样，从最开始的建设到一点点地夯实自己的技术能力，有自己的长短板，取长补短就有希望。市场是我们预期不了，但竞争力是我们自身的。竞争力高了，盈利就有希望。"公司的进步及其带来的个人进步会导致认同感，所以他也讲了自己的感受："前几天我们开中秋晚会。最后唱司歌的时候，我回头看了一下，发现主席台上的人在唱，下面的人也在唱，我当时看着挺激动的。你知道这是什么吗？这是随着工作时间的积累，员工对公司的认可，就像一个热爱自己国家的人在唱国歌一样。"

刘国梁是"85 后"，山西人，2009 年 7 月从北京化工大学本科毕业时加入京东方，成为 B1 阵列分厂的湿刻工程师[①]。他以前并不了解京东方，做出这个选择是因为听老师讲京东方在北京市的"背景"比较大，发展前景大。刘国梁是一个肯动脑子的人，他用了大约两年的时间掌握现有技术，然后开始自己去想一些东西并付诸实践。2011—2012 年期间，他在湿刻设备方面提交过 4 个专利和五六个改善提案，包括机械手结构的改善；在湿法刻蚀设备上做了个设计（增加恒温的装置），通过更好地控制药液的温度而提高了工艺设备的效果；唯一的发明专利是设计了一个新的拱刷结构。

刘国梁也是自己主动要求调到鄂尔多斯 5.5 代 OLED 生产线（B6）的。他觉得 B1 比较成熟，工程师只能局限在很固定的套路里，能体现自己想法的空间和个人上升的空间都较小。如果要继续"往上走"，就得自己出来负责一个"摊子"，承担更多的责任。他于 2012 年 6 月调到 B6 项目组，当时在研发中心（CTO 组织）办公，主要工作是做设备结构——根据京东方对生产线的设计，对供应商的设备设计提出要求和修改。那段工作持续了不到一年的时间，却是刘国梁最累的一段时间，也是他对 TFT 技术的理解真正产生升华的阶段。他说，以前

---

① 刘国梁访谈，2013 年 9 月 26 日。

对设备结构的理解是很粗糙的，但这次的工作是要了解供应商的设备，所以自己肩负的责任就不一样了。B6采用的技术和生产的产品都是京东方没有经历过的，所以设备在生产线上的工作方式和布局，都需要京东方的工程师在理解设备的基础上提出自己的设计和要求。刘国梁说，这段工作相当于他把所有的东西又彻底地重新学了一遍，很累但也很升华。

2013年4月，刘国梁进驻B6。由于B6的湿刻部分缺人，刘国梁来到鄂尔多斯后就被任命为副科长，而科长是一位社会招聘来的韩国人。他的科室现在有22个人，除他和科长之外，其中有工作经验的只有1个从深圳招聘来的，其余的全部是2012年的应届毕业生（以本科毕业生为主），都在各个分厂（B1—B4）实习了10个月。刘国梁觉得他们的成长速度还是有点慢，所以他尽可能地抓住一切机会，把供应商的技术人员和其他科室有专长的人拉过来给他们做讲座，差不多每两周就会搞一次——"对他们这拨人，我们是按照绝对主力来培养的。"

刘国梁在鄂尔多斯进入了他为自己定义的"实践期"——即公司给了他这样一个机会，使他可以把自己的想法、做事的理念特别是自己对技术的理解应用于实践。他根据在B1的经验，有针对性地要求供应商对设备做出修改，其中一个比较成功的措施是在湿刻工序中专门增加了几个等待单元。这项改进是根据他在B1有过的玻璃报废经历。在湿刻工序，如果设备在报警时停下来，玻璃就会一直泡在药液里面，时间一长玻璃就废掉了。为避免这种情况，刘国梁和他的同事们就在制程中增加了几个缓冲环节：一旦设备有报警的话，玻璃会继续往前走，但经过缓冲区时会停在出口处，这样经过湿刻的玻璃会全部都走出去，停在等待单元，就不会使加工过的玻璃报废。访谈他时，这个改进正在等待实际运用。

但刘国梁也有过失败经历，特别是在与技术工作非常不同的建厂过程中，其中给他留下最大教训的经历是他负责的化学品供液（turn on）。在工厂准备刻蚀前（试生产），他以为只要几个部门协调好、管道接好，阀门一开化学品就供液了，但在要做刻蚀供液时他才发现不是这么回事——供液准备被检查安全不达标。原因是他们前期对化学品的安全管控工作没有准备好，包括要准备一些安全物品、安全备件，还要有产线里的应急措施和应急方案，也要有冲身洗眼器等应急工具（一旦化学品溅到身上可以去洗）。刘国梁原以为是动力来负责安装这些器具，但没想到需要他推动动力去做。他说自己当时就懵了，带了两个工程师和动力、技安环保还有安全的部长就连轴转，找人安装洗眼器、领取安全防护用品，做审批、签文件，一天一夜把这个事情解决了，但还是使供液推迟了一天。刘国梁得到的教训是：第一，很多事情不能只凭自己的经验去判断，要多听他人的意见。

他以为自己确认到的东西就没有问题了，但还是存在他没有考虑到的方面。以后不管做什么，都要主动去提前找问题。平时利用与其他部门人员在吸烟室抽烟的时候就多和他们聊，他们说的很多东西确实都是自己没想到的。第二，准备的时间不能仓促，他现在做什么事情都会给自己多留 1—2 天时间，然后再提前 1—2 天去做，这样一旦遇到事情都能及时去对应。第三，不管遇到什么问题，只要积极努力、正确面对、不要抱怨，一直推着往前走，结果还是令人满意的。

刘国梁的快乐是看到他负责的设备一点点安装起来，包括前期准备的工作如地板确认和钢梁结构确认。新来的工程师在实习的分厂没有经历过设备安装过程，他带着大家在产线里面一点点地搞出来。当他看到设备一排排地放在车间里面时，心里充满成就感。至于来京东方后的最大收获，他觉得是在管理和处理事情方面的个人能力成长。他在技术部门工作，做好技术是基础，但技术出身的人经常容易更偏向于去做事。每当出现这种情况的时候，他的部长就会提醒，他现在所处的环境不一样了，不应该光想着自己去做事，更应该想着怎么带领大家去做，怎么向领导去展示。他喜欢京东方的地方正是这种文化，领导会关心个人的能力成长，"在你走偏方向的时候会来纠正你"。刘国梁说，B6 是一个成长比较好的地方。

刘国梁对于回北京的事是这样说的："就京东方这种发展速度，我觉得回北京的可能性很小了。"就目前趋势看，不管是 LTPS、Oxide，还是 OLED，在北京建厂的可能性都不大。在鄂尔多斯，LTPS 刚刚起步，技术稳定后做 AM-OLED，全都稳定后就过去五六年了，而那时的北京是什么样都不知道了，所以回北京的可能性很小。他的想法是在鄂尔多斯留下来，或者是调到其他地方去建新厂。他还有两个妹妹，小妹也在外面工作，而大妹则留在山西老家陪着父母，他们都生活得很好。刘国梁是 2012 年年初结婚的，妻子也是京东方的员工。他说妻子本来不喜欢鄂尔多斯，但他告诉她说，如果不经历 B6 这样的历练，在北京一直待下去就废了——"她是被我揪过来的"。

与前面介绍的 4 位工程师不同，刘国梁没有经历过京东方最困难的时期。他入职时正值京东方开始大举扩张，于是成长就是他最直观的感受。他说自己的成长与公司的成长是密不可分的，没有公司的成长，也谈不上个人的成长——"我从现行的中国教育体系出来后，能够作为一个有本事和社会打交道的人，还是京东方教我的。"他也对自己的公司充满自信："在国内液晶行业，京东方的技术首屈一指，这是毋庸置疑的。"

陈健是一位业内少见的女工程师，时任合肥 8.5 代线阵列分厂的工厂长助理总监^①。她是黑龙江人，1977 年出生，1999 年从齐齐哈尔大学工业学院毕业后到山东工作了两年，又考上北京工业大学材料物理化学专业的研究生（学的就是 TFT 薄膜）。陈健在 2004 年硕士毕业时，正赶上京东方招人。她参加了笔试，觉得自己成绩不错，但是没有人通知结果。她认为又遇到性别歧视，一气之下，就按照从同学处得到的办公室电话号码，选了"吉日"给总经理刘晓东打了一个电话。刘晓东一接电话，陈健就"慷慨激昂地"做了自我介绍，要求给一次面试的机会。刘晓东当时就让她把简历传真过去，第二天她就被通知去面试。面试是刘晓东亲自做的，他一进屋就说"你就是陈健啊"。当刘晓东问她要做生产技术还是做开发时，陈健表示愿意到生产部门。她说凭读研究生时做的一些课题是可以进研发部门的，但她当时觉得定位低一点可能会给领导的印象更好。

2004 年 7 月，陈健到京东方光电报到，进了薄膜工种（阵列段）。因为比别人晚入职一个月，没去成韩国。当时建线已经开始，于是她一边接受培训，一边进产线清扫地板。培训结束后，部长开会让新员工选择科室，坐在前排的陈健也没多想，第一个蹦起来举手说：Sputter! 其实她那时还没见过 Sputter 的设备，也不了解其工作性质是什么，只是读研时知道它的原理。和她一起入职的一个女同学听她这么一说也报名要去，结果两个女生很不幸地被分到这个不适合女生的工序。阵列段有两个主要部分，一个是 CVD（化学气相沉积），另一个是 Sputter（磁控溅射）^②。CVD 是做维护，不需要太多的体力活，但做 Sputter 要拿 30 斤重的东西，每天一次装上去、卸下来，还要爬高。后来那个部长对陈健说，他当时其实想让她去 CVD，因为她是难得学了薄膜专业的硕士，而且半导体行业以 CVD 为主——"你怎么选择 Sputter 啊，我看你站在设备旁边那么瘦小，感觉很辛酸。"

陈健在北京 5 代线干到 2009 年，当了组长，中间也被派去日本和韩国研修。与我们访谈过的多数工程师的经历不一样，带她的韩籍科长平韩秀是个心特别宽的人——"只要你肯学，他就愿意教。"陈健说他是韩国专家中不那么把资源揣在自己手里的人，放手交给你干。陈健直到今天还很感谢他。

合肥 6 代线上马时，陈健没有想去，因为她家在北京，还有了孩子。过了些时候，她原来的韩籍科长到 6 代线后总是找不到合适的 Sputter 人选，就问她愿不愿意来合肥^③。陈健那时已经觉得在 5 代线没什么挑战了，而且她在航天系统工作

---

① 陈健访谈，2014 年 8 月 13 日。

② 两种工序都是在做玻璃基板上的半导体材料薄膜，但是不同的薄膜。

③ 陈健说，这位韩籍科长想晋升部长，但如果他不给自己找一个接班人的话，就必须还兼科长，再提职走就比较困难。

的丈夫是安徽人，觉得到合肥工作挺好。唯一让她犹豫的就是孩子，不过她当时想，按照京东方外派的惯例，到合肥干几年也就回北京了。2010 年 4 月，陈健调到合肥，爱人也被安排在京东方的合肥背光源公司。当时 B3 正在建设，Sputter科马上需要有一个人主持工作，她被任命为副科长。

陈健在 6 代线从副科长升到科长，再升到副部长。她说因为升迁比较快，所以看起来似乎很顺，但实际上挺累的。当时科里就她一个领头的人，带的是 8 个没有经验的应届毕业生（满产后科里达到 30 多人）——"我当时想怎么办呢，如果我自己再没有什么经验的话，那这个科室还怎么运行？所以那时基本上是我先去做每件事，做上手了，再交给下面的工程师，带一带让他上手。"陈健那时觉得自己挺苦的，回家有时忍不住了就跟爱人哭一下——"但是你没办法，哭是哭了，最后还要把事情干了。"陈健说自己是比较要脸面、比较好强的人，这个行业里的女性很少，她周边全是男人，本来就弱势，再什么事都得求人家，就更没什么威信可言了。于是她就硬挺，挺不住的时候再去找平韩秀部长。部长当时把很多资源都交给她，让她自己选供应商。陈健那时一天睡 4 个小时，有时候还 24小时连轴转。但是没办法，她不像其他科室可以有人倒班。直到她把工程师培养出来，情况才好转。后来她发现自己对整个产线的了解比从 B1 过来的高级工程师还多——"我觉得那句老话说的真是没错，'吃多少苦，就一定会有多少收获。'"

2012 年下半年，领导希望她调到正在建设中的合肥 8.5 代线（B5）。她开始没有答应，但不久领导又提出这件事，陈健还是没有同意。她担心自己只是一个副部长，还是女的，调过去又管韩国人又管中国人，怕难服众。可能是有领导跟董事长说了这个情况，后来王东升出差到合肥来时见了几个人，其中就有她。王东升只问了陈健一句话："你觉得是到 B5 有挑战性还是在 B3 有挑战性？"陈回答说当然是去 B5 有挑战性（王东升显然给陈健下了个套）。然后这事儿就变得没什么商量余地了，刘晓东在电话里对陈健说："什么有底没底的，过来适应一两个月，然后肯定就行！"陈健不能再拒绝。2013 年 1 月，她"很忐忑地"过来了。不过，陈健称自己有个很好的特质，就是比较简单，每做决定之前肯定是特别矛盾，翻过来调过去连觉都睡不着，但一旦下定决心要做什么，就只会去想怎么克服困难。

为调动陈健而"惊动"这么多的领导甚至王东升是有原因的，当时新建产线的阵列技术部门因为主要依靠外籍专家而出现了问题，所以公司领导需要一个有经验的中国工程师顶上去。陈健说："就像大刘总说的，我就是来扫雷的。"她到 B5 后扫的第一个"雷"是主设备的通信。京东方以前在阵列段一般都是让主设备供应厂家来做主机通信。但新来的外籍专家过来后，引入了一个提供某种设备的韩国企业做主机通信。当时恰逢董事长要求把这种设备的软件能力列入京东方生产技术中心的能力建设项目，外籍专家认为既然京东方以后要做这种设备的软件，就把做主机通信软件的工作"撇给"毫无经验的京东方项目组，理由是国际领先企业就自己编这种软件（专门有编程的部门）。陈健来后发现模式变了，立刻追问主机通信的软件编程，结果发现这个工作根本没做——外籍专家与京东方软件项目组实际上处于"僵持状态"，但又无人报告实际情况。她又派人再问主设备供应商是否做了，回答是没有让做，所以也没做。再咨询主设备厂家愿不愿意由那家韩国企业提供主机通信功能，结果是所有的大型设备供应商都不愿意，因为这样做会被迫开发新软件对应它，反而增加成本。此外，阵列段有三四十种设备，那家韩国企业要同时面对众多编程规则都不一样的厂家，而每个主设备都非常复杂，短期之内根本没有办法实现。陈健当机立断，在向领导报告后，紧急开大会布置变更，恢复由主设备供应商做主机通信，让那家韩国企业只负责自己设备的软件，结果还好。她说，如果这个"娄子"不解决的话，阵列段当时根本就转动不起来。

这个"娄子"的根源是外招的外籍专家不了解京东方的整体工艺基础是什么、设备要具备什么样的功能。陈健说，要承认外招专家可能会带来新的元素，可以把日韩企业和中国台湾企业的一些优秀东西带过来，这是好事；但对外招专家的东西要有选择地采用，中国工程师要担起这个职责。全盘依靠外来专家肯定会出问题，如果中国人能牵制他们的话，很多事情就会更完美。客观地讲，不得不依靠外籍专家的原因是中国工程师太年轻，但京东方又必须尽快有自己的人顶上来，于是那些年轻的中国工程师们就必须承受更大的压力、吃更多的苦，以便在更短的时间里能够担起责任——只有从他们当中产生出科长、部长和工厂长的时候，京东方的技术能力才成长起来。

2013年上半年是陈健受到压力最大的一段时间。那时基本建设快结束了，厂房一旦建成就很难再改动。陈健发现，技术部门到那时还没有就建筑与设备之间的对接问题与动力部门和建设方进行沟通。有些设备下面要放东西，打开地板发现下面全是管道，根本放不下去。她当时就与动力部门、设计院和施工方一起紧急开会。后来他们反映，陈健来了真挺好，这是第一次三个部门在一起开会。陈健说，原来的外籍专家就是不知道要给其他部门看什么，"设计院不了解我们的情况，我们画的图纸上全部没有标识。设备的维修空间是多大，下面应该放什么样的设备，具体的位置在哪，尺寸大小开口开多少，全都没有。情况就是到了这种地步。"陈健不得不对厂房内部做了很多改动。那段时间对她来说特别难，甚至在那年的六七月份她急火攻心，左耳突然失去听力，住了一星期医院。

到我们访谈陈健时，B5 的阵列分厂已经量产。由于工厂长是由公司副总兼的，所以她实际在主持分厂的工作。一个人担任像她这样的职位，在韩国企业要到 50 岁左右，在日本企业则要更年长。她现在手下的部长、科长有韩国的也有中国台湾的。陈健说她的成就离不开她爱人的支持。他是个"中国好丈夫"，陈健的衣服是他买的，钱包里的钱都是他塞的，电费、水费、手机费都是他去付。其实她爱人是西北工业大学有关弹道导弹专业的高才生，高考时总分 150 分的数学科目拿到 140 多分。不过他毕业后在研究所里觉得虚度光阴，坚决要出来。陈健说，5 代线困难时流失了不少人才，越是好学校毕业的越留不住，因为他们没有耐性，对自己的人生预期是要求在最短的时间内升上去。她的一个师傅是北大毕业的，曾去韩国培训一年多，但后来去外企了。陈健说他后来发展的不是很好，"我说你要不走多好，在这边的发展肯定很不错。他说也没办法，当时谁能看到京东方会有今天？"陈健告诉我们，京东方培养的人实在太好用了，所以不断有厂商来合肥高薪挖京东方的骨干，但被挖走的不到 1%。她说："我们这些人和京东方是血肉相连，撕都撕不开。"

6 位年轻工程师的故事不仅可以让我们体会京东方产业大军的成长，而且告诉我们什么是产业逻辑。他们几乎都经历过失败和错误，但也正是因为经历过失败和错误，所以他们成为有能力的骨干，成为"领兵的人"。龙海涛在访谈时的一段话，以通俗的语言说出了产业逻辑的实质："一个国家要富强，原来说是要靠农业的富强，现在要靠工业加信息化的富强。就像董事长所说的，需要我们去产业报国。我们是中国第一批做工业最好的人（注：指北京电子管厂的历史地位），我们再不去做，那中国谁去做？原来有个国外公司说我们如果做房地产就投资，那是扯淡。房子在那儿一堆，今天值 50 万，明天值 500 万，可一套房子还是一套房子，值了 500 万就能让 10 家人去住吗？还不是只能住 1 家，所以是没有意义的。干工业就不一样了，能满足人们的需求。这是正道，产业报国之路。"

今天的骨干就是明天的领导干部。在京东方，一个人如果从部长晋升到总监级，王东升一定会找他或她谈话。当邱海军从 8.5 代线的产品技术部部长升任战略企划副总监时，王东升与他进行了一次长达 5 个小时的谈话。当我们问他对那次谈话的感受时，他嘿嘿一笑说："境界差异很大，不是一般的大。"在那次谈话中，王东升问邱海军：你在京东方想要什么？邱回答：要做技术，工资要多点。

王说："你当然要做技术，给你钱多当然好"，"但部长只是部门的运营，而总监是方向性的。"为了让邱海军明白其中的含义，王东升给他画了一条人才曲线，起步是普通职员，往上是人才，再往上是英雄，再再往上是领军人物。按照王东升的解释，从普通职员到人才要有项目经验，工作要努力；从人才到英雄，要有独立做项目的经验，而且做得比别人好。王东升这时问邱海军："那么从英雄到领军人物的区别是什么？"邱海军摇摇头。王东升告诉他："区别就是领军人物要成就他人"。王东升随之对邱重复了他多年来不断说过的话："一定要给人家一个梦，人家才会给你干"①。

回忆那次谈话，邱海军说他原来并不理解董事长讲的很多东西，但后来慢慢理解了。他这些年在公司的成长感觉非常强烈，曾经 5 次获得"京东方人"的奖励。由于他解决了关键的技术问题，2006 年评选第一届"京东方人"时，他被评为"研发精英"，并得到 3000 元奖金，使他倍感自豪，也激励他坚持度过京东方最困难的阶段。邱海军笑称自己和他多次"跳槽"的太太正好是两个极端，并评论说："跳槽的原因有的是被动有的是主动，但跳来跳去就变成外来人。"他表示："如果我要跳槽，我必须考虑人脉。9 年时间积累的友情和信任不是那么容易就能在新企业获得的，京东方确实有这个平台可以让我们去发挥作用。"2013 年，邱海军被调到重庆 8.5 代线项目组，负责技术工作。该项目的总指挥是他的"老领导"——高文宝。高文宝于 2003 年 7 月博士毕业后加入京东方，从 5 代线的工程师干起，到成为负责要花掉 328 亿元的新产线项目总指挥，不过 10 年的时间（见第七章第四节）。

上面介绍的几位工程师，甚至包括已经担任领导职务的高文宝和邱海军，他们共同的一个特点就是年轻。事实上，我们访谈的年轻工程师不只这些，只是因为篇幅所限而不能一一讲述所有人的故事②。在这些访谈中，我们特别感到那批经历过北京 5 代线的"80 后"们对于京东方的未来将具有特殊的历史地位——他们经历过京东方进入 TFT-LCD 工业之后最困难的阶段，一点一滴地把外来技术变成自己的能力，并成为京东方能够大举扩张的骨干。在他们讲述自己个人经历的话语间，流露着超越个人职业生涯的使命感，说明王东升坚持了 20 年的产业报国信念已经植根于京东方产业大军的精神世界之中。这些年轻的骨干今天是京东方产业大军的"士官"和"尉官"，其中冒尖者已成为"校官"，用不了多少年他们中间就会产生京东方的下一代"将军"。更重要的是，由于他们今天仍然如此

---

① 邱海军访谈，2013 年 7 月 22 日。

② 有些年轻工程师的故事出现在本书其他部分。

年轻，所以我们用不着怀疑京东方在未来20—30年里会丧失工业精神。

京东方产业大军的成长历程包含了发展出任何一支强悍军队的要素。1936年，长征走过雪山草地的全部红军到达陕北时只剩下不足3万人，但13年后解放大军渡过长江时已是"百万雄师"。一个组织只要在一定的信念和精神指引下形成自己的核心团队和核心能力，就可以在实战的锻炼中迅速扩大队伍——办企业和领兵打仗就是这么神似。虽然今天一些人以为玩玩钱就可以发展经济，但没有这样的产业大军，投资永远变不成产业资本。

第七章　勇敢的新世界

　　京东方有如海啸般的崛起，加上天马、华星光电等其他企业的发展，使中国半导体显示器工业到 2013—2014 年时已呈现出强劲的赶超之势，推动全球半导体显示器工业格局的大变。中国半导体显示工业的崛起改变了全球产业的成本结构，也成为参与塑造新技术演进的一支重要力量。这是自从 1950 年代的半导体革命以来，中国第一次在发展半导体类工业中获得的成功，而京东方的崛起也标志着在半导体革命以后的电子核心元器件工业中，中国第一次出现能够影响全球市场格局的企业。

　　正如过去 20 年所证明的，京东方在每一个阶段的成功都带来下一个阶段的挑战。崛起意味着追赶阶段的结束，京东方要在新的位置上立于不败之地并继续发展，就必须在战略思维、组织和方法上完成从追赶者向领先者的转变，创造出来一个新世界。

第一节
"山雨欲来风满楼"

　　2011 年是中国半导体显示工业崛起的开端之年。从 2004—2005 年上广电、京东方和昆山的三条 5 代线投产到 2010 年，中国工业在全球半导体显示工业中的产能份额基本未变。但从 2011 年开始，中国半导体显示工业的产能份额开始迅速强劲上升，而且还在继续扩大。图 7.1 的数据是 Display Search 根据各国工业的建线和扩产计划做出的统计及预测，从中可以看出，2011—2016 年期间，在日本、韩国、中国大陆和台湾地区的工业之中，中国大陆工业是唯一持续扩大产能份额的，而其余三地工业的产能份额都在收缩。更具有重大意义的是，中国大陆工业的产能将在 2016 年超过台湾工业——主宰了全球半导体显示器市场近 20 年的日、韩和中国台湾"铁三角"将从此成为历史记忆。

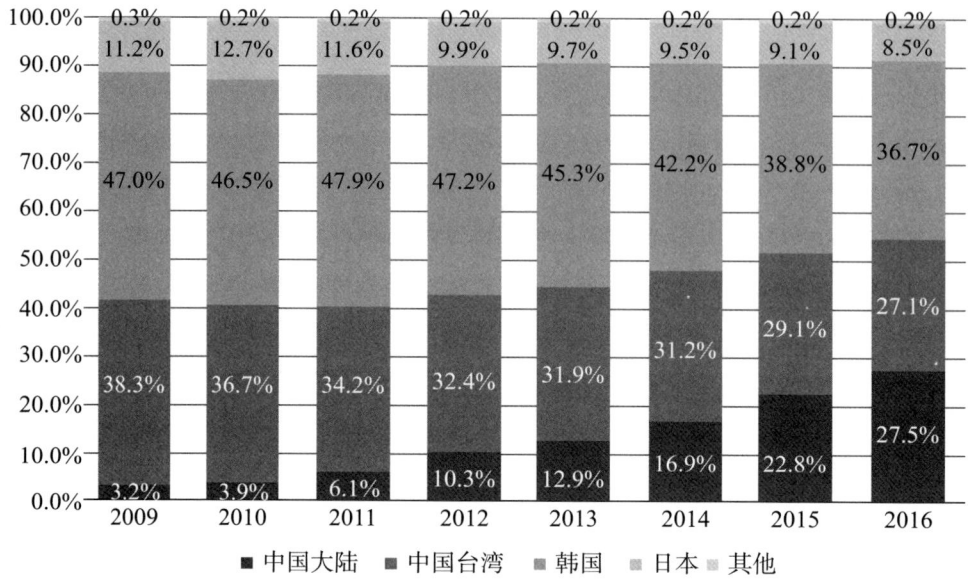

图 7.1：全球半导体显示工业的产能分布

数据来源：Display Search & BOE MRI[1]。

即使中国大陆半导体显示工业的规模和市场份额有了明显的扩大，称其为"崛起"还需要其他限制条件。在开放市场的条件下，虽然一个国家的某一个工业在全球市场的"崛起"一定会表现为其市场份额的扩大，但规模并非"崛起"的本质性标志——这个标志是崛起者改变了全球工业的竞争条件。任何工业在发展过程中都会按照领先者/主导者的路径形成结构性的竞争条件，如技术变化方向、成本结构，等等。如果后进者能够在一个已经出现的工业中"崛起"，那么这种"崛起"的充分必要条件是后进者能够重塑这个工业的竞争条件，否则既不可能赢得稳定的市场份额，也不可能在全球竞争中持续发展。作为一个反例，中国彩色显像管工业当年已经达到相当大的规模，但从来没有能够影响全球显像管工业的竞争条件，因为它是一个在技术上依附于外国工业并只能供应本土用户的工业。因此，中国彩管工业尽管曾经规模很大，但从来没有在全球市场上"崛起"过。

那么，中国半导体显示工业的成长是否改变了全球工业的竞争条件？它是否在规模和市场份额迅速和明显扩大的同时改变了全球产业的成本结构？是否成为

---

① BOE MRI 是京东方的市场研究院，"Display Search & BOE MRI"指的是经过该机构整理的 Display Search 的基本数据。

塑造未来技术演进的一支力量？为回答这些问题，我们把目光回到全球半导体显示工业的竞争和演进过程中去。

2011年是全球半导体显示工业重要的一年，或者是一个历史性转折的开端。在这一年，全球半导体显示工业发生了三个重大事件：第一个事件是，由于市场价格持续下跌，日、韩和中国台湾主要厂商的液晶面板业务全部亏损（见图7.2和图7.3），整个行业"被前所未有的悲观气氛所笼罩"。第二个事件是，京东方的8.5代线和华星光电的8.5代线相继投产，加上当时京东方的6代线已经量产，中国工业"突然"成为一支新兴的力量，只是在许多人眼里属于前途未卜。第三个事件是，以三星和LG为先导，主要国际厂商开始高调向AM-OLED等新技术产品进军，拉开了影响未来产业格局的新一轮技术竞争的序幕。理解中国半导体显示工业崛起的关键是回答两个问题：上述三个事件之间是否存在必然联系？如果是，那又是怎样的联系？回答这两个问题要先从描述日、韩和中国台湾企业的亏损状况开始。

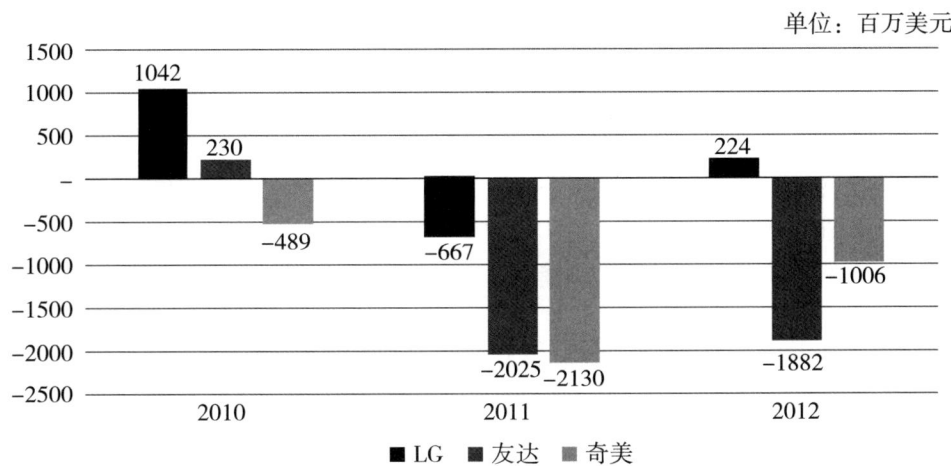

单位：百万美元

图7.2：2010—2012年主要厂商的净利润

数据来源：各公司年报。

三星电子的液晶面板业务从2010年第四季度开始陷入亏损，继而在2011年的四个季度里连续亏损。在2011年9月5—6日举行的"中国北京2011国际平板显示产业高峰论坛"上，三星电子公司液晶事业部副社长昔俊亨用"阴云密布"四个字来形容当时全球液晶工业的环境，称全行业已经在液晶周期的汹涌波涛中挣扎了好几个季度，仍然没有爬出亏损的深渊。2011年，三星液晶面板业务预计营收为23万亿韩元（约合1292亿元人民币），亏损超过1.5万亿韩元。

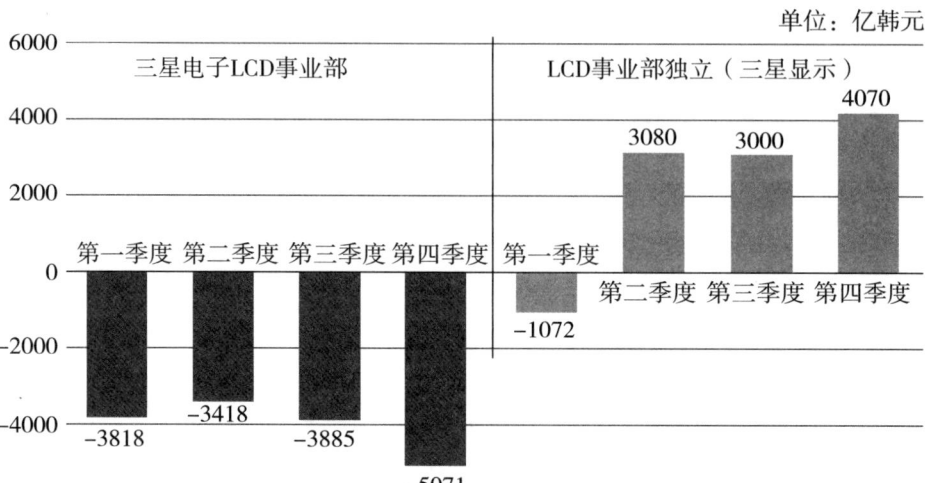

单位：亿韩元

图 7.3：2011—2012 年三星液晶面板业务的利润

数据来源："误判频繁的三星：被分拆的 LCD 事业部反而蒸蒸日上"，2013 年 2 月 7 日 ChosunBiz（韩国）[1]。

LGD 也是从 2010 年的第四季度开始陷入亏损的，同样在 2011 年连续四个季度亏损，全年净亏损 7879 亿韩元。与三星不同的是，LGD 的亏损一直延续到 2012 年，在该年第一季度净亏损 1290 亿韩元（约合 1.13 亿美元），在第二季度又亏损 260 亿韩元（约合 2260 万美元）——这是该公司连续第七个季度的亏损。第二季度，由于被认定与东芝、友达光电等厂商联手操纵液晶面板价格，LG 显示器支付了 1.75 亿美元与美国司法机构达成和解[2]。

直到 2010 年年初，台湾"双虎"仍然对市场前景很乐观。2010 年 3 月 11 日《中国证券报》的一篇报道[3]援引奇美电子总经理王志超的话说：2009 年，中国大陆液晶电视的市场规模达到 2300 万台，奇美电子对大陆市场的出货即达 1212 万台，获得五成的供应量；预计 2010 年大陆市场将增至 3900 万台，新奇美的供货目标增到 1860 万台。王志超指出，大陆市场即将取代美国市场成为全球最大的液晶电视市场，只要新奇美、友达能够顺利吃下大陆快速发展的市场，台湾面板厂就可以超越韩国。不知为什么，尽管那时京东方和华星光电都已经开建高世代线，但奇美负责人只谈与大陆电视终端厂商的合作。合理的解释是台湾工业的领

---

[1] 原文网址：http://biz.chosun.com/site/data/html_dir/2013/02/06/2013020602491.html?Dep0=twitter。

[2] http://news.mydrivers.com/1/235/235757.htm。

[3] "新奇美'锁定'大陆五成液晶面板市场"，http://tech.sina.com.cn/e/2010-03-11/08523929260.shtml。

导人并没有把大陆面板企业放在眼里。2012 年 11 月 13 日中国家电网刊登的一篇报道[1]称，台湾面板企业并没有积极响应中国大陆的竞争对手，因为中国大陆的企业太小没有构成威胁。根据该报道，友达总裁彭双浪在 2012 年 7 月表示过，大陆企业聘请了一批来自台湾的工程师在中国大陆建立一个工厂（注：指华星光电）是没用的，真正有价值的知识是工厂效率的如何运作，这比人们想象的要复杂得多。彭表示，友达已投入巨资研究和开发面板技术，并拥有约 1 万多项液晶面板制造相关的专利。彭双浪还表示，华星光电"在使用其 8.5 代生产线生产友达过去生产过的不太先进的第六代产品"。

　　无论台湾工业的决策者们是否低估了中国大陆的企业，他们的企业在 2011 年遭遇了自 1998 年台湾"液晶元年"以来最惨重的一次亏损。2011 年，奇美（群创光电）遭受净亏损 644.4 亿元新台币，连续第三年亏损。友达在 2010 年实现小幅度盈利后，在 2011 年连续 4 个季度亏损，全年亏损 614.47 亿元新台币，创该公司的历史记录。友达当年不仅决定暂停其 8.5 代线从 20K 到 60K 的产能扩充计划，而且无限期推迟在大陆昆山建设 8.5 代线的项目[2]。此外，瀚宇彩晶和中华映管也都在 2011 年亏损。

　　日本液晶显示工业遇到的危机早于韩国和中国台湾。夏普的 10 代线于 2010 年初正式量产，在该财年实现了 2.4 亿美元的净利润。但好景不长，夏普在 2011 财年创下了自成立以来 99 年经营史上最大规模的亏损，亏损额高达 3760 亿日元（47 亿美元）；2012 财年的净亏损继续暴增至 5453 亿日元。夏普深陷亏损的直接原因是曾被寄予厚望的 10 代线——夏普与韩国企业争夺技术和市场领先权的产物——被证明是一个更大的负担。因为它是世界上第一条 10 代线，所以每一台设备都需要供应厂商全新设计，意味着设备采购成本更高，材料也需要定制；由于工艺难度很高，这条线在量产之初经历了严峻的良率考验，使设备的维护成本大大高于低世代线。不过，更大的问题可能还是与夏普的战略有关。2012 年 8 月，《中国经济周刊》（第 34 期）与日本《东洋经济周刊》联袂推出专题报道"日本家电之死"[3]。其中由几位日本记者撰写的报道说，夏普的堺工厂（注：即 10 代线）因为在 40 英寸以下的电视面板市场无法盈利，于是决定放弃普通电视面板而专门生产 60 英寸以上的大屏幕。但全世界对 60 英寸以上面板的需求量不

　　① "华星光电京东方崛起给友达奇美造成威胁"，http：//news.cheaa.com/2012/1113/344666.shtml。
　　② 2011 年 7 月 29 日，LEDinside，"友达光电上半年亏损新台币 246 亿元 8.5 代线厂量产日程延后"，http：//www.21ic.com/news/opto/201107/89705.htm。
　　③ http：//tech.sina.com.cn/e/2012-08-28/00207551418.shtml。

过 200 万台，而堺工厂的生产能力有 600 万台。为了创造市场，夏普从 2011 年夏季开始，将 60 英寸以上的 AQUOS 品牌大屏幕电视拿到了北美，准备在那里大卖特卖，结果出现大量积存。2011 年 10—12 月，AQUOS 在日本国内的销售量仅有上年同期的四成左右。在 2012 年 4 月 AQUOS 新品发布会上，夏普发誓要做 80 英寸以上的大屏幕电视，令会场上的听众"个个面部表情十分僵硬"。此时，AQUOS 在世界上的占有率仅有 7%。根据该报道，日本市场相关人物劝诫过夏普："堺应该抛弃 AQUOS，成为一个为世界各家厂商供应面板的企业。"夏普也在工厂刚刚启动时考虑过"将 50% 的面板提供给其他企业"。2008 年，当时在世界薄板电视中居世界第二位的索尼，决定向堺工厂出资 34%，打算在那里生产 1/3 的索尼面板，剩下的 2/3 可用于 AQUOS 及其他厂家。工厂开工后，日本国内买薄板电视蔚然成风，面板供不应求，但不肯放弃 AQUOS 的夏普常常不能按时向索尼、东芝供货。索尼对此十分不满，态度也开始强硬，在出资完成了 7% 以后，便不再追加投资，直到最后全面退出对夏普的投资。自 2011 年下半年起，堺工厂的开工率不到五成。2012 年 1 月，韩国三星电子采购部门准备向夏普下大订单，却遭到"非常坚定的回绝"，以至于三星的人怀疑自己的耳朵是不是听错了："堺的设备有一半放空，我们不知道他们在想什么。"2012 年 5 月前后，堺工厂的大型液晶面板的外销比率（按金额计算）已经不到一成，开始捉襟见肘。

在出售或抵押资产和裁员等措施都不能挽救危局时，夏普于 2012 年 3 月 27 日宣布接受台湾鸿海集团的投资，由鸿海出资 670 亿日元（约 52 亿元人民币）获得 10 代线（堺工厂）10% 的股权，并获得一半产能的供应保证；同时以 550 日元 / 股的价格，出资约 669 亿日元入股夏普总社，获得夏普总社 9.9% 的股权。夏普希望得到鸿海的资金以缓解资金压力，同时也希望将更多的生产外包给鸿海，为亏损严重的 10 代线寻找新的"出海口"。鸿海则想和夏普有更全面的品牌、营销合作，以大股东的身份进入夏普董事会[①]。上述参与报道"日本家电之死"的几位日本记者写道，由于堺工厂那时是日本国内唯一还在生产电视面板的"最后一座城堡"，所以鸿海的介入标志着"日本电视业已沦陷"。但情况还没有那么糟。2012 年 9 月，鸿海董事长郭台铭要求在夏普担任高管职务，以便在夏普获得更大的影响力[②]。夏普坚守鸿海入股 9.9% 的底线，不让鸿海进入夏普董事会（根据日

---

① "'受伤'后振作 鸿海建液晶研发机构自强"，《投影时代》，2013 年 6 月 20 日，http://www.pjtime.com/2013/6/292047114592.shtml。

② "鸿海董事长郭台铭要求在夏普担任高管职务"，2012 年 9 月 4 日，http://homea.people.com.cn/n/2012/0904/c69176-18910911.html。

本的公司法，10%股份以上的出资者，有权利向法院申请解散公司，对经营参与有较强的权限），以避免鸿海强力介入自己的经营[1]。2013年3月6日，夏普与三星宣布，夏普将接受日本三星电子约104亿日元（约1.1亿美元）的注资，并向三星发行3%的股份。三星的插足使得鸿海与夏普的谈判半途而废。

其他日本企业的TFT-LCD业务更是风雨飘摇。东芝旗下的东芝移动显示器由于连年亏损，东芝开始收缩液晶面板业务，计划关闭部分生产线[2]。日立显示器在2006—2010年期间持续亏损，致使日立集团产生剥离亏损液晶业务的念头[3]。索尼与三星合资的S-LCD公司连续7个季度亏损，累计亏损额高达60亿美元，令自身就在亏损的索尼不堪重负。三星向全球供应的液晶面板并没有让索尼的电视获得独特的优势，而索尼却要分担液晶面板的亏损。2011年12月，索尼公司与三星电子相继表示将在次年1月底之前终止双方合资的液晶电视面板业务[4]，由三星电子以1.08万亿韩元股权费（约合9.72亿美元）收购索尼在S-LCD里的所有股份，此后S-LCD将成为三星的全资子公司[5]。同时，两家公司已达成液晶面板的供应和购买协议。该协议还允许索尼和三星在液晶面板技术上继续合作。索尼则计划转向台湾等地的制造商采购低价液晶面板以每年削减约500亿日元的成本，加强其在电视业务上的竞争力。2012年5月，索尼退出与夏普共同合资的面板企业。但索尼并没有完全退出液晶面板的制造业务，而是进入了小尺寸领域[6]。

---

[1] "郭台铭踏入夏普董事会受阻"，《第一财经日报》，2012年9月5日，http://money.163.com/12/0905/02/8AJTED8G00253B0H.html。

[2] 2009年8月7日《第一财经日报》报道，"东芝学习日立夏普 淘汰液晶生产线卖给中国"，日本东芝移动显示公司将与广东省河源市青雅科技建立合资公司（"河源雅芝"），把一条准备关闭的2.5代线卖给中国企业（http://tech.qq.com/a/20090807/000018.htm）。2010年3月末，东芝移动显示签协议把它新加坡子公司AFPD（Advanced Flat Panel Display）的100%股权出让给友达，同年7月1日完成交割（腾讯科技："东芝宣布新加坡面板厂已归友达所有"http://tech.qq.com/a/20100707/000293.htm）。AFPD是一家专注于低温多晶硅技术（LTPS）的液晶面板制造公司，拥有一条月产能45K的4.5代线。

[3] 2010年12月28日，日立集团证实，公司正在与鸿海就投资日立旗下的中小型液晶显示面板业务进行谈判（不过，日立并非只和鸿海一家谈判，还有其他几家公司参与）。谈到这样做的动机，中西宏明说日立需要资本来扩张LCD面板业务，但"这是不确定的业务，我们自己无法真正控制这种不确定性"（"鸿海突围：竞购日立液晶面板业务"，《经济观察报》，2011年1月2日，http://info.homea.hc360.com/2011/01/020945629502.shtml）。2011年8月，日立公司表示，考虑最快在次年3月以前，把所有日立品牌的电视生产外包给台湾等地的海外制造商（2011年8月4日，中华液晶网，"日立电视全外包台商 友达奇美受惠"，http://www.fpdisplay.com/news/2011-08/info-137374-542.htm）。

[4] 2011年12月28日《中华工商时报》，"液晶面板业务亏损60亿美元 索尼三星谈妥'分手'条件"，http://www.ce.cn/cysc/zgjd/kx/201112/28/t20111228_21092204.shtml。

[5] "三星9.7亿美元收购索尼在S-LCD中的股权"，C114中国通信网，2011年12月28日，http://tech.sina.com.cn/it/2011-12-28/16436575732.shtml。

[6] 2010年4月，索尼买下精工爱普生鸟取工厂的小尺寸非晶硅液晶面板生产线；2011年3月，又收购了精工爱普生鸟取工厂的剩余设备（低温多晶硅）以及它在中国的全资子公司苏州爱普生有限公司（生产车载和智能手机用液晶屏和触摸屏）。当然，精工爱普生从此退出了TFT-LCD工业（"索尼收购苏州爱普生增强中小型TFT液晶屏生产"），搜狐IT，2011年3月8日，http://it.sohu.com/20110308/n279716286.shtml。

正当除夏普之外的其他日本企业都可能失去 TFT-LCD 业务的"危难"之际，日本政府出手了。2011 年 9 月，由日本官民合作的产业基金"产业革新机构"（INCJ）注资 26 亿美元，索尼、东芝和日立三家公司在把各自液晶显示业务合并的基础上，宣布成立日本显示公司（Japan Display Inc.，缩写 JDI）。该公司于 2012 年 4 月 1 日开始正式运行。这是日本政府和工业界联手拯救日本半导体显示工业的一次重大努力。根据成立协议，索尼、东芝和日立将各自液晶显示子公司的所有股权转让给 JDI，并分别持有 JDI 股权的 10%，而 JDI 其余的 70% 股权则由日本政府支持的 INCJ 所有（所以 JDI 是一家国有控股公司）。虽然没有大尺寸面板的生产能力，但在合并基础上成立并得到日本政府强力支持的 JDI 成为日本最新且规模最大的显示器制造商[①]，将把业务集中于正在兴起的移动智能终端的显示屏，以日本企业率先开发的低温多晶硅（LTPS）技术作为优势来源，开发 AM-OLED 技术并争夺中小尺寸半导体显示器市场。

松下的 8 代线（姬路工厂）于 2010 年 4 月建成投产后，一直亏损。2012 年 3 月 5 日，松下宣布与日本显示公司（JDI）达成最终协议，把位于千叶县茂原市的液晶面板厂以约 300 亿日元出售给后者，此后松下将把液晶面板的生产主要集中于姬路工厂[②]。根据日经中文网 2012 年 10 月的报道[③]，松下将缩小 2013 年度电视机用液晶面板的生产规模，而把姬路工厂集中于生产用于平板电脑等产品的中小型面板（比例提高至 5 成以上），以提高生产液晶面板的收益。同时，为满足自产电视机所用面板的需要，松下将继续提高向韩国厂商等的外购比例（当时已经达到 70%）。

从上面的描述看，日、韩和中国台湾企业在全球金融危机后的业绩不尽相同，亏损期也有长有短，但无论如何，日、韩和中国台湾主导厂商在 2011 年的全体亏损是一个罕见的事件，也是全球液晶面板工业从 1990 年代末形成日、韩和中国台湾三角格局以来的第一次，说明这个事件具有特殊意义。为了更全面地讨论造成这次全行业亏损的根本原因是什么，下面继续描述另外两个事件。

2011 年发生的第二件大事是，中国企业的三条高世代线在价格持续下跌的 2010—2011 年期间相继建成投产。2010 年 9 月，京东方的合肥 6 代线建成投产，

[①] Barbara Jorgensen，《日本三 LCD 厂合体完毕，矛头直指三星》，2012 年 4 月 19 日，（参考英文原文：'Big Three' Emerge in LCD Market，by Barbara Jorgensen，EBN Community Editor）http：//www.esmchina.com/ART_8800120468_1400_2404_3501_4300_ac364c21-02.HTM。

[②] "松下 300 亿日元出售茂原液晶面板厂"，中华液晶网，2012 年 3 月 6 日，http：//www.fpdisplay.com/news/info/content-143539.aspx。

[③] "松下将缩小 2013 财年液晶面板生产规模"，新华网，2012 年 10 月 17 日，http://news.xinhuanet.com/fortune/2012-10/17/c_113398440.htm。

一个月后实现量产，并在 2011 年 4 月达到满产；2011 年 6 月，京东方的北京 8.5 代线投产，同年 9 月开始量产，并在 2012 年 7 月底实现满产；华星光电在深圳的 8.5 代线于 2011 年 8 月投产，并在 2012 年 9 月实现满产（100K/ 月）。中国工业扩张的势头不仅如此，京东方在 2011 年 8 月还宣布要在鄂尔多斯建设一条 5.5 代 AM-OLED 生产线，而她的合肥 8.5 代线也在那年悄悄地恢复建设。不过，在当时全球 TFT-LCD 工业一片"哀鸿遍野"的状况下，中国财经媒体称京东方和华星光电的 8.5 代线是"生不逢时"。

第三件大事是韩国双雄在 2010—2011 年的价格下跌中，率先发动了新一轮的技术竞争。2011 年 3 月就有媒体报道称，LGD 将在年内量产大尺寸 OLED 电视用面板[①]。同年 8 月 8 日，LGD 的 CEO 权英寿在接受《日本经济新闻》采访时表示，LGD 计划率先于 2012 年小批量生产 OLED 面板并将其用于 LG 电子的 55 英寸电视产品；2013 年则凭借采用 8 代大尺寸玻璃基板的产线生产 OLED 面板，并开始对 OLED 生产线进行大规模投资，投资金额将达 28 亿美元；此后于 2014 年下半年开始进行量产[②]。不过，动作更生猛的还是三星。2011 年 5 月 31 日，三星移动显示公司（Samsung Mobile Display，即三星电子与三星 SDI 的合资公司，当时与三星电子的液晶面板事业部是分立的）宣布，它在韩国投资 21 亿美元建设的 5.5 代 AM-OLED 生产线提前两个月进入量产；6 月 2 日，三星移动显示又宣布它的第 8 代 AM-OLED 面板试验线（在原有的 TFT-LCD 生产线上改造而成）将于 2012 年 5 月投入使用[③]。由于这条线可以切割 46 英寸、55 英寸等大尺寸 OLED 面板，所以三星显然要将 OLED 的使用领域从智能手机、平板电脑延伸到电视等领域。

2012 年 2 月，三星决定把连遭亏损的液晶面板业务（事业部）从三星电子拆分出来，与三星移动显示公司以及索尼退出后的 S-LCD 合并，组建为一个独立的三星显示公司（Samsung Display）。根据中国媒体的报道[④]，三星电子将向分立出来的三星显示注资 66 亿美元。该报道援引三星内部人士的话称："这部分资金将是三星电子对液晶面板业务的最后一次投资，其中一部分将用于中国苏州 8.5 代

① "LGD 建 OLED 八代线 年内量产 55 英寸面板"，万维家电网，2011 年 3 月 4 日，http://tv.ea3w.com/25/256088.html。

② "LGD 权英寿：2014 年量产电视用 OLED 面板"，中国 OLED 网，2011 年 8 月 10 日，http://www.oledw.com/oled-news/201108/4349.shtml。

③ "三星抢占 OLED 高地 两岸液晶面板业急呼危机"，《21 世纪经济报道》，2011 年 6 月 3 日，http://tech.sina.com.cn/e/2011-06-03/00505605454.shtml。

④ "三星面板分拆独立：66 亿嫁妆重攻 OLED"，《21 世纪经济报道》，2012 年 2 月 24 日，http://tech.sina.com.cn/e/2012-02-24/00386761571.shtml。

工厂的建设，而这条线也将是三星投资的最后一条液晶面板生产线，之后三星的面板投资重点将全面转向 OLED。"率先将 OLED 技术产业化确实给三星带来"立竿见影"的益处。2012 年第一季度，三星显示在全球 5 大面板厂商中率先扭亏为盈，靠的就是从三星移动显示的 AM-OLED 显示业务上获得的 4000 亿韩元（约3.57 亿美元）盈利[①]。

液晶面板业务的亏损和投资重点转向 OLED 领域，驱使三星和 LG 推迟了在中国建线。三星保持低调，在苏州项目举行开工典礼后，项目实际上被搁置起来。LGD 则干脆推迟了开工典礼，于 2011 年 3 月突然宣布推迟广州 8.5 代线项目的开工；半年之后，LGD 再度通知广州市政府，取消原计划在 8 月 30 日举行的广州 8.5 代线开工典礼，给出的理由是"全球市场不是很景气，电视显示屏销售跟公司之前的预测有些差距"[②]。

三星和 LG 率先将 OLED 产业化的消息震动业内，两大巨头的果断行动让当时几乎所有的人都觉得 OLED 对 LCD 的替代即将来临。一家中国媒体在其报道中甚至说："台湾工研院的一份研究报告指出：'一旦三星的 8 代 OLED 生产线投产，台湾的液晶面板行业将面临灭顶之灾，雇用数十万名员工的产业将灰飞烟灭，耗资千亿元的精密设备顿时形同废铁'"（该报道没有注明这份研究报告的出处）[③]。中国财经媒体当然不会放过这么好的机会来显示自己的"聪明"。2011 年 8 月 24 日的《每日经济新闻》[④]分析说："就在中国面板企业京东方、华星光电还陶醉在刚刚投产的 8.5 代 LCD 面板线中时，LGD 近日表示拟投资 28.3 亿美元（约合 180 亿人民币）批量生产下一代面板 OLED……一边是投入巨资的 LCD 面板无法在短时间内收回投资，另一边是革新技术又走到门前。中国企业跟还是不跟？跟，意味着还没有在 LCD 面板上实现盈利，却又要耗巨资进入 OLED 领域；不跟，一旦 OLED 成为主流显示技术后，中国企业又将被远远地抛在后面。"在京东方和华星光电的 8.5 代线达到满产的前夕，2012 年 7 月 14 日的《华夏时报》在报道中称[⑤]，"眼下随着国内 8.5 代线等高世代液晶面板生产线的集体躁动，亏损这个沉重的魔咒俨然已经在国内开始应验……摆在国内 8.5 代线面前的另一个严峻

---

① http：//www.digitimes.com.tw/tw/dt/n/shwnws.asp?CnlID=13&Cat=&id=283740。

② "LG Display CEO 证实广州 8.5 代液晶线推迟动工"，《东方早报》，2011 年 9 月 5 日，http：//tech.sina.com.cn/e/2011-09-05/07386023105.shtml。

③ "面板业向新显示技术转型"，《中国计算机报》，2011 年 9 月 5 日，http://tech.sina.com.cn/it/2011-09-05/15156025263.shtml。

④ "日韩系重金投资 OLED 中国面板业被迫再跟风"，http：//tech.sina.com.cn/e/2011-08-24/01285970138.shtml。

⑤ 8.5 代线的"魔咒"：复制日企老路或入泥潭，http://tech.sina.com.cn/it/2012-07-14/09467387687.shtml。

事实是，在 LED 面板与 OLED 面板生产线开始上马时，国内的 8.5 代线以及新建成的 10 代线可能面临建成即落后的局面。"该报道最后自作聪明地说："国内的 8.5 代线们，俨然在复制过去夏普等日本家电巨头走过的老路。但这种对产业链的完善，是否会再一次将国内 8.5 线们拉入亏损的泥潭呢？"

中国财经媒体的这些报道都忽略了一个关键因素：决定韩国双雄发起新技术竞争的动力，不是因为它们拥有更先进的技术，甚至也不是因为世界上已经有了性能明显超过"旧技术"的新技术，而是因为这两个全球老大也同样在"传统的"液晶面板业务上遭遇了亏损。就技术而言，OLED 与液晶相比确有优势（能提供对比度更高的图像、显示屏更薄、可以柔性等），但也有劣势（因制造工艺复杂而更加昂贵、性能不稳定等），所以自问世十几年来一直处于实验室阶段。韩国双雄既不是 OLED 技术的发明者，也不是其产品的最早推出者[1]，仅从技术因素出发就无法解释为什么它们在那个时点"突然"决定把 OLED 作为对液晶的替代而产业化。能够解释这个行动的只有经济因素——如果韩国双雄认为 2010—2011 年的价格下跌不仅仅是现有格局下的一次市场周期性变化，而是反映出液晶面板工业竞争条件的结构性变化，那么它们感受到的就不只是需求不振的短期阵痛，而是在市场竞争中无法保持传统优势的长期威胁。如果真是这样，那么韩国双雄发起新一轮技术竞争的动机就不是因为已经拥有先进技术，而是因为在传统优势变得可危时，力图通过率先开发使用新技术的产品而在市场上赢得新的优势。只是这种动机也就留下韩国双雄对 OLED 技术前景做出误判的伏笔。

是谁让韩国双雄感受到威胁呢？日本工业肯定不是，中国台湾工业也因陷入"泥潭"而不足为虑。那这种威胁就只有来自在 2010—2011 年显示出强劲扩张势头的中国工业。韩国企业领导人自己说的话表明了这一点。2012 年 8 月 24 日，韩国《东亚日报》援引 LG Display 代表韩相范的话说："最有威胁力的对手是中国……我们需要通过标新立异防止他们的追赶"[2]。该报在同年 9 月 2 日援引 LG Display 社长权喜远的话说："没有生产过 OLED 电视的中国和日本企业短期内无法追赶我们"[3]——此言虽然表达了自信，但把动机暴露无遗。不过，如果中国工业真是这样的威胁，就必须满足一个限制条件——除非中国工业的扩张势头与同时发生的价格持续下跌有联系。为确定这种联系，我们必须追问 2010—2011 年价格持续下跌的

---

[1] 全球首款 OLED 电视（11 英寸）是由索尼在 2007 年推出的，因销售不佳而停产。

[2] "OLED TV 将于今年开始供应"，《东亚日报》，2012 年 8 月 24 日，http://news.donga.com/3/all/20120823/48839883/1。

[3] "LG: OLED TV 领先于三星，中日企业暂时无法追赶"，《东亚日报》，2012 年 9 月 2 日，http://news.mk.co.kr/newsRead.php?year=2012&no=558163。

原因。

　　从 2010 年 5 月到 2011 年 11 月，全球液晶面板的市场价格连续下跌 19 个月（其间在 2011 年 4—5 月短暂回暖了一下便继续大幅下降）。从图 7.4 可以看到，具有代表性的主流产品——32 英寸电视面板——的价格水平在此期间几乎被腰斩。这一轮液晶周期的价格下跌在持续时间上超过了以往的任何一次——当它持续了 5 个月时就已经被认为是"反常"的[①]，何况实际是持续了 19 个月。为了理解为什么这一轮价格下跌的时间会如此之长，我们把图 7.4 所记录的价格变动趋势作为一个整体来看。从图 7.4 所示的整个过程看，液晶面板的市场需求在受到 2008 年全球金融危机的冲击之后，从 2009 年 2 月开始复苏，价格出现恢复性上扬。进入 2010 年后，由于受到欧洲债务危机、日本 3·15 大地震以及美国信用等级下降等因素的影响，市场需求的增长再次放缓，导致价格从该年 5 月开始下跌，并一直持续到 2011 年 11 月。问题是，如果这轮价格下跌完全是由市场需求波动所决定的，就不可能持续如此之久——即使是受到 2008 年全球金融海啸那样剧烈的冲击，液晶面板的价格下跌也才持续了 10 个月。不仅如此，虽然欧美市场的需求放缓，但 2010—2012 年的中国市场对液晶面板的需求持续走高。以中国液晶面板进口额为例：2010 年比上年大增 33.7%；2011 年在基数较高的基础上比上年再增近 0.9%；2012 年又比上年增 6.6%（见位于本章第三节的表 7.2），尽管这一年中国企业的高世代线已经大量供货。因此，虽然是需求波动引发了这一轮的价格下跌，但它不能解释为什么价格下跌会持续如此之久。

　　如果把这一轮价格下跌之后的价格趋势也纳入视野，我们就发现其真正的"反常"之处：在这一轮价格下跌之后，特别是在经历了 2010 年 6—11 月和 2011 年 6—11 月两次大幅度的价格陡降之后，全球液晶面板市场的价格再也无法回到接近原来的水平——即此后任何周期性的价格波动都只能以更低的某个水平为新的"基准"（或均衡点），而无论供求关系如何。用图 7.4 的语境来诠释这种"基准"的位移，就是此后每片 32 英寸液晶面板的价格再也回不到 200 美元以上的水平，任何新的周期性价格波动只能以每片 100 美元—150 美元的某个水平为基准。因此，考虑到以往液晶周期的特点是供过于求导致价格下降 → 价格下降导致应用范围扩大的新需求增加 → 新需求增加导致价格上涨和投资的增加，这一轮价

---

　　① 2010 年 9 月 14 日《北京商报》的一篇报道（"液晶面板价格反周期连跌 5 月 疑日韩刻意打压"）注意到了这个"反常"现象，它援引"业内人士"的质疑称，由于 2010 年 4—9 月的"面板价格下降时间已经超出正常的下行周期"，所以"这可能是外资面板企业对国内企业的刻意打压"，http://tech.sina.com.cn/e/2010-09-14/01594651553.shtml。但是，这一轮价格下降实际上持续了 19 个月，已经不是"刻意打压"所能够解释的了。

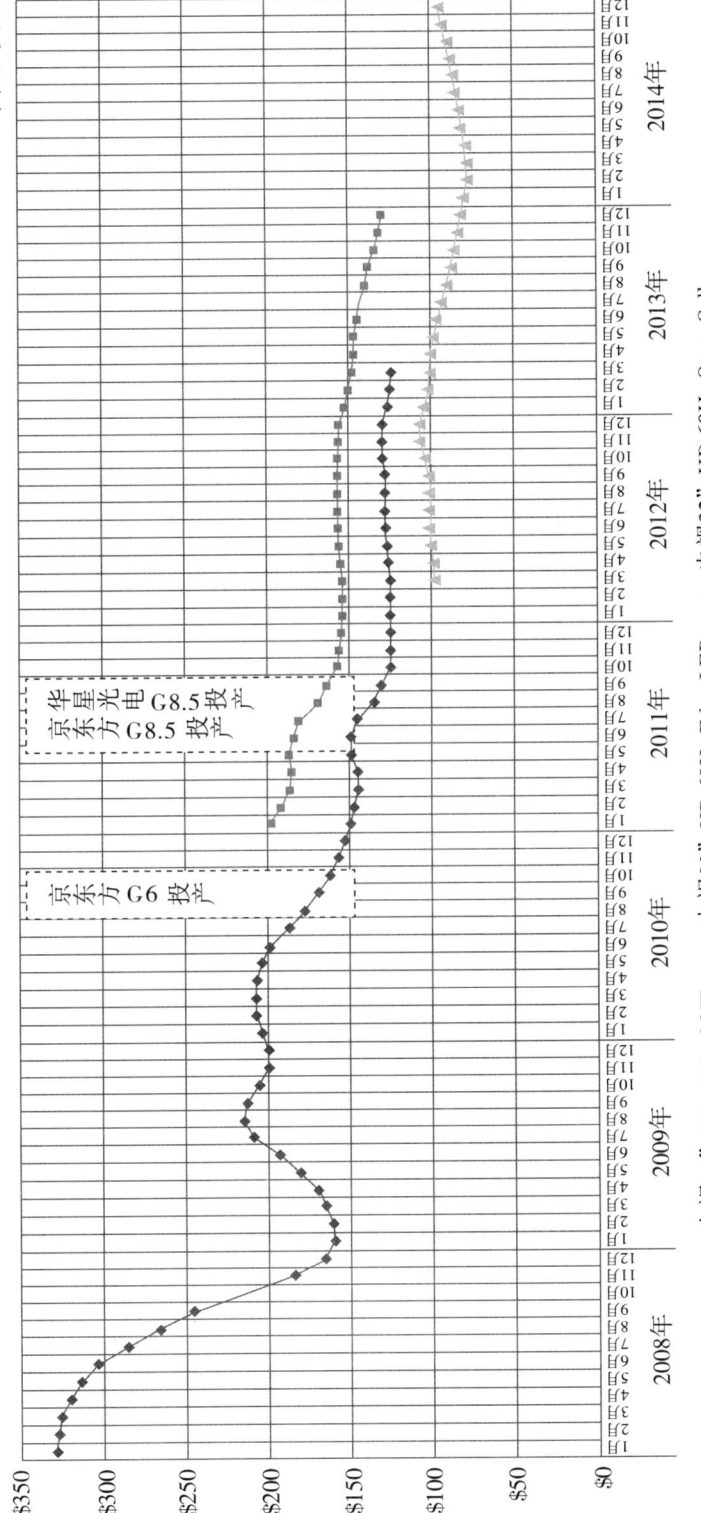

单位：美元

图 7.4：32 英寸液晶面板价格趋势

◆ 电视32" HD 60Hz CCFL　■ 电视32" HD 60Hz Edge LED　▲ 电视32" HD 60Hz Open Cell

注：图中的三条曲线反映了三种 32 英寸显示屏的价格趋势，CCFL 指的是普通背光源的液晶模组；Edge LED 是 LED 背光源的液晶模组；Open Cell 是不带背光源的"裸屏"。京东方目前不再供应模组，所以图中进入 2014 年后的数据只反映 Open Cell 的价格。三种产品的价格因零组件不同而略有差异，但趋势一致。

数据来源：HIS, DS, QSD。

347

格下跌的"反常"之处，从表面上看是持续时间超长，而更实质性的特点是它使周期性价格波动的基准水平发生了"位移"。可以肯定地说，这一轮价格下跌之所以持续时间"超长"，就是因为在由需求波动所开启的价格下跌过程中，价格波动的基准也发生了以两次大幅度陡降为标志的明显"位移"，二者先后产生的作用大大拉长了这一轮价格下跌的持续时间。

价格基准反映的是产业平均收入水平和成本水平的盈亏均衡点——价格过低则全行业的生产无法持续，过高则引发新企业的进入和产能扩大。在价格不断波动的供求关系背后，由于供给方面的成本结构具有相当的"黏性"（即不容易变动性），所以全球产业的成本结构才是市场价格基准的决定性因素。受技术进步和规模经济（即规模扩大导致单位成本下降）的影响，全球液晶显示工业的产品价格"基准"一直存在缓缓下降的趋势，但只有在供给方面发生"突变"时才会发生明显的"位移"。从图 7.4 上可以看到，液晶面板价格从 2008 年第二季度到 2009 年初发生了一次大幅度下滑，其原因是全球金融危机冲击所导致的需求波动，当然是一次严重的波动。按照液晶周期的惯例，价格会在需求波动过后重新上扬，而全球液晶面板的价格也确实从 2009 年 4—5 月开始上扬，但在经历了我们所关注的这一轮价格下跌之后，价格出现恢复性上扬的前景却永远消失了——标志着价格波动的基准发生"位移"。

价格波动的基准水平发生"位移"，说明全球液晶面板市场发生了结构性变化，而这种变化的力量只能来自供给方面。在 2010—2012 年期间，全球市场供给方面的唯一明显变化是中国半导体显示工业的扩张。恰恰是在这一轮价格下跌期间，中国工业经历了两次新建高世代线的投产期，第一次是京东方的 6 代线于 2010 年 9 月投产（10 月量产并在 2011 年 4 月达到满产），第二次是京东方的 8.5 代线和华星光电的 8.5 代线分别于 2011 年 6 月和 8 月投产（分别于 2012 年 7 月和 9 月达到满产），而这两次投产期与价格持续下跌中的两次陡降在时间上高度吻合（见图 7.4）[①]。

当然，单纯的产能增加并不一定引起"结构性"变化。但是，如果中国半导体显示工业的扩张改变了产业的成本结构，全球市场的结构性变化就不可避免，而中国工业扩张和价格基准"位移"的同时发生，恰恰说明全球半导体显示工业的成本结构确实随着中国工业的扩张而发生了变化。当价格下降到较低水平致使大多数国际厂商亏损的时候，京东方和华星光电却能够在同样的价格水平上赢利（2012 和 2013 年），说明它们比在位的国际厂商更适应新的价格基准。这是一个

---

① 由于液晶市场的价格是预期性的，即需求方根据对供给的预计而接受价格，所以京东方和华星光电的三条高世代线的投产就足以影响价格走向，而不必等到实际量产和满产。

深刻的变化，预示着这个工业的市场竞争条件被永远改变，从此每一家业内企业都必须接受新的"宿命"——只不过这一次中国企业扮演的角色是新"宿命"的促成者，而不像以前那样仅仅是被动的接受者。

纵观全球产业格局，产业成本结构的变化是日、韩和中国台湾企业在2011年全面亏损的根本原因，这个判断尤其可以被日本工业的态势所证明。在早期阶段，创造了这个工业的日本企业凭借技术垄断维持高价格和高利润，但也因此而形成了高成本结构。韩国工业的崛起首先冲击了由日本企业所塑造的产业成本结构，迫使日本工业向中国台湾企业转移技术，以使台湾成为自己的低成本液晶面板供应基地。即便如此，曾经是TFT-LCD工业主要创造者之一的夏普仍然保持着与韩国双雄一拼高低的心气，而它可以这样做的主要条件就是存在着一个规模巨大而且仰赖进口的中国市场，这其实就是夏普如此在意中国工业动向的原因。中国工业的扩张使夏普的"中国梦"终成泡影，尽管它从南京6代线上狠狠地捞了一把而且想继续捞。夏普迟迟不能摆脱困境的真正根源是日本的TFT-LCD工业已经无法适应正在形成的新的产业成本结构。而它的困境无非是表明，当中国工业的扩张再次改变了全球半导体显示工业的成本结构后，日本工业已经很难在传统的大宗液晶面板市场上保持优势。

但正如新技术领先者三星和LG所经历的，转向具有更高附加值潜力新技术的过程没有那么容易，至少没有预期的那样快。从2012年1月的美国拉斯维加斯国际消费电子展（CES）到同年9月的德国柏林消费电子展（IFA），三星和LG都展示了55英寸的OLED电视样品，并透露两家公司的产品将分别于2012年的夏天和下半年上市。但当2012年结束时，三星和LG都没有能够实现在这一年推出OLED电视的承诺。2012年9月4日，美国科技新闻网站The Verge发表署名Vlad Savov的文章猜测说，使用寿命可能是厂商迟迟不推出OLED电视机的原因。2013年2月7日，韩国《朝鲜日报》商业版报道说："去年2月三星电子以2011年大规模赤字为理由分拆了以一万七千名职员构成的LCD事业部。他们也认为以后的LCD市场会渐渐没落，OLED市场将快速形成。但是在这个重大决定之后独立运营的LCD事业部的盈利曲线开始上升（注：图7.3的数据即源自此报道）。与三星电子的预料不同，OLED电视时代没有到来。三星电子计划在去年末之前批量生产OLED电视，但是因为目前生产性问题仍然存在，目前还没有进行市场销售"[①]。2013年4月，LG率先推出55英寸的全高清OLED曲面电视，每台

---

① "误判频繁的三星：被分拆的LCD事业部反而蒸蒸日上"，Chosunbiz，2013年2月7日，http://biz.chosun.com/site/data/html_dir/2013/02/06/2013020602491.html?Dep0=twitter。

价格为 1.5 万美元（如今已降至 4000 美元左右）；6 月，三星终于发布 55 英寸超薄曲面 OLED 电视，每台价格约为 1.3 万美元（约合人民币 8 万元），售价与竞争对手 LG 相似[①]。

最令人意外的是，在大尺寸 OLED 技术的开发遇到困难的同时，液晶技术仍然在高速发展。低温多晶硅、氧化物、高分辨率、窄边框、低功耗、透明显示等新技术的应用，使 TFT-LCD 在产品性能和成本竞争力方面不断提升，在大尺寸领域以 4K×2K 的超高清技术最为典型，而在小尺寸领域则以高 ppi 值最为典型，这些突破使得 AM-OLED 的优越性在一定程度上被弱化。据媒体报道[②]，国际市场上第一款 4K 电视是 2011 年底东芝推出的 55 英寸产品。2012 年 1 月，索尼、松下、东芝和三星、LG 都在美国拉斯维加斯的国际消费电子展（CES）上展出了 55 或 65 英寸的 4K 液晶电视。同年 8 月，索尼率先在中国市场上推出 4K 电视。由于海峡彼岸的奇美、友达和此岸的京东方和华星光电迅速跟进 4K 液晶技术，到 2013 年初，TCL、长虹、海信、创维、康佳、海尔等中国彩电企业也纷纷推出 4K 电视，到年中 50 英寸 4K 电视的售价已降至 8000 元左右[③]。由于忽视了液晶面板的发展，韩国双雄反倒成了 4K 电视上市的迟到者，只能面对市场份额被蚕食而奋起直追。2013 年 9 月，LGD 的 CEO 韩相范称，LGD 将扩大 UHD（超高清，即 4K 液晶屏）产品线，推出全线 UHD 面板产品并积极与中国电视厂商合作，一同推动 UHD 市场发展。但那时 LGD 在中国市场推出的 4K 电视只有 84 英寸一款，且价格高达 14 万元一台，国内消费者并不买账[④]。特别有趣的是，当 4K 液晶电视被推出后，被认为能够很快替代液晶的 OLED 技术却达不到使用传统非晶硅 TFT 的液晶显示就能达到的 4K 分辨率，而 OLED 电视的售价却是 4K 液晶电视的 10 倍。直到 2014 年 7 月，LG 才宣布开发出来分辨率能够达到 4K 的 OLED 显示屏，但不仅比 4K 液晶技术晚了差不多 3 年时间，而且其实际性能尚有待市场的验证。进入 2014 年，4K 电视的市场销售似乎面临起飞。虽然目前中国还缺乏 4K 的片源、信号传输和内容的全产

① "55 英寸 OLED 电视售 8 万！"，《大洋网 - 广州日报》，2013 年 7 月 3 日，http://tech.sina.com.cn/e/2013-07-03/07198502659.shtml。

② "4K 电视为普及快速降价 售价不足万元"，《今晚报》，2013 年 7 月 7 日，http://tech.sina.com.cn/e/2013-07-08/09188517485.shtml。

③ "下半年 4K 电视或迎降价潮 降幅或高达两成"，《京华时报》，2013 年 7 月 10 日，http://tech.sina.com.cn/e/2013-07-11/09118529357.shtml。

④ "中国面板业已成气候 LGD 在华获利恐大减"，家电消费网，2013 年 9 月 11 日，http://www.52rd.com/S_TXT/2013_9/TXT50312.HTM。

业链，但政府的介入已经预示 4K 电视普及阶段的到来^①。液晶技术的持续进步使 OLED 全面替代液晶的前景更加遥远。

2014 年 5 月，媒体上出现"日韩企业放弃 OLED 电视"的传言。2014 年 5 月 9 日，韩国《每日经济新闻》报道称，三星电子更改了计划，近期趋势也证明它承认之前的判断有误。三星曾认为 OLED 电视将成为牵引市场的新成长动力，但到 2014 年，它的想法似乎有所改变。该报道援引三星电子消费电子部门社长尹富根的话说："OLED 电视拥有好的技术潜力，但是为了接近消费者需要更完整的技术。距离普及应该需要 3—5 年的时间。"于是三星电子决定在未来集中精力于以 LCD 技术为基础的 UHD TV。三星显示也暂停对大型 OLED 面板的新投资^②。一家中国媒体则报道称，松下推迟 OLED 显示屏的量产计划，索尼暂停 OLED 电视研发，三星已取消年内建设电视用 OLED 显示面板生产线的计划，并且暂时将不再发布新 OLED 电视机型，于是日、韩彩电企业中仍致力于 OLED 电视研发工作的就仅剩 LG 电子一家^③。三星立刻否认了关于自己"放弃扩产 OLED 电视面板生产线"的传言^④。但该报道援引业内人士分析，三星可能会改变技术路线（技术轨道）。此外，三星确实把主要精力投向争夺 4K 电视的市场，毕竟眼前的红烧肉比还够不到的牛排更重要。

到目前为止，业内无人否认 OLED 显示技术的性能优势，也无人否认 OLED 替代液晶的前景，但同样肯定的是，业内已经无人相信 OLED 能够很快替代液晶。本书反复强调的主题：新技术刚出现时往往是粗糙的，需要一个"漫长"的改进过程，而这个改进过程是创新的主要内容。回顾液晶工业史（见本书第四章），以液晶显示替代 CRT 显像管的想法起源于 1960 年代，而液晶显示器真正大规模地替代 CRT 显像管是在 21 世纪的第一个 10 年中才实现的，前后花了漫长的 40—50 年时间。液晶对于 CRT 显像管与 OLED 对于液晶之间的不同，是后两种技术同属半导体显示（即都需要 TFT 的控制），所以存在着明显的连续性。因此，多种显示技术并存才可能是未来长期的状态。即使 OLED 显示最后替代掉液晶显

---

① 到 2014 年 7 月，中国电子技术标准化研究院联合几大音频专业机构制定的《超高清显示认证技术规范》，已经通过国家认证监督委员会批准备案。此规范对超高清电视显示性能技术要求和测量方法进行了明确规定，提升了 4K 电视产品的准入门槛（见 2014 年 7 月 14 日《通信信息报》，"4K 电视技术规范获批 内容短板掣肘发展"）。日本已经宣布将于 2016 年实现 4K 电视信号的全覆盖。

② "无路可去的 OLED TV，花开之前趋势已转向 UHD TV"，《每日经济新闻》，2014 年 5 月 9 日，http：//news.mk.co.kr/v2/economy/view.php?year=2014&no=719763。

③ "日韩企业放弃 OLED 电视只因高成本制约"，中国家电网，2014 年 5 月 16 日，http：//tech.sina.com.cn/e/2014-05-16/09129382583.shtml。

④ "三星否认放弃扩产 OLED 面板 称研发进程不变"，《第一财经日报》，2014 年 5 月 9 日，http：//tech.sina.com.cn/e/2014-05-09/05099368112.shtml。

示，这个过程也比人们所想象的更"漫长"。

更重要的是，中国企业也迅速加入了 OLED 技术的研发。京东方从 2010 年就正式开始了对 OLED 的研发，到 2013—2014 年已经推出了从中小尺寸到 55 英寸的 AM-OLED 显示屏样机；她在鄂尔多斯的 AM-OLED 生产线已经投产，经过生产低温多晶硅驱动的液晶屏的过渡，将在 2015 年开始生产 AM-OLED 显示屏；而合肥 8.5 代线的氧化物 TFT 生产线和大尺寸 AM-OLED 实验线都开始试产。华星光电也开始研发 OLED 技术，并于 2014 年 4 月宣布将在武汉建设一条 6 代 AM-OLED 生产线。于是，中国半导体显示工业不仅在规模上成长起来并改变了产业成本结构，而且主动参与到新技术演进的过程之中。

毫无疑问，中国半导体显示工业已经崛起。但这个结论仍然带给我们尚未回答的问题：中国半导体显示工业为什么能够崛起？中国企业为什么能够改变产业成本结构？它们又为什么能够跟上新一轮技术竞争的步伐？对这些问题的回答是下一节的主题。

第二节
中国半导体显示工业的崛起时刻

由于中国半导体显示工业的崛起是在短短几年内就发生的，所以这个事件令国际竞争对手、中国政府和社会等各方面都感到"意外"。于是，这个工业为什么能够崛起、为什么能够改变全球产业的成本结构以及为什么能够迅速参与新技术的演进，就成为必须回答的重要问题。

从本书所记录的实际过程看，中国半导体显示工业的崛起不是由什么必然的"规律"或因素所决定的，而是发生于中国企业以及相关各方战略行动的激烈互动过程。如果从企业之外的结构性条件去寻找中国半导体显示工业崛起的原因，无论是把这些条件抽象到人均收入水平以及教育水平，还是具体到相应的技术基础、产业链的组成以及融资条件等，中国在本书故事所发生的阶段都不可能发展这个工业。换句话说，中国半导体显示工业的崛起不是中国经济结构性条件（如人均收入水平等）的结果，而是以企业为主的战略性行动的结果。

中国曾经流行过一个"国际产业转移"的说法，这个故事的背后是"比较优势论"的逻辑，说的是随着发达程度导致的成本变化，发达国家的产业必然会向发展中国家（中国）转移。"国际产业转移"的故事之所以对经济学家和政府官员特别有吸引力，其实就是因为省事——他们以为吃饱了坐在沙发上剔剔牙缝，中国就可以发展技术密集型的工业，这不过是在依赖引进技术发展工业的时代所养成的心理习惯。如果这个故事是真的，那么为什么人均收入水平足够高的美国和欧洲没有发展起半导体显示工业？为什么人均收入水平足够低的中国到现在也没有发展起来半导体集成电路工业，甚至连在发达国家被列为"中等技术"的汽车工业也还是以组装外国品牌为主？这个故事抽象掉了技术和工业竞争的过程，既说不清企业在什么条件下就可以顺顺当当地进入一个工业，更说不清企业在进入本国原来没有的工业时需要做出什么样的努力。经济学家讲的故事是一出没有王子的"王子复仇记"。

　　中国企业的战略行动是中国半导体显示工业崛起的决定性因素——所有那些不利于这个工业发展的结构性障碍（如缺乏技术和产业基础以及社会的冷漠等）是被企业的战略行动所克服的，而所有那些有利于这个工业发展的结构性条件（如下游工业提供的市场潜力、社会提供融资的能力和政府的支持）也是被企业的战略行动所发掘或动员起来的（见本书第六章第二节）。总之，即使所有的结构性条件都有利于一个工业的发展，这些条件能够对这个工业的发展产生作用也只能是因为企业采取了发展这个工业的战略行动，何况当存在许多不利的结构性条件时。于是，理解中国工业崛起原因的关键问题就是，在全球半导体显示工业已经被日、韩企业和中国台湾企业所主导、市场价格持续下跌导致全行业亏损、国际主导厂商发动新一轮技术竞争的条件下，开始扩张的中国企业采取了什么样的战略行动才使自己经受住竞争的考验？由于京东方是中国半导体显示工业崛起的主要力量（其产出从 2011 年以来一直占中国工业的 50% 以上），所以我们主要以京东方为例，并把其战略行动置于全球工业竞争过程的情景中，来分析导致中国工业崛起的原因。

　　推动中国半导体显示工业崛起的第一个战略行动就是中国企业以自主建线的方式坚决扩张。有关中国半导体显示工业崛起的所有"偶然性"——即我们从理论上所称的"战略性"——都可以追溯到京东方的行为上。京东方是中国显示器工业中第一个自主建线的企业，进入该工业后经历过两轮亏损，但一直不为各种困难和非议所动，在一种不同寻常信念的支持下坚持到迎来大规模扩张的时刻。本书已经详细介绍了这个过程，这里不再多说。但值得指出的是，京东方在完成第一轮扩张之后（以合肥 6 代线和北京 8.5 代线的建成为标志）仍然坚持扩张，继续建设鄂尔多斯 5.5 代 AM-OLED 线、合肥 8.5 代线和重庆 8.5 代线。当时液晶面板市场的价格持续走低，韩国双雄又发起了新一轮的技术竞争，而京东方自己还未走出亏损状态，所以做出继续扩张的决定不是一件容易的事。王东升之所以没有被各种流言所左右，正如本书第六章"'寡人'王东升"所分析的，是因为他在"太上老君的炉子"里被炼过。经历过两次技术替代和进入液晶工业之后的磨难，京东方的决策者早已成熟起来，何况他们还发展出一个关于自己企业的"理论"。全行业亏损和新一轮技术竞争的"乱局"，恰恰就是王东升提出"半导体显示"概念的背景。在甚至连新一轮技术竞争的发起者都被技术的不确定性搞得迷茫之时，王东升以这个概念抓住问题的本质和关键，毫不犹豫地坚持完成第二轮的扩张，于是世界大变。

在京东方以后进者地位进入 TFT-LCD 工业之后，走的每一步都遭到中国"聪明人"的非议，何况做出如此之大的"手笔"：当京东方开建 5 代线时，坊间立刻传出 5 代线已过时的说法；当京东方开建 6 代线时，媒体开始宣扬这条线"未投产已落后"；当京东方建成 8.5 代线后，各路"聪明人"又以日韩企业开发 OLED 技术来证明京东方再次"落后"。但比这些"聪明人"的议论更能证明真相的是竞争对手的行为：2009 年夏末，触发日、韩和中国台湾企业对中国技术封锁一夜崩塌的"扳机"，是京东方向高世代线扩张的行动；2011 年之后，日本工业的退守高端、韩国双雄在新技术竞争中的"坎坷"以及台湾工业在新技术和低成本双重夹击下的危机，同样是源于京东方大规模扩张的冲击（这个冲击的能量因华星光电的成功而更大）。竞争对手的行为和全球显示工业之技术和市场条件的大变，比任何中国"聪明人"的议论都更能证明，京东方在 2009—2015 年的大规模扩张是无可争辩的正确决定，是全球显示工业的一个划时代事件。

华星光电的成功也是决策坚决的结果。对于决策者——深圳市政府和 TCL 集团——来说，发展 TFT-LCD 工业是多年的愿望。在经历了多年与外资谈判未果之后，原来计划依靠引进生产线的深圳项目在 2009 年年中已经进入死胡同。回顾那个历史关头，选择自主建线是一个"千钧一发"的决定。只是在当时全球金融危机的冲击下，国际主导厂商才会放缓脚步并释出技术资源，如果不抓住这个被中国财经媒体称为"生不逢时"的机会窗口，深圳市和 TCL 恐怕再无发展这个工业的可能。市领导的大胆和坚定、TCL 领导人的精明和雄心以及项目负责人的刚烈和敢于担当，终使华星光电能够借助 200 多名台湾工程师团队，自主建成了 8.5 代线（这条线也成为华星光电的学习平台）。

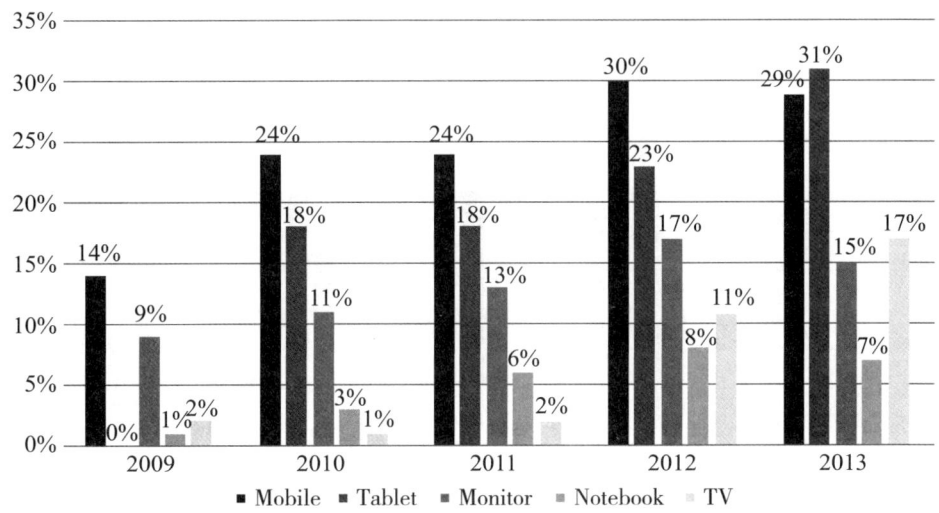

图 7.5：中国面板出货量全球占比

数据来源：Display Search & BOE MRI。

    第二个战略行动是中国企业按照不同于领先者的既有方式和路径进行扩张。在 TFT-LCD 工业的产能被普遍认为已经过剩的条件下，为什么京东方（以及华星光电）的高世代线投产后能够迅速赢利？如前所述，液晶面板价格在 2010—2011 年一路走低，友达、奇美、夏普的亏损甚至延续到 2012 年，所以京东方的"坚决扩张"行动并不自动保证新增产线和产能可以在当时的市场情况下盈利。如果当时京东方也沿袭主导厂商的模式去争夺传统市场（电脑和电视等），那么她就是一个成熟市场的晚到者，她的全部产线达到满产满销的状态会拖得更长，亏损状态就可能持续，至少不会迅速扭亏为盈。京东方从 2012 年开始的盈利，是在扩大规模的同时实施"战略转型"而实现的，即转向中小尺寸显示屏。

    2010 年之后，半导体显示器的主要需求变化是智能移动终端市场的兴起。这个市场由苹果于 2007 年推出的 iPhone 所开启，但它在最初几年只是显示器市场的一个边缘部分。随着 iPhone 带动了智能手机替代功能手机的大潮，再加上 2010 年由苹果推出的 iPad 又引爆了平板电脑市场，智能移动终端的用屏到 2013 年已经成为半导体显示器的一个主流市场，而且是最具成长性的市场。直到 2010 年，全球半导体显示器工业的竞争焦点都集中在尺寸越来越大的显示屏上，但此后智能移动终端市场的兴起突然改变了竞争的方向，在尺寸越做越大的焦点之外又出现了一个新的竞争焦点——尺寸较小但显示性能更高的产品上，其毛利率要高得多。

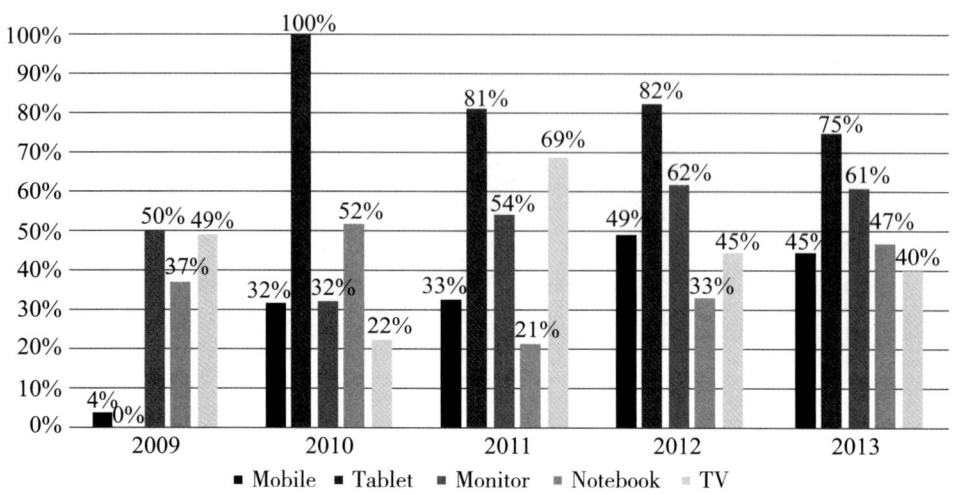

图 7.6：京东方面板出货量占中国大陆出货量的比例

数据来源：Display Search & BOE MRI。

在全球显示器企业中，京东方是最早针对移动终端市场而调整生产线结构的企业之一（见本书第五章和第六章）。除了本来就设计为生产小尺寸产品的 4.5 代线之外，京东方成功地使 5 代线全面转向移动类产品——这是 5 代线在 2012—2013 年成为高赢利生产线的关键；当 6 代线刚刚实现满产满销，京东方就开始调整产线并从 2011 年末开始出货移动类产品；到 2013 年，京东方甚至使用 8.5 代线生产移动类产品。这个"战略转型"的实质目标不在于生产多大的显示屏，而是为了保证四条生产线能够全部满产满销。转向移动类产品是使 5 代线和 6 代线满产的关键，而把它们原来生产的电视屏和部分电脑屏转到 8.5 代线生产，也保证了后者的满产满销。调整产线的产品结构要比外人想象的难得多，首先要能够开发出产品来，然后还要调整设备并保证良率。由于涉及营销、产品开发、工艺开发和各个方面，所以产线的调整只能是战略目标和决心的结果。

如果说京东方的决策者从一开始就洞察到新市场的出现，那肯定是夸张。正如本书第六章所介绍，成都 4.5 代线是京东方在难以向高世代线扩张时采取的一次战略性机动，有点以退为进的味道。那条线是为中小尺寸产品（以手机屏为主）而设计的，但在产线设计中并没有针对智能移动终端市场的内容。王东升对智能移动终端市场的意识起始于思考北京 5 代线的转型，具有战略意义的 iF95 项目（7 英寸 ADS 高性能显示屏）就是那时实施的。即使如此，6 代线也是在建成之后才决定转向生产中小尺寸产品的，而 8.5 代线则更是如此。此外，令京东方

表 7.1: 显示企业以高世代线生产移动类产品的情况（时间和产量）

单位: 玻璃基板/千片

		2010				2011				2012				2013				2014			
		Q1	Q2	Q3	Q4	Q1	Q2	Q3	Q4	Q1	Q2	Q3	Q4	Q1	Q2	Q3	Q4	Q1	Q2	Q3	Q4
友达	G6												3	18	37	36	15	25	32	41	38
京东方	G6								3	2	3	3	5	8	31	78	86	149	181	183	156
	G8															3	3	25	45	57	85
中电熊猫	G6																3	3	9	18	15
中华映管	G6	3	6	9	12	21	32	77	111	24	37	76	109	174	196	170	151	175	150	166	154
LG 显示	G6					8	42	66	63	68	33	98	133	107	60	85	80	71	46	85	79
	G8								9	21	48	56	57	31	31	58	74	37	32	116	115
松下	G8									2	14	35	19	8	10	19	7	7	11	18	18
夏普	G8			2	2	16			3	30	48	42	30	0	16	20	56	38	40	44	45
总计		3	6	11	14	46	74	143	189	147	182	310	357	345	381	468	476	529	547	728	704

注：2014 年 Q3 和 Q4 的数量是预计计数。

数据来源：Display Search。

357

决策者后悔的一件事是触摸屏项目上晚了，所以才在合肥 8.5 代线和重庆 8.5 代线项目中追加触摸屏项目。但是，京东方紧贴市场需求的动向，不仅对变化非常敏感，而且能够以"SOPIC 创新变革"为手段迅速实施结构调整，仍然成为业内率先占领移动终端市场的企业之一和以高世代线生产中小尺寸产品的企业之一。就是因为这个转型，京东方的每一条新增产线才能够在预定的时间里实现满产满销并且盈利。如图 7.7 所示，在智能移动终端市场火爆的 2013 年，京东方的智能手机屏和平板电脑屏出货名列全球业内第一（全球市场上的每 10 个手机中至少 2 个，平板电脑中至少 3 个使用的是京东方生产的显示屏）。

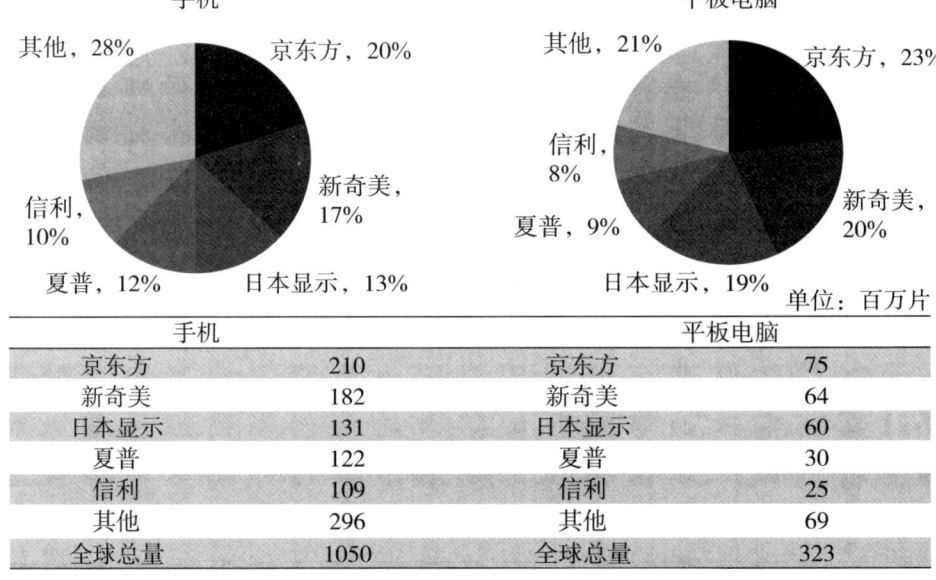

手机		平板电脑	
京东方	210	京东方	75
新奇美	182	新奇美	64
日本显示	131	日本显示	60
夏普	122	夏普	30
信利	109	信利	25
其他	296	其他	69
全球总量	1050	全球总量	323

图 7.7：2013 年全球移动类显示屏的各厂商市场份额

数据来源：Display Search & BOE MRI。

华星光电的故事有自己的不同。第一，全球市场液晶电视出货量在 2011 年骤减，在 2012 年甚至是负增长，但中国市场的液晶电视出货量仍然在以较高速度增长。因此，尽管液晶面板的价格跌到较低水平，但中国市场的增长仍然保持了对电视屏的需求增长。第二，中国电视机工业曾经饱受显示屏被"卡脖子"之苦，在价格和供应量上受控于日、韩和中国台湾企业，何况进口液晶面板还要承受关税和物流成本。TCL 集团本身就是中国电视机工业的主要制造商之一，在华星光电 8.5 代线建成之后吸收了其 40% 以上的显示屏产出。这种抵近用户市场的优势可以专注电视屏的生产，使只有一条 8.5 代线的华星光电在 2013 年成为全球最大的 32 英寸液晶屏的生产商。此外，华星光电还继承了中国企业的低成本制造经验。在中国市场保持着对电视屏需求的条件下，华星光电发挥低成本制造和抵近市场的优势，以专注电视屏生产的规模经济在价格走低的条件下实现盈利。

第三个战略行动是中国企业在扩大的产业基础上迅速向新技术进军。"技术落后"曾经是许多中国"聪明人"贬低甚至指责京东方的主要理由，他们或者说京东方正在建设的生产线已经落后，或者说京东方在 OLED 技术"山雨欲来"时不应该再建液晶面板生产线。这些"聪明人"的逻辑——如果是善意的话，是京东方应该先掌握先进的技术，然后再扩大生产能力。这种逻辑其实也是反映了直线式思维，认为先有技术才有工业，或先掌握技术才能发展工业。但与这些"聪明人"的预期正好相反，京东方的技术进步是从 2009 年开始大规模扩张之后加速的，而且速度之快出乎许多人的意料（见表 7.2）。

表 7.2：2013 年主要企业有关显示技术的专利申请数量

面板厂商	京东方	三星	LG	夏普	友达
2013 年新申请专利数量	4282 件	4096 件	3185 件	3079 件	1608 件
2014 年新申请专利数量	5116 件	4700—5200 件（预测）	缺	缺	1800—2000 件（预测）

数据来源：京东方的数据来自京东方，其他公司的数据来自 Thomson Innovation 专利数据库（专利地域范围：中国、美国、欧洲、日本、韩国；领域范围：显示领域）。

一个国家如果想掌握某个工业领域的技术，就必须先把这个工业建立起来，因为技术进步要对经济发展产生作用，就必须采取产品形式（Mowery and Rosenberg 1998）。换句话说，有用技术知识的扩展和进步，离不开产品的开发、制造和营销。对自然现象产生新发现的科学理论和以新的原则利用自然现象的基础知识（工业实践），对于孕育新技术是绝对重要的，但这些知识并不能直接变成有用的技术知识——即产品技术。即使是高技术工业，其创新内容也往往不是发明，而是力图在一定的成本约束下设计出可以达到一组性能要求的产品或工艺，而这种工程设计能力是非常复杂而昂贵的工作（Nelson and Rosenberg 1993）。更进一步地说，如果开发出来的产品不能被以市场接受的成本和质量制造出来并销售出去，围绕着产品的技术就是无用的。因此，技术进步依赖于产品开发、制造和营销的工业能力，而这些能力就成为参与新技术演进和创新的"学习基础"（learning base）（Chandler 2001）。从企业层次上讲，一个企业如果想参与某个工业领域的技术进步，就必须进入这个工业，发展和建立起相应的产品开发、生产制造和营销能力。在现实世界中，从来就不存在可以脱离工业过程去掌握先进技术的可能性。

当京东方只有一条 5 代线时，王东升再重视技术也是"有心无力"——当时京东方不仅需要通过 5 代线的实践来掌握技术，而且其产业规模根本无法支撑较大规模的研发。当京东方开始拥有多条生产线之后，研发的多样性和规模大大增加。在 10 年技术积累的基础上，产线的产品开发和 CTO 组织的研发结合起来，使京东方的技术进步迸发出空前的能量。京东方于 2012 年 11 月 16—21 日举行的深圳高交会（第十四届中国国际高新技术成果交易会）上，展出了 110 英寸 4K 超高清 ADS 显示屏（3840mm×2160mm）——三星在 2013 年 1 月第 46 届国际消费电子产品展（CES 2013）上展出的 110 英寸超高清电视就是采用由京东方供货的这款显示屏（三星当时还不能生产这样的屏）[①]。2013 年 9 月，继夏普开发出 84 英寸 8K 显示屏之后，京东方开发出 98 英寸 8K 液晶显示屏。这两款大尺寸电视屏都是在北京 8.5 代线开发出来的，而 500ppi 的高性能手机屏则是依托 4.5 代线和 5 代线开发出来的。

京东方技术进步的加速尤其受到其竞争战略的驱动。第一个驱动力是把"产品的全球首发率"作为衡量产品竞争力的首要指标。本书第六章介绍了这个目标背后的理论逻辑（即王东升的"生存定律"），实践证明这个战略思维具有强大的力量——它激励了企业组织内部各个层次和各个职能部门围绕新产品的开发、制造和营销进行合作和创新，即使不是首发的产品技术进步也得到这个过程的推动。2013 年，京东方的全球首发产品比例达到 35%，这个水平在全球业内位居第一。连续性的产品开发和技术能力的累积性增长最后导致革命性的技术成果——京东方能够在开发超过 500ppi 的手机屏和 4K、8K 大尺寸电视屏等产品就是这个过程的结果。第二个驱动力是京东方在新技术方面的布局。CTO 组织的成立就体现了这个战略，使京东方从 2010 年就开始正式研发 OLED 显示、低温多晶硅和氧化物半导体的 TFT 等技术。京东方研发这些技术的最终目的是能够以合格的良率和工业规模制造出产品来，所以完成这些研发同样需要依托实际的生产线。鄂尔多斯 AM-OLED 生产线的投产，合肥 8.5 代线中氧化物 TFT 生产线和大尺寸 OLED 实验线的试产，号称全部使用氧化物 TFT 的重庆 8.5 代线的建设，与 CTO 组织已经开发出来的众多样机一样，标志着京东方在新显示技术上的进展。

综上所述，中国半导体显示工业的崛起发生于中国企业采取一系列战略行动

[①] 2013 年 9 月 7 日，在第 53 届德国柏林国际电子消费品展（IFA 2013）期间，吉尼斯世界纪录认证中心向京东方颁发了"世界最大的液晶电视"证书，"京东方 4K 巨幕电视获吉尼斯世界纪录认证"，新浪科技，2013 年 9 月 8 日，http://tech.sina.com.cn/it/2013-09-08/08488718095.shtml。

的过程。在起点上，这个过程的未来结果是高度不确定的，因为影响结果的多种因素（包括国际竞争对手的行为、中国政府的态度和市场供求关系等）都在发生随机变化。但由于中国企业尤其是京东方的战略行动，中国半导体显示工业在一个看上去并非那么有利的环境和阶段中却轰然崛起。

从行动的战略性角度讨论中国半导体显示工业的崛起，同时就提供了分析在位者战略失误的视角。在京东方"坚决扩张"和华星光电坚决自主建线的同时，国际主导厂商却表现出犹疑和患得患失。回到 2009 年秋季的"液晶热"阶段（见第五章第一节），由于当时中国各级政府的欢迎态度，所以日、韩和中国台湾企业面临着在中国大陆大举建线的良机。如果它们果真那样做了，或即使只有被中国政府批准的韩国双雄那样做了，也必定会对京东方和华星光电形成巨大的压力。国际主导厂商在华建线不仅会限制京东方和华星光电新建高世代线的运营效率，而且甚至令人怀疑京东方是否能够继续建设合肥 8.5 代线、鄂尔多斯 AM-OLED 线和重庆 8.5 代线，至少京东方后续建线的数量也会因建线空间被挤占而减少。换句话说，如果国际主导厂商在华积极建线，将大大减轻中国工业崛起的冲击力。但就是在中国企业坚决扩张和国际主导厂商对在华建线发生犹疑之际，中国半导体显示工业像一场海啸般崛起。如果用战略性语言来形容当时的场景，那就是"狭路相逢勇者胜"。

韩国双雄对在中国大陆建线的犹疑受当时液晶面板价格下跌的影响，但更大的影响可能来自它们发动新一轮技术竞争的决定，因为后者不仅针对中国大陆企业，也针对中国台湾和日本企业。但后来的事实证明，韩国双雄显然在对技术和产业趋势的判断上出现了错误。从表面上看，错误是技术性的——以为通过加强研发就可以使 AM-OLED 迅速替代 TFT-LCD。其实对具体技术的前景产生误判是工业界经常发生的事，也不一定带来严重的后果，但韩国双雄对 OLED 技术前景的误判不是技术性的，而是源自"直线式思维"的战略性误判。所谓"直线式思维"在这里的表现是，韩国双雄以为可以在保持既有产业结构和商业模式不变的情况下，也就是在保持韩国双雄既有的优势地位的条件下，能够迅速以性能更优越的新技术替代老技术，从而拉开与赶超者的差距。但实践证明，第一，三星因为一度中止在液晶显示领域的投资，导致它在液晶面板的技术进步和产品结构变化上落后，让京东方从三星移动的液晶屏手机中得到非常大的份额，直接帮助京东方成为全球手机屏市场的第一大供应商。到 2013 年，三星在液晶面板市场的占有率明显下降，只好在 OLED 技术成熟比预期缓慢的情况下又重新启动对液晶的投资，企图亡羊补牢。第二，正如全球半导体显示工业新一轮技术竞争的态势正在展示的那样，即使当 AM-OLED 或其他什么新技术替代 TFT-LCD 的阶段真的到来时，也不可能出现只有韩国双雄掌握着 AM-OLED 或其他新技术的局面，更有可能发生的情况是其他技术跟随者不仅同样能够掌握新技术，而且可能比韩国双雄处于更有利的颠覆者位置，因为这些挑战者没有"既得利益"去阻碍它们战略上的灵活性。于是韩国双雄在后来的竞争中表现出来一系列的被动——它们在 4K 液晶电视市场上成了后进者；它们在华建线不仅被推迟到京东方和华星光电的新建线显示出良好收益之后，而且产能也比最初的规划缩小了[①]，至少部分原因是中国大陆企业的生产线率先占有了市场。

"直线式思维"也典型地体现于台湾当局的"N-1 政策"，即规定台湾企业在大陆建的生产线必须比它们已经在台湾拥有的生产线低一个世代。这个政策的初衷是通过保持两岸生产线的世代差来保持台湾对大陆的技术优势，但结果却反而成为愚不可及的作茧自缚。第一，出乎台湾决策者的意料，不许台湾企业到大陆建高世代线并没有妨碍京东方和华星光电迅速建成 8.5 代线（甚至加速了华星光电的项目[②]），而且这两条 8.5 代线的产能还比台湾的 8.5 代线大得多（华星光电一条 8.5 代线的产能就几乎相当于奇美和友达所有的三条 8.5 代线）。第二，当智能移动终端的应用成为半导体显示工业一个新的竞争焦点之后，显示屏尺寸的重要性下降，而技术性能的重要性上升，于是以世代线衡量技术先进程度的政策失去了适用性。友达在昆山的项目最初是 7.5 代线（以满足 N-1 的条件），后来改为 8.5 代线，最后改为 6 代线（用于生产高性能的小尺寸产品）[③]——其一波三折就是"N-1 政策"的笑柄。事实上，"N-1 政策"的唯一效果是延误了台湾企业到大陆建线。这种延误的真正"恶果"并非像台湾媒体所抱怨的那样是拱手让韩国双雄在大陆抢先建线，而是中国半导体显示工业在这个"空挡"期的崛起使中国政府再也不把台湾工业放在眼里了，随之消失的是中国政府对台湾企业在大陆建线的优惠待遇。当重庆市打算引进富士康建设 8.5 代线时，国家发改委专家组给重庆的建议是：与京东方合作。没有中国政府提供的优惠条件，钱包拮据的台湾企业已经很难在大陆积极建线。在京东方、华星光电以及中电熊猫的高世代线投产后，中国政府从 2012 年 4 月 1 日起，对 32 英寸及以上不含背光模组的进口液晶面板恢复执行 5% 的最惠国

---

① 由于中国企业加大对高世代线的投资，LGD 和三星开始压缩在中国的投资计划。LGD 的广州 8.5 代线原计划投入 40 亿美元，月产能 120K，但已计划将投资额调降至 18 亿美元，产能亦下调到每个月 60K。三星亦计划将中国苏州厂的投资额从原本的 30 亿美元调降至 15 亿—16 亿美元，每月产能从 100K 片下调至 40K 片左右（见 2013 年 9 月 11 日，家电消费网："中国面板业已成气候 LGD 在华获利恐大减"，http://www.52rd.com/S_TXT/2013_9/TXT50312.HTM）。

② 当时台湾的友达和奇美都处于亏损和重组的过程，停止扩张导致一批看不到出路的台湾工程师"叛逃"到华星光电。

③ 2014 年 7 月 25 日，中华液晶网："台面板厂商需靠技术突破市场获商机"，http://www.52rd.com/S_TXT/2014_7/TXT59837.HTM。

进口关税（此前的税率是3%），进一步抵消了台湾工业在中国大陆市场的竞争力。

台湾企业自身出现的问题也加重了这个延误。除了到2013年才走出亏损的财务状况，奇美的重组（由群创兼并老奇美）经历了包括人事动荡在内的"阵痛"，直到2014年才稳定下来；友达则因遭美国反垄断重罚和两名高管被迫到美国坐牢，使高层在战略上经历了一段时间的迷茫。与日、韩工业相比，台湾液晶面板工业最大的结构性特征是台湾缺少足够规模的下游工业，所以在2008年的全球金融危机之后越来越依赖中国大陆市场。虽然台湾企业曾经轻视大陆企业，但受中国半导体显示工业崛起冲击最大的恰恰是台湾工业。2014年6月16日，台湾当局的经济主管部门发布产业新闻称，台湾液晶面板在大陆及香港进口市场占有率持续下滑，从2010年的32.1%降至2013年的27.4%。此外，近3年面板出口总值亦持续衰退，出口成长率平均为负3.9%。2014年7月3日，中华液晶网刊登了一篇题为"尹启铭：谁在谋杀台湾面板产业？"的报道称，台湾"经建会"前主任委员尹启铭称，1999年大陆及香港占台湾面板出口的19%，2000—2007年升至80%，2008—2013年更增至92%。大陆市场任何风吹草动，都会影响台湾地区面板出口。但是，对于中国政府的政策、当地产业的崛起、韩国业者的策略等所肇致的危机，包括台当局、"在野党"、独派媒体却都似麻木不仁[1]。加上反海峡两岸"服务贸易协定"的"太阳花"运动影响，台湾工业在中国大陆市场的颓势不可阻挡。这真是应了2014年在中国流行的一句网络语言："不作死，不会死。"

对中国企业战略行动的分析，有助于解释为什么中国半导体显示工业的崛起过程能够改变全球工业的竞争条件。一般来说，一个后进国家如果成功发展起来一个工业，往往会改变这个工业的成本结构。但对这个一般性现象的解释却存在分歧。经济学家喜欢用"比较优势论"来解释，会说改变工业的成本结构是因为发展程度较低国家的劳动成本较低。但这种解释早就成了"陈词滥调"，因为全球工业发展的实践证明，工业产品的价格优势不仅取决于劳动力成本，而且取决于劳动生产率——这就是为什么中国在某些工业上没有竞争力的原因。就中国发展液晶显示工业的经验来说，中国的确具有劳动力成本较低（虽然劳动成本在这个资本密集型工业的成本中比例很小）、庞大下游工业的市场等条件，但所有这些从静态视角看的"资源禀赋"条件都不足以让中国发展出一个有市场竞争力的半导体显示工业，因为发展出这样一个工业需要中国企业发展出足够的能力。特别需要指出的是，对于半导体显示这样的高技术产业，其成本结构并非能够在给定技术条件下长期稳定，而

---

[1] http://www.fpdisplay.com/news/info/content-169298.aspx。

是随着高速技术变化而变化，所以改变产业成本结构本身就是指这些企业的成长改变了竞争条件。与经济学家的"比较优势论"不同，产业成本结构不是完全由"资源禀赋"决定的，而同时由能力因素所决定——工业的技术和资本密集度越高，能力因素对成本结构的决定性作用就越大。由于中国的"资源禀赋"条件，所以中国的高技术工业具有更低成本的潜力，但这种潜力能否被实现，则完全取决于中国企业是否发展出足够的能力。因此，尽管面板行业因为全球竞争激烈而整体净资产利润率不高，但2013年京东方净资产利润率还是超过LG成为业内第一（见图7.8和图7.9）。

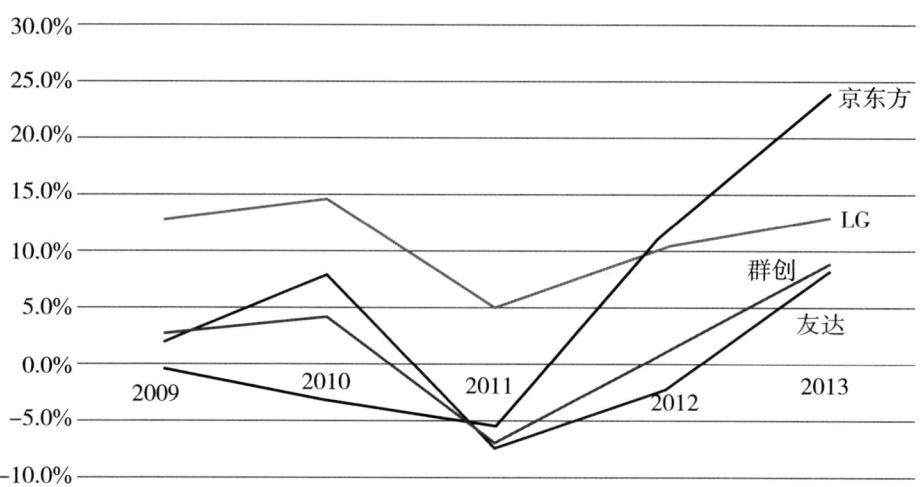

图 7.8：2009—2013 年核心面板厂商盈利力Ⅰ——毛利率

数据来源：根据各公司年报整理。

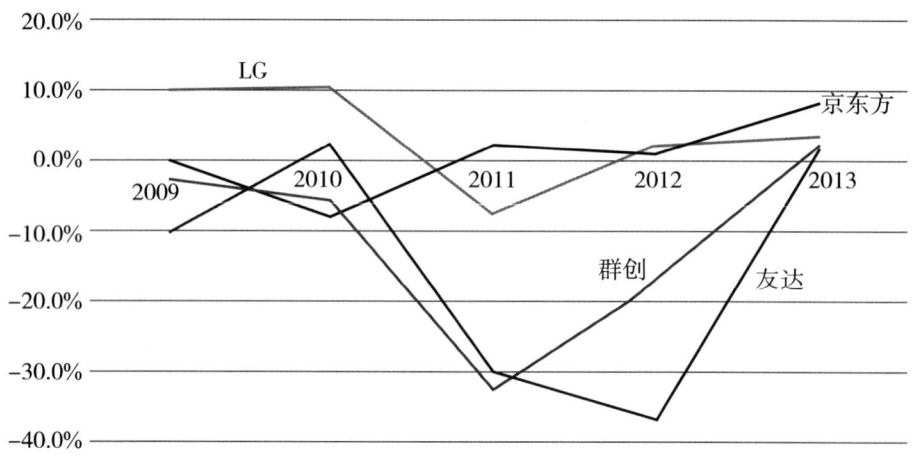

图 7.9：2009—2013 年核心面板厂商盈利力Ⅱ——净资产利润

数据来源：根据各公司年报整理。

至此，我们可以对全球半导体显示工业在 2011 年发生"转折"的原因给出正式解释。2010—2011 年的价格下跌起始于受宏观经济因素影响的需求不振，但这个最初是周期性的价格下跌过程受到中国数条高世代线相继投产的冲击，导致价格继续下跌，从而演变成为一轮时间超长的价格下跌。在那个关头，京东方在大规模扩张的同时，在加强产品开发和实施相应组织变革的基础上向移动类产品转型，不仅使自己适应了新的价格水平，而且以创新发展出更高的盈利能力；华星光电则通过建设 8.5 代线而获得的自主性，以低成本制造能力和抵近用户市场的优势抓住了仍在成长的中国液晶电视市场，并在价格走低时以专注电视面板生产的规模经济实现盈利。无论京东方和华星光电各自采取的战略是什么，也无论结构性条件带给它们的机会是什么，问题的实质都是：当中国企业有能力在新的、较低的价格水平上盈利时，全球显示工业的价格基准就必然在这个价格水平上稳定下来（即发生"位移"），因为如果诸如限产引起的价格上涨能够使国际主导厂商在原有的成本结构上盈利，那就意味着京东方和华星光电将获得超额利润，从而使它们具有充裕的财力继续扩张——这是一个将会改变市场份额比例的前景，对任何现有厂商都具有莫大的威胁。因此，市场"均衡"力量留给国际厂商的选择只有三个：或适应新的成本结构，或通过技术开发获得新的优势，或两个选择的某种结合。因此，就中国企业而言，给定本国的"资源禀赋"条件，决定成本结构变化的唯一因素是能力，这就是为什么京东方和华星光电能够改变产业的成本结构而其他中国企业不能的根本原因。

为什么京东方和华星光电能够发展出足够的能力而其他中国企业没有？这个问题再次把我们带回到本书反复强调的一个主题：对于企业的能力成长，走自主创新道路（体现在自主建线上）还是走技术依赖道路（体现在引进生产线和合资模式上）具有不同的意义——前者可以使企业的能力逐渐成长起来，而后者则相反。两条道路的不同意义被三十多年来的中国工业史所证明。正如本书在追溯中国电子工业史时所展示的那样，自主创新和依赖引进之间的本质区别不在于是否需要学习外国技术以及是否需要"引进"技术，因为对于后进者来说，学习外国技术是绕不过去的门槛，但两条道路在能否以及如何掌握外来技术上却存在本质区别。对于这个问题，理论界和舆论界似乎总是扯不清楚，但一旦把它置于中国工业的历史经验之中，两条道路的区别就立刻变得清晰可辨。例如，中国彩色显像管工业崩溃的根本原因不是技术替代，因为替代掉 CRT 显像管工业的液晶显示器工业就主要是由日本 CRT 显像管企业所创造的，而且曾经也是 CRT 显像管生产商的三星和 LG 甚至转变成为液晶显示器的全球最大生产商。因此，液晶显示器替代 CRT 显像管的技术变化对于中日韩三国的企业来说只是一个常量。那么，导致三国显像管企业不同命运的变量是什么？为什么只有中国彩管工业的企业在技术替代过程中被一扫而空而没有一家能生存下来？很清楚，原因就在于引进生产线模式和合资模式使中国彩管企业从来没有发展出可以参与技术变化的能力，所以一旦技术真的发生变化，它们只能以死待之。

两条道路的问题同样出现在液晶时代。在 2009 年之前的早期阶段进入 TFT-LCD 工业的中国企业中，上广电失败了，昆山龙腾没有成长起来，而走自主道路的京东方却崛起成为全球工业中的一个主要企业。天马也是走自主道路，虽然没有选择在主流市场竞争，但也一直在发展。2008 年 5 月，当上广电筹建 6 代线时，一篇媒体报道援引该公司"有关人士"的话说，"最大问题在于技术来源"[①]。对于一个已经拥有 5 代线的企业，在筹建 6 代线时仍然苦于缺乏"技术来源"，还有什么证据比这个苦恼更能证明依赖引进道路的无效呢？在 2009 年之后中国工业的扩张阶段，选择了自主道路的华星光电迅速站稳脚跟，并开始成长。作为一个鲜明对比，买了夏普 6 代线的中电熊猫（购买这条旧线是夏普继续"转让"8 代线的前提条件）一直在亏损——这条 6 代线在全行业一片繁荣的 2013 年是全球唯一亏损的 TFT-LCD 生产线，说明它只能复制夏普的成本结构，甚至更糟。从 CRT 彩电阶段到液晶电视阶段，再到目前的新技术竞争阶段，自主道路之优与依赖引进道路之劣已经被历史经验一而再、再而三地证明。造成"优劣"之分的关键在于技术能力的获取——走自主道路就会成长起能力，而依赖引进者则相反；后进者企业如果发展起能力，就能够改变成本结构，而能力不足的企业则因为无法改变最初不利的成本结构却容易被"市场竞争"所扼杀。更重要的是，从掌握现有技术的过程中生成的技术能力，就是未来进行技术创新的学习基础。

从国家层次上讲，自主创新企业的出现和成长使中国在半导体显示领域形成了参与未来技术变化的产业基础。在中国的经济体制中，一直存在着对于技术进步的"直线式"思维，即把技术进步的路径看成是以"科学 → 技术 → 产品"为顺序的一条直线。这种思维不仅抹杀了科学或基础研究与工业研发之间的界限，而且曲解了科学与技术之间、技术与生产之间的复杂互动关系。于是许多人声称只有先掌握先进技术才有生产，却理解不了决定技术水平的技术能力是在研发与生产和营销互动的过程中才能成长的。更糟的是围绕着直线式思维形成的体制：在由专家决定项目的中国科技体制中，大量的工业技术项目的研发费用投给了

---

① 2008 年 5 月 21 日《第一财经日报》，"上广电第六代液晶面板线下半年动工"，http://www.dzsc.com/news/html/2008-5-21/76777.html。

科研院所和大学，最后产生出来的往往是号称达到国际先进水平但永远没有用的"成果"。

理解这种科技体制的缺陷，引用一位工业背景的美国作者的话说："创新以产品开发和制造过程中形成的知识和经验体系为基础，这种体系一旦消失，创新也就不复存在了。一个国家若丧失了将技术开发转换为成熟产品的能力，那么它最终也会失去创新能力"（埃尔克斯2008年，第4页）。仅从字面上也可以看出，在"产品开发和制造过程中形成的知识和经验体系"是工业的体系，而"将技术开发转换为成熟产品的能力"是工业的能力。换句话说，如果一个国家在相关领域仅有科研活动而不具备产业基础，就无法获得技术能力，也无法保持技术进步。中国"聪明人"的愚蠢之处，就是喜欢脱离产业基础而奢谈技术。

中国在发展高技术工业方面的致命弱点，始终是缺乏有生命力的产业基础，而这种缺乏的原因是多年来在工业发展上不愿或不敢走自主创新的道路。一个国家在某个领域拥有产业基础的标志，就是在该领域存在能够自主开发产品并按照有市场竞争力的性能和成本生产出产品的本国企业——它们集体的能力构成这个国家在该领域的产业能力。一个国家可以向某个领域的科研投入资源，甚至可以扶植对新技术进行产业化的创业企业，但只要不具有以自主开发能力向竞争性市场提供产品和服务而盈利的企业，这个国家就不会在这个领域具有在"产品开发和制造过程中形成的知识和经验体系"与"将技术开发转换为成熟产品的能力"。因此，走自主道路才能使中国企业发展出创新能力并参与未来的技术变化，也才能使中国在相应的技术领域具有产业基础。全球半导体显示工业的新一轮技术竞争正在继续证明这个"铁律"。

即使在事后说清楚上述理论逻辑，我们仍然会惊异于京东方这个"奇葩"企业的所作所为。在中国并不具备发展半导体显示工业的结构性条件时，在大多数人都认为只有引进外资生产线才能发展这个工业时，在京东方还处于边缘地位的时候，她却以自己的信念和战略选择了这个"命运"。京东方经历的"孤独"和"苦难"非亲身经历者难以想象，但就是在这样的压力下，京东方"强行"建立起一个学习基础并成为一个创新型企业。更"奇葩"的是，在从2008—2009年开始扩张后，京东方竟然连续建了6条生产线，而几乎每一条线的投资额都打破了当时中国财经媒体的心理承受极限。2011年的全行业亏损和韩国双雄发动新一轮技术竞争给了中国财经媒体再一次贬低京东方的机会，称她的高世代线"生不逢时"，但这也是最后一次"机会"让中国的"聪明人"可以胡言乱语。时间过去越久，人们就越能体会，京东方在那个历史关头的战略行动对于中国高技术产业的发展具有何等重要的意义。中国半导体显示工业的崛起是自从 1950 年代的半导体革命以来，中国第一次在发展半导体类工业中获得的成功，而京东方的崛起也标志着在半导体革命以后的电子核心元器件工业中，中国第一次出现能够影响全球市场格局的企业。人们可以就中国半导体显示工业发展的各种条件和机会争论不休，但任何人都无法否认，没有京东方的奋斗，就没有中国半导体显示工业的崛起。

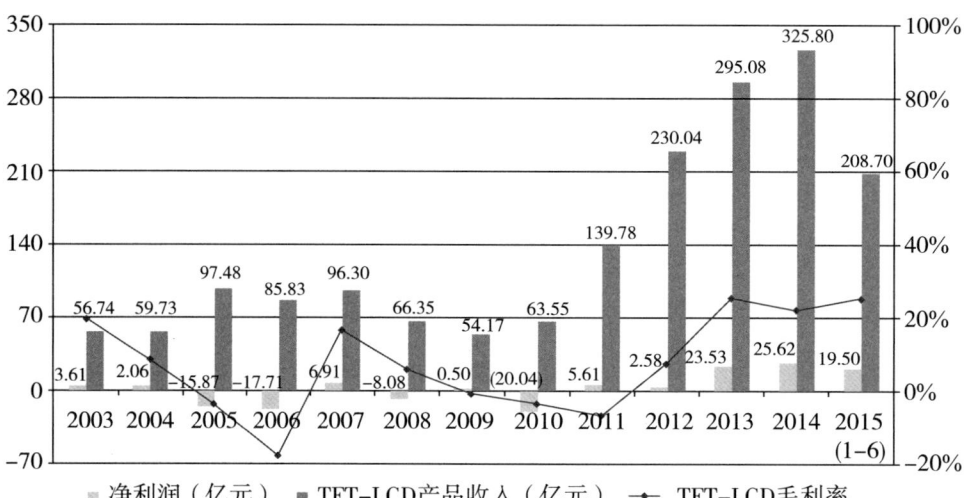

图 7.10：京东方集团显示业务的销售额和净利润（2003—2015 年上半年）

数据来源：京东方历年年报和 2015 年半年报。

第三节
转变角色的"痛苦"

2013—2014 年又是京东方的一个转折点：从进入 TFT-LCD 工业起，京东方一直以后—后进者和弱小者的地位追赶业内领先者，而这个追赶过程至此达到"顶峰"——京东方继 2013 年之后，在 2014 年继续保持五个"第一"：毛利率全球业内第一，新申请专利数量全球业内第一，全球首发产品比例居全球业内第一，智能手机用液晶屏市场份额全球业内第一，平板电脑屏市场份额全球业内第一[1]。从产能

---

[1] 京东方在笔记本电脑和显示器市占率分别为 6% 和 14%，均位居全球第五；电视市占率为 7%，位居全球第六。

规模上，京东方已经排在全球第五位，居于三星、LG、奇美和友达之后。

这个成就的真正意义是在工业层次上。由于半导体显示器与半导体集成电路（芯片）一样，是互联网特别是移动互联网时代的任何电子产品都需要的基础元器件，所以中国半导体显示工业的崛起立刻影响了所有中国电子产品工业的发展。以手机工业为例，中国手机工业从 1998 年出现后，以波导、TCL、康佳、夏新为代表性厂商，凭借外观、造型、价格和营销方式等因素，在 2003 年达到国内市场份额的 55%——那是第一个波峰。但好景不长，外国品牌在改变了营销方式之后，凭借技术性能和质量迅速扩大市场份额。中国品牌的市场份额从 2004 年开始下滑，一路跌到 2008 年左右的 15%。除了不重视技术研发和质量等因素之外，在核心元器件的供应上被"卡脖子"也是中国品牌溃败的一个主要原因。在彩屏和摄像头手机开始风行的 2003 年，国产手机厂商因为拿不到元器件而眼睁睁地看着诺基亚等外资手机巨头在市场上高歌猛进。从 2006 年跌入低谷后，中国手机工业是靠"山寨机"的风头度过那个阶段的（见图 7.11）。

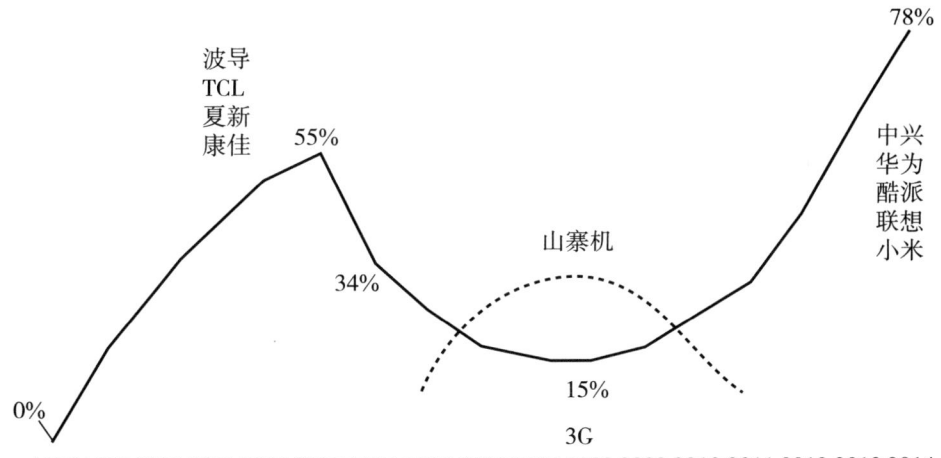

图 7.11：中国手机工业两次波峰的示意

经过了五六年的低谷，中国手机工业从 2012 年前后再次崛起，并在 2014 年达到又一个波峰（中国品牌的国内市场份额超过 70% 并大量出口）。再度崛起的原因至少有以下几个：（1）中国 ICT 企业的成长——手机工业的代表性厂商变成华为、中兴、联想、酷派和小米等已经说明了这个问题。（2）中国政府对通信基础设施的大规模投入：在 2008 年进入 3G 阶段的前后，中国政府投入巨资改善通信基础设施，为智能手机的市场提供了支撑。（3）产业链的形成：在以深圳为中心的珠三角地区形成了电子硬件产品的完整供应链，使全球80%的手机（包括苹果）都在这里生产。有意思的是，"山寨机"阶段对这个产业链的形成做出了巨大贡献。（4）芯片技术的进步：除了华为能够开发芯片，还出现了其他中国芯片企业（如展讯）。（5）中国半导体显示工业的崛起——由于它是本书的焦点，所以我们以下集中分析。

中国手机工业的再度崛起发生在智能手机阶段。由于智能手机的显示屏面积更大、技术性能更高，所以显示屏的重要性远超过功能手机阶段。为什么中国企业以前甚至在STN彩屏的供应上都被卡过，但在智能机阶段反倒在显示屏的供应上游刃有余？原因就是中国半导体显示工业的崛起。这并非说中国工业供应了大部分显示屏（从产能上还不可能），而是说中国工业的崛起使全球显示工业变成竞争性的，迫使国际厂商不敢无视中国企业的需求。例如，夏普一改过去不对外供屏的"傲慢"，不仅向苹果等国际大公司供货，而且向中国智能手机厂商供应显示屏。为此夏普把原来面向电视面板的8代线（龟山第2工厂）转向生产中小型面板，对其进行改造后从2013年开始量产中小尺寸的IGZO液晶屏[①]。2014年，夏普与中国10多家智能手机厂商开展供货谈判，以便宜的价格供应IGZO液晶屏，计划年内将面向中国的智能手机液晶面板供货量提高1倍左右，增至每月500万片[②]。到2015年，夏普将把8代线生产中小型面板的比例从2014年的40%左右提高到80%[③]。小米手机一直把采用夏普的显示屏作为卖点，但能用夏普屏不是因为小米牛，而是因为夏普活不下去了，不得不开放供应，这是中国显示工业崛起的直接后果。

中国电视机工业更是受益于中国半导体显示工业的崛起。图7.12是Disply Search统计的全球"前10大"品牌电视机制造商的市场份额，我们用以表达近年来液晶电视的全球出货量分布。由于"前10大"制造商的出货量占世界总产量的70%—80%，所以这组数据可以说明主要生产国的趋势。直到2010年，中国企业生产电视机所需的液晶面板完全依靠进口，中国品牌在世界"前10大"中有两席，其市场份额从未超过9%（2006—2008年，"前10大"中只有1家中国企业，市场份额在3%以下）。2011年，京东方的6代线和8.5代线相继满产和量

---

① IGZO液晶屏是将铟等化合物用于半导体的面板，夏普在全球率先实现量产。IGZO液晶屏的耗电量为传统液晶屏的1/5以下，电池待机时间大大延长。2011—2012年，其价格为传统液晶屏的1倍以上，不过夏普通过提高成品率等措施下调了价格。

② "夏普IGZO手机面板向中国供货量将翻番"，日经在线报道，2014年4月4日，http://cn.nikkei.com/industry/itelectric-appliance/8734-20140404.html。

③ "夏普将继续增产中小尺寸面板应对中国需求"，日经在线报道，2014年7月10日，http://cn.nikkei.com/industry/itelectric-appliance/10081-20140710.html。

产，华星光电的 8.5 代线也实现量产，同年进入"前 10 大"的中国电视品牌企业增加到 3 家，其全球市场份额立刻明显扩大（达到近 13%）。在上述三条高世代线全部实现满产的 2012 年，"前 10 大"中的中国品牌增加到 4 家，其份额上升到 18.32%。2013 年，"前 10 大"中的 4 家中国企业在全球市场的份额达到 19.88%，超过 4 家日本品牌的份额（18.28%）。根据同口径数据，2014 年，4 家中国企业的市场份额略有减少，但日本企业减少的更多；日中企业失去的份额被韩国双雄"吃掉"[①]。就总体趋势来讲，中国企业的市场份额增加速度一直很高，预示着中国彩电工业的未来潜力。

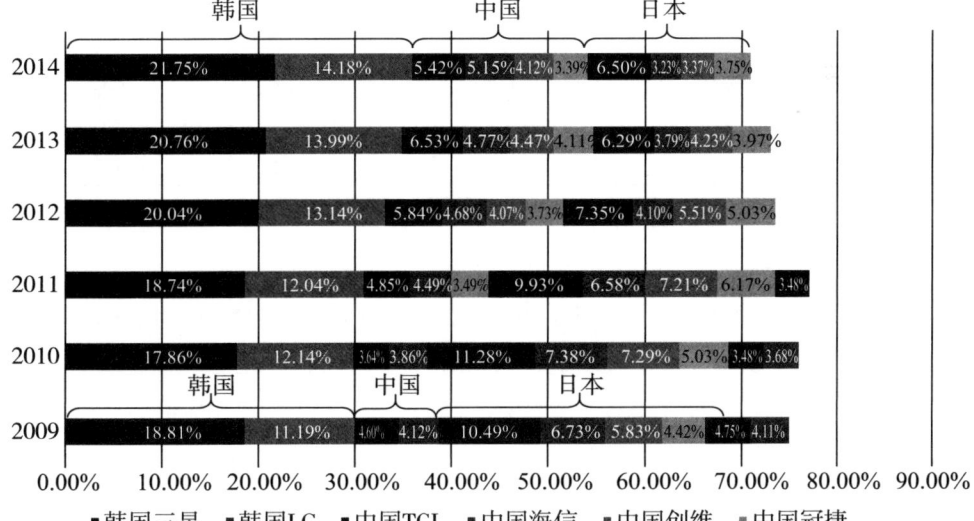

图 7.12：以前 10 大品牌制造商表示的全球液晶电视出货分布

数据来源：Display Search。

表 7.3 是 2005—2014 年中国进口总值最大的 4 种商品。液晶面板在集成电路、原油和铁矿石之后名列第四。在中国电子工业消耗液晶面板的数量大幅增加的同时，其进口额已经从 2012 年的峰值上开始稳步下降，同样反映出中国半导

---

① 不同的来源提供了不同的数据。2015 年 2 月 9 日中国液晶网的一篇报道称，根据 WitsView 的调查，2014 年液晶电视总出货量为 2.15 亿台（增长率 5.4%），同时液晶电视品牌出现洗牌，松下、东芝被挤出前 10 大品牌，大陆品牌取而代之，包括 TCL、海信、创维、康佳、长虹等，均挤进前 10 大品牌，合计市占率达 24%。不过两大韩系品牌持续称霸市场，合计市占率高达 37.7%，遥遥领先竞争对手。（"2014 年全球液晶电视份额排名大洗牌"，http://www.fpdisplay.com/news/2015-02/info-174728-422.htm）

体显示工业的进步。

表 7.3：2005—2014 年中国前 4 大进口商品总值

（单位：亿美元）

年份	集成电路	原油	铁矿石及其精矿	液晶面板
2005	815.5	477.2	183.7	275.1
2006	1063.2	664.1	209.2	322.2
2007	1277.3	797.7	338.0	407.5
2008	1292.6	1293.3	605.3	441.0
2009	1199.0	892.6	501.4	349.8
2010	1569.9	1351.5	794.3	467.8
2011	1702.0	1966.6	1124.1	471.9
2012	1920.6	2206.7	956.1	503.0
2013	2312.2	2196.6	1061.8	495.8
2014	2176.2	2283.1	936.4	437.8

数据来源：历年中国海关统计《中国进口重点商品量值》。

半导体显示工业的崛起还带动了中国上游工业（设备和材料）的出现和发展。需要指出，在上游关联工业的发展上，领先国家与后进国家存在实质性的不同。在率先发展一个工业的国家（领先者），该工业与其上游工业是共同演进的，如 TFT-LCD 工业在日本形成时，该工业的终端产品制造商与设备和材料供应商一起工作。但是对于后进者来说，进入目标工业的最佳途径是终端产品制造环节，而不是该工业已经形成的上游环节。理解为什么会有这种不同顺序，可以想想发展任何一个工业所必要的市场条件。作为后进者的中国企业之所以能够从液晶面板切入，是因为存在着市场需求，即中国庞大的终端电子产品工业；但如果在发展液晶面板工业之前就去发展上游工业，则因缺乏市场而没有生存的可能。同时，市场机会也是技术学习的机会。领先供应商在获得早期的学习机会后，会逐渐形成对后进者的技术壁垒。后进的上游供应商要克服这种壁垒，尤其需要终端产品制造商提供的学习机会。由于半导体显示工业首先发展于日本，所以日本至今仍然是设备供应商的聚集地。韩国的上游工业在三星和 LG 起来后有了长足发展，但仍然比不上日本，只是在三星和 LG 率先推动的 OLED 领域，韩国上游企业有望超过日本企业。

当京东方刚刚进入 TFT-LCD 工业时，中国不存在任何上游供应商。但到 2014 年，在包括玻璃基板、偏光片、液晶等材料和设备领域，都已经出现了中国企业。此外，外国供应商也在中国纷纷建厂。从北京 5 代线投产开始，王东升一直坚持为中国供应商保留一部分采购份额①。由于这种情怀，在今天所有的中国显示器制造企业中，京东方是采用国产设备和材料最多的。从总体上讲，中国上游工业还只是刚刚出现，发展之路还长，但毕竟有了开端。

京东方的迅速崛起不能不引起国际关注。2014年6月3日，王东升应"国际信息显示学会"（The Society for Information Display，缩写：SID）之邀，在美国圣地亚哥举行的2014显示周及SID年会上发表主题演讲。该学会于1962年在加州大学洛杉矶分校成立，其历史伴随着"电子信息显示技术"（该学会的官方定义）出现后的全部发展史。成立50多年来，该学会的年会始终保持的传统是发言人由主办方邀请指定。京东方是该学会历史上邀请的第一个中国企业，而王东升也是第一个应邀发言的中国企业领导人。他的发言反响热烈，所有听众都对这个"突然"冒出来的中国企业充满好奇。在年会期间的技术展览会上，京东方还展出了国内最大尺寸的55英寸超高清AMOLED显示屏、裸眼3D、智能镜子及高PPI和应用In cell触控技术的多款智能手机屏等前沿产品，其中全球最大尺寸的98英寸最大尺寸8K×4K（QUHD）超高清显示屏获得最佳展示奖（Best in Show）②。

但王东升对现状并不满意。他在SID年会上的讲话中说："作为BOE董事长，我对公司业绩并不满意，对行业表现也并不满意。我们每年生产的面板数以亿计，它们是技术和研发创造的奇迹，但是它们利润很少，可能早上卖给你咖啡或水的公司都比大部分面板厂商赚钱。这就是为什么我说显示面板行业在痛苦中成长。我们快速发展，我们投资巨大，但是投资回报有限。我指的还不只是利润方面的回报。"这还算是在国际公开场合说的客气话，他在2014年集团年中工作会讲话（2014年7月22日）中更是明确表达了对京东方所处状态的不满意："我们已经有了相当坚实的产业基础……但盈利性不高、成长性不快这一窘境并没有改变，公司未来战略出发点就是改变这一局面"；"相对于今年经营目标和关键战略任务完成，相对于互联网时代市场竞争形势的要求，相对于资本市场对提升收益性和成长性要求"，"……我们领导干部思想观念、核心竞争力提升、关键战略

---

① 东旭集团是在中国TFT-LCD工业出现后进入玻璃基板制造领域的一家中国企业，最近两三年它从4.5代线基板扩展到6代线基板，而目前它的6代线玻璃基板的唯一用户是京东方。

② 继夏普开发出84英寸8K显示屏之后，京东方于2013年9月开发出98英寸8K液晶显示屏。日本广播公司（NHK）计划在2016年实现4K电视信号全覆盖之后，于2020年提供8K电视信号，在2014年6月进行了一次8K电视的日本全国巡展，选用的电视终端不是夏普的，而是京东方的98英寸8K电视。

和经营措施的落实、对市场的快速反应……仍然存在较大差距。"

王东升不满意的直接原因，是京东方在 2014 年的销售收入比上年仅仅小幅增长，尽管继续保持着多项全球业内第一。即使 2014 年新投产的两条生产线（合肥 8.5 代线和鄂尔多斯 5.5 代 AM-OLED 线）不可能马上对销售增长做出明显贡献，较低的整体增长率也不尽如人意。实际上，在 2014 年销售收入增长放缓的背后，存在着一个比业绩更深刻的原因——京东方因行业地位的变化而面临角色转变之痛。京东方在追赶领先者的过程中，在技术、生产规模和市场方向上都有着明确的目标，凭着勇气和干劲就会获得进步；但当京东方逐渐赶上领先者时，这些目标开始变得模糊起来，面临的不确定性陡然增加，于是继续沿用过去的习惯做法就会产生对竞争环境变化的不适应。王东升要求京东方所实现的变化，在本质上是从追赶者成为领先者的变化。

但是，从追赶者转变为领先者不会仅仅因为企业规模或实力的增加而自动完成，而必须在战略上有意识地从"追赶模式"转变为"赶超模式"，并实施相应的组织变化。我们从理论上说明这两个模式。在后进国家进行技术追赶的早期阶段，以先进国家已有技术作为追赶目标几乎是必由之路。但是，这个过程也容易使追赶者把早期的做法"僵化"成为一种"跟随模式"，其典型特征是追赶者总是以先进国家的领先企业作为目标，目光集中于如何缩小与领先者的差距，而"差距"则总是以具体的技术参数（如研发水平、生产规模等）来衡量。与此相反，那些处于技术变化前沿的领先国家的企业，虽然也会存在领先者和挑战者，却把目光集中于在技术与需求互动下产生新产品的可能性上。当其产品进入市场后，他们最关切的问题不是与对手的技术差距，而是怎样使自己的技术成为市场上的主导技术轨道[①]。当苹果以 iPhone（智能手机轨道）挑战功能手机时，谁能说苹果的技术水平比诺基亚更高？因此，两种模式的本质特征是：在"追赶模式"下，后进者总是沿着领先者的技术和市场轨道，力图缩小与领先者的差距（以同一轨道上的技术参数来衡量）；而在"赶超模式"下，后进者或挑战者是按照自己对技术和市场未来变化的判断，决定并走出自己的技术轨道。一旦赶超者的技术轨道成为主导轨道，原来的主导者就会被"颠覆"。

进入 2014 年后，京东方经历了竞争格局暗流汹涌带来的市场波动，但她此时遇到的"困扰"原因不再来自一个小企业易受"市场"力量的摆布，而主要来自向领先者转变时的不适应性。简单地说，当京东方从一个边缘性企业成长为领

---

① 主导技术轨道指的是被市场所广泛接受的技术轨道。

先者群体中的一员时，她所面临的不确定性陡然增大，预示着京东方必须再次发生战略和组织变化才能驾驭市场和技术的潮流。这些不确定性至少有如下三个：

第一，市场的不确定性。直到 2013 年，京东方相当部分手机屏的生产能力都在为三星供货。但进入 2014 年后，三星的手机出货量和市场份额迅速下滑。三星在全球智能手机市场的份额从 2013 年第二季度的 32%，跌至 2014 年同期的 25%[①]。2013 年第三季度，小米在中国智能手机市场所占份额为 6.4%，而三星为 21.6%；到 2014 年第三季度，小米手机在中国手机市场的份额激增为 15.4%，而三星却跌落为 13.5%；小米智能手机的销量大于三星电子智能手机与功能手机的销量之和[②]。当三星手机与其中国手机的市场地位发生迅速逆转时，京东方有点措手不及。由于前两年对三星的大量供货使京东方无暇顾及其他手机厂商的需求，所以三星订单的突然大幅减少影响了其上半年的销售。从工业层次上讲，中国半导体显示工业的崛起为中国手机工业的崛起提供了条件；但从企业层次上讲，京东方这个中国显示工业崛起的主力却因为中国手机工业的崛起而遇到"困扰"。这个看上去自相矛盾的"处境"说明京东方对自身地位的变化出现了不适应。

市场变化的另一个来源是新需求的出现——继笔记本电脑、显示器、电视、智能手机和平板电脑的四波应用浪潮后，显示工业正迎来第五次应用浪潮，即车载显示、医用显示、穿戴显示等。但这种新市场的出现并不能使企业自动享受需求的扩大，因为抓住新市场要求企业在技术、产品、制造和营销等方面的一系列变化。更严重的是，如果一个企业抓不住新需求，未来就有可能在所有领域都处于不利地位。

第二，技术的不确定性。市场需求的变化加速了技术的变化，也加大了未来技术发展的不确定性。京东方已经在液晶技术上追到了前沿，甚至在许多细分领域都领先于国际主导厂商（如大尺寸的 4K 和 8K 液晶屏）。此外，京东方在 AM-OLED 技术的研发速度也很快。但是，当互联网的发展导致显示无处不在后，主流的显示技术一定是 TFT-LCD 吗？一定是 AM-OLED 吗？会不会有其他技术出人意料地兴起？在全球半导体显示工业中，没有任何人能够确定地回答这些问题，否则三星和 LG 也不会在 OLED 技术上出现误判。现在的显示形式变得多种多样，各种新技术层出不穷；生产显示器需要高强度的投资，而技术变化可以

---

① "三星迎 3 年最坏时光 以品牌附加值坐卖高价不再被认可"，《时代周报》，2014 年 10 月 28 日，http://finance.sina.com.cn/chanjing/sdbd/20141028/065420659989.shtml。

② "韩媒：小米手机超越三星 在华市场份额第一"，观察者网，2014 年 11 月 6 日，http://www.guancha.cn/economy/2014_11_06_283745.shtml。

使投资巨大的生产设施瞬间化为垃圾。亲身经历过技术替代对于企业的毁灭性打击，王东升等高层领导一直保持着对现有技术发生"跳水"风险的警惕。当京东方已经在技术上追到前沿时，她所遇到的最大技术变化是不可能再靠瞄准领先者的方式来决定自己的技术研发方向了，而必须独立地面对未来技术发展的不确定性。在1950年代的美苏冷战期间，苏联率先发射人造地球卫星曾经给美国带来巨大冲击，痛定思痛的美国成立了后来著名的国防部先进项目发展局（DARPA）研发未来的新技术，其宗旨是"防止发生意外的最好办法是创造意外"。这个教训对京东方也有益。

第三，组织惰性。当市场和技术都在发生新的剧烈变化的时候，王东升却发现企业内部出现了惰性。的确，经过10年的"惊涛骇浪"，京东方人太累了。当生产规模已经足够大，而盈利状态又开始稳定，一些干部产生了歇一歇的情绪。但"歇一歇"就意味着沿袭过去的做法，不再去开拓和尝试新领域、新方法。于是对个人来说是合理的事情，对组织却可以产生致命的后果。因此，如何保持管理团队常备不懈的活力，又成为王东升必须解决的问题。

面对这些挑战，王东升已经意识到推动新变化的必要性。王东升在2014年集团年中工作会讲话中说："把我们目前存在的各种具体问题归结到一个最根本性的问题上，就是战略执行问题，就是组织机制不能确保企业战略坚定、自觉、快速、彻底地执行。"他一一列举了战略执行问题在产品和技术方面、在市场与客户方面和在人才方面组织机制上的表现。在分析这些问题时，他说："客户导向组织机制建设，我们经历了两个阶段：一是四年前以产品企划为主线推进产线运营客户导向机制；二是两年前将上述机制从时间上前移至新产线规划初期，即以市场与产品企划决定项目投资，推动产线建设和运营的客户导向机制。**现在，我们必须进化到第三个阶段，即以最终消费者极佳体验和细分市场应用创新为驱动的、衔接企业短期、中期、长期市场、产品和技术路线图的客户导向机制，实现彻底市场化转型和颠覆性创新，追求投资收益最大化，而不是简单的数量规模扩张。**"这段话实际上指出了京东方实现更彻底的颠覆性的关键。

由于王东升使用了"颠覆性创新"的概念，而且上面讨论的"赶超模式"也包含颠覆性的内容，所以有必要从理论上讨论这个概念的含义。颠覆性创新（Disruptive Innovation）理论是美国学者克里斯坦森提出的[①]。他在发展这个理论

---

① 参见系统性反映克里斯坦森颠覆性创新理论的文献（Christensen, Clayton and Richard Rosenbloom 1995）。

时所要解决的中心问题是：攻击者（attackcrs）在什么情况下可以战胜主导者？或主导者为什么会失败？为回答这些问题，他区分了维持性技术和颠覆性（破坏性）技术。**维持性技术**是沿着主流市场的主流顾客所看重的那些性能维度不断改进的技术，而攻击者很难在这些领域战胜主导者。**颠覆性技术**带给市场非常不同于已有技术的价值观，它们通常比主流市场已有产品的性能要差，但具有其他一些让边缘顾客（一般是新顾客）所看重的特性，如更便宜、更简单、更小、更便于使用。当主导企业的产品沿着已有的技术轨道越做越好但也越贵时，就会使一些买不起这些产品的顾客和有特殊需要的顾客选择不消费。这时可能会出现攻击者，它们的颠覆性创新并不是向现存市场的已有顾客提供更好的产品，而是通过引入与现有的产品和服务相比不够好但更简单、更便捷、更低价的产品，颠覆并重新定义现存市场的轨道（Christensen and Raynor 2003，p. 34）。换句话说，当颠覆性创新者进入一个市场时，它们不是在和维持性创新者进行竞争，而是在和主流市场下的"不消费"进行竞争。克里斯坦森指出一个规律：**技术的改进速度往往超过产品所要求的改进速度**，于是颠覆性产品的技术性能最后很可能会赶上甚至超过原有主导产品的性能，并把原来主流市场的顾客吸引过来，于是产生攻击者战胜主导者的颠覆。

克里斯坦森的颠覆性创新理论更多的是关于企业采用技术的战略和商业模式，而不是关于技术本身，所以我们可以提出一个超越他的问题：到底什么是"颠覆性技术"？克里斯坦森从来没有对"颠覆性技术"下过一个正式的定义[①]，从他的论述看，技术是否具有颠覆性不是由技术所决定的，而是由使用技术的商业方式所决定的。用克里斯坦森自己的话说，"很少有技术或商业想法天生具有维持性或颠覆性的性质。相反，技术的颠覆性影响必须被融入战略之中，正如管理者把商业想法塑造为一项计划并予以实施"（同上，p. 32）。

就理解技术进步的过程而言，克里斯坦森的重要贡献是从企业竞争的层次上，揭示出新技术进入市场过程的本质特征——技术进步不是沿着新技术逐步扩大应用的直线路径得以实现的，而是通过新技术在市场上"颠覆"老技术的方式得以实现的。正如本书多次指出的（尤其见第四章），新技术在刚出现时往往是"粗糙"的，虽然具有老技术所无法满足的性能特性，但在性能上往往比不上

[①] 此外，克里斯坦森没有对技术和产品做出明确的区分。事实上，技术和产品是应该区分开来的，因为它们代表了两种不同的知识并具有不同的演进动力（Pavitt 1998）。从概念上把技术和产品区分开来后就容易看清，同一个技术既可能是维持性的，也可能是颠覆性的，其性质取决于采用这个技术的产品是维持性的还是颠覆性的。由于产品战略是企业竞争战略的核心维度之一，所以企业的战略决定产品的性质，从而决定技术的性质——是维持性的还是颠覆性的。

老技术。颠覆性创新理论进一步丰富了我们对于新技术扩散过程的认识：第一，新技术不进入市场或得不到应用就没有生命力，但由于它们在早期难免"粗糙"（性能不完善），所以只有找到合适的产品形式——往往是技术性能比主流产品较低但可以满足特殊需要的产品——才能进入市场；第二，由于新技术最初只能被应用于边缘市场，所以主导企业往往会忽略最初采用低性能产品形式的新技术，而处于相对劣势地位的新进入企业（包括从其他领域进入新领域的成熟企业和创业企业）更可能成为新技术的推动者；第三，一旦找到应用市场，新技术的性能会在最初的产品形式中得到迅速改进，并由此而"侵入"其他的产品领域。于是，以采用新技术的产品发起攻击的企业将会成长起来，而忽视了新技术潜力的原主导企业就会失败。无论从事后或宏观层次上看，新技术对老技术的替代如何不可避免，这种替代过程都是通过新技术及其推动者颠覆老技术及其维护者的方式发生的。更重要的是，从宏观的经济发展角度看，导致经济增长的新市场和新需求都是通过新技术对老技术的颠覆而开拓出来的[①]。

液晶显示技术就曾经是一个典型的颠覆性技术。当液晶显示技术最初进入市场时，它是被用在电子手表和计算器等边缘产品上。原因是它还很"粗糙"，虽然具有 CRT 所没有的特性（更小、更薄、更轻、更省电等），但在显示性能上却还比不上 CRT。直到被应用在笔记本电脑上时，液晶显示器仍然是显示器市场上的边缘产品，占主导地位的仍然是 CRT 显像管。但由于技术进步速度超过市场需要的"规律"，液晶显示器最终达到并超过了 CRT 的显示性能，并在达到那个节点后迅速替代掉 CRT，成为显示器的主导技术。

但液晶显示技术的"颠覆性"故事还没有结束。当美国企业开发液晶技术时，战略动机是维持其电视机业务的优势（造出"挂在墙上的电视"），也因此而看不上应用液晶技术的其他用途，于是在技术难以很快成熟时只能退出开发。相比之下，愿意把液晶技术用于边缘产品的日本企业则成为驾驭新技术的颠覆者。但在下一个阶段，在液晶显示技术替代电视 CRT 的过程中，创造了 TFT-LCD 工业的日本电子企业也把新技术用于维持它们在电视机领域的传统优势，于是看不到显示器工业的竞争动力已从技术差异转变为技术进步速度和规模经济。同样的技术却被韩国企业当作是颠覆性的——它们把发展 TFT-LCD 技术当作使它们能够在消费电子工业领域获得成功的关键，于是以高度进取性的投资战略成为液晶工业的领导者。这就衍生出一个有趣而重要的问题：AM-OLED 是颠覆性技术吗？答

---

① 克里斯坦森等人指出，当日本工业在第二次世界大战之后通过颠覆性创新崛起后，缺乏新一轮的颠覆性创新是日本经济从 1990 年代陷入增长停滞的原因（Christensen，Craig and Hart 2001）。

案是"未必"，因为要取决于创新者的战略。从这个视角看，韩国双雄推进 AM-OLED 战略的最大问题很可能不是低估了这种技术成熟起来所需要的时间，而是认为可以在保持既有产业结构和商业模式不变的情况下，仅凭率先开发性能更优越的新技术就能拉开与挑战者的差距。正如上一节所述，这种想法被证明是错误的。

理论和实践都说明一个重要的主题：**一旦发生技术替代，那么技术替代对于工业演进的意义不会仅仅局限在性能更优的新技术替代了老技术，而更重要的意义是围绕新技术而形成的新竞争规则和动力瓦解了以前的竞争模式**。正如克里斯坦森所得出的结论：在位的主导企业不会因为技术而失败，只会因为战略而失败——原来的主导者有足够的能力掌握新技术或推动技术变化，但它们维护现有"秩序"的利害关系却使它们的竞争战略不能适应新的规则而失败。

从理论讨论回到现实，我们可以看到京东方在追赶过程中是充满颠覆性的，尤其表现为她在崛起阶段没有遵循主导者的路径和模式。但直到那个阶段，在京东方的前面仍然存在着领先者，因而京东方的战略和组织中也就仍然存在保持追赶模式成分的可能。今天，京东方已经站到与昔日的领先者几乎比肩的位置上。在这个关头，重复任何追赶模式的思维和行为习惯都可能使京东方再次落后，而继续发展则要求京东方必须转变为赶超模式，并通过一个赶超阶段而成为一个行业领导者。在竞争激烈的条件下，这是一个非黑即白的抉择，没有存在中间状态的可能。要从跟随者转变为领导者，京东方就要走出自己的技术和市场轨道。

以进入市场的渠道为例。直到 2013 年，京东方所选择的主要市场渠道[①] 是"战略客户"，即采购规模大、业内领先的企业。战略客户带来的优势很明显，订单的采购量大、采购价格稳定、做事规范。与战略客户相对应的是那些采购规模较小、对价格敏感而且需求量容易波动的客户。这样的客户大多是国内客户，尤其是集中在电子产品制造业聚集的"华南市场"。京东方一直更重视"战略客户"，但 2014 年的市场变化也证明"战略客户"同时具有误导性，他们的贡献力与市场竞争格局紧密相关，作为器件提供商，必须从终端市场竞争变化中调适市场进取策略。第二个可能更严重的误导是容易使京东方忽视终端市场的颠覆者。这样的颠覆者确实出现了，而且大多是从"华南市场"上出现的。虽然华为、中

---

① 颠覆性创新需要颠覆性的渠道："一家公司的渠道不仅仅包括批发商和零售商店，还包括在该公司的产品到达顾客手里的过程中为这些产品增值和围绕这些产品创造价值的任何实体"（Chriscensen and Raynor 2003，p.116）。例如，计算机制造商就是英特尔芯片和微软操作系统借以到达终端顾客的渠道。

兴、酷派等品牌厂商与"山寨"机或白牌机厂商有本质不同，但"华南市场"就是它们崛起的产业生态环境。

问题的实质是——正如王东升指出的那样，京东方过去对市场的感知是依赖大客户，但没有越过这些直接客户去感知作为变化源头的终端产品市场。这种间接方式只会使自己在市场上跟随战略客户，阻碍自己的判断。在从边缘位置追赶领先者的过程中，跟随主导者的足迹是难免的，也是有利的，可以大大减少不确定性。但当京东方已经追到前沿时，京东方需要的不是跟随，而是超越主导企业的模式——包括技术模式和商业模式。过去的扩张只要能够克服技术能力和融资条件的障碍就行，因为市场需求就在那里。但当京东方的规模已经大到足以影响全球产业的供求关系时，市场需求条件就成为继续扩张的限制条件，如果新建生产线的产能不能转化为产品销售，企业就会发生财务危机。因此，京东方必须实现王东升所提出的**"以最终消费者极佳体验和细分市场应用创新为驱动的、衔接企业短期、中期、长期市场、产品和技术路线图的客户导向机制"**——这是能够走出自己轨道的前提。

京东方是处于终端产品上游的核心元器件企业，这个位置——按照克里斯坦森的话说——比下游企业更能够适应终端产品市场的变化，包括颠覆性变化。京东方作为一个大规模制造商，必须保持对主导客户的供应，也必须保持对现有技术的改进（如液晶屏越做越大、分辨率越做越高）。但同时，对于立志赶超的京东方来说，除了满足已有市场的需求，技术和产品开发的一个重点任务是创造新的应用市场（如第五次应用浪潮的市场）。创造新的市场需求当然要靠采用新技术的产品，问题是采用新技术的产品从哪里切入才可能创造出新的市场。从上述理论和技术史的分析看，最可能以新技术创造出新市场的地方是边缘市场，即主流市场之外的市场。因此，京东方要推广自己的新技术，就必须找到制造颠覆性终端产品的客户。那什么是"颠覆性客户"？克里斯坦森没有给出定义，但他说过："什么样的顾客将会给未来的增长提供最牢固的基础？你需要的顾客应当是那些一直以来都想得到你的产品但直到你出现之后才能得到这样一个产品的顾客"（Christensen and Raynor 2003，p. 121）。由于主流市场的主导客户倾向于采用维持性技术，所以采用那些颠覆性新技术的客户更可能是从边缘市场起家的挑战者。因此，从赶超主导者的角度看，边缘市场恰恰是战略性市场[①]。

---

① 事实上，京东方自己的经历也证明了边缘市场的战略意义。京东方成都4.5代线的第一个市场——也是使这条线迅速盈利的市场——就是深圳的"山寨"手机工业，说明能够接受一个新液晶屏供应商的是边缘市场。

目前京东方把客户分为三类：一是像三星、苹果、华为、联想、小米这样的品牌企业；二是贴牌企业包括华南市场的"白牌机"企业（水货和山寨市场）；三是新应用市场的系统集成企业。在这三类客户中，京东方以前最看重的是第一类客户，因为它们战略清晰、采购量大、价格稳定。至于第二类客户则不太重视，其原因用一位京东方营销经理的话说，"白牌机市场都是白菜价，今天一个价明天一个价，一年跌30%很正常；那些企业也绝对不会采用先进技术，因为它们自己都开发不出来产品，就算你给它（提供）模组它都匹配不了。"虽然他承认华南市场也有一些客户比较好。第三类企业规模量少，以前重视不够，现在比较重视。

值得京东方决策者注意的是，从颠覆性创新的角度来说，目前采用的上述客户分类仍然存在一个"盲点"，即没有为京东方的战略提供颠覆性客户的位置以及识别这种客户的途径。为说明这个问题，我们按照客户分类逐个予以分析。

第一，品牌客户有国际和国内两类战略客户。国际战略客户是市场的主导企业，虽然它们能够提供大订单，但它们的供应商只有跟随它们的余地（除非京东方成为全球显示工业的技术领导者，否则国际大客户不会追随京东方的技术）。尤其有些战略客户自己也是显示器生产者的企业，只能把外购当作补充，绝不会让外购冲击自己的显示器业务。因此，国际战略客户在客观上难以成为京东方的颠覆性客户。当然，如果一些外国企业为了战胜主导者而与京东方结成战略联盟，它们是可以成为颠覆性客户的，但这样的客户更可能是规模较小的挑战者，所以仍然不属于京东方定义的"战略客户"。

第二，一般来说，较大的中国品牌企业（包括电视和手机制造商）要比国际战略客户更具有颠覆性客户的特性，因为它们都或多或少具有挑战国际主导者的动力（挑战者往往更倾向于采用新技术），未来很可能正在成为新的主导者。京东方在这个阶段与它们建立供货关系，更像是开拓新的战略客户。这种情况也说明，是不是颠覆性客户与京东方与之建立供货关系的时点是有关系的——真正的颠覆性客户是那些今天尚未成长起来但具有颠覆性前景的企业，发掘这样的客户需要更早地识别它们。

第三，"华南市场"的客户被看作是生产"山寨""水货"产品的企业，京东方根据目前的分类不会把它们当作颠覆性客户。但这里就出现了一个"盲点"："那些今天尚未成长起来但具有颠覆性前景的企业"很可能被一笔划在"华南市场"类别的企业中，从而被排除在京东方的视野之外。这是京东方目前客户分类可能存在的缺陷。特别是对于显示技术的第五次应用浪潮（车载、医用、穿戴等）来说，市场上尚未出现主导者，能够更早地识别出来有前景的颠覆者并与之建立联盟关系，对于赢得这些未来市场是非常重要的。

综上所述，要使自己成为颠覆者，京东方就要面对一个更复杂的市场图景。总体来讲，在结构上普遍处于挑战者地位的中国企业更具有颠覆性，尚未成长起来但真正力图以技术和产品创新取胜的企业更具有颠覆性。因此，京东方的营销重点应该从国际战略客户向中国企业转移，至少应该抛弃单纯地跟随战略客户的做法，以更早、更直接地识别终端产品市场动向为前提，坚定地走出自己的技术和市场轨道。当然，京东方作为大规模制造企业需要掌握平衡——大客户关系到今天的供货量，而颠覆性客户关系到明天的供货量。在眼前和未来的需要之间把握平衡，要求京东方具有更清晰的战略思路，发展出更灵活的营销组织，赋予"前线指挥官"更大的权限。这些都不是轻易能够做到的，但恐怕也是京东方通过颠覆之路转变成为领先者或领导者所无法回避的。

京东方在过去20年保持着一个"传统"：每遇挑战，总是以进取性战略应对。在从追赶者转变为领先者的挑战面前，京东方再次选择了进攻。

2013—2014年期间，京东方浮现出一个有限多元扩张战略。在主攻的半导体显示器件之外，又增加另外两个扩张方向："智慧系统解决方案"和"健康医疗服务"，前者指的是物联网与人工智能解决方案，后者指颠覆性健康医疗服务。

作为显示器供应商，京东方进入物联网与人工智能解决方案领域的理由充分。第一，京东方从终端品牌企业供应液晶面板起，就应客户的要求开始生产整机，在此基础上发展工业物联网系统，可以更好地服务于客户。第二，京东方需要一个用户应用体验的互动平台，推进应用创新。第三，京东方需要把积累的各项新技术与多个行业应用结合起来，实现跨领域跨界创新。最终实现在各细分市场上营收的持续增长和收益性的提升。京东方在开始为客户代工后，也试图通过差异化策略，推出BOE品牌的电视机，不过没有太成功。从2013年秋天开始，王东升按照他的"颠覆性创新"思路，亲自抓显示终端项目，推出了"BOE Alta"品牌产品。这个产品没有对其他厂商产品一丝一毫的模仿，技术性能和档次高于全球最好的品牌。2015年年初，"Alta"开始销售，其商业模式也发生变化——只通过互联网销售。

进入健康服务领域来自王东升对社会经济发展的长远思考，他认为这个领域蕴藏着潜力巨大的需求。京东方将尝试把显示技术、传感技术、信息技术、通信技术与医学结合起来，重塑这个行业，建立新的健康服务体系。所有的硬件技术都围绕这个体系展开，把现代的科技和传统的医学结合起来，真正建立以人为中心的家庭式健康医疗体系。不过，京东方在这些方面刚刚开始筹划，但王东升的设想是用 20 年的时间来发展这个体系。

2015 年上半年，王东升的战略抱负从技术层面开始施展。京东方技术研发组织进行了新的变革：一是集团成立了三个新的研究院——材料与器件、物联网与人工智能、信息医学和大数据；二是进一步强化显示技术研究院建设，并将其列入显示器件事业群序列。由此更加清晰可见，京东方面向未来更高志向的战略新布局。

尽管增加了两个进攻方向，但京东方在显示器领域的扩张也仍然没有停顿下来，而是正在酝酿第三轮扩张。2014 年 12 月 26 日，京东方发布公告，将在成都建设一条 6 代 AM-OLED 生产线，项目地点在 4.5 代线（B2）周边，总投资 220 亿元。从这条线开始，京东方停止从资本市场融资，全靠自筹。2015 年 4 月 20 日，京东方与福州市政府签署了在福州建设一条 8.5 代新型半导体显示器件生产线的项目投资框架协议 [①]。这条线的设计产能为 120K/ 月，总投资 300 亿元，以华南市场为销售目标。同一天的晚间，京东方发布公告，决定在合肥建设第 10.5 代 TFT-LCD 生产线，主要生产 60 英寸以上的产品，设计产能 90K/ 月，项目总投资 400 亿元。公告称：京东方力争项目于 2015 年第四季度开工（最晚不迟于 2016 年 3 月 31 日），2018 年第三季度正式投产 [②]。于是，在本书结束时，京东方又上马了三个总投资 920 亿元的项目。

在上马的项目中，最牵动业内神经（也曾经在京东方内部有争议）的就是 10.5 代线项目。建设这样一条生产线的理由首先来自大尺寸电视的发展，当市场对于大尺寸电视的需求随着 55 英寸电视的流行而浮现出来时，生产更大尺寸的显示屏已经超过了 8.5 代线的能力。其次，率先建设 10.5 代线将引领超大尺寸电视的发展（全球目前最高的世代生产线是夏普的 10 代线）。2013 年 12 月 31 日，当京东方的合肥 8.5 代线投产时，《中国经济时报》援引一家韩国媒体（未注明出处）的报道称："在过去的 2012 年，因全球 LCD 市场转衰，国内（韩国）企业不得不放弃 11 代产线建设，对于 BOE（京东方）这种充满攻击性的推进态势充满了危机感。由此判断，一直以来所忧虑的问题，即中国的面板厂家将掌握并左

---

① "京东方 8.5 代新型半导体显示器件生产线落户榕城"，《福建日报》，2015 年 4 月 21 日，http://news.66163.com/2015-04-21/1008151.shtml。

② "京东方公告 计划在合肥建设 10.5 代液晶面板项目"，《中国电子报》、电子信息产业网，2015 年 4 月 21 日，http://znzd.cena.com.cn/2015-04/21/content_272662.htm。

383

右全球 LCD 市场这一情况比预想来得快。国内（韩国）的设备厂家不得不积极备战中国京东方的 10 代产线投资所带来的订单抢夺战。"那篇韩国媒体的报道还援引韩国一位业内人士的话说："如果京东方成功投资建设 10 代产线，不同于没能占据市场的夏普，它将主导大尺寸 LCD 市场。所以国内（韩国）的面板行业公司们的危机感越来越大，必须利用 AM-OLED 扩大技术差异的紧迫感不断加强"[①]。

但是，建设 10.5 代线的风险巨大。

第一，市场对超大尺寸电视的需求是否足以撑起这样一条生产线？当年夏普差点被它的 10 代线拖垮就是因为当时市场对如此大电视的需求不足。不过，电视屏的尺寸最近几年不断扩大。据韩国《朝鲜日报》2015 年 4 月 15 日报道，市场调查机构 DisplaySearch 对上年世界各地销售的电视尺寸进行的调查表明，中国市场销售的电视平均为 41.7 英寸，首次超过北美地区（平均 41.6 英寸），成为世界上购买的电视尺寸最大的市场。该报道对此评论道：在中国销售的电视之所以比其他国家明显变大，是因为重视面子的中国人尤其喜欢大画面电视[②]。无论是不是因为"好面子"，中国市场的这种趋势倒是有利于京东方的战略——引领全球大尺寸电视发展的中国制造商和中国市场绝对是个完美的结合[③]。

第二，OLED 显示屏是否会很快替代液晶屏？OLED 替代 LCD 一直是一个悬念，如果这种替代发生在 10.5 代线的投资得到回收之前，那么项目就肯定是一个失败。不过，虽然韩国双雄在 AM-OLED 技术上处于领先地位，但正如本章第一节所描述的，大尺寸 AM-OLED 显示技术的产业化比预计的要缓慢，跟不上市场对电视屏尺寸扩大的需求变化速度。2015 年年初业内传出消息，三星也在讨论 10.5 代 TFT-LCD 线的投资计划，虽然尚未做出最终的决定[④]。根据该媒体报道的分析，三星后来发现大尺寸 AM-OLED 的成本太高，改为投资 10 代液晶面板线有助于自己供应大尺寸面板。虽然这个消息尚未得到证实，但也反映出作为全球最大电视制造商的三星，对于在超大尺寸显示屏上落后的可能性充满焦虑。

第三，建设 10.5 代线毕竟是一个挑战。除了京东方在建设和运营方面需要

① http://display.ofweek.com/2013-12/ART-8321303-8130-28763116.html。

② "外媒：中国人爱面子电视尺寸首超美国世界最大"，观察者网，2015 年 4 月 16 日，http://www.guancha.cn/economy/2015_04_16_316157.shtml。

③ 另外，夏普 10 代线本身的问题是只适合切割 60 英寸或 80 英寸的屏。但有点诡异的是，后来市场演进的结果是 55 英寸电视成为主流；如果电视屏继续扩大，消费者就不会买 60 英寸的（因为更换的理由不充分），而是会买 65 英寸及其以上的。经过对 10 代线的修改，10.5 代线的玻璃基板面积恰恰适合切割 65 英寸的屏。

④ "三星 PK 京东方：液晶面板再战 10 代线"，《中国电子报》、电子信息产业网，2015 年 3 月 9 日，http://znzd.cena.com.cn/2015-03/09/content_266730.htm。

克服许多困难之外，与供应链的合作也不容易。例如，目前康宁是全球唯一能生产10.5代玻璃基板的供应商，这种工业结构使京东方与供应商的谈判更困难。另外，10.5代线的主要设备需要由供应商重新设计，也为设备采购增加变数。

从技术上讲，京东方已经在仍然保持迅速进步的液晶技术上处于领先地位。2015年6月上旬在美国圣何塞的"国际信息显示学会（SID）"年会上，京东方展示了全球首发的82英寸10K超高清液晶显示屏（获"最佳展示奖"），还展出了全球首发的4.7英寸、5.5英寸和12.5英寸4K超高清显示屏，其中4.7英寸超高清显示屏的ppi（每英寸像素点个数）高达941，是目前全球最高ppi的移动产品。此外，京东方还发布110英寸8K超高清显示屏，这也是目前全球最大尺寸的8K×4K显示屏[1]。"日经技术在线"在2015年6月10日发自SID的报道中说（作者连续报道液晶面板工业12年）："今年（2015年）给人留下深刻印象的是，中国企业京东方科技集团与华星光电科技在液晶显示器屏幕尺寸上展开的竞争。一看到这两家公司的展示，就会想起以前的三星和LG。今后，这两家公司势必会取代韩国企业，成为大型液晶市场的领头羊。尤其是京东方的展示，甚至让笔者感受到了一种会联想起三星的'王者风范'。"他在仔细观察了京东方新推出的110英寸8K面板后评价说："作为一款超高清显示器，已经达到了可充分满足使用要求的水平。京东方之所以能够在仅仅半年左右的时间内实现如此高的画质，除了面板生产技术之外，还因为该公司的系统开发实力也达到了业界一流水准"[2]。

在这样的产业演进脉络中，京东方建设10.5代线的决定发生在一个微妙甚至诡异的时点上。对于京东方来说，最坏的结果是10.5代线建成后，因为市场需求不足或技术替代而无法收回投资。反过来说，如果这种情况没有发生，那么京东方不仅能够在规模上跻身世界前三，而且将成为行业趋势的引领者，还会促使中国彩色电视机工业产生冲顶的动力。在AM-OLED技术上，京东方目前在向市场提供产品的时间上落后于韩国双雄。但京东方不仅没有放松开发，而且采取了极富想象力的研发方式。一旦成功，将改变AM-OLED技术发展的轨道。总之，10.5代线项目的不确定性很大，利害关系也很大，需要战略决策者的眼光、经验、意志和勇气，只是京东方的领导人在过去10年里从来不缺这些品质。

---

[1] "京东方发布全球首款10K超高清显示屏"，腾讯科技，2015年6月3日，http://tech.qq.com/a/20150603/005259.htm。

[2] "中国双雄竞相展示超大型面板"，日经技术在线，2015年6月10日，http://china.nikkeibp.com.cn/news/flat/74667-201506101635.html；中国网站转载的网址：http://www.eeworld.com.cn/xfdz/2015/0611/article_42832.html。

就市场前景来说，随着中国境内建成 8 条 8.5 代线[①]并继续建新线，到 2016 年可能迎来业内"血拼"的形势。据 2015 年 10 月日经中文网报道，预计中国大陆的液晶面板年产能将于 2018 超过韩国，跃居全球首位[②]。在这个关头，中国的财经媒体又表现出对于"产能过剩"的担忧。由于近年来中国社会对"产能过剩"产生出一种近乎病态的恐惧，所以有必要说明一下这个问题。回顾全球半导体显示工业史，产能过剩一直伴随着该工业的演进。但是，有产能过剩才有液晶周期，有液晶周期才有液晶面板应用范围的不断扩大和显示技术的不断进步。正如提出了"摩尔定律"的戈登·摩尔所说："……企业从来不会依靠现有产品复苏。如果它们能够走出衰退，一定是骑在新产品的背上"（Moore 1996, p. 165）。因此，产能过剩是个静态概念，但产业发展乃至经济发展永远是动态的。从长期和动态的角度看，没有产能过剩的问题，只有创新和产业升级的问题。无论是在企业之间还是在国与国之间，竞争的真正实质是：看谁能通过升级把谁淘汰成为"过剩产能"。就这一点来说，无论未来的竞争多么"惨烈"，京东方人坚信倒下的不会是继续建设更大尺寸和更新技术产品生产线的京东方。王东升自己认为，过去的 20 年是京东方打基础的阶段，而未来的 20 年才是真正的发展时期。随着日本工业退守高端小众市场以及台湾岛内的政治纷争把自己的产业"玩儿死"，全球半导体显示工业的竞争焦点正在从原来的日、韩和中国台湾三角关系转变成为中韩两极关系，一个中韩对决的阶段已经"鬼影重重"。

即使讲到这里，我们也还没把京东方可能进攻的方向说全。2015 年 8 月 17 日，京东方发布公告，称拟与国家集成电路产业投资基金股份有限公司和其他两个北京的投资中心共同发起设立集成电路基金；基金的投资领域为显示面板相关的集成电路上下游产业及其相关应用领域，基金规模拟为约 40 亿元人民币[③]。于是，京东方终于扯下"面纱"，准备一脚迈入半导体集成电路工业[④]。实际上，在几个月之前，就有韩国媒体曝出京东方有意进入半导体存储器领域[⑤]。虽然这个消

<hr>

① 继京东方北京 8.5 代线和华星光电深圳 8.5 代线之后，2014 年，京东方合肥 8.5 代线、三星苏州 8.5 代线和 LG 广州 8.5 代线投产；2015 年，华星光电的第二条 8.5 代线、中电熊猫 - 夏普的南京 8.5 代线和京东方的重庆 8.5 代线投产。

② "中国液晶面板直指世界第一"，日经中文网，2015 年 10 月 27 日（本文也被 2015 年 10 月 26 日《参考消息》第 16 版刊登，标题是《中国液晶面板产量将"雄霸全球"》，译文稍有不同，http://cn.nikkei.com/china/ccompany/16663-20151027.html）。

③ "京东方携手大基金 进军集成电路产业"，《上海证券报》，2015 年 8 月 18 日，http://news.cnstock.com/industry/sid_rdjj/201508/3534876.htm。

④ 这个基金的职能是投资，相对独立于京东方，所以目前还不能说京东方已经有半导体集成电路业务，但从中可以看出京东方涉足半导体工业的路径。

⑤ "传京东方将进军存储芯片 中国企业具大量发展机会"，《中国电子报》、电子信息产业网，2015 年 4 月 15 日，http://www.cena.com.cn/2015-04/15/content_271921.htm。

息后来被证明不准确，但当时还是引起业内一阵喧嚣。

半导体集成电路是中国工业的一个主要短板，也是最近十几年来中国进口额最大的商品（只有少数年份被原油超过，见表 7.3）。中国政府从 2013 年起形成发展这个工业的决心，并第一次为发展一个工业而组建投资基金。中央政府的决心和行动引发了地方政府和工业界的一股热潮，也为京东方的行动提供了催化剂。从公布的消息看，京东方涉足半导体集成电路工业的步伐很谨慎，没有好高骛远，不仅涉足的投资额不大，而且其技术路线也是从自己的显示产业基础出发。但我们知道，京东方的前身北京电子管厂是 50 多年前中国第一个开发和生产半导体器件的企业，而京东方又是中国半导体显示工业崛起的主力。有这么个"背景"，至少可以说京东方是"来者不善"吧？

第四节
创造一个新世界

2014 年 10 月，京东方发布了新的企业标识（logo）——它的缩写仍然是 BOE，但含义迥然不同。1992 年北京电子管厂改革后第一次出现的企业标识 "BOE"，指的是 "Beijing Oriental Electronics"（北京东方电子集团）。1999 年京东方在 A 股上市时，"BOE" 指的是 "Best Optoelectronics Enterprise"（全球最好的光电企业），当时京东方下决心进入半导体显示领域。2014 年 10 月发布的标识，"BOE" 指的是 "Best on Earth"（地球上最好的企业）。

由于王东升是这样定位京东方的，所以对他来说，最重要的事情不是技术、产品或生产线，而是人、是团队。到 2014 年，与王东升同样出身于北京电子管厂的第一代京东方人大都按规定退休了[1]；京东方的主要高管也都 50 岁上下了[2]，而过去冲在第一线的"主将"（如刘晓东和王家恒）也被调回集团总部负责战略。在这种情况下，王东升的目光转向年轻的一代，他认为京东方有一批 35 岁到 40 岁的骨干正在成长起来，他们的逻辑思维、判断和对事物的洞察力很强，只是还缺乏在复杂环境中磨炼过的担当精神。2013—2014 年，京东方举办了两期"领导力研修班"，学员就是这批骨干，而王东升自任班主任，培训目的是提高他们的"领导力、战略力、承受力和洞察力"。年轻一代管理者不仅关系到京东方眼

---

① 如梁新清、韩国建。
② 如陈炎顺、董友梅和刘晓东。

前的业绩，也关系到未来，特别是因为京东方的前进道路正在从单一的半导体显示器件业务变成显示器件、智慧系统解决方案和健康服务三个方向，而且在每一个领域都要发动颠覆性创新，在每一个领域都要做领导者而不是跟随者。正是基于这种期望，王东升明言要在 2—3 年内使所有的现地总经理都由 40 岁左右的人担任。

2014 年秋季到 2015 年初，我们在本书写作接近尾声时走访了部分现地总经理，以了解京东方的生产经营状况。同时，他们中的大部分人也是参加过"领导力研修班"的学员，所以他们的状态也反映了京东方新一代管理者的成长，以及王东升培养他们的"良苦用心"。于是，我们以部分一线管理者的所做所思来结束本书关于京东方的故事。

2014 年 10 月末，我们在北京 8.5 代线访谈了总经理张兆洪[①]。他是河北人，1992 年 7 月从上海华东化工学院（现在叫华东理工大学）本科毕业，专业是无机材料。那时大学毕业生就业是实行双向选择。张兆洪选择了北京电子管厂，尽管他已经知道这个企业的效益并不好，但他的首要考虑是城市。进厂后，他被分配到八分厂的 804 车间。本书第二章提过，就是这个车间先引进了日本旭硝子的技术，后来又与之成立合资公司，生产彩色显像管所用的玻璃支杆和低熔点焊料玻璃粉。张兆洪从 804 车间到合资公司一直干工程师，2000 年升任科长，2001 年升任制造部长，2003 年任中方副总经理。2004 年合资结束后，张兆洪负责把工厂搬迁到河北蓟县。

2006 年，张兆洪被王东升调到总部，受命准备把 BOE-HYDIS（韩国京东方）的生产线搬回国内。这个计划受阻后，张兆洪被派到北京 5 代线（B1）的成本降低办公室，2007 年 3 月又兼任 B1 的企划部部长。2008 年 1 月 1 号，张兆洪正式调到 B2 项目组，主要负责采购、谈判和企划。2009 年 3 月，项目组进驻成都，他做设备搬入、生产准备和人员培训的工作。4.5 代线投产后，张兆洪任副总经理，协助总经理王家恒工作，负责采购和制造。2010 年王家恒被调回总部后，张兆洪接任总经理。

2012 年 4 月，张兆洪被调任北京 8.5 线的总经理，接替韩国建。当时 B4 还没有满产，正在从 60K 向 90K 的产能迈进。张兆洪说他任总经理以来主要干了三件事。第一是扩大产能。在从 90K 设计产能扩大到 120K 后，B4 的产能到

---

① 张兆洪访谈, 2014 年 10 月 30 日。访谈时我们没有明问张的年龄，从大学毕业的时间看，他应该是 1970 年左右出生的。

2014 年下半年已经达到 130K，下一个目标是继续提升到 140K。由于设备的单位投资较小，所以扩产的效益非常高，产能达到 140K 时每个月增加 5000 万元的利润。第二是产品线拓宽。张兆洪接任总经理时，B4 量产的产品有三四款，到 2014 年量产的产品已经有 25 款。产品应用扩展到四个领域——电视、显示器、笔记本和平板电脑。第三是新产品的技术应用，包括产品的升级、新应用的量产化和高像素产品的量产化（如京东方的 110 英寸 4K 显示屏和 98 英寸 8K 显示屏都是在 B4 开发的）。这项工作涉及技术开发，要在保证产量的同时为一两年后的产品生产做准备。

由于产品面广，B4 的产品在 2014 年下半年呈现供不应求的状态。展望市场的未来走向，一个重大影响因素是行业的产能扩张。2014 年，京东方的合肥 8.5 代线（B5）、三星和 LG 在中国建的两条 8.5 代线都实现量产。2015 年，华星光电的第二条 8.5 代线、中电熊猫的南京 8.5 代线和京东方的重庆 8.5 代线（B8）也将相继投产。据张兆洪判断，这些新建线在 2015 年不会对 B4 造成冲击，但到 2016 年就不好说了，所以"我们现在就要增长能力"。他并没有感到三星和 LG 在中国建的两条线（产能较小，定位电视屏）对中国市场有太大影响，因为这个行业本身是全球的竞争，一个地方多几条线不会对整体有多大的影响。此外，电视市场对显示屏尺寸的要求是越来越大，于是消耗的玻璃也越来越多。所以他觉得，如果经济趋于平稳，供求关系还是能够平衡。实际上，受中国大陆产能扩张冲击最大的是台湾的友达和奇美，它们现在跟京东方相比已经没有什么优势了。

张兆洪留给我们的印象是风格沉稳。经过多年的历练，他已成为一个经验丰富的管理者，表现出自信。他说 B4 的利润在 2013 年是 8 亿元，2014 年将达到 15 亿元，2016 年要达到 20 亿元。实际上，B4 在 2014 年的销售额比上年增加幅度是 15%—20%，利润大幅度攀升的原因还是利润率上去了。事后证明，B4 是京东方 2014 年业绩的中流砥柱。从王东升的年终讲话中看到，B4 的 S 类产品比例达到 48%，是 4 条满产产线中最高的，而且还说"B4 季度盈利持续创新高"。但成绩不是能够轻松得到的，张兆洪说整个团队都挺累的。B4 为保持竞争力和盈利而保持多产品生产，于是产线要经常切换；切换的时候产线要停，产能就会有损失，还要追回来。张兆洪说他的手机里有很多个内部的微信群，工厂长都在群里面。按照要求，如果生产出现问题，两个小时内主管科长必须到现场，四小时以内主管工厂长必须到位。张兆洪有点冷笑地说："他们都非常讨厌微信，我一般不说话，就看着他们怎么处理。"告别后我们想象了一下他这样做的效果：如果总经理说话，大概许多人会有辩解的机会；当他不说话时，大家只能努力解决问题——谁都知道公司的要求，也知道总经理在盯着他们呢。

北京 5 代线（B1）的总经理是苏顺康（1972）[1]，安徽人，1998 年从山东科技大学毕业后加入京东方（他说他上学比较晚而且中间还断过），在一分厂任半导体工艺师。2003 年收购 HYDIS 之后，他被派去韩国学习了一年，回来后一直在 B1 工作，做过 Array 的工厂长，2009 年开始负责整个工厂的管理。苏顺康说，其他产线经常向他要人，他也要支援，因为其他产线比 B1 更困难。建 B3 和 B4 时走的人很多，原来协助苏顺康为 B1 把关的一个韩籍专家也走了，他那时受到的压力很大。当其他产线起来后，情况就好多了。苏顺康现在还有一个职务是集团生产技术中心的副工程长，正在按照董事长的指示推进生产无人化（使用机器人）的工作。

苏顺康经历了 B1 转型的全过程。他在回忆那个过程时提到董学做的 iF95 是第一款相对成功的产品。董学（1979）本来也在我们那一轮访谈的名单里，但因为他出差而作罢。那时，董学已经升任中小尺寸产品开发中心的中心长（与手机屏相关的开发都由他负责），也在 B1 上班。据苏顺康解释，由于历史的积累，B1 的开发人员会相对多一些。隶属 CTO 组织的产品开发中心和 B1 的产品开发部还没有分得很清，其他产线需要支援时 B1 都会干。有意思的是，每次从别人嘴里听到讲董学时，都会产生他有点"狂"的印象。他竟敢在董事长王东升面前自夸，研发中心能干的他的产品开发中心也都能干。不过当王东升提到此事时，却掩饰不住对董学的喜爱。

2014 年，B1 遇到较大的困难。第一是受到原有大客户业绩滑坡的影响，第二是国内手机屏的市场出现供过于求，第三是前两者的作用压缩了 B1 的利润空间。苏顺康坦承 B1 遇到的困难与以前忽略国内厂商有关——"今年不好的原因一方面跟市场低迷有关，还有就是和我们自己有关。"他说，"特别是在 2012 年下半年，深圳已经拿不到屏了，许多企业老板亲自给我打电话。我也没办法，因为我们的产能实在不够了"；"在这个过程中，我们也得罪了一些厂商。你不能供货他们必然要找别人，而且这个产品不是说换就换的，因为一个规格的切换有很多的测试过程，这个过程很长，而且配合熟练以后也不愿意换了。"这些因素使 B1 在 2014 年力图扩大国内客户时遇到困难。

① 苏顺康访谈，2014 年 10 月 30 日。受访人名字第一次出现时，紧随的括弧内是其出生年份。一些受访人的年龄已经在本书前面提到，在这里重复标出是为了读者的方便。

由于中国厂商对价格非常敏感，所以中国手机厂商的崛起使价格下降成为常态。苏顺康说："消费电子类产品没有涨价的可能，除非有升级换代的新产品，否则不可能涨价，这是由消费者的价值决定企业的生存。到2014年，小米、华为崛起了，小米的机型不是很多，华为有供应链整合的能力以及品牌经验，对国外企业的压制火力还是很强大的。这也让我们体会到价格下降的压力。"到我们访谈时，国内厂商华为、联想、小米、酷派、OPPO都已成为京东方的客户。由于京东方的反应速度比日本和韩国企业快，所以国内厂商对B1的产品比较满意。苏顺康说："我跟他们说有问题可以直接找我，我们直接来解决。"不过那时B1刚做完前期的产品验证，尚未对这些国内厂商大量供货，预定到2014年年底起量。

面对市场的变化，苏顺康正在推动组织内部的一系列变化。对B1来说，面临的最主要问题是市场端的价格大幅下降，比年初大约下降了40%，但所用材料的价格却没有降这么多，致使B1的利润空间被压得很死。他说："我们不能一味等价格的回升和回稳，所以我们一定要变。我们现在用a-Si（非晶硅）做出了Full HD（全高清）级别的可量产产品，其显示效果和LTPS（低温多晶硅）是一样的。尽管现在没有很大的市场需求量，但我们在产品升级上一直在做储备，包括我们会在Touch（触摸）上做on cell（在显示屏上整合触控功能的一种技术）的研究还有in cell（在显示屏上整合触控功能的另一种技术）的突破。总之要增加附加值，带动整体的变化。B1一直在做车载显示等应用类的研究，已切入车载显示等市场。"

当我们问道4000多名员工的精神状态怎么样时，苏顺康很坚定："没有问题。因为大家已经知道产业的变化是怎样的，以前大家经历过更困难的时候。其他产线的力量基本都是从B1扩散出去的，大多数人都经历过很困难的时期，所以大家知道这种时候应该怎么办。"他说他们现在有一个全方位营销的概念，技术总监直接面向客户，第一时间就会有人协调解决问题，做好技术支持和服务——"让客户觉得我们的反应速度很快。"

2014年10月我们访谈张涛（1978）时，他刚在一个月前卸任B2的总经理，被调回集团总部[①]。张涛是山西人，2001年从武汉理工大学（机电一体化专业）本科毕业后加入京东方。经过半年的实习，他进入京东方的模组项目，开始时主要

---

① 张涛访谈，2014年10月10日。

负责工艺，后来又在销售部门和采购部门工作多年。2011年3月，张涛调到固安模组厂任副总经理，主要负责制造、动力和安全。一年后调到成都任B2总经理（接替张兆洪），在这个任上干了两年半。他说成都团队比较好，中方和韩方的结合特别好，跟一家人一样。

在我们访谈时，张涛已经被内定为健康服务事业群的负责人，同时还负责在三个事业群之上的全球战略性市场。我们的访谈集中在显示器的市场营销上。他解释说，董事长提出做触摸屏是因为京东方的资产已经很大，但产值还不够大。一个重要原因是京东方的很多产品都是做成显示屏就卖了，而如果做成带触摸的模组，价值至少翻番。此外，做触控模组的投资很小，可能只是做屏投资的十分之一。

但是张涛认为京东方的触控模组目前存在两个主要问题：第一，做模组的经营理念不同于做显示屏。生产屏的投资很大，抓住重点以后加上良率和客户就能确保盈利。做模组的技术难度其实没有做屏高，但是管理思路完全不一样。模组的每个订单量小，要灵活，要跟着市场做；模组的利润也很薄，零部件如果有一点儿管理不好就可能会导致亏损。他比喻说，如果做屏是正规军，做模组就是小米加步枪，讲究成本控制和精细化管理。因此，用做屏的思路很难做好模组，在经营理念上一定要有大的转变。第二个，京东方离客户太远（指京东方的模组厂离客户集聚地太远）。其原因有三：（1）时间对应速度上的损失。如果距离远，京东方对客户的服务或者是派人出差对应，或者是在深圳派驻销售和客服人员，但是研发中心不在那儿。对客户供应模组不是一下就能搞定的，双方匹配需要修改很多次，那么谁的对应速度快谁就有可能成为客户的第一供应商。（2）信息失真。京东方的人了解到客户的要求后，再跟公司内部沟通，这样远不如带着设计的项目经理直接和客户对应，目前出差的做法可能会导致做出的修改不符合客户的要求。（3）费用很高，物流空运费很高，而且时间长。现在深圳的产业链很完善，它的各种资材全都有，而京东方要先把资材运回来，做成成品再发回去。

张涛认为模组战略的核心是怎么样才能更接近客户，京东方的模组厂应该设到深圳，不见得要建新厂，可以合作也可以收购，但一定要贴近客户。深圳是一个很活跃的市场，有很多的创新，电子行业硬件的创新深圳应该是走在全国前列的，比北京和上海都要领先，在那里设厂有桥头堡的作用，可以了解最新的资讯，对将来京东方的业务拓展和收购都有好处。

张涛说，美国市场对京东方至关重要，因为它的体量大、消费能力高，关键是跟上它可以了解全世界的前沿动态。对欧洲也正在运作，他认为欧洲的传统工业是顶级的，以后肯定会有一波应用显示技术的浪潮，包括车载和公共医疗。除了东亚市场，以后印度、中东等地都是京东方要进入的。在技术上，京东方有比对手好的地方，也有存在差距的地方。但对于张涛来说，这些差距只是时间问题。他说京东方的优点在于文化和团队——"这个团队是能打硬仗的一个团队，而且我们有一个特别好的领导，有激情而且学习能力强。我们现在的口号是保卫与进攻，保卫现有的客户，做到第一供应商；进攻是要结合第五次应用创新，拿下战略性客户。"

姚项军（1977）在京东方的早期经历前面已经提到，他于 2009 年参与筹建合肥 6 代线，任 6 代线的财务总监，负责财务的同时还协助总经理刘晓东工作[①]。2010 年年底，京东方开始实施 SOPIC 创新变革，王东升把姚项军从合肥调回集团总部，到运营总部（设在 5 代线）的经营企划中心负责企划——"类似于做参谋的角色。"2010 年年底，当集团进行 SOPIC 第二阶段时，王东升又把姚项军调到集团总部组建企划中心，一直工作到 2014 年 9 月。

当我们访谈姚项军时，他已经被内定为智慧系统事业群的负责人。这个事业群的基础是京东方在供应电视面板后逐渐发展起来的整机代工业务，不过这个以北京 8.5 代线为基地的业务没有很好地发展起来。这时，京东方在江苏吴江的终端产品制造基地开始有起色。这个基地是源自京东方于 2010 年收购台湾美齐科技公司在大陆的业务，后来董强被派过去负责，扭亏为盈，只是他也年满 60 岁[②]。据说，本来王东升是想派一个副总裁级的领导负责这个业务，但因为大多数人还是愿意留在显示器的主流业务中，没有人愿意去。王东升就想到姚项军。姚说："董事长跟我谈话时说，这块业务是集团的一个很重要的事业，对我也绝对是个锻炼，所以我就同意了。"

京东方已经决定调整整机代工业务，把吴江定为标准化的大规模整机制造基地，北京工厂集中于高精尖的产品，如超大尺寸的 4K、8K 电视和新创的 Alta 高端品牌电视。姚项军说，他们现在做的第一件事就是把北京的大批量制造部分关掉，原有的 600 多人要裁到 100 人左右。裁下来的人愿意去吴江的就去，不愿意去的就地分流。姚项军认为，京东方以前的品牌电视机制造业务之所以做的一

---

① 姚项军访谈，2014 年 10 月 10 日。
② 这是我们在写书过程中第二次听到董强的消息。第一次是他到苏州创建背光源事业的经历。我们一直没有机会访谈他，而且本书也实在没有空间再容纳那些故事。但每次听到这位出身北京电子管厂的"老臣"的消息，总是浮现出忠心耿耿、兢兢业业的形象。

般，原因是把整机制造当作显示器产能的出口。这样的思路仍然是面板思路，不是整机思路，做出来的整机就很一般。此外，由于京东方历史上没有制造整机的传统，所以团队的成员大部分是外来的，人心不齐。

针对这些问题，姚项军表示他要完成的几个关键任务是：一、开拓客户市场，而且要和面板业务方面联动开拓，2015 年应该比上一年有所改观。二、保障上游的资源，包括屏的供应和外部的成本降低，以及外部面板的控制。三、团队整合，将把北京和吴江两地的制造部分整合成一个团队。虽然京东方的老人不超过 10 人，但主心骨还在——如董（强）总。虽然董总应该退休，但还是把他留下来了。姚说："董总把高创变成了一个有希望的公司，下一步我们要把它变成一个有战略意义的公司。"

我们最后问姚项军对于京东方优缺点的看法。他的回答是：京东方这么多年积淀下来的、特别有价值的一个是战略，以后战略方向不会有大的变化；还有一个就是团队的文化，这个文化就是拼命，有这个基础就不会有太大的问题。但是，未来京东方面临几个大的课题：

第一，从财务结构来说是未来发展的可持续性。京东方现在的财务结构是资产太重（总资产有 1400 亿元），即使 2015 年的销售额按照达到 600 亿元，年销售收入和总资产之比仍然不到 50%（同行业其他公司大概是 60%—70%，但也都不算高）。虽然企业在建设期间的资产比重是会大一些，但如何提高资产的收益率仍然是非常严峻的挑战。

第二，提高产品的附加值是另外一大挑战。一片"光板"的手机屏（即 open-cell）卖 40 美元，但加上触摸模组就可以卖 100 美元。电视整机业务也很重要，100 块钱投进去了，可能再投 5 块钱就能做整机了，但收入不一样了——32 英寸面板一片卖 80 多美元，但一台 32 英寸电视可以卖 150 美元。因此，京东方的整机代工、触控模组业务一定要发展起竞争力，这需要做重大战略转型。京东方原来是不断扩大显示器的生产规模，现在则要把这么多条生产线的附加值做上来，只有这样才能保证公司的长期盈利性和稳定性。

第三，还有一个是文化的转型。现在社会变化太快了，所以要改变"工厂文化"，让每个人都成为一个解决方案，而不是螺丝钉，要有创新的想法。这个问题京东方总在提倡，但是自上而下的创新多，自下而上的创新不够。

最后，他认为京东方的上层架构很好，但是没有一个好的底层基石，很多还是靠人管，而不是靠一个标准的流程，有人治成分，运营层面还存在问题。实施 SOPIC 创新变革后，情况有了改善，但还是不够完善。

尽管面临这么多需要解决的问题，姚项军还是说："我们内心认同这个团队。"

当 2014 年 8 月我们在合肥访谈时，刘锋（1977）是合肥 8.5 代线（B5）的总经理。当时 B5 正处于从量产到满产的爬坡阶段。在这个时点交谈，我们自然从 B5 的市场前景开始。刘锋说，2014 年的中小尺寸显示屏市场的放缓很明显，增长速度一下子掉了下来，堪比急刹车。不过，中大尺寸产品的需求比较稳定，市场有点回暖，而且出现尺寸越做越大的趋势。目前国内的显示器供应量已经可以满足要求，而且国内供应链更稳定，原来绑着国外供应商的中国电视机制造企业开始剥离台湾供应商，不再依赖台湾工业。此外，它们也看中京东方的发展势头，愿意抢先与京东方建立供应关系。2014 年，中国六大电视机制造企业（康佳、TCL、长虹、海信、创维和海尔[①]）中的 3 家已经导入 B5 的显示屏。

刘锋认为，B5 的优点是战略比较清晰，从一开始就在产品的选择和定位上有别于其他企业。B5 的定位是生产"两头儿"的——大的和小的——高端产品。B5 最开始量产的有 3 个产品，其中的 55 英寸 4K 显示屏是全行业量产电视屏中分辨率最高的等级。到 2014 年上半年，B5 已有 7 款产品实现量产。当 2014 年 3 月看到 32 英寸电视屏的市场回暖后，B5 一次性开发成功 32 英寸电视屏，只用了两个月就量产，而且量产的第一个月就达到 98% 良率。这款产品在 2014 年上半年成为 B5 一期 30K 产能的放量基础。刘锋说他没有料到中国电视机企业开始大量出口（主要外销亚非拉国家），所以 B5 的屏实际上已经通过整机企业向外出口。

回顾任 B5 总经理以来的工作，刘锋遇到的最大困难是"前期的产能爬升速度比我原来计划的要慢。"与其他竞争对手相比，京东方提出 4K 的概念很早，但实施较慢（王东升在 2014 年年中工作会的讲话批评了这件事）。B5 现在承担着重树京东方 4K 形象的重任，要冲量，但良率提升需要很艰苦的过程。B5 不是成熟产线，是新建产线，还处于二期设备搬入和调整阶段，产线环境还不好，而 4K 产品又对避免尘粒污染的要求特别高，所以实际过程的难度比想象的要大，不得不对人员管理、洁净间的隔断和定时、定点抓得更严，大家也不得不比通常情况付出更多的努力。他说，用高端产品来量产爬坡的难度比较大，但如果迈过去就是高起点。

另一个让刘锋头疼的地方来自客户的疑虑。由于 B5 是新线，又是供应新的、

---

① 在这"六大"之中，拥有华星光电的 TCL 是自己供屏。

小众的产品，所以客户会有更多的疑虑。以 4K 产品为例，因为客户已经引入台系和韩系的产品，B5 刚导入客户时往往只是第三供应商。在这种条件下，客户对京东方的 4K 产品进行比较的对象和标准都较高，致使 B5 的产品认证和品质检验都花了很多时间。客户好多产品的机械结构设计和 B5 的产品都不匹配，所以需要 B5 为客户进行调整，这个过程也很难。

但到我们访谈他时，B5 已经过了那道关，工作开始顺利起来，好多产品都是一次性开发成功。他最具有信心的是，B5 已经有了 10 个产品，它们的产量到 2014 年 10 月都会陆续起来。B5 的产品规划过程仍然处于过渡和调整之中，高端产品在继续开发。但为了获得更好的收益性和走量，B5 会继续生产中低端产品。他解释说，用大线切小屏有优势，因为摊在每片玻璃上成本小了，单片玻璃基板的收益性更好；但也有缺陷，就是不能做分辨率很高的产品。做分辨率低的产品，设备的对位、对齐较容易，但做分辨率高的时候就很难。

B5 计划在最初几年只做 open-cell（未安装背光源的准模组），不做模组。刘锋说，如果卖模组，销售收入会大幅增长，资本市场会看中这点。但做模组比较辛苦，利润增长点很小。前几年，品牌商向上游扩张做模组，后来演变到供应商的很多产品都是 open-cell 的。B3 和 B5 都向华南市场销售 open-cell，那里的企业有自己的工业渠道和特殊方法，它们的很多工业原材料是属于低端厂商供应的，性价比很高。虽然质量和京东方的产品没法比，但它们有特殊的销售渠道卖出去。这种模式很难延续到京东方这种重品牌重质量的公司，这么大的规模很难做这个事情，要做的话利润很小（京东方在 B5 旁边追加了一条触摸屏生产线，上得晚了）。刘锋表示，他们的发展方向是要和国际市场合作，但华南市场很大（2012—2013 年，全球一半的平板电脑出自华南市场），也耕耘多年，京东方不可能不做①。

刘锋最后说，正在爬坡的 B5 在 2014 年还会有亏损，但在 2015 年肯定会达到 B4 的水平（销售额 170 亿—180 亿元）并实现盈利。根据后来的消息，B5 已经在 2014 年 12 月满产，实现了当年投产当年盈利，所以它一定会在 2015 年成为京东方业绩的又一个中流砥柱。

合肥 6 代线（B3）的总经理是刘家安（1978）②。北京 8.5 代线（B4）投入运

---

① 刘锋关于京东方重视品牌、重视质量并重视国际市场的想法符合京东方的主流思想，但对做不做模组的想法似乎与王东升的想法有不同。
② 刘家安访谈，2014 年 8 月 13 日。

营后，刘家安任 Cell 分厂厂长。2012 年的四五月间，王东升到 B4 考察产线（实际上是考察干部），在 Cell 段的产线就走了 2 个半小时，刘家安带了一个安全员全程陪同。他回忆说："董事长一路问我问题，从人员管理到产线建设、设备安装，等等，技术细节问得特别细，问得我头疼。"不过那时候刘家安的自信心非常强，因为他不仅设计过新产品的工艺路线，还建设了一条新产线。他说："我对这条产线就像对自己的孩子一样，如数家珍地介绍，包括人员的管理和技术难点怎么解决的，等等。"看完产线回程路上，王东升对刘家安说：你的视野要进一步拔高、拓宽，要站在总经理的角度思考问题，要扩展知识面，提升能力，担当起更大责任。刘家安回忆说："那是我第一次近距离见董事长，以前只是开会时坐在台下见过，觉得董事长跟神一样。"

2012 年 10 月，刘家安调任超级项目经理（其职能是把产线的几个大的战略性的、关键性的产品与关键客户对应，原来管生产的要对应事业部门、开发部门和供应链，还要对应生产）。在当面获得王东升的首肯后，他推动了 B4 的 120K 扩产和玻璃基板减薄。京东方是第一个大量应用这种玻璃的厂家（现在基本都用这种薄款的玻璃），使成本下降了 30% 左右，但不得不对产线进行较大的改造。同年 12 月，刘家安被任命为 B4 的副总经理。

2013 年 12 月，刘家安被任命为 B3 的总经理，接替到 B5 任总经理的刘锋。他是带着董事长交给的任务来 B3 的：第一要带着大家搞改革，彻底完成从大尺寸到小尺寸的转型，并相应转变员工的思想、行动和规范；第二要大幅提高利润。上任后，刘家安发现当正职的压力太大了，因为"所有的决断都要你做，责任更大了，和当副总经理是质的差异"。据他解释，从大屏转向小屏的难点是后者的良率要求非常高，0.02 微米的小亮点就能看出来，距离越近越容易发现。再有就是技术更新换代非常快，尺寸的变化越来越大，新技术不断出现，技术的迭代升级特别明显，每过半年就有新一代手机出来。手机屏面积的增长速度是最快的，利润率最高，竞争也是最激烈的，竞争对手的集中度是最高的，行业里数得上的企业都在做。刘家安说董事长喜欢压重担给年轻人，他已经习惯了董事长的这种方法，只是"我现在的睡眠会成问题"。

刘家安上任不久就遇到市场变化——2014 年 3 月大客户突然砍单。但这也是好事，不仅促使 B3 加快产品结构的丰富——"我们经历这个低谷以后就又上升了"，而且更重要的是促使管理者思维的转变。用刘家安自己的话说："我个人觉得我们不可以有山寨的品质，但是要有山寨的精神。"他认为华南的市场非常活跃，一定要关注那些活跃度很高的客户，去接触、去合作。他表示在年内要成为所有主要中国品牌手机厂商的供应商。他同时也认为京东方应该发展出灵活的营销组织，具有接受小批量、多品种、定制化产品的能力和灵活转变的能力——"这些能力是我们这条产线必须要有的，也是转型所必需的。"他说京东方的战略是正确的，但是在战术的实施上不能一刀切。"中华酷联"以前的市场份额不足三星的10%，但目前三星不光在中国市场受到蚕食，在印度和中东市场上也受到中国品牌的冲击。他表示京东方正在做防守性的措施，只是如果早1年做就好了，就会变得很主动。

刘家安表示要改变大家的想法，即抛掉一个订单做三年的想法；要改变过去比较稳定的商业模式，要快速变化，技术要跟上；还要进行组织结构上的调整，客户结构要丰富。他认为互联网时代和以前是不一样的，要做颠覆性创新就要研究商业模式的特点，再结合自己的特点。他说："美国、日本封锁技术一定会出问题，我们一定会绕过专利壁垒的。我们更要在战略上创新，在执行层面一定要完成集团下达的任务。"

刘家安是一个好思考的人，他担心的一个问题是B3在2015年以后怎么活下去。他说，按照现在的开发速度，他们到2015年5月就可以实现a-Si（非晶硅）顶级的技术（分辨率做到450ppi就达到非晶硅技术的极限，很难再提高了）。他说："当非晶硅所有的技术都突破以后，当替代技术（如LTPS和OLED等）大规模量产以后，我的6代线怎么去做？明年我们怎么活下去，攫取更大的利润，公司的生存点在哪里，这是比较实际的问题。我是第一负责人，这是我最担心的事情。"

对高文宝（1975）的访谈也是在合肥，他是正在建设的重庆8.5代线（B8）的现地总指挥[①]。高文宝一直在5代线（B1）的开发系统工作到2009年，做到应用产品技术部的副部长（部长是韩国专家），后来被提拔为研发副总监，参与对整个开发系统的管理。当时生产系统缺人，于是王东升就让他做了生产运营总监。2011年1月1日，高文宝被正式任命为B1的常务副总经理。2012年，高文宝做了一整年的移动类产品事业部总经理。

2012年12月，刘晓东找高文宝谈话，告诉他董事长提议让高负责建设B8，并表态会支持他。王东升后来在和高文宝的谈话中告诉他需要把握的三个原则：目标导向、客户导向和盈利导向。高文宝受触动最大的是董事长对他谈到的领导

---

① 高文宝访谈，2014年8月14日。

力，要他学会沟通协调，协调集团职能管理与现地支持，协调集团内部和外部的关系，把握体现整体目标的未来资源分配。他说："董事长还专门给我们上了课，让我写一个按照'三五原则'怎么建产线的方案。"

在基本建设期间，B8项目组是设在合肥，目的是依托合肥8.5代线（B5）来培训人员。对高文宝来说，负责B8项目的第一要务是组建团队。骨干的来源主要是京东方内部，但除了集团领导帮助调入项目组的少数人，其他都需要高文宝去和各单位协商并遵循三个原则："本人愿意来，重庆项目组愿意要，原单位同意放。"高文宝原本想要的人有两个层级，一个是总监级的，将来可以当工厂长；另一个是部级的，也是各部门的技术强手。但他很快发现，在其他单位已经担任总监、部长的人都动不了（各个产线都缺人，没有哪个单位愿意放）。于是高文宝放弃原来的想法，不再去找马上适合这些职位的人，而是去找低一个层次但有潜力成长起来的人，然后根据他们的工作状态在过程中提拔起来。他举例说，负责模组的陈刚在原单位是副部长，很能干，待人又好，来了以后全部身心都在这儿，团队建设也很好，就把他提为总监。剩下就靠他去培养，一级培养一级，现在科长也有了。到2014年8月我们访谈高文宝时，B8的正式员工已达1273人，但其中有经验的只有几十个，包括十余名韩籍专家。

B8团队的形成也需要依靠自下而上的力量。高文宝说，要给每个人一个预期，有潜质的人将来一定是有位置可以去竞争。在为运营做准备的过程中，重庆项目的组织体系更新了几次，所以每个位置还没有完全确定人选。但实际上，在一个小团队里大家都会有心理排位。高文宝举例说，"如果一个部门有三个人，我会明确对他们说，你们是集体决策。我要看在这个过程中谁能站出来做这种事情。"按照现在的架构，大家一定有侧重，一定会有人站出来，推动事情的能力会展现出来，慢慢地形成一个头。这是需要观察的，"我现在还是想赛马，这阶段还有机会让他们去赛。"他说他每周两次去各部门看他们的状态，选人全在自己的内心，不要光看你和人选的交流多不多，还要看内部推不推举他。他说当部长的人要一半时间去做事，另一半时间要考虑部门做成什么样、达成什么目标、为实现目标要做什么事情，否则很难把部门工作理顺。

B8的团队中有6个人是经历过北京5代线的骨干，其中包括前面提到过的邱海军和尚飞。邱海军是高文宝要来的。高文宝说，尚飞现在的变化很大，以前是毛头小子，现在变得很有责任感。高文宝特别感谢张兆洪，因为从B4过来的人最多（有65人）。高文宝从B4调来的郑英花（女）是经历过北京5代线的骨干，是他感到亟须的一位"妈妈级的人物"。项目初期，负责Cell段的资深韩国籍总监与新招员工之间的年龄差距太大，存在代沟，出现了沟通问题。于是高文宝花了很大力气，找郑英花的部门领导挨个做工作；他们同意后又直接找总经理张兆洪谈；还找刘（晓东）总协调把当时郑在B5的丈夫调来。郑英花过来后，团队的沟通、心态、工作状态发生了很好的变化（大家都叫她"花姐"），高也体会到董事长为什么说协调沟通是一种价值。高文宝也从外面寻找骨干，他评价其中两位说："我很少干预他们。这两人将来是我们的财富，是工厂长一级的人才。"

为了培训新员工，从高文宝以下的高管都要讲课，从头到尾地讲。他说前面提到的Cell总监现在也完全转变，很认真地从原理开始给年轻员工讲课。B8有一批2010年由B4招收又转到B8的大学毕业生，尽管他们已经工作两年多，但整体的技能深度不够——"所以在内部要强加任务，互相分担，强力去辅导培训。"这些人现在成长很快。B8招人尽量选周边地区的，已招员工中有50%来自川渝地区，另外像陕西、湖南、湖北、贵州也有很多好学校。对于工程师的来源，B8以"985""211"院校为主，硕士学历以上的占55%。在作业员的培训上，有130人在B4培训，其余大部分都在合肥B5，培训期间都要在生产线顶岗工作。

到我们访谈的时点，高文宝说最艰难的阶段都已过去。他负责这个项目已经一年半有余，其间全身心地投入。2014年7月底，重庆的厂房封顶，建设速度非常快。项目运作过程顺利，团队也滚起来了。他们正在做的是产线定位，B8主要面向电视和笔记本电脑。高文宝力图大大节约设备成本。他说他们在检讨设备时花了很多心思，力图在不增加成本的情况下增加容易度，还不损失产量。在供应链方面，京东方是条块分割的整个体系管理，现地要考虑当地的配套。已经有16家供应企业进驻重庆为B8配套，在当地的供应链体系算是比较完备。B8投产初期的关键材料都是外国企业供应的，后期则会支持国产化。

由于高文宝在负责重庆线之前曾任事业部总经理，所以他对市场已经有相当的经验。他说当时事业部的前半年业绩非常差，半年都在调查客户，聚焦集中度。他在那时就注意到华南平板电脑市场的潜力，于是就进入了。经过半年的努力，销售量起得很快，每月按600万片出货。可以说，华南市场大部分都是京东方的产品。但他们这么做的时候，京东方只有一部分人知道。高也指出，大家对华南市场不理解，有一次客户端出问题后，京东方方面认为是华南市场那些厂商的能力不行，是他们工艺的问题，中间吵起来。高去跟老板道歉，那个老板说以后不再跟京东方做生意，中间也转单了。不过问题解决后，他们也成为好朋友。高说自己把客户当上帝，每个单都不容易拿。后来大家慢慢转变观念，扒了层皮把问题解决掉了。高文宝仍然和以前的那些客户保持着联系——"现在这些老板很信任我，期待我这里出东西。"他说作为现地总经理要给事业部支持，现地和客户的关系对推动互相认知理解很重要。

2015年2月初，我们到重庆参观B8的设备安装。那时，第一期的主要设备已经搬入，生产线正在调试，而员工人数已经达到2400多人（其中骨干100人左右，包括15名韩国籍和3名台湾工程师）。高文宝的目标是使B8的效率超过京东方前面的两条8.5代线（B4和B5）。按照通常的标准，120K产能的8.5代线要配置11966名员工，B8经过调整，编制数已降到9993人（还包含触摸屏产线），但还会减少。

我们在重庆参观生产线时意外地见到了高文宝在2014年8月访谈时提到的郑英花（她当时引导我们参观Cell分厂），她的故事可以为B8团队的成长做一个注脚[1]。郑英花是朝鲜族，1978年生人，2001年从吉林工业大学毕业后在长春一家企业工作。因为觉得学不到技术，所以她在2003年看到京东方的招工信息后就投了简历。她记得面试的时间很长，当时也不知道面试官的身份，就与之"胡侃"，还反驳对方某些地方说得不对。面试结束后对方让她回家等消息，她以当天要回长春为由要求立刻知道结果。对方倒也通融，与其他人商量了一下就对她说："那你就来上班吧。"后来她才知道面试官就是总经理刘晓东，顿觉当时自己"言重"了。

郑英花在北京5代线的初期也同样经历了"比较辛苦"的技术学习阶段。2008年，郑英花参与规划和检讨北京8.5代线（B4），后来就自然成为B4的人了。那是她在技术上最开窍的阶段，企业的氛围也好多了。不过，因为最初检讨彩膜和Cell的人只有她一个，所以压力特别大。5代线本来就没有彩膜部分，而且她也没做过设备检讨，她就学别人怎么做，看各种的书——"压力大但学到的也多"。那时她已经算是有经验的人了，也觉得没有什么做不到的。有过那段经历，郑英花现在教育手下员工的话就是"没有压力就没有动力"。

郑英花自称"不够聪明，就是很实在，也没有什么想法，都听领导安排。"她在B4已经成为部长，以前并没有来B8的想法。2014年4月末，人力资源部的石部长问她来B8怎么样，那里有升职空间。她说考虑一下，就告诉当时在合肥B5的老公，两人也没拿定主意。第二天她想，这么大的事总该见见高总。她回忆说："高总是在会议室见的我，说B8需要我，希望过来把Cell撑起来，而且

① 郑英花访谈，2015年2月3日。

能解决我和老公两地分居的问题。我说那就考虑一下，高总说明天下班之前就要告诉我。又过一天，B4 的领导还没谈好，我走到高总办公室门口遇到他。高总问我怎么样，我说还没想好。高总说就这样定了吧。谈了没 10 分钟，结果出来后连我老公那边的领导都知道了。"说到动机，郑英花说："我看重一个新公司，有发展机会，而且我和高总是 2003 年一起到京东方的，还是有感情的，我一直想着能帮上高总就帮。"

2014 年 6 月，郑英花调到 B8。她的丈夫也从合肥调来重庆，他们把公公婆婆接来照顾孩子。整天忙得不可开交的郑英花告诉我们，她来的时候有经验的技术人员很少。B8 的 Cell 工厂有 4 个部门 12 个科，总共 385 人，但从 B4 调来的 2010 年入司的工程师（大多是 1987—1988 年出生的），大概每个科室才一个左右。现在新招的工程师是以"90 后"为主，让她最头疼的是怎么提高他们的能力。以量产后超过 B4、B5 为目标，她必须用 1 年的时间培养出来别人用四五年培养出来的工程师，所以就要详细告诉他们怎么做、做到什么程度，中间反复监督，并且要求每个人都承担责任。她说："我们的任务很重，但是顶着头皮做也都做出来了。"

2015 年 3 月 11 日，B8 点亮了第一块屏[1]，而高文宝计划在 3 个月后就要实现量产——其速度超过 B4 和 B5。

那次重庆之行，我们还第一次见到"传说中"的石涛（1966）[2]，他的职位已经是集团副总裁兼首席建设官。石涛在京东方建线过程中的角色是负责土木建设，或称"基本建设"，即厂房和基础设施的建设。在京东方建成的 7 条生产线中，有 6 条线的基本建设是由他负责的。由于基本建设具有独立内容并需要指挥协调几十家建筑承包商的"千军万马"，所以石涛是京东方一名独特的建线英雄。不过，石涛的形象让我们有点意外，看不出叱咤风云的劲儿，倒像是一介书生。

京东方的每条生产线在建设期间都有两个区域：一个是将会长期存在的正式厂区和厂房，另一个则是工程结束后会被拆除的临时建筑区（即工程办公室和施工单位驻扎的"临建区"）。石涛在每条线的"地盘"永远是"临建区"（在重庆对他的访谈就是在他设在"工棚"里的办公室），所以他也只能"四海为家"。从 2008 年 3 月 B2 开工起，石涛在成都驻守了 13 个月；2009 年 4 月末他搬到合肥

① "京东方 A 重庆 8.5 代线点亮首片产品 创业内最快速度"，证券时报网，2015 年 3 月 13 日，http://finance.sina.com.cn/stock/t/20150313/160821716929.shtml?cre=sinapc&mod=g&loc=4&r=u&rfunc=1。
② 石涛访谈，2015 年 2 月 3 日。

建设 B3，紧接着又在那里建设 B5。2013 年 7 月，B5 开始设备搬入，位于鄂尔多斯的 B6 也结束建设，9 月他就进驻重庆。石涛回顾说："我们完成了这么多的项目，每个项目开始前我都跟刘（晓东）总说这个项目的工期太紧了，很难完成，得多放我几个月的时间。刘总就说：'石涛你别说这些，我们经历了这么多项目，你说哪个你参与的项目没有按时搬入设备。'我说都没有。"重庆项目原定 2013 年 7 月底打第一根桩，但因为当地的前期工作没做好，石涛的队伍到 9 月份才能进场，10 月 6 号才开始打桩，白白耽误了两个月。他当时觉得设备搬入时间肯定要晚，但 B8 的建设还是提前 20 天完成（实际建设从打第一根桩到厂房封顶用了 10 个月）。

当地政府的态度与工业经验有关。在 B8 项目的图纸审查会上，政府请了当地设计院的专家来评审。他们提了很多问题，如"为什么设计成这样一个形式？——没有必要啊，我觉得你们浪费；为什么要用那么多的水？——我觉得你们用不了……"最后石涛就把京东方的汇报人员都请出去，单独向这些专家解释为什么需要这么多水、需要这样的设计以及京东方的生产是什么样的。虽然这些专家都是当地设计院的高级工程师，但他们都是设计写字楼或煤矿的，不做工业设计，也没有见过工业建设。石涛提起那个经历有点无奈："其实跟他们讲 TFT 工业是什么样的，他们也不关心，因为跟他们专业无关。但这个程序没办法，只能跟他们解释，不过最后他们还是同意了。"他说在合肥建第一条线时也遇到很多麻烦，但建第二条线的时候就非常简单了，说什么他们能明白，配合起来很畅通——"但在重庆，政府还是被动的，不相信你这么快能干完一个项目，跟我们的节拍不一样。等我们干完了才知道你真干完了、真需要水了。我们每天一个样，他们修路的就没有几个人，我们房子都起来了，他们的路还没有修完。"从这个角度看，京东方的扩张也是在传播工业文明。

回顾所有建过的线，石涛认为合肥 6 代线是效果最好的。他说那条线除了没有申报鲁班奖，其他的奖都拿了，有黄山杯、国家装饰奖、詹天佑奖（2014 年年末才颁）、国家质量金奖、安装奖等，能得的奖都得了。他最看重的是国家质量金奖和詹天佑奖，因为这两个奖是工厂运营两年之后，专家才根据效果来评的。他说从成都的项目开始，他们已经开始从单独地建设好一个项目，转向除此之外还要建成一个动力运营最好的厂，也就是要把建设延展到运营期。因此，他们提出要"建设加运营整合起来，成为最具竞争力的一个工厂"。京东方以前的建设标准是保质、按进度、按费用、保证安全地完成一个项目；现在的建设标准从根子上要解决的问题是按期按质建好之后，还要保证运营成本最低，在建设期就要解决动力布局、运营效率、节能减排的问题。现在的标准要做到整个系统最优、运营最可靠，也就是要把建设的能力，扩展到建设加运营的能力。他说："我们把以前积累的产线经验都用在重庆这条线上，也用了以前没有用到过的管理方法，如通过新的矩阵结构和管理模式解决工期的问题，我们的综合能力要体现在这上面。我现在负责的建设体系里，每建一条产线都把以前产线的问题反映到建设里面，每条产线的投产都是一个考核。"

我们问石涛，建了这么多线以后是否很有成就感？他的回答是，"我很感谢京东方能够给我这个平台，让我参与了这些项目。京东方不是一个以建设为主的企业，但是可以让专业的人做专业的事。这么多年干下来，我做的事得到公司的信任和认可。从个人职业生涯来看，我已经很幸运了。在同龄的人里面，没有人像我一样做过这么大的项目，基本上连一个这么大的项目都没有干过。"但真正令石涛高兴的是京东方的建设团队已经形成。他提到，"宋（莹）总问我能不能培养出第二个像我这样的人。我说通过这几条线的建设实践，我们已经有一批人能够独立组成团队完成项目了。"

石涛的职业爱好至今仍然是设计师。他说："这么多年我最喜欢干的还是画图纸，到现场做方案。让我回集团开会，我兴趣不大"①。这种爱好与他职业生涯的早期经历有关。他回忆大学毕业后进了航天部七院时，指导他们这些年轻人的是老一代留学苏联的工程师。他还记得老工程师对他们说的话：工作头两年养成的习惯决定一辈子的工作习惯。在中国原来的体制下，中国的设计和建设是分开的，设计师就是干设计的，建筑师就是搞建筑的（但外国要从建设到建成跟到底的）。石涛他们是技术出身，不想干施工这件事，画图纸在那个体系里是高端的工作。他回忆当时他们这些年轻人在设计院里的氛围还是学术多一些，同龄人默默地在比，比谁的设计好和画图好，只有业务水平好的人才能出差。他描述那种心理状态："我们是知识分子，是技术人员，不是搞建筑的，也不想当官，但是你如果说我技术不行，那咱们就要掰扯掰扯了。"

石涛后来当然变了——"从我个人来讲，以前设计完了就是完了，建成后跟自己没关系；现在不是了，建成什么样跟自己有很大关系。"他说："我总跟高（文宝）总讲，世界上最痛苦的就是我们这种人。产线上的次品还有改正的机会，但是我每建完一个项目都是有遗憾的，总有地方没有做好，但是已经没有机会再改了。我现在回6代线再去看，有很多的遗憾，关键是没有机会再改了，所以这真

①访谈时，石涛数次表示有些话就别记录了，包括这句话。但为了真实性，我们还是没有回避他的原话。

的很遗憾。"不过，如果再见到当年那些留苏的老师，石涛在他们眼里肯定是一个个人成就已经登峰造极的人了。

我们问石涛，他是否有过什么远大的抱负吗？或者想过自己的人生理想状态吗？他说没有，既没想过要在这个行业做成什么样，也没想过当副总裁。当然，他建完5代线时也没有想到后面还有这么多条线。他觉得既然做这一行就要做好："我还是蛮喜欢技术的，能让大家觉得我还是懂的就够了。"他表示让他"过瘾"的不是一条条地建线，而是在过程中解决问题。在技术支撑方面，有时候想个办法就觉得好；有时候想清楚逻辑关系，在谈判的时候说服了对方，也觉得有意思。他的想法很简单，有活干就干，没有活干就在旁边待着。他这么多年没有想过跳槽，虽然有人挖他——在合肥的时候就有人直接开价（很诱人的价），但他没有想过要走。他说："是京东方给了我平台，培养了我这么多年，去哪儿也不能去竞争对手那里。"

正在筹备的成都6代线（B7）还是由石涛负责基本建设，看来京东方的项目够他干到退休了。石涛对这个评论笑笑说，说实话他也提过不再担任职务了，现在团队已经成长起来，一批有经验的人也出来了，可以让他们冲一下。他自己还是想做技术支持，把积累的知识和经验贡献出来。那领导是怎么回答的？——"董事长说要发扬连续作战的精神，让我还要坚持拼下去。"（我们顿时想起王东升对"爱将"们那种不依不饶且带着狡黠的目光。）不过，石涛现在的职位使他不得不分出很多精力对付一些杂事。他说："以前天天在工地干，现在不像以前了。我现在很多时间是在去各条产线的路上，这些地方和集团的相关业务都要我去当顾问。"

最后我们提到传闻中的10.5代线项目，问他从他的角度看，建10代线的难度大不大？他回答说："难度大。对京东方来说建成不难，难在怎么能够建得比别人更好，难在10代线的新设备。"京东方已经建了三条8.5代线，但是没有建过10代线（其建筑面积是8.5代线的1.5倍）。对石涛来说，钢筋混凝土这类技术的问题不存在了，最难的是生产工艺。这样规模的设备在很多细节地方都发生了改变，这会给施工带来很大的问题，超大、超宽、超长的规模会在具体实施上出问题。我们告别时又问，合肥市政府方面是否对他表达过希望京东方尽快上10代线的期待。他说表达过——"他们还说，你石涛什么时候来合肥住下，我们就知道这个项目成了。"（京东方于2015年4月公告将在合肥建设10.5代线。）

这些接受我们访谈的管理者，在性格和思想上都存在着许多微妙的差异，甚至存在与集团领导不完全相同的想法。但他们以及其他多数接受过我们访谈的管理者和工程师，尤其是 1970 年之后出生的人，都有一个共同点：京东方是他们的第一份工作。考虑到这些人都受过高等教育，以及高速变化的中国社会给他们带来的各种"诱惑"，这一点在今天的中国企业里是少见的。尽管他们之中有人在某个阶段因为某种原因曾经动过离开的念头，但他们还是坚持下来，与京东方一道度过了最困难的阶段，并继续与京东方一道奋斗。王东升曾经对我们说过："这么多年过来，我最自豪的事就是一个团队起来了"；"京东方有四代人，但都是为了一个目标、一个理想"[①]。

在新一轮扩张的起点，王东升要把京东方半导体显示事业的领导权交给"70后"们。在 2015 年重组的京东方显示业务群（DBG）的经营委员会中，张兆洪任首席执行官，董学任首席技术官，刘家安任首席市场官，刘锋任首席制造官，吴功园任首席采购官（"60 后"），高文宝任 B8 总经理，尹香顺任首席财务官（"80 后"），王志刚任首席人事官[②]。用王东升自己的话说，从此京东方的显示事业就由那些出身于这个领域的人来干了。当这一轮扩张完成后，京东方就会出现"80 后"成为领军人物、"90 后"成为骨干的局面。

谈到团队和骨干人才，历史又证明了一个与京东方领导人原来设想不同的结果。在京东方进入 TFT-LCD 工业之际，王东升曾经拟定了一个骨干人才持股计划，其目的是留住可能被挖走的骨干人才，并激励他们与他一起冒险。那个持股计划流产了，所以京东方迄今还没有能够实行股票期权的激励，虽然已经有了新的计划。但后来的岁月证明，京东方没有骨干人才被挖走，反而是越聚越多。王东升在这个问题上的最大"误判"是他没有想到，其实他自己就是京东方团队的最大激励因素——如果一个领导人给了团队成员与他一起从事伟大事业的机会，而且把"成就他人"当作实现远大目标最重要的手段，这支团队的成员就会与他一起度过苦难并创造辉煌——这是单纯股票期权达不到的激励效果。有这样一个在苦难中锻造出来的管理团队以及由他们所带领和激励的产业大军，京东方走向未来的步伐是坚实的。从各种因素看，京东方将在 2015 年迎来一次业绩高涨。但即使这样，那也不过是京东方未来辉煌的开始。

---

① 王东升访谈，2014 年 7 月 23 日。
② 其中吴功园的年龄超过 50 岁，而尹香顺是个"80 后"，其余全部是"70 后"。

第八章　回声：中国工业史的理论意义

> 没有人能指望去理解任何时代（包括当前时代）的经济现象，如果他没有对历史事实的足够掌握，没有足够的历史感或可以描述为历史经验的东西。
>
> ——约瑟夫·熊彼特[①]

> 与时间和空间无关的普遍真理不可能指明经济事务的特性。
>
> ——伊迪斯·潘罗思[②]

在本书的故事结束之际，可能会有读者问：一个企业的故事有什么理论意义吗？——当然有，而且极其深刻。以企业为分析焦点的工业史能够揭示出重大的理论问题，在中国实现了高速经济增长而同时又面临新的转折的关头，讨论并回答这些问题对于我们思考中国的未来发展是非常重要的。

受最近二三十年来的政策宣传、媒体报道和社会思潮等影响，一位"80后"或"90后"的年轻人可能会认为，中华人民共和国的经济发展始自1970年代末的"改革开放"，在那之前是经济停滞和贫困；国有企业代表了保护、垄断和低效率，只有将其私有化才会使其有竞争力；中国在改革开放时期的技术进步主要是因为引进了外国资本和外国先进技术；资本市场比任何其他途径都能够更有效率地配置经济发展所需的资金，等等[③]。但本书所讲述的工业史却表明，这些看法至少是过分简单化：中华人民共和国前30年的经

[①] 引自（熊彼特1991，第31页），译文按照英文版重新修订。

[②] 转引自（Lazonick 2002，p.43）。

[③] 这些看法不是臆想的，而是作者询问了几位年轻学生之后确认的。例如，据一位1993年出生的学生解释，在她从高中到大学关于中国的历史和政治教科书上，关于"改革开放"之前的内容集中在政治事件上，对于经济发展的描述侧重于列举个别成就（"一五计划"和"两弹一星"等），同时又强调国民经济受到"大跃进"和"文革"等事件的严重破坏；而关于"改革开放"之后的内容集中在经济发展上，如民营经济兴起、国企改革和加入WTO等以及中国经济发展的伟大成就。于是（这些课程的考试是有标准答案的），他们的头脑中就自然而然形成这样的印象：中国的经济发展是从"改革开放"才开始的，而在那之前的历史就是政治动荡和贫困。另一位1989年出生的女生说，她在读本书草稿时的最大感受是"被打脸"，而她对本书的最大期待是继续"求打脸"。

济建设是"改革开放"的基础和前提条件；传统国有企业可以在保持国有资产的条件下转变成为竞争性企业，甚至进一步成为创新型企业；中国技术进步的主力是敢于进行自主研发的企业，而依赖引进技术和依赖外资——至少从长期来说——实际上阻碍了中国的技术进步；中国在高技术工业发展上的每一次重大突破都是在政府、企业和市场之间复杂互动的过程中取得的，等等。对于历史事实与"想当然"之间的这些差异，是需要从理论上澄清的。

在本书最后一章，我们把视野从单个企业的历史及其相关的特定工业史上升到中国经济发展的历史脉络，从理论上讨论由中国工业史所反映出来的若干重大问题：后进国家经济发展的动力是什么？创新型企业——特别是后进国家的创新型企业——的本质特征是什么？中国创新型企业是从何而来的？从落后状态走上创新道路需要什么样的动力？乃至市场经济的本质是什么？从理论上回答这些问题可以帮助我们理解中国经济发展的力量源泉。

第一节
经济发展的动力和创新型企业

中国社会这两年流行着一个说法：只要有了不受政府干预的自由市场和不受约束的利润动机，创新就可以自然发生，而中国的经济结构就会自动升级。这个流行说法的理论根源是以新古典经济理论为基础的主流经济学（或正统经济学），即标准的西方经济学教科书所教授的内容（以下简称教科书经济学），再经过中国主流经济学家的通俗化和中国财经媒体的传播而流行于市。但是，如果严格按照其内在逻辑，这个理论其实与经济发展和创新毫无关系，既不能解释经济发展的动力，也不能解释创新的社会条件。

本节基于文献分析从理论上证明：经济发展和创新的本质特征恰恰是打破被新古典经济理论奉为圭臬的均衡，后进国家的经济发展动力是政治性的和历史性的，而后进国家产生创新型企业需要进取性的精神力量。因此，上述流行说法只是一个"江湖传说"，它们无法解释中国创新型企业的产生原因，也无法解释中国经济结构升级的动力。

熊彼特命题：经济发展和创新的本质特征是打破均衡
在新古典理论/教科书经济学中，经济体系运转的中心问题是一个经济体如何在给定的技术和个人偏好条件下配置资源。这个理论其实是一个理想的自由市场模型，它包括三个元素：（1）理性人的利益函数（如消费者效用函数）；（2）一组约束（如预算约束或成本约束）；（3）一组选择变量（按照目标最大化的原则选择行动）。在理想状态下，不受政府干预的自由价格机制可以传达需求的强度及其满足需求的各种生产手段的供给强度；私有制使生产者自发产生出在最高报酬点来使用生产资源的普遍倾向，于是经济个体的最大化行为能够导致整个经济体系的一般均衡，而均衡则标志着资源配置的最佳社会效率。

在这个理论框架下，企业（the firm）是按个别消费者的形象所设计出来的经济单位，根据最大化的行为规则来运行。企业面临着给定的并可以意识到的各种选择和约束：由生产函数所概括的是外在于个别企业而且可以被企业免费获得的技术；由成本函数所概括的是由生产要素价格组合所决定的经济约束，而这些价格又决定生产要素的供给和需求；市场约束则由企业之间的竞争所决定，这种竞争塑造了企业的定价和产量的决策。于是，在最大化行为的假设下，企业在给定的技术和各种约束下从一组可能的选择中选取自己的生产方案，并且毫无障碍地（既无信息限制又无不确定性）选取能使其利润最大化的产量。

上述理论就是主流经济学家力图让公众相信自由市场能够自动导致经济发展和创新的理由。但如果把窗户纸捅破了，那就会让经济学家大为尴尬——在这个理想的、美妙的自由市场模型中，既不可能出现经济发展，也不可能存在创新企业。按照新古典理论，企业活动的范围和生产率是由外在于企业的市场力量——外生的技术（生产函数）、成本结构和产品价格市场条件——所决定的，而企业只能在这些给定的条件下选择符合利润最大化要求的产量和投入量（Winter 2006/1968）。这种被拉让尼克称之为"最优企业"（Lazonick 2002）的企业实际上是一个被动的实体，它只能"被周围世界中的变化拖着走"（熊彼特1990，第71页）。

创新——无论怎么定义，其含义都必然包括经济主体改变给定的技术和市场条件，而这种改变才是经济发展的实质内容[①]。熊彼特在1911年首次发表的《经济发展理论》中指出："我们所指的'发展'只是经济生活中并非从外部强加于它的，而是从内部自行发生的变化"（1990，第70页）。因此，对熊彼特来说，被他形容为"循环流转"（circular flow）的均衡状态不会产生发展："'静态的'分析不仅不能预测传统的行事方式中的非连续性变化的后果；它还既不能说明这种生产性革命的出现，又不能说明伴随它们的现象。它只能在变化发生

---

① "……经济发展过程从根本上是关于经济主体逐渐改变技术和市场的条件"（Lazonick 2002, p. 4）。

以后去研究新的均衡位置。而恰恰就是这种'革命性'变化的发生，才是我们要涉及的问题……"（同上）。熊彼特于 1942 年发表的另一本主要著作更是正面提出："应该掌握的要点是，当我们研究资本主义时，我们是在研究一个进化过程（evolutionary process）。没有人看到这个如此明显并被马克思很久以前就强调过的事实，看起来也许是一件怪事"；"资本主义就其性质来讲是经济变动的一种形式或方法，不仅不是，而且也永远不可能是静止的"（Schumpeter 1979/1942，p. 82；中文版第 146 页，下同）。在这个被熊彼特称之为"创造性毁灭"（creative destruction）的过程中，"开启资本主义发动机并使其不断运动的基本推动力来自于新的消费品、新的生产或运输方法、新的市场和资本主义企业所创造的新的工业组织形式"（ibid., p. 83；同上）。因此，只有出现打破经济活动"循环流转"的创新，才会产生改变现有技术和市场条件的经济发展。

以打破"均衡"来定义创新和经济发展，是熊彼特对经济学思想的一个持久性贡献。以这个思想作为理论前提，我们立刻可以看出，经济主体的决策和能力对于创新和经济发展具有关键的作用。教科书经济学将市场竞争的实质看作是价格竞争，所以把"决策"等同于跟随价格边际变动的"理性选择"，实际上抹杀了决策的作用。熊彼特认为实质性的市场竞争不是价格竞争，而是创新竞争——"……在区别于教科书图景的资本主义现实中，起作用的不是那种竞争（注：指价格竞争），而是来自新商品、新技术、新供应来源、新型组织（如巨大规模的组织）的竞争——这种竞争支配着决定性的成本或质量优势，它冲击的不是现有企业的利润边际和产出，而是它们的根基和它们自身的生命。这种竞争相对于另一种竞争之更有效力，就像大炮狂轰与徒手推门之间相比……"（Schumpeter 1979/1942，pp. 84–85；第 148–149 页）[1]。在这样的竞争中，创新的行动不会来自跟随价格边际变动的理性选择，必须来自在充满不确定性条件下具有预见和判断性质的战略性决策[2]。

---

① 为了理解价格竞争和熊彼特式竞争之间的区别，读者可以回顾一下本书记录的工业史。在 1990 年代末到 21 世纪初，价格竞争就是在 CRT 显像管电视工业中依靠扩大规模和降低成本进行的竞争，而熊彼特式的竞争就是新兴平板电视对显像管电视机工业的竞争。很明显，对于那个时期的中国电视工业企业来说，新兴平板电视的竞争相对于在原有显像管电视市场的价格竞争，其冲击力"就像大炮狂轰与徒手推门之间相比"。

② 这里讲的"战略性决策"近似于企业管理领域所讲的战略。与教科书经济学的"理性选择"相比，这种决策面临的环境不是确定的技术（生产函数）和市场（价格）条件，而是技术和市场不断变化、竞争对手的反应无法完全预料的不确定条件，所以决策具有预见性和判断性（也包含了发生错误的可能）。同时，战略性决策不是提出目标，而是确定方向并采取相应的连贯性行动，包括发展相应的组织、资产和能力并伴随着冒险的投资（Teece 2010, pp. 299–300）。战略性决策的有效性与技术和市场变化的时机、经济主体在竞争中的位置以及自身能力的发展路径相关（Teece and Pisano 1994）。此外，战略性决策不是某个时点上的一个决定，其形成是组织性的和过程性的，往往需要时间（Kay 2010; Simon 1993）。最后，战略性决策的后果是长期性的，一些重大决策往往影响到经济主体后来几十年的命运。

Neil Kay（2000，p. 696）指出，"企业能够做出决策，市场只能刺激和通知决策。价格变动是信号，而信号没有权力决定任何事情。的确，除非有人在另一端听取信息并愿意将其纳入决策过程，一个信号就毫无用处。企业能够在没有市场的条件下配置资源，但市场不能在没有企业的条件下配置资源。"因此，只有在价格竞争反映一切或决定一切的条件下，企业的决策才能被说成是跟随价格变动信号的选择。一旦面临必然与创新相伴的不确定性，信号与经济主体对信号的反应之间就会出现边界非常模糊的广阔决策空间，而信号所反映的市场前景可能性，实际上取决于企业决策者的主观诠释，于是决策者的思维框架中也就包含了眼光、经验和信念的作用。正是由于存在不确定性，能够打破"均衡"的创新和经济发展是否发生就不可能取决于跟随价格边际变动的理性选择，而是取决于经济主体的战略性决策以及影响这些决策的因素，包括政治的和意识形态的因素，所以自由市场机制与创新和经济发展之间也就不可能存在确定的因果关系。

如果承认现代经济增长的最终源泉是有用知识的增长或对知识的有效利用，那么能力就是决定创新和经济发展的一个关键因素。在逻辑上，从熊彼特的论述中很容易看出，创新和经济发展需要经济主体的能力。如他所言："虽然在习惯了的循环流转中，每一个人能迅速地合理地行动，因为他对于他的行为根据确有把握，并受到所有其他人的与这一循环流转相适应的行为的支持，这些人转过来又期望他从事合乎习惯的活动，但是，一旦当他面临一种新的任务时，他就不能单纯只是这样去作"（1990，第88页）。在1911年首次发表的《经济发展理论》中，熊彼特把创新的职能归于企业家个人。但当他移居美国后，熊彼特越来越把这种企业家职能看作是集体性的和组织性的，即他把内设研发机构的大企业看作是打破均衡的主要创新力量（Schumpeter 1979/1942），暗示他心目中的能力从个人转向组织。

把熊彼特作为主要思想来源之一，以企业为分析中心的后代学者逐渐发展出一个共识：组织能力决定经济绩效。潘罗思认为，企业的增长源泉是内部资源和知识的积累（Penrose 1995/1959），从而揭示出知识增长对于经济发展的中心作用（Loasby 1999）；钱德勒的历史研究表明，在19世纪末的技术创新带来空前成本优势的潜力之际，率先对大规模生产设施、营销网络和管理组织进行三重投资所发展出来的组织能力，是企业和一国经济持续竞争优势的源泉和持续经济扩张的动力，决定了企业和国家的长期兴衰（Chandler 1990; 1992）；在当代战略管理领域，"基于资源的企业观"（Connor 1991; Grant 1991）和动态能力理论（Teece, Pisano and Shuen 1997）都把企业竞争优势的来源归结于企业开发、增进和利用内部能力的结果。这些理论共同证明的是，企业群体不是像教科书经济学所假设的那样是在一个共同的生产函数上运营；由于种种复杂的原因，由知识、技能和经验所构成的能力在企业之间的分布是不平均的，也因此决定了其经济绩效的差异。正如理查德·纳尔逊所言："组织的差异，特别是在产生创新和从中获益的能力上的差异，而非在握有特定技术上的差异，才是持久的、难以模仿的企业间差异的来源"（Nelson 1991，p. 72）。此外，研究"国家创新系统"的学者还揭示出，资本主义的创新发动机是一个复杂的体系，其构成除了竞争性企业，还包括以大学为主的通用知识生产系统以及政府以各种形式的参与（Nelson 1990; 1993），从而使"国家技术能力"（national technological capabilities）对于国家之间经济绩效差异的作用成为真实的（Nelson and Wright，1992; Lundvall et al. 2002）。总之，如果没有由战略性决策所开启的能力成长过程，创新和经济发展就不会发生。

新古典经济理论/教科书经济学是对市场经济的一种诠释，而熊彼特和继承了其传统的理论（这里称之为创新理论的范式）也是对市场经济的一种诠释。在现实中，市场经济允许自下而上的决策，允许经济主体的多种选择，也为日益复杂和分散的专业分工提供协调机制，并通过竞争贯彻经济合理性——成本高、质量差和技术落后的企业会被淘汰，反之则受到奖励。但即使如此，问题仍然在于市场机制是否足以成为创新和经济发展的充分条件。教科书经济学把市场经济刻画为一个以价格竞争为中心的万能自由市场机器，可以自动地以最优配置资源而解决一切经济问题。具有讽刺意味的是，这个范式也因此而排除掉创新和经济发展的任何空间。对于创新理论的范式而言，经济主体的战略性决策和能力成长决定了创新和经济发展的可能性，而决策的形成和能力的成长则取决于复杂的组织过程和制度条件，包括政治和意识形态的影响；市场机制可以衡量或裁定决策和能力的效果，但并不自动产生这些决策和能力。就本书所关心的问题来说，这两个理论范式之间的根本区别在于，前者没有给我们留出在私有制和自由价格机制之外的任何思考空间，而后者则激发我们去思考经济发展和创新的复杂动力系统。最终，两个理论范式对于理解经济发展的有用性要靠历史经验的检验。为此，我们把目光转向发达国家之外的世界，从落后国家的经济发展谈起。

落后国家经济发展的政治动力

在第二次世界大战之后，开创了对"后发展"（the late development）研究的美国经济史学家格申克龙，在其经典文章"经济落后的历史透视"（Gerschenkron

1962）中提出，如果可怕的制度障碍被排除并存在足够的资源，那么一个国家的落后程度越大，该国从较先进国家可以吸收的技术存量就越大，从而越可能在进入工业化过程之后以更快的速度增长。一些中国经济学家今天还在津津乐道的"后发优势"，其实就是源自这篇文章的思想。格申克龙的论据是19世纪的欧洲落后国家尤其是德国和俄国的经验，他显然认为落后国家可以从较先进的国家顺利地"引进"技术，而且倾向于采用"最现代和最高效的技术"。落后国家一旦走上工业化的道路，其工业的生产结构和组织结构、制度和意识形态，都会出现与先进国家根本性的不同。在后发展国家工业化的资本积累和资金筹措上，格申克龙还强调了国家的作用。于是后来的学者从中概括出另一个格申克龙命题：越是落后的经济体，国家对于经济发展的作用就越大。

格申克龙的许多论点（尤其是关于"后发优势"的说法）都受到过质疑和批评，何况19世纪欧洲落后国家的经验很难用于当代落后国家。但这篇文章却由于其两个根本性的主题而成为永恒的经典。第一个主题是：发展的必要性——格申克龙在西方学术界第一次指出，经济落后是一个严重的世界性问题："落后国家的问题绝不单是它们自己的问题，同样也是先进国家的问题……先进国家承受不起因无视经济落后所带来的后果"（ibid., pp. 29–30）。第二个主题是：后进者在学习/模仿和追赶领先者时，需要做出特殊的、不同于领先者的安排，才能克服因为落后而造成的发展障碍。因此，一位当代学者在否认了格申克龙关于"后发优势"的所有具体说法之后，却肯定了格申克龙的根本性洞见——概括为：

> 由于国家经济的落后等于在国际舞台上的无能为力，所以一个国家不能并且不应该空等神奇的市场力量会按照自己的方式产生点儿经济增长。因此，经济发展应该被看作是国家建设大业的一个组成部分，是许多国家为保持独立而必须经历的一个成人仪式（Breznitz 2007, p. 6）。

但是，正如兰德斯公平地批评的那样（2007，第294页），格申克龙并没有解释为什么一个国家就应该想要跨越这道鸿沟，即一个国家在什么条件下或如何才会发动工业化的过程。不过，兰德斯自己也没有在其关于国家贫富原因的巨著中回答这个问题。事实上，受到同样问题困扰的学者不止个例。例如，中国的前

---

① 此文首次发表于1951年。

② 格申克龙的确说过，相对于先进国家的落后程度会在落后国家的实际状态和期望值之间导致紧张，从而形成发动工业化的压力。但这个说法仍然没有解释落后国家选择工业化的原因。

辈经济学家张培刚在其被称为发展经济学的开拓性著作中，把工业化定义为"一系列基要的'生产函数'连续发生变化的过程"（2002，第65页）。尽管张培刚在该书中简要讨论了企业、政府和战争对于启动工业化的可能性（同上，第89-92页），但他实际上同样没有回答这个关键的问题，即"基要的生产函数"如何才能从一个传统农业国的均衡和停滞状态开始发生"连续变化"——这个转折从任何意义上讲都是革命性的。我们无法苛求张培刚先生。写于1940年代中期，张培刚坚信中国必须工业化才能富强，也阐述了工业化过程的基本特征，但他当时在现实中根本看不到中国发动工业化过程的可能性。撇去这个只有历史才能回答的问题，他已经属于先知先觉了（关于中国工业化过程的实际发动见下节）。

一个落后国家"为什么要"或"怎么才能"走上发展的道路，确实是一个比表面看上去要复杂得多的问题。由于落后或停滞的经济也是处于"市场均衡"状态，所以经济发展不是一个凭借市场的自发力量就能够产生的过程。从全球视角来看，世界各国之间的基本经济关系是市场竞争关系——自从英国工业革命以后，世界上所有的国家和地区就逐渐被纳入资本主义的世界市场体系中，这是马克思早就说过的。但同时，按照收入水平划分，今天由200多个国家和地区所组成的世界经济"共同体"实际上又是一个等级结构（例如高收入国家、中等收入国家和低收入国家）。也就是说，在当代世界经济中，遍及全球的横向市场关系和按收入水平划分的纵向等级结构同时并存。这种并存揭示出一个事实：市场经济本身并不自动改变这种等级结构，所以世界经济共同体仍然鲜明地分为发达国家（富国）和发展中国家（穷国），而且这种分野是长期持续的。

什么原因决定了每个国家在这个等级结构中的地位？直观地看，主要由这个国家的产品结构和产业结构所决定，虽然自然资源禀赋、地理等因素也有影响。进一步分析，决定一个国家在国际分工中能够生产什么或不能生产什么的根本力量是技术能力。因此，一个国家在世界经济结构中的地位取决于她在全球技术和产业结构中的地位。为什么把各国卷入按同一个价值法则进行竞争的市场机制不能消除各国之间的结构差异？因为市场机制仅仅导致供给与需求在现存结构条件下的均衡，但却不能自动导致结构条件本身的改变。也就是说，市场机制仅仅关系到在现有结构下经济福利分配的"效率"，但不会自动改变一个国家的技术能力。如兰德斯所言："国家进步和财富的增长，首先是体制和文化；其次是钱；但从头看起而且越看越明显的是，决定性因素是知识"（2007，第297页）；"拖住发展的并不是缺钱。最大的障碍是社会的、文化的和技术的不成熟状态——缺乏知识和技术。换言之，就是缺乏使用钱财的能力"（同上，第290页）。

不发达或发展不足现象的长期持续说明，落后国家吸收和利用先进国家的技术不是一个能够自然发生的过程。第二次世界大战后的二三十年间，早期的发展经济学理论曾经把资本积累率看作是发展中国家经济起飞的关键因素。当时许多经济学家认为，发展中国家可以容易地获得产生于发达国家的技术。到 1980 年代，随着对技术进步的理解加深，研究技术进步的经济学家们发现，技术转移是非常困难的，甚至连模仿都是非常昂贵的（Teece 1977; Rosenberg 1976，1982; Levin et al. 1987）。他们发现，有效的技术转移需要技术接受方必须具备一定的技术能力并愿意为发展技术能力而努力。因此，技术学习是一个独立变量——它与资本积累和投资相互作用，但不是投资的自然结果，而是一个需要付出巨大努力的独立过程。于是，关心落后国家发展的新一代经济学家达成共识：经济发展的实质不是一个简单地提高资本积累率的过程，而是一个获得技术能力并在技术不断变化的条件下把这些能力转化为产品和工艺创新的过程（Pack and Westphal 1986; Lall 1992; Kim 1999; Kim and Nelson 2000）。

阿布拉莫维茨在其经典文章中（Abramovitz 1986），认为对"落后国家可以利用先进国家的技术而获得更高增长率"的说法需要限制，为此他引入了"社会能力"（social capability）的变量。对他来说，一个国家只有当其在技术上落后但在社会上先进（socially advanced）的时候，其高速经济增长的潜力才可能是强的。于是他提出一个命题：如果它们的社会能力足以发展到能够有效利用技术领先国已经使用的技术，技术落后国才具有比更发达国家产生更快增长的潜力，而社会能力的内生扩大可以帮助它们克服在追赶过程中所受到的限制①。纳尔逊的表述有助于更清晰地理解这种"社会能力"的实质内容，他指出要解释不同国家的不同发展绩效，就必须去关注被新古典经济增长理论所忽略的三个因素：（1）技术的性质以及推动技术进步和掌握技术的过程——对这些问题的回答关系到对不同发展绩效的理解。（2）有关企业能力的战略与组织结构——技术进步的速度和方向是企业所塑造的，而创新和掌握技术的有效性离不开企业的组织和战略，所以要理解一个国家经济发展的力量源泉就会很自然地去探讨这个国家企业的特点。（3）经济制度的演进——制度对于支持企业的技术和组织能力发展是重要的，而有些国家似乎比其他国家更有效地引导制度的演进。总之，这三个方面的因素通

---

① 阿布拉莫维茨并没有对"社会能力"给出一个定义，在承认这个概念的模糊和难度量特性后，他列举了一些可能的构成要素来表示他对这个概念的理解，包括可以由教育程度来代表的技术胜任和与之相联系的政治、商业、工业和金融制度，大型企业的组织和管理经验和可以在相应规模上为企业动员资本的金融制度和市场，有利于开放竞争、新企业建立和新产品／服务购销的经济体制等。

过影响经济增长的"直接决定因素"——投资率、劳动力的构成和全要素生产率的变化——而导致了不同的经济发展绩效（Nelson 1997; 2006）。

在现代世界经济发展史中，最具有挑战性的问题是为什么少数国家能够从落后状态实现追赶，而其他落后国家却做不到。例如，日本在二战后的发展中，显示出全要素生产率快速提高、固定资产投资率较高和人力资本投资不断增长的组合，这些特点看上去是能够快速有效吸收先进技术的互补特征，但却引发了为什么有的经济体能做到而其他经济体却做不到的问题。类似的，东亚国家特别是韩国和台湾地区的高速发展包含了不断吸收对它们来说是全新技术的过程，但为什么这样的过程没有发生在别的经济体，甚至诸如阿根廷、菲律宾这些曾经在发展程度方面远在东亚之上的国家，却在后来的岁月中落伍甚至倒退。事实上，在第二次世界大战后的70年里，从低收入起步最后接近或跻身高收入行列的国家和地区屈指可数：韩国、新加坡、以色列、中国的台湾和香港等——它们后来被西方学术界称为"新实现工业化的经济体（Newly Industrialized Economies，NIEs）"。

从世界历史看，经济发展是一个发展主体通过发展起能力而改变现有经济结构的过程。这个定义既可以说明为什么"发展"是一件"奢侈"的事，但也说明发展是可能的。在讨论为什么少数国家和地区能够发展起来的原因时，国际学术界逐渐形成一个广泛的共识，这样的经济体具有不受社会利益集团所左右的强政府，而且这种政府或国家通过直接介入经济活动，通过政府与企业界的合作来促进国民经济的变革和增长。根据这些政治上的特征，学者们将它们定义为"发展型国家（the developmental state）"[①]。发展型国家"干预"经济的方式有很多，如控制以银行为主的金融系统以动员社会资金投向工业化；规制国际贸易以实行出口导向型发展战略；规制投资以支持重点部门和工业的建立和发展（Levi-Faur 1998）。与这些"干预"政策并肩的是对技术学习的支持：政府鼓励和保护本国企业在产品开发和技术发展等方面的努力，比依赖市场机制的发展中国家更愿意对教育和基础研究进行投资。因此，政府对知识基础的投资是"发展型国家"的实质（Lazonick 2010）。从这个角度看，发展型国家的中心作用是发动、支持和指导该国能力的发展。没有这样一个有意识、有目的的过程，这些后进国家的企业很难发展出能够参与世界市场竞争的技术能力。

但"发展型国家"又是怎么形成的？有的学者归因于这些国家在二战后获

---

① 对"发展型国家"的概念和思想源流的讨论可见（禹贞恩 2008）。

得独立的关键阶段，政治精英的团结及其与社会阶级的关系（Vu 2007; Waldner 1999）。也有的学者归因于"系统的脆弱性"，这些国家在地缘政治上面临极度的不安全和严重的资源约束，其政治领导人既需要保证防卫开支又必须提高国民生活水平以维持合法性，于是在这些压力下走上了增强国家发展能力并与企业联盟以促进经济升级的道路（Doner et al 2005）。还有的学者认为发展型国家形成于过程，不是政治领导人先建起发展型国家然后单方面强加给企业界一个发展战略，而是政治领导人在特定历史性条件下采取的经济发展战略（如出口导向型战略）获得企业界的支持，才为国家获得督导企业的能力提供了基础（Chibber 1999）。无论原因到底是什么，一个落后国家果断走上发展道路是来自政治决策，而不是经济决策，其动力来源是政治性的、历史性的，但不是来自市场机制的自发力量。

后发展语境中的创新型企业

"新实现工业化的经济体"区别于其他发展中国家的一个重要特征，是较多地出现了"创新型企业"。由于一般人的直觉是把创新型企业等同于在技术前沿进行新产品或新工艺开发的企业[①]，所以在"落后"或"后进"的关联环境中，对"创新型企业"需要重新定义。一般来说，落后或后进国家的技术进步是从远落后于知识前沿的状态下开始的。在这种条件下，许多后进国家是依靠引进跨国公司而获取技术的，而许多后进国家的企业（以下称为后进企业）在早期也是依靠引进技术（进口设备和产品设计等）进行生产的。以此为背景，后进国家的"创新型企业"指的是这样的企业，虽然它们的技术进步主要是一个获取和改进技术能力而非在知识前沿进行创新的过程，但其根本特征是坚持自主掌握技术——这是最终能够创新的充分必要条件。因此，它们不会是跨国公司的分支，不会是为跨国公司主导的跨国生产网络提供补充性职能的企业，也不会是依赖外国技术安于"比较优势"的企业（从本质上讲，这种企业就是新古典均衡框架下的最优企业）。仅从这一点来说，也可以凸显出"发展型国家"的一个突出特征——为在发展过程中保护本国企业的技术学习，以国家强权来限制外资[②]。

从远落后于知识前沿的状态下开始发展，后进国家的"创新型企业"往往需要经过引进技术和模仿的阶段。模仿的主要形式是通过对外国产品的"逆向工

[①] 实际上，如何定义创新型企业远比这种直觉要复杂得多。关于从"历史－比较的观点"对创新型企业本质特征的一个讨论，见（Lazonick 2005）。

[②] 日本、韩国和台湾地区在经济起飞阶段都对外资实行限制政策（Lall and Urata 2003）。

程"来设计出自己的产品。一旦积累起经验，它们就会对外国产品的技术进行适应性改造或创新，并加大自主研发的力度，其结果往往是能够提供比被模仿的产品更好的性能和更低的生产成本。由于发达国家的创新在主要内容上也是对现有产品的改进（Mowery and Rosenberg 1998），所以创造性模仿与创新之间的界限本来就是模糊的（Bell and Pavitt 1993）。因此，后进企业的创造性模仿是通向创新的桥梁——日本企业走过这样的路（Bolton 1993），韩国企业也走过这样的路（Kim 1997）。在后进国家的技术学习过程中，即使这样的企业还不能创造出世界上原来没有的产品和服务，但却能够不断提供本国原来无法生产的产品和服务（Kim and Nelson 2000）。把这样的企业定义为"创新型企业"，是因为它们是后进国家技术学习的主力，它们在技术阶梯上爬升的每一步都在打破按照"比较优势"进行国际分工的"均衡"状态。

创新型企业的关键作用尤其表现在后进国家的产业升级上。研究发展的学者把落后国家的经济发展区分为两个阶段。第一个阶段是产业结构变化，即从传统的农业和初级产品生产扩展到工业和服务业，提高专业化水平，发展新技能，减少大宗产品或对经济的冲击。这个阶段的主要挑战是动员稀缺的资本并配置于生产性资产。第二个阶段是产业结构的升级，即生产活动转移到较高附加值的产品和服务上，以更高的效率利用生产性资源并使用当地的投入品。这个阶段的主要挑战是改进生产率或新产品创新（Doner 2009）。许多国家通过第一阶段的发展达到中等收入水平，但能够进入第二阶段的后进国家寥寥无几，原因就在于大多数发展中国家在第一阶段进行的是"没有技术的工业化"（technologyless industrialization）[1]——这是依赖跨国公司的必然结果，于是没有能力进入第二阶段。因此，创新型企业掌握着后进国家产业升级的钥匙。

特别值得关注的是这样一类创新型企业，即那些在发展过程中进入本国原来没有的工业尤其是高技术工业的企业[2]。韩国、新加坡、以色列和台湾地区之所以被称为"新实现工业化的经济体"，就是因为它们都出现了能够生产高技术产品的企业群体，而且这些企业能够与发达国家的企业在市场上进行有效的竞争——这是它们的人均国民收入水平能够趋近发达国家的主要原因。因此，出现和成长

---

[1] "没有技术的工业化"是 Robert Wade 提出的概念（Doner 2009, p. 11）。

[2] 这里指的"进入本国原来没有的工业尤其是高技术工业"包括两种情况：第一，企业通过开发过去不能生产的更高技术水平产品而进入与所在工业相关的领域（工业），如中国航空工业一直不能设计和生产起飞重量在 100 吨以上的大飞机，如果 2007 年国家立项的大飞机项目（包括大型民用干线飞机和大型军用运输机）能够成功，中国工业就可被视为进入了大型飞机工业。第二，企业进入一个对该企业来说是全新的工业，如韩国三星在 1980 年代初进入半导体存储器工业以及京东方进入 TFT-LCD 工业的例子。

起创新型企业，尤其是敢于进入高技术工业的企业，是新工业化国家区别于中等收入国家的主要因素。

因此，我们特别需要讨论一个问题：为什么一个后进国家的企业要进入本国原来没有的高技术工业？这个问题与"为什么一个落后国家要走上发展道路"的问题是相似的：市场机制并不必然导致后进企业能够或敢于进入本国原来没有的高技术工业，因为进入者面临的风险远远超过边际性利润动机所能解释的程度。由于高技术工业的性质，新进入者将面临几个来源的不确定性：（1）在技术能力上，后进企业在进入本国原来没有的高技术工业的起点上，并不拥有在这种工业进行竞争所必要的能力，而"市场"也不提供这些技能、知识和经验，进入后的企业能否发展出这种能力是高度不确定的。（2）在财务上，进入高技术工业需要高强度的投资，而且需要不断地投资才能持续地参与竞争，但是否以及什么时候能够得到财务回报是高度不确定的。（3）在市场上，后进企业在进入后将面临该工业领先者/竞争对手的反击和压制，能否经受住竞争的考验是高度不确定的。

面临如此巨大的风险，而利润前景又是高度不确定的，如果仅凭边际性的利润动机——市场机制所能提供的唯一动机，后进企业就没有经济合理的理由进入高技术工业。更一般性地讲，如果一个落后国家完全听任市场机制的作用，那么根据同样的逻辑，该国将没有企业会自主选择进入该国原来没有的、技术更复杂的工业。在新古典均衡框架的语境中，我们可以把由在位企业所组成的这样一个高技术工业在某一时刻的状态定义为"均衡"状态，那么，上述三个不确定性就构成后进企业在进入这个工业时所面临的特殊约束条件。根据定义，如果后进企业能够克服这些不确定性或约束条件而成功进入，就必然意味着打破该工业原来的"均衡"。但从理论上讲，均衡框架下的"最优"选择不可能是打破"均衡"的行动——如果必须严格按照"利润最大化"的原则来采取行动，企业决策者就不会选择进入这样的工业。因此，打破"均衡"必然要求后进企业以不同于均衡框架所规定的动机而采取不同于该框架所规定的行动。

一些研究发展的学者强调政府的作用，即发展型国家所创造的激励条件会促进这种企业的出现和发展。但问题依然存在：政府的支持与这种企业的出现之间不存在必然的因果关系，最多只能是概率事件。对于上述三个不确定性来说，政府可以通过补贴降低财务风险，也可以通过保护政策降低市场风险，但政府的任何作用都不能帮助克服一个最大的不确定性：企业进入的结果——成功或失败——最终取决于企业是否能够发展出足够的能力，使自己能够在竞争中成长起来。这个过程无法依靠任何外力的帮助，只能凭借企业自己的努力。因此，无论国家在环境层次上提供什么样的诱因和支持条件，进入新工业需要企业层次上的决策和行动，而只有存在市场动机和政府支持之外的激励因素，后进企业才会冒更大的风险去进入充满不确定性的领域。

坚定走上发展道路的国家，往往会在全社会范围内弥漫起一种与发展有关的"精神气质"。我们这里用不着去分析形成这种"精神气质"的复杂原因，也不去讨论它与关于发展的政治决定之间的互动，但它总是植根于一个国家的历史以及该国在国际政治中的特定命运，并在该国走上发展道路的过程中显现出来。重要的是，这种"精神气质"及其与政治过程的互动会塑造出"发展的意识形态"——体现在例如"富国强兵""产业报国"之类的说法上，能够明显地影响到政府、社会群体和企业的行为。就后进企业进入高技术工业的动力来说，当利润动机和政府支持都不足以为进入的决策提供合理性时，发展的"精神气质"及其意识形态就成为影响决策的一个重要因素。它们为长期的经济合理性提供价值观，使冒险的决策和行动与国家命运联系起来，赋予企业家以使命感，并为相应的组织行动提供激励。格申克龙就在前引的那篇文章中指出，落后国家走上工业化道路时需要与先进国家不同的意识形态，如他所说（Gerschenkron 1962，p. 24）：

> 为打破一个落后国家的停滞，点燃人们的想象力，并把他们的精力投入经济发展，需要比更好地配置资源甚或降低面包价格更强的猛药。在这种条件下，甚至商人阶级，甚至典型的大胆和创新的企业家，也需要比高利润前景更加强大的激励。扫清因循守旧和偏见的大山所需要的是信念——用圣西门的话说，就是黄金时代不是在身后，而是在人类前方的信念。

有关发展的"精神气质"之所以重要，是因为精神力量可以影响发展的结果。Dani Rodrik（2014）在强调理念（ideas）对于决策的作用时指出，基于新古典经济学的理性选择模型一般把利益看作是决定结果的唯一因素，但这个逻辑是有缺陷的，无法解释在真实世界发生的许多事件。他分析道，行动者基于某种社会价值观的理念会影响这种模型的三个元素，即目标函数、约束条件和行动选择：（1）理念可以影响行动者对于自己利益的定义（最大化什么？）；（2）世界观塑造他们对于社会行动后果的看法（世界如何运行？）；（3）理念影响他们的战略选择（如何追求利益？）。与前述均衡框架相悖于创新的论点相一致，Rodrik 同样指出，只有承认被均衡框架规定为最优或最大化的行为可以由理念来塑造，能够改变政治约束条件的政策创新才会发生作用，就像能够改变资源约束条件的技术创新可以发生一样（p. 190）。

沿着这个分析思路把目光集中于企业的行为，我们同样可以看到，企业家的利益动机、他们对如何实现经济利益的看法以及对战略行动的选择，也是由他们的价值观所塑造、诠释和驱使的，哪怕企业行动的后果最终必须符合由市场竞争所贯彻的经济理性。特别值得强调的是，决策者面临的不确定性越大，他们的理念对于决策的作用就越大，因为在这种条件下的利益及其实现方式就越是取决于理念的诠释（因为不可能对投入产出做出精确计算）。由于战略包括企业对能力发展路径或轨道的选择（Teece，Pisano and Shuen 1997，p. 524），而且由于企业的"抱负水平"（aspiration level）决定组织学习的强度（Winter，2000）[①]，所以决策者在不同理念下对战略重心的不同选择（如看重长期的能力发展还是眼前的利润）会影响到企业能力的发展，从而决定企业的长期竞争绩效。不仅如此，理念或价值观对于有赖于集体性学习的企业能力发展尤为重要，因为它们可以直接影响组织性动机的形成，而组织性动机对于组织效率的影响远比个人经济动机的影响更重要（Simon 1991）。

更直白地表达上述分析的逻辑，如果企业的决策者出于某种价值观而重新定义企业的利益，并以这种动机采取超越均衡框架所规定的最优或最大化准则的战略行动，激励组织行为，就可能改变在给定技术和市场条件下的约束，从而获得打破均衡但符合经济理性的结果。用本书的故事为例，京东方以其领导人的信念所驱使的战略行动，以其员工的使命感所激励的高强度技术学习，和以必胜为目标的高强度投资，使企业发展出足够的资源／能力，最后改变了她作为一个后—后进者所面临的约束条件。因此，从这样一个理念 → 战略 → 能力发展 → 经济绩效的因果链条来看，市场机制不会消除理念的作用；相反，精神力量可以塑造市场的结果。

在探讨韩国经济发展的动力时，一组韩国学者将其最终源泉归于"韩国的发展精神"（Rhyu et al. 2012）。这种精神植根于对贫困和遭受殖民统治屈辱的历史记忆，它把民族主义与发展的精神气质联结起来，使改变国家命运成为企业的价值观。当 1968 年韩国为打下重化工业基础决定建设浦项钢铁厂时，没有人相信

---

① "抱负水平"是企业行为主义理论中的一个重要概念（Cyert and March 1963）。这个理论以决策和组织行为作为焦点，从有限理性的前提出发，认为企业行为的基本物征不是最优选择，而是问题搜寻；触发搜寻过程的动机来自抱负水平的变化（往往由危机或与竞争对手的差距引起），而搜寻的结果遵循"满意度"原则。这个理论在组织和管理的研究领域产生了广泛的影响，后来它的核心概念和假说被用来分析组织能力的发展过程（Argote and Greve 2007）。

这个项目能够建成。但国家和企业领导人的决心使这个项目不仅成功建成，而且使其成为被世界银行后来称为的"世界上最有效率的钢厂"。干成项目的力量源自该项目负责人朴泰俊于1970年在建设工地对员工们所表达的信念："我们要对国家项目抱有自豪感和责任感……如果以先辈的鲜血为代价的钢铁厂失败了[1]，其结局不会是我们中的一些人遭到谴责或辞职。我们将脸朝下跳到迎日湾中自杀"（同上，p.41）。现代集团的创始人郑周永同样总是把自己与国家联系在一起，在毫无技术基础的条件下进入造船工业和汽车工业。郑周永经常激励工人的话是："我们背负着我们人民生死命运的重担"（同上，p.56）。遵循同一个逻辑，当三星集团在进入半导体工业后连遭亏损后，其领导人李秉哲面对质疑的回答是："为了韩国产业的未来，我们必须做半导体"[2]。

于是，经济行为背后的精神气质往往使企业可以采取超越常规竞争战略的行动，而这些行动会影响能力发展的速度和方向。写于日本工业崛起到巅峰状态之际的1980年代末，两位西方顶级的战略学家在一篇著名的文章中问道（Hamel and Pralahad 2005/1989）：为什么20年前相对弱小的日本企业能够迅速成长起来，打败原本强大得多的西方企业？他们发现一个在战略上的基本区别：西方企业是根据自己现有的资源/能力制定战略，而日本企业则是根据在全球竞争中获胜的要求来制定战略。通过这种方式，日本企业在组织的各个层次上创造出来一种赢得竞争的痴迷，虽然这种雄心超过了它们现有的资源/能力，却因此而支撑了10到20年对全球领先地位的追求。他们把这种对获胜的痴迷称作"战略意图"（Strategic Intent）。

这两位战略学家通过对日本企业成长路径的分析指出，由于战略意图抓住在全球竞争中取胜的本质要求，所以使企业的目标长期稳定，并根据长期目标定出值得各级员工付出个人努力和奉献的操作性目标。按照远大抱负来制定目标，当然会造成雄心与现有资源/能力之间的"不匹配"，但这种"绷紧"会激励管理者去挑战组织的各个方面，通过系统地建设新的优势来缩小与领先者的差距。因此，战略意图的本质是动员组织学习和创新。他们指出，对西方企业的根本教训是，不能仅凭挑战者最初的资源禀赋来预料它们未来的市场成功，评估已知竞争者的现有战术优势无法理解他们的决心、耐力和创造性。因此，西方企业的高层管理者所必须迎接的挑战，是发展出对企业可以完成困难目标的信念，激励整个组织去达到这些目标，并集中注意力足够长的时间以便在组织内部形成新的能

---

① 浦项钢厂的投资部分来自日本对韩国的战争赔款。

② "湖巖诞生100周年，74岁做出的决断成为半导体王国的基石"，韩国《中央日报》，2009年12月31日（注：湖巖是李秉哲的号）。

力——只有这样，西方企业才能赢得全球领先地位。

Hamel 和 Pralahad 之所以把他们发现的现象称为"战略意图"而不是"战略"，就是意识到存在比战略更高层次的因素在影响企业的行为。迈克尔·波特在日本经济陷入停滞后批评说，日本企业没有战略，因为它们互相模仿，但没有追求独特的战略地位（2002，第 116 页）。波特是对的，因为对战胜远比自己强大对手的"痴迷"不是战略，而是受到发展阶段的精神气质和意识形态所支配的行为。这种行为显然不能解决后进者追赶到前沿时所面临的问题，但没有这种由发展精神所激发出来的雄心，后进企业也无法发展出可以挑战领先者的能力。正是由于 Hamel 和 Pralahad 揭示出远大抱负与能力发展之间的联系，所以《哈佛商业评论》于 2005 年重新发表"战略意图"时，其编辑按语称：16 年前的这篇文章"发出一个新的主要力量出现在管理学中的信号。"

把讨论的范围限定在落后或后进的语境中，如果一个国家没有在政治上（决定了政策和制度演进的方向）坚定地走上发展的道路并在全社会形成发展的精神和意识形态，该国就不会出现创新型企业；如果不能出现成功的创新型企业，一个国家的经济发展就不会迈进超越中等收入的更高阶段。市场经济是一个开放的经济体系，允许产品的自由进入和退出，允许从交换中获利，允许自由地创建企业和经济活动参与者的自主选择，所以落后国家都有加入世界市场的选择；市场经济以竞争绩效衡量结果，奖励高效、惩罚低效，迫使企业的行为符合经济理性，所以市场经济为发展提供了必要条件。但历史同样证明的是，加入全球市场竞争所需要的能力却不是市场机制所能够产生的，市场经济也不会自动导致产业和经济结构的升级。无论是坚定地走上发展的道路，或发动工业化，或启动"一系列基要的'生产函数'连续发生变化的过程"（张培刚语），还是产生出创新型企业及其所推动的技术进步，其动力来源都必须依靠经济关系和市场机制之外的力量——政治的、历史的和精神的力量。

上述理论分析为本书的故事以及中国工业史的重大理论问题提供了一个思考的框架，它可以帮助理解中国经济发展、技术进步和产业升级的动力从何而来。

第二节
国有企业演进的历史透视

由于今天的中国工业是从国有体制演变而来的，尤其是由于中国的技术和资本密集型工业仍然以国有企业为主，所以国有企业为什么能够并如何转变成为创新型企业，就是一个需要从理论上回答的问题。

也许是由于主流经济改革理论的焦点集中在计划和市场上，所以30多年来关于国有企业改革的政策和理论一直沿袭对企业的外部视角，即从国家与企业的关系、经济激励乃至产权以及其他制度安排等外部因素来讨论企业变化的原因[①]。这种外部或自上而下的视角往往把企业的变化看作是对政策或制度的响应，很容易滑向"静态均衡"的立场，即把企业能干什么或不能干什么看作是由外部因素决定的，却忽略了企业内生的力量。极具讽刺意义的是，在外部因素决定论上，计划经济理论和自由市场理论是一对天生的同盟军。正如我们在上一节中所分析的那样，在教科书经济学中，"最优"企业是一个响应市场条件的被动体。在计划经济的理论中，企业是执行国家计划的生产器官，即实现计划"均衡"的工具。例如，至今还被一些中国经济学家拿来说事儿的"预算软约束"是科尔内"短缺经济学"理论的核心概念之一（科尔内1986），而这个理论实际上是关于计划均衡的理论。它虽然把短缺的根源追溯到国家对企业的软预算约束，但并没有一个关于企业的理论，所以也无法解释企业如何发生变化。

无论是回答为什么国有企业能够演变为创新型企业，还是回答国有企业在改革中是如何变化的，都需要从理论上去分析国有企业转变的内生动力以及产生这种动力的条件（路风2000）。在本书所记录的企业史和工业史的基础上，可以从历史的视角概括出三个主题：第一，国有企业是中国工业知识和经验的主要载体；第二，国有企业向竞争性企业的转变必然要求重塑企业的资源和组织条件，而这种重塑必须依靠企业内生的动力和管理领导力；第三，在重塑资源条件的过程中，那些采取了进取性战略的企业能够把这个过程延伸为创新的行动，而创新型企业的发展则揭示出国有企业走向社会化的前景。

国有企业是中国工业知识和经验的主要载体

理解中国国有企业问题的出发点是回顾产生国有企业的历史性力量。这种力量既源于中国在1949年后实施公有制和计划经济体制的过程，也源于中国要实现工业化和现代化的过程。前者与革命的政治和意识形态联系在一起，而后者则与近代以来的国家和民族命运联系在一起。虽然张培刚没有能够从理论上说出中国的工业化怎样才能被发动，但这个过程在现实中确实被发动了——这就是中华

[①] 多年来，大多数关于国有企业改革的书籍要么只是国家改革政策的编年史，要么只是抽象地讨论什么制度（如产权）决定结果，而很少涉及企业在改革和发展过程中到底是怎样变化的。

人民共和国从 1950 年代初开始并以"五年计划"形式发动的工业化。从历史纵深看，中华人民共和国的成立是中国发动工业化的政治起点，但产生她的那场革命则是中国从鸦片战争以后走向现代世界的产物。因此，第一个过程是第二个过程的组成部分和特殊形式，所以在时间上部分重叠，但就更深远的意义而言，后者远超过前者。

自从英国工业革命开启了所谓的现代化过程之后，对于极度落后的国家来说，以国家力量动员社会经济资源并发动工业化就成为历史的必要。当发展中国家或后进国家力图跨过工业化门槛时，它们面临的主要困难是私人市场不具有为成功创建和管理技术密集度较高的企业所必要的技能和能力，而且私人投资者也不愿意为实现这样的事业而投资（Breznitz 2007，p. 8）。在这种条件下，国家成为推动技能和能力发展过程的唯一行动者，动员和组织起"市场"所无法提供的资源，使本国企业进入技术密集度较高的工业。就这种必要性而言，1950 年代初的中国与明治维新时的日本没有区别，与 1960 年代初的韩国没有区别，与 1948 年建国后的以色列没有区别，即与第二次世界大战之后出现的所谓"发展型国家"没有区别。虽然中国采取的国有制和计划经济是一种国家引导工业化的特殊形式，但这些特殊形式的利弊无碍于以国家力量发动工业化的必要性。

中华人民共和国前 30 年工业化的突出特征是在低收入的经济条件下建立起一个完整的工业体系。"完整"意味着中国的工业化不是遵循先轻工业后重工业、先劳动密集型工业后资本密集型工业的顺序，而是从一开始就是按照完整产业链的要求进行，"一举"建立起来许多高技术工业（如电子、航空、航天、核能等）和重工业。此外，中国布局全面的科学研究和今天"生产"出世界上数量最多理工科毕业生的高等教育体系也是从 1950 年代开始形成的。这样的工业化当然违反教科书经济学上讲的"比较优势"原则，但也因此而打下中国发展技术和资本密集型工业的知识和经验基础。

在本书的故事中，创建北京电子管厂属于中华人民共和国建立高技术工业的最初努力。回到那个年代的中国社会经济状态，我们用不着幻想中国可以通过私人资本的力量建立这样的工业——旧中国唯一的电子管厂也是国民党政府建立的[①]。北京电子管厂的历史证明，由国家力量建立起来的企业也可以充满创造性。那些领导和参与建设这个工厂的人逐渐掌握了"引进"的技术，还在学习苏联技术的阶段就开始开发新产品，并成功地为自己的产品创造出客户市场和国内供

①南京电子管厂的前身是 1935 年建立的国民政府资源委员会电气研究室，1951 年扩建为新中国第一个电子管专业厂。

应链。他们在 60 年前就以自己的实践证明了许多人直到今天似乎还不明白的道理——"技术转移"不是买来设备就可以实现，必须依靠技术接收方的积极学习和创造性工作。甚至计划体制的建立也依赖于这样的学习型企业，否则计划者也无从获得制订计划所必要的特定工业知识。

本书所记录的企业史也揭示出计划体制的缺陷。在宏观层次上，计划体制的主要缺陷不在于以国家的力量发动工业化并创建大型骨干企业，而在于以计划和公有制去彻底消灭民营经济和市场力量。北京电子管厂为替代进口材料而建立国内供应链的早期经历说明，像这样通过引进技术建成的大型高技术工业项目之所以能够在中国的条件下迅速运转，也与旧中国留下的工业基础相关。该厂能够迅速解决材料的国产化供应是因为依托了众多私营出身的企业（如第二章提到的上海的公私合营工厂），而且其合作是通过市场关系。但这些企业后来被全部收为国有，企业之间的合作关系也被全部纳入计划管理。当私人再不能创建企业之后，所有的企业不分行业、地区和技术性质，全部成为各级政府的下属并被计划越管越死，其结果是整个国有工业体系的效率逐渐降低。

在微观层次上，计划体制逐渐窒息了企业的能动空间：（1）企业变成单纯完成国家下达计划任务的生产单位，在投资、研发、组织设置、营销等方面的战略管理职能越来越被计划机构和上级主管机构所替代。（2）注重"外延式"扩大再生产的计划经济往往把已有企业当作汲取资源的对象，使企业越来越缺乏"内涵式"增长的条件[①]。（3）由于就业和劳动报酬都被纳入计划过程，所以职工与企业之间的关系越来越成为职工与国家的关系，使管理者难以控制劳动行为。需要指出的是，本书所记录的企业史表明，计划体制的僵化是在一个过程中发生的，它与国家动员的工业化之间是两个不同的过程，两者之间有联系，但不是互为因果的关系。

无论计划体制有什么缺陷，无法回避的历史事实是，中国在"前30年"建立的工业体系构成改革开放后支撑中国经济发展的主要知识和经验基础，而国有企业尤其是大型骨干企业也就成为中国积累工业知识、技能和经验的主要载体。几十年后的今天，有些经济学家指责 1950 年代由国家发动的工业化是一场错误（因为没有遵循自由市场机制下的"比较优势"原则），但他们从来无法解释为什么这个世界上数量更多的市场经济国家是贫穷的——如菲律宾那样的东南亚国家和阿根廷那样曾经富甲一方但越来越穷的拉美国家。如果承认技术、知识和经验

---

① 中国老一代经济学家孙冶方指出，计划体制下的固定资产管理制度是"复制古董、冻结技术进步"的制度（1984）。

是生产率增长的主要源泉，那么经济发展就是一个不可逆的累积性过程（Loasby 1999），即一个经济体在上一个阶段达到的能力水平是该经济体在下一个阶段的发展基础。想想如果中国在 1979 年改革开放之初的技术和工业基础是 1950 年代初的水平，那今天的中国经济会是什么样子？只有白痴才会认为自由市场可以一夜之间变出来花了 30 年时间才积累起来的能力基础。

中国改革开放之后的民营经济发展是以前 30 年的工业为基础的。蔡莹莹（2012）对改革开放后浙江农村工业化的研究发现，计划体制下的工业化为早期以家庭所有为主的民营企业提供了最初的技术和生产经验来源。尤为重要的是，当这些企业蓬勃兴起时，其生产主要不是为满足当地的市场需求，而是为当地之外的工业品市场进行生产，即为已经存在的工业体系进行配套。这种已有工业基础带来的市场机会，使许多企业从一开始就进入生产资料产品（电器、有色金属制品、化工等）的领域，继而使其中的一些企业后来在技术和资本密集型工业成长起来。因此，如果没有超越当地市场的工业需求和技术来源，浙江农村工业化的规模和成长空间都会受到很大限制，不可能有发展至今的规模与生命力（同上，第 82-83 页）。实际上，今天许多技术、资本密集型民营企业和地方龙头民营企业，都与国有工业体系有直接渊源，或是从国有企业转制而来，或是在发展过程中获取了国有企业的资源——这种联系决定了民营企业的技术水平。从总体上说，如果没有前 30 年的工业化基础，中国当然会有民营企业，但只能在技术低得多的水平上发展，也不会迅速发展出把低成本产品卖遍全球的工业能力。

如果没有前 30 年的工业基础，也不会有外资的大量流入。正如一位美国学者所言："毛（泽东）时代的大量国家资本积累为外国投资者带来便利，它们通过与地方国有企业或集体企业建立合资企业或多层分包关系，可以直接接入已经存在的生产网络。健康和受过教育的过剩劳动力的无限供给——毛时代限制城乡移民以及对农村公共健康和教育投资的遗产——构成对全球制造业资本的重大吸引力"（Hung 2008，p.155）。这个关系其实就反映了 Alice Amsden（2001）的主题：外资从来没有发动过一个落后国家的工业化，外资只是当一个国家的经济开始发展后，才会进入以分享市场。因此，无论外资对中国经济发展起到什么样的作用，这些作用都离不开中国已有的工业基础。

中国人民的确为前 30 年的工业化付出了巨大牺牲，但血汗并没有被白费，而是前辈以牺牲换来的成果泽及后代。中国在最近十几年来出现的重大技术突破，其源头几乎都可以追溯到在前 30 年奠定的工业能力基础（见本章第三节）。研究企业战略的学者早就注意到，当一个新工业发展起来时，成功进入并主导该工业的企业更可能是之前生产相关产品的企业，而所有企业可以以同等条件自由进入某个工业的新古典假设是站不住脚的（Kellpper and Simons 2000）。因此，对于为什么国有企业可以转变成为创新型企业的第一个答案，就是中国前30年工业化所奠定的知识和经验基础。当然，传统国有企业不会直接变成创新型企业，两者之间的转变需要经历一场深刻的体制变化和组织变化。但无论如何，离开那个中国工业奠基的英雄年代越是久远，我们越是惊异于前辈在那个年代创造的成就。

国有企业的组织转变是一个演进的过程

国有企业改革是30多年来中国经济体制改革的一个重大主题，无论改革的内容在如此漫长的过程中发生过什么样的变化，一个始终一贯的政策目标是使国有企业成为竞争性企业，即通过向竞争性市场提供产品和服务而盈利的企业。从自上而下或企业外部视角看，由政策和制度变化推动的"市场化"曾长期被认为是实现这个目标的充分条件。但实践证明，国有企业转变的过程远比"市场化"的逻辑要复杂、困难和"漫长"得多，因为实现转变需要从企业内部产生变化的动力并在管理层的领导下实现，而"市场化"（被理解为自上而下或外部因素的变化）只是必要条件。决定这个逻辑关系的原因来自国有企业在改革起点上的结构性因素，而这些被忽略的重要因素至少有以下两个。

第一，重塑企业的资源条件和组织条件的必要性。在改革初期，企业的产品构成、设备和技术、地点和供销渠道等资源条件都是在计划体制下形成的，而且主要是上级行政机构做决定的结果；在制度方面，由国家体制决定的劳动人事关系结构、企业办社会以及行政部门管理下的工厂制（工厂生产单一的产品，并在全国范围内存在大量产品重复的工厂），都限制了管理层的能动作用。当整个经济体制向市场化过渡时，这些结构性条件使企业难以适应市场竞争的需要，也不可能仅仅通过更有效率地利用现存的生产性资源就自动地变得有竞争力。本书对从北京电子管厂衰落到京东方重新崛起的记录说明，改变国有企业的资源条件和组织条件需要一个复杂的过程，既包括国家管理体制转变所逐渐提供的必要条件，也包括企业利用改革机会对自身资源条件的重塑。

第二是管理领导力的不可替代性。由于企业是一种相对独立于国家的经济组织，所以国家实施的所有政策和制度安排（包括产权改革）都只能对国有企业的转变起间接作用。由于资源和组织的重塑都只能发生于在管理层领导下的企业层次上，所以在改革政策所提供的必要条件下，国有企业的转变需要一个独立的组织转变过程，而完成转变只能依靠由其管理层所激发和领导的内部动力并且"内在地"完成。因此，企业的变化与国家改革政策之间不是一一对应的关系。

仅仅指出上述两个因素就可以说明为什么国有企业的转变是一个演进的过程：重塑资源和组织条件不仅需要时间和市场、制度等环境条件的变化，还需要从企业内部产生变化的动力，而且管理能力的成长也需要一个学习的过程（这个过程往往需要经历管理者的代际变化）。因此，国有企业的转变不可能像西方正统经济学的教条所假设的那样，只要实施经济自由化和私有化就可以"瞬间"变成竞争性企业——俄罗斯激进市场改革（即休克疗法）的失败已经证伪了这种教条。

从 1970 年代末开始，国有企业改革经历了扩大自主权、实行政企分开、经营承包责任制等阶段。回顾历史，国有企业在改革初期阶段（1978—1992 年）遇到的最大困难是其结构性条件不适于市场竞争的要求。例如，北京电子管厂在 1980 年代陷入困境的主要原因是其主要产品被替代，导致销售额的下降或停滞，所以她的根本问题不是在给定技术和市场条件下提高效率的问题——如把电子管生产得更好，而是需要改变包括产品、设备在内的整个生产结构。在这种条件下，任何企业都不可能仅仅通过更有效率地利用现存的生产性资产就自动地变得有竞争力。不过，到 1980 年代中期以后，国家以"拨改贷"的方式停止了对国有企业的经常性投资。当时的理由是不再让企业吃国家的"大锅饭"，而客观的原因是按照行政体系分配国家投资的方式已经变得效率太低，致使国家财政不堪重负。但停止投资也就使企业无法重塑资源条件，早期阶段的改革政策——从企业留利、"利改税"直到承包制等——实际上只能激励或鞭策企业更有效率地利用现存的生产性资产，从这些改革政策上得到的留利只能边际性地改善企业的资源条件。无怪乎在那个阶段，只有那些因拿到符合政府政策的项目（如引进外国先进技术）而获得国家投资的企业才能一度辉煌。在本书记录的历史中，能够得到国家投资引进外国技术的企业成为明星，而在争取彩色显像管项目上落败的北京电子管厂就只能在破产边缘挣扎。虽然这阶段的改革后来被认为因未触及制度而不成功，但其重要根源是国有企业实际上无力改变自身的资源条件。

具有重要意义的 1992 年开启了国有企业改革的新阶段。那一年，党的"十四大"决议正式提出经济体制改革的目标是"建立社会主义市场经济体制"，中央政府开始推进对国有企业的股份制改革（陈锦华 2005，第 234—240 页），同年实施的企业财务制度改革使国有企业第一次有了资产负债表和资本金（刘克崮，贾康 2008，第 216–222 页）。1993 年，国家正式提出建立现代企业制度并逐步实施配套改革。虽然直接动力来自重新划分中央与地方政府的财政收入，1994年开始实施的"分税制"（沿着 1980 年代实施的"利改税"方向）彻底解开了把企业收支捆在财政上的绑带。这些改革被认为可以创造出企业进入市场的制度条件。

但企业绩效的变化轨迹落后于改革的预期。到 1990 年代，非国有经济成长起来。在 1980 年代后半期成长起来的乡镇企业和 1992 年之后成长起来的民营企业（部分来自转制的乡镇企业），在许多工业和产品制造领域挤压甚至替代了国有企业的市场。同时，中国政府为引进外资开始大规模补贴外资，导致 1990 年代的外资大规模进入。在这种条件下，当国家针对经济过热和通货膨胀从 1993年开始实施紧缩政策（"宏观调控"）后，国有企业在 1990 年代后半期从总体上陷入危机（表现为接近半数的企业大面积亏损）——国有企业天生低效率的"江湖传说"就是从那时开始形成的，但困境的真正根源并非是外部环境的变化，而是国有企业的结构性条件尚未发生明显变化，使之不能适应市场竞争[①]。因此，虽然以建立现代企业制度为中心的改革从理论上为企业获得外部融资打开了大门，但自上而下的改革措施产生实际效果不仅需要时间，而且有赖于企业自身的变化。

就制度改革而言，从 1980 年后期推行"政企分开"到 1990 年代建立"现代企业制度"的过程中，在改革思路中一直存在实行国有资产所有权与企业经营自主权分离的设想，以使国有企业与市场经济相兼容。这个思路来自西方大型股份公司模式的启发。在这种模式下，公司的所有权和控制权出现了实质性的分离——向现代公司投资的财产所有者拥有对公司的可交易股权，但他们并不拥有这些真实资产本身，公司的控制者已经在相当程度上脱离了所有权（Berle and Means 1932/1997）。这种"两权分离"的模式曾经给了中国改革者很大的想象空间，但在国家是企业唯一所有者的条件下，这个概念在制度上的含义只能是国家对企业的权利让渡和界定。在现实中，这种本质上是行政分权的方式并不能保证政府能够自我约束其武断行为[②]。因此，在国有制条件下的"两权分离"思路既没有在实践中走通，也在理论上受到产权决定论的冲击。

[①] "结构"指的是企业内部的资源条件和组织条件。从主流经济学理论出发会认为只要改变外部环境——如经济自由化和资产私有化——就可以改变企业的行为。但从企业的内部视角看，影响企业行为的直接因素是企业的资源条件和组织条件；如果这些结构性条件不发生变化那么市场化和经济激励等因素都不足以改变企业的行为。

[②] 其实这就是为什么在改革了 30 多年之后，官方也承认"企业经营自主权还没有彻底落实"（见国务院国有资产监督管理委员党委："坚定不移地走中国特色国有企业改革发展道路"，《求是》2015年第 18 期，2015 年 9 月 15 日）。

国有企业的困境引发了对产权改革的强调。1990 年代，在美国盛行的"股东价值最大化"理论对中国的改革政策思维产生了很大的影响。这种理论将企业定义为个人之间的一组合约，把股东看作是主人，而经理是代理人；认为公司经理由于不受市场机制的约束，所以倾向于为自己谋取私利，至少是违反主人的利益（Jensen and Meckling 1976）。这种也被表述为"委托代理"的理论力图证明股东是唯一的风险承担者，所以拥有"剩余索取权"（Fama and Jensen 1983）。随着这种理论传入，中国从 1990 年代初开始形成了一种"产权决定论"的意识形态，其内容包括三个要点：第一，产权是决定企业经济绩效的关键因素；第二，产权的本质是个人对生产性资产的所有权；第三，只有在对生产性资产的所有权和控制权统一时，产权才是有效的。根据这种理论，国有企业效率低下的根本原因是"所有者缺位"和"内部人"控制。因此，对于主流经济学家来说，只有完全私有化才应该是国有企业的最终形态。虽然这种主张并没有得到政府的认可，但从 1990 年代末到 21 世纪初年的国企改制至少在理论上深受产权决定论的影响。

产权决定论的主要理由有二：激励和控制权，但后者比前者更深刻。相比之下，实际激励因素远比产权的解释更复杂，但控制权却涉及国有企业改革的中心概念——"企业经营自主权"。产权决定论的贡献在于揭示出产权是企业"自主权"的制度保证，但它过于强调私人产权，而且否认在现代公司的法人体制下，资产所有权和管理控制权可以分离[①]，所以这种外科手术式的改革主张无法在"休克疗法"之外找到国有企业转变的途径。

从企业转变的动态过程来看，国有企业到 1990 年代初的真正问题是在国家停止投资的条件下，普遍缺乏重塑资源条件所需的投资来源（虽然也与内生转变动力尚未普遍形成有关）。无论从主管部门决策者的角度看，还是从企业的角度看，国家从 1992 年开始实行股份制改革的基本动力，就是为了解决国有企业在国家财政和银行贷款之外的投资来源问题[②]。这项改革的初衷当然不是为了"私有化"（陈锦华 2005，第 236–237 页），但后来那些在其管理者领导下能够逐渐重塑资源条件的国有企业，却因为利用了多元化的投资来源而逐渐改变了产权结构。

---

① 产权决定论的逻辑是，因为股东是企业的出资人并承担全部风险，所以股东拥有对企业的全部控制权，企业实际管理者的职能是最大化股东的利益，但没有控制权。

② 时任国家体改委主任的陈锦华在回顾 1992 年推进股份制改革时，描述了当时的意识形态争论，但这位有工业管理丰富经验的领导人坚定地陈述了自己的见解："企业发展需要资金，企业的技术改造也需要资金，企业要增强市场竞争力还是需要资金。解决资金的来源，不能单靠向银行借贷，特别是大企业发展所需要的资金更是如此。中国必须发展资本市场，满足企业的需要"（陈锦华 2005，第 235 页）。此外，根据本书第二章记录的历史，京东方在 1993 年改制的首要动机就是为了筹措发展需要的资金。

历史证明，如果转变中的国有企业能够在增强竞争力的条件下形成新的产权基础，那么就只能依靠企业的内生变化动力和由管理者领导的转变过程，任何外科手术式的产权改革都必将摧毁中国的工业基础 [①]。

从这个视角看，1990 年代末的"国有企业三年脱困"仍然是起因于结构性问题。由于国家政策的问题和企业自身的问题交织在一起、历史问题与现实问题交织在一起，这种结构性问题在那个阶段不得不以"惨烈"的破产重组和下岗方式予以化解，并在"三年脱困"过程中从制度上予以解决（如"债转股"）。在 1990 年代末期"抓大放小"的重组过程中，中央部属企业大部分被编入企业集团 [②]，而大批规模较小的地方国有企业以转制的方式实行了"民营化"。即使如此，结构性问题也不是资产的国有性质所决定的，只是因为国有资产曾经与政府直接管理企业的体制高度融合在一起，而且因国家投资的中断使其得不到更新，所以不得不以部分改变所有制的方式来解决被长期拖延的结构性问题。

就是在上述被无数书籍、文章和报告所描述和分析的过程背后，发生了迄今一直受到忽略的事件：国有企业在竞争压力下逐渐从内部产生转变的动力（没有产生这种动力的企业一般都解体了），表现在三个方面：（1）普遍形成了认同企业独立经济利益的管理层（往往伴随着管理者的代际更替，即从企业内部提拔起来的专业干部替代了过去的"国家干部"）；（2）企业把自己的前途更多地押在市场竞争上；（3）企业利用国家改革政策和制度变化所提供的机会，不断地重塑资源条件并改变组织机制，逐渐但最终明显地改变了企业的资产结构及其内部社会关系结构。这些在最困难阶段发生的"静悄悄"变化，使国有企业从总体上开始越来越多地具有竞争性企业的特征。

进入 21 世纪后，随着中国经济的高速成长和经济成分的多样化，国有企业似乎不再是主要的话题，但它们却出现了令许多人"意外"的效率改进过程，于是产生一个"困惑"：当国家在 1980—1990 年代对企业改革做出连续努力的过程中，国有企业逐渐陷入困境；而当国有企业在进入 21 世纪之后不再受到那么大的重视时，它们却出现"复兴"。充满讽刺意味的是，当中国主流经济学家从

[①] 无论是主张保持国有制的"左翼"人士，还是主张私有化的"右翼"人士，他们的"外部视角"都存在一个共同的缺陷：不明白企业是一天都不能停止生产的，否则企业就只能死亡。在一天都不停止生产的条件下实现组织转变才是国有企业转变的真正难题。

[②] 从 1988 年到 1998 年，把计划体制工业管理的专业工业部全部撤销。除了冶金、机械和电子等工业部已经把企业下放之外，其他专业部原来管辖的企业被编入行业性总公司（如石油、电信、电力、民航、铁路装备和国防工业）。这些行业性总公司加上从 1980 年代中期开始组建的计划单列企业集团（如鞍钢、宝钢、一汽等）和一些按特殊目的新成立的企业（如中信和保利集团等），在 2003 年国资委成立后成为"央企"的主要组成部分。

2012年开始鼓噪国有企业改革时，连他们自己也暗示那不是因为国有企业的效率太差，而是因为它们变得太强大，以至于造成"国进民退"的"改革倒退"。尽管他们把国有企业竞争力明显增强的原因归结于不公平的市场竞争——垄断和政府的偏袒，但这些理由经不起推敲——如果只是因为垄断和偏好政策就能使国有企业壮大，那为什么当国有企业享受"垄断"和偏好政策的程度更高的1980—1990年代却没有壮大呢？

对这种绩效改善可以有很多解释。第一，中国加入WTO打开了出口的通道，使苦于产能过剩的国有企业得到产能释放（虽然代价是国内许多高端或利润丰厚的产品市场被跨国公司占据）。第二，经历过1990年代末的重组后，国有企业的范围明显收缩了，而且恰恰是收缩到技术和资本密集型的大中型骨干企业，使其可以发挥在技术积累、规模经济等方面的优势。第三，民营经济的兴起实际上增加了国有企业在劳动用工和供应链方面的灵活性——令人不禁推测国有企业与民营企业实际上存在着共生的关系。但这些变化仍然属于外部条件的改善，所以解开"困惑"的钥匙还是在于理解国有企业转变的内生动力和管理领导力的职能——正是由于这些变量的独立作用，所以企业的演进有着不同于国家政策的变化轨迹。这种演进过程带来的更大"意外"，就是在向竞争性企业转变的国有企业群体中出现了创新型企业，而且它们也更深刻地改变了国有企业的产权基础。

创新型企业的发展及其历史意义

进入21世纪之后，中国工业出现了创新型企业并引发了社会的关注[①]。如本章第一节所述，在后发展的语境中，创新型企业的本质特征是坚持以自主开发为标志的高强度技术学习，因而能够不断提供本国原来无法生产（即使还不是世界领先的）的产品和服务，也更可能进入本国原来没有的高技术工业，甚至在更高的发展阶段里创造出领先于世界的产品和服务。这种企业的出现对于当时强调技术引进的政策而言是一个"意外"。另一个"意外"是创新型企业与所有制性质之间没有一一对应的关系，其中既有民营企业，也有名义上的国有企业（即按照传统口径仍然计入国有但其资产结构实际上已发生明显改变的企业），虽然它们在各自的群体中都是少数。这些事实促使我们把目光转向企业的组织特征，以讨

---

① 这里我们从其本质特征来使用创新型企业的概念。在现实中，"创新型"存在着中间状态：任何一个可以称之为创新型的企业，其实在显示出典型的创新型特征之前都存在一个积累的过程，某些企业曾经在某个阶段表现出创新型特征也会消失。但在总体上，创新特征在中国工业进入21世纪之后出现了扩散的趋势。另外需要指出的是，中央计划体制存在创新行为，虽然不存在创新型企业。

论为什么从原来的国有企业群体中可以出现创新型企业。

从行为特征上看，创新型企业的突出特点是它们一定采取进取性战略，即它们对于市场变化和竞争挑战的反应是识别出新的机会并选择新的进攻方向，甘冒风险对技术突破进行投资，并对自己的资产和能力进行重组和升级[1]。如果这些战略行动获得成功，其结果必然是以新的产品或在新的工业领域明显改变市场竞争的格局。与之相对应的是适应性战略，其基本特征是不改变或很少改变企业原有的生产领域，在企业已经积累的资产和能力基础上进行边际性改善，但回避进行突破性的升级和重组，最多是向原有的生产过程追加投入，通过削减成本和降低生产要素的回报来适应竞争压力。因此，采取适应性战略的企业实际上落入"最优"企业的范畴，尽管这些特征不妨碍它们仍然属于"竞争性企业"。

因此，采取战略的性质是创新型企业与其他企业产生分野的关键。采取进取性战略一定驱使企业追求自主掌握技术，这是创新型企业区别于其他企业的关键特征之一。它们虽然有时不得不从学习或引进外国技术开始，但"引进"不过是实现战略目标的一个必经阶段，因为只有自主掌握技术才可能最终实现它们的抱负和目标。尤为重要的是，自主掌握技术的行动不会是"引进、消化、吸收"的自然结果，一定来自有意识的战略及其坚定性[2]。相比之下，采取适应性战略的企业倾向于利用现有生产要素的组合从经济变化（如中国经济规模扩大和新需求出现）带来的商业机会中盈利，但不会在技术上做出重大努力：国有企业往往在政策导向下形成对外国技术的依赖（只要这种依赖状态可以带来利润），并因为这种依赖而放弃自主进行技术突破的努力，在某些情况下会求助行政垄断来抵制市场竞争对它们眼前利润的威胁；民营企业往往满足于技术和产品的模仿，主要依靠压低成本和价格来竞争。陷入这种状态的原因很清楚，无论是自主掌握技术还是在这个基础上继续创新，企业都必须经历一个充满风险的"跳跃"，只有进取性战略才能使企业敢于完成这个"跳跃"。

进取性战略和对自主掌握技术的追求决定了创新型企业在财务政策上的特征，即敢于进行需要较长时间才能得到回报的投资，不会去迎合资本市场的要求，也不会通过非相关多元化进行资本投机，其逻辑是战略主导财务。相反，采

---

① Lazonick 和 West（1998, pp. 251–252）在分析美国企业对于国际竞争挑战的反应时，区分了创新战略和适应性战略的不同。这里使用的"进取性战略"和"适应性战略"（见下）以他们的概念为基础，但因为本书是在讨论创新型企业，所以为避免同义反复，没有使用"创新战略"的概念。

② 依赖技术引进的企业往往被外国技术提供方所主导，从而永远无法走上自主开发的道路。因此，尽管创新型企业在早期难免有模仿行为，但从来不会放弃对技术学习的自主权。例如，华为从来没有组装过外国品牌的产品，而京东方在进入 TFT-LCD 工业时也没有引进过生产线。

取适应性战略的企业更注重眼前利润，哪怕留恋这种眼前的财务地位会逐渐瓦解企业的长期竞争力，其逻辑是财务主导战略。这些特征其实更可以解释为什么天生追求"利润最大化"的民营企业在大多数情况下是不创新的。

从上述特征看，国有资产本身并不构成对创新行为的障碍。国有企业在向竞争性企业的转变中本来就必须经历重塑资源条件和组织条件的过程，如果采取进取性战略，企业在产品结构、工业领域、资产和能力等方面发生重大变化的过程本来就可以是重塑资源条件过程的继续，中间并不存在特定于国有企业的结构性障碍。因此，国有企业转变的逻辑——必须依靠企业内生的变化动力和管理领导力——就是经过改革的国有企业能够成长为创新型企业的原因所在。

但企业在什么情况下更可能采取进取性战略？从现象上看，走上高强度技术学习和创新的企业都产生了具有远大抱负的领导人，并在其领导下形成较高的企业抱负水平。虽然涉及个人品质，但产生这种领导人的因素并非完全是不确定的和偶然性的，至少存在概率性。就国有企业来说，具有伟大抱负的领导人一般是从企业内部产生的，而且是从在其能力得到证实之后能长期任职的人中产生。在改革实践中，企业领导人能够长期任职的情况是存在的，而且还会出现这样的情况：一个企业的领导人会定期更换，但继任者仍然从同一个企业内部产生，并像遵循一种"组织文化"般地继续执行其前任的方向和目标。在这种情况下，政府主管机关经常会不得不尊重事实上的企业领导人"再生产"机制，虽然没有制度性的保障。

那么，什么是激励这些企业领导人追求伟大抱负的因素？主流经济学理论把对管理者个人的经济激励看作是决定企业行为的主要因素，从这个逻辑上很容易得出国有企业不可能创新的结论。但实际上，由于企业的创新过程是累积性的和集体性的（Lazonick 2005）[①]，所以对于企业创新行为更重要的决定因素是组织动机（Simon 1991）。无论是重塑企业的资源条件和组织条件，还是激励组织成员去扩展新的工业版图，能够带领企业经历结构性改革痛苦和蜕变风险的领导人都必须具有与企业生死与共的精神和对于自己企业的足够经验。具有远大抱负的领导人之所以更可能从企业内部产生，恰恰是因为这样的领导人更可能发展出对组织的承诺。当个人的成功取决于组织的成功时，对管理者个人的激励就会产生。基于同样的道理，如果仔细观察中国的民营创新企业，就会发现它们在从参与决策到分享成果方面普遍具有更强的集体性，而那些追逐所有者利益最大化的老板企业其实更缺乏创新动力。对于那些所有者与管理者分离的企业来说，即使从逻辑

[①] 累积性指的是创新需要知识和经验的积累，集体性指的是企业的创新涉及所有的职能活动（如生产和营销），而且需要全体员工的努力。

上也可以看出，与委托代理（即"股东价值最大化"）理论的预期相反，一个以完成外部控制者／资产所有者——无论是私人投资者还是国资委——的激励指标为己任的企业领导人，一定会更倾向于采取适应性战略或"最优"选择。

于是我们可以推论出，国有企业在转变中的实际治理条件是产生创新型企业的一个重要条件。从现象上看，企业领导人的产生越是遵循企业内部"能人选能人"的再生产机制，而且其能力得到证明的领导人的任职越稳定，企业就越可能产生进取性的管理层；相反，企业领导人的选择和任职受企业外部力量的干预越多（这种干预甚至可以是正式制度规定的，如国有企业领导人的任期制），企业就越可能采取适应性战略。此外，企业在产品领域、融资渠道、用人等方面的自由选择度越大，则越有利于企业走上创新的道路。需要指出的是，在现行国有企业管理体制的框架下，这些实际治理条件并不是由正式制度提供的，往往是因为企业曾经遇到过巨大困难而获得政府"放手"的。

实际治理条件可以解释为什么具有远大抱负的企业领导人或管理层能够发挥作用，以及为什么存在着对实现远大抱负的激励因素，但没有解释为什么企业领导人或管理层会产生伟大的抱负。在这方面，虽然个人品质肯定起作用，但正如本书在追溯京东方战略行动的历史轨迹时所发现的，个人品质不仅只有在组织的语境中才能发挥作用，而且这种品质本身也会受到组织和社会因素的塑造。因此，除了治理条件，无论是国有企业还是民营企业，要成为创新型企业还需要"意识形态"的条件，即一个国家在经济发展过程中可以影响企业战略和政府政策的社会价值观。这个问题是本章第三节讨论的主题。

创新型企业发展的实际治理条件反映出进一步改革国有企业管理体制的必要性，因为当国有出身的企业进一步成长为创新型企业时，它们与国有资产的社会关系也就发生了实质性变化：

第一，企业组织能力与国有资产管理职权之间发生了分离。在计划经济时期，国家通过一套从政府部门到企业管理层的计划和行政体系，在国家所有制的基础上直接操作企业的运营。在这种条件下，国有资产的管理与企业的组织能力之间是高度统一的。但在"改革开放"的30多年里，国有企业的命运发生了巨大分化。来自国家预算的投资到1990年代初就已基本停止，原来管理企业的部门行政机构被撤销，而企业则被要求自负盈亏。在这些条件下，一些转变成为竞争性的企业以"内生"的力量重塑了资源条件、组织机制并改变了业务构成，其结果是在市场竞争中发展出明显超过原来国家投资所决定的组织能力。更进一步地讲，当其中一些企业发动了重大技术／产品创新或进入新的工业领域时，随之发展出来的组织能力已经与原来国家投资所决定的资源条件基本脱离了关系，也与国有资产管理者的职能活动脱离了关系。

第二，国有资产乃至企业全部资产的盈利性越来越取决于企业的组织能力。工业资产不是土财主家里的不动产，其盈利性（"保值增值"）取决于使用这些资产的企业在技术和市场不断变化中的竞争绩效，取决于企业对生产性资产的有效使用，取决于企业的组织能力。当现存国有资产已经不能决定企业组织能力的发展时，这些资产的盈利性却越来越取决于企业通过自己的战略、结构和过程发展出来的组织能力。从传统国有企业转变为竞争性企业，再进一步成长为创新型企业，企业的资产结构必然发生明显变化——来自资本市场和其他投资的资产比例上升，而这些来自"市场化"渠道的投资则更加证明组织能力决定资产盈利性的逻辑：只有看到组织能力所决定的企业盈利前景时，投资者才会投资。这种变化也使国有资产管理者的实际职能更趋近于股权投资者，而不是企业资产的管理者。

第三，企业的战略和能力决定利用社会性生产要素的范围和效率。在一个现代经济体中，存在着企业资产所有者没有直接支付成本的社会性生产要素。例如，企业使用的技术有一部分是由国家资助开发的（更何况工业技术的基础知识）；劳动者所受的教育也是由社会承担成本的，而且中国劳动者受到的教育程度越高，由公共资源承担的成本就越大。如果通过投资形成的物质资本能够形成生产力，就必须与这些生产要素结合，而这种结合只有通过具有持续性的企业组织（如公司）才能实现。当一个企业成熟起来，其融资资本的主要来源就不再是投资人，而是内部积累、资本市场融资和贷款[①]；还会产生组织性的资产——最典型的就是专利、商业秘密、品牌等无形资产。在整个经济体制市场化的条件下，企业的组织能力越强，越可以在更大范围和更大程度上利用社会性的生产要素，越是会使自己的资产来源多元化，也越会形成更多的组织性资产。因此，从传统国有企业向竞争性/创新型企业转变的过程，也是企业社会化程度提高的过程。

面对这些变化，我们猛然发现，对于那些出身国有企业的竞争性/创新型企业来说，"国有企业"其实已经成为一个过时的概念，既不反映它们的现状，更不反映它们未来的特征。这样的企业实际上已经不再是传统意义上的国有企业，而是在存在其他资产所有者的条件下，成为"拥有国有资产"的企业。但是，由

[①] 伯利在为《现代公司和私有财产》一书于 1967 年再版时写的序言中指出，当一个公司成熟起来后，其融资资本（finance capital）的主要来源是"内部产生的"（Berle and Means 1932/1997，p. xxvii；中译本第 26 页）。

于资产来源的多元化，而且也是由于企业组织的社会性，所以没有任何资产的所有者可以声称拥有整个企业。因此，产权多元化的意义在于保证管理层对于企业的合法控制权，从而解决"自主权"长期得不到落实的问题。如果非要以一个概念来称呼这样的企业，那么它们更应该被称为社会化的企业。

企业的变化凸显出现行国有资产管理体制的问题。从 2003 年开始实行的国资委体制[①]，对规范当时的国有企业改革并稳定其发展起到了良好的作用，但也逐渐暴露出对企业行政干预过多和保护垄断的缺陷[②]。在国有企业演进的语境中，这种缺陷的根源在于，国有资产管理部门以出资人身份对企业管理行使的行政权力超出了"国有产权"赋予的权限，负责国有资产"保值增值"的职能实际上变成直接管理企业内部资产的行政权力（在实践中表现为对企业用人权、投资权、激励权的审批）。事实上，这种体制是阻碍国有企业创新的重要原因，因为它以财务指标实施的业绩考核会迫使企业采取适应性战略，重视"榨取"现有资产的效率而不敢实施进取性的投资战略，最终阻碍企业组织能力的发展。

实践已经证明，对国有资产实行外科手术式的私有化会造成严重恶果，不仅是财富分配不均，而且会摧毁中国工业的基础；而国资委化的后果就是永远摆脱不了政企不分。面对这些问题，在国有企业转变过程中脱颖而出的创新型企业为改革指出了方向，即在保留国有资产的同时，让企业逐渐成为独立于任何资产所有人的竞争主体，服从国家的法律和政策，但没有可以处处干预企业行动的行政上级。因此，国有资产管理体制也应该向适应社会化企业的方向演进：当名义上的国有企业正在或已经形成社会化产权基础的条件下，企业的资产所有者只应该从股东的权利角度介入企业管理者的选择和任免过程，而且要遵循制度化的方式，并尊重产生企业领导人的企业内部"再生产"机制。在企业的运营上，管理层受到党的领导[③]、国家法律和政策以及市场竞争等力量的约束，但以合法的独立形式发挥着无可替代的作用。另一方面，国有资产管理部门的职能转向战略性资产管理，即从国家对于经济发展的考虑进行投资和资产配置，对盈利增长和需要

---

① 以 2003 年 3 月国务院国有资产监督管理委员会的成立为标志。

② 其实根源也在于深受股东价值最大化理论的影响：中国经济学界 1990 年代在向国内介绍所谓"现代公司治理"时，使股东价值最大化及其委托代理理论迅速确立了主流地位；中国加入 WTO 前后，中国政府与世界银行、国际货币基金组织（IMF）和经济合作与发展组织（OECD）等保持着咨询合作，而当时这些国际组织正在向全世界输出美国的公司治理模式（张佳康 2013）。这种理论强调外部所有人的权利，把"内部人控制"看作是坏事，所以为国资委以"出资人"身份行使行政权力的合法性提供了理论依据。

③ 接受党的领导是中国政治体制决定的，但在企业层次上，党的领导必须与公司治理相融合或一体化，不能形成两个决策中心。

技术突破的部门和企业进行投资，缩减甚至撤出对衰落部门和企业的投资①。通过股权融资的形式，国有资产甚至可以进入民营企业，以帮助发动重大技术创新的民营企业渡过瓶颈期。从这个角度看，有理由相信出身不同所有制的创新型企业——国有的和民营的——最终会走向趋同，共同变成社会的企业。

于是，我们以历史的视角揭示出中国国有企业的生命历程。国有企业作为一种正式的体制，形成于中国从1950年代开始的工业化；在从中央计划体制转变为社会主义市场经济的改革过程中，一部分国有企业经历了向竞争性企业的转变；从这个转变中产生的动力催生了少数创新型企业，它们的发展揭示出国有企业走向社会化的前景——它们不再是传统意义上的国有企业，但它们也不是私人企业，而是成为社会的企业②。但这个生命周期不是中国工业化基础的终点，在英雄年代奠定的知识和经验基础会因为这样的组织转变而得到继承、更新和发展壮大。因此，从国有出身并继续含有国有资产的社会化企业，仍将是中国工业发展的核心力量。

第三节
中国工业精神的涅槃

如前所述，一个后进国家的企业不可能仅凭利润动机就敢于进入本国原来没有的高技术工业，而必须具有超越战略的信念。虽然企业领导人的个人品质和作用必须得到承认，但这种信念的来源是社会性质的——所以它不会在任何国家的任何阶段随机出现，而是往往勃发于某个国家的某个历史阶段。在追寻京东方的信念来源时，我们发现了这个企业的战略行动与中国现代化历史力量之间的联系——这就是中国工业精神，也就是驱使一些中国企业采取进取性战略的"意识形态"条件。

---

① 随着企业的转变以及融资来源的多元化和市场化，造成国家投资低效率的障碍——按照行政体系无偿分配国家投资的体制——已经被去除。在这个条件下，通过市场化途径实施的国家投资可以成为高效率的政策手段。

② 根据传统的理解，只有在国家资本处于绝对或相对控股的条件下，改制后股份公司才能保持公有制性质（陈锦华2005，第236页）。但我们在这里根据中国创新型企业发展所示的逻辑是，只要不存在其股权超过国家或国有法人股的个人大股东（如果不贱卖国有资产，这种情况不可能发生），含有国有资产的企业仍然会保持社会意义上的公共性，即没有任何资产所有人能够拥有这些企业。需要重新认识这个问题的必要性在于，除非国家持续投资，否则那些高成长企业含有的国有资产比例终将下降。

什么是"中国工业精神"？从它在现实中的表现看，就是在技术和工业发展上对于"独立自主，自力更生"原则的信奉。这种精神的特征只能以这样一个"古老"或"陈旧"的概念来刻画，既说明中国工业精神形成于中华人民共和国的早期阶段，也说明在经过长期衰落之后，它的留存还是保持着原始的表现形式。

中国工业精神起源于中华人民共和国早期经济发展所面临的结构性矛盾：一方面，从革命中诞生的新国家要改变极度落后贫穷的经济状态；另一方面，她又要坚持走政治上独立自主的道路。为行文简单化，我们这里把前一个目标称为"富民"，而把后一个目标称为"强国"（请读者记住被简化的两个概念指的都是目标，而不是实际状态）。从表面字义上看，"强国"与"富民"之间应该是相辅相成的统一关系。但如果把中国的发展置于历史的脉络中，两者之间就可能存在矛盾，由此造成两者关系在不同历史阶段的变化影响了中国工业精神的兴起、衰落和复苏。

对于开国一代的国家领导人来说，政治上的独立自主是发展经济的前提，而不是相反。这种思维并不主要是由意识形态所决定的，而主要是由中国自 1840 年鸦片战争以来的历史经验和新中国成立时的国际形势所决定的。

第一，如果说开放是经济发展的前提条件，那么在 19 世纪末到 20 世纪最初的几十年间，在全世界的主要经济体中，大概没有比中国更开放的了。抗日战争前夕，外资控制着大约 42% 的中国工业资产。当时外资企业生产了中国 60% 以上的煤炭、86% 的铁矿石、80% 的生铁、88% 的钢以及 76% 的发电量；即使是在中国民族资本最强大的工业——棉纺织工业中，外国企业也拥有 54% 的纱锭和 44% 的织布机；外资还控制着中国造船工业和各种轻工业（包括木材加工、皮革、卷烟和饮料）一半以上的产量、73% 的船舶吨位以及公用事业的大部分；中国的银行业、保险、外贸则更是由外资主导着（Riskin 1987，pp.19-20）。但是，那个时候的中国不仅依然是一个贫穷落后的农业国，而且很快就遭到日本的全面野蛮侵略。

第二，第二次世界大战后的世界市场体系是由以美国霸权为首的西方发达国家所主导的，如一位美国的国际关系学家指出，自从 1940 年代末的冷战开始以来，美国为了自身的经济和安全利益，创造、保持、捍卫和扩大了一个世界自由经济的秩序；同时美国又利用它在国际秩序中的特权地位来服务于自己特定的目的——美国在横跨"两极"和"单极"的时代，一直同时是一个体系的制造者和特权的获得者（Mastanduno 2009，pp.121-122）。这个体系具有的政治性质本来就排斥打破其秩序的任何社会革命，所以对新中国采取封锁政策。很显然，如果中国要在新中国成立之初融入世界市场，就不能坚持政治上的独立自主。于是，中国"倒向"在意识形态和政治上更友好的苏联阵营。

因此，"强国"优先在开国一代领导人的头脑中没有任何逻辑上的困难，由此所决定的经济发展战略首先体现于中华人民共和国在人民生活水平极低的阶段却奠定了一个大国的基础结构，它在工业发展方面的表现就是建立完整的工业体系。由于发展重工业和上游工业需要更高的投资强度，所以在投资分配上必然表现出重工业优先的特征。这样的工业化当然违反教科书经济学上讲的"比较优势"原则，但如果把那个过程置于历史的脉络，不可理喻的人并非是当年的工业化决策者和建设者，而是今天那些"站着说话不腰疼"的中国经济学家。

对于要在政治上保持独立自主的中国来说，1960年代初的中苏分裂是比美国及其西方盟国的持续封锁更大的挑战，因为它造成外部技术主要来源的全部中断。但是，坚持"独立自主"的中国没有低头，于是从1960年代初直到1970年代末，在技术进步和工业发展上走了一条以"自力更生"为主的道路。在存在霸权的世界体系下，一个发展中国家坚持政治上的独立自主是一种极高的抱负，但中国又处于经济贫困的状态。于是，远大目标与现实资源之间的巨大差距产生出要弥补这种差距的精神动力。虽然是在特殊历史条件下的特殊表现形式，但"独立自主，自力更生"就成为中国工业精神形成的标志[①]。

从技术进步和工业发展的意义上说，"独立自主，自力更生"的方针和精神促使中国工业从早期阶段就开始了广泛的自主开发，也激励了管理人员、技术人员和工人的献身精神和创造性。这种作用集中体现在已经成为象征意义的"两弹一星"上。作为工程项目，"两弹一星"开发成功的首要原因不是技术性的，而是政治性和战略性的，其逻辑同样反映出典型的"战略意图"。开发这些项目的决策不是依据当时中国具备的资源/能力（实际上中国当时并不具备足以开发"两弹一星"的资源/能力），而是保持国家独立自主和安全的必要。一旦做出这种决策，远大目标与现有资源/能力之间就立刻产生"绷紧"——但由于坚定的政治意志和献身精神，这种"绷紧"反而促使开发者进行更高强度的技术学习和各种各样的创新，而突破资源/能力瓶颈的要求本身就成为对所有参与者的激励因素，最后的结果是使中国获得了在通常条件下难以获得的成就。从更大的范围讲，即使在封闭条件下开发出来的产品和工艺不一定具有很高的技术水平，但自主开发

---

① 长期观察中国的西方学者指出，"自力更生"的终极含义不是"自给自足"或"闭关自守"，而是自己掌握主动权，即独立自主（Lieberthal 1995，pp. 76–77；Kerr 2007，p. 81）。

所导致的高强度技术学习却奠定了中国工业的技术能力基础^①。

"自力更生"阶段最具标志性的自主开发成果当然是"两弹一星"，但其实大大小小的例子不胜枚举。以中国机械装备工业为例，继1960年代初制造成功万吨水压机之后，这个工业又于1960年代中期到1970年代初，开发成功业内著名的"九大装备"，包括：（1）最大压力为3万吨的模锻水压机；（2）最大压力为12500吨的卧式挤压机；（3）轧辊宽2800毫米的热轧铝板轧机；（4）轧辊宽2800毫米的冷轧铝板轧机（以上四套设备生产的代表产品是制造大型飞机所用的模锻件、挤压件和铝合金板）；（5）外径2毫米—80毫米的冷轧合金钢管轧机；（6）外径80毫米—200毫米的冷轧合金钢管轧机；（7）轧辊宽2300毫米的冷轧合金钢板轧机；（8）轧辊宽700毫米的20辊冷轧带钢轧机（以上4套设备生产的代表产品是军工所需的不锈钢或多种合金钢的多种用途，由大到很小很薄的冷轧板、管、带材）；（9）压力为1000吨的油压机，用来压制导弹弹头等零件。需要说明的是，上述九大设备只是以主机命名的，而它们实际上是成套的设备系统，包括"主辅配"设备共810种1300台，总净重4.6万吨。"九套"虽然并非完美无瑕，但总体看是成功的。它适用可靠，价格低于原预算，而且当时世界上全部拥有这类整套设备的只有两三个国家。由于这些设备当时主要用于国防工业，所以因保密而长期鲜为国人所知。当中国在世纪之交更加开放后，看到"九大"中的几套设备的美、日、德等国专家无不对中国在1960年代就已经能够自行研制那样的设备并投入生产表示震撼和钦佩（见《沈鸿纪念册》，2006）。

中华人民共和国在前30年实现了政治独立并奠定了大国基础，但没有实现"富民"。这与过多的政治运动特别是"文化大革命"的动乱有关，与中央计划体制的僵化有关，与应对战争威胁有关，特别是因为中国在1960—1970年代世界经济发展的黄金时期仍然专注国内的政治，没有更早地注重经济建设并发展与世界市场的联系。这些因素导致中国技术进步相对于世界先进水平的滞后，正如中国老一代经济学家薛暮桥在"改革开放"初期所言："我国在五十年代新建设的工业，当时在技术上是比较先进的。近二十年，工业先进国家进行了几次技术革新，而我则停留在原来的水平上，因而也扩大了同发达的资本主义国家之间的差距"（1979，第220页）。于是，在"强国"的前提下实现"富民"就成为"文革"结束时的社会主流愿望，体现在中国政府于1974年首提并在1976年之后重新确认的"四个现代化"上。在那个历史关头，重新强调科学技术的重要性赢得

---

① 技术能力指的是能够设计和开发产品和工艺的能力，而不仅仅是按照现成设计进行生产的能力。

了中国社会的巨大热情和支持，对"科学的春天"的向往成为促成政策改变的社会基础。

当"富民"重新得到强调时，实行对西方国家开放并融入世界市场的政策也就顺理成章。但不能忘记的是，中国能够在1970年代末实行开放政策的前提条件是"强国"的基础已经奠定。这个关系在逻辑上很清晰：由于美国是世界市场体系的"老大"（主导着对华封锁），所以中国能够向西方国家开放并融入世界市场的前提是中美和解；中美和解始于1972年美国总统尼克松访华，其动机是为了结束使美国陷入泥潭的越南战争并联合中国应对来自苏联的威胁。因此，如果要解释中国为什么能够向西方开放，就必须理解为什么中国掌握着美国退出越南战争的钥匙并成为一个抗衡苏联的关键力量——那是坚持"强国"的结果。今天的许多人已经把中国可以开放当作是理所当然的，却忘记开放的条件是政治上的独立自主，而获得这种条件又要付出什么样的代价——这就是前辈做出牺牲的意义所在。

从理论逻辑上讲，开放就可以带来更好的技术学习条件，所以没有任何理由认为中国的技术能力不能在通过自力更生阶段建立起来的基础上继续壮大。但在"改革开放"开始后，"富民"逐渐压倒"强国"，形成了"富民"必须以牺牲"强国"为条件的政治思维。这个政治上的转向使中国的技术政策在1980年代发生了一个根本性的变化："自力更生"被当作落后的东西而抛弃，完全依靠"引进"来实现技术进步被当成"改革开放"的必然。有三个例子可以生动地反映这种变化。

根据新华社资深记者李安定在2013年写的一篇文章[①]，1984年8月11日，中央财经领导小组在北戴河召开会议，听取一汽的汇报，把中国汽车工业公司的领导人饶斌和李刚（两人都担任过一汽的领导人）叫去旁听。在那次会议上发生了一个意外：生产了25年的红旗轿车被勒令停产。李安定以记录饶斌口述回忆的形式描述了当时的场景：会上谈到了红旗轿车时，国务院领导当面对饶斌说："红旗油耗大、速度慢、不可靠，就停了吧。"饶斌当场进行了争辩，说车子大、自身重，当然耗油就高些，但是并不比国外同类车多。饶斌接着说，"生产十台解放牌的成本才能造一台红旗轿车，红旗轿车送给中南海的领导坐，也是我们的一片爱国心吧。""领导说，你别打肿脸充胖子了——这是他的原话——你给我停产就完了。"饶斌问，以后这个事怎么办？领导回答："以后就进口吧。"于是，红旗就这么当面给枪毙了，后来上海牌也在组装桑塔纳的过程中被抛弃，中国轿车

① 李安定："1984：红旗停产真相"，《中国周刊》，2013年7月22日，http://finance.sina.com.cn/china/20130722/160616203552.shtml。

工业走上一条自己不开发而是组装外国产品的道路。

被"枪毙"的还有运－10——中国开发出来的第一个起飞重量超过100吨的大型飞机。运－10项目由毛泽东提议和周恩来批准，于1970年启动。经过10年的开发，运－10于1980年9月26日在上海试飞成功。至1985年2月，运－10累计试飞130架次，170飞行小时，七次从成都飞到西藏拉萨。但运－10刚刚试飞成功，中国开始与美国麦道公司商谈合资组装麦道飞机的计划。1981年2月11日三机部以三飞（1981）179号文向中央财经小组上报《关于运十飞机进展情况和下一步安排的请示》，提出替代运－10的方案是引进美制DC9-80飞机，但因民航总局不要DC9-80而未能立项。以后又由上飞从1985年开始执行与美国麦道公司合作组装25架麦道82飞机的项目。1984年6月，上海飞机研究所的219位科技人员"联合上书"，呼吁不要去组装麦道飞机，提议在运－10的基础上发展一个新的干线机型。国务院总理赵紫阳在来信上批示："此事不再议"。1985年2月，因申请3000万元燃油费未获批，运－10停飞，事实上下马（路风2006，第三篇）。

政策的转向在"枪毙"红旗和运－10之前就已经开始。根据张胜（2008，第422-427页）的披露，1981年10月的一次国务院常务会议上，当时主管国防工业的副总理张爱萍与总理赵紫阳发生了一场"剑拔弩张"的争论。在会上，张爱萍提出不能因为引进法国核电站（功率90万千瓦）就抛弃秦山核电站（中国自己设计的第一个核电站，功率30万千瓦）。尽管张爱萍并没有反对引进，而且从战略上和核工业"军转民"上陈述了建设秦山的意义，但赵紫阳显然不以为然。最后赵紫阳不耐烦地说："就这样决定了。说我卖国主义就卖国主义吧！"张爱萍说："总理，如果你是这样理解的话，那我从此就再不说话了！"会议不欢而散。由于来自党内领导层的压力，秦山核电站最终被批准上马（1983年6月破土动工，1991年12月并网发电，是中国建成的第一个核电站）。不过，由于这个项目获批是以"30万千瓦的核电站就此一个，下不为例"为条件的，所以它并不构成"路线"，后来20年的中国核电发展还是走上以购买外国核电站为主的道路。

枪毙或抛弃这些项目的逻辑是什么？直接说出来的原因是它们在技术上落后，如红旗耗油、不可靠，运－10超重，秦山核电站功率太小，等等。但是，在抛弃红旗后，中国汽车工业就走上只能组装外国产品的道路；抛弃运－10后的20年时间里，中国再没有能力开发大型飞机；在购买了法国、加拿大和俄罗斯的核电站之后，中国为了技术上的"跨越"又在21世纪初年购买美国核电站。造成这些后果的原因在于被抛弃的不仅是产品，而且是开发这些产品的技术活动体系，即技术能力基础。这种抛弃并不是无意的，而是被认为引进"外国先进技术"更有利于发展经济。从张胜（2008，第 443-451 页）的隐晦叙述中，当领导层在 1984 年年末决定改革国防工业体制时，有关的文件中曾经有一句话："等将来有了钱，可以买上它一万架飞机"（这句话后来在重新印发文件时被删除；同上，第 450 页）。这种说法含有让军队和国防工业忍耐和等待的意思。不过，张爱萍对它的评价是："我们这个大国能靠买武器过日子吗？既然在根本路线上都动摇了，我说何益呢？"（同上）很清楚，被动摇的"根本路线"就是包含自主技术研发在内的"自力更生"，这也是本书第二章讲述的中国国防工业被抛弃的历史背景。

时隔 30 年之后再回顾这个政策转折，很难令人相信它是出于发展经济的客观要求或必然选择。一部世界发展史证明，自主的技术研发是经济发展的必要条件。此外，国防工业可以压缩和调整，但被抛弃则不是一个想要保持独立自主的大国所能承受的。中国后来的局部政策转变，如领导层在 1990 年代末提出"科教兴国"、对国防工业重新投入以及 2005—2006 年提出自主创新方针，也同样证明了这个道理。因此，如果自主技术研发、教育和国防工业被当作发展经济的包袱，那只能说是来自战略思维和意识形态的变化，不仅与对技术的看法有关，更与对"强国"的看法有关。否则，我们无法解开把发展市场经济与自主掌握技术对立起来的历史悬案。

当中国在 1980 年代中期开始全面经济体制改革之后，中国并没有迎来一个"科学的春天"，反而经历了一个中国工业精神衰落的历史阶段。根据从 1959 年初就领导中国第一支核潜艇反应堆开发团队的孟戈非（2002，第 389-392 页）回忆，他在 1982 年 3 月 11 日的"大参考"上看到日本媒体的报道说，中国要求日本帮助审查秦山核电站的设计图纸。他深感屈辱地说："须知 1958 年我国开发核动力研究时，国际上对二次大战中战败国的日本和西德，在核能利用方面还在进行管制呢。"尤其让他难以忍受的是，日方同意审查的条件是"限于和平利用，日本提供的情报不会转用军事"。备受刺激的孟戈非写道：

> ……我不反对向一切先进国家去请教、去学习，我也不是一个排外主义者或主张闭关锁国的人，说句诙谐的话，我也亲身证明地球是圆的。我认为：国际间的技术交流和必要的技术引进都是应该的，但必须立足于自力更生的基础上引进先进技术，而不应低人一等和仰人鼻息（同上，第 391 页）。

孟戈非讲的这个事件发生在 1982 年，但它不是一个中国在困窘阶段发生的偶然事件，而是中国社会心理开始发生巨大转折的一个标志。从那时起，中国进入了一个各级领导都迷信"外国先进技术"的时代，一个形成"外国技术一定先进、中国技术一定落后"社会心理的时代，一个中国工业精神衰落的时代。何以见得？再举一个例子。从 2004 年起，中国开始大规模引进列车技术，除了高铁，还有机车。铁道部废弃了中国从 1950 年代末开始开发的"韶山"系统电力机车（同时废弃的还有"东风"系列内燃机车）。铁道部先从德国西门子引进 8 轴双机重联电力机车（EuroSprinter 原型车，由两台 4 轴机车并联组成），即"和谐 D1"，又在对方的极力推荐下引进世界最大轴功率（1600 千瓦）的 6 轴机车（命名为"和谐 D1B"），交由中国南车集团的株洲电力机车厂（株机厂）"消化吸收"（实际上是散件组装）[1]。可叹的是，"和谐 D1B"核心部件之一的转向架是由株机厂设计的，原因是西门子根本没有做过 6 轴机车（赵小刚 2014，第 133 页）。但为了表明这是引进技术，铁道部要求株机厂把全部设计图纸交由西门子审查，一方面向对方支付技术转让费，另一方面把中国企业开发的而西门子没有能力做的技术拱手让给对方。在中央提出自主创新方针后，铁道部因为连续大规模引进而受到越来越大的压力，被迫松动控制。株机厂顺势于 2008 年提出自主开发 6 轴 7200 千瓦交流传动货运电力机车，这就是"和谐 D1C"——它继承了"韶山""血统"，与西门子的技术毫无关系[2]。株机厂开发和谐 D1C 的过程创造了业内奇迹，6 个月完成从设计、试验到装车的流程，于 2009 年 6 月份下线，同年 10 月份批量交付，到同年年底就交付了 60 台，到 2012 年年底已经出厂约 1500 台，销售量远超过世界上所有其他型号的电力机车。相比之下，从西门子引进的和谐 D1 型机车却因为在中国市场不实用，仅生产了 220 台就被迫停产，同样引进的和谐 D1B 也不了了之。如果以上述两个事件为标志，那么中国工业精神衰落的时代持续了大约 30 年的时间。

从 1980 年代中期开始，中国形成了依靠引进来实现工业技术进步的政策[3]，它可以由一个"三段式"的逻辑来概括：引进外国先进技术→实现国产化→达到

---

① 株机厂从 1958 年开始研发电力机车，是开发和生产"韶山"系列电力机车的主力。

② 为和谐 D1C 提供电力牵引系统和网络控制系统的株洲电力机车研究所为了满足铁道部引进世界先进技术的要求，不得不"造假"，把三菱电机的专家拉过来做方案审评，让他们签字以认定该方案是属于联合设计的，弄得日本人还很不乐意："不是自己设计的东西怎么去认可呢？"（路风 2013）。

③ 在 1985 年 11 月举行的第三次全国企业技术进步工作会议上，当时负责工业技术改造的国家经委领导在讲话中说："几年来，通过各种渠道引进的技术和进口设备总额相当大，而消化吸收工作没有跟上，技术开发与技术引进结合不够，用于消化吸收的费用与引进费用不成比例。"然后他话锋一转说："今后，我们要把企业的技术开发，转到以消化吸收引进技术和国产化为主的工作上来"见《总结经验发扬成绩，进一步做好企业技术进步工作》，《经济日报》1985 年 11 月 27 日第三版。

自主开发。但此后中国工业发展的实践证明，如果放弃自主开发，就没有任何工业和企业能够从"引进外国先进技术＋国产化"的阶段走到"自主开发"的阶段。一个典型的例子就是中国轿车工业。尽管官方的政策目标始终宣称要自主开发，但走上合资道路的中国主要汽车企业在 20 年里都无力自己开发一款车型。相反，在组装外国车型的国产化生产和自主开发之间始终横着一条难以逾越的鸿沟，而且越来越大。只是在最近十年间，随着市场开放而在"体制"之外出现了自主开发企业——一个违反了"三段式"政策体系的事件——之后，中国轿车工业才出现了走上自主开发道路的可能性。不仅如此，"三段式"政策还导致一些工业被瓦解。例如，从本书所记录的工业史看，尽管中国没有在计划体制下发展起有国际竞争力的半导体工业，但一直保持着半导体技术的研发和产业基础。在改革开放初年的进口品冲击下，为军工生产是中国半导体技术和工业能够生存下来以图发展的唯一可能[1]。但随着国防工业被放弃，在计划体制下发展起来的产业基础被市场需求的中断所瓦解，等到中国再想发展半导体工业时，就"自然而然地"走上了引进生产线的道路——这个变化导致对半导体技术研发的产业需求消失[2]。纵观历史，中国半导体技术的落后不是发生在计划经济年代（问题顶多是为什么半导体工业没有发展起来），而是决定性地发生在"改革开放"阶段。

在实行"三段式"技术政策后的 20 年里，中国工业从总体上逐渐陷入技术依赖的状态，伴随着许多工业的"去技术化"，也在很大程度上丧失了敢于自主进行技术突破的勇气。以引进替代自主开发的结果必然是技术能力发展不足，这又令人因为看不到自己能力成长的前景而产生了只能跟随的宿命错觉。于是，"三段式"技术政策在 1990 年代就演变成为"以市场换技术"的政策[3]。中国从 1980 年代开始积极"引进"外资，到 1990 年代更是发展成为各级政府要求中国企业与外商合资的热潮。直到 2003—2005 年，还发生过一场外资并购中国骨干企业的风潮（郭丽岩，路风 2006）。在大约 20 年的时间里，中国事实上大规模"补贴"外资，典型地体现在全球罕见的"内外有别"税收政策上——外资企业的所

---

[1] 半导体工业在不成熟的阶段依靠军事需求是一个惯例，而不是例外，早期的硅谷半导体企业就是靠着军方订货而发展起来的（Langlois and Steinmueller 1999）。一位研究硅谷的美国学者 Stuart W. Leslie（2000）直称美国军方是硅谷"最大的天使"。

[2] 由中国科学院半导体研究所编写的一本纪念中国半导体技术研发 50 周年的书（夏建白等编 2006），记录了中华人民共和国科技界研究半导体技术的历程（虽然没有工业的内容）。耐人寻味的是，书中记录的研发活动和领导关怀基本上到 1980 年代为止，给人留下 1990 年代之后已经乏善可陈的印象。可以推断，半导体产业基础的瓦解极大地影响了中国对半导体技术的基础研究。

[3] 两者的共同点是都认为技术的唯一来源是引进，而区别在于前者还要求中国企业对引进技术实现"国产化"，而后者则索性直接依靠外资在华设厂。

得税实际税率是中国企业的一半[①]。所有这些做法都出于一个信念：外资会带来先进的技术和管理。当然，外资主导的出口部门大量雇用农村剩余劳动力一定会带来经济增长，但这也是一出中国版的"technologyless industrialization"（没有技术的工业化）。当今天中国迫切需要以"创新驱动发展"（官方语）时，人们才发现中国工业普遍缺乏技术。

"三段式"政策失败的原因不是出在是否需要引进外国技术上，而是出在放弃自主开发上。中国作为一个后进国家，不仅过去、现在甚至未来都存在着吸收、利用和"引进"外国技术的需要；但同样真实的是，技术不是可以在各个主体之间自由移动的物品，消化、吸收并掌握引进的技术需要能力，而技术能力只能在自主开发的实践中生成和成长，不会是引进的直接结果。"三段式"政策把"引进国外先进技术"规定为唯一的技术来源，割裂了技术引进与自主开发之间的联系，使前者成为后者的替代物，而不是补充物，因而排除了自主开发对于掌握进口技术和推动技术进步的关键作用。Chris Freeman 针对许多国家为获得技术而引进外资的现象指出："技术进口国的这种努力只能得到有限的成功，除非伴之以着眼于加强自主技术能力的制度变化"（1995，p. 16）。

中国经济在改革开放后的高速增长让世界瞩目，但"富民"是否实现？进入21 世纪后，当中国经济和贸易规模的增长在美国引发"中国威胁论"时，一位美国观察家 Gilboy（2004）认为中国"无害"，因为：第一，中国的高技术和工业产品出口被外国企业而非中国企业所主导；第二，中国工业企业深度依赖从美国和其他先进的工业化国家进口的产品设计、关键元件和制造设备；第三，中国企业没有采取多少有效步骤去吸收进口技术并在当地扩散，使它们不可能迅速成为全球工业竞争者（p. 38）。在分析了外资企业占中国工业品出口的比例远高于中国企业后，Gilboy 指出："中国的国有、集体和私营企业落后于外资企业的关键原因之一，是它们没有对日本、南韩和台湾企业在 1970 年代和 1980 年代发展出的那种长期技术能力进行投资"（p. 41）。另一位美国学者 Steinfeld（2010）更加乐观，他说中国在选择加入全球化时也选择了"制度外包"，即将定义社会核心规则、塑造与管理社会内部相互作用的权利让渡给第三方国家。这意味着享受优惠政策的外国企业可以有选择地改革中国国内工业，而中国企业却在这个过程中发展出为跨国公司提供补充性能力而失去了崛起为领先者的能力。中国的经济增

① 据 2005 年一篇报道称，根据当时国税总局测算的实际税率，内资企业所得税为 22%，外资企业仅为 11%，见（"内外企税收有别我国外企税每年少收 2000 亿元"，《人民网 – 国际金融报》，2005 年 9 月 16 日，http://finance.sina.com.cn/roll/20050916/0235314274.shtml）。

长主要是凭借投身全球化生产成为低成本商品的大规模供应商，在世界舞台上扮演的是"最佳配角"，为"主角"——美国等发达国家——创造大量机会去专注于知识、技术和商业的创新（pp. 25–26）。在讨论美国是否因为中国的崛起而衰落时，Beckley（2011）指出，中国的高技术产品出口实际上"并不那么中国，也并不那么高技术"——90%以上是由外资企业生产并由进口元件组成的，只不过是在中国组装的（p. 68）。这几位美国作者的说法真实性另当别论，但他们都有一个共同的观察：中国工业技术能力水平低是中国自己选择的结果。

事实上，在中国的经济规模和人均收入取得了明显增长的同时，越来越少的人相信中国能够以这种发展模式成为一个发达国家。换句话说，如果把"小康"当作标准，那么"富民"就将要实现或已经实现；但如果把"发达"当作标准，那么"富民"不但尚未实现，而且可能永远无法实现，如果不改变中国经济发展方式的话。实际上，由"三段式"政策所体现的发展方式，只能使中国工业产生技术依赖、使中国的经济活动被锁定在低端，不但丢掉了"强国"，而且也不能实现"富民"。

从另一个角度讲，美国出现"中国威胁论"也并非空穴来风，如果人们能够理解美国的安全标准是它对其他任何国家具有绝对优势。在进入21世纪之后，人们发现中国工业在技术上其实并非"一片荒芜"，而是在一系列工业领域出现了技术突破。如果中国工业是被跨国公司所主导的加工组装业，那怎么会出现技术突破？难道出现了"灵异"事件？其实，如果把目光从上述几位美国学者关注的外向型经济部门移开，转向那些在"自力更生"阶段奠定基础的工业——核能、航天、航空、石油化工、发电和输变电设备、铁路装备、造船、卡车、机床、重型机械、大型计算机等工业，出现这些突破就不是不可理解的了。换句话说，只要稍微观察一下那些今天具有技术能力的中国企业，就会发现其技术源头几乎都可以追溯到"自力更生"阶段，而且在"改革开放"阶段坚持自主开发——那些技术突破就是由血脉里流淌着中国工业精神的企业创造的。如果低估在"自力更生"阶段奠定的基础，就一定会产生对中国技术进步和工业发展的误判[1]。以下举三个例子。

由于中国曾经在2004—2006年大规模引进高铁技术，所以一些人把"引进、消化、吸收、再创新"说成是中国高铁技术取得迅速进步的原因。但对中国高速列车技术的分析表明，中国工业之所以能够在引进之后的短短几年内就开发

---

[1] 这种表面上看上去的"自相矛盾"没有逃过一些西方学者的眼睛。例如，Kerr（2007）。

出世界领先的高速列车（如时速可达 380 公里的 CRH380A），其根本原因是中国工业不仅本来就具有技术能力，而且还直接使用了自己本来就已经掌握的核心技术——这些技术不但不是引进的，甚至也不是对引进技术"再创新"而来的，而且在许多方面比引进的技术更先进。引进技术确实起到了积极作用，使中国工业获得了成熟产品所包含的经验，但中国铁路装备工业之所以能够迅速把引进的技术结合于自己的创新，是因为其技术能力基础很强，而这个基础是中国铁路装备工业在长达 50 多年的自主产品开发过程中积累起来的——自从 1949 年中华人民共和国成立直到 2004 年的大规模技术引进，这个工业从来没有中断过产品开发，包括自主开发高速列车[1]。换句话说，这个能力基础的形成过程是 60 年，不是 30 年，更不是 10 年。一旦最初的引进路线在国家方针发生变化的影响下转向自主创新，这个能力基础的能量就迅速迸发出来，在大规模建设高铁的条件下"意外"地把中国高铁技术推向世界领先的位置（路风 2013）。

2015 年 5 月 7 日，中国首个自主开发的第三代核反应堆"华龙一号"示范工程在福建省福清市开工[2]。要明白为什么中国能够建设这样的核电站，就必须回到历史，把目光投向四川夹江县的一条山谷。中国开发核动力技术的努力始自 1958 年，当时在北京组建的一支团队在没有任何外援的条件下开始研究设计核动力反应堆（孟戈非 2002）。1965 年，中央决定在四川省夹江地区建造核潜艇陆上模式堆，于是以北京团队为核心，从全国调集几千工程技术人员在那个从未有过工业踪影的丘陵地带建立起"909 基地"。1970 年 8 月 30 日，中国第一个核潜艇陆上模式堆达到满功率，它在大西南的一个山谷里发出了中国的第一度核电；1971 年 9 月中国第一艘核潜艇下水。在开发出来第一代核潜艇动力堆之后，从 909 基地演变而来的中国核动力研究设计院几乎 20 年没有再接到任务，几千人似乎被遗忘在那片山区，并在"军转民"最困难的时期人员大量流失。即使在这样的条件下，这支披荆斩棘的队伍仍然于 1980 年建成了高通量工程试验堆（是设计反应堆的关键实验设备），使中国成为继美苏之后第三个拥有这种堆型的国家。1980年代末，闲着没事干的核动力院自筹资金，开发出来在美国之外绝无仅有的脉冲堆（可用于模拟核爆试验）。就是从这里出去的工程师们，为中国设计开发了秦山一期、二期核电站的反应堆。当中国再次开发新一代核潜艇时，依靠的仍然是这支队伍。当中国在 21 世纪初年再度依靠引进来发展核电时，这支队伍又差点

---

① 正如曾任中国南车集团董事长的赵小刚（2014）所言："中国高铁的华美亮相绝不是'忽如一夜春风来'。"

② 见"法媒赞叹中国核'龙'起飞"，《参考消息》，2015 年 5 月 9 日第 4 版。

被抛弃。但从美国西屋公司购买的 AP1000 问题多多，工期一拖再拖，于是中国核动力研究设计院再次被证明是中国核电发展的大梁（路风 2009）。

中国的电信业在改革开放之初处于非常落后的状态，而当时的国际主流电信技术正在转向数字程控交换。在主管部门的"三段式"方针下，该工业经历了大规模进口国外程控交换机（所谓中国电信业的"七国八制"时代——从七个国家的八个企业进口了八种制式的程控交换机）、合资生产（以上海贝尔为代表）以及模仿开发等阶段。当这个工业仍然沿着"三段式"道路蹒跚时，解放军郑州通信工程学院的邬江兴团队却于 1991 年开发出中国第一个万门程控交换机——04 机。邬江兴等人参与过 1970 年代中国军方主导的大型计算机研发项目，在他们参与的项目部分因裁军而下马后转向通信领域，并经过数年的努力以设计 5 亿次浮点计算机的思路开发出 04 机[①]。04 机经过 1992—1993 年的实验局阶段，从 1994 年开始大量进入市场。这个突破具有划时代的意义，它直接导致"巨大中华"（巨龙、大唐、中兴、华为）的崛起[②]，致使电信设备成为中国工业中一个罕见的技术研发密集型工业。发人深省的是，04 机不是"技术引进"的结果[③]，其开发团队的知识和能力起源于自力更生年代的研发项目，而这个项目也是中国超级计算机的技术源流（04 机只不过是这个项目"溢出"的支流），其成果之一就是从 2013 到目前运算速度名列世界第一的天河二号。

上述例子也表明，进入 21 世纪后，中国工业精神出现复苏，而它能够被保留下来的关键因素仍然是中国工业在"自力更生"阶段积累起来的能力基础。由于这种能力和精神的基础，当市场经济的发展使企业可以更大地发挥首创精神时，一些企业——包括国有和民营——走上了违反"三段式"政策的自主创新道路，而且每每造成中国工业的技术突破。正是因为中国工业精神的存在和复苏，才促成了 2005—2006 年在国家层次上提出"自主创新"的方针。

---

① 关于 04 机的信息来源于本书作者对邬江兴的访谈。04 机成功后，政府将几个国有企业组成巨龙公司生产 04 机。因为体制原因，巨龙后来失败了。

② 04 机的成功鼓舞了华为和中兴。1993 年初，华为正在倾全力开发 2000 门的数字程控交换机之时，又决定上马万门机（张利华 2009，第 43 页）。从时间节点来看，在 2000 门交换机还没有开发出来时就决定上马万门机，可以判断为是受 04 机成功的影响。1994 年底，华为终于研制出了 C&C08 万门程控交换机，它是华为的技术基石，华为后来的所有技术都是从这个平台上发展起来的。

③ 时任信息产业部副部长的奚国华（曾任上海贝尔的董事长）在纪念上海贝尔成立 30 年的一本书的序言中写道："在一定程度上可以讲，如果没有上海贝尔，就没有后来的'巨大中华'的崛起，就没有我国通信设备制造企业的群体突破和发展壮大"（吴基传和奚国华主编 2008，序言第 7 页）。这个断言显然夸大了上海贝尔的作用。今天，有多少人知道上海贝尔？又有多少人不知道华为？上海贝尔作为通信工业的第一个合资企业，可能起到过示范作用，也可能启发过中国企业，但它的技术与"巨大中华"毫无关系。正因为如此，所以上海贝尔后来逐渐被边缘化，而华为、中兴却成为世界知名的中国企业。

中国工业精神形成于在极度落后并遭到封锁的条件下发展工业和技术的努力与奋斗，当这种实践被概括为精神符号和行为象征之后，它就被保持在民族的记忆中，变成一种价值观和意识形态，并因此而获得了更持久的生命。例如，被"枪毙"掉的运－10和红旗仍然"阴魂不散"，虽然它作为产品或研发体系的物质形态已经消失，但它只剩下象征意义的身影却一直纠缠着今天的人们，甚至仍然在影响着历史的走向。运－10下马后，围绕着中国要不要再造大飞机的争论从来没有消失过。每当政治气氛允许或出现什么契机，中国再上大飞机的建议就会被重新提出。这场持续了20多年的争论在2007年得到一个结果：国务院于这年2月正式宣布中国再上大飞机项目。最后压倒所有反对意见的力量来自一个历史事实：中国曾经造出来过运－10。于是我们再次看到中国工业精神的力量：虽然运－10作为一个项目因被抛弃而以失败告终，但40年前的壮举却永远改变了历史：因为有过运－10，所以中国造大飞机的梦想一直不灭；因为有过运－10，所以反对中国研制大飞机的人一直不能占上风；因为有过运－10，所以国际航空工业界一直对中国"另眼相看"。于是，成为"非物质文化遗产"的运－10，竟然继续在塑造中国的历史[1]。

中国工业精神能够被顽强地继承下来反映了一个事实：中华人民共和国前30年的历史奠定了一个大国的基础结构，从而也塑造了中国人主流世界观的框架。从那个基础被奠定后，中国人从此不再认为自己的国家可以被任何强权所主导：一旦遭受强权的威胁，社会主流思维就会转向认同"强国"；一旦遭受经济上的压制，社会主流思维就会重新讨论"富民"的途径。正是由于这个基础框架的存在，中国社会对于"强国"和"富民"以及它们之间关系的主流认知在最近十几年里发生了明显的变动。

第一个变动是向"强国"的回归。这场回归的起点是1990年代中期的"台海危机"、1999年美国飞机轰炸中国驻南斯拉夫大使馆和2001年中美飞机相撞事件。中国人发现，虽然美国承认中国只有一个，但在政治上和战略上，美国把台湾当作"自由民主"世界（即美国体系）的一部分，而不是中华人民共和国的一部分；虽然按照具有国际法效力的"开罗宣言"，钓鱼岛属于中国，但美国从遏制中国的亚太战略再平衡角度，宣称这个岛的控制权属于日本。这种关系的性质

---

[1] 资源/能力学派认为，企业进入一个新工业之前的资源/能力影响企业进入的决定、方式和进入后的业绩（Helfat and Lieberman. 2002）。按照同样的逻辑，运－10和北京电子管厂的历史影响了中国再上大飞机项目和京东方进入TFT-LCD工业的决策。换句话说，如果没有中国在"自力更生"年代奠定的基础，就没有中国高技术工业在"改革开放"年代的成就。

使中国人终于认识到，台湾岛和钓鱼岛是否属于中国最终是由实力对比决定的，所以中国领导层会向被抛弃了十几年之久的国防工业重新投入，而中国社会的主流认知会重新认同"强国"。

第二个变动是对"富民"途径的认知。在 1990 年代，中国社会对于经济发展方向的主流认知是融入世界市场和"与国际接轨"。但当中国加入 WTO 之后连遭知识产权压制时，中国舆论对于必须掌握"核心技术"的议论甚嚣尘上，成为促成中央提出"自主创新"方针的社会条件。人们认识到，由美国霸权所维护的国际贸易体系天生具有把发展中国家的经济活动压向低端的性质，所以西方国家可以对中国禁运高技术产品，但中国不能不向西方出口稀土和焦炭[1]。在讨论中国经济发展方式时，中国人不再认为中国可以依靠外资加工组装厂而致富，"以市场换技术"的说法变成政策失误的负面典型，而中国的发展必须依靠中国工业的创新和技术进步成为普遍的社会共识。

当中国社会的认知朝着上述方向变化时，对"强国"和"富民"之间关系的认知也朝着两者本应相辅相成的方向变化。也就是说，在经历了"强国"优先和"富民"优先两个历史阶段后，中国第一次出现把"强国富民"看作是统一体的社会认知。虽然在政治层次上是否能够形成与之相符的方针仍然是不确定的，但这种社会认知的形成及其背后政治经济因素的变化就是中国工业精神复苏的历史条件。

中国工业精神之所以重要，就是因为要实现"强国富民"就必须依靠中国工业的技术进步和自主创新。本章第一节所提到的那些"发展型国家"或"新实现工业化的国家"，是在美国主导的国际体系中挤入与大多数较穷国家相对的富国俱乐部。但是，中国仅仅从其人口规模来说也不可能复制它们的模式。如果中国的人均 GDP 达到韩国的水平，那么中国的 GDP 总量就会是美国的两倍多[2]。当今天中国的 GDP 总量只相当于美国的一半时，美国已经"暴跳如雷"，它在自己主导的体系内能容忍中国的经济规模是它的两倍吗？因此，中国是一个天生的大国命，她只有两个选择：（1）如果服从美国体系，那么中国就必须在政治上接受台湾和钓鱼岛不属于中国的条件，在经济上接受充当廉价打工者的地位，于是中国就不可能实现"强国"和"富民"之中的任何一个，遑论同时实现两者。（2）如

---

① Wade（2003）指出，国际贸易组织（WTO）一系列协议的实质是保护西方发达国家的"技术租"（technological rents），即通过对技术的垄断而获得的超额利润。

② 根据国际货币基金组织（IMF）的数据（见其网站），2014 年韩国人均 GDP 为 25931 美元，如果中国人均 GDP 达到韩国的水平（中国人口按 14 亿算），那么中国的 GDP 总量（25931×14 亿＝363034 亿美元）就等于 2014 年美国 GDP 总量（175280 亿美元）的 2.07 倍。

果服从自己的大国宿命，那么中国就必须在技术和工业上达到世界先进水平，能够与发达国家鼎足相立，并以自己的发展带动大多数其他发展中国家的发展。这样做并非意味着中国要游离于世界市场体系之外，也不意味着中国要与美国发生恶性冲突，但它的确意味着中国必须凭借自己的技术和工业能力在开放条件下保持政治独立、经济自立和国家安全。由于中国的技术和工业能力尚未达到这种必要的水平，所以鼓舞中国企业敢于在技术上突破的中国工业精神就仍然能够发挥巨大的作用。不信？那你就问问自己，在"独立自主，自力更生"与"团结一心奔小康"这两句口号之间，哪一个更能激起一个人、一个组织或一个国家的斗志？

中国工业精神是一种理念，包含着行动者诠释自己利益的价值观、从历史经验凝练出来的信念以及与外部世界互动的行为准则，其作用是在充满不确定性和利益冲突的世界中为行动者提供行动指南。今天，中国已经处于与"自力更生"年代完全不同的环境，在那个年代之后出生的年轻人也逐渐成为技术和工业发展的主力。因此，中国工业精神的内容将会发生变化，其表现形式也会更新。但是，作为这种精神的内核——自立自强——将会保持下去，并鼓舞中国人敢于走自己的路，不仅在技术上、在工业发展上，而且在制度上。只有想富强的人才会富强，只有想胜利的人才会胜利——这就是中国工业精神的意义。

尾　声

本书讲述了京东方在全球半导体显示工业中崛起的故事。由于这个故事仍在真实的世界中继续，所以读者在掩卷之际可能不禁要问：京东方会继续成功下去吗？对于可预见的未来，这个问题的答案是确定的，因为本书其实只写到京东方成功的开始。对于更长远的未来，这个问题难以回答，至少因为现代工业史上尚未出现过永远成功的企业。但这个悬念并不影响本书的目的，因为本书想讲的是：在那样一个历史阶段，有那样一群人所领导和组成的企业，干了那样一个充满英雄气概的事业，对中国的发展做出了那样的贡献。我们更关心的问题是这个故事"为什么"会发生。为了找到答案，本书追溯了中华人民共和国的工业史，并发现了被"强国富民"目标在特定历史条件下塑造出来的中国工业精神。

中国工业精神曾经一度衰落，但当我们追溯中国工业发展的历史轨迹时，却发现这种精神从未熄灭——它们有的发生在大西南的山谷里，有的发生在东北和西北的老工业基地；有的发生在湖南腹地的大制造企业里，有的发生在浙江沿海地区的劳动密集型小企业里，也有的发生在上海、深圳这样繁华都市的高技术企业里。在半个多世纪的风雨中，中国工业人及其企业有着各自的心酸和无奈，经历过被冲击、被抛弃的境遇和命运。但是，那些信奉这种精神的工业人及其企业仍然以自己的顽强坚韧，在开放市场条件下爆发出令人意外的创造力，改写了中国工业史，并正在勾画出世界历史上最为磅礴宏大的工业篇章。

京东方的奋斗就是发生在这样的历史脉络之中。在北京电子管厂的产业根基被毁灭后，从那个废墟上脱胎而来的京东方，为了生存也经历过"去技术化"。但是，京东方领导人坚信自己的命运还是要做高技术产业，所以才会在那个关键时刻决定进入 TFT-LCD 工业。从表面上看，1990 年代才出现的半导体显示工业在中国工业中找不到技术联系，但如果指出北京电子管厂曾经是中国电子工业的第一厂和做出半导体晶体管的第一个企业，我们就会理解历史与现实之间的联系。即使这种联系在物质形态上已经断裂，但它仍然以精神的形式在决定企业领导人的抱负。当京东方决定进入这个工业时，没有任何国家政策要求或鼓励她这样做，也没有可预期的高额利润可以诱使她这样做，但从北京电子管厂成长起来的京东方领导人却认为这是"命中注定"。无论从何种利益的角度看，这个选择在当时的条件下都令人难以理解，但如果指出一个简单的事实，一切就变得容易理解，甚至理所当然——京东方人是中国工业精神的传人。

千年易过，中国工业精神不灭。

附 录

一、访谈名录 [①]

王东升

◆ 京东方集团董事长，2009 年 4 月 2 日，北京；

◆ 2012 年 4 月 26 日，北京；

◆ 2012 年 12 月 22 日，北京；

◆ 2013 年 10 月 9 日，北京；

◆ 2014 年 7 月 23 日，北京。

皇甫鲁江

◆ 京东方北京 5 代线研究所所长，2009 年 4 月 24 日，北京；

◆ 2009 年 8 月 3 日，北京；

◆ 京东方集团技术中心小尺寸 OLED 研发中心中心长，2013 年 5 月 30 日，北京；

◆ 2013 年 9 月 30 日，北京。

梁新清

◆ 京东方集团副董事长，2009 年 5 月 19 日，北京。

董友梅

◆ 京东方集团副总裁，首席技术官，2009 年 6 月 6 日，北京；

◆ 京东方集团执行副总裁，首席技术官，2013 年 8 月 2 日，北京；

◆ 2014 年 10 月 30 日，北京。

陈炎顺

◆ 京东方集团总裁，2009 年 6 月 26 日，北京；

◆ 京东方集团副董事长，总裁，2013 年 7 月 5 日，北京；

◆ 2014 年 9 月 23 日，北京。

---

① 说明：(1)本名录提供的信息包括：受访人姓名（按首次接受访谈的时间顺序排列），受访人的职务（除单独注明的之外，均为访谈时所实际担任的职务），访谈日期，访谈地点（城市）。(2)有些人士接受过多次访谈，在其名下列出各次访谈的日期和地点，如果当时职务有变化则加以注明。(3)京东方的各生产线均有公司名称，但为了方便读者全部略去，全部简化为各生产线的名称。(4)由于受篇幅限制等原因，名录中的几个受访人没有在本书中出现，但他们提供的信息仍然对理解我们的研究问题起到了作用，我们仍然把他们的名字（＊号标出）列入访谈名录以示感谢。

高文宝
◆ 京东方北京 5 代线产品开发部副部长，2009 年 8 月 3 日，北京；
◆ 京东方重庆 8.5 代线总经理，2014 年 8 月 14 日，合肥。

刘晓东
◆ 京东方集团执行副总裁，合肥 6 代线总经理，2009 年 8 月 6 日，北京；
◆ 京东方集团执行副总裁，首席运营官，2013 年 1 月 10 日，合肥。

金波
◆ 京东方背光模组生产技术工程师，2009 年 10 月 28 日，北京。
◆ 参观访问上海天马，2009 年 11 月 4 日，上海。

王大巍
◆ 京东方技术中心技术企划与管理总监，2010 年 8 月 24 日，北京。

周原
◆ 京东方精密电子零件与材料事业群首席执行官（同时在场的还有京东方真空技术有限公司总经理周彦文），2012 年 8 月 29 日，北京。
◆ 2013 年 4 月 17 日，北京。

张羽 *
◆ 京东方合肥 6 代线副总经理，2013 年 1 月 9 日，合肥。

刘锋
◆ 京东方合肥 6 代线总经理，2013 年 1 月 9 日，合肥；
◆ 京东方合肥 8.5 代线总经理，2014 年 8 月 14 日，合肥。

魏振 *
◆ 京东方合肥 6 代线阵列测试工程师，2013 年 1 月 9 日，合肥。

章忠飞
◆ 京东方合肥 8.5 代线厂务副总监，动力技术部部长，2013 年 1 月 9 日，合肥。

徐燕
◆ 京东方合肥 6 代线党委副书记、工会主席，2013 年 1 月 10 日，合肥。

白海涛 *
◆ 京东方合肥 6 代线彩膜段班长，2013 年 1 月 10 日，合肥。

孙国防
◆ 京东方合肥 6 代线成盒段工程师，2013 年 1 月 10 日，合肥。

高燕
◆ 京东方合肥显示光源有限公司总经理，2013 年 1 月 10 日，合肥。

冯太光
◆ 京东方合肥6代线模组段班长，2013年1月11日，合肥。

王家恒
◆ 京东方集团联席首席运营官（Co-COO），2013年1月31日，成都。

张雯静
◆ 京东方移动与应用产品事业群市场部部长，2013年1月31日，成都。

张红飚
◆ 原北京电子管厂厂长，2013年3月25日，北京。

张仲文
◆ 原北京电子管厂厂长，2013年3月25日，北京。

宋莹
◆ 京东方集团党委书记、执行副总裁、首席人事官，2013年4月23日，北京；
◆ 2013年9月22日，北京。

刘文芝
◆ 京东方集团档案室工作人员（原北京电子管厂职工），2013年5月3日，北京。

张引
◆ 京东方集团物业开发与管理部资深高级专员（原北京电子管厂职工），2013年5月8日，北京。

韩国建
◆ 京东方集团执行副总裁，2013年5月9日，北京。

参观访问华星光电*
◆ 参观访问华星光电8.5代线，2013年6月1日，深圳。

贺成明
◆ 原深圳华星光电8.5代线总指挥，2013年7月10日、11日，南京。

邱海军
◆ 京东方重庆8.5代线项目组开发组长，2013年7月22日，北京。
◆ 2013年9月29日，北京。

顾香春
◆ 京东方北京8.5代线副总经理，2013年8月2日，北京。

陈曦
◆ 京东方集团高级副总裁，鄂尔多斯5.5代线总经理，2013年8月15日，鄂尔多斯。

张龙泉

◆ 京东方鄂尔多斯5.5代线Array技术副总监，刻蚀工程部部长，2013年8月15日，鄂尔多斯。

张宇

◆ 京东方集团副总裁，2013年8月16日，鄂尔多斯。

范建伟

◆ 京东方集团人才开发本部科长，2013年9月2日，北京。

朱海波

◆ 京东方移动产品开发中心／战略客户技术部部长，2013年9月2日，北京。

刘华峰

◆ 鄂尔多斯5.5代线阵列段干刻工程师，2013年9月25日，鄂尔多斯。

刘国梁

◆ 鄂尔多斯5.5代线阵列段湿刻工程师，2013年9月26日，鄂尔多斯。

沈洪宇 *

◆ 鄂尔多斯5.5代线工程师，2013年9月26日，鄂尔多斯。

李耀辉

◆ 京东方集团战略企划部副部长，2013年9月27日，北京。

王刚

◆ 京东方集团技术中心大尺寸OLED研发中心中心长，2013年10月11日，北京。

董学

◆ 京东方移动与应用产品事业群研发中心中心长，2013年10月11日，北京。

白峰 *

◆ 京东方移动与应用产品事业群研发中心副中心长，2013年10月11日，北京。

尚飞

◆ 京东方重庆8.5代线项目组产品开发负责人，2014年3月21日，合肥。

龙海涛

◆ 京东方合肥8.5代线彩膜分厂彩膜制造部部长，2014年3月21日，合肥。

张清坡

◆ 京东方合肥8.5代线彩膜分厂生产资源工程师，2014年3月21日，合肥。

刘毅 *
◆ 京东方重庆 8.5 代线品质部部长，2014 年 3 月 21 日，合肥。

刘家安
◆ 京东方合肥 6 代线总经理，2014 年 8 月 13 日，合肥。

陈健
◆ 京东方合肥 8.5 代线阵列分厂工厂长助理总监，2014 年 8 月 13 日，合肥。

姚项军
◆ 京东方集团战略企划中心中心长，2014 年 10 月 10 日，北京。

张涛
◆ 京东方智慧健康服务事业群首席执行官（CEO），2014 年 10 月 10 日，北京。

苏顺康
◆ 京东方北京 5 代线总经理，2014 年 10 月 30 日，北京。

张兆洪
◆ 京东方北京 8.5 代线总经理，2014 年 10 月 30 日，北京。

石涛
◆ 京东方集团副总裁，首席建设官，2015 年 2 月 3 日，重庆。

郑英花
◆ 京东方重庆 8.5 代线液晶成盒分厂厂长助理，2015 年 2 月 3 日，重庆。

二、文献目录

中文文献:

［1］［美］小理查德·埃尔克斯:《大国的命脉》,北京:中国人民大学出版社 2010 年版。

［2］北京电子管厂史编辑委员会:北京:《北京电子管厂史,1956—1986》,未公开出版,1986 年。

［3］《北京东光电工厂厂史 1969—1989》,北京:未公开出版,1989 年。

［4］北京市经济委员会编辑处（北京市经委）:《北京工业 43 年大事记 1949—1991》,北京:北京出版社 1992 年版。

［5］《北京·松下彩色显像管有限公司社志,1987.9—2000.12》。

［6］迈克尔·波特:《日本还有竞争力吗？》,北京:中信出版社 2002 年版。

［7］步丹璐,黄杰:"企业寻租与政府的利益输送——基于京东方的案例分析",《中国工业经济》,2013 年第 6 期（总第 303 期）,第 135—147 页。

［8］阿道夫·A·伯利,加德纳·C·米恩斯:《现代公司与私有财产》,北京:商务印书馆,2005 年版。（Berle, Adolf A., and Gardiner C. Means. 1997/1932. *The Modern Corporation & Private Property*. New Brunswick, NJ: Transaction Publishers）

［9］蔡莹莹:《群众式工业化与浙江经济发展》,北京大学政府管理学院博士论文,2012 年 6 月。

［10］陈锦华:《国事忆述》,北京:中共党史出版社 2005 年版。

［11］陈泳丞:《台湾的惊叹号　台日韩 TFT 世纪之争》,台北:时报文化出版社 2004 年版。

［12］陈元:《政府与市场之间:开发性金融的中国探索》,北京:中信出版社 2012 年版。

［13］《当代中国的电子工业》,北京:（《当代中国》丛书编辑部）,中国社会科学出版社 1987 年版。

［14］车运洪:"彩电用线性集成电路引进工程回忆"（中国电子视像行业协会 2010 年,

第229—234页）。

［15］高鸿锦："中国液晶产业现状及其发展趋势"，《光电子技术》，2000年3月第20卷第1期。

［16］郭丽岩，路风："自强还是自残？——有关外资收购中国骨干企业的深层议题"，《国际经济评论》，2006年第6期（11—12月），第27—31页。

［17］《周凤鸣与北京电子管厂》，北京：1998年（本书是北京电子管厂回忆周凤鸣的文集，未公开出版）。

［18］［韩］金麟洙：《从模仿到创新：韩国技术学习的动力》，北京：新华出版社1998版。

［19］京东方：《理想之路》，2003年版和2008年版（本书是京东方的培训教材，包括对企业历史的介绍、个人对企业重大事件的回忆和领导讲话）。

［20］［匈］亚诺什·科尔内：《短缺经济学》，北京：经济科学出版社1986年版。

［21］戴维·兰德斯：《国富国穷》，北京：新华出版社2007年第2版。

［22］李铁映：《电子工业的发展与改革，一九八五到一九八八》，北京：电子工业出版社2009年版。

［23］［德］弗里德里希·李斯特著，陈万煦译：《政治经济学的国民体系》，北京：商务印书馆1983年版。

［24］刘克崮，贾康.主编：《中国财税改革三十年：亲历与回顾》，北京：经济科学出版社2008年出版。

［25］路风：《走向自主创新——寻求中国力量的源泉》，广西师范大学出版社2006年版。

［26］路风："冲破高铁迷雾"，《瞭望》，2013年12月2日（总第1552期），第30—40页，http://news.xinhuanet.com/politics/2013-12/02/c_125792582.htm。

［27］路风："被放逐的'中国创造'——破解中国核电谜局"，《商务周刊》2009年第2期（1月20日），第28—53页。

［28］路风:《国有企业转变的三个命题》,《中国社会科学》,2000年第5期，第4—27页。

［29］毛泽东：《毛泽东选集》（第五卷），北京：人民出版社，1977年4月第1版。

［30］孟戈非：《未被揭开的谜底——中国核反应堆事业的曲折道路》，北京：社会科学文献出版社2002年版。

［31］日本学术振兴会第142委员会编，黄锡珉等译，《液晶器件手册》，北京：航空工业出版社1992年版。

［32］《沈鸿——纪念沈鸿同志诞辰 100 周年（1906—2006）》（纪念册），中国机械工业联合会、中国科学院、中国机械工程学会、海宁市人民政府联合编辑，北军内鬼乾元商广文化艺术有限公司设计制作，2006 年 5 月（限量制作、未公开发行）。

［33］史正富：《超常增长》，上海：上海人民出版社 2013 年版。

［34］孙冶方："从必须改革'复制古董、冻结技术进步'的设备管理制度谈起。"载孙冶方：《孙冶方选集》，太原：山西经济出版社 1984 版，第 577—592 页。（本文原载《红旗》1979 年第 6 期）

［35］王东升：《理想之路——王东升董事长讲话精选集，1992—2013》，京东方科技集团 2013 年编制。

［36］吴基传，奚国华. 主编：《改革 开放 创新：上海贝尔发展之路》，北京：人民出版社 2008 年版。

［37］吴祖垲："电视工业迎来五彩缤纷的春天——我国显像管工业发展历程"（中国电子视像行业协会 2010 年，第 13—23 页）。

［38］夏建白，陈辰嘉，何春藩. 主编：《自主创新之路——纪念中国半导体事业五十周年》，北京：科学出版社 2006 年版。

［39］约瑟夫·熊彼特：《经济发展理论》，北京：商务印书馆 1990 年版。

［40］约瑟夫·熊彼特：《经济分析史》第一卷，北京：商务印书馆 1991 年版（2015 年第 7 次印刷）。

［41］薛暮桥：《中国社会主义经济问题研究》，北京：人民出版社 1979 年版。

［42］尹仪芝编：《周凤鸣，1920—1980》，北京：北京中实科仁技术中心设计、排版、数码印刷，2010 年（本书是周凤鸣夫人尹仪芝编的纪念册，未公开出版）。

［43］禹贞恩编：《发展型国家》，长春：吉林出版集团 2008 年版（英文原版：Meredith Woo-Cummings, ed. 1999. *The Developmental State*. Ithaca: Cornell University Press）。

［44］余永定："2015 年中国经济：挑战与前景"，《新金融评论》，2015 年第 2 期（总第 16 期），第 74—85 页。

［45］张佳康：《中国工业崛起的公司治理问题研究——以国有竞争性企业为例》，北京大学政府管理学院博士论文，2013 年 6 月。

［46］张利华：《华为研发》，北京：机械工业出版社 2009 年版。

［47］张培刚：《农业与工业化》（上卷），武汉：华中科技大学出版社 2002 年版。

［48］张胜：《从战争中走来：两代军人的对话》，北京：中国青年出版社 2008 年版。

［49］赵小刚：《与速度同行——亲历中国铁路工业40年》，北京：中信出版社2014年版。

［50］中国电子视像行业协会编：《中国彩电工业发展回顾》，北京：电子工业出版社2010年版。

［51］周程：《科技创新典型案例分析》，北京：北京大学出版社，2011年版。

［52］朱贻玮：《中国集成电路产业发展论述文集》，新时代出版社2006年版。

［53］［美］鲍勃·约翰斯通著，李先柏译：《我们在燃烧——日本电子企业研发史》，北京：华夏出版社2004年版。

英文文献：

［1］Abramovitz, Moses. 1986. "Catching up, forging ahead, and falling back." *Journal of Economic History*, vol. 46, no. 2, pp. 385-406.

［2］Amsden, Alice. 2001. *The Rise of "the Rest": Challenges to the West from Late-Industrializing Economies*. New York: Oxford University Press.

［3］Argote, Linda, and Henrich R. Greve. 2007. "A behavioral theory of the firm—40 years and counting: introduction and impact." *Organization Science*, vol. 18, no. 3, pp. 337-349.

［4］Asakawa, Kazuhiro. 2007. "Metanational Learning in TFT-LCD Industry: An Organizing Framework." RIETI Discussion Paper Series 07-E -029.

［5］Beckley, Michael. 2011. "China's century? Why America's edge will endure." *International Security*, vol. 36, no. 3, pp. 41-78.

［6］Bell, Martin, and Keith Pavitt, 1993, "Technological Accumulation and Industrial Growth: Contrasts Between Developed and Developing Countries," *Industrial and Corporate Change*, 2: 157-210.

［7］Berle, Adolf A., and Gardiner C. Means. 1932/1997. *The Modern Corporation & Private Property*. New Brunswick, NJ: Transaction Publishers.（中译本：阿道夫·A·伯利，加德纳·C·米恩斯：《现代公司与私有财产》，北京：商务印书馆2005年版。）

［8］Bolton, Michele K. 1993. "Imitation versus Innovation." *Organizational Dynamics*, vol. 21, issue 3, pp. 30-45.

［9］Borrus, Michael, and Jeffrey A. Hart. 1992. "Display's the thing: the real stakes in the conflict over high resolution displays." In: *Proceedings of the Berkeley Roundtable on the International Economy* (Working Paper #52). University of California, Berkeley, CA.

［10］Breznitz, Dan. 2007. *Innovation and the State: Political Choice and Strategies for Growth in Israel, Taiwan, and Ireland*. New Haven and London: Yale University Press.

［11］Chandler, Alfred D., Jr. 2001. *Inventing the Electronic Century: The Epic Story of the Consumer Electronic and Computer Industries*. New York: Free Press.

［12］Chandler, Alfred D., Jr. 1992. "Organizational Capabilities and the Economic History of the Industrial Enterprise." *Journal of Economic Perspectives*, vol. 6, no. 3 (Summer), pp. 79-100.

［13］Chandler, Alfred D., Jr. 1990. *Scale and Scope: The Dynamics of Industrial Capitalism*. Cambridge, Mass.: The Belknap Press of Harvard University Press.

［14］Chandler, Alfred D., Jr. 1962. *Strategy and Structure: Chapters in the History of the American Industrial Enterprise*. Cambridge, Mass.: The MIT Press.

［15］Chang, Shih-Chi. 2005. "The TFT–LCD industry in Taiwan: competitive advantages and future developments." *Technology in Society*, vol.27, pp. 199-215.

［16］Chibber, Vivek. 1999. "Building a developmental state: the Korea case reconsidered." *Politics & Society*, vol. 27, no. 3, pp. 309-346.

［17］Christensen, Clayton. 1997. *The Innovator's Dilemma: When New Technologies Cause Great Firms to Fail*. Boston: Harvard Business School Press.

［18］Christensen, Clayton, and Michael Raynor. 2003. *The Innovator's Solution: Creating and Sustaining Successful Growth*. Boston: Harvard Business School Press.

［19］Christensen, Clayton, Thomas Craig, and Stuart Hart. 2001. "The Great Disruption"，*Foreign Affairs*, vol. 80, no. 2, pp. 80-95.

［20］Christensen, Clayton, and Richard Rosenbloom. 1995. "Explaining the Attacker's Advantage: Technological Paradigms, Organizational Dynamics, and the Value Network." *Research Policy*, vol. 24, pp. 233-257.

［21］Cohen, Wesley, and Daniel Levinthal. 1990. "Absorptive Capacity: A New Perspective on Learning and Innovation." *Administrative Science Quarterly*, vol. 35, pp. 128-152.

［22］Connor, Kathleen R. 1991. "A historical comparison of resource-based theory and five schools of thought within industrial organization economics: do we have a new theory of the firm?" *Journal of Management*, vol. 17, pp. 121-154.

［23］Cyert, Richard, and James March. 1963. *A Behavioral Theory of the Firm*. Englewood Cliffs, New Jersey: Prentice-Hall.

［24］Doner, Richard F. 2009. *The Politics of Uneven Development: Thailand's Economic*

Growth in Comparative Perspective. New York: Cambridge University Press.

[25] Doner, Richard F., Bryan K. Ritchie, and Dan Slater. 2005. "Systemic vulnerability and the origins of developmental states: Northeast and Southeast Asia in comparative perspective." *International Organization*, vol. 59, Spring, pp. 327-361.

[26] Freeman, Chris. 1995. "The 'National System of Innovation' in historical perspective." *Cambridge Journal of Economics*, vol. 19, no. 1, pp. 5-24.

[27] Gerschenkron, Alexander. 1962. "Economic Backwardness in Historical Perspective," in Alexander Gerschenkron, *Economic Backwardness in Historical Perspective: A Book of Essays*. Cambridge, MA: The Belknap Press of Harvard University Press, pp. 5-30. (【美】 亚历山大·格申克龙著:《经济落后的历史透视》, 北京: 商务印书馆 2009 年版。)

[28] Fama, Eugene, and Michael Jensen. 1983. "Separation of Ownership and Control." *The Journal of Law and Economics*, vol. 26, no. 2, pp. 301-325.

[29] Gilboy, George J. 2004. "The Myth Behind China's Miracle." *Foreign Affairs*, vol. 83, no. 4, pp. 33-48.

[30] Grant, Robert M. 1991. "The Resource-Based Theory of Competitive Advantage: Implications for Strategy Formulation." *California Management Review*, vol. 33, no. 3, pp. 114-135.

[31] Hamel, Gary, and C.K. Prahalad. 2005/1989. "Strategic Intent." *Harvard Business Review*, July-August, pp. 148-161.

[32] Hart, Jeffrey A., Stefanie Ann Lenway and Thomas P. Murtha. 2000. "Technonationalism and cooperation in a globalized industry: the case of flat panel displays." In A. Prakash and J. Hart (eds.), *Coping with globalization* (London: Routledge), pp. 117-147.

[33] Helfat Constance E., and Marvin B. Lieberman. 2002. "The birth of capabilities: market entry and the importance of pre-history." *Industrial and Corporate Change*, vol. 11, no. 4, pp. 725-760.

[34] Kellpper, Steven, and Kenneth L. Simons. 2000. "Dominance by birthright: entry of prior radio producers and competititve ramifications in the US television recerver industry." *Strategic Management Journal*, vol. 21, no. 10/11, pp. 997-1016.

[35] Hu, Mei-Chih. 2012. "Technological innovation capabilities in the thin film transistor-liquid crystal display industries of Japan, Korea, and Taiwan." *Research Policy*, vol. 41, pp. 541-555.

[36] Hung, Ho-fung. 2008. "Rise of China and the global overaccumulation crisis." *Review*

of International Political Economy, vol. 15, no. 2, pp. 149-179.

[37] Hung, Shiu-Wan. 2006. "Competitive strategies for Taiwan's thin film transistor-liquid crystal display (TFT-LCD) industry." *Technology in Society*, vol. 28, pp. 349-361.

[38] Jensen, Michael, and William Meckling. 1976. "Theory of the firm: managerial behavior, agency costs and ownership structure." *The Journal of Financial Economics*, vol. 3, pp. 305-360.

[39] Kay, Neil. 2010. "Dynamic capabilities as context: the role of decision, system and structure." *Industrial and Corporate Change*, vol. 19, no. 4, pp. 1205-1223.

[40] Kay, Neil. 2000. "Searching for the firm: the role of decision in the economics of organizations." *Industrial and Corporate Change*, vol. 9, no. 4, pp. 683-707.

[41] Kerr, David. 2007. "Has China abandoned self-reliance?" *Review of International Political Economy*, vol. 14, no. 1, pp. 77-104.

[42] Kim, Linsu. 1999. "Building Technological Capability for Industrialization: Analytical Frameworks and Korea's Experience." *Industrial and Corporate Change*, vol. 8, no. 1.

[43] Kim, linsu. 1997. *Imitation to Innovation: Dynamics of Korea's Technological Learning*. Boston: Harvard Business School Press

[44] Kim, Linsu, and Richard Nelson, eds. 2000. *Technology, Learning, and Innovation: Experiences of Newly Industrializing Economics*. New York: Cambridge University Press.

[45] Lall, Sanjaya. 1992. "Technological Capabilities and Industrialization." *World Development*, vol. 20, no. 2, pp. 165-86.

[46] Lall, Sanjaya, and Shujiro Urata, eds. 2003. *Competitiveness, FDI and Technological Activity in East Asia*. Cheltenham, UK: Edward Elgar.

[47] Langlois Richard N., and W. Edward Steinmueller. 1999. "The evolution of competitive advantage in the worldwide semiconductor industry, 1947-1996." In David C. Mowery and Richard R. Nelson, eds., *Sources of Industrial Leadership: Studies of Seven Industries* (New York: Cambridge University Press), pp. 19-78.

[48] Lazonick, William. 2010. "The Chandlerian corporation and the theory of innovative enterprise." *Industrial and Corporate Change*, vol. 19, no. 2, pp. 317-349.

[49] Lazonick, William. "The Innovative Firm." In Jan Fagerberg, David Mowery and Richard Nelson, eds., *The Oxford Handbook of Innovation*. New York: Oxford University Press, pp. 29-55.

〔50〕Lazonick, William. 2002. "Innovative enterprise and historical transformation." *Enterprise & Society*, vol. 3, no. 1, pp. 3-47.

〔51〕Lazonick, William, and Jonathan West. 1998. "Organizational integration and competitive advantage: explaining strategy and performance in Amerian industry." In Giovanni Dosi, David Teece and Josef Chytry (eds.), T*echnology, Organization, and Competitiveness: Perspectives on Industrual and Corporate Change* (New York: Oxford University Press), pp. 247-288.

〔52〕Leslie, Stuart W. 2000. "The Biggest 'Angel' of Them All: The Military and the Making of Silicon Valley," in Martin Kenney (ed.), *Understanding Silicon Valley: The Anatomy of an Entrepreneurial Region*. Palo Alto, CA: Stanford University Press, pp. 48-67.

〔53〕Levin, Richard, et al. 1987. "Appropriating the Returns from Industrial Research and Development," *Brookings Papers on Economic Activity*, 3: 1987, pp. 783-820.

〔54〕Levi-Faur, David. 1998. "The developmental state: Israel, South Korea, and Taiwan compared." *Studies in Comparative International Development*, vol. 33, no. 1, pp. 65-93.

〔55〕Lieberthal, Kenneth. 1995. *Governing China: From Revolution through Reform*. New York: W.W. Norton and Co.

〔56〕Linden, Greg, Jeffrey Hart, Stefanie Ann Lenway, and Thomas P. Murtha. 1998. "Flying geese as moving targets: are Korea and Taiwan catching up with Japan in advanced displays?" *Industry and Innovation*, vol. 5, no. 1, pp. 11-34.

〔57〕Link, Albert N. 1998. "The U.S. display consortium: analysis of a public/private partnership." *Industry and Innovation*, vol. 5, no. 1, pp. 35-50.

〔58〕Loasby, Brian J. 2010. "Capabilities and strategy: problems and prospects." *Industrial and Corporate Change*, vol. 19, no. 4, pp. 1301-1316.

〔59〕Loasby, Brian J. 1999. "The significance of Penrose's theory for the development of economics." *Contributions to Political Economy*, vol. 18, pp. 31-45.

〔60〕Lundvall, Bengt-Åke, Björn Johnson, Esben Sloth Anderson, and Bent Dalum. 2002. "National systems of production, innovation and competence building." *Research Policy*, vol. 31, pp. 213-231.

〔61〕Mastanduno, Michael. 2009. "System maker and privilege taker: U.S. power and the internatioanl political economy." *World Politics*, 61, no. 1, pp. 121-154.

〔62〕Mathews, John A., 2005. "Strategy and the Crystal Cycle." *California Management Review,* vol. 47, no.2, pp. 6-32.

［63］Moore, Gordon E. 1996. "Some personal perspectives on research in the semiconductor industry." In Richard S. Rosenbloom and William J. Spencer, eds., *Engines of Innovation: U.S. Industrial Research at the End of an Era* (Boston: Harvard Business School Press), pp. 165-174.

［64］Mowery, David, and Nathan Rosenberg. 1998. *Paths of Innovation: Technological Change in 20th-Century America*. New York: Cambridge University Press.

［65］Murtha, Thomas P. 2007. "Metanational Management in the TFT-LCD Industry." PowerPoint presentation at RIETI, March 14, Tokyo. www.rieti.go.jp/en/events/07031401/pdf/2-1_murtha.pdf.

［66］Murtha, Thomas P., Stefanie Ann Lenway, and Jeffrey A. Hart. 2001. *Managing New Industry Creation*. Stanford, CA: Stanford University Press.

［67］Nelson, Richard R. 2006. "Economic Development from the Perspective of Evolutionary Economic Theory." Working Paper in Technology Governance and Economic Dynamics no. 2, Tallinn University of Technology, Tallinn.（下载网址：http://hum.ttu.ee/tg/）

［68］Nelson, Richard R. 1997. "How New Is New Growth Theory?" *Challenge*, vol. 40 (September-October), pp. 29-58.

［69］Nelson, Richard R., ed. 1993. *National Innovation Systems: A Comparative Analysis*, New York: Oxford University Press.

［70］Nelson, Richard R. 1991. "Why Do Firms Differ, and How Does It Matter?" *Strategic Management Journal*, vol.12, pp. 61-74.

［71］Nelson, Richard R. 1990. "Capitalism as an Engine of Progress." *Research Policy*, vol. 19, pp. 193-214.

［72］Nelson, Richard R., and Nathan Rosenberg. 1993. "Technical Innovation and National Systems." In Richard Nelson, ed., *National Innovation Systems*. (New York: Oxford University Press), pp. 3-21.

［73］Nelson, Richard R., and Gavin Wright. 1992. "The Rise and Fall of American Technological Leadership: The Postwar Era in Historical Perspective." *Journal of Economic Literature*, pp. 1931-1964.

［74］Nelson, Richard R., and Sidney G. Winter. 1982. *An Evolutionary Theory of Economic Change*. Cambridge, Mass.: The Belknap Press of Harvard University Press.

［75］Pack, Howard, and L.E. Westphal. 1986. "Industrial Strategy and Technological Change: Theory versus Reality." *Journal of Development Economics*, vol. 22, no. 1, pp. 87-128.

［76］Park, Tae-Young, Jae-Yong Choung and Hong-Ghi Min. 2008. "The Cross-industry Spillover of Technological Capability: Korea' s DRAM and TFT–LCD Industries." *World Development*, vol. 36, no. 12, pp. 2855-2873.

［77］Pavitt, Keith. 1998. "Technologies, products and organization in the innovating firms: what Adam Smith tells us and Joseph Schumpeter dosen't." *Industrial and Corporate Change*, vol. 7, no. 3, pp. 433-452.

［78］Penrose, Edith. 1995/1959. *The Theory of the Growth of the Firm*. New York: Oxford University Press.

［79］Porter, Michael E. 1996. "What is strategy?" *Harvard Business Review*, November- December, pp. 61-78.

［80］Rhyu, Sang-young, et al. 2012. "The Spirit of Korean Development", a report submitted to Presidential Council on Nation Branding. Seoul: Center for International Studies, Yonsei Graduate School of International Studies.

［81］Riskin, Carl. 1987. *China's Political Economy: The Quest for Development since 1949*. New York: Oxford University Press.

［82］Rodrik, Dani. 2014. "When Ideas Trump Interests: Preferences, Worldviews, and Policy Innovation." *Journal of Economic Perspectives*, vol. 28, no. 1, pp. 189-208.

［83］Ronda-Pupo, Guillermo Armando, and Luis Angel Gueerras-Martin. 2012. "Dynamics of the Evolution of the Strategy Concept 1962-2008: A Co-Word Analysis." *Strategic Management Journal*, vol. 33, pp. 162-188.

［84］Rosenberg, Nathan. 1996. "Uncertainty and Technological Change." In Landau, Ralph, Timothy Taylor, and Gavin Wright, eds., *The Mosaic of Economic Growth*（Stanford: Stanford University Press）, pp.

［85］Rosenberg, Nathan. 1976. *Perspectives on Technology*. New York: Cambridge University Press.

［86］Rosenberg, Nathan. 1982. *Inside the Black Box: Technology and Economics*. New York: Cambridge University Press.

［87］Rumelt, Schendel and Teece, 1994. "Fundamental Issues in Strategy." In Rumelt, Schendel and Teece, eds. *Fundamental Issues in Strategy: A Research Agenda*, Boston: Harvard Business School Press.

［88］Schumpeter, Joseph A. 1979/1942. *Capitalism, Socialism and Democracy*. New York:

Harper Horchbooks. (中文版：约瑟夫·熊彼特：《资本主义、社会主义与民主》，北京：商务印书馆 1999 年版。)

[89] Simon, Herbert A. 1993. "Strategy and organizational evolution." *Strategic Management Journal*, vol. 14, pp. 131-142.

[90] Simon, Herbert A. 1991. "Organizations and Markets." *Journal of Economic Perspectives*, vol. 5, no. 2, pp. 25-44.

[91] Spencer, Jennifer W., Thomas P. Murtha, and Stefanie Ann Lenway. 2005. "How governments matter to new industry creation." *Academy of Management Review*, vol. 30, no. 2, pp. 321-337.

[92] Steinfeld, Edward S. 2010. *Playing Our Game: Why China's Rise Doesn't Threaten the West.* NY: Oxford University Press.

[93] Teece, David J. 2010. "Alfred Chandler and 'capabilities' theories of strategy and management." *Industrial and Corporate Change*, vol. 19, no. 2, pp. 297-316.

[94] Teece, David. 1977. "Technology Transfer by Multinational Firms: The Resource Cost of Transferring Technological Know-How." *The Economic Journal*, vol. 87, Issue 346, pp. 242-261.

[95] Teece, David, Gary Pisano and Amy Shuen. 1997. "Dynamic Capabilities and Strategic Management." *Strategic Management Journal*, vol. 18, no. 7, 509-533.

[96] Teece, David, and Gary Pisano. 1994. "The dynamic capabilities of firms: an introduction." *Industrial and Corporate Change*, vol. 3, no. 3, pp. 537-556.

[97] Tseng, Fang-Mei, Yu-Jing Chiu, Ja-Shen Chen. 2009. "Measuring business performance in the high-tech manufacturing industry: A case study of Taiwan's large-sized TFT-LCD panel companies." *Omega*, vol. 37, pp. 686-697.

[98] Tushman, Michael, and Philip Anderson. 1986. "Technological Discontinuities and Organizational Environments." *Administrative Science Quarterly*, vol. 31, pp. 439-465.

[99] Vu, Tuong. 2007. "State formation and the origins of developmental states in South Korea and Indonesia." *Studies in Comparative International Development*, vol. 41, no. 4, pp. 27-56.

[100] Wade, Robert H. 2003. "What strategies are viable for developing countries today? The World Trade Organization and the shrinking of 'development space.' " *Review of International Political Economy*, vol. 10, no. 4, pp. 621-644.

[101] Waldner, David. 1999. *State Building and Late Development.* Ithaca: Cornell

University Press.

[102] Winter, Sidney G. 2006/1968. "Toward a neo-Schumpeterian theory of the firm." *Industrial and Corporate Change*, vol. 15, no. 1, pp. 125-141.

[103] Winter, Sidney G. "The Satisficing Principle in Capability Learning." *Strategic Management Journal*, vol. 21, no. 10-11, pp. 981-996.

[104] Zenger, Todd. 2013. "What is the theory of your firm?" *Harvard Business Review*, June, pp. 73-78.

三、英文技术名词解释

A

ADS： ADSDS 的简称。

ADSDS（Advanced Super Dimension Switch）： 先进超维转换技术。它是京东方科技集团通过对现代电子的 FFS（见 FFS 词条）技术的改进，于 2010 年前后开发出来的宽视角液晶显示技术。FFS 技术结构中的指状电极节距因特性改善的要求逐步减小，电极边缘电场强度和方向分布也更加杂乱。京东方的 ADS 技术通过工艺和设计升级，在指状电极节距减小的同时，仍形成良好的边缘电场分布，高效控制液晶透光状态转换，提升了显示品质及相关特性。

AM-OLED（Active Matrix Organic Light Emitting Display）： 有源矩阵有机电致发光显示器，即由有源器件（如薄膜晶体管等）像素电路阵列驱动对应有机电致发光器件发光的显示器。相对于无源（如逐行扫描脉冲驱动）方式驱动的有机电致发光显示器（PM-OLED），AM-OLED 不仅适合于大容量图像显示，而且画面品质高、寿命长。

Array： 阵列。通常指有源驱动平板显示器中的一片玻璃基板（阵列基板），其上制作有与显示器像素对应排布的有源驱动器件（如薄膜晶体管等）电路阵列及周边附属电路。它也指制作这一基板的工艺过程，即阵列工序。阵列工序与在硅晶圆上制造半导体集成电路的工序相似，通过反复实施成膜、光刻及蚀刻工艺，在玻璃基板上制造出半导体电路。阵列工序通常被称为液晶面板制造的第一道工序。

a-Si（Amorphous Silicon）： 非晶硅，由硅及少量其他原子无序堆叠形成的半导体材料。非晶硅材料的电学特性通常比多晶硅和单晶硅差，但由于成膜温度低、相关工艺成熟、成本低，在平板显示行业得到了广泛应用。主要用于在玻璃基板上形成薄膜晶体管（Thin Film Transistor，TFT）电路阵列，驱动对应像素工作。

B

BOM（Bill of Materials）：（产品）物料清单。也借指物料清单中所规定材料形成的产品材料成本。

CCFL（Cold Cathode Fluorescent Lamp）： 冷阴极灯。主要应用于液晶显示模组中的背光源。随着 LED 技术进步，逐步被 LED 所取代。

Cell： 液晶盒。指由两片包含电极的平行玻璃基板和填充其中的液晶薄层构成的盒状结构。液晶盒基板上的电极形成电场，可以控制棒状液晶分子的方向，从而控制液晶薄层的透光状态，形成显示图像。Cell 也指形成这一结构的工艺过程，即成盒工序。其中，通过液晶滴注（ODF）工艺在其中一张基板的显示对应区域内滴注液晶，另一片基板显示区域周边涂布封框胶。将两片基板对准贴合，则两片平行基板、基板显示区域内夹持的液晶薄层和周边封框胶就形成液晶盒。成盒工序通常被称为液晶面板制造的第三道工序。

CF（Color Filter）： 彩膜，也称彩色滤光片。通常指平板显示器中与阵列基板相对应的另一片玻璃基板（彩膜基板）。彩膜基板上通常包含三基色（红、绿、蓝，R、G、B）薄膜单元阵列，与阵列基板的像素驱动电路阵列对应。在彩色图像信号的驱动下，一组 R、G、B 对应区域液晶层不同透光比例构成一定色彩和亮度的像素。彩膜也指形成彩膜的工艺过程。彩膜工序通过不同颜色感光胶的涂布和显影，把各像素区域的 R、G、B 薄膜阵列制作在一块玻璃基板上，准备与阵列基板贴合。彩膜工序通常被称为液晶面板制造的第二道工序。

CKD（Completely Knocked Down）： 全散装件。

C-MOS 集成电路（Complementary Metal–Oxide–Semiconductor IC）： 互补金属氧化物半导体器件构成，或采用相应的工艺制作的集成电路。

CPU（Central Processing Unit）： 微处理器。一般由算数逻辑单元、累加器和通用寄存器组、程序计数器（也叫指令指示器）、时序和控制逻辑部件、数据与地址锁存器 / 缓冲器、内部总线组成。

CRT（Cathode Ray Tube）： 阴极射线管，即通常所说的显像管。它是最传统的电子图像显示技术。显像管由锥形玻璃真空管内锥尾的电子枪发射电子束轰击锥底涂布有荧光粉的屏幕实现显示。电子枪内由灯丝加热激发阴极电子，通过电场控制、汇聚并加速电子，在偏转电磁场控制下形成扫描电子束。显像管曾经"统治"电子图像显示数十年，但其体积庞大、重量重，在进入 21 世纪后被平板显示器所替代。

Cutting： 切割工艺。为提高生产效率，制作平板显示屏的前工序通常采用大基板进行。例如制作阵列和彩膜基板时，一张基板上排布了多个显示屏的阵列或彩膜同步进行加工。在成盒工序，大基板上各个屏的液晶盒也是同步形成的。切割工艺即将这些前工艺大基板上同步形成的液晶盒进行分割，以便实施后面的需要分别进行加工过程，如测试分类等。切割后分离的屏的加工工艺统称为后工序。

CVD（Chemical Vapor Deposition）： 化学气相沉积，即利用气相化学反应在基板表面的生成物淀积形成薄膜的技术。其中 PECVD（plasma Enhanced CVD，等离子增强型 CVD）由于反应温度低、产率高，所以被平板显示行业广泛地采用，在阵列工序中形成半导体和绝缘体薄膜。

DLP（Digital Light Procession）： 数字光处理（显示器件），德克萨斯仪器公司（TI）开发的由微电子 - 机械反光阵列构成的微显示器件。DLP 目前主要应用于投影显示器。

DRAM（Dynamic Random Access Memory）： 动态随机存取存储器。

DVD（Digital Video Disk）： 数字化视频光碟。

EL Display（Electroluminescent Display）： 电致发光显示，指电场激发而非热激发使材料发光的显示方式。电致发光的定义很宽泛，在大容量信息显示应用方面主要指以两侧电极激发无机或有机薄膜材料发光构成像素的显示器。代表性显示器有高电场驱动激发电子轰击荧光粉薄膜发光的无机电致发光显示器，以及有机电致发光显示器（OEL Display，或 OLED）。

FAE（Field Application Engineer）： 现场技术支持工程师。

FED（Field Emission Display）： 场发射显示器。场致发射显示器是由电场直接激发阴极发射电子，阳极电场加速电子轰击荧光粉发光的显示器。场致发射阴极通常采用微加工工艺形成，易于微型化并形成阵列，因此可以实现平板结构的显示器。场致发射显示器具有与 CRT 相似的高画面品质，并且轻薄、节能。法国 PixTech 公司1994 年前后即推出相关产品，并计划在 IT 应用领域推广。但由于技术复杂，成本高，在 TFT-LCD 技术迅速成长和普及的背景下，场致发射显示器未能得到广泛的应用。

FFS（Fringe Field Switching）： 边缘场转换技术。它是韩国现代电子基于对 IPS（见 IPS 词条）技术进行重大改进而开发的宽视角液晶显示专利技术。与 IPS 结构中正、副极性相间平行排列的指状电极结构形成面内平行电场控制液晶透光状态转换不同，FFS 技术采用了一个整体透明平面电极，其上是绝缘层和另一极性的平行指状电极。在指状电极边缘外侧和平面电极之间，形成控制液晶透光状态转换的面内平行电场。FFS 技术在保持 IPS 技术优点的同时，因指状电极减少，液晶层的透光率和相关特性得以提高。由于良好的视角特性和节能特性，高端手机用 TFT-LCD 多数采用 FFS 技术或衍生技术。

FHD（Full High definition）： 全高清显示。见 HD 词条。

Flexible Display： 柔性显示，即可以弯曲或折叠的显示屏。

Full–In–Cell Touch： 全嵌入式触摸

Fusion glass： 熔融玻璃，用于制造玻璃基板。

Gate： 门极，也称栅极。是半导体场效应器件（如 MOS 器件或薄膜晶体管 TFT）三个电极中的控制极。通过栅极上施加电压的变化，可控制器件另外两个电极间的导通状态或导通电流的大小。

HD（High Definition）： 高清晰度（电视显示制式）。基础分辨率为 1280（1280×720），也称标准高清。按高清电视制式，显示画面的宽高比为 16：9。随着技术的演进，高清显示后来又出现如下规格的产品：

FHD（Full High Definition）：全高清显示，分辨率为 1920（1920×1080）。

QHD（Quad High Definition）：四倍高清显示，分辨率为 2560（2560×1440），即像素数是 HD 的 4 倍。

UHD（Ultra High Definition）：特高清显示，分辨率为 3840（3840×2160）。俗称 4K 屏，由于显示制式技术上是 2 进制方式，因此所谓 4K 只是近似值。

QUHD（Quad Ultra High Definition）：四倍超高清显示，分辨率为 7680（7680×4320）。俗称 8K 超高清或 8K 屏。

10K 显示屏也是类似的俗称。由京东方全球首发的 82 英寸 10K 液晶显示屏为非制式屏，分辨率为 10240（10240×4320），宽高比 21：9。

IC（Integrated Circuit）： 集成电路。一种微电子器件（系统），将若干电子元器件封装在一起，形成具备一定功能的器件（系统）。

IGZO 材料（Indium Gallium Zinc Oxide）： 氧化铟镓锌，是金属氧化物类半导体材料中技术相对成熟的一种。金属氧化物半导体 TFT 技术工艺流程与 a-Si TFT 技术相似，成本也相近，但电气特性显著优于 a-Si TFT。采用该技术有利于显示产品的分辨率提升和能耗降低。它还可以用于 AM-OLED 显示器。2013 年前后，夏普公司和 LG

公司分别开始把 IGZO 技术应用于 TFTLCD 产品和 TV 用 AM-OLED 产品的制造。目前的改进主要方向是稳定性的提升。

In cell touch: 盒内触控，在显示屏内嵌入触摸传感器以实现触屏功能。

IPS（In-Plane Switching）: 面内转换技术。1995 年，由日立电子开发推出的宽视角液晶显示专利技术。IPS 液晶显示器的一侧基板表面排布有正、副极性相间平行排列的指状电极，通电极间形成的面内平行电场，控制平行于基板表面棒状液晶分子方向，从而控制液晶薄层的透光状态。IPS 技术具有宽视角、色彩还原好、高透光率的特点。由于基板受挤压时液晶分子方向相对稳定，不易产生显示波纹，因此俗称"硬屏"。采用该技术的代表厂商有 LG、IPS alpha（松下、日立和东芝合资 TFT-LCD 公司）。IPS 技术是平面内液晶状态转换模式的典型代表，IPS 模式则泛指以此为基础开发的技术，如现代电子开发的 FFS、京东方开发的 ADSDS 等都属于这个模式。

ITO（Indium Tin Oxide）: 氧化铟锡。由于淀积形成的 ITO 薄膜良好的导电性和透明度，ITO 薄膜被广泛应用于平板显示器件作为透明电极。

LED（Light-Emitting Diode）: 发光二极管。是一种能够将电能转化为可见光的固态的半导体器件。在平板显示产业用于液晶显示模组中的背光源。

Loop test: 工艺联调。

LTPS（Low Temperature Poly-Silicon）: 多晶硅是指由微米尺度硅晶粒堆垛形成半导体材料，可以通过淀积工艺成膜，已经在微电子行业得到广泛应用。低温多晶硅特指 600° C 以下工艺温度形成的多晶硅薄膜。由于部分玻璃基板可以承受这一温度，2000 年前后，开始应用于平板显示行业。LTPS 的电气特性明显优于 a-Si，但技术成熟度相对较差工艺成本也较高，因此初期应用并不广泛。LTPS 技术适用于高分辨率显示技术，随着技术逐渐成熟和苹果手机视网膜（retina）显示屏概念的导向，LTPS 技术在平板显示行业的应用规模快速扩大。目前高端 TFT-LCD 屏和手机用 AMOLED 屏，多数采用 LTPS TFT 电路驱动。

LTPS-TFT（Low Temperature Poly-silicon Thin Film Transistor）: 采用低温多晶硅材料和工艺制作的薄膜晶体管。

Mask: 掩膜版或掩模曝光工艺。掩模曝光工艺是集成工程或平板显示阵列工程中，加工形成高精细半导体器件和连线的主要方法。首先将设计图形以照相制版的方式制作在掩模版上，通过掩模版曝光、显影，将图案转移到涂敷在硅片或阵列基板的感光胶膜上。后续通过刻蚀工艺，对感光胶膜下的薄膜材料进行局部去除加工，形成一定的形状。俗称的几次"mask 工艺"，通常是指几次"薄膜淀积，掩模曝光和刻蚀工艺的组合"。因此对于平板显示及类似工艺来说，"mask 工艺"次数越多，说明阵列制作工艺越复杂，成本也越高。

MNT（Monitoring）： 监测。通过特定手段，获取生产、工艺等过程中部分实时状态参数，以确保过程的受控和稳定。

Mobile： 平板显示产业中指可移动的产品如手机、平板电脑等。

Module： 液晶显示模组。TFT-LCD 厂商通常会把液晶屏、背光源和周边电路系统装配成一个功能完整具有规范电气和机构接口的模块，以便整机或系统厂商的使用。模组工序表示完成这一过程的工艺流程和相关的工艺技术。模组工序中包含了一定数量的组装工作，需要较高的物料成本和操作管理水平。对于传统 TFT-LCD 企业，模组工序通常被称为液晶面板制造的第四道工序。但在 TFT-LCD 进入 TV 和 mobile 应用领域时，由于技术的演变和产业环境的差异，出现上游 TFT-LCD 厂家销售 panel、Open-cell（见相关词条）等关键部品，由独立厂商或下游厂商完成模组生产工序的产业模式，也产生了与产业模式相关的、用 panel 直接装配成整机等不同的衍生模组技术。

MOS（Metal–Oxide Semiconductor）： 金属氧化物半导体器件或对应的工艺技术。

MVA（Multi–domain Vertical Alignment）： 多畴垂直取向技术，1996 年由富士通和 merck 公司联合开发的宽视角液晶显示专利技术。在该技术中棒状液晶分子与液晶盒基板垂直，在上下基板电极形成电场的控制下，液晶分子沿电场方向倾斜，控制液晶盒透光状态的变化。液晶的 VA 模式本身并非宽视角显示模式，但由于 VA 模式易于制作液晶向不同倾斜方向的畴，通过在一个像素内形成不同方向的畴，可以改善各个角度的显示特性，因此 VA 模式总是以宽视角的 MVA 技术出现。MVA 技术的特点是对比度高，响应速度快。由于棒状液晶分子垂直于基板，受到挤压时，容易倒伏形成显示波纹，因此有时也俗称"软屏"。VA 技术有时也表示各类与 MVA 衍生宽视角液晶显示技术。采用此类技术的代表厂商有夏普、三星、台湾友达等，中国的华星光电也采用这种技术。

NB（Note Book）： 笔记本电脑产品。

ODF（One Drop Filling）： 液晶滴注。相对于两片基板和封框胶先形成空腔，在注入液晶的液晶真空灌注技术，ODF 是在两片基板贴合前注入液晶的技术。ODF 技术将一定量的液晶先滴在 Array 或 CF 基板上的 panel 对应区域，其中一片基板上涂有环绕 panel 有效显示区域的封框胶。在真空中将 TFT 基板与彩膜（CF）基板精准对位后进行贴合再通过封框胶固化形成液晶盒。ODF 技术的特点是生产效率高，尤其对于大尺寸屏幕更加突出，是液晶注入的主流技术。可以设想，ODF 技术的关键是准确的液晶注入量，即要恰好充满液晶盒，又不能在封框胶固化前被沾污。

OLED（Organic Light–Emitting Diode，Organic Light Emission Display）： 有机发光二极管，或有机电致发光显示器。利用有机电致发光器件制成的显示屏。与液晶显示屏相比，OLED 显示屏的各像素可以主动发光，不需要通过光阀形成图像液晶层和背光源，所以具有更高的光效，结构也更加简单、轻薄。

On cell： 面上触控，在显示屏彩膜基板与偏振片之间嵌入触摸传感器实现触屏功能的方法。

Open–cell： 未加背光的液晶面板。PCB bonding 等工序完成但无背光模块的液晶盒。

Oxide： 氧化物。在平板显示产业有时作为金属氧化物半导体（如 IGZO）的简称。

P

Panel： 面板/屏。显示器的核心显示部件，在外围电路信号控制下，可以产生所需要的图形。由于 TFT-LCD 本身不发光，仅仅是控制透光状态，因此要想形成有效的发光显示，还需要把液晶屏和背光源组装在一起。TFT-LCD 工艺过程中，液晶盒贴敷偏光片后即可具备图形产生功能。

PDP（Plasma Display Panel）： 等离子体显示屏。它是利用等离子放电原理设计制作的显示屏，曾经被认为是可以在 TV 等大尺寸应用领域与液晶显示技术分庭抗礼的平板显示技术，但最后由于液晶显示技术的迅速发展，PDP 技术受到挤压而被边缘化。

PPI（Pixel Per Inch）： 每英寸像素点。像素是指显示器成像的最小的点。

PR 胶（Photo Resist）： 光刻胶。

PVX 层（passivation）： 钝化层。电子器件、集成电路或平板显示器阵列基板上，为实现电气绝缘或与周边环境隔离，以确保器件和电路的工作稳定，采用特性相对稳定的绝缘材料制作的薄膜。在平板显示技术中，通常采用 PECVD 淀积的氮化硅、氧化硅或涂敷的有机材料制作钝化层。

Q

QHD（Quad High Definition）： 四倍高清显示。见 HD 词条。

QUHD（Quad Ultra High Definition）： 四倍超高清显示。见 HD 词条。

qVGA（quarter Video Graphics Array）： 四分之一视频图形阵列。见 VGA 词条。

SED　（Surface-conduction Electron-emitter Display）： 表面传导电子发射显示器。它是场致发射显示器（FED）技术的一种。相比采用微加工工艺制作核心阴极结构的主流 FED 技术，SED 技术理论上更适合制作大面积显示器。2002 年前后是由佳能公司推出原型样品，并宣布计划与东芝成立合资公司进行商业化生产的计划。但由于技术本身存在的问题和其他方面的原因，该技术未能实现量产。

SKD（Semi-Knocked Down） 半散装件。

Sputter： 溅射机。它是利用等离子将靶材物质溅镀到玻璃基板表面成膜的设备，在平板显示产业中常用于在玻璃基板上形成金属薄膜或金属氧化物（ITO、IGZO 等）薄膜。磁控溅射有利于提高等离子体密度，从而提高溅射效率。

STN-LCD（Super Twisted Nematic Liquid Crystal Display）： 超扭曲向列型液晶显示器。超扭曲向列的显示类型是指液晶分子约 180°—270° 扭曲取向的液晶显示模式。参见 TN-LCD 词条。

T

TFT-LCD（Thin Film Transistor Liquid Crystal Display）： 薄膜晶体管液晶显示器，它是使用薄膜晶体管（TFT）驱动液晶以实现显示的技术。

TN-LCD（Twisted Nematic Liquid Crystal Display）： 扭曲向列型液晶显示器。20 世纪 70 年代初，TN 模式液晶显示器即在瑞士和美国获得专利，并推出显示产品。1973 年日本夏普公司将其应用于电子计算器，开启了液晶在显示行业大量应用的时代。常见的计算器、电子表等字符显示器以及电脑监视器采用的 TFT-LCD 等均采用 TN 模式液晶显示器。TN 模式液晶显示器中，棒状液晶分子平行于基板排列，上、下基板间液晶分子的指向逐步转向，扭曲了 90 度。上下基板电极施加电场时，液晶分子不同程度地从平行于基板转换到与基板成一定角度，从而控制透光状态的变化。TN 液晶显示虽然因工艺成熟得到大量应用，但由于视角特性差，在电视、高端笔记本和手机应用中，逐步被 IPS 或 MVA 模式类的液晶显示技术替代。

Touch： 触控。

TPC（Tablet Personal Computer）： 平板电脑，即形状呈平板状的便携式电脑，典型产品是苹果公司的 iPad。

TTL 电路（Transistor–Transistor Logic）：晶体管 - 晶体管逻辑电平。T-con 输入端信号传输方式，为高电平的数据传输方式，以并行方式直接传输 RGB 数据。

TV（Television）：电视。

UHD（Ultra High Definition）：特高清显示。见 HD 词条。

VA（Vertical Alignment）：垂直取向模式，见 MVA 词条。

VGA（video Graphics Array）：视频图形阵列，是 IBM 于 1987 年提出的电脑显示标准。VGA 分辨率为 640×480，作为显示标准早已无法满足技术发展的需要，因此以此为基础出现了许多衍生规格产品，并应用于不同的领域：

    qVGA（quarter VGA），四分之一视频图形阵列，即像素数是 VGA 的四分之一，分辨率 240×320。

    HVGA（Half VGA），半视频图形阵列，即像素数是 VGA 的一半，分辨率 480×320。

    XGA (Extended Graphics Array)，扩展图形阵列，分辨率 1024×768。

    WXGA/WXGA+（Wide XGA），宽屏扩展图形阵列，分辨率 1280×800/1440×900。

    WUXGA（Wide Ultra XGA），宽屏超级扩展图形阵列，分辨率 1920×1200。

    其中 qVGA 和 HVGA 适用于移动显示产品，而宽屏产品可以在一定程度上兼容观看高清电视信号的需要。

VFD（Vacuum Fluorescent Display）：真空荧光显示器。与 CTR 一样采用灯丝热阴极发射电子，激发阳极的荧光粉发光。VFD 没有电子汇聚和加速的电子抢和电子束扫描系统，可以实现平板显示方式。但弥散的电子不适合制作高分辨率图像显示，通常只是通过阳极的形状实现固定形状的图形显示。20 世纪 80—90 年代 VFD 广泛应用在 VCD 和数字音响、家电和仪器设备上，作为字符、图形显示器，显示设备工作状态。随着 LED 技术的进步，VFD 逐步被 LED（字符）显示所取代。原京东方集团旗下的浙江京东方，曾经是世界前三大 VFD 供应商之一。

XGA（Extended Graphics Array）：扩展图形阵列。见 VGA 词条。